课里名人 课外读

第一册

爱华文 著

清華大学出版社
北京

内 容 简 介

本套书紧贴教材，将教材中的名人摘出整理，用精练的文笔叙写名人们一生的重要事迹和经典故事，总结他们身上的闪光点和优良品质等，既能增进孩子对课内知识的理解，又能开阔孩子的阅读视野，是一套帮助中小学生提高阅读能力、增强人文素养和塑造理想人格的优秀读物。全书从上古到近现代，按时间顺序共分三册，条理清晰，易于阅读。内文采用大字排版，难字注音，并配有名人图片，版式设计古典简约，增强了阅读趣味性。

图书在版编目 (CIP) 数据

课里名人课外读 / 爱华文著 . —北京：清华大学出版社，2024.2

ISBN 978-7-302-63853-7

Ⅰ . ①课…　Ⅱ . ①爱…　Ⅲ . ①阅读课－中小学－教学参考资料　Ⅳ . ① G634.333

中国国家版本馆 CIP 数据核字 (2023) 第 107703 号

责任编辑： 刘　洋
封面设计： 徐　超
版式设计： 方加青
责任校对： 王荣静
责任印制： 沈　露

出版发行： 清华大学出版社
　　网　　址： https://www.tup.com.cn，https://www.wqxuetang.com
　　地　　址： 北京清华大学学研大厦 A 座　　　**邮　　编：** 100084
　　社 总 机： 010-83470000　　　**邮　　购：** 010-62786544
　　投稿与读者服务： 010-62776969，c-service@tup.tsinghua.edu.cn
　　质 量 反 馈： 010-62772015，zhiliang@tup.tsinghua.edu.cn
印 装 者： 三河市东方印刷有限公司
经　　销： 全国新华书店
开　　本： 148mm×210mm　　**总 印 张：** 30.125　　**总 字 数：** 553 千字
版　　次： 2024 年 2 月第 1 版　　**印　　次：** 2024 年 2 月第 1 次印刷
定　　价： 178.00 元（全三册）

产品编号：099459-01

出版说明

梁启超曾说:“读名人传记，最能激发人志气，且于应事接物之智慧增长不少。”的确，一个人少年时期读的书，足以影响他的一生。这个时期树立什么样的志向，以什么样的人为榜样，往往会决定孩子未来的人生成就。因此，在给青少年的大量书单中，都少不了名人传记类著作。

为什么要让孩子多读名人传记呢?

首先，名人传记真实性比较强，能让孩子认识真实的社会。

现在不少中小学生都喜欢看一些玄幻、侦探、冒险类的作品。这些作品往往让孩子沉浸在一个虚无缥缈的世界里，和现实世界脱节，不利于孩子养成正确的世界观、人生观、价值观。而名人传记都来源于现实，可以让孩子对现实社会有一个正确的认识和了解，有利于培养孩子正确的世界观、人生观、价值观。

其次，读传记能够让孩子获得很多人生启迪。

如果说经典是古人留给我们的言教，那么传记给我们的就是身教了。读一本名人传记，就是在学习一个人的人生经验和智慧。比如，我们读了孔子的故事，就能够了解

我们的至圣先师的一生是怎样的，了解他有什么样的思想；读了玄奘的故事，就能知道这个伟大的僧人是如何克服种种困难，成功地从印度取回佛经的。总之，一个人能够被后人立传，名垂后世，他的言行一定能够给后人以启迪。

再次，读传记能够帮助孩子树立远大志向。

一个人成就一番伟业，不仅需要聪明智慧，还需要从小有志向。纵观古今中外的圣人、伟人、名人，莫不如此。孔子十五有志于学，班超立志效法张骞出使西域，玄奘少年就立志远绍如来，王阳明从小立志做圣贤，这些人之所以流芳百世，就是因为他们从小就有远大的志向。读这些名人的传记，可以帮助孩子树立志向。古人说“少年养志”，如何养志？读名人传记故事是一个很好的方法。

最后，读传记能够帮助孩子找到人生榜样。

榜样的力量是无穷的。如果是以古圣先贤、英雄豪杰为榜样，这些榜样就能够给孩子极大的正面激励。在孩子遇到困难的时候，他们可以回想那些伟大人物是如何面对挫折的，好的榜样能教会孩子勇敢地面对挫折；在孩子心存困惑的时候，他们可以从这些伟大人物的人生经历中获得启示，好的榜样能帮助孩子解决成长中的困难。

《课里名人课外读》是一套独特的名人传记故事作品集。书中选取教育部部编全国通用中小学《语文》《道德与法制》《历史》教材中涉及的中外历史名人一百一十余位，针对每个人物都收集了大量资料，不断锤炼，写成数千字

的人物传记故事。这些传记故事文笔优美，情节生动，不仅让中小学生读者在阅读时收获读名人传记的益处，还可以达到温习功课、拓展课堂知识、提高阅读能力的功效，无形中起到帮助中小学生读者提高学习成绩的作用。

希望广大青少年朋友在阅读这套书时，不仅能够感受到阅读之美，更能受到书中人物的激励，树立远大志向，成为国家和民族的栋梁，这是我们的心愿所在。

目录

上古篇

春秋战国篇

秦汉篇

三国篇

上古篇

黄帝：华夏民族的共主

与众不同的少年

黄帝是远古时期华夏部落联盟的首领，五帝之首，被尊称为“中华人文初祖”。“黄帝”和“皇帝”两个词音同义不同，“皇帝”最初是秦始皇给自己的称号，后来将历朝历代的最高统治者通称为“皇帝”。而“黄帝”却是一个人的称号，《史记》上说，因为黄帝有“土德之瑞”，而土地是黄色的，所以称他为“黄帝”。

据说黄帝姓公孙，也有人说他后来改姓姬（jī），名叫轩辕。黄帝刚一出生就显得与众不同，几个月就会说话，三五岁时就非常聪明，少年时是个勤奋的孩子，长大以后德行修养也很好，喜欢帮助别人，因此被大家推举为部落联盟首领。

战胜炎帝和蚩（chī）尤

⊙黄帝

当时各部落之间经常发生矛盾和战争，百姓饱受战乱之苦，黄帝就去讨伐那些祸害百姓、凶暴不仁的人，很多部族的首领纷纷归顺黄帝。当时中原形成了黄帝、炎帝和蚩尤三足鼎立的局面。炎帝和黄帝的部落都有很强的实力，他们在阪（bǎn）泉有过一场激烈的交战，最后黄帝战胜了炎帝，两个部族合二为一，成为炎黄部族，这是中华民族最早的来源，也是“炎黄子孙”的由来。

另外一个九黎族的部落首领叫蚩尤，他能征善战，极为凶残，没有人能制服他。据说他有八十一个兄弟，都有野兽一样强壮的身体，个个本领非凡。黄帝在三年中与蚩尤打了九仗，都没能取胜，但为了天下安宁，他没有气馁，决定还要与之决一雌雄。最后黄帝集结各部落的队伍在涿（zhuō）鹿和蚩尤决战，战斗十分惨烈。蚩尤先使出看家妖术制造了一场大雾，使黄帝的士兵迷失了方向。黄帝让大臣风后制作了一辆指南车，不管车子如何转动，车上的仙人一直手指南方。后来，蚩尤又请来了风伯雨师，战场上风雨大作，黄帝的部队不能前进。黄帝也不甘示弱，请来天女魃（bá）帮忙。魃是一位旱神，她一出现，立刻风停雨住。黄帝乘势进攻，大获全胜，擒获并杀掉了蚩尤，从此统一了中原各部落。传说他在泰山上举行隆重的封禅仪式时，突然出现了巨大的地蚓，全身黄色，人们认为这是土地呈现的瑞象，故尊称轩辕为“黄帝”。

华夏文明的始祖

黄帝奠定天下统一大局后，领导民众改变游猎生活习惯，教大家修建房屋，并发现了开掘水井的办法，解决了饮水问题。他教大家种植五谷，驯养鸟兽，带领大家在地处黄河流域的中原地带定居下来，使得当地的原始农业有了进一步发展。他教导人们做事要尽心竭力，对于山林沼泽动植物的捕捉采伐要依据时令而有所节制。正如《史记》上说：“劳勤心力耳目，节用水火材物。”

为了方便黄河两岸的交通，黄帝还创制了船和车。他的史官仓颉（jié）创造了最早的象形文字。他的臣子大挠建立了记录年月日时的天干地支。天干包括甲、乙、丙、丁、戊（wù）、己、庚（gēng）、辛、壬（rén）、癸（guǐ），称为十天干；地支包括子、丑、寅（yín）、卯（mǎo）、辰、巳（sì）、午、未、申、酉（yǒu）、戌（xū）、亥（hài），叫作十二地支。天干地支组合形成了古代记录时间的体系，两个相配正好是六十年一轮回，也称作一“甲子”，因此六十岁也被称为“花甲之年”。

黄帝制定了国家的官员制度，并将全国分为九州来治理。当时人们已经懂得了音乐，发明了磬、鼓等乐器，黄帝命一个叫伶伦的乐师用竹子做成律吕，定下五音十二律，校正各种乐器，使得不同乐器能和谐地一起演奏。

传说岐（qí）伯是黄帝时的神医，曾经回答过黄帝有关养生方面的问题。岐伯说养生之术要及时避让四时邪气、清除杂念、调养自身正气。他的这套养生之术形成了一本中医学的基础理论书，名叫《黄帝内经》。

为后世所瞻仰

黄帝的妻子叫嫘（léi）祖，是个聪明能干的女子。她看到人们冬天披兽皮，夏天没有衣服穿，就发明了养蚕抽丝的方法来制作丝帛衣服。

相传黄帝活到一百一十八岁去世，去世后被葬在桥山，桥山在今陕西省黄陵县。最初的黄帝陵极其简朴，后代的皇帝为了表达对他的尊敬，不断扩建黄帝陵，并定期举行祭祀大典，现在的黄帝陵成了海内外炎黄子孙瞻仰和祭祀黄帝的地方。

黄帝战败蚩尤，统一中原，奠定中华。黄帝在位期间惜物爱民，国势强盛，政治安定，百姓和乐，文化进步，产生了许多发明和制作，涉及文字、音乐、历法、宫室、舟车、衣裳、指南车、医学等；他教民众种植五谷，大力发展农业生产，形成了建立在农业文明基础上独特的中华文明。相传尧、舜、禹、皋陶、伯益、汤等均是他的后裔，因此黄帝被奉为中华民族的共同始祖，他的丰功伟绩传颂千古。

黄帝是一位具有神话色彩的人物，他为人类进步做出了巨大贡献。他结束了当时中国各部落分封而治的局面，建立起统一的部落联盟。在黄帝的英明领导下，百姓受惠颇多。相比于炎帝的刚愎自用、蚩尤的残忍凶暴，黄帝带给这些地区百姓的恩泽可谓大矣。再加上后来黄帝四处征战，逐渐收服各处，以赫赫战功救百姓于水火之中，使他们免受战争之苦；他在收服各方以后又施行德政，其功德当受万世景仰。

（课内连线:《中国历史》七年级上，第一单元第3课《远古的传说》）

唐尧：开禅让制先河的圣王

仁德的圣王

三皇时代实行的是“父死子继、兄终弟及”的血统继位制，而五帝时期，王权继承似乎没有了一定之规，有的传给孙子，有的传给侄子，有的传给儿子或弟弟。五帝时代后期，尧将帝位禅让给庶民身份的舜，成为后世美谈，由此帝王统治进入“公天下”时代，即通过禅（shàn）让，形成非血统的王位继承制。

尧姓伊祁（qí），名放勋，他是黄帝的后代，帝喾（kù）之子，因为被封在唐国，也就是现在的山西临汾附近，又被称为唐尧。尧被后世儒家奉为圣明君主的典型，他既有伦理道德方面的理想人格，又是治国平天下的君主楷模。《中庸》里有一句话“仲尼祖述尧舜，宪章文武”，意思是说孔子遵循尧舜的治国之道，效法周文王、周武王时的制度。

《史记》中司马迁对尧的评价也很高：“其仁如天，其智如神。就之如日，望之如云。富而不骄，贵而不舒。”意思是说他的仁德如天空般广阔，他的智慧如神灵般无所不知。人们对他的归附之心，就如同花儿向着太阳，人们对他的企盼有如大旱时望见天上的云。他的财富很多却不骄奢，地位尊贵却平易近人。纪念尧的尧帝庙位于今山西省临汾市南边，门额东西两侧一边写着“就日”，一边写着“瞻（zhān）云”，正是援引了太史公司马迁对尧的赞美之词。

⊙唐尧

俭朴治国

尧的父亲帝喾是位顺天意、知民急、仁爱而有威严、施恩德而讲信义的君主。帝喾去世后，尧的哥哥挚继位，尧在十三岁时开始辅佐哥哥，十五岁时被封在唐地，十八岁时挚去世，尧继位。

尧当政后生活非常俭朴，他虽然尊为帝王，却住茅草屋，吃粗米，喝野菜汤，穿粗布衣服，而且工作十分繁忙。

他时刻注意倾听百姓的建议，他在简陋的宫门前设置了一面鼓，如果有人对国策有什么意见，随时可以击鼓，当面向他陈述。为方便听到民众的声音，他还命人设立了“诽谤木”，就是在地下埋一根木柱，木柱旁有人看守，百姓有意见可以向看守人陈述，如果百姓想去朝廷申诉，看守人还会为他带路。由于实施了这些广开言路的举措，尧深知百姓疾苦，能及时制定更好的政策造福百姓。

尧命令羲（xī）氏、和氏等四人主管天文，四人经过观察研究，确定了春分、秋分、夏至、冬至的时间，根据日月星辰的运行规律制定了历法，然后颁布天下，告诉人们播种与收获的时间，使农业生产有所依据。尧总结出以三百六十六天为一年，每三年有一次闰月，使每年的农时更加准确，让从事农耕的人们找到了季节更替的规律。在尧的时代，农耕文化有了飞跃性的进步。

谦虚的君主

尧还是个谦虚的人。作为一国之君，他经常求能纳贤，唯恐埋没了人才，只要一听说哪里有德高望重的人，就亲自去寻查拜访。当时有一位名士叫善卷，尧觉得自己的德行和智慧都不如善卷，就想认识这位贤德的人。尧以学生对待老师的礼节去拜访，让善卷坐在上位，他恭敬地站在下方，行礼之后表达想把天下让给善卷来治理的想法。

善卷拒绝道:“能够逍遥天地间，我已经心满意足了，要天下干什么呢？”

后来，尧又听说一个叫许由的人道德高尚，安于清贫，能力不同凡响，就来到许由隐居的地方登门拜访，并对许由说:“先生若身居高位，天下必能大治，我自以为缺点很多，愿意把天下让给先生。”许由赶忙推辞说:“您已经把天下治理得很好了，我要天下又有什么用处？”许由坚持不接受尧的帝位，又躲到别的地方隐居起来。

禅让帝位给舜

尧在位七十年后，感觉自己必须选择一位继任者了，他认为应该传位给一个贤能的人，而不是自己的子孙，于是到处找人推荐，在考察舜二十年后，将帝位让给了舜，让位二十八年后尧去世。

尧从父亲和哥哥那里继承了帝位，却开创了禅让制的先河。这也是尧帝得到儒家和史学家极力推崇的原因。他拥有天下不是为自己，也不是为自己的家族，而是为了让万民过上富足和睦的生活，所以他得到了人们的爱戴和称颂。

谦虚使人进步，骄傲使人落后，这是一个亘古不变的道理。尧帝必定是一位亲和力很强的人，他在位期间真正做到了“开张圣听”“选贤任能”，由此才使得那个时代的农耕文化有了飞跃性的进步。“就之如日，望之如云。富而不骄，贵而不舒”，这是对尧帝恰到好处的评价。正是由于他这种谦虚的态度、宽广的胸襟，才使得上古时代禅让制继续流传，尧舜也成为圣贤的代称，对中华文明产生了深远的影响。

（课内连线:《中国历史》七年级上，第一单元第3课《远古的传说》）

虞舜：一个孝子的天子之路

接受禅让的天子

尧在位时知道自己的儿子丹朱不成器，不能把天下交给他，因此四处走访贤人，最终发现并任用了舜。经过相当长时间的考察，尧毅然退位，让舜代行天子的职责。后来尧过世，三年守丧期结束，舜为了让位给丹朱，躲到黄河的南边，但前来朝贡的诸侯都不去丹朱那里，而到舜这边来，有政事官员们也都找舜来协商，于是舜回到京师即位，这就是帝舜。

舜是上古时代非常著名的帝王之一，他即位之后的国号是“虞（yú）”，所以历史上称他为“虞舜”。

不被待见的孩子

虞舜本姓姚，名重华。其父人称“瞽叟”（gǔ sǒu），即“瞎老头”。他的父亲的确是一个既糊涂又顽固的人。舜的母亲在他很小的时候就去世了，父亲又娶了妻，后母生了个儿子叫“象”。这位后母有些自私刻薄，经常在舜父面前说舜的坏话，于是舜父和后母都特别偏爱象。他们三个人还经常联合起来欺负舜。

⊙虞舜

小时候，舜受到了很多不公平的待遇，并且经常遭到父母的责骂，但每一次，他都希望自己能做得更好，得到父母的认可。于是他时常检查自己言行上的缺失，并且及时想办法改正。即便受到弟弟的无理刁难，他也不会恼怒，反而反思自己是不是没有给弟弟做出好的榜样。就这样，他对父母力行孝道，对弟弟十分友善，多年如一日，从不懈怠。

那个时候，舜几乎承担了家里所有的劳动，每天起早贪黑，做着耕田种地的辛苦活。有一天，他又累又饿倒在了田里，忽然从山林中跑出一只大象，用长长的鼻子卷住犁耙，帮他耕地。傍晚的时候，还有小鸟成群结队地用嘴帮他除草。这奇妙的场景，田里的农夫们都看呆了，大家都说是舜的孝心感动了老天，所以派大象和小鸟来帮助他。原来有德行的人，是可以感召到动物们都来帮他的呀！这个消息很快就传开了，很多人都赞美他的德行，全国的人都知道有一个叫舜的大孝子。

被尧王看中的年轻人

舜二十岁的时候名气就很大了。他三十岁时，正值尧帝深感自己年纪大了，希望能找到一个合适的人继承帝位，便请大臣们举荐。有几位大臣推荐了舜，说有这样一位大孝子，纯朴宽厚、德才兼备，也许是继承帝位的人选。于是，尧帝就把两个女儿——娥皇和女英嫁给了舜，并让九个儿子和他一起劳动。他希望通过儿女们进一步观察和考验舜，以便更好地了解舜的能力和德行。

接受尧王的考验

刚开始，舜到历山那个地方去耕种，当地的农民经常为了争夺好耕的田地而打架，邻里关系非常紧张。舜很擅长干农活，他率先到历山荒芜的山地去耕种，并教会当地人如何垦荒。他把收获的粮食留下一些供奉给父母，其余的送给那些缺粮的人家，他还经常帮助老弱之人耕作。由于舜的倡导和示范，到历山开垦荒地的人越来越多。同时，由于他的感召，历山一带营造出友善和睦、乐于助人的风气，大家都以舜为榜样，勤耕苦作，当地呈现出一派生机勃勃的景象。

他曾到雷泽这个地方打鱼。当地人为了争夺有利的打鱼场地，经常大打出手，年轻力壮的人总是占据较好的位置，孤寡老弱的人没办法打到鱼。舜下决心改变这种局面。他善于动脑，捕鱼手法也很高明，故而鱼捕得多。每次舜都会留下少量的鱼自己吃，余下的分给鱼捕得少的人。同时，他常把自己发现的好渔场让给别人，还手把手地教给人们捕鱼的方法。舜的真诚善良令众人既感动又惭愧，渐渐的，雷泽地区人与人之间的关系发生了根本性的变化，尊老爱幼、乐善好施成为当地的新风尚。

舜还曾到黄河边学习制陶。了解到这里土壤质量不佳，出产的陶器非常粗糙，舜挨个走访工匠，熟悉生产流程，研究改进办法，反复摸索试验，最终烧制出了工艺精巧、美观大方的陶器。他还教当地人做事严谨、精益求精，后来当地出产的器皿质地优良，受到普遍欢迎。

原来漂泊四海的人，都纷纷选择在舜居住的地方搭房而居；原来在别处居住的一些人，也举家迁徙，到舜居住的地方开辟新的家园。只要是舜居住的地方，一年形成村落，两年形成市镇，三年便形成城市。

躲避家人的谋杀

尧帝看到了舜的德行和能力，于是赏赐他衣服、琴、粮食和牛羊等，舜的父亲和后母都很羡慕，希望他们的小儿子，舜的弟弟象独吞这些财产，于是三个人合谋想办法要杀害舜。

有一回，瞽叟叫舜爬上粮仓，修补粮仓顶，舜刚爬上仓顶，父亲就悄悄把梯子撤走了。不一会儿，粮仓下面就着起了火，火势很凶猛，舜必须尽快跳下粮仓，否则就会有生命危险。幸好舜随身带着两顶遮太阳用的斗笠。他双手拿着斗笠，像鸟儿张开翅膀一样跳了下来。由于斗笠受到空气的阻力，舜轻轻地落在地上，一点儿也没受伤。

瞽叟和象一计不成，又施一计。有一次，父亲叫舜去挖井，舜跳下井去挖了几天之后，瞽叟和象估计井已经够深了，便将土石丢下井去，把井口堵上，想把舜活活埋在里面。没想到，舜挖井时在井边挖了一条侧行的通道，他安然地从通道里钻了出来。象以为舜这次死定了，得意扬扬地回到家里，准备将舜的财产归为己有。不曾想，他见到舜正坐在床上弹琴，大吃一惊。但舜并没有不高兴的神色，若无其事，还是像过去一样孝顺父母和疼爱弟弟。他们发现舜的确是有德行的人，就连上天都会保佑他，想什么办法都害不死他，后来便逐渐开始接受舜了。

尧帝得知舜对家人的宽容大度后，更加赞赏他的德行，于是准备进一步考验他的能力。一次，尧帝让舜进入茂密的山林，考验他的野外生存能力。当时暴风和雷雨交加，环境十分恶劣，然而舜凭着智慧与毅力，安然无恙地回来了。舜的德行以及他勇敢镇定、灵活应变的能力，使尧帝坚信他足以治理天下。

接受天子之位

舜五十岁时，被选拔任用了。正月初一这一天，尧帝举行了隆重的禅位典礼，将自己的帝位禅让给了舜。舜继承帝位以后，依然不忘孝敬父母，他乘着天子座驾回乡看望父母，尽儿子的孝心，还封自己的弟弟象为诸侯。虽然舜位高权重，却不计前嫌，常念亲恩，依然竭尽孝悌之道，他的行为终于感动了父母和弟弟。

舜在政治上也大有作为。他任用了当时最有德行和威望的人，并给他们做了细致的分工。舜任命禹担任司空，治理水土；任命弃担任司农，掌管农业；任命契（xiè）担任司徒，推行教化；任命皋陶（gāo yáo）担任理官，执掌法律等；他还任命其他官员分别负责山林、礼仪、祭祀、纳言等。舜规定三年考察一次政绩，由三次考察的结果决定提升或罢免，官员们各司其职，老百姓守法知礼。

把帝位禅让给大禹

舜在年老的时候，确定由威望最高的禹继承自己的帝位，所以舜和尧一样，都是禅位让贤的圣王。据说舜在位三十九年时到南方巡视，死在苍梧的郊野，安葬在长江南边的九嶷（yí）山。

后来孟子曾经说过一句话："舜何人也？予何人也？有为者，亦若是！"意思是说：舜是什么人？我是什么人？人如果要有所作为，就应该做像舜一样的人。舜能做到孝顺，我们也是可以的。因为我们天性都是一样的，都有一颗善良、仁慈的心。如果我们能以舜为榜样，做到儿女应尽的"孝亲顺亲"的本分，必然能有一个和睦美满的家庭。

我们发现，古人选拔人才时，孝顺是非常重要的条件，尧一开始正是因为舜的孝而考虑选择他做继承人。一个人只有对身边的亲人大度真诚，才有可能会仁爱地对待世人，才有可能治理好天下，所以孝是所有德行的根本。舜的故事也印证了《孝经》中的一句话："孝悌之至，通于神明，光于四海，无所不通。"意思是说：一个人孝顺父母、友爱兄弟到了极致的时候，不但天地神明知道他的高尚德行，会保佑他平安吉祥，就连周围的人甚至小动物都会被他感化的。

舜是一个伟大的人，他在父母、弟弟都对他不好的时候，不以他们的行为为忤，而是照常对待他们，这是多么宏大的度量。也因为这种至诚的孝悌，他才被推荐去管理天下，这正是由治一家而治天下的典范。他即位以后，仍然不骄不躁，回到家依然以子侍父、友爱兄弟，这真是把"孝悌"二字做到了极致啊！

（课内连线：《中国历史》七年级上，第一单元第3课《远古的传说》）

夏禹：治理大水、划定九州的圣君

少年的大禹

大禹，姓姒（sì），名文命，字高密，生活在距今四千多年前的夏朝。因为他是夏朝的第一位国君，还因为他治理水患立下大功，所以历史上称他为“大禹”或“夏禹”。他是中国古代与尧、舜齐名的贤圣帝王，他最卓著的功绩就是被世代传颂的治理滔天洪水。他还划定了中国国土为九州。

传说禹的母亲年岁已大，却还没有生孩子。有一次她采了薏苡（yì yǐ）来吃，吃过之后感觉肚子有些异样，不久就怀孕了，后来生下了禹。

据说尧在位时，中原大地上发生了特大洪水，泛滥的洪水不但冲塌了房屋、淹没了农田，还夺去了许多人的生命。为了解除百姓之苦，尧派禹的父亲鲧（gǔn）去治水。

禹在青少年时代，便常常跟着父亲奔波在各地治水。有一次，禹来到涂山（位于今安徽省怀远县附近），遇到一位美丽的涂山姑娘，当时两人一见面便互生好感，但因为禹任务紧急，没来得及与那姑娘细谈就继续勘测水土去了。等到禹回来又经过涂山时，他与涂山姑娘结为了夫妻。

⊙大禹

治理水患

鲧治理了九年洪水，采取的是筑堤挡水的方法，结果不但劳民伤财，而且不能彻底治理好水患。后来舜代理尧的职责，去巡视各地的情况，检查治水工作。舜看到鲧对洪水束手无策，耽误了大事，很生气地在羽山将鲧处死了。之后舜推举鲧的儿子禹继续治理洪水。禹决心继续完成父亲未竟的事业，把百姓从自然灾害的威胁中解救出来。于是，大婚后不久，禹便背起行装，告别妻子，率领益和后稷以及其他助手，踏上了治水的旅程。

禹总结了父亲治水失败的教训，改革了治水方法，以疏导河流为主，利用水向低处流的自然趋势，凿山开渠，疏通九河。治水期间，禹翻山越岭，顺着山势砍削树木作为标志，拿着测量工具，确定高山大川的方向，规划水道的路径，把平地的积水导入江河，再把江河的水引入大海。那时在今山西河津与陕西韩城之间是一片高山，挡住了黄河的去路，奔腾的河水到这里找不到出路，就漫上了河床，两岸的农田和民居经常被淹没在一片汪洋之中。禹认为必须在这高山中打开一个缺口，让黄河找到一条出路。经过异常艰苦的劳动，山被凿开了，奔腾的黄河水从缺口咆哮而过，向下游流去。人们为了纪念大禹的功劳，便把这座山命名为“龙门山”，把这个缺口叫“禹门口”。

禹亲自率领老百姓治水，风餐露宿，几次过家门而不敢进去，怕耽误工作。他生活极其简朴，穿衣吃饭一点儿也不讲究，整天和泥水打交道。为了疏通河道，他的手上长满了老茧，脚底磨出了脚垫。由于长年累月地泡在水里，他的脚指甲都脱落了。经过十三年艰苦治理，禹终于取得了成功，消除了中原洪水泛滥的灾祸。

治理天下，划定九州

舜帝在位三十三年时，正式把天子位禅让给禹。禹即王位，居住在阳城，国号夏。禹在治水过程中走遍天下，对各地的地形、物产和民俗都非常了解，他根据自然和人文条件将天下划分成九个州，后来“九州”就成了中国的代名词。古人认为天圆地方，“方圆”是指范围很大，因此，又用“九州方圆”来指中国这块地方，展现出中国地大物博、气势磅礴的景象。

禹在继承华夏部落联盟首领后，三苗部落挑起事端，引发了长江中下游地区的战乱，禹率领军队前去征讨。禹的部队士气高昂、训练有素，三苗部队节节败退。经过激烈的战斗，三苗战败。禹征服三苗后，统一了长江流域，华夏大地出现了社会安定的太平盛世。

为了巩固统一的局面，禹到淮水中游的涂山，邀请各部落和邦国的首领一起召开诸侯大会，这就是标志夏朝正式建立的“涂山大会”。大会正式召开这一天，大禹穿着隆重的祭祀礼服站在台上，四方诸侯分列两旁向禹行稽首礼，禹也在台上向大家还礼。行过礼后，禹发表演讲，说自己开这个大会的目的，是希望大家能够向他提出恳切的意见，使他知过改过。如果禹有骄傲自满的地方，请大家当面告知，禹会洗耳恭听大家的教诲。各位诸侯看到禹这样虔诚，都从心眼里敬重、佩服他。

涂山大会之后，为表示敬意，各方诸侯常来阳城献金，这个“金”指的是青铜。后来，九州贡献的青铜年年增多，大禹想起以前轩辕黄帝功成铸鼎，为了纪念涂山大会，就按照当时的九州，将各方诸侯进献的青铜铸造成九个大鼎。九只鼎上铸着各州的山川名物和飞禽走兽，禹把九鼎称为“镇国之宝”。九只鼎都集中到夏朝都城阳城，以表示大禹九州之主的地位，天下从此统一和谐。后来我们用成语“一言九鼎”来形容说话够分量、起着决定性作用。

“家天下”是这样产生的

大禹晚年仍坚持到全国各地巡视，关注农业生产情况，了解人民生活。当他巡视到会稽（kuài jī），也就是今天的浙江绍兴时，因为劳累过度而去世，于是人们就把他安葬在了会稽山。

大禹继位后就推荐皋陶作为继承人，要把国家的权力交给他，但是皋陶先于大禹去世了；后来大禹又把天下交给益。皋陶和益与大禹没有血缘关系，都是当时的贤臣。大禹去世后，三年丧礼期一过，益就把帝位让给了禹的儿子启，自己隐居到箕山的南边去了。禹的儿子启很贤良，天下人希望他当天子，所有诸侯都去朝拜启而不是益，启因此继承了大禹的天子之位。夏朝共延续了400多年，后人常以“华夏”代称中国，在汉朝之前，汉族被称为“华夏族”，这里的“夏”与中国史书记载的第一个朝代“夏朝”有关。

治水是大禹首屈一指的功绩，特别是在父亲治水失败后，他顶着压力，迎难而上，最终治好了水患。父亲因水而获罪，难得的是禹并没有因此而心生怨恨，而是以黎民百姓的疾苦为重，无怨无悔地付出了十几年的时光。从另外一个角度来说，禹小时候就跟着父亲治水，也正是因为耳闻目睹积累的经验，再加上吸取父亲失败的教训，他才能够成功吧！

（课内连线:《中国历史》七年级上，第一单元第3课《远古的传说》）

商汤：仁德化及天下的商朝开创者

会打仗的君主

商汤，又名成汤，姓子，名履（lǚ），又名天乙，河南商丘人。汤是大司徒契的后代，商朝开国君主，在古书中还被尊称为“武王”。从这个尊称就可以看出，商汤是位很会打仗的君主。

夏朝的国君桀（jié）荒淫无度，夏朝势力日渐衰弱下来，而黄河下游的商国逐渐强大起来。商国是夏朝的属国，当初大禹将这块地方封给了大司徒契，到了夏桀时期，正是契的后代汤掌管商地的国事。汤对待百姓非常仁厚，他虚心纳谏，礼贤下士，商国政治清明，百姓安居乐业，很多夏桀的官员，比如伊尹（yǐn）、终古等，都纷纷离开夏桀，前来投奔商汤。

商曾经被授予过“得专征伐”的大权，如果商国国君发现哪位诸侯不仁德，可以直接去征伐，而不用经过夏王的批准。

讨伐葛国

当时葛国是商国西面的一个诸侯国，葛的君主葛伯好吃懒做，安于享乐，连古代各诸侯都非常重视的祭祀天地祖先的仪式都不举行。

⊙商汤

汤知道葛伯很久没举行过祭祀了，就派使者去询问为什么不祭祀。葛伯是个狡猾的人，他辩称不是他不想祭祀，而是每次祭祀要用很多牛羊，他们那里没有牛羊。使者回来报告给汤后，汤就挑选了一群牛羊送给葛伯，希望葛伯继续开展祭祀活动。

谁知葛伯见汤不但信了他的谎话，还给他这么多牛羊，就把牛羊都吃了，仍然不祭祀。汤听说葛伯收到牛羊还是没有举行祭祀仪式，又派使者来询问原因。葛伯又狡辩说，他们的地里种不出粮食，没有酒和饭来做贡品，所以有了牛羊还是无法祭祀。

汤于是派商国的人前往葛地去帮助种庄稼，还派边境的人去葛地给种地的人送饭吃。见送饭的人大多是老人和孩子，葛伯就派人抢劫了送来的饭菜。有一次，一个孩子去送酒饭，因为反抗抢劫的人，竟然被葛伯的人杀死。汤觉得自己已经仁至义尽，就率兵到葛地把葛伯杀掉了。

葛伯不理政事，葛国民众怨声载道，如今见汤杀了葛伯，都表示愿意归顺商。汤于是兼并了葛，并组织葛的百姓从事农耕，发展生产。汤灭葛的行动，不但没有遭到其他诸侯国的反对，反而让一些怨恨夏桀暴政的诸侯和民众盼望商汤前去征伐，有的诸侯国还表示愿意摆脱夏朝统治而归顺商汤。从此，商汤在各诸侯国中声望更高，商国的进一步发展削弱了夏桀的力量。

网开三面

《史记》记载，商汤有一次外出打猎，看见人们围着猎场四面张网，还祷告希望四方鸟兽都落入网中。汤看见以后，非常感慨地说："只有夏桀才能这样做啊，这样做实在太残忍了，这不是要一网打尽嘛！"他下令把张挂的网撤掉三面，只留下一面。商汤对网祷告："天上飞的，地上走的，想往左跑的，就往左，想往右跑的，就往右，不愿意逃的，才会进我的网。"他叮嘱周围的人对待禽兽也要有仁爱之心，不能赶尽杀绝，只捕捉那些不遵天命的就好了。商汤"网开三面"的事情传扬开后，诸侯们都称赞他是一位有德的君主，对禽兽都会施以恩泽，更不用说对人了，于是归顺汤的诸侯更多了。这就是流传到现在的“网开三面”这个成语的由来。

汤武革命

夏桀听说不少官吏投奔了汤，还有很多诸侯也归顺了汤，而且汤不但有政治远见，还拥有训练有素的军队，他感到了巨大的威胁。于是桀找借口让汤来夏都商议国事，想趁机把他逮捕，关进监狱。命令传到商国，汤明知凶多吉少，还是带领随从来到夏都。果然，汤一到，就被夏桀囚禁在“夏台”，这是夏朝的监狱，专门关押犯人的地方。伊尹等人得知夏桀把汤囚禁起来的消息后，搜集了许多珍宝、玩器和美女献给夏桀，还买通了桀身边受宠的女子帮忙说情。夏桀是一个贪财好色之徒，他禁不住美女的游说，就下令把汤放了。但夏桀拘禁汤的消息在诸侯间传开，引得人人自危，汤回商后坚定了灭夏的决心。

经过一番谋划准备，汤率领各方的联合部队挥师东进，很快战胜了韦国和顾国。之后，汤采纳了伊尹的计策，并没有继续攻打，而是向夏桀进献贡品，并请罪臣服，以休养军队，等待战机。夏桀见到贡品和请罪奏章后，以为自己可以高枕无忧了，于是继续饮酒作乐。一年后，昆吾国的夏伯率军进攻汤，汤积极应战，并很快打败了昆吾军，兼并了昆吾国。一直辅佐夏桀的九夷族首领不能忍受桀的残暴统治，背叛了桀，与汤结盟。此时，伊尹提醒汤，讨伐夏桀的时机到了。

出征前，汤召集各诸侯国的将士们开了誓师大会，这就是《尚书》中记载的《汤誓》，声讨夏桀的作恶多端，动员将士们为民除害，还百姓平静安宁的生活。经过汤的动员，商汤的军队士气大振，誓与夏军决一死战。而夏军这边却士气低落，怨气冲天。在两军交战之时，夏国的部队溃不成军，而商汤的军队则势如破竹。夏桀看大势已去，连忙出逃，最后被商汤的军队擒获。商汤宽大为怀，没有杀死夏桀，而是把他流放到南巢（今安徽巢湖一带），后来夏桀老死于南巢。

仁厚的君主

汤经过多年的征伐统一了中原，控制了黄河中下游地区，在三千诸侯的拥戴下做了天子，祭祀天地，宣告商朝建立。商汤以武力灭夏，打破了天子永续传承的说法，从此中国历代王朝皆如此更迭，史称“商汤革命”。汤建立商朝后，对内减轻赋税，鼓励生产，安定民心，进一步扩展了统治区域，影响至黄河上游，一些少数民族部落也来纳贡归服，商朝的势力范围远远超过了夏朝。

商汤即位不久，就遇到了连年大旱，大地干涸，庄稼颗粒无收，百姓挣扎在饥饿贫困之中。虽然商汤和伊尹想办法教百姓打井开渠，但因为长年不下雨，水源枯竭，这些办法也无济于事。当时的人们认为连年干旱是上天降下的灾难，于是汤设立祭坛，准备祭天求雨。

汤命史官在祭祀中说：是不是君王政事没有法度节制

呢？是不是人民受了疾苦呢？是不是我们的官吏贿赂贪污呢？是不是有小人进谗言呢？是不是宫室营造浪费了民力呢？是不是因为后宫女子干扰政事呢？为何天帝不降甘雨普度百姓呢？汤希望陈述这些话语让天帝鬼神感知自己的心而赐予甘雨，然而雨还是没有下来。

后来史官们占卜说，只用牛羊做祭品不够，还要用活人祭祀天帝，于是商汤自告奋勇地说："如果一定要用活人来做牺牲，请让我来担当。"于是汤洗了澡，换上干净的衣服，祷告说："在我当政的时候，天下大旱，是我一个人的罪，不能殃及万民；如果是万民有罪，也都是我一个人的过错，请老天惩罚我一个人吧！不要因为我一人无德，伤害到我的百姓。"商汤的自我牺牲感动了天地神灵，他刚说完，天空中就阴云密布，中原大地下起了倾盆大雨，连年的旱灾终于缓解了。

汤建立商朝，在位十三年后病逝，庙号商太祖。商朝传承了十七世，共三十一位帝王，延续了大约六百年之久。

暴虐之君永远不会得到民心。汤率兵讨伐正是反抗暴力的举动，这与他一贯的仁爱是一致的。对于张网捕鸟，他都能够网开三面，祈祷鸟儿不要落入网中，恩泽惠及禽兽；对于百姓，他的做法是亲自带兵，推翻施行暴政、欺压百姓的君主。即位以后，他身体力行，祭祀的时候甘愿以身当罪，真是具有伟大的奉献精神啊！

（课内连线：《中国历史》七年级上，第二单元第4课《早期国家的产生与发展》）

周武王：推翻商纣的一代明君

圣人的儿子

周武王，姓姬，名发，是周文王姬昌与太姒的儿子，他是周王朝的开国君主，在位十三年。姬发在父亲姬昌过世后的公元前 1076 年继位，尊号他的父亲为“文王”，自称为“太子发”。他继承父亲未竟的事业，逐步消灭了商朝，取得了全国的政权，建立西周王朝。他在讨伐商纣王的过程中表现出卓越的军事才能，在接管全国的政务之后又展示了贤德的执政能力，成为中国历史上的一代明君。

姬发继位后，对内任贤用能，继续以姜太公为军师，任用最能干的弟弟周公姬旦为太宰，召公、毕公、康叔、丹季等良臣都各当其位、各司其职，可以说是人才荟萃，政治蒸蒸日上。而商朝却因为纣王的荒淫残暴、穷奢极欲，搞得众叛亲离、怨声四起、内外交困、危机四伏。商朝东边的东夷部落发动叛乱，商纣王用了好几年时间才取得了对东夷各部战争的胜利，同时也消耗了商王朝大量的人力物力，加重了人民负担，激化了社会矛盾。这为武王伐纣提供了良好的契机。

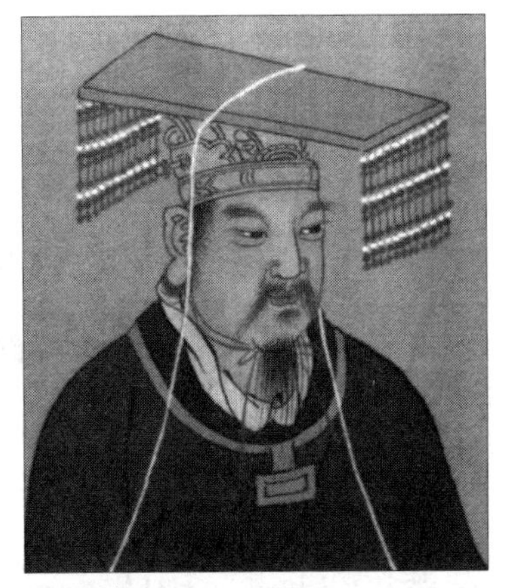
⊙周武王

孟津会盟

周武王继位后第二年，率大军到文王陵墓祭奠，他向各部落发出邀请，叫大家到黄河边的孟津会盟。此时武王自称太子发，不称王，不改年号，表示继承父亲文王的遗志。因为西伯姬昌在各诸侯国中的威望很高，以文王作为精神领袖，很快就把周国人民和各诸侯国都团结起来。大军到达孟津这个地方后，有八百多诸侯也闻讯赶到这里，众人一起历数纣王的暴行，都认为讨伐纣王的时候到了，但武王和姜太公认为时机还不成熟，没有马上出兵。这次史称“孟津观兵”的诸侯聚会，让武王对反纣王的联盟实力有了初步估计。

之后，武王密切关注商朝的动态，他派探子去搜集商朝的情报，探子回来说，商朝坏人当权，好人受排挤，比干和箕（jī）子进谏忠言，一个被杀一个被关。武王说，混乱还没有达到极点，再探再报。过了一段时间，探子回来报告说，太师和少师这样贤德的人都出走了。武王说，还没有达到极点，继续观察。又过了一阵子，探子回报说，现在商朝已经乱得一塌糊涂了，老百姓却不敢讲抱怨的话，人们对纣王侧目而视，缄（jiān）口不言。武王赶快把情况告诉姜太公，太公说："坏人掌权，好人受排挤，这是残暴；贤德的人出走，这是崩溃；百姓连怨恨的话都不敢讲，这是刑法太苛刻。国家已经混乱到极点，讨伐时机成熟了。"

牧野之战

于是，周武王向各地方势力发出邀请，自己则亲自带领着三百辆兵车、三千名勇士和四万五千名士兵挥师东进。一路上，相继会合了各诸侯部落的队伍，军队人数增加到六七万人，浩浩荡荡地向商都朝（zhāo）歌进发。讨伐大军士气旺盛，几乎没遇到抵抗，很快到了离朝歌只有七十里的牧野。在这里，武王正式竖起伐纣的旗帜，他历数纣王的荒淫奢靡和腐败凶残，并说："现在纣王不祭祀祖先，不理国家大事，听不进兄弟叔叔的忠言，任用奸臣，残害百姓，我太子发替天行道，讨伐暴君，希望大家齐心协力，勇往直前！"武王誓师之后，指挥军队准备开战。纣王紧急调集士兵，把囚犯和奴隶编入军队，一共召集了七十万人，开赴牧野战场，著名的牧野之战爆发了。虽然武王的军队在人数上处于劣势，但士气高涨、同仇敌忾（kài）。他先派百名勇士出战探敌虚实，发现商军虽然人数多却毫无斗志。摸清底细后，武王命部队勇猛冲杀，商纣的军队在周军凌厉的攻势下纷纷倒戈。纣王一看形势无可挽回，赶快逃回了朝歌城，他知道末日来临，便来到专门储藏财富的鹿台，穿上宝玉镶嵌的衣服，放火让自己和大量财宝同归于尽。

武王听说纣王在鹿台自焚而死，带着军队冲进朝歌。当地百姓烧水煮饭，迎接武王的军队，感谢他从纣王的暴政下解救了他们。周武王庄严宣告伐纣胜利，在各部落首领的拥戴下建立周朝，成为周朝第一位天子。

治理天下

姜太公向武王讲述治国之道：当君主的敬畏胜过懈怠时，国家会昌盛，反之就会灭亡；当仁义胜过欲望时会成功，反之就会遭殃。以仁爱获得天下，还要保持仁爱，才能建立百世的基业。武王将这些话视为治国箴（zhēn）言，书写在日用器具上，随时提醒自己。

周武王采取了一系列深得民心的措施：他为商朝有威望的大臣平反昭雪，厚葬了冤死的比干，释放了被关押的箕子等忠臣。他命令分发了纣王藏在鹿台的财富，又把巨桥粮仓的粮食拿出来赈（zhèn）济饥民，为饥困中的百姓雪中送炭。他还给神农氏、黄帝和尧舜禹这些圣人的后代分封了土地。他不但没有杀死纣王的儿子武庚，还封给他地盘，让他继续做一方诸侯。武王的这些做法与纣王统治相比可谓天壤之别，诸侯和百姓都对周朝表示拥护和爱戴。

灭商后，武王将国都迁到了镐邑（hào yì），也就是今陕西省西安市附近，两年后武王病逝。按照周朝的规矩，应该是嫡（dí）长子成王姬诵继承王位，但当时成王年幼，遂由武王的弟弟周公旦摄政，帮助成王管理国家。

（课内连线:《中国历史》七年级上，第二单元第4课《早期国家的产生与发展》）

春秋战国篇

齐桓公：九合诸侯、一匡天下的春秋霸主

春秋时代的开始

周朝自武王建国以后，实行封建制度，分割土地，封一些同姓和有功的臣子做诸侯，子孙世袭，原是希望他们同心协力来保护王室。

在西周时，天子势力强大，诸侯不敢不听命。到了周幽王时期，幽王贪图美色，废掉了申王后和太子宜臼（jiù）都，而立其宠爱的褒姒为后，立伯服为太子。著名的“烽火戏诸侯”事件，就是因褒姒而起。因为这件事情，诸侯们对周幽王都非常不满。

公元前 771 年，申后的父亲申侯勾结犬戎攻入镐京。周幽王点起烽火求援，诸侯们因为以前被烽火戏弄过，以为这次又是在骗他们，就都没有理会。最后，周幽王被杀

于骊（lí）山，西周灭亡。

西周灭亡后，众多诸侯拥立太子宜臼为王，他就是周平王。因为西周的都城镐京曾发生过地震，受损严重，残破不堪，又常受戎、狄等外患的威胁，于是平王在即位后第二年（前770年），在郑、秦、晋等诸侯的护卫下，将都城迁至洛邑，开始了东周时代。

⊙齐桓公

周平王东迁以后，天子的势力逐渐衰弱，诸侯渐渐强大，天子的命令不但得不到推行，有时甚至还要受诸侯的欺侮。诸侯之中，大的欺侮小的，强的苛待弱的，互相残杀，东周成了一个只有强权不顾公理的时代。孔子生在东周时期，看见当时的纷乱和强权的横暴，就把当时的事迹和诸侯的善恶都记载下来，著成一部书，叫作《春秋》。所以这个时期又被称为“春秋时期”。

在这个纷乱的时代，只要一个人有强权并能稍讲公理，便可以被推崇和拥戴，称为霸者。所以，春秋时期，局面虽然纷乱，幸好出了几个霸主，担起维持大局的责任，让弱小者得到稍许保护，强大者也不敢肆意欺人。齐桓公便是春秋时期霸主之中最有名的。

争夺君位

齐国本来是一个大国，姜太公辅佐武王定天下，武王封太公于齐，传至齐襄公，国家的政事开始衰败。襄公沉迷于女色，任意杀人，齐国的臣民没有一个不痛恨他的。襄公有两个弟弟，一个是公子纠，一个是公子小白。他们见国事纷乱如此，预见将来必有大祸。公子纠便和他的臣子管仲、召忽逃到鲁国，因为他的母亲是鲁国人，所以他们暂往外祖父家避祸。公子小白也和他的臣子鲍叔牙一同逃奔莒（jǔ）国去了。

他们走后，齐国便发生了祸乱。齐襄公的堂兄弟公孙无知乘襄公没有防备，攻入宫中，把襄公杀了，自立为齐君。但是没过多久，公孙无知又被他的仇人刺杀，于是齐国没有了君主，一些朝臣谋划在几个公子中选立一个作为新的君主。

鲁国听得这个消息后，便要送公子纠回国，立其为齐君。考虑到公子中能和公子纠竞争的只有公子小白，于是鲁国一面发兵送公子纠回国，一面派管仲率领兵马去截断莒国至齐国的道路，阻拦小白回齐。小白被管仲射了一箭，所幸箭射在了衣带钩上面，没有伤到小白。小白假装被管仲射死，栽倒在车中，乘着管仲没有防备，秘密跑回齐国去了。管仲以为小白已经被自己射死，便派人向鲁国报告。鲁国护送公子纠的士兵也以为小白已死，便缓缓而行，过了六天才到达齐国的国界。

小白回到齐国，为齐国的大夫所拥戴，被立为国君，也就是齐桓公。他做了国君，立刻发兵去抵御鲁兵，齐兵和鲁兵在齐国乾时（今山东青州）相遇，鲁兵大败。

管仲拜相

齐桓公挨了管仲一箭，心里衔恨，打败鲁兵之后，他一心想要杀了管仲，以泄私愤。鲍叔牙立刻对桓公谏言："君主您要治理齐国，有叔牙和高傒（xī）就够了；若欲图霸王之业，那就非管仲不可。管仲所在的一国，必然为世所重，这种大才不可失掉了。"桓公信了鲍叔牙的话，写信给鲁国道："公子纠是我兄弟，我不忍杀他，请鲁国代我杀了；管仲、召忽是我的仇人，请鲁国送还给我，我杀了他们才得以甘心。"鲁国是战败国，接到这封信后，不得不遵命照办，杀了公子纠。召忽不愿受辱，自杀。管仲和鲍叔牙是极相知的朋友，知道鲍叔牙必然会举荐他，就自己请囚。鲁国用囚车送管仲回到齐国，桓公派鲍叔牙去迎接。一到齐国的境内，鲍叔牙就亲自解开了管仲的束缚，引其同去见桓公。桓公大喜，任命管仲为宰相。

成就霸业

管仲治理齐国的政事，注重富国强兵，实行全国皆兵的制度，令每家出兵，"五家为轨，十轨为里，四里为连，十连为乡"。他制定军令，让大家遵守。又订立了钱币制度，还借着齐国滨海的地势鼓励人民以捕鱼为业，煮海为盐。当时中国鱼盐之利尽被齐国人掌握。不到几年，齐国果然国富兵强，一跃成为当时的头等强国。

齐国的国势强盛，兴兵灭了郯（tán）国，又出兵打败了鲁国，鲁庄公割地求和，齐桓公在柯（今山东省东阿县）与鲁庄公相会订盟。

鲁国的将军曹沫和齐国打了三次败仗，看到每次败仗之后都要割地求和。他心里异常愤激，一心想要报仇雪耻，夺回鲁国的失地。虽然他知道鲁国力量不及齐国，却不以此自馁，希望凭着自己的一腔热血争回失地。如今机会到了，恰遇着鲁庄公去和齐桓公相会，他便随着鲁庄公一同赴会。

柯地本是齐国的土地，鲁庄公到达此地后，齐桓公也来了。盟会的仪式，是用土筑成一个三尺高的坛，两国的君主在坛上订盟。曹沫眼见此次盟会又要鲁国割让土地，不禁愤怒起来。等到两君订盟的时候，曹沫离开了自己的席位，趋至坛前，一手牵住齐桓公的衣袖，一手抽出雪白锋利的匕首，对着齐桓公说道：“请你退还我们鲁国的土地。”齐桓公吓得发抖，忙说道：“我同意退还你们鲁国的失地。”于是曹沫弃了匕首，恭恭敬敬地退到自己的席位上。

齐桓公受了曹沫的威胁，一时承诺还给鲁国土地，但后来他又生了悔恨之意，决定杀了曹沫以报被威胁的耻辱。

管仲谏言道："君主您杀了曹沫，不独失信于鲁国，而且失信于诸侯，那所失的土地比现在还要多呢！"齐桓公信了管仲的话，将曹沫三败鲁国割让的土地尽数归还。各方诸侯听了这件事情，都感念桓公的威德，纷纷前来归附。

这时，南方的楚国很强盛，仗势欺人，吞并了许多小国。楚国虽处在南蛮之地，但势力却延伸到了中原。齐桓公趁机兴兵伐楚，责备楚国不来周朝朝贡。楚国惧怕齐国的兵威，不敢和齐国敌对，于是便和齐国订盟讲和。此时中原的诸侯，没有一个不慑于齐国的威力，纷纷前来归附。齐桓公便召集各国诸侯在葵丘会盟，自立为盟主，订立了许多条约，大意是尊奉周朝，攘除夷狄，诸侯不得自相攻杀。另外还有许多关于国家内政的条款各国诸侯都遵命签字。这是当时霸者无上的威权，而各诸侯对于周朝的天子，不过是名义上的推崇罢了。像葵丘这样的盟会，齐桓公召集过九次，各国诸侯没有一个不唯唯听命。所以，齐桓公的霸业，在当时算是极盛的了。

悲惨去世

齐桓公重用管仲，成就了霸业，这是他能够任用贤才的结果。但是他有三个最宠爱的臣子，一个叫竖刁，一个叫易牙，还有一个叫开方，这三个都是作伪的小人，桓公却异常亲近他们。原来易牙是在宫中做饭的，一次桓公生病，不思饮食，易牙便杀了自己的儿子烹做羹汤，进献给桓公。桓公觉得异常鲜美。后来桓公病愈，知道这件事后，对易牙更加宠爱。竖刁是自受阉刑，请求入宫为内监来服侍桓公的，也深得桓公的宠爱。开方追随齐桓公十五年都没有回家，父母去世时也不回国奔丧，桓公为此非常感动。

后来，管仲得了重病，桓公亲自去探望，并且问他："您若走了，我该亲近什么人啊？"

管仲回答说："请君王不要亲近竖刁、易牙、开方。"

桓公说："易牙烹了自己儿子的肉给我吃，那还不值得我相信吗？"

管仲说："人没有不爱自己孩子的，他连自己的孩子都不爱，还能爱国君您吗？"

桓公又说："竖刁自愿受了阉刑来侍奉我，还有什么可疑的呢？"

管仲说："人没有不爱自己身体的，他连自己的身体都不爱，怎能爱君呢？"

桓公又说："开方一直尽心服侍我，父母去世了也不回去，这都是为了我，难道也不值得相信吗？"

管仲说："人没有不关怀自己父母的，开方的行为不合乎天理人情，一个连父母都不爱的人，又怎能爱君呢？"

不久，管仲去世，桓公仅把竖刁等三人流放在外一年就忍不住又召回来了。

管仲死后第三年，桓公重病，生命垂危。竖刁、易牙、开方和卫共姬的儿子公子无亏作乱，关闭宫门，不许一人入宫。有一个妇人翻墙进入宫中，走进桓公的病室。桓公说道：“我要食物。”

妇人说：“没有。”

桓公又说：“我要喝水。”

妇人说：“没有。”

桓公说：“为什么饮食都没有呢？”

妇人回答道：“竖刁、易牙、开方兴兵作乱，关闭了宫门，不许人入宫，所以什么都没有。”

齐桓公听了，慨叹两声，流着泪说道：“管仲真是圣人，我真后悔不听圣人的话。若死后有知，我有何面目见管仲呢？”于是，他用衣袖蒙着头面而死。

齐桓公死后，各位公子为了争夺君位闹了很久的祸乱，齐国的国势因此衰微，齐国的霸业也就从此失掉了。

（课内连线：《中国历史》七年级上，第二单元第6课《动荡的春秋时期》）

晋文公：在流亡中成就的一代霸主

被排挤的公子

春秋时期，在齐桓公之后建立霸业的，便是晋文公。晋文公的霸业，是从艰难险阻中得来的，他少年时期的遭遇真是困苦万分。然而，正因为他受得了这种困苦，才能够和恶势力做斗争，最后建立起轰轰烈烈的霸业来。我们现在就来讲讲晋文公的故事。

晋国本是周朝的同姓诸侯，也是列国中的大国。齐桓公称霸时，晋国的君主是献公。献公的儿子很多，以太子申生和公子重耳、公子夷吾的才学较好，能得献公的欢心。后来献公伐骊戎，得了骊戎的一个绝色女子，名叫骊姬。献公对她异常宠爱。骊姬嫉恨三位公子的才能，常在献公面前说三位公子的坏话，久而久之献公就与申生、重耳、夷吾渐渐地疏远了。

过了几年，骊姬生了一个儿子，名叫奚齐。骊姬想立奚齐为太子，对申生、重耳、夷吾更加嫉恨。她勾结党羽，极力谗害三位公子。献公受了骊姬和左右的蛊惑，有意废掉申生，立奚齐为太子。献公说："曲沃（今山西省闻喜县）是我宗庙所在，蒲城偏近秦国，屈城偏近霍国。这三处都是重要的地方，若没有亲信的人镇守，我很不放心。"他命太子申生住到曲沃，重耳住到蒲，夷吾住到屈。三位公子被驱赶到外边，都城里面就只剩下奚齐了。

申生之死

骊姬把申生等赶到外地后，心里还觉得不满足，非要把他们置于死地，以成就她的阴谋。于是她设下了毒计，要来害他们的性命。

申生是献公夫人齐姜所生，齐姜早已去世。一天，申生入朝觐见父王，骊姬对申生说道："你父亲梦见齐姜来求血食，你要赶快回去设祭，以尽你的孝心。"申生听了，忙回曲沃，在宗庙中祭祀他的母亲齐姜。祭祀完毕，又将胙（zuò）肉奉献给献公。献公这天恰巧到外面打猎去了，申生就将肉放在了宫中，骊姬派人把毒药藏在胙肉中。等到献公打猎回来，厨师把胙肉烹好，献公正要尝一尝，骊姬从旁边阻止道："这是自外而来的肉，一定要先行试验一下。"于是就取了一块放在地上，地上立即隆起了一个土堆；取了一块给犬食，犬立刻死了；又取一块给一个小臣食，小臣也即刻死了。骊姬哭泣着说道："这太子厌恶我母子，一定是他下的毒。"申生听了这个消息，忙回曲沃。重耳、夷吾这时虽在朝，但害怕惹祸上身，也都不辞而去，各回蒲、屈去了。

申生回到曲沃后，有人对申生说道："这个毒药，明明是骊姬自己放的。如果是你放的，岂有放了毒药的胙肉，在宫中放好多天还不腐坏的？你怎么不拿这个理由去父王那里申辩呢？"申生答道："父王没有了骊姬，寝不安席，食不甘味，若是我拿这个理由去辩解，骊姬必然会获罪被处死。父王年纪大了，这样做我的心会不安的。"那人又说道："那你须逃到外国去。"申生说："我背负了这个恶名，有谁还能容我这弑父弑君的臣子呢？我只有自杀这一条路可走了。"之后，申生果然在曲沃自缢了。

重耳逃亡

申生既死，骊姬又对献公说道："重耳、夷吾和申生是同谋。"于是献公又命寺人披带兵去伐蒲城，同时发兵去攻屈城。蒲城人听到寺人披领兵来伐，便准备御敌。重耳说道："这是我父王的命令，不可对敌。如有对敌的，便是我的仇人。"所以寺人披的兵一径（jìng）冲入蒲城内，重耳逾（yú）墙逃走。寺人披连忙追赶，一剑斩断了重耳的衣袖，重耳得以逃脱，一路逃到翟国去了。

夷吾知道晋兵来攻，便和屈城人一同坚守，晋兵攻打不下。过了一年，献公又命大夫贾华率领大军前来攻城，夷吾抵挡不住，就逃奔到了梁国。

过了几年，晋献公去世，骊姬的党羽要立奚齐为君，晋大夫里克谋划召重耳、夷吾回国，就把奚齐杀了。骊姬的党羽又立了奚齐的弟弟卓子为君，里克又把卓子杀了，晋国陷入混乱局面。里克派人去迎接重耳，重耳不肯回国，不得已又派人往梁国迎接夷吾，夷吾得到秦穆公的帮助，由秦穆公派兵送回晋国。夷吾回国后，做了晋国的国君，就是晋惠公。

晋惠公在位期间，国政很混乱，晋国乘着秦国饥荒，背弃前恩，出兵攻打秦国，反被秦国打得大败。后来晋惠公死了，惠公的儿子怀公即位，国政变得更糟，于是晋国的大夫又谋划召重耳回国。

逃避追杀

重耳最好贤士，在他出走翟国的时候，有贤士赵衰（cuī）、狐偃（yǎn）、咎犯、贾佗、先轸（zhěn）随行。惠公知道重耳在翟国，心里很恐惧，就命寺人披至翟国谋杀重耳。重耳听了这个消息，便和赵衰等一同逃往齐国。他们由翟国起行，经过卫国，卫文公不加招待。重耳又走到五鹿，这时他们已经好几天没吃东西了，大家都很饿，于是重耳便向野人乞食。野人给了重耳一个土块，重耳大怒，要去鞭打那野人。赵衰阻止道：“得土是得国土的先兆，公子还应当拜受呢！”由此，他们便到了齐国。

齐桓公很是优待重耳，送给他八十匹马，又把齐国宗室之女嫁给重耳为妻。重耳在齐国住了五年，心里恋着齐女，不愿再颠沛流离。赵衰和咎犯在桑树下商量劝重耳离开的方法，被齐女的侍婢听见了，侍婢将此事告诉了齐女。齐女恐侍婢泄露，齐国会加以阻止，就将侍婢杀了，并且劝重耳速行。重耳回答说：“人生得安乐足矣，何必作其他种种贪图。我愿老死此地，不愿他往了。”

齐女说：“你是一国的公子，因穷困来到这里，你的这些随从视你为他们的生命。你不速谋回国，建立功业，报答他们的功劳，反而恋着我一个妇人，我真替你感到惭愧啊！”重耳仍是没有去意。齐女便和赵衰等商议，乘着重耳酒醉，将其载入车中，出了齐国。

等重耳酒醒，发觉自己已离开齐国，大怒，抽出刀来便要杀了咎犯。咎犯说：“如果杀了我能成就你的功业，那是我所愿意的。”重耳说：“若是功业不成，我定要食你的肉。”咎犯说：“事若不成，我的肉腥臊得很，何足食呢？”重耳这才息了怒气。

重耳出得齐国，便到了曹国，曹共公对他不加礼遇，于是他又由曹国到了宋国，宋襄公对他极其优待，以国君的礼节款待了重耳。重耳以为宋是小国，不足以为援，不能久居，便离开宋国。经过郑国，郑文公也不加礼遇，于是他便到了楚国。楚成王以诸侯的礼节款待重耳，一切供应异常优厚，重耳反觉局促不安。

一天，成王问重耳："你若得回晋国，拿什么来报答我呢？"重耳说："玉帛珍宝，都是君地的产物，真没有什么可以报答君王的。"成王说："你总得有报答我的东西吧？"重耳说："我若承君之福，得回晋国，将来晋楚两国交兵中原的时候，我当退避三舍（三十里为一舍），以此为报。"楚国将军子玉听了重耳的话，知道其志不小，就请成王杀了重耳，以绝后患。成王说："以晋公子的贤德，久困于外，又得名士相从，这是上天要成就他，我怎敢杀他呢！"重耳在楚国住了几个月，秦国使人来召重耳。

返国为君

这时晋惠公已死，怀公即位。晋大夫看怀公不修国政，暗中又来劝重耳回国。秦穆公也极力赞成。秦穆公发兵护送重耳回国，晋兵不敢抵挡，又得晋大夫为内应，重耳得以顺利进入晋国。怀公逃奔到高梁，旋即被杀，重耳就这样被立为晋君，是为文公。

怀公的臣子吕省、郄芮（qiè ruì）以怀公被杀，要替怀公报仇为由，趁着文公国事未定，阴谋焚烧晋宫，并想趁着火势劫杀晋文公。曾经两次奉献公和惠公的命令去刺杀重耳的寺人披听到了这个消息，他想去告发吕省的阴谋以抵消前罪，便去求见文公。文公不见，还使人责备他道：

“蒲城之事，你斩断了我的衣袖，后来你奉惠公的命令到翟国来谋杀我，惠公限你三日，你一日就到了，虽是奉了君命，你为什么要这样快呢？”

寺人披回道：“事君没有二心，这是做臣子的道理。今君即位，岂是没有蒲、翟那样的事吗？从前齐桓公忘掉管仲射钩的仇怨，用管仲为相，成就了霸王之业。君王若要记恨旧怨，恐怕祸事又要临头了！”晋文公听了这番话，便召见了寺人披，披将吕省等人的阴谋尽数告诉了晋文公。晋文公秘密潜逃出国都，来到王城和秦穆公相会，没有一个晋国人知道。吕省、郄芮发难，焚烧晋宫，却没有找到晋文公，结果还被晋兵打得大败，准备逃窜。这时秦穆公设计将吕省、郄芮诱到河边，杀了他们，又发兵三千送晋文公回国。文公回国之后，开始和赵衰等人整理国政，恩泽百姓，晋国国势从此便蒸蒸日上了。

⊙晋文公复国图

勤王称霸

周襄王的弟弟王子带作乱，迫使周襄王逃到郑国。赵衰对文公说道："尊周勤王，是求霸业的好机会，周晋同姓，绝不可使异姓诸侯先得了这好机会。"于是文公兴兵护送襄王回朝，还把王子带杀了，平定了周朝的祸乱。

楚成王发兵围攻宋国，宋使人至晋国告急求救。文公兴兵救宋，和楚兵相遇于城濮（pú），楚将子玉令楚兵进击，文公令晋兵后退。军吏说："尚未交兵，怎么能后退呢？"文公说："我在楚国时和成王有约，若楚晋交兵，须退避三舍以为报，怎敢失信呢？"晋兵退了九十里，楚兵还是穷追不舍，于是晋兵回兵应战，把楚兵打得大败。楚将子玉收拾残兵撤退，晋兵放火焚烧楚军的辎（zī）重，大火三日不熄。晋文公使人献楚国俘虏于周朝，周襄王封文公为侯伯，赐给弓矢等物。文公又率各国诸侯一同朝见周襄王，由是，晋文公继齐桓公之后成为春秋霸主。

文公在外十九年，备尝世间艰难困苦，又深刻体察到民间的情伪，所以回国以后把国政治理得很好，最后才得以成就这样的霸业。另外，晋文公得一些贤臣辅佐，他去世后晋国还保持霸主地位百余年。

（课内连线：《中国历史》七年级上，第二单元第6课《动荡的春秋时期》）

秦穆公：励精图治、发奋图强的春秋霸主

做上国君的老三

东周时期的“春秋五霸”，除了齐桓公、宋襄公、晋文公、楚庄王，还有一位就是秦穆公。

秦国本是位于西北部的一个小部落。公元前770年，秦襄公派兵护送周平王东迁，被封为诸侯，又被赐封岐山以西的地方。从这时起，秦国正式成为周朝的诸侯国。而让秦国成为春秋时期强国的，就是秦穆公。

秦穆公姓嬴，赵氏，名叫任好，“穆”是他去世后的谥（shì）号，赞扬其有品德、道义，而且端庄严肃。

秦穆公是秦德公的小儿子，本来他是没资格做国君的。秦德公去世后，把王位传给了秦穆公的大哥赵恬，也就是秦宣公。秦宣公做了十二年帝王之后去世。他没有立

自己的儿子为君，而是把君位传给了弟弟任好，也就是秦穆公。

四处寻求贤人

秦穆公知道，要想让国家强盛，一定得有贤德的人来辅佐自己。于是，他想尽各种办法招揽天下人才。

有一个叫由余的人，本来是晋国人，流亡到了戎地。戎王听说秦穆公非常贤能，就派由余到秦国考察。秦穆公发现由余是一个难得的贤人，就想办法拉拢由余，让由余做了秦国的上卿。后来，由余为秦穆公出谋划策，帮助秦国攻伐西戎，使秦国成为西方的霸主。

百里奚是楚国人，从小家里就很穷，在齐国游学时靠讨饭维持生计。后来蹇（jiǎn）叔收留了他。他在齐国得不到任用，就到虞国做了大夫。虞国的国君因为不听百里奚的劝告，被晋国灭掉了，百里奚也成了俘虏。当时，秦穆公为了和晋国搞好关系，就求晋献公将女儿嫁给他，晋献公把大女儿穆姬嫁给了秦穆公。这就是千古传诵的“秦晋之好”。晋献公为了羞辱百里奚，把他作为陪嫁品送给了秦国。百里奚受不了这种羞辱，半路就跑掉了。他逃到楚国，被人卖作奴隶，帮人放牛。秦穆公得知百里奚是一个贤人，用五张羊皮换回了百里奚。百里奚后来做了秦相，他“谋无不当，举必有功”，协助秦穆公推行文明教化，把秦国治理得非常好。

做了高官的百里奚没有忘记当初蹇叔收留自己的恩情，而且他知道蹇叔的才华远在自己之上，就向秦穆公推荐了恩人蹇叔。秦穆公派人带着重礼到宋国请蹇叔。蹇叔本是隐居之人，但是不忍拒绝老友的邀请，就去了秦国，和百里奚一起为秦穆公出谋划策，让秦国逐渐强大起来。

丕（pī）豹是晋国大夫丕郑的儿子，因父亲被杀而逃到秦国，秦穆公因赏识他的才华而重用了他。

另外还有一位叫公孙支的，也被秦穆公以师礼对待，正是有了此人的推荐，穆公才用五张羊皮换回了百里奚。

这些贤才对秦国的日渐强大起了极大的作用。

伯乐相马

当时，秦国处于西部，由于常年征战，需要很多战马，所以秦国人养了很多马。但是，如何识别和区分马是一门很大的学问。

传说，天上管理马匹的神仙叫伯乐。因此，人们就把精于鉴别马匹优劣的人也称为伯乐。当时，郜（gào）国人孙阳最善于识别马的好坏，被称为“伯乐”。秦穆公见他是个人才，就任命他做了“伯乐将军”，专门管理马匹。

孙阳老了之后，又为秦穆公推荐了善于识马的九方皋，负责相马。秦穆公接见了九方皋，并派他去寻找好马。

⊙伯乐相马图

过了三个月，九方皋回来报告说："我已经在沙丘找到好马了。"

秦穆公问："是匹什么样的马呢？"九方皋回答说："是匹黄色的母马。"

秦穆公派人把那匹马牵来一看，是匹纯黑色的公马。秦穆公很不高兴，把伯乐找来对他说："坏了！您所推荐的那个相马的人，连毛色、公母都分不清，他怎么能懂得什么是好马、什么是劣马呢？"

伯乐长叹了一声，说道："九方皋相马竟然达到了这样的境界吗？这正是他胜过我千万倍乃至无数倍的地方！九方皋所观察的是马的天赋和内在素质，深得它的精妙，而忘记了它的粗糙之处；明悉它的内部，而忘记了它的外表。九方皋只看见他所需要看见的，看不见他所不需要看见的；

只观察他所需要观察的，而遗漏了他所不需要观察的。像九方皋这样相马，包含着比相马本身价值更高的道理哩！”

那匹马被牵回驯养使用后，事实证明果然是一匹天下难得的好马。

穆公亡马

穆公在岐山有一个王室牧场，饲养着各式各样的名马。有一天，几匹马突然逃跑，管理名马的牧官大为惊恐，因为这事如果被穆公知道了，他一定会被斩首。他四处寻找，终于在山下附近的农村找到了部分疑似马骨的骨头，牧官认为马一定是被这些农民吃掉了，于是大为愤怒，就把那里的三百个农民全部抓了起来，交给穆公定夺。

牧官怕穆公震怒，就向穆公报告说：“很对不起，这些农民把名马吃掉了，因此才把他们抓起来。”穆公听了不但不怒，还说这几匹名马是精肉质，吃了骏马，不喝酒会死的。结果这三百个农民不但没有因吃马肉被处以死刑，反而受到穆公的赏赐被赐与美酒。

几年后，秦穆公与晋惠公交战。平常战无不胜的穆公，这次却陷入绝境：士兵被敌军包围，眼看就要被消灭。危难之时敌军战阵的一角突然崩裂，一群骑马的人冲了进来，协助秦穆公的军队战斗。这些不知从哪里来的战士们非常勇猛，打得晋军节节败退，无奈之下只好撤兵。援军保护穆公脱离了险境。

到达安全地点后，穆公向这些勇敢善战的士兵致敬，并问他们是何方的军队。他们回答说：“我们是之前吃了您的名马，而被赦免死罪的百姓。”

这些百姓比穆公的士兵更加勇猛，他们是为了报答穆公的不杀之恩才拼命奋战的。秦穆公能得救，完全是他以前赦免三百条性命的恩德救了自己。

称霸西戎

当时，在秦国周围生活着许多戎狄的部落和小国，他们的文明和生产都很落后，披着衣服，散着长发，经常到秦国边境抢夺粮食、牲畜和年轻的男人女人，给秦国带来了很大的灾难。秦穆公决心向西发展，消灭这些游牧部落，先强后弱，陆续征服他们。

西戎部落中最强的是绵诸、义渠和大荔。秦穆公用计策消灭了绵诸，还把他们国家的人才由余招到秦国来，又用由余的计策消灭了西戎许多部落。

秦国经过长期的发展，地盘不断扩大。特别是进入春秋时代以后，西周在陕西境内的土地大都归秦人所有。秦国逐渐灭掉西方戎人所建立的二十多个国家，开辟的国土纵横千余里。

秦穆公因与戎人作战获胜，得到了周王的祝贺和嘉奖，周王赐给他一面金鼓，希望他继续向戎人发起进攻。这就是史书上所说的秦穆公“称霸西戎”。

秦晋失和

秦穆公三十二年（前628），晋文公和郑文公相继去世，秦穆公便想借此机会打败晋国，谋求霸业。他和周围的谋士说："我曾几次帮助晋国平定内乱，就连他们的国君都是我立的，理应由我出任诸侯的首领。只因晋国打败了楚国，我才将首领的位子让给重耳。如今重耳已经死了，我还忍让什么呢？到了和晋国一争高低的时候了。"

于是，秦穆公命百里奚的儿子为大将。百里奚的儿子姓百里，孟明氏，名叫视，所以史书上都把他称为孟明视。孟明视和秦国武将西乞术、白乙丙率领军队去攻打晋国。

秦军先打败了滑国，抢到了大量珠宝、粮食和衣物，然后又到达渑（miǎn）池，在这里被晋国埋伏的部队包围在山谷里。晋国军队用火烧死了许多秦国士兵，还把孟明视、西乞术和白乙丙三员大将给俘虏了。

晋军打了胜仗，十分高兴，准备将秦军的三员大将杀掉。晋襄公姬欢的后母是秦穆公的女儿，她听说了这件事非常着急，对姬欢说："秦、晋两国原是亲戚，关系很好，可别为杀这几个人伤了两家的和气。现在秦军战败，秦君肯定怨恨他们。不如放他们回去，让秦君自己来处置他们，免得我们落个杀人的坏名声。"

姬欢听了后母的建议，把孟明视等人放了。等他们走后，姬欢又后悔起来，派人去追。等追兵赶到黄河边，孟明视三人坐的船刚刚离岸。追兵没有船，只好返回。

秦穆公得知孟明视、西乞术和白乙丙三人逃回来了，亲自到城外迎接他们。孟明视等三人看到秦穆公，急忙下跪请罪。秦穆公不但没有责备他们，而且自己承担了失败的责任，希望他们继续努力，为秦国被杀的士兵报仇雪恨。

孟明视等人见秦穆公没有怪罪他们，仍旧叫他们掌管兵权，心中十分感激，决心立功赎罪。又过了一年，孟明视向秦穆公请示，要再次进攻晋国，可没想到这次秦军又败了。孟明视觉得这回秦穆公肯定不会饶过他了。但令人意外的是，秦穆公仍然没有责备他，还让他继续执掌兵权。

经过两次失败，孟明视开始从自己身上找原因。他认识到自己的指挥才能不够，训练军队和作战的方法也有缺陷，于是变卖家财，抚恤伤亡将士家属，亲自训练军队，和士兵朝夕相处，同甘共苦。就在这时候，晋襄公姬欢命令大将先且居率领晋、宋、陈、郑四国军队来攻打秦国。

孟明视沉着冷静，他认为此时秦军尚未做好充分准备，不可应战，遂命令紧闭城门，加紧训练。许多秦国人都觉得孟明视是输怕了，成了胆小鬼，建议解除他的指挥权。秦穆公却对大家说：“孟明视肯定能打胜仗，咱们等着瞧吧。”

后来，秦军果然打败了四国联军，而且孟明视还带兵渡过黄河，攻入晋国。秦军一路势如破竹，没几天就把过去被晋军攻占的土地收了回来。秦军在晋国的土地上往来驰骋，如入无人之境，晋军哪敢迎战。秦穆公见失地已经收复，也挫灭了晋国的威风，祭奠一番之后便命令军队撤回。

秦国打败晋国，从此威震天下，成为春秋五霸之一。

穆公之死

秦穆公三十九年（前621），秦穆公去世，被安葬在雍地，即今陕西省凤翔县东南。为秦穆公陪葬的有一百七十七人，其中包括子舆氏的三个儿子奄息、仲行、针虎，这三人十分贤良、勇武。国人对此悲痛万分，作了一首名为《黄鸟》的诗，唱道："彼苍者天，歼我良人！如可赎兮，人百其身！"意思是说："苍天啊苍天！我们的人才都死了！如果准我们赎他的命，拿我们一百人换他一个。"不过，对于这件事，宋朝的苏东坡有着不同的见解，他认为穆公生前不诛杀打了败仗的孟明视，肯定也不忍心用三良殉葬。三良之死，就像田横自杀后，同行至洛阳的二齐士自刎殉主一样，完全是"士为知己者死"。只是今天的人们不理解"古人感一饭，尚能杀其身"这种杀身图报的尚义精神，反而以今天世俗的见解来责难古人。相比之下，古人越发让人觉得可敬。秦穆公死后，太子罃（yīng）继位，是为秦康公。不过，到了秦康公执政时期，秦国就逐渐开始衰落了，最终失去了霸主地位。

（课内连线：《中国历史》七年级上，第二单元第6课《动荡的春秋时期》）

郑庄公：老谋深算的春秋小霸

难产的孩子

静谧的夜，朦胧的月光罩在郑国宫殿的青瓦上，散发着缕缕银光。将白日里的争夺、厮杀通通抛在脑后，郑武公只想好好享受一下这安静的夜晚，然而……

“不好啦，夫人难产了！”丫鬟跌跌撞撞地跑来，上气不接下气地喊道。

郑武公眉头一皱：这个武姜，是申国国君的掌上明珠，从小就捧在手心怕摔了，含在嘴里怕化了，嫁给自己后，脾气秉性一点儿都没变，谁要是得罪了她，那可就倒霉到家了。她平日里就受不得一点儿委屈，这回不一定又怎么折腾呢！

“这个孩子一定是上辈子和我有仇，现在故意来折磨我……”还没走进院门，就听见武姜撕心裂肺的叫喊声。

大约折腾了一个时辰，孩子终于出生了，武姜大汗淋漓，瘫在床榻上。

“是位公子！”产婆兴冲冲地喊道。郑武公看了一眼孩子，赶紧上前安慰武姜。

“大王，这孩子如此折磨我，我想好了，他的名字就叫寤（wù）生（寤生就是难产的意思）。”武姜柳眉一挑说道。

十月怀胎，一朝分娩。要说哪个母亲生孩子时不都是在鬼门关走一回！到头来不还得疼孩子，谁让那是自己身上掉的肉呢！可武姜偏偏是个例外，对自己的儿子寤生总是不冷不热的。

寤生三岁时，武姜又有了身孕。第二胎很顺利，没遭什么罪，产下的也是一名男婴，武姜对这个男孩喜欢得不得了，取名共叔段。

兄弟俩逐渐长大了，武姜的偏心却一点儿都没变。郑武公病重时，武姜就到他面前说小儿子的好话，让郑武公改立共叔段做太子，继承君位。郑武公说：“这不符合礼法。”临死之前，他还是将王位传给了长子寤生。

讨伐共叔段

寤生继位，是为郑庄公。武姜见一计不成，又来一计，她想让小儿子留在京城。她知道这不符合礼制，便假意对郑庄公说：“我想让你弟弟去制邑，你看怎么样？”

郑庄公听了大吃一惊，说道："这制邑并不是什么好地方啊，地势险要，从前虢（guó）叔就死在那里了，让弟弟去恐怕不合适吧！"

武姜见郑庄公中了圈套，趁机说："既然你不想让弟弟去险恶的地方，那就把他留在京城，封他为京邑太叔吧！"庄公答应了。

大夫祭仲说："按照先王定下的制度，分封城墙不能超过三百丈长，最大的城邑不能超过国都的三分之一，现在太叔的京邑违反了规定，恐怕会带来祸患。"

郑庄公迟疑着说道："这是我母亲想要的，我怎么能违背她的想法呢？"

不久，共叔段得寸进尺，把西边和北边的边邑也划到自己的管辖范围内。公子吕对郑庄公说："一个国家不能有两个国君，如果您打算把国君的位置让给共叔段，那么我就去当他的臣子；如果您没这个打算，那么就请除掉他，不要让百姓心存疑虑。"

郑庄公回答："共叔段对君主不义，对兄长不敬，不用惩罚他，他自会倒台。"

共叔段见哥哥对自己如此放纵，以为是怕了自己，于是集结党羽，招兵买马，准备袭击郑国，武姜则在城内给小儿子做内应。郑庄公得到这个消息，觉得不能再纵容他了，于是派军队去讨伐共叔段。京邑的人见郑庄公派兵来伐，纷纷背叛了共叔段。共叔段阴谋败露，只好四处逃亡。

⊙郑庄公

母子再见面

郑庄公对母亲的所作所为非常痛心，于是把她安排到城颍（yǐng），并发誓说：“不到黄泉，永不相见！”虽然说的是气话，但君无戏言，碍于面子，郑庄公也不能去见母亲了。

一个叫颍考叔的官吏知道了郑庄公的烦恼，打算给他出出主意。一次，颍考叔特地拿礼物去拜见郑庄公，郑庄公因为要回礼就请颍考叔吃饭。用餐时，颍考叔只吃主食和素菜，不吃肉，这让郑庄公觉得很奇怪。

颍考叔说：“我的母亲还没有吃过君王赏赐的肉羹，我要给她留着。”

郑庄公叹了一口气：“你还有个母亲可以孝顺，可是我……”

颍考叔笑着说：“这又有何难？您只要让人在地下挖一

条地道，挖出了泉水，在地道中相见，谁还会说您违背誓言呢？再说您这是孝顺之举，别人赞赏您还来不及呢！”

郑庄公一拍脑门儿：“对啊，我怎么没想到呢！”

就这样，母子二人又见面了，郑庄公高兴地说：“大隧之中，其乐也融融！”

武姜也感动地说：“大隧之外，其乐也泄（yì）泄。”

抢了周桓王的粮食

郑庄公一直忙于处理这件棘手的家务事，很长一段时间没有朝见周天子。周平王对他十分不满，想要让自己中意的虢公代替郑庄公执政。郑庄公得了信儿，快马加鞭赶到周朝廷，把周天子吓了一大跳。

郑庄公对周平王演了一出负荆请罪的戏：“我听说您要把我的职位让给虢公，我觉得您做得对，我实在是没有什么才能！”

周平王听他这么说，不由得心虚起来：“哪有的事！那都是道听途说的。”郑庄公执意要让位，弄得周平王下不来台。最后，周平王为了表示自己对郑庄公是百分之百信任的，承诺郑庄公互相将各自的儿子压给对方做人质，这事才算作罢！

不久，周平王病逝，在郑国做人质的太子狐伤心过度，回国后也病死了。太子狐的长子姬林继位，也就是周桓王。周桓王对郑庄公拿他父亲当人质的事一直耿耿于怀，即位后，二话不说就撤了郑庄公在周朝廷的职位。

郑庄公无缘无故被撤职，十分恼火，打算给周桓王一个下马威。他让大将祭足率领军队到周朝边境去抢麦子。周桓王没想到郑庄公胆子这么大，一直想暗地寻找机会羞辱他。

一次，郑庄公前来朝拜，周桓王便当着满朝文武的面，怒气冲冲地质问道："爱卿，你们郑国今年收成怎么样啊？"

郑庄公面不改色，笑嘻嘻地回答："托天子的福，今年风调雨顺，是大丰收哩！"

周桓王更生气地说："也就是说，今年我可以无忧无虑地把周朝打的粮食留下了呗！"

为了让郑庄公难堪，周桓王又送给他十车大黄米，意思是让他不要来抢粮食了。

不论周桓王怎么羞辱，郑庄公都不生气，因为他此次来周朝，不单是要觐见周王，而是有一个更大的目的，那就是寻找讨伐宋国的契机。

讨伐宋国

春秋诸国争霸，实施的都是远交近攻的战略。郑国与宋国，都将对方看成眼中钉、肉中刺。郑庄公早想对宋国下手，无奈出师无名，此次来朝拜天子，就是来寻找借口的。

苍蝇不叮无缝的蛋，郑庄公打听到宋国已有好几年没有向周天子上交贡品了，这可是一个绝佳的借口。郑庄公计上心头，他命人带着那十车粮食，逢人就说是天子赏赐的，然后又放出消息，说宋国国君已经很久没有朝见天子了，现在自己是奉天子的旨意，要去讨伐宋国。

舆论工作已经准备充分，还需找到同盟国。鲁隐公十年（前713），郑国和鲁国、齐国国君在中丘会面，商议伐宋大计，并约定了出兵的日期。伐宋之战一打就是两年，郑庄公虽然没能夺取宋国的土地，但是大大削弱了宋国的势力，让宋国不再对自己构成威胁。

治理许国

鲁隐公十一年（前712），郑、鲁、齐三国联盟又打败了许国。战胜之后，许国的治理权归谁成了一个难题。齐僖（xī）公建议把许国让给鲁国管理，鲁隐公害怕遭到许国的报复，于是把这个烫手的山芋扔给了郑庄公。

郑庄公思考了一番，答应接手许国。他担心齐、鲁两国会心有不甘，于是想出了一个折中的计策，那就是仍让许国人治理自己的国家，然后派郑大夫进行监督。这样既不会引起许国人的反抗，也会消除齐鲁两国的怀疑。

郑庄公安排许大夫百里辅助许国国君执掌政权，主要管理许国东部事务。在百里前往许国之前，郑庄公将他找来，语重心长地与他谈论了一番。

郑庄公说：“许国的国君不懂法度，上天要借我的手来惩治他。我连自己的亲弟弟都管不了，又怎么能治理好许国呢？因此我派你前去许国，希望你能好好辅佐许国国君，安抚许国百姓。如果我能一直保护着郑国，直到我寿终正寝，那么我死之后就让许国国君重新执掌国家政权吧。如果远方的国家有对我郑国心怀不轨的，那么许国就是我们的一道屏障，可保我郑国边疆安稳。”

除此之外，郑庄公又派郑国大夫公孙获驻守在许国的西部。同样告诫公孙获：“不论是财产还是器物，你都不要留在许国，如果我去世了，你要赶快离开许国。现在周王室衰微，我们同为周国的子孙，难道要一直与许国相争吗？”

郑庄公对臣子的两次训诫，一直被后人所称赞。天下人都认为郑庄公在这件事上做得很符合礼制，既让被治理国可以巩固社稷，不至于生灵涂炭，又让同盟国无法挑理。更重要的是，解决了郑国边疆的隐患。可见郑庄公真是足智多谋，眼光长远。

射了周桓王一箭

郑庄公打败宋国和许国的事传到周桓王耳朵里，周桓王气得暴跳如雷：“这个郑庄公，我那么羞辱他，他都不知道收敛，反而更加放肆，居然假借我的名义去攻打宋国，实在是没把我放在眼里。”于是下旨撤了郑庄公在周朝廷的卿士之职，还亲自带领陈、蔡、卫三国的兵马到郑国讨伐郑庄公。

郑庄公一点儿也没害怕，心想：这个周桓王，当初在朝堂上当着众人笑话我，我没计较；他拿十车谷子羞辱我，我也没计较。现在倒好，居然无故撤我的职，还来攻打我，以为我真怕了他呢！庄公派大将祝聃（dān）前去迎敌。

周桓王虽带着三国的兵马，可那三国都是碍于面子出兵的，没人真想与郑国为敌。双方一交手，周桓王就顶不住了，赶紧下令撤退。祝聃见周桓王跑了，举起弓箭，“嗖”的一声射中了周桓王的肩膀。正当郑军要乘胜追击时，郑庄公下令阻拦道：“我们只是吓唬吓唬他，要是真把他杀死了，那不是给各国诸侯来讨伐我们提供了借口吗？”

为了给周桓王挽回面子，郑庄公带了十二头牛、一百只羊和粮草，连夜赶到周桓王的兵营里赔罪，整得周桓王想找个地缝儿钻进去。周桓王本想以郑庄公伤了自己为借口发动各国讨伐他，转念一想，这样自己受伤的事岂不是人尽皆知，那也太没面子了，只好作罢。

郑将祝聃这一箭使周天子威信扫地，使郑庄公名声大振。那些曾与郑国为敌的小国纷纷前来求和，那些大国诸侯也表示愿与郑国结盟，郑国的实力变得空前强盛。

郑庄公一生足智多谋，眼光长远，兢兢业业治理郑国，不得不说是一位称职的君主。公元前 701 年，郑庄公与世长辞，太子忽继位，是为郑昭公。

按照国土面积和人口数量的标准，郑国只是一个小国，但在郑庄公的治理下，郑国虽小却强。郑庄公虽没被列入春秋五霸，但他偷了周桓王的麦子，射伤了周桓王的肩膀，也算得上是有胆有魄。也正因为如此，郑庄公才被称为“春秋小霸”。

（课内连线:《中国历史》七年级上，第二单元第6课《动荡的春秋时期》）

楚庄王：从一鸣惊人到问鼎中原

贪玩的国君

春秋初年，在楚国宫廷里诞生了一个男孩，他的父亲正是楚国国君楚穆公。因为是第一个儿子，父亲很是喜欢，便为他起了一个响亮的名字，叫熊旅。熊旅的少年在险恶的环境中度过，这开阔了他的胸襟，也磨炼了他的意志。楚穆公去世后，作为嫡长子的熊旅即位，他就是我国历史上赫赫有名的楚庄王。

楚庄王即位时还不到二十岁，在令尹（官名，相当于相国）的辅佐下，为楚穆王办理了丧事。晋国这时趁机召集其他诸侯国重新订立盟约，当上了霸主。其实，楚国在楚庄王的祖父楚成王在位时，已经是南方强国了，就差最后一步就可以取得霸主地位。但是因为在与晋国的城濮之战中失败，楚国最终失去了霸主地位。眼看晋国现在成了霸主，楚国的大臣们非常着急，便让楚庄王去争夺霸主之位。可是楚庄王一点儿也听不进去，他每天不是出去打猎，就是在宫中喝酒听音乐，根本不把国家大事当回事。楚庄王一玩就是三年，每当有人来劝他，他不但不听，还大发雷霆，要治他们的罪。

楚庄王为什么要这样混日子呢？他知道自从父亲楚穆王死后，楚国内忧外患。楚国南边的属国趁机不断挑起事端，朝内令尹斗越椒的权力很大，楚庄王又刚刚即位，还没有在朝廷上站稳脚跟，也不知道大臣中哪些是忠臣，哪些是奸臣，哪些人能够重用。如果单单靠自己一个人的力量，是无法将斗越椒制服的。在这样复杂的形势下，楚庄王只好以静制动、韬（tāo）光养晦（huì）。他表面上对国家大事不闻不问，只是贪图享乐，其实暗地里一直在物色合适的人才。

大国崛起

有一天，一个名叫申无畏的大臣来见楚庄王。他对楚庄王说：“人们都说大王聪明，我想请您猜一个谜语。”楚庄王觉得很有意思，便答应了。申无畏说：“南山之中出了一只怪鸟，它体型巨大，长着五彩羽毛，可奇怪的是，已经三年了，它不飞也不叫。很多人都不知道这是只什么鸟，您说说看？”楚庄王仔细想了想，明白了申无畏此举的深意，便说：“这不是一只普通的鸟，它不飞则已，一飞冲天，不鸣则已，一鸣惊人。”

从这一天起，楚庄王便不再贪玩，开始把全部精力投入国事当中。经过三年的考察，楚庄王对楚国的政局和手下大臣已经有了深入了解。他重用了申无畏、苏从、伍举等一批忠臣，一面改革政治，让楚国的大权重新回到自己手里，一面训练军队，打算与晋国争夺霸主地位。

公元前611年，楚国发生自然灾害，南方小部落趁机不断骚扰，楚庄王决定亲自出征平乱。他只用了短短几年，就征服了南方很多小部落。

公元前606年，楚庄王亲自率领军队征伐陆浑的戎族（西北游牧民族），一直追到洛水边。在凯旋途中，楚庄王率兵去了周王室的都城洛阳，并举行了隆重的阅兵仪式。周天子非常害怕，赶紧派大臣王孙满前去慰劳。

楚庄王问王孙满：“周天子的九鼎有多大？有多重？”当时只有天子才可以拥有九鼎，楚庄王的意思是想灭掉周朝，取而代之。王孙满知道楚庄王的言外之意，便回答说：“统治天下，重在仁德，而不在于鼎的大小和轻重。”楚庄王听了王孙满的话很震惊，只好说道：“持有九鼎没有什么了不起，我们楚国有的是铜，只要把折断的铜钩尖收集起来，就足够铸造成九鼎，一统天下！”

王孙满避开楚庄王的话锋，说：“周朝现在虽然衰落，但是天命没有改变，所以鼎的大小、轻重，不是谁都可以过问的。”

楚庄王一时被说得哑口无言，只好带兵退出了洛阳。但是这次对话却给楚庄王留下了深刻的印象，他明白了，拥有仁德比拥有鼎更为重要。

平定叛乱

就在这时，令尹斗越椒起兵造反了。楚庄王即位后，斗越椒一直有造反的心思，再加上后来他的权力被削减，他气不过，便趁楚庄王出去打仗，集结部队占领了楚国的都城郢都，还亲自带兵将楚庄王的队伍拦在了半路上，企图一举除掉楚庄王。

⊙楚庄王

斗越椒向楚庄王连射两箭，一箭射在铜钲（zhēng）上，一箭穿过车盖，差点儿就伤着楚庄王了。楚军惊恐万分，开始后退。楚庄王急中生智，派人传令说：“先君楚文王攻克息国时，曾得到三支利箭，斗越椒偷走了两支，现在已经射完，大家用不着害怕了！”楚军听后才安定下来。接着，楚庄王一边暗地里让大军四下埋伏，一边派人将斗越椒引了出来。斗越椒过河之后去追楚庄王，才发现中计，打算掉头回去又发现桥也被拆了，连自己的阵地也丢了。

这时，楚国大将乐伯在河对岸冲着他大喊，让他投降。斗越椒哪里肯听，下令士兵向对岸射箭。在对岸乐伯的队伍中，有一个叫养由基的小军官，他看斗越椒让人射箭，便站在桥头上，冲着斗越椒喊道："隔河射箭没有用，令尹您一向自夸箭术高超，不如你我来比比箭吧！一人射三箭定输赢，如何？"

斗越椒射箭百发百中，在楚国几乎无人能及，他一看是个毛头小子，打心眼里看不起。可是他一连射了三箭，都被养由基接住了。这下轮到养由基了，只见他将弓拉满，只一箭，就射中了斗越椒的脑门儿。养由基用一箭就结束了斗越椒的性命，因此被楚国人称作"养一箭"。

平定斗越椒的叛乱后，楚庄王便请来一个叫孙叔敖的隐士做令尹。孙叔敖从小就受过很好的教育，对治国有独到的见解。一当上令尹，他就辅佐楚庄王着手改革制度、整顿军队、开垦荒地、挖掘河道、发展生产，使楚国在短短的几年内变得更加强大。

止戈为武

楚庄王争夺霸主的时机到来了！这时，称霸中原的晋国国君晋成公和赵盾相继去世，晋景公做了国君。

公元前597年，楚庄王亲率楚军北伐郑国，晋国前来救郑，晋楚两军在邲（bì）地对垒。楚庄王为了麻痹晋军，假装向晋军求和，诱使晋军主将答应。就在双方会盟之时，楚庄王命小队楚军袭击晋军，晋军这才知道上当了，但为时已晚。楚军趁机全力攻击，晋军仓促应战，被打得落花流水，四处逃窜。楚国大臣潘党建议楚庄王说："我们何不把晋军的尸首堆积起来，筑一座'京观'，一来可以炫耀武力、威慑诸侯，二来能够昭示子孙后代，万世留名。"

楚庄王听了，摇摇头说："战争不是为了宣扬武力，而是为了给百姓带来安定的生活。'武'的内涵具备这七种德行：勿施强暴，防止战争，保持强大，巩固基业，安定百姓，团结民众，发展经济。国君只有做到这几点，才能让后世永远记住。晋军为国尽忠而死，应该得到尊重，怎么可以用他们的尸体建'京观'呢？把晋军将士的尸体妥善埋葬吧！"于是，楚庄王在黄河边上祭祀河神，然后下令收兵，不再追击逃亡的晋军。

对于武力，楚庄王有着自己独到的见解，他说"武"字由"止"和"戈"两个字合成，真正的武，是为了永远停止动用武力，"止戈"才是武的真正内涵。

雄霸中原

邲之战后，楚庄王又以雷霆万钧之势进逼中原，迫使鲁、宋、郑、陈等中原小国相继背弃晋国而依附楚国。晋国不敢再南下伐楚，中原一些小国的威胁也解除了，楚国的地盘扩展到今湖北西北，与秦接壤。这时的楚国国势已经无人能敌，楚庄王成为继齐桓公、晋文公和秦穆公之后的第四位霸主。

公元前 591 年，楚庄王因病与世长辞。在楚庄王死后几十年间，楚国国力直线下滑，到楚昭王时，楚国的雄图霸业已经名存实亡。

楚庄王是一位有雄才大略的君主，更是一位以仁德著称的贤君。他的政治思想非常符合儒家的仁政思想。他曾经打败陈国，却没有将其灭掉；在郑国穷途末路之际，却放过郑襄公，与郑国议和；他不建“京观”，提出“止戈为武”。楚庄王充满哲理的思想表明楚国已经不再是南方那个野蛮小国，它的政治思想和文化水平已经达到了一定高度。

后世对楚庄王给予了很高的评价。春秋末期，六十多岁的孔子带着弟子访问楚国，对楚庄王大加赞赏，他称赞楚庄王是春秋时代罕见的符合儒家思想的君主。另外，值得一提的是，关于楚庄王的一些典故，如“一鸣惊人”“问鼎中原”“止戈为武”等，已成为今天人们耳熟能详的成语。

（课内连线：《中国历史》七年级上，第二单元第 6 课《动荡的春秋时期》）

老子：道家文化的始祖

传奇人物

老子是春秋时期的传奇人物，他姓李，名耳，字聃，所以也称老聃。他曾经担任过周朝的守藏室史，也就是管理藏书的官员。由于工作之便，他可以看到各种民间读不到的典籍，渐渐地，他有了对世间独到的见解和深邃的思想。他淡泊名利，一直过着默默无闻的生活。他的著作《道德经》只有五千字，但研究这本书的人却数不胜数，书中朴素的辩证法思想对中国哲学的发展有着深远影响。老子也是世界文化名人，德国哲学家黑格尔认为，老子是“东方古代世界的精神代表者”，他还被奉为道教始祖。

跟着商容学习

老子从小就善于思考、勤学好问，他的母亲请了一位学问很高的老先生商容来当他的老师。商容上知天文下知地理，博古通今熟知礼仪，深受老子一家的尊敬。有一次，商先生教道："天有天道，所以日月星辰可以运行；地有地理，所以山川江海可以形成；人有人伦，所以尊卑长幼可以区分；物有物性，所以长短坚脆可以区别。"老子问："日月星辰是谁推动运行的？山川江海是谁创造而成的？尊卑长幼是谁确定区分的？长短坚脆又是谁划分出来的？"先生说："都是神做的。"老子问："神是怎么做到的？"先生说："神有变化的能力，有造物的本领，所以可以做到。"老子问："神的能力是从哪里来的？从什么时候开始具备的？"先生说："以前的贤人没有教，古书上没记载，我不敢乱说了。"于是老子又问母亲和家里人，他们都不知道，于是老子盯着东西思考，吃饭都觉得没有滋味。

⊙老子

又有一次，商先生教道："君王是代表上天来治理世间的人，人民是被君王统治的。君王不按天意治理就会被废弃，民众不顺从君王的管理就会受到惩罚，这就是治国的道理。”老子问：“民众不是为君王而生的，不顺从君王的统治还可以理解，君王是因天意而生，君王怎么能违背天意呢？”先生说：“神派遣君王代理上天管理世间，君王如同将在外而不受命令。君王来到世间就可能不接受上天的旨意了。”老子问：“神有变化的能力，有造物的本领，为什么不创造一个听命令的君王呢？”先生说：“以前的贤人没有教，古书上没记载，我不敢乱说了。”老子又问母亲和家里人，他们都不知道，于是老子就风雨无阻地到处奔走，向人请教。可见，老子从小就是一个不懂就问、爱知求真的人。

商老先生教了老子三年，就来向老子的母亲辞行，他感到已经将自己的学问都教给老子了，希望老子可以到周朝的都城去继续求学，正好他的师兄周博士在那边，可以培养老子。老子十三岁就离开了家，到周朝都城去了。他在博士家学习后，又入了太学，天文地理无所不学，史书典章无所不习，还精研六经。三年之后，他的学问有了很大长进，被博士推荐进入守藏室做一名小吏。守藏室相当于周朝的国家图书馆，书籍资料丰富，老子在那里一边工作，一边如饥似渴地博览群书。又过了三年，他升任守藏室的史官。

孔子问道

老子的学问与孔子不太一样，孔子的学说以人类社会为范围，而老子潜心探索的是人与自然和人性的本源问题。相传孔子曾经到东周的都城，向老子请教问题，孔子问道：

“我研究了《诗》《书》《礼》《乐》《易》《春秋》这六经，对其中的道理可以说是非常精通了，可是我周游列国，用这些学问去游说诸侯，谁也不采纳，这是为什么呢？”老子说:“是不是你的学问不合时宜呢？”孔子说:“是的，我也经常问自己这个问题：谷子种在田里会长出禾苗，鸡蛋可以孵出小鸡，我自己不去改变，怎么能改变别人呢？”

老子点头表示同意，并问孔子:“人老了之后还有牙齿吗？”孔子回答:“没有了。”“那人老了之后会有舌头吗？”孔子说:“舌头还在。”老子说:“这就是坚硬的容易坏掉，柔软的却能长久。如同上善若水，水善利万物而不争，天下最柔弱的就是水了，但攻坚克强却没有什么能胜过它，所以柔能胜过刚，弱能胜过强。君子遇到适当的形势就做官，环境不好就隐居起来，君子具备很高的德行，看起来却好像很愚钝。”

孔子听完点头称是，后来孔子对弟子们说:“我知道鸟能飞，我可以用箭射它；我知道鱼能游，我可以用线钓它；我知道兽会跑，我可以用网罩住它。至于龙，是乘着风云直上九天，我今天见到老子，他大概就像一条龙吧！”孔子对老子佩服得五体投地。

老子丧母

老子担任周朝守藏史时，有几次回家看望母亲，每次都劝母亲跟自己搬到周都城去住，但母亲在陈国相邑住久了，人熟地熟，不愿意远走他乡。转眼三十多年过去了，有一天，老子接到家信，说母亲病危了，于是他报请天子，请假回家。等到家时，母亲已经去世了。他只看到了掩埋母亲的一堆黄土，他在墓前回忆起母亲当年的音容笑貌，悲痛欲绝，不吃不睡。

一天，老子忽然发现自己很愚钝，恍然大悟之后，他的愁苦都不见了，只觉得肚子饿、身体累，于是饱餐一顿，倒头大睡。家人都非常奇怪，等他醒来时问他原因，老子回答说："人是有情有智的，因为有情所以人伦关系和谐；因为有智所以明理通达。情是智的附属，智是情的主宰。母亲生我，恩重如山，现在母亲去世了，我的情难断，这是人之常情。但情难断如果不用智来主导情，就会心乱，所以会悲不欲生。我坐在坟前沉思良久，忽然智来，用智统领情，所以情可以被节制，事情也变得有条理，于是才发现，我饿了想吃饭，疲倦得想睡觉。"

家人问："智怎么统领情呢？"老子说："人出生是一件从无到有的事，必定也会经过从有到无的过程。母亲没有我时，是没有母子之情的，有了我，我和母亲才有了母子之情。母亲离我而去，母亲的情已经没有了，只剩下我的情了。人情没有之前跟人情从有变回没有之后，有什么差别吗？如果没有差别，那还沉溺在没有的情里痛不欲生，不是很愚钝吗？骨肉之情难断是合情合理的，但若因为难断就不加以制止，那就违背自然的道理了，违背自然就是愚钝了。”大家听了他的话，心里都豁然开朗。

西出函谷

后来东周王室发生内乱，老子预计周朝不能长久，就决定隐退，于是辞官回家。老子在陈国老家待了一阵子，因为楚国灭掉了陈国，为避战乱，老子一路西行，来到函谷关。在当时，老子只在小圈子里面有名气，一般人都不知道他的学问。但函谷关的官员尹喜却是个有见识的人，他久闻老子大名，认出了骑着青牛缓缓而来的老子，请求老子收他为徒。老子推辞说，自己已经老了，也没什么学问，不会教人。尹喜坚持说：“您满腹经纶，如果不留下些东西，恐怕不能让您出函谷关啊！”老子无法再推辞，就在函谷关写下了五千字的《道德经》，又称《老子》，因为此书分为道和德两篇，所以得名。之后，尹喜只好让老子出了函谷关，从此谁也不知道他去了哪里。

《道德经》以五千言而蕴含奥义，影响了中国哲学的发展，可见老子修为之深。这种积累跟他从小就善于思考和探究是分不开的。独立的思考能力和钻研精神，对今天的我们更是弥足珍贵的。世上最不缺乏的就是人云亦云的人，唯有保持独立的思考能力并坚持不懈地努力探究下去，最终才能取得相应的成就。

（课内连线：《中国历史》七年级上，第二单元第8课《百家争鸣》）

孔子：万世尊仰的至圣先师

至圣先师

孔子，姓孔，名丘，字仲尼，春秋时期鲁国陬邑 [今山东省曲阜市] 人，中国古代著名的思想家、教育家，儒家学派创始人。孔子是当时社会上最博学的人之一，被后世尊为“孔圣人”“至圣先师”，被现代人列为“世界十大文化名人”之首。他完成了《诗》《书》《礼》《乐》《易》《春秋》六经的修订。相传他有三千弟子，其中有七十二位贤人，十二位哲人。孔子去世后，他的弟子和再传弟子把他的言行语录和教学思想记录下来，编辑整理成《论语》，成为儒家重要的经典著作。

少年孔子

孔子的祖上曾经是宋国的贵族，但到他父亲时已经没落了。他的父亲叔梁纥（hé）有九个女儿和一个脚有残疾的儿子叫孟皮。为了能有一个健康的儿子，六十六岁的叔梁纥娶了不满二十岁的颜氏之女颜徵在，并在附近的尼山祭拜求子。公元前 551 年，孔子降生。孔子刚出生时，头顶凹陷而四周隆起，很像一座小山丘，所以父亲给他取名为丘，字仲尼。

孔子三岁时父亲就去世了，为了避免家庭纷争，母亲颜氏带着年幼的孔子离开了家族，艰辛地抚养孔子长大。孔子从小就勤奋好学，并且对礼有着浓厚的兴趣。与其他孩子嬉戏时，他会把小木块、小泥巴当作礼器，按礼仪要求，模仿祭祀场景。

由于家境贫困，孔子很早就要分担家里的劳动，这迫使他从事过不少辛苦的劳作，同时也学会了很多谋生的手艺。在劳动的同时，他一直坚持读书学习，十七岁时就闻名乡里，连鲁国的君臣都听说过他。

孔子十九岁时娶亓（qí）官氏为妻，二十岁时，妻子给他生了一个儿子，当时鲁国国君鲁昭公派人给他送了一条鲤鱼以表祝贺，孔子以此为荣耀，就给儿子取名为孔鲤，字伯鱼。此后，孔子还在季氏门下做过两次小吏，一次是委吏，相当于仓库管理员，还有一次是乘田，相当于牛羊管理员。这两次做官地位都不高，但他尽心尽力把仓库管理得井井有条，把牛羊喂养得又肥又壮。

平民教育的倡导者

当时周室衰微，诸侯并起，战争此起彼伏，生活在平民阶层的孔子深切地感受到了百姓的疾苦。他立志改善社会，使天下太平，于是他一边研读古圣先贤的书籍，一边向他人学习。大约在三十岁时，孔子就已经形成了一套完整的社会改良思想。他看重“礼”在治国中的作用，赞同尊卑有序、有礼有节的社会秩序，主张“为政以德”，用“仁德”和“礼教”治理国家。同时，孔子还主张“有教无类”的教育思想，为教育的普及做出了巨大贡献。

此后，鲁国政局动荡不安，大夫季平子得罪了鲁昭公，昭公派兵攻打季平子，季平子联合孟孙氏、叔孙氏一起反击昭公。鲁昭公战败，被迫流亡到齐国，鲁国的大夫们不顾礼乐制度的约束，各行其是，僭（jiàn）越天子的乐舞，孔子对鲁国政坛十分失望，就离开鲁国到了齐国。

齐景公向孔子询问治理国家的方法，孔子说：“君君，臣臣，父父，子子。”意思是说君王要像君王，臣子要像臣子，父亲要像父亲，儿子要像儿子。齐景公再问具体怎样治理，孔子说：“政在节俭。”齐景公对孔子大为赞赏，想把一块土地封给孔子治理，却被晏子阻止。后来齐国的大夫想加害孔子，孔子听说后向齐景公求救，齐景公说自己老了，帮不了他了，孔子只好又回到了鲁国。

孔子希望一展政治抱负的理想一开始就碰壁，于是他从三十多岁开始收授弟子，采用“有教无类”的办学宗旨，只要给一束干肉做学费，便一视同仁地教授学生。他讲授经典，传授六艺（礼、乐、射、御、书、数），并与德行、政事、文学、言语这四科相辅相成。他认为教育的根本目的是教会学生做人，而做人的关键是有仁爱之心，仁爱之心首先表现为孝悌，就是孝敬父母、友爱弟兄，之后再扩展到与家庭之外的关系，应当先把道德修养的基础打好，再学习文化知识。

⊙孔子

在鲁国为官

孔子五十一岁时，仕途之门终于向他敞开，他被任命为中都宰，即负责国家都城的长官。一年后，他升任司空，掌管工程制造；后来又升任大司寇，负责国家司法刑狱。这是孔子仕途上最辉煌的时刻，这一年他下令处死了巧言乱政的鲁大夫少正卯（mǎo）。在他的治理下，鲁国人人诚信，路不拾遗，夜不闭户。鲁国治理得这样好，使临近的齐国大为惶恐，他们怕鲁国慢慢强大起来会威胁到齐国，于是挑选八十位美女，并带着乐队和马匹献给鲁定公。当时的季桓子和鲁定公都沉湎于女色歌舞，多日不理朝政，孔子因此对鲁国的政局感到非常失望。再加上举行祭祀后，季氏没有按礼节给孔子送祭肉，表明已经不想再用他了。孔子不得已离开鲁国，希望到其他国家去施展自己的政治理想和抱负。在五十五岁这一年，孔子带着弟子开始周游列国。

周游列国

孔子离开鲁国向西来到卫国，开始卫灵公还以礼相待。不久，有人在卫灵公面前说孔子的坏话，卫灵公就命人带着兵器出入检查孔子的住处，孔子不得不离开卫国去陈国。在经过匡地时，因为孔子长得像欺负过匡人的阳虎，孔子师徒被陈国人围困起来，断粮好几天。这时子路忍不住问老师："有道德的君子也要遭受像这样的困境吗？"孔子回答说："君子即使遇到困境也能坚守，小人一旦到了穷途末路就堕落苟且了。"后来经过交涉，孔子才得以脱身。此后孔子又几次回到卫国，卫灵公对孔子的态度依然时好时坏，而且卫灵公过于听信夫人南子的话，孔子无奈地感慨说："我没有见过像好色一样好德的人。"这是在委婉地批评卫灵公好色。

孔子经过曹国、宋国、郑国来到陈国，陈国的大夫担心孔子会对他们不利，便派服劳役的人把孔子师徒一行围困在半路。前不着村、后不着店，一连几天，带的粮食全吃完了。绝粮七天，子贡到楚国求援，请楚昭王派兵救了孔子。

孔子来到楚国，叶公子高向孔子请教：“应该怎样治理一方？”孔子说：“要使附近的人都喜悦，让远方的人想来归顺。”这个叶公子高，正是“叶公好龙”典故中的叶公，他屋里到处雕刻着龙，但当他真见到龙时却吓得魂飞魄散。向孔子问政，叶公也只是如好龙一般装装样子，并没有真心实意想实行。

楚昭王想攻打太叔，曾请孔子去请教策略，孔子回答不知道，其实是他不想参与战争。孔子回来后就准备带弟子们离开楚国，他对弟子们说：“鸟可以选择栖息的树木，树木又怎么能够选择鸟呢？”

就这样，孔子走过了许多诸侯国，不少人向他讨教治国方略，却无人给他施展才能的机会。因为当时天下大乱，各诸侯都相信用武力才可以称霸天下，不相信以德治国能让对方放下武器。

孔子的晚年

鲁哀公十一年（前 484），掌权的季康子任用孔子的弟子子贡、冉有，并听从冉有的话带着礼物把孔子从卫国接了回来。周游列国十四年的孔子终于重新回到鲁国，这时他已经六十八岁了。

孔子的晚年经历了亲人和得意门生过世的悲痛。他六十九岁时，儿子孔鲤去世；七十一岁时，最欣赏的学生颜回病逝；七十二岁时，勇猛的弟子子路在卫国内乱中被杀。

公元前479年，孔子病重，最终不愈而卒，终年七十三岁。他被埋葬在鲁城北泗水岸边，众弟子为他守墓三年，子贡甚至为他守墓六年。

孔子一生虽然在政治上不得志，但他却是我国古代最伟大的教育家。他创办私学，使平民百姓有了受教育的机会，改变了当时社会只有上层人才能接受教育的状况，对后世的教育方式有着深远的影响。他的弟子多达三千人，其中贤人七十二位，这七十二人中有很多成为各诸侯国的高官栋梁，为儒家学派的传承做出了贡献。

孔子同时是一位伟大的思想家，他创立的儒家思想成为几千年来封建社会的正统思想，对政治、文化的发展都起到了巨大的作用。儒家思想至今仍受中国乃至世界各地人们的推崇。

（课内连线：《中国历史》七年级上，第二单元第8课《百家争鸣》）

墨子：创立墨家的平民哲学家

墨子是我国历史上一位影响巨大的人物，墨子，姓墨，名翟，被尊称为墨子。他是一位伟大的思想家、教育家、科学家和军事家。

有志的平民

墨子是宋国人，他的祖先是宋襄公子兹甫的哥哥子目夷。但墨子的父亲却是一位平民百姓，所以墨子是一位出身于平民的伟人。

墨子在少年时当过牧童，做过木工，也种过地。后来，墨子决心出去拜访天下名师，学习治国之道，以恢复自己先祖曾经有过的地位。

墨子首先拜孔子的弟子学习儒学，但是他又不赞成儒家对待天帝、鬼神和命运的态度，他反对儒家提倡人死了要用许多东西陪葬的主张，反对儒家过于烦琐的礼节和奢华萎靡的音乐，认为儒家所讲的都是些华而不实的东西。

墨子不只学习儒家著作，后来他学习了各家的学问，从中吸取有益的思想。无论走到哪里他都要用车拉着很多书，边走边读。有一次，墨子到卫国去，拉着满满一车书，有个叫弦唐子的人问他：“带这么多书干什么呢？”

墨子说：“过去周公每天早上要读一百篇文章，晚上还要接见七十个读书人，所以他知识渊博。我既不需要像周公那样忙于治理国家，又不需要去耕种田地，我还有什么理由不读书呢？”

读书多了，墨子就有了丰富的知识，他把这些知识和现实结合起来，独创了自己的思想，即墨家学说。

墨子的足迹遍布各个国家。东到齐国，北到郑国、卫国，南到楚国。各个国家对墨子都非常欢迎。楚王、越王还打算给墨子封地，并委任官职，墨子没有接受。

墨子继续在各地讲解自己的学说，整天忙得不可开交，非常辛苦。

有一次，他在齐国见到一个老朋友。老朋友问他：“现在天下已经没有道义了，也没有人传播道义，你何苦一个人这样辛苦，到处跑着讲解道义呢？”

墨子说：“老朋友，你不明白啊！你听我说，有个人生了十个儿子，只有一个人种地，其他九个都闲着，这一个种地的就不能不更加努力啊！为什么呢？因为吃饭的人多而种地的人少。现在天下没人传播道义，您应该鼓励我才行，为什么还要劝阻我呢？”

有一个成语叫作“孔席墨突”，“突”是“烟囱”的意思。就是说孔子的席子暖不热，墨子的烟囱熏不黑。孔子和墨子都到处跑着传播思想，不等席子暖热，不等烟囱熏黑，就又出发了。

墨家团体

墨子在各地招收学生，传播自己的思想。有大批劳动人民开始追随墨子，墨家学派逐渐壮大，成为和孔子开创的儒学同样重要的另一大学派。儒学和墨学成为当时并列的两大“显学”，就是与人民生活关系密切的学说。那时候，天下文人“非儒即墨”，也就是说，当时的文人不是儒家弟子，就是墨家弟子。

墨子在各地招收的学生越来越多，为了方便管理，墨子制定了很严的纪律和规定，墨家形成了一个有严密组织纪律的团体。

墨家弟子生活都很简朴，他们穿短衣、草鞋，都要参加劳动，自给自足。他们认为吃苦是高尚的，奢华浪费是可耻的。

墨家的纪律相当严明，如果谁违反了纪律，轻则被开除，重则被处死。

墨家的最高领袖称为“矩子”，成员都称为“墨者”。墨者须服从矩子的指挥，“赴汤蹈火，死不旋踵”，意思就是为了墨家的事业，愿意贡献生命，面临死亡都不逃跑。

⊙墨子

宋昭公后期，戴欢当上宋国太宰，他和掌握大权的司城皇争权夺利，最后竟然带领军队互相攻击。

大臣子罕带兵打败了戴欢，赶走了宋昭公子杵臼，掌握了政权。墨子劝子罕不要再追杀宋昭公，子罕竟然把墨子关押起来，而且要杀了他。

墨家弟子纷纷前来营救墨子，他们派人和子罕辩理，为墨子辩护；另一些人到各地请出各界名人，大造舆论；同时，墨家剑客准备杀入都城，营救墨子。

最后，迫于内外压力，子罕不得不释放了墨子。墨子从此远离官场，一心一意著书立说，教育弟子，传播自己的思想。

和平的使者

墨家主张“兼爱”，就是人人平等和博爱。

墨子说，不管是国王还是大臣，不管是父亲还是孩子，不管是兄弟还是姐妹，不管是熟人还是陌生人，都要在平等的基础上相互友爱。

墨子说："爱人若爱其身。"意思就是要像爱自己一样爱护别人。

墨子要求人人要兼爱、非攻。"非攻"就是不要无缘无故地去进攻别人。他反对战争，希望和平。

有一次，楚国要攻打宋国，当时有名的设计师公输班为楚国制造了一种云梯，准备用来进攻宋国都城商丘。墨子正在鲁国讲学，他听到这个消息，急忙带领弟子，走了十天十夜，赶到楚国都城郢都。

公输班问墨子："先生来这里，有什么事吗？"

墨子说："北方有一个人欺辱我，我想请公输先生帮我去杀了他。"

公输班很不高兴。

墨子说："我愿意给你送十两金子作为酬谢。"

公输班说："我是一个坚守仁义的人，怎么会去杀人呢？"

墨子站起身，对着公输班行了两次礼，说："我在北方听说你制造了云梯，想用它来攻打宋国。宋国有什么罪呢？楚国土地广大但是人口稀少，打仗就会牺牲人民。你牺牲珍贵的人民，去争夺多余的土地，你说你的做法明智吗？宋国没有什么错却要攻打它，你这样做仁义吗？你明明知道这样做不对，却还要为楚王制造云梯，你这样做是忠君吗？你自称坚守仁义，不杀人，却要发动战争杀更多的人，你这样做就是不明事理，胡作非为。”

公输班被墨子质问得哑口无言。

墨子说：“赶紧停止你进攻宋国的计划吧！”

公输班说：“不行，我已经报告给楚王了，楚王不会停止进攻宋国的计划。”

墨子说：“你为什么不引荐我去见楚王呢？”

于是，公输班就派人带着墨子去见楚惠王熊章。

墨子见到楚惠王，说：“大王，我有一件事情想不明白，想请大王帮我判断一下。”

楚惠王说：“先生请讲。”

墨子说：“有一个人，他自己很富有，有装饰华丽的车，有漂亮的衣服，也有可口的饭菜，但是他却舍弃自己装饰华丽的车，想去偷邻居那辆破车；舍弃自己漂亮的衣服，想去偷邻居那件粗布衣服；他还舍弃自己可口的饭菜，想去偷邻居那粗糙的食物。大王，你说，这是怎么样的一个人呢？”

楚惠王回答说：“这个人一定是得了偷盗的病了。”

墨子说：“楚国的土地，方圆足有五千里，宋国的土地，方圆不过五百里，这就像装饰华美的车子与破车相比。楚国有云梦泽，里面有成群的犀牛、麋鹿，长江、汉水里的鱼、鳖、鼋、鳄鱼多得天下无比，而宋国却是一个连野鸡、兔子、小鱼都没有的地方，这就像拿美食佳肴与粗糙食物相比。楚国有巨松、梓树、黄楩木、楠木、樟木等名贵木材，而宋国是一个连多余的木材都没有的国家，这就像华丽的衣服与粗布短衣相比。大王放着家里这么多好东西不要，却惦记着进攻宋国，我认为是和这个得了盗窃病的人一样的做法。”

楚惠王想了想说：“先生说得很对。但是，公输班已经给我造好了云梯，不用可惜了，我一定要攻取宋国，试验一下。”

墨子说：“公输班制造的云梯，根本不能攻下宋国的城池，不信，大王可以叫公输班来，我们当场给您演示一下。”

楚惠王召公输班进宫，让他和墨子一起演示用云梯攻城。

墨子解下衣带，用衣带当作城墙，用木片当作守城器械。公输班多次运用攻城的巧妙战术，墨子多次抵御。公输班的攻城器械用完了，墨子的抵御器械还剩余许多。

公输班最后认输了，但是却说：“我知道用什么方法来对付你，可是我不说。”

墨子说：“我也知道你用什么方法来对付我，我也不说。”

楚惠王听糊涂了，问：“你们说的是什么意思？”

墨子说：“公输先生的意思是，只要杀了我，宋国就没有人能守城，就可以攻下宋国的城池了。可是，我的学生禽滑釐已经带着三百多人，拿着我的守城器械，在宋国城上等着楚国进攻呢。即使杀了我，也照样攻不进去。”

楚王还在犹豫不决。

墨子接着说：“战争是危险的事。自古以来，有许多强大的国家在战争中灭亡，只有极少数国家幸存。这就好比一个医生给上万个人治病，仅仅治好了几个人，这个医生不算一个好医生。战争同样不是使国家强大的好方法。打仗的时候，年轻人都上了战场，耽误了农业生产，来年国家就会有饥荒，许多人就会饿死。打仗的时候抢劫别人的财富，不劳而获，杀人越货，残害无辜，还把别的国家的人民抓来做奴隶，都是不仁不义的行为，会遭人痛恨和叱骂。”

楚惠王被墨子彻底说服了，就说：“好吧，我不攻打宋国了。”

墨子告别楚惠王，从楚国回鲁国。经过宋国的时候，天下着雨，墨子想到城门洞里避雨，守门的士兵不知道墨子是他们的救命恩人，不许他进城门。墨子毫无怨言，彻夜站在风雨中。

后来，墨子还制止了齐国进攻鲁国的战争。

齐国大将项子牛要带兵进攻鲁国，墨子听说了，急忙赶到齐国。他对项子牛说：“齐国攻打鲁国，是大错。”

项子牛问他为什么。

墨子说：“以前吴王先后进攻越国、楚国、齐国，每次都获得胜利。后来，各个诸侯国联合起来报仇，把吴王打败了。所以大国攻打小国，是互相残害，制造灾祸的最后必定要遭受灾祸惩罚。”

于是项子牛放弃了进攻鲁国的想法。

有几年，楚国和越国在长江上频频发生战争，双方乘船水战，越国士兵熟悉水性，常常打败楚国。楚惠王再次请公输班来到楚国，帮助楚国制造战船上用的钩镶。楚国有了钩镶，打败了越国。

一次，公输班见到墨子，向墨子夸耀说：“是我的钩镶打败了越国。”

墨子生气地说：“你的武器是钩镶，我的武器是道义，我的道义胜过你的钩镶。因为道义可以使人们互敬互爱互利，武器只能使人们相互残杀，最后国家灭亡。”

墨子老年的时候听说齐国想攻打鲁国，他不顾身体老迈，亲自去齐国拜见齐太公田和。

墨子问田和：“一个人被杀了，被刀砍掉了头，这是刀的责任，还是拿刀人的责任？”

田和说：“杀人的责任不在刀，而在拿刀的人。”

墨子说：“进攻弱小的国家，屠杀无辜的百姓，谁应该承担这无道不义的责任呢？”

齐太公想了好久不得不承认说：“我应当承担责任。”

于是，齐太公田和取消了进攻鲁国的计划。

墨子为了天下和平，拯救无辜生命而付出了毕生心血，他的伟大事迹永远在中华大地上流传。爱好和平的人，人们永远热爱他、歌颂他。

快马加鞭

墨子还是一位优秀的教育家，他很善于教育自己的学生。有一个学生叫耕柱子，聪颖过人但懒惰成性，不努力学习，墨子总是批评教育他。

一天，耕柱子问墨子："先生，您总是批评我，我难道真的没有比别人强的地方吗？"

墨子说："我要上太行山，乘坐快马和牛拉的车，你说，鞭打快马好呢，还是打牛好？"

耕柱子回答说："当然要鞭打快马。"

墨子问："为什么要鞭打快马呢？"

耕柱子说："快马感觉灵敏，鞭打它可以使它跑得更快。但是牛生性就慢，你再打它，也跑不快呀！"

墨子笑着说："我之所以经常批评你，就是我认为你也像快马一样，是值得鞭策的。你要努力学习，力求上进啊！"

从此，耕柱子发奋读书，力求上进，再也不用老师整日督促了。

有一次，墨子与几位弟子漫游染山，他看到染山上染工们染丝的情景，感慨道："白色的丝染在青色的颜料里，就变成青色，染在黄色的颜料里就变成黄色。颜料变了，被染的丝的颜色也就改变了。"

墨子又对自己的学生说："社会环境对人的影响巨大，交往什么样的人，就会受什么人影响。每个人不论职位高低，都必须慎重选择与自己相处的人，并创建优美的文化环境，立志成才呀！"

光照千秋

公元前376年前后，墨子离开人世，他一生为了倡导和平费尽心血。

他的弟子们遵照他生前节葬的主张，将他的遗体安葬在狐骀山下的苍松翠柏之中。墨子的陪葬品极其简单，就是他自己的著作《墨子》书稿。

《墨子》一书共七十一篇，是他一生言行的真实写照，内容丰富深刻、博大精深，其中包括人的品德智慧修养、兼爱救世的思想，科技发明、逻辑辩论的方法，识人用人、损己利人的见解，刻苦实践、吃苦为乐的主张，尚贤尚同、民主政治的作风，生产节约、消费分配的理论，防御非攻、抵抗侵略的计策等，是一部百科全书式的不朽之作，是人类文化的瑰宝。

墨子生前对自己为之奋斗终生的事业、自己的学说非常自信，他曾经说："天下无人，则墨子之言犹在！"意思就是：只要有人类存在，他的思想就会存在。

（课内连线：《中国历史》七年级上，第二单元第8课《百家争鸣》）

孟子：私淑孔子的亚圣

儒门“亚圣”

孟子，名轲（kē），字子舆，战国时期邹（zōu）国人（现在的山东省境内），他是孔子之孙子思的再传弟子。孟子继承发扬了孔子的学说和思想，成为仅次于孔子的最有影响力的儒学宗师，与孔子并称“孔孟”，被后世尊称为“亚圣”。

孟子希望效法孔子推行自己的政治主张，但他周游列国十多年，没有国君愿意实行他的主张，最后他和孔子一样退居讲学。他的弟子和再传弟子将孟子言行记录成《孟子》一书，被后世定为儒家四书之一。

孟子和孔子的经历很像：两人都是贵族的后代，到了父辈时家道已经中落；都是幼年丧父；一生都有求学、教书、周游列国的经历。孔子和孟子都致力于推广自己的治国之道，却无人采纳，最终设坛授课，成为影响深远的思想家和教育家。

孟母三迁

孟子的母亲对孟子的成长起到了关键作用。《三字经》中有这样一句话“昔孟母，择邻处，子不学，断机杼（zhù）”，讲的就是孟子的母亲为了给孟子找到一个比较好的学习环境，曾经三次搬家。

一开始，他们住在墓地旁边，孟子就和邻居的小孩一起学着大人跪拜、哭嚎的样子，玩起办理丧事的游戏。孟母看到了很担心，于是就把家搬到了集市旁。孟子又和邻居的小孩学起商人屠宰做生意吆喝（yāo he）的样子。孟母看到孟子这样，觉得这里也不适合孩子成长，就把家搬到了一所学校附近。这里有琅琅的读书声，孟子听到后，也跟着大声读起来。每月初一就有官员到这里行礼跪拜，互相之间以礼相待，孟子也跟着学会了进退的礼节。孟母很满意地说：“这才是我儿子应该住的地方呀！”于是就在此定居下来。

断布启志

孟子最初对学习很有兴趣，但时间一长就感到厌倦，经常逃学。有一次，孟子又逃学去玩了，回家时孟母正坐在织布机前，看起来十分生气。她让孟子背诵当天在学校学到的内容，孟子背不出来，孟母伤心地拿起剪刀，“嘶”的一声，就把刚刚织好的布剪断了，麻线纷纷落在地上。孟子看到母亲把辛辛苦苦织好的布剪断了，心里既害怕又不明白其中的原因。这时孟母严厉地说道：“学习和织布是一个道理，你荒废学业，就像我剪断织布机上的布一样。君子求学是为了成就道德学问，只有如此，以后行事才能避开祸害。你经常逃学，怎么能成为有用之材呢？如果荒废学业，惰于修身进德，今后就难以避免祸患了！”说完，孟母伤心地伏在织布机上哭泣。孟子听后非常震惊，明白母亲用“断织”来比喻“辍（chuò）学”的道理。从此以后，孟子勤学不止，常常勉励自己做事一定要有恒心，不能半途而废。

⊙孟子

列国游说

孟子十五六岁时，来到了儒学的中心鲁国，当时孔子的孙子子思的弟子在鲁国的都城曲阜讲学，孟子就登门求教，并在这位子思的弟子门下学习六经。

经过多年潜心钻研，孟子最终成为精通儒家经典的大师，他与孔子相距百年，却与孔子的学问一脉相承。孟子对孔子推崇备至，他认为自从有人类以来，没有比孔子更伟大的人物了，他的愿望就是能成为像孔子一样的人，学成之后收徒讲学，将仁义之道推广到天下。大约三十岁时，孟子就开始收徒讲学了，他的学生中成名的有公孙丑、万章、乐正子等人。

孟子从四十四岁开始周游列国，希望通过游说各国国君来推行儒家的政治主张。他带着弟子首先来到了齐国，当时齐威王以求贤若渴、善于纳谏而闻名。孟子慕名而来，齐威王送给他马车和侍从，却不认可他以德服人、推行仁政的政治见解。原来，齐威王一心想用武力称霸中原，一统天下。之后，孟子又去了宋国和邹国，都因为无法推行仁政而离开。这时，孟子与滕国太子交上了朋友，后来这位太子当上了国君，成为滕文公，他就把孟子接到滕国，待为上宾。孟子把施仁政、法先王、建井田等政治见解和盘托出，并告诉滕文公，必须让百姓有恒产，也就是有一定的产业，这样社会才能安定。但当时滕国方圆不足五十里，夹在齐国和楚国两个大国之间，随时有灭国的危险，他的思想仍然没有被采纳。后来他离开滕国，又来到魏国。

这时孟子已经五十三岁了，魏国因长年与齐、楚、秦等国家征战而且屡战屡败，实力大减，国君梁惠王以丰厚的财富招贤纳士，希望能重振国威。梁惠王对孟子说：“我费心尽力治国，又爱护百姓，邻国的百姓没见减少，自己的百姓也不见增多，这是什么原因呢？”孟子打了一个比方说，有两名士兵从前线的战场上败下来，一个逃跑了五十步，另一个逃跑了一百步，逃跑了五十步的就讥笑逃跑了一百步的，说他不中用。其实两人都在逃跑，只是跑得远近不同罢了。孟子以此来暗示梁惠王和其他君主一样好战，连年征战怎么能够使百姓增多呢？孟子建议梁惠王减刑罚、轻税赋、施仁政，采取一系列能使百姓安居乐业的政治措施，可梁惠王却一心想要以战争成就霸业，于是孟子又离开魏国，来到齐国。

破梦于齐

当时齐国土地辽阔、人口众多，孟子认为如果能在这里推行仁政，齐国就有望一统天下。国君齐宣王非常喜欢养名士，当时很多著名学者都在齐国享受上大夫的俸禄，孟子一到齐国，也受到了优待和尊重。齐宣王希望了解古代齐桓公和晋文公称霸的事迹，孟子却与他大谈施行仁政，以德治国。孟子认为仁、义、礼、智、信这些是人先天就有的品质。“人之初，性本善”，就好比是有人看到在井边玩耍的孩子快要掉进井里一样，都有一种救孩子的心。人本性的自然流露不是为了别人的称赞或者得到报酬，而是恻隐之心的天然萌动。

将符合天性的仁政思想推广到政治措施上，首先要以德服人，而不是用暴力争夺天下。宣王问孟子是不是臣子一定要忠于君主，孟子正色道："如果国君做错了，臣子就要劝阻，如果反复劝阻还是不听，就可以废弃他，改立有德之人。国君把臣下当手足，臣子就把国君当心腹；国君把臣下当狗马，臣子就把国君当路人；国君把臣下当草芥，臣子就视国君如仇敌。"齐宣王听了脸色大变，孟子就此不被宣王重用。后来他们之间的分歧越来越大，齐宣王轻信奸佞谗言，施政昏庸，做事不能持之以恒。一次，孟子毫不客气地对他说："大王也太不明智了，天下虽有生命力很强的生物，可是你把它放在阳光下晒一天，又放在阴寒的地方冻十天，它哪里还活得成呢？就像我跟大王在一起的时间是很短的，您即使有了一点儿从善的决心，可是我一离开您，那些奸臣又来诱导您，您又会听信他们的话，叫我怎么办呢？"

孟子感到在齐国实现自己的政治主张没有希望了，便决定离开齐国，回到故乡邹国去。

圣人辞世

结束了二十年周游列国的生活，孟子已经六十二岁了，从此他不再远游，而是专心致力于讲学和著书。和孔子一样，孟子同样做到了"学而不厌，诲人不倦"，直到八十四岁，与世长辞。

孟子的文章善于运用巧妙的比喻来说明道理，气势磅礴，很有说服力。他的很多典故流传至今，比如“五十步笑百步”“揠苗助长”“一曝十寒”等。

孟母三迁的故事我们耳熟能详，可见环境对人的影响巨大。孟子后来能取得如此大的成就，固然跟母亲给他创造了良好的学习、居住环境有关系，但和他自己的主观努力也分不开。母亲断机杼以示警，他自己能够领悟并且从此发奋读书，才有了后来的“亚圣”。

（课内连线:《中国历史》七年级上，第二单元第8课《百家争鸣》）

庄子：逍遥自在的隐士

哲人隐士

庄子，名周，字子休，宋国蒙地人（今河南省商丘市附近）。他曾做过蒙国的漆园吏，后以打草鞋、种地等为业，一生默默无闻，不求功名，是老子之后道家思想的集大成者，与老子并称为“老庄”。他是战国时期著名的思想家、哲学家和文学家，他的代表作品是《庄子》。

从表面上看，道家主张出世，儒家主张入世，似乎有些对立，而实际上儒道思想是相辅相成的，它们共同影响着中国几千年的文化发展。庄子基本没参与过重大的历史事件，一生都是个默默无闻的隐士，但他在中国哲学史和文学史上都有着极为重要的地位，深刻影响着中国人的精神世界。

失意的童年

庄子祖上本是宋国的贵族，后来家道逐渐衰微，与普通百姓没什么两样，要靠种地、织布、打草鞋来维持生计。庄子十多岁时，母亲不幸去世，没多久父亲也过世了，他成了孤儿。父亲临终时把他托付给一个教书的朋友，这位老先生是庄子的启蒙老师，后来成了他的老丈人。

庄子生性聪慧，勤于思考，家族的衰落、父母的早逝和生活的艰难都引发了他对人生、命运的思考。他曾经跟同学惠施一起去参加宋国朝廷的招贤考试。惠施提出南北联合共同对付秦国的主张，深得朝廷赏识，被任用为大夫。而庄子却因为“无为而治”的观点只当上了一名王宫的漆园吏。

庄子看不惯官场的钩心斗角和利欲熏心，入仕不久就辞官回家了。

艰苦度日

庄子辞官后，只能靠打草鞋为生，有时还做些屠牛宰羊，帮人舂（chōng）米、油漆门窗等零工赚钱，收入微薄。但庄子并不在意，他外出干活妻子柳氏在家喂鸡养猪，两口子就这样粗茶淡饭度日，倒也安然自在。

由于宋国君主横征暴敛，有一年到了春荒时，庄子家中已经没有了粮食。庄子只好找一位做了监河侯的同学去借点粮。监河侯为了戏弄一下清高的庄子，就问："可以啊，等我年底收到封地的租税，一定借给你三百金，怎么样？"

庄子听了回答说："我昨天来时，路上听到呼喊的声音，四面张望，看见干涸（hé）的车辙（zhé）中有一条鲫鱼，这条鲫鱼竟然会说话。我问它：'鲫鱼，你叫我何事？'它回答说：'我是东海龙王的水官，不小心掉到这干沟里了，你能给一升半斗的水救我的命吗？'我就说：'可以啊，我要去南方劝说吴越的国王，引西江的水来救你，怎么样？'鲫鱼生气地说：'我失去了生命所必需的水，困在这里无法活命，现在只需要一升半斗的水就可以活命，你却要我等西江的水，还不如趁早到卖干鱼的店铺去找我呢！'"

庄子愤然离去，靠着老丈人的接济，和柳氏又挖些野菜充饥，总算熬过了春荒。

投奔惠施

后来，庄子听说老同学惠施在魏国做了宰相，而自己却在宋国生活拮据，于是就想去魏国投奔老同学。有人在庄子来前就告诉惠施："庄子到魏国来，是想取代你做宰相。"惠施知道庄子的才学不比自己差，非常害怕，于是在国都搜捕了庄子三天三夜。后来庄子主动前去见他，说："南方有一种特殊的鸟，它从南海起飞，飞到北海去，不是梧桐树不栖息，不是竹子的果实不吃，不是甜美的泉水不喝。此时有一只猫头鹰拾到一只腐臭的老鼠，这只特殊的鸟从猫头鹰面前飞过，猫头鹰以为它是来抢自己的老鼠的，就抬起头来大声地吓唬它。现在你也想用你魏国宰相的位置来吓我吗？”惠施听了非常惭愧，知道自己误解庄子了。

⊙庄子

拒绝楚威王

后来，楚威王听说庄子才学很高，就派使者带着厚礼请他去做令尹。当时庄子正在河边钓鱼，使者转达了楚王的意思，庄子听后头也不回地说道：“听说楚国有一只神龟，三千年前就死掉了，被包装得好好的，供奉在庙堂上。你们说，它是愿意像这样成为一副死骨头和甲壳接受供奉呢，还是宁愿活着拖起尾巴在泥塘里面自得其乐呢？”来使回答说：“应该愿意活着在泥里爬吧。”庄子说：“那就让我拖起尾巴在泥里爬吧。”

他就这样拒绝了楚威王的高官厚禄。

庄子丧妻

庄子的妻子去世了，惠施闻讯前去吊唁（yàn），他此时已经不是魏国的宰相了，作为老朋友有必要去安慰一下庄子。惠施走进陋巷中庄子的家，看到庄子正分开双腿坐着，一边敲打着瓦盆伴奏，一边放声歌唱。庄子看到惠施，也不打招呼，继续唱歌。惠施说："你跟死去的妻子生活了一辈子，她还为你生儿育女，现在人死了，你不伤心哭泣也就算了，竟然还敲着瓦盆唱起歌来，也太过分了吧！"庄子说："你说得不对，她刚死之时，我怎么能不感慨伤心呢？然后我冷静地想一想，她原本就不曾出生，后来因为阴阳二气相合，于是有了元气，元气变化而有了形体，形体变化而有了生命，生命经历种种苦难又回到死亡，这就跟春夏秋冬四季运行一样。死去的人安安稳稳地睡在天地之间，就好像她从我家的小屋搬到天地这样的大屋去住了，我不唱歌欢送，还要呜呜地围着她啼哭，那就太不懂得生命的真谛了。这样一想，我就停止了哭泣，敲着盆唱起歌来。"

逍遥归去

在庄子临终之际，他的学生想用一些好的东西给他陪葬。庄子说："我以天地为棺椁（guǒ），以时间为璧玉，以星辰为珍珠，万物都可以作为我的陪葬品，难道还不够多吗？哪里还用你们再加上什么东西！"

学生说："我们恐怕乌鸦老鹰吃了您的遗体。"

庄子说："在地面上被老鹰吃，在地下面被蚂蚁吃，躲过乌鸦、老鹰的嘴，却把自己交给蚂蚁，这不是太偏心了吗？”

庄子追求逍遥无恃的精神自由，他虽然生活在贫穷困顿中，但却鄙弃了荣华富贵和权势名利。他拒绝做官，力图在乱世中保持独立的人格，只愿活得像一只在污泥里自得其乐的龟一样自由自在。

庄子一生写下了十余万言的《庄子》，现存三十三篇，其中包括内篇七、外篇十五、杂篇十一。《庄子》代表了先秦散文的最高成就，其文大量采用寓言故事，想象力丰富，睿智深刻，赢得后世无数文人学士的仰慕。庄子的文字给人以超凡脱俗和崇高美妙的感受，而且极具浪漫主义色彩。《逍遥游》就是其中的一篇经典之作，同时也是庄子处世态度的鲜明体现。唯有把人情世事看得特别透的人，方能以寓言的方式表达自己的思想。

纵观庄子的一生可以看出，他是一个活得特别纯粹的人。

（课内连线：《中国历史》七年级上，第二单元第8课《百家争鸣》）

荀子：提倡“性恶”的儒家继承者

诸子大成

荀子，名荀况，字卿，战国末期赵国人，儒家代表人物。他是著名的思想家、文学家、政治家，被尊称为“荀卿”。在西汉时，荀子的“荀”与汉宣帝刘询的“询”字音相同，为了避免与汉宣帝使用同音名，所以人们又称荀子为“孙卿”。荀子是中国历史上最先用问答体写赋的人，和屈原一起被称为“辞赋之祖”。

荀子的文章论题鲜明、说理透彻、结构严谨，具有很强的逻辑性。其文语言丰富多彩，善用比喻、排比、对偶，风格独特，素有“诸子大成”之美称。

短暂的齐国祭酒

荀子小时候就很聪明，而且勤学好问，十岁便被称为“神童”。长大后，他来到燕国游说，但是燕国国君不识人才，荀子在燕国没有用武之地，只好离开了燕国。

荀子在五十岁那年来到齐国，当时的齐襄王正在广纳人才，荀子很快就得到了齐王的赏识，于是留在齐国开始讲学。

当时齐国人对邹衍、邹奭（shì）、淳于髡（kūn）的评价很高，称颂“高谈阔论的是邹衍，精雕细刻的是邹奭，智多善辩、议论不绝的是淳于髡”。荀子在他们中年龄最长，学问又好，曾先后三次被众人推选为祭酒。有些气量狭小的人见荀子当了祭酒，非常眼红，到处说荀子的坏话。齐王听信小人的话，便不再相信荀子了。

荀子决定离开齐国，可当时他已经八十一岁了，不知该往哪儿去，心情非常沉重。听说楚国的春申君爱好贤士，荀子便去了楚国。

在楚为官

春申君很赏识荀子，让荀子当了兰陵令。兰陵地方不大，荀子也很敬业，竭诚履行职责，把兰陵治理得地肥物丰，百姓安居乐业。

时间久了，又有人心生妒忌，在春申君面前说荀子坏话，春申君听信小人的话，把荀子辞退了。荀子只好离开了楚国。

他经过秦国，拜见了秦昭王。秦昭王问他：“儒者对于人世间的国家没有什么益处吧？”

荀子回答说：“儒者在朝廷上当官，就能使朝政完美；在下面做个老百姓，就能使风俗完美。儒者做臣民时就是像这样的啊！”

秦国宰相范雎（jū）问荀子：“您到秦国看见了什么？”

针对范雎提出的问题，荀子先是对秦国的各个方面进行了一番赞美，接着又指出秦国需要忧虑的一些方面，并提出秦国需要一个儒者来治理国家。但由于秦国正施行法治，所以荀子以儒治国的思想得不到认可，荀子只好离开秦国，回到了赵国。

过了一段时间，有人对春申君说：“从前伊尹离开夏地到了殷地，结果帮殷王统一了天下，使夏朝灭亡；管仲离开鲁国到了齐国，使鲁国衰弱而齐国强盛起来。由此可见，贤人在哪里，哪里的君王就能显达，国家就能荣耀。荀子是天下的贤人，他来到齐国是一桩好事，您怎么能把他辞退呢？”

春申君听后幡然醒悟，立刻派人去赵国，想请回荀子。这时荀子写了一封辞谢信，并附上一首诗，斥责春申君不分好坏。诗的末尾引用《诗经》中的句子“上天甚神，无自瘵（zhài）也”，意思是“天神的眼睛最明亮，不要自取祸殃”。春申君知道自己错待了荀子，于是反复派人去请，并且多次向荀子道歉，荀子终于又回到楚国，重新担任兰陵令。

春申君摆酒设宴欢迎荀子回来，乐工在一旁演奏优美的乐曲，歌女展示曼妙的舞姿，春申君的两个爱妾佩珠、琼玉也来作陪。春申君举起酒杯说：“荀老夫子重回楚国，这是楚国的大事，黄歇（春申君）今日给先生接风洗尘。”

⊙荀子

荀子说：“不敢，我作为一介儒士，只希望在当今乱世中，能为百姓排忧解难，助楚国繁荣昌盛。”

春申君再次举起酒杯与荀子痛饮，众人也举起酒杯一饮而尽。荀子连连拱手：“谢谢各位！”歌舞酒宴之后，春申君与荀子坐在庭堂一端的幽静处促膝长谈。

春申君向荀子请教如何治理国家，荀子回答说：“君子者，欲使国家安定，任何办法也不如平政安民；若想使国家兴旺，任何办法也不如崇尚礼义；若想建功立业，任何办法也不如尊重贤才。”春申君连连点头称是。

春申君死后，荀子被罢官，此时的荀子已经九十八岁，便在兰陵安了家。此后荀子写了三十二篇文章，这就是留传后世的儒家名著——《荀子》。

学生李斯

荀子最出名的两位学生是韩非和李斯。李斯后来在秦国任丞相，去秦国之前曾给老师荀子写过一封信，信的内容大致为：

老师，您好！我就要离开楚国前往秦国了，临走之前想和您说几句话。您平常总是教育我要爱国，可现在是各国激烈竞争的时代，有能力的人无论在哪里都会有用处，关键是要抓紧时间，不能错过时机。我知道您对秦国的霸权主义不满意，说秦国总是欺负周边国家，可是在我看来，我爱自己的国家，可国家并不爱我，我在自己的国家不能施展抱负。我是个出身卑微的人，父母都是底层的普通人，我若是年轻时不去追求功名利禄，那我就对不起自己的一生。您这一辈子既没钱也没地位，我正值大好年华，还有一身本领，不愿像您这样窝囊地过一辈子。

荀子看到这封信后，对李斯非常失望。荀子憎恶乱世的黑暗政治，他希望自己的学生能够淡泊名利，发扬儒家思想。李斯最初是一名小吏，后来辞官去找荀子学习帝王权术。荀子问他的想法，李斯毫无掩饰地说出了自己的野心，于是荀子立即就断定李斯将是他最出名的学生，同时也不会没有什么好结果。

李斯虽然实现了自己的人生抱负，享受到了荣华富贵，可最后却被赵高陷害而死，这正好验证了荀子的推断。

思想主张

荀子推崇孔子的思想，认为儒家思想是最好的治国理念，但他处在战国末期，此时诸子各派的思想学说均已出现。在继承前期儒家学说的基础上，他又吸收了各家的长处，并加以综合、改造，建立起自己的思想体系，所以荀子的思想内容非常丰富。

荀子反对信仰天命鬼神，发展了古代唯物主义传统，提出“人定胜天”的思想。他坚持儒家的礼治原则，重视人的物质需求，主张发展经济，礼治法治相结合。

荀子是那个时代全方面发展的人才，无论是人的言行举止，还是君主治国的策略，以及军事问题，他都可以分析得条理清楚，让人佩服。

在人性问题上，荀子主张性恶论，与孟子的看法针锋相对（孟子主张性善论）。在荀子看来，人的本性是恶的，因而不可能有天生的圣贤，只有通过一定的教育，才能矫正和约束人性，使人性朝好的一面发展。凡是善的、有价值的东西，都是人后天努力的结果。

（课内连线：《中国历史》七年级上，第二单元第8课《百家争鸣》）

商鞅：一个保全不了自己的变法者

怀才不遇

春秋后期，各国诸侯开始互相吞并，到战国时，就只剩下七国了。七国之中，要数秦国最强。秦国后来吞并六国，成就了统一的帝业。而秦国能够走向强大，商鞅有着不可磨灭的功劳。

商鞅，战国时期的政治家、改革家、思想家，法家代表人物。他本是卫国国君的后裔，姬姓，公孙氏，故又称卫鞅、公孙鞅。后因在河西之战中立功，封在商地，号为商君，故称之为“商鞅”。

商鞅少年时代就很喜欢研究刑名法术的学问。后来到了魏国，在魏国宰相公叔痤（cuó）的门下做一个中庶子的官。公叔痤知道商鞅有治国的才干，本欲将商鞅推荐给魏王，但还没来得及和魏王说，公叔痤就因重病卧床。魏王亲自来看望公叔痤，并且问他："公叔万一有什么不测，魏国的国事，谁可以来担当？"公叔痤回答说："我的中庶子公孙鞅，年龄虽然小，却是个奇才，可以大用。我死之后，愿王把国事交给公孙鞅办理。"魏王听了，露出极不满意的神色。公叔痤看出了魏王的意思。一会儿，公叔痤叫旁人退出，秘密地向魏王说道："王若不用公孙鞅，就得杀了他，不要让他走出魏国的国境，为别国所用。"魏王当时便答应了。

魏王回到朝中，和左右的人说："公叔痤要我把国事交给公孙鞅办理，一个乳臭未干的小子怎么能料理国事呢？真是病得糊涂了。"

魏王走后，公叔痤又叫来了商鞅，说道："今日王问我谁人可以为相，我引荐了你，但我看了王的神色好像不太愿意。出于公心，我又向王说了，既然不用你，就要杀掉你，王当时答应了。我为私情得告诉你，你要快些逃走，不然会有生命危险。"商鞅却回答说："魏王既然不信君的话而不重用我，又怎能信君的话杀我呢？"商鞅最终没有逃走，直到公叔痤死后，听到秦孝公下令求贤，他才往秦国去了。

任用为相

商鞅到了秦国，先见了秦孝公最宠爱的臣子景监，得到景监的引荐，才见到秦孝公。商鞅第一次和孝公谈话时，自己谈得高兴，然而秦孝公却听得直打瞌睡，不一会儿就睡着了。商鞅走了之后，孝公便责备景监道："你所引荐的这位，真是个莫名其妙的人，用他能做什么呢？"景监将孝公的话告知商鞅，责备了他一番。

⊙商鞅

商鞅说："我跟孝公讲的是王道，可惜他不能领悟。"

过了几天，商鞅又求见孝公，谈论许久，孝公还是不满意，又对景监道："你推荐的门客，的确没有什么才能。"景监又责备了商鞅一番。商鞅说："这次我跟孝公说的是帝道，可惜他也不能受用。"

不久，商鞅再次请求景监引荐，说这次孝公一定会听他的话。这次商鞅跟孝公谈得很投机，孝公非常高兴，并对景监说道："你的门客真是一位有才学的人啊！"景监将这话转达给商鞅。商鞅道："我这次跟孝公说的是霸道，基本上是顺着王的意思说，下次若再见，我便知道该怎么做了。"

商鞅得知自己受到孝公称许，便去求见孝公。孝公接见了商鞅，此次听了商鞅的话异常高兴，不觉手舞足蹈起来，于是索性留商鞅住在宫里，一连谈论了三天方才出来。

景监问商鞅："你都跟王说了些什么，使得君王这样喜欢呢？”商鞅回答说：“我起先说帝王之道，君王以为时间太久，不能等待；后来我说的是霸道，尽是富国强兵的方法，所以君王便非常欢喜了。”

孝公任商鞅为宰相，一切国事尽听商鞅办理。

商鞅变法

商鞅做了秦国的宰相后，便开始实行大刀阔斧的改革，把一切旧法都废除，并定出新法。最重要的是废井田，开阡陌，农民有力气的可以多种田。没有“井田”法的限制，百姓开辟了许多荒土，他们尽力耕田，收获比之前丰富了许多。商鞅还注重军事，没有军功的人不许得富贵。此外还定出许多法律条文，令大家遵守。

因为商鞅初到秦国，没有得到民众的信服。现在定出许多新的法令，恐怕难以施行下去。商鞅便想了一个能够推动新法实施的计策。他命人在南门竖了一根三丈长的木头，然后召集众人来，并承诺说，谁能将这根木头搬至北门，赏十金。一般人都以为搬木是件很容易的事，重赏十金做酬劳肯定不可信，没有人去应召。商鞅见没有人应召，便又下令，有能搬木的加赏五十金。大家觉得更加奇怪。有一个人说：“我且搬过去试试看。”说着就搬了木头朝北门去。后来商鞅果然赏了他五十金。这事一传开，大家都知道商鞅是令出必行了。

商鞅推行新法后发生了一件事，这件事也为商鞅最后的悲惨结局埋下了伏笔。在新法正进行得如火如荼之时，太子居然犯了法。商鞅主张天子犯法与庶民同罪，于是说："法令不奏效，就是由于在上的人犯法，而没有承担相应的责任。现在太子犯法，他的老师就有管教无方的罪责，所以应该由太子的老师代替接受处罚。"于是太子的师傅公子虔和公孙贾受到了很严重的刑罚。从此秦国的百姓个个畏惧，都不敢违背商鞅的法令。

就这样过了十年，秦国得到大治，国家富足，百姓生活水平得到提高，社会风气也大有改善，山中的盗贼没有了，众人皆路不拾遗，国家有战争，人人愿意挺身而出。秦国由此变为富强之国，逐渐称雄中原。

打败魏国

魏国在秦国的东边，是秦国到中原的门户，所以历来秦国对魏国很是重视。秦国富强之后，商鞅对孝公建议道："秦国和魏国因为地势的关系，不能相容，好比人患了心腹之病，终是祸害。现在仰赖君主您的英明，国家兴盛，不如趁此兴兵伐魏，魏若不能支持，必然要迁都避让，这样秦国就据有了山河的险固，可以向东发展，制服中原诸侯，成就霸王之业。"孝公听了很是赞同，便命商鞅带兵伐魏。

魏国派遣公子卬（ánɡ）领兵抵御秦兵。秦魏两国的兵士相持不下，商鞅写信给公子卬道："我俩从前是很好的朋友，如今却打起仗来，我是很不愿意的。我想和你见个面，共谈和好，促进两国邦交，免得用兵，岂不是更好？”公子卬信以为然，两方商定了相会的地点。

商鞅事先在相会的地方埋伏了一些兵士，到了约定的日期，公子卬以为是和平的相会，并且相信商鞅不至于欺他，就轻车简从而来。商鞅置酒款待，酒至半酣，埋伏的兵士突然出来，活捉了公子卬。之后商鞅便乘势向魏兵阵营进攻，把魏兵打得大败，最后带着公子卬回到了秦国。

魏国因为连年战争，国内空虚，这次又为秦国所败，魏王大恐，与秦国讲和，割了河西之地给秦国，又迁都到大梁，以避开秦国的锋芒。这时魏王才叹道：“我后悔当初没听公叔痤的话啊！”

商鞅破了魏国，孝公把商地的十五个邑赏赐给商鞅，封商鞅为商君。

保全不了自己

商鞅虽然用严刑峻法把秦国治理得很好，但是由于刑罚太过严苛，国中除了孝公一人以外，没一个不对他切齿痛恨的。

秦孝公死后，太子驷继位为秦惠王。商鞅因为从前处罚了太子的老师，太子对此事一直介怀。这时公子虔诬告商鞅作乱，秦惠王便命人捕捉商鞅。商鞅提前得知消息后逃走了。晚上，他来到一户人家，想要借宿。民家不知是商鞅，说道：“我们商君的法令，不许陌生人借宿，您必须出示证明（类似今天的身份证）。”商鞅听了叹道:“这真是作法自毙啊！”后来商鞅逃奔到了魏国。魏国人怨恨商鞅欺骗公子卬，破了魏兵，拒绝他入境。他只能回到自己的封邑商地，举兵抵抗，结果失败，最后被惠王下令车裂而死。

商鞅变法虽然帮助秦国迅速强大起来，然而秦朝统一中国之后，由于刑罚严酷，很快就被农民起义所推翻。可见，纯用法治，国家虽然能够一时强大，但其往往“去之亦必速”。所以，汉朝以后，就不再用严酷的刑罚，而是采用道家和儒家的思想治国，这样国家才逐渐兴盛起来，并延续了几百年时间。

（课内连线:《中国历史》七年级上，第二单元第7课《战国时期的社会变化》）

韩非子：法家思想的集大成者

出身高贵，勤奋好学

韩非子原名韩非，姬姓，出生在战争频繁的战国末期，是战国时期法家的主要代表人物，法家思想的集大成者。

韩非本是显赫的韩国贵族，从小生活优裕，长得浓眉大眼，看起来非常庄重威严。他不像其他贵族公子那样贪玩骄横，而是勤奋好学，在学堂中总是认真聆听老师讲课。只是他生来有点儿口吃，常常因老师的提问而面红耳赤。

一天，学堂的老师正在给学生们讲“商鞅变法”，老师讲得滔滔不绝、口若悬河，韩非坐在那里目不转睛地听老师讲解，突然冒出一句话：“老师，我们韩国为……为什么不……不变法呢？”

老师没有责怪韩非，反而说道："韩非同学问得很好，可是，变法谈何容易！我们既没有商鞅那样的改革家，也没有秦孝公那样认可变法的君主……"这堂课从小便在韩非的心里留下了深深的烙印。

早年发奋，才华出众

韩非生活的时代，韩国已经非常衰弱贫困，当时七国纷争，战乱频仍，为了躲避祸乱，他们一家只好逃到了驻马店的一个村落中。作为贵族子弟的韩非从小立志要干一番大事业——振兴家族，富强韩国。因此，韩非小小年纪就单独一人周游列国，一路上努力学习各家的思想。由于韩非特殊的身世以及经历，他无法继承儒家大仁大义的思想。韩非自小就知道人与人、国与国之间，都是在追求各自的利益，因此在思考人性以及如何治理一个国家的时候，他都会站在人性本恶的理论基础上，这一点与荀子思想中的"人性本恶论"不谋而合。所以，他早年拜到荀子门下，和李斯成为同学。

看到自己的国家管理混乱，军队又十分弱小，同时面临秦国、齐国和楚国的威胁，韩非主张用法家的思想治国，让韩国变得强大起来。但是，他多次给韩国国君韩桓惠王韩然上疏，都得不到韩然的重视。韩非感到非常悲愤，他发奋著书立说，写出了分析古今变化和天下形势的许多文章，如《孤愤》《说难》。他的文章文笔生动，见解深刻，很快就在各个诸侯国传开了。

有一天，秦王嬴政读了韩非的文章，叹息道：“如果我能和这个人见一面，死也没有怨恨了。”

秦王的宰相李斯说：“这些文章是我的同学韩非写的，大王如果想见韩非，就出兵攻打韩国，要求韩王派韩非来秦国，这样大王就可以任用韩非了。”于是，秦国就发兵进攻韩国。

⊙韩非

命途多舛

韩桓惠王得知事情的原委，就让韩非出使秦国。韩非来到秦国后，秦王嬴政很欣赏他的才华，留下韩非并决定重用他，这引起了李斯的嫉妒。

后来，秦王要征服六国，李斯提出灭六国一统天下的通天大计，首要目标就是韩国，但作为韩国公子的韩非与李斯政见相左（韩非主张存韩灭赵）。于是李斯趁机污蔑韩非，对秦王说：“韩非毕竟是韩国的贵族公子，他反对进攻韩国，保护自己的国家，是人之常情。韩王派韩非来到秦国，目的就是要利用韩非的才能掩藏韩非保护韩国的目的，一旦有机会，韩非就会做出损害秦国、偏向韩国的事情。”

秦王听了李斯的话非常生气，下令把韩非关进监狱。李斯私下让管理监狱的廷尉逼韩非服毒自杀。韩非想上疏秦王，替自己辩解，但得不到机会，最后只好服毒自杀了。

后来，秦王嬴政认识到不应该关押韩非，于是就下令释放韩非，可是，这时候韩非已经死了，死时只有四十七岁。

韩非是古代著名的文学家，他的文章构思精巧，描写大胆，语言幽默，在平实中见奇妙，耐人寻味、警策世人。他留下的著作《韩非子》，是我国古代法家学派的重要经典著作。其中《孤愤》《五蠹》《说难》等篇，字里行间流露出对世事之难、人生之难的无奈和阅尽天下的万千感怀。

思想主张

作为法家的代表人物，韩非子主张依法治国，这也成秦始皇统一六国、独霸中原的一个关键点。自秦国开始，中国就建立了中央集权制，后来逐渐演变成现如今的民主社会体系。

他认为推广仁义都是在空谈，他的法治思想与儒家思想相对立，他认为君主应该采用一定的强制性手段，将所有的权力统一起来。所谓无规矩不成方圆，治理国家就应该制定严格的法律制度。但事情往往是过犹不及，后来也因为他轻罪重罚的思想影响，导致出现了不少滥用权力的暴政。

不得不说，韩非子的法治思想也成就了我们现在的中国，法家思想成为法律的起源点，它在一定程度上确立了国家政权、人口、环境之间的关系，但同时，他也认为在追求利益的社会中是没有道德可言的。

其实两千多年的“法治社会”和我们现在追求的法治是有着很大区别的：虽然说法治思想的根本是“公平公正”，但刚建立起的法律往往都不成熟，一味地依法很难做到人人平等，新事物总要在历史实践中才能慢慢走向成熟完善。

因此，韩非子的思想主张有利也有弊。法律成为当时统治国家的一种重要工具，不过秦国虽然因统一六国而强大，但也因为暴政而走向灭亡。

（课内连线：《中国历史》七年级上，第二单元第8课《百家争鸣》）

鲁班：木工的祖师爷

鲁班是我国古代最负盛名的能工巧匠，也是一位伟大的发明家。鲁班（前507—前444），姬姓，公输氏，名班，春秋时期鲁国人。因为“般”和“班”同音，古时通用，所以人们常称他为“鲁班”。鲁班从小就喜欢劳动，喜欢木工活，在长期的生产劳动中积累了丰富的经验。他一生之中建造了很多桥梁、房屋，制造了很多机械、家具，发明了许多木工工具和生活中常用的工具，如曲尺、锯子、石磨、雨伞等，解决了人们生活、生产中遇到的很多难题，他也因此被尊称为“木工的祖师爷。”

发明木工工具

鲁班出生在一个工匠世家，从小就跟随父亲和兄弟们从事手工制造工作，加上他学习勤奋，长大后鲁班也成了一个能工巧匠。

有一年夏天，鲁国让鲁班监工营造一座宫殿，期限为三年。建造宫殿需要大量木头，要到山上去砍伐，当时砍伐树木用的是斧头，既费力，速度又慢，就是砍上三年也砍不够。

鲁班非常着急，因为如果耽误了工程进度，就会被处以很重的刑罚，甚至被杀头。接到命令后，他一连几天都睡不踏实。为了尽快砍够木头，鲁班和大家起早贪黑一起劳动，一天下来，个个累得筋疲力尽，也只能砍几十棵大树。

一天，鲁班砍树砍得实在是太累了，躺在山坡上想喘口气。忽然，他觉得手被什么东西划了一下，抬手一看，长满老茧的手被划出一道血口子。他仔细看了看周围，发现原来是丝茅草划的。鲁班很惊奇，他摘了一片草叶，发现草叶的边缘长着许多锋利的细齿，人的手不小心碰到细齿，就会被划破。

就在这时，来了一只大蝗虫，只见它一张大嘴一开一合，咔嚓咔嚓地吃着草叶。鲁班捉住蝗虫，仔细地看，发现蝗虫的大板牙上也排列着许多小细齿。看看丝茅草的叶子，再看看蝗虫的大板牙，他脑海里出现了一个奇妙的想法：能不能仿照丝茅草和蝗虫的大板牙，制作一种工具来砍伐树木呢？

于是他用毛竹做了一条竹片，在一边刻了很多像丝茅草叶和蝗虫板牙那样的细齿。他用带有细齿的竹片在树上来回拉了几下，树皮就破了，坚硬的树干上留下了一道拉痕。鲁班想，如果把竹片换成铁片，是不是会更加锋利呢？他跑下山去，请铁匠按照自己做的竹片的样子，制作了一个带齿的铁条。他拿着铁条在一棵树上来回拉，很快就拉出了一道深沟，再继续拉，竟然将树拉断了。鲁班又给它安上手柄，然后给它起了一个名字，叫作“锯”。

鲁班和大家用锯去伐树，又快又省力。他们只用了几个月，就砍伐够了建造宫殿所需要的木头。

鲁班在做木工活的过程中，常常会碰到木纹粗和节疤多的木料。以往为了把这些木头弄平整，人们都是用斧头一点一点地砍、一点一点地削。这不但麻烦，而且效果也不理想。于是鲁班就天天琢磨，后来发明了刨子，将木头刨得既光滑又平整。

鲁班做木匠活时，常常遇到直角。虽然他手头有画直角用的矩，可用起来很不方便。鲁班便将其改成一把“L”形的木尺，既能量出直角，同时又能量出长度，非常方便，人们把它叫作“鲁班尺”，也就是今天我们用的曲尺。

为楚国制造云梯

随着这些木工工具的发明，鲁班的名声也越来越大，不仅得到了鲁国的器重，其他诸侯国也常常请他去建造宫殿及各种工具，甚至制造兵器。

有一年，楚国攻打宋国，由于宋国的都城非常高大，加上宋军拼死坚守，楚国军队攻了几次都没有攻下来，楚王不得不下令撤兵。于是有人向楚王献计，说鲁国的鲁班是一个能工巧匠，如果花重金请他制造一种攻城的工具，便可一举攻陷宋国都城。

⊙鲁班

楚王让人把鲁班请到了楚国，并给了鲁班优厚的待遇，让他制造攻城的工具。

这一天，鲁班亲自来到宋国都城进行考察。当他看到宋国城墙后，大为吃惊，他从没有看到过这么高的城墙。站在下边往上望，城墙给人一种耸入云霄的感觉。原来，宋国听说楚国要来攻城的消息后，立即组织人力，日夜奋战，将城墙增加到了这么高。过去攻城用的梯子，连宋国城墙的一半都够不到，难怪强大的楚军对弱小的宋国久攻不下。

看来要攻打宋国，首先是要制造出一种高大的梯子。但世上哪有那么长的木材做这么高的梯子呢？鲁班首先想到的是将两根木头连接在一起。那么，如何将两根长木头接在一起，而且还要保证结实、稳定呢？

这可难不倒鲁班。他将两根木头连接在一起，接口处的两边分别用两根长木固定，一架高大的梯子很快就做好了。但是，梯子过于高大，人们很难将其架到城墙上。在攻城战中，迅速登城是决胜的前提，如果用这样的梯子，士兵们可能还没有将梯子架起来，就已经被城头的守军用弓箭射杀了。

怎么才能制造出又高又稳又轻便的梯子呢？

鲁班苦苦思索着。一天，他外出看到一个农夫要修理自家的屋顶，但是梯子太短了，够不到屋顶，农夫就在地上放了一个大方桌，然后将梯子撑在方桌上，由于方桌的面积较大，所以梯子撑在上面很稳定。鲁班豁然开朗，有了一个好主意。

他赶忙回去，经过反复琢磨和设计，终于，一个便捷、轻巧的梯子制造出来了！因为这个梯子非常高大，所以被称作“云梯”。

云梯由两部分构成：梯身是一个呈直角的三脚架，底部装有车轮，能够推着快速移动。三脚架斜着的那一面是一架梯子，人可以爬上去。三脚架的顶端又是一架梯子，称为副梯，和三脚架用轴承连接，不用时就与三脚架斜面的梯子合在一起。

据说这种云梯十分厉害，它能折叠起来载在战车上，攻城时可以灵活地架在车上升得很高，士兵能顺着梯子越过城头攻进城去。

云梯造成后，楚王非常高兴，他准备下令让军队向宋国进发，攻打宋国的都城。

接受墨家的道义

当时墨家学派的代表人物墨子，不但精通手工技艺，而且可与鲁班媲美。他主张和平，反对战争，并力所能及地用自己的技艺造福百姓，是一个受人尊敬的道义之士。

墨子听到楚国准备攻打宋国的消息后，走了十天十夜，赶到楚国来拜访鲁班，希望能阻止这场战争。一见到鲁班，墨子就对鲁班说："我给你一千金，希望你能替我杀一个人。"

鲁班听了很不高兴，说："我讲仁义，不会因为你给我报酬就去杀人。"

墨子便责问道："可你接受了楚王优厚的待遇，为楚王制造云梯，帮助楚国攻打弱小的宋国。战争一旦发生，有多少无辜的百姓会因此死去？你标榜仁义，连一个人都不愿意杀，却要帮助楚王杀害众多无辜的百姓，怎么能说自己仁义呢？"

鲁班被墨子一番话问得哑口无言。墨子看鲁班也做不了主，便让鲁班带他去见楚王。为了说服楚王放弃攻打宋国，墨子以衣带围成城池，用筷子模拟攻城器械，与鲁班来了一场别开生面的沙盘演练，结果鲁班穷其所有，仍无法攻下城池。楚王最终放弃攻打宋国，宋国也因此免去了一场战争灾难。

云梯没有派上用场，鲁班觉得有点儿遗憾。于是，他便想办法和墨子进行辩论，来说明墨子的那套道义理论是没有用的，只有拥有强大的军事实力，才能在这纷乱的世道立足。

当时，楚国与越国常常在长江上进行水战，楚军顺流而进、逆流而退，很难做到有利就进攻，不利就退却。而越军逆流而进、顺流而退，很容易凭借水势做到有利就进攻，不利便很快退却，因此屡次打败楚军。

为改变这种状况，鲁班为楚国水军发明了“钩”和“拒”，当越军处于劣势时，“钩”能将敌军的战船钩住，不让其逃跑；当越军处于优势时，“拒”能抵挡住越军的船只，不让其进攻。楚军自从有了钩和拒，屡次打败越军。

于是，鲁班向墨子夸耀说：“我有舟战的钩和拒，你的义也有钩和拒吗？”

墨子回答说：“我是用爱来钩，用恭来拒。你用钩钩人，人家也会用钩钩你；你用拒拒人，人家也会用拒拒你。难道‘义’的钩拒，不比你铁制的钩拒强吗？”

鲁班听了，说不上话来，但他不甘心，他想用自己木匠技艺的机巧来说服墨子。于是，他又拿出他发明的木鹊，这只木鹊可以连飞三天而不落地。

墨子见了木鹊，却说：“这木鹊还不如一个普通工匠制作的一个车轮，车轮一装在车轴上，车子就可以运送千斤之物，而你的木鹊有什么实际用处呢？一个真正的木匠做的东西，有利于人的称为‘巧’，无利于人的，看起来再巧也只能叫作‘拙’。”

鲁班听完，深深地为墨子的道义所折服，他突然有所领悟：一个真正的木匠，不应该将自己技艺的机巧用于战争，给百姓带来灾难，而应该用于促进生产、改善人们的生活，只有这样，才能使天下太平，老百姓安居乐业。

解决百姓生活难题

为了解决人们生活中的难题，鲁班发明了很多实用的东西。比如，过去人们磨面用的石磨就是他发明的。20 世纪 80 年代以前，石磨在我国农村被广泛使用。

在他生活的那个年代，人们吃的面粉，都是把粮食放在石臼里，用沉重的石杵反复去捣才捣出来的。石臼是一个大石盆，石杵是一根石头棒。这种办法既费时又费力，还要掌握力量的大小。用力太小，难以捣碎；用力过猛，粮食颗粒会溅出石盆，撒到地上。即便这样，捣出来的面粉还是粗的粗细的细，很不均匀。鲁班注意到这个情况后，便一直想找办法来解决。

有一天，他看到一个老婆婆正在捣麦子。由于手上没劲，举不起石杵，老婆婆只好握着石杵用力研磨。鲁班看着看着，发现里面的麦粒已经被磨成了粉。他由此受到启发，一回到家里，他就让妻子赶紧找来两块石料。他把石料凿成两个大圆盘，为了增加摩擦力，他又在每个圆盘的一面凿出一道道凹槽。为了更省力，他还在上面的圆盘上安了个木把儿。

好奇的邻居都纷纷前来观看。只见鲁班把两个圆盘有凹槽的一面摞在一起，有木把儿的放在上面。这时，他又向圆盘中央倒上麦粒，然后，握着木把儿用力转动上面的石盘，麦粒很快就被研磨成了又匀又细的面粉。邻居们一看，这种办法磨面既省时又省力，不由得对鲁班赞叹不已。

这就是两千多年来人们磨面时使用的石磨。今天我们用电力带动的磨面机，仍是用这种原理设计制造的。

鲁班发明的日常用品还有很多。在一次游玩中，天忽然下起大雨，人们无处避雨，淋成了落汤鸡，于是他发明了亭子；大热天，他看到孩子们在池塘中戏水，为避免太阳毒晒，将荷叶顶在头上，于是他受到启发发明了伞，既能遮阳，又能挡雨；他发现有些地区的老百姓吃水很不方便，便发明了打井技术；为防止有人随意出入仓储，财物被盗，他发明了只有凭钥匙才能打开的锁……

鲁班因为自己的发明和创造而得到了人们的尊敬和爱戴。千百年来，鲁班的名字和有关他的故事广为流传。鲁班已成为我国古代劳动人民智慧的象征，后世的土木工匠将他尊为祖师爷。

（课内连线:《语文》二年级上，语文园地六《鲁班造锯》）

李冰：修建都江堰，造就天府之国

战国时期，各诸侯国为富国强兵，大力发展经济，其中兴修水利是一项很重要的举措。许多国家在当时都搞了一些很有名的工程，也涌现出一批著名的水利专家，最负盛名的就是李冰。李冰的主要贡献是修建了当时世界上一流的水利工程——都江堰，使旱涝无常的四川平原变成了富甲天下的天府之国。之后，四川的粮食、盐、铁等物资源源不断地运往秦国都城，为秦灭六国奠定了充足的物质基础。

流落蜀地，打井为生

李冰出生于山西解州，据说那里盛产井盐。李冰一家和当地人一样，以打井制盐为生。有一次，李冰和儿子随官府的盐车到蜀地送盐，没想到刚进入蜀境就遇上了盗贼，他们运送的数十车盐被一抢而光。食盐在当时是紧缺物品，丢了食盐，官府是要治重罪的。于是，他们索性就留在了蜀地另谋生路。

古代蜀地属于非涝即旱之地，不是发生洪水灾害，就是发生旱灾，所以古人称其为“泽国”和“赤盆”。世世代代的蜀地百姓，不是同洪水做斗争，就是因为饮水问题而备受煎熬。遇到大旱时节，人们主要靠打井从地下汲水。由于李冰父子和乡亲们在家乡打井制盐，掌握了熟练的打井技术，他们便在蜀地以打井为生。

打井的关键是寻找水脉，如果水脉寻找错误，打出来的井不是水很少，就是旱井，一点儿水都没有。李冰读过一些书，懂得天文地理，熟悉各种地形地貌，认识水脉，他打井从没有失败过，渐渐地在当地就有了些名气。

接受使命，蜀地治水

秦昭襄王末年，秦国吞并了蜀国。面对广阔的蜀地，昭襄王喜忧参半，喜的是秦国的疆域又扩大了不少，忧的是蜀地自然环境恶劣，旱涝灾害频繁，加之刚刚经历过战乱，人心不稳，社会矛盾非常复杂。如何对刚刚征服的蜀地实施有效治理，使其成为秦国向东发展的大后方，成为秦国急需解决的重大问题。昭襄王明白，蜀地最大的问题就是水的问题，涝时水多，泛滥成灾，旱时缺水，庄稼无法生长，所以对蜀地的治理主要就是治水。

就在这时，有人向昭襄王推荐了李冰父子，他很快召见了李冰。他对李冰说："蜀地刚刚并入我们秦国，人心不定，现在蜀郡缺人，假如派你到那里去做太守，你会怎么治理？"

"大王，自古蜀地非涝即旱，本人以为治蜀即是治水，蜀地百姓世代深受水患之苦，如果大王能够变水患为水利，惠泽蜀地百姓，百姓定当感激、拥戴大王。同时蜀地广袤，有了水利，定会物产丰饶，为秦国强盛和统一天下打好基础。"李冰胸有成竹地说。

李冰的见解与自己不谋而合，昭襄王非常高兴，紧接着又问："依你之见，如何变水患为水利？"

李冰侃侃而谈，他从大禹治水，讲到自己对治水的认识；从自己在蜀地的打井生涯，讲到自己对蜀地地形地貌的了解；从蜀地水域的分布状况，讲到自己对蜀地治水的基本设想……昭襄王听着李冰的讲述，有一种相见恨晚的感觉，他当即任命李冰为蜀郡太守，令其前往蜀地治水。

不畏艰辛，考察水情

李冰到蜀郡后，和儿子对贯穿成都平原的岷江流域进行了全面考察。父子俩几次深入高山密林，追踪岷江的源头。他们不畏长途跋涉，沿江漂流，直达岷江与长江的汇合处，掌握了关于岷江的第一手资料。

他们发现，岷江发源于成都平原北部的岷山，那里沿江两岸山高谷深，水源丰沛，水流湍急；而到了灌县（今都江堰市）一带，江水一下子进入平坦的平原，浩大的水势失去了束缚，常常冲垮堤岸，泛滥成灾。同时，从上游挟带来的大量泥沙，也容易淤积在这里，抬高河床，又进一步加重了水灾的隐患。另外，在灌县县城西南面，有一座玉垒山，阻碍了江水东流，特别是到了每年夏秋洪涝季节，水流无处排泄，常常造成四川东边大旱而西边大涝的情况。

⊙李冰父子雕像

李冰决心征服这条河流，为当地百姓谋福利，报答昭襄王的知遇之恩。他和儿子将考察到的情况进行了详细记录，并制作了精确的地图。为了得到科学的治水方案，他们饭也顾不上吃，觉也顾不上睡。除了认真研究考察资料，他们还阅读了大量关于治水的典籍和文献，同时还多次和当地有经验的老农交谈，希望能够得到灵感和启示。

经过几十个日日夜夜的思考和研究，李冰父子终于有了一套科学和系统的治水思路。

巧设鱼嘴，分流江水

为改变岷江在灌县一带被玉垒山阻挡，造成西面泛滥而东面缺水的状况，李冰独出心裁，将玉垒山凿了一个宽二十米的大口子，后人称其为“宝瓶口”。这个大口子将岷江水分成东西两股，西股按原来的河道奔流，叫“外江”，东股从宝瓶口流出，叫“内江”。

人们也许会问：从宝瓶口流出的水，最后去了哪里呢？这正是李冰的高明之处。他在宝瓶口外又修筑了许多大大小小的水渠，组成了一个纵横交错的扇形水网。这样，从宝瓶口流出的水，不仅通过这个水网灌溉着成都平原的沃野农田，而且减少了岷江河道的水量，避免了洪水泛滥给西面带来灾害。

李冰还有更高明的手段。为了使岷江水在宝瓶口按照一定的比例分流，他又在宝瓶口附近的江心修建了一个分水堰，其形状就像一个鱼头，并且这个分水堰的前端有一个开口，人们把它叫作“鱼嘴”。鱼嘴的大小和角度都是经过精密计算的，它迎着岷江的上游，将汹涌而来的江水按比例分成两股，分别流向岷江正流的外江和宝瓶口的内江，流向外江的水占百分之四十，流向内江的水占百分之六十。分水堰两侧还砌起了用鹅卵石做成的护堤，内江一侧的叫“内金刚堤”，外江一侧的叫“外金刚堤”，也叫“金堤”。

鱼嘴分流的江水比例，是根据正常年份春耕季节的灌溉需水量而制定的，但是到了夏秋季节，随着降水量的增加，流入宝瓶口内江的水量也会随之增大，大片农田依然会有被淹的危险；同时，遇到降水量少的年份，流入内江的水量亦会减少，满足不了农田灌溉的需要。

为了稳定流入宝瓶口内江的水量，李冰又在鱼嘴分水堰的尾部修建了分洪用的平水槽和“飞沙堰”溢洪道。飞沙堰也用竹笼填石的方法修筑而成，堰顶筑到适宜的高度。当内江水位过高的时候，洪水就经由平水槽漫过飞沙堰流入外江，从而保障了内江灌区农田免遭水淹。而遇到降水量少的年份，就在外江截流，使外江的水经过平水槽和飞沙堰流入内江，从而保证了内江充足的水量，满足农田的灌溉需求。

竹笼填石，石人镇水

在修建分水堰的过程中，李冰遇到了难题。开始，李冰采用向江中心投扔石头的办法来修筑这道堰，但江水的力量实在是太大了，石头刚刚扔进去就被冲走了，根本没有办法筑成堤堰。

但他没有放弃，开动脑筋继续想：单块的石头重量不够，会被水冲走，能不能把石头的重量增加一些呢？如果要增加重量，只有两个办法，一是增加单块石头的体积，二是增加石头的数量。增加单块石头的体积是行不通的，那么就只能增加石头的数量了。但是如何才能将数量众多的石头固定在一起呢？他看到竹工在编竹器，忽然眼睛一亮，想到了一个好办法：竹笼填石。

竹子是当地很常见的东西，将竹子编成筐用来装石头，既结实又耐用。而且这个办法既简便又高效，可以就地取材，施工方便，费用也低。于是他找来竹工，让他们编成长三丈、宽两尺的大竹笼，将里面装满鹅卵石，然后封好。这些竹笼一个一个地被沉入江底，湍急的江水冲在上面，打了个旋又呼啸着流走了，而竹笼却纹丝不动。这样分水堰很快就修好了。

为了观测内江的水量，李冰还刻了三个石人，将其置于江心，作为观测水位的标尺，要求水位“竭不至足，盛不没肩”。意思是，如果水位浅到石人的脚部，用于灌溉的水量就可能不足，也就预示着会发生旱灾；如果水位上升到石人的肩部，就表示水量已经过多，预示着会发生洪灾。

以足、肩作为水量的标志，是在长期经验积累的基础上总结出来的。有了石人的指示，人们就可以提前做好防涝或者抗旱的准备工作。

1974 年和 1975 年，在外江的金刚堤、安澜索桥一带相继出土了两尊东汉时期刻凿的李冰石像。据考证，这很可能是依据李冰所立的石人而制，既能纪念李冰，又可作为水位衡量的标志。出土的李冰像高达二点九米，古尺折合约一丈余，这个高度很可能还有测量水位标示的作用。

天府之国，泽被后世

李冰父子十分重视都江堰水利工程的维护，以使它能够长期发挥作用。

据说，李冰父子制作过石犀，将其埋在内江中，作为岁修治理时淘挖泥沙深度的标准。所谓岁修，就是每年维护治理一次。当时李冰制定的岁修原则是“深淘滩，低作堰”，意思是说，每年淘挖江底淤积的泥沙要深，这样可使江水水量有适当的保证；而飞沙堰的堤堰不能筑得太高，以免影响内江江水的外溢与泄洪，从而保证内江不发生洪灾。

岁修的方法是，每年水量最小的霜降时节，在外江截流，使江水全部流入内江，然后淘挖外江和外江各灌溉渠道淤积的泥沙。到第二年立春前后，外江岁修完毕，又在内江截流，让内江水全部流入外江，然后淘挖内江河槽，进行平水槽和飞沙堰的岁修工程。清明节前，内江岁修完毕，撤除截流，开始放水灌溉。

公元前256年到公元前251年，李冰带领蜀地官吏和百姓，经过五年的艰苦努力，终于完成了这震古烁今的伟大工程。都江堰的修成，不仅解决了岷江泛滥成灾的问题，而且从内江下来的水还可以灌溉十几个县，灌溉面积达三百多万亩。从此，广袤的蜀地结束了靠天吃饭的局面，洪涝灾害基本消除，即便大旱年份也到处可见绿油油的庄稼，四川由“泽国”和“赤盆”变为极其富庶的“天府之国”。就这样，秦国有了横扫六合、统一中华的稳固根基，大批粮草及各种军需物资被源源不断地从这里运送给在前线作战的秦军将士。

我国著名历史文化学者余秋雨在其《都江堰》一文中写道:“有了它，旱涝无常的四川平原成了天府之国，每当我们民族有了重大灾难，天府之国总是沉着地提供庇护和濡养。因此，可以毫不夸张地说，它永久性地灌溉了中华民族。有了它，才有诸葛亮、刘备的雄才大略，才有李白、杜甫、陆游的川行华章。说得近一点，有了它，抗日战争中的中国才有一个比较安定的后方。”这应该是对李冰成就的最高评价。

除都江堰外，李冰在蜀郡还主持兴办了其他一些水利工程。如对发源于蒙山的沫水（又名青衣水），组织百姓开凿河心中的山岩，整理水道，便利了航行。他还对管江、汶井江、洛水进行过疏导，又引绵水出紫岩山，到资中一带灌溉稻田。

李冰为蜀地的发展做出了不可磨灭的贡献，人们永远怀念他。两千多年来，四川人民把李冰尊为“川主”。各地还修建了“川主祠”，以表达对他的怀念。

（课内连线:《中国历史》七年级上，第二单元第7课《战国时期的社会变化》）

秦汉篇

秦始皇：千古一帝，统一六国

令人忧心的孩子

公元前259年正月十七，赵国都城邯郸，皇城以南一所极其简朴的房子里，一个在未来一统天下的孩子出生了。孩子的母亲赵姬是邯郸一户普通从商人家的姑娘，孩子的父亲姓嬴，名子楚，很有来头，他是秦孝文王的亲生儿子，正统的王族血统。

看着这个孩子，子楚和赵姬并没有和寻常夫妇一样觉得开心，反而为孩子的命运忧心忡忡，他们忧虑的是这个孩子不同寻常的身份。子楚身为秦孝文王的儿子却不受宠爱。在这种乱世之中，他被秦国当作人质送到了赵国。嬴子楚给儿子起名为政，嬴政身为人质的儿子，也被赵国默认为人质，不能回到秦国。

嬴政出生时，秦国和赵国关系正在急剧恶化。嬴子楚不受赵国人尊重，一家三口生活困窘。身为王族的他，出门连最简陋的车马也没有。所幸有大商人吕不韦对他的资助。这吕不韦富可敌国，对金钱已经没什么追求了，他看嬴子楚有帝王之相，便决定帮助子楚。他希望子楚有一天登上王位，能让自己变得既有钱又有权。

⊙秦始皇

吕不韦在金钱上的补给，让可怜的嬴子楚稍微感觉幸福了一点点，至少一家人不用为生计发愁了。但是，他们的生活仍然危机四伏，只要赵国与秦国的关系不和谐，他们就有被杀的可能。

公元前257年，秦国与赵国的关系恶化到极点，两国战争进入白热化，秦兵把赵国都城邯郸给围了。吕不韦担心赵国对嬴子楚不利，于是带着重金对邯郸官员上下打点，千辛万苦总算把子楚偷偷送出了城。没过多久，赵王派人来捉秦国人质，却听到子楚逃跑的消息，气急败坏之下当即下令诛杀赵姬和嬴政！

可怜的嬴政，十岁不到就要跟着母亲满城躲藏，逃避赵国军队的搜查追捕，似乎全赵国的人都想要他的小命。

这样的经历给嬴政的心灵带来不小的创伤，年幼的他变得多疑，性格也渐渐变得刚烈而暴戾，从此不敢再轻易相信任何人。

嬴政和母亲在赵国忍受着苦难，嬴子楚回到秦国后也没闲着，他尽心尽力地侍奉秦孝文王，讨其欢心。最终，在吕不韦及孝文王最宠爱的华阳夫人的帮助下，嬴子楚得以继承秦国王位，是为秦庄襄王。

登上王位

子楚继位，嬴政在赵国的苦日子总算到头。秦庄襄王将母子二人接回秦国，并将嬴政立为太子。两年后秦庄襄王病逝，嬴政便理所当然地登上了王位，此时他刚满十三岁，但幼年的苦难经历使他的心智早已成熟。他知道自己还没到亲政的年龄，对于治国打仗也知之甚少，必须隐忍！

这个时候，最为风光的要数吕不韦了。他帮助嬴子楚登上王位，自己就做了丞相，成功实现了既有钱又有权的梦想。如今嬴子楚去世，嬴政羽翼未丰，他独揽朝政大权，在秦国一手遮天，迎来了人生最辉煌的时刻。他被秦王嬴政称为“仲父”，名义上是国相，却有着君王的权力，据说那时候他家里光奴仆就有上万人。

嬴子楚去世后，太后赵姬心中难免有些孤寂，再加上她之前就是吕不韦的侍妾，又得到过吕不韦的帮助，所以很信任吕不韦，渐渐地，两人就重归旧好了。

时光如梭，嬴政渐渐长大，即将亲政。吕不韦害怕自己和太后之间的事情暴露，想要离开，但太后却不同意。吕不韦则表现得很决绝，他觉得性命比感情更重要。于是，他便将自己的门客嫪毐（lào ǎi）送去陪伴太后，对外谎称嫪毐是太后新招的太监。嫪毐成功赢得太后的信任，在太后的庇护下被封为长信侯，暗中收了很多党羽，渐渐在朝廷中拥有了极大的势力。

清理祸患

公元前 238 年，嬴政满二十二岁，他准备亲自处理朝政了。他亲政的第一步，便是清理身边的祸患，矛头首先指向的便是吕不韦和嫪毐！

随着年龄的增长，嬴政的心智越发缜密。他意识到宫中以吕不韦和嫪毐两人为首的两大集团是对他统治的最大威胁，便命人去调查这两人的事情。嫪毐知道纸里包不住火，事情终究会败露，自己也难逃一死，于是决定铤而走险！

这年春日的一天，嬴政在秦国旧都雍城的蕲（qí）年宫举行国君成人加冕仪式，宣布将亲自处理朝政。这时嫪毐的叛军突然攻打过来。不过嬴政早有准备，他利用提前在蕲年宫布置好的三千精兵打败了叛军。嫪毐一看情况不对，转而攻打咸阳宫，谁知那里也早有嬴政安排好的军队。

叛军大败，嫪毐落荒而逃。嬴政对嫪毐恨之入骨，当即下令：生擒嫪毐者赐钱百万，杀死嫪毐者赐钱五十万。没过多久，嫪毐就被逮到了，嬴政将他处以车裂之刑，并灭三族。

至于吕不韦的事情，嬴政心中也是一清二楚的。念在吕不韦侍奉先王，早年又给过自己很大的资助，没有他，自己也不能登上王位，嬴政没有处死吕不韦，只是免了他的相国之位。不过事情并没有这么结束。这样过了一年多，生性多疑的嬴政还是对吕不韦的事耿耿于怀：吕不韦有功又如何？他如此大逆不道，我的惩罚还是太轻了，他掌权多年，和朝廷众多权臣关系密切，对我始终是个威胁。于是，嬴政给吕不韦写了一封信：你对秦国有什么功劳，还拥有那么多封地？你跟我有什么血缘关系，还号称“仲父”？你好意思吗？你的封地我要收回了，你跟你的家人都迁到蜀地去住吧！

吕不韦接到嬴政的信，顿时心如死灰。他看着嬴政长大，了解他的性子，他知道嬴政不把自己逼上绝路不会善罢甘休。吕不韦害怕日后像嫪毐那样惨死，干脆配制了毒酒，自杀身亡。

威胁统治的嫪毐、吕不韦两大集团被铲除，秦国内部形势稳定，嬴政开始全身心投入他的统一大业中。他决心要成为一个前无古人、后无来者的千古帝王！

重用李斯

此时的秦国实力是最强的，想要灭掉齐、楚、燕、韩、赵、魏中任何一个单独的国家都不成问题，但是想要一统六国却并不简单。假使六国意识到有被灭掉的风险，一定会联合起来抗秦。当年苏秦游说六国，推行合纵的策略，就给秦国造成极大威胁。

就在嬴政发愁的时候，能人李斯来为他分忧了。

李斯本是楚国人，他非常有才，但是没有得到重用，于是就跑到秦国寻求出路，碰巧被吕不韦看中，才有了接触秦王的机会。看到嬴政发愁，李斯开始为他出谋划策。他对嬴政说："单打独斗，没有哪个国家能胜过秦国。我想，您唯一担心的就是六国又玩那合纵的把戏。"嬴政一听，连忙问李斯怎么解决合纵的问题。于是李斯提出了"一手拿金子，一手提刀子"的策略。

什么叫"一手拿金子，一手提刀子"呢？李斯是这样解释的：派人去收买各国有名望的大臣、谋士，不接受贿赂的，就背后捅他一刀。没法收买也没法杀掉的，就对其使用离间计，使他们君臣不合，没心思谈合纵。李斯还劝嬴政不要吝啬钱财，收买人心的钱一定要给足。嬴政哪会吝啬呢？反正以后这些钱还会连本带利回到他手上。就这样，嬴政采纳了李斯的建议，狠下血本，派了些人带重金去六国搞起破坏来。

收买、暗杀、离间，李斯的策略取得了很好的成效。六国之间相互猜忌，合纵的可能性越来越小，嬴政一统天下的条件渐渐成熟。

一统天下

公元前 236 年，嬴政开始疯狂地讨伐六国，而六国迟迟没有联合起来抵抗秦国。公元前 230 年，秦将内史腾攻入韩国都城，俘虏了韩王安，韩国灭亡。自此，秦国统一的步伐越来越稳，越来越快。公元前 221 年，嬴政的统一大业终于完成，天下再无齐、楚、燕、韩、赵、魏，唯有一秦。

泱泱大国，巍巍华夏，尽处于嬴政的掌控之中。嬴政觉得自己的功劳甚至盖过了太古时代的三皇五帝，于是他取“三皇”的“皇”字与“五帝”的“帝”字，构成“皇帝”一词，自称为“始皇帝”，以显示自己是有史以来最伟大的君王。

不过，嬴政真正的伟大之处并不仅仅在于统一了华夏，还在于他在制度上改变了君王统治国家的方式，加速了各个地区人民的经济、文化交流。

统一天下以后，嬴政一直在思考一个问题——如何巩固自己的统治。当年周王朝也统一了天下，可到最后还不是四分五裂，群雄并起。嬴政想来想去，觉得还是制度的问题，一个国家怎么能有那么多王呢？什么齐王、楚王、燕王、赵王，每个王都有军队和封地，不乱才怪。我的国家只能有一个王，那就是秦王！

嬴政很明智地废除了分封制和贵族官员的世袭制，重新建立了一套由国家到地方的郡县制和官僚制。他把国家划分为三十六个郡，每个郡又划分为多个县，并把官僚由丞相到县令一层一层安排下去，一级管一级，最终大权归中央。这种中央集权制，完美地避免了春秋、战国时那种群雄割据的局面。

千古一帝

要想成为人人称颂的千古帝王，仅仅保证国家统一是不够的，于是嬴政开始研究怎样才能使人民得到更好的发展。这时李斯又帮了大忙。

此时，全国各地的人们使用的文字各不相同，这给日常交流带来了极大的不便。李斯建议嬴政统一全国的文字，嬴政当即下令，让李斯等人进行文字的统一工作。李斯以秦国人常用的大篆为基础，结合其他地区文字的优点，创造出一种更简单齐整的新文字——小篆。

为便于各地百姓的经济文化交流，嬴政不光主张统一文字，还统一了度量衡、货币，甚至连修路、造车的标准，人们的伦理道德和行为规范等都有了统一的规定。

做好了这一切，嬴政的心放松下来，他感觉自己的成就似乎已经超过了有史以来任何一位帝王。从公元前 219

年起，他开始四处巡游，欣赏自己亲手打下的天下。每到一个地方，他都命人在石头上铭刻自己的功德。

嬴政夺得天下，拥有了权力、金钱、女人、虚荣……只要他想要，还有什么得不到吗？随着时间的推移，嬴政发现，确实还有一样东西不是他想要就能有的，而且这样东西正在慢慢变少——那就是时间！时光易逝，嬴政的双鬓渐渐斑白，他猛然醒悟，自己是千古帝王又能怎样，最终还不是得跟普通人一样倒下，归于尘土！

嬴政慌了，他开始疯狂地修建宫殿，以便能更好地享受人间富贵。他为自己修建陵墓，准备陪葬品，期盼死后在另一个世界能更快活。他甚至专门派出一支庞大的队伍，为自己寻找那根本不存在的长生不老药！

千古帝王，一统天下，却敌不过时间。公元前210年，嬴政在第五次东巡途中去世，享年五十岁。

嬴政的一生存在很大的争议，有人说他为人暴戾，严刑苛法，滥用民力，也有人说他统一天下，统一文字、度量衡等，为后世的和平统一做出了贡献。但无论如何，他都是影响中国乃至世界历史的重量级人物。千古一帝，当之无愧。

（课内连线：《中国历史》七年级上，第三单元第9课《秦统一中国》）

刘邦：建立汉朝的平民天子

泗水的亭长

在西方，中华文化还有一个别称，叫作“汉学”。实际上，我们生活中有许多方面都和“汉”文化有关，比如我们的文字叫“汉字”，人口最多的民族是“汉族”，穿的古装叫“汉服”，等等。这一切都源于一个伟大的王朝——汉朝。建立汉朝的开国帝王，是中国第一位从平民中走出来的天子，他就是刘邦。

刘邦出生在秦朝时的沛郡（今江苏省沛县），家里贫穷，自己又没有学习如何做生意，不怎么会赚钱，便在乡里为衙门做一些跑腿的活计，后来补得一个泗水亭长的小职务。这亭长，就是负责抓捕盗贼的。他虽然没有什么大学问，然而气度却很大，志气也很高。他没钱沽酒，便去酒店中赊贷，待有了钱就加倍奉还。他挥金如土，没有丝毫穷酸气。一次，他因为公务到了长安，刚好遇到秦始皇出游，他见皇帝有很多随从，声势显赫，感叹道："大丈夫就应该这样子啊！"

⊙汉高祖刘邦

娶吕公之女

单父（今山东省单县）人吕公和沛令（县官）是很好的朋友，吕公为了躲避仇人的追杀而从单父迁居到了沛郡，沛中的豪吏听说吕公是沛令的贵客，都纷纷拿了重礼前去庆贺。萧何当时是沛吏，代理一切受贺的事宜。接受贺礼的时候，萧何对所有来庆贺的客人说道："贺钱不满一千的，请坐在堂下。"刘邦心里素来轻视沛县这些当官的人，这次随着小官来庆贺，便写了一份贺帖，说他的贺钱是一万，其实他并没拿钱。吕公见了他的贺帖大为惊异，忙出门去迎接。吕公本是善相人之术的，见了刘邦，对他大为敬重，让他坐上座，刘邦毫不客气地坐了上座。宴会结束以后，吕公单独把刘邦留了下来，对他说道："我从小就喜欢研究相人之术，我看过很多相，都不及你的相貌。希望你自己爱惜，不要自弃了。我有一个女儿，愿给你做一个执箕帚的妻妾。"

刘邦走了之后，吕公的妻子吕媪埋怨道："你常说女儿有贵人之相，当配贵人，怎么你就一个人拿主意把她许配给了刘邦呢？"吕公回答说："这不是你一介女子所知道的。"于是刘邦就娶了吕公之女为妻。

醉酒斩蛇

秦始皇特别喜欢修建宫殿。他在活着的时候便在骊山（今陕西省西安市临潼区）建造了他的陵墓，工程浩大，令国中各郡县选了徒役送至骊山。可怜那些被送去的农民，要抛弃他们家中的父母妻子和田中的工作，来做这种苦工。沛县也不例外，自然也是要选送徒役的。沛令强选了农民数百人，命刘邦护送至骊山。

刘邦是一个生性好酒的人，他在护送徒役的路上喝得大醉，一些徒役便乘机逃走了，所以出发没多远，徒役已经逃了一半。刘邦心里想，若照这样下去，到达骊山时，岂不是逃得一个也没有了？秦朝的法令最严，出了这种事情他是要被处以死刑的。于是走到丰县，刘邦便下令停止前行，买了许多酒肉，和剩下的徒役们痛饮。到了夜间，他将徒役们全部释放了，并对他们说道："你们都去逃命吧，我从此也要逃亡了。"那些徒役听了，异常感激，当时有十几个壮士愿跟着刘邦一同逃亡。刘邦便和那十几个人趁着夜间从一条小路奔逃。他们令一个人先行引路，那先行的人忽然回报说道："前面有一条大蛇拦住了道路。"刘邦这时还带着几分酒气，听了说道："壮士行路，还怕什么！"说罢，便自己冲向前面，拔出佩剑，将那大蛇斩成两段，复前行数里，便在路中醉得呼呼大睡了。

据传说，当时有一个丰县人，在刘邦斩蛇后，也从那地方经过，见一老妪正哭得伤心，问她为什么哭，老妪回答说："我的儿子被人杀了！"那人又问道："你的儿子为什么被人杀了呢？"老妪说："我的儿子是白帝子，化为蛇拦住道路，今被赤帝子斩杀了。"那人听了很是惊异，以为见鬼，便要去打那老妪，那老妪忽然就不见了。那人愈加惊恐，急往前行，恰巧遇着刘邦从醉梦中醒来，便将此怪异之事告诉刘邦。刘邦听了，心里欢喜，便自负起来，觉得自己不是凡人了。

沛县起义

刘邦从此不能归家，便和那些壮士一同隐藏在临淮砀（dàng）山一带的山谷中。他的妻子常来和他相会，每次都很容易就找到了他。刘邦问妻子："你是怎么知道我的住处，这般容易找到我的呢？"妻子回答说："你所居住的地方，上面常有云气，我只按着云气的方向便可以找到你。"刘邦听了，心里更加欢喜。由是沛县很多人都以为刘邦不凡，纷纷前来归附。

秦始皇去世后，二世皇帝即位，老百姓受秦朝苛政的压迫，已经到了无法忍受的地步。陈胜、吴广趁着这个机会在大泽乡起义，斩木为剑，揭竿而起，附和者众多。他们杀了郡县的官吏，占据了城池，起兵反抗秦朝。一时间百姓纷纷响应，天下骚动，豪杰蜂起。

沛郡受到影响，县民自然也是蠢蠢欲动，谣言四起。沛令心里非常恐惧，便想背叛秦朝，响应陈胜，以保全自己的性命。这时，萧何、曹参都在沛郡为吏，对沛令说：“您是秦朝的官吏，今要响应陈胜，恐怕沛县子弟不能听从您的命令。不如召集逃亡在外的数百人，来沛中保护，那么沛中子弟就不敢不听从您的命令了。”于是沛令便命樊哙（kuài）找到刘邦，让他回沛郡。

这时，刘邦已经集合了数百人，他带着众人和樊哙一同来到沛郡。沛令见刘邦领了这么多人来，心里恐怕有变，便关闭了城门，拒绝刘邦入城，并想诛杀萧何、曹参。萧何、曹参急忙逃出城外，投靠了刘邦。刘邦写了一封信，用箭射入城中，告诉沛中的父老乡亲们：“现在各方义兵四起，如今父老乡亲们要替沛令守城，若是外面的兵杀过来了，沛郡要遭受屠城的惨运。不如现在杀了沛令，选立一个有才能的人，以响应义兵，以免得身家之祸。”沛中的父老乡亲都觉得刘邦说得有道理，便把沛令杀了，开城迎接刘邦，想要立刘邦为主。刘邦再三辞让，但众人都不敢当这兵祸的头子，执意推立刘邦为主，称他为“沛公”。

攻入长安

当时一同起兵反抗秦朝的人很多，项梁在吴地起兵，沛公和项梁联合，共立楚怀王的孙子熊心为楚怀王，以号召天下。后来项梁死了，项羽继承项梁的基业，仍和沛公共尊楚王，齐心协力攻打秦朝。

怀王和诸将共同约定："最先攻入长安的，就做秦地的王。"于是沛公和项羽都出兵去打秦朝。项羽的兵力很强，和秦朝的大军相遇之后，屡次打败秦军，秦朝的大将也都投降归附项羽了。沛公一直出兵西行，凡攻破的地方，不加屠杀，只令归降，因此沛公所到之处都是闻风投服，一路乘胜而来，大破秦兵，于是沛公就先攻入长安了。

这时，秦二世皇帝已被赵高所杀，赵高立子婴为帝。子婴为报仇，诛杀了赵高。后听闻沛公大军已至，捧着皇帝的玺印，降立道旁。沛公收了玺印，也不加害子婴，还将秦朝的重宝财物尽数封藏于府库中，自己退出长安，驻军灞上（位于今西安市东）。百姓因沛公秋毫未犯，都感激他的恩德，恳切地留他当秦王。

项羽听得沛公已先入长安，大为愤怒，急忙引兵向长安来攻打沛公。这时，项羽有百万大军，沛公的兵力只有二十万，以沛公的实力根本打不过项羽。因张良跟项伯是故交，于是沛公便派张良去求项军中的项伯援救。项伯对项羽说："沛公要不先破了长安，公岂能这么容易就入关呢？现在人家有大功，我们反而要攻打他，这是不对的。"

项羽听了项伯的话，停止了进攻。沛公亲自率领百余骑求见项羽，自请谢罪，并对项羽说："我入了长安以后，把秦朝的宝物封藏，为的是防备他人入关，特在此守候将军呢！"项羽听了，这才消了怒气。随后项羽带兵入长安，火烧阿房宫，大火一连烧了三个月，所经过的地方都成了残破之地，百姓对项羽的举动大为失望。

楚汉相争

项羽没能先进入长安，心里怨恨楚怀王和各位将领订立了先入为王的约定，乃说道："怀王是我家所立的，并没有功劳，怎么能够和各位将领订约呢？"于是项羽假装尊奉怀王为义帝，其实根本不听他的命令，而是自立为西楚霸王，定都彭城（今徐州），封沛公为汉王，都城在南郑。项羽把长安关中的地方分封给了秦朝的三个降将，还把当时起兵的都封为王。项羽的势力很强，一般诸侯都不敢不唯命是从。后来项羽把义帝迁到长沙郴（chēn）县，不久后便派人把义帝杀了。

沛公只得到南郑（今陕西汉中市南郑区）做了汉王，但是他的军吏士卒很多是山东人，大家日夜都想要东归，郁郁不乐。不久，汉王听说项羽杀了义帝，就去替义帝发丧，召集诸侯的兵去讨伐项羽，结果被项羽打得大败。这时，沛公的父亲太公和妻子吕后都在沛郡，也被项羽的兵抓去了。

汉王从此不敢再向项羽宣战，只是让诸侯去挑衅楚兵，又任用韩信为大将，攻取了许多土地。时间一久，刘邦发现自己的实力日渐强大，又发兵去牵制项羽。项羽的智谋不及汉王，汉王长守不攻，纵然楚军兵力强盛，时间长了，也被累得疲惫不堪了。

项羽性急，见汉王不肯出战，便要把太公和吕后烹了，以激怒汉王。汉王派人对项羽说："我和你同侍义帝，从情谊上讲咱俩是兄弟，我的父亲也就是你的父亲。如果你要烹了父亲，请你分给我一杯羹。"项羽想了想，烹了太公，也无益于事，便和汉王讲和，以鸿沟为界，鸿沟以西归汉，鸿沟以东归楚。刘邦答应了，于是项羽将太公和吕后送还给刘邦。后来汉王背弃前约，集合诸侯的军队，在垓（gāi）下（位于今安徽省灵璧县境内）攻击项羽。项羽兵少，又没了粮食，被汉兵重重围住。夜间，汉军使计，在四面唱起楚歌，以扰乱项羽部队的军心。最后，项羽带着一些残兵冲出重围，又斩杀汉军数人，而后挥剑自刎。

建立汉朝

汉王打败项羽，统一中国，建都长安，自立为帝，国号为汉，称为汉高祖。

刘邦建立汉朝以后，他看到秦朝因为法律严苛被百姓推翻，就废除了很多严酷的法令，采用以教化为主、刑法为辅的办法来治理天下。他封萧何做了相国，让萧何参考秦朝的法律制定了“汉律”。他还重用叔孙通整理朝纲，叔孙通制定了一套适合当时形势需要的政治礼仪制度，为汉朝的建立和政权的巩固起了很大作用。

刘邦是中国历史上第一个从平民中走出来的天子，他建立的汉朝延续了长达四百余年的统一。他创立的政治体制和经济制度为后世统治者所沿用。汉朝可以说是中国历史上最强盛的朝代之一。

（课内连线：《中国历史》七年级上，第三单元第 11 课《西汉建立和文景之治》）

项羽：叱咤风云的西楚霸王

学万人敌

项羽出生于公元前 232 年，楚国下相（今江苏省宿迁市）人，他的祖父是楚国名将项燕。项氏家族世代为将，也算是声名显赫的贵族，可是项燕却因为一次兵败而自杀，家族就此没落。当时项羽年仅十岁，他的叔父项梁此时也因为杀人而不得不外出避祸。于是，项羽便和叔父项梁一起开始了四处漂泊的生活。

项梁刚开始想教项羽读书，可是没多久，项羽就不想学了。项梁以为项羽对读书没有兴趣，便转而教他男孩子都喜欢的剑术，可学了没几天，项羽又放弃了。项梁训斥项羽没出息，项羽却说："读书识字只能记住一个人名，学了剑术也只能和一个人对打，我要学就要学万人敌！"这可是很有志气的话语，项梁听了便改为教项羽学习兵法。项羽很喜欢兵法，但是他学了个大概之后，便也就不再深入研究了。

⊙项羽

项羽小时候所处的年代，正是秦始皇嬴政当政。

有一次，项梁带着项羽在会稽（郡治在今江苏省苏州市城区）看秦始皇巡游。项羽不屑地说："这秦始皇，也是可以被取代的。"项梁吓得赶紧捂住了项羽的嘴，生气地说："你可不要胡乱说话，否则给全族招来祸患怎么办！"

回家之后，项羽埋怨叔父说："平日里又是让我读书，又是让我练剑，还教我学习兵法，总说让我不要忘记家国之恨，怎么今天您那么胆小怕事呢？"

项梁摇摇头说："你这样只是招人恨罢了。如果要干一番大事业，就不能这么心急气躁，一定要学会等待时机。"

听了叔父的话，项羽觉得很有道理，便不再那么张扬。经过几年的成长，项羽成了身高体壮的汉子，力气很大。据说项羽能轻易举起重达千斤的大鼎，人们看到他颇有些敬畏之心。

对抗秦朝

公元前210年，秦始皇去世，秦二世胡亥（hài）继位。在奸臣赵高的干涉下，胡亥实行了残暴的统治，天下百姓苦不堪言。这年秋天，朝廷征发九百多名贫民到渔阳（今北京市密云区西南）去防守。途中经过大泽乡（今属安徽省宿州市埇桥区）时遇到了大雨，眼看不能如期到达目的地。队伍中有两个名叫陈胜、吴广的人，情急之下杀死了押解军官，发动了著名的大泽乡起义。

大泽乡起义的消息迅速在附近一带传开。项梁在会稽当地很有威望，也很有雄心，他早就看出来当时形势混乱，自己也在家里偷偷制造兵器，并蓄养了一批壮士，时刻准备大干一场。听到大泽乡起义的消息，项梁便和项羽一起杀了会稽郡守，组织起了一支武装力量，随后又和同样起事的刘邦一起，在民间找到楚怀王的孙子，立他为楚怀王，意在共同对抗秦朝。

做了上将军

在一次秦军的突袭中，项梁兵败被杀。打败项梁的秦军将领名叫章邯。眼看着项梁的军队都败了，章邯便也不再理会楚国的军队，而是引军北渡黄河大破赵国。赵王败走巨鹿（今属河北省），章邯则率领四十万秦兵围攻巨鹿。

这时，赵王向楚国发出了求救信号。经过商议，公元前 207 年，楚怀王决定派兵救赵国。他任命宋义为主帅，率领五万人马前往巨鹿去解赵国之围。但是为了分散秦军的力量，楚怀王还派出了刘邦，让他率领另一支部队一路向西直接攻打秦国。

原本项羽也想要跟随刘邦西征，他想直面秦军，为叔父项梁报仇，但是楚国老将们都认为项羽太过彪悍，作战过于勇猛，并不利于西征，反而会将秦军主力吸引过去。经过一番考量，楚怀王将项羽分配到了宋义的队伍中担任次将，以协助宋义北上救助赵国。

而这一路北上、一路西进的队伍，还有一个很有意思的约定，那就是谁先入了关中，谁就是关中之王。项羽与刘邦这对宿命劲敌的交锋开始了。

北路军这边刚走到安阳（今属河南省），宋义就不再往前走了，在安阳一停就是四十六天。之所以停下，宋义的解释是："等秦国、赵国两败俱伤之后，楚国就可以坐收渔翁之利了。"

项羽着急地说："现在秦军正围困着赵国，我们如果快速带兵过漳河，还能和赵军内外夹攻，一定能攻破秦军的围困，打个大胜仗。"可是宋义却不理会项羽的建议，每天都在军中饮酒作乐，一点儿要打仗的紧张感都没有。

一天早上，实在忍无可忍的项羽走进了宋义的军帐，一刀斩杀了宋义，提着他的脑袋走出来告诉众将士说："宋义这是想要和齐国联合谋反，所以楚怀王暗中命令我把他杀死了。”将士们震惊过后，索性推举项羽做了主帅。后来楚怀王听说了这件事，不但没有责怪项羽，反而真的任命他做了上将军。

打败秦军

项羽当即下令全军全速前进渡过漳河，但在渡河之前，他命令所有士兵每人只带三天的口粮，接着又下令砸碎所有行军做饭的锅。就在将士们惊愕的时候，项羽说：“没有了这些累赘，我们就能轻装前进，也能立即挽救危在旦夕的赵国。至于说吃饭，等我们到了秦军的大营，还愁没有锅做饭吗？”说完，他便指挥大军渡过漳河。

刚过了河，项羽又下了一条命令，要求士兵们把渡船全部凿沉，把行军帐篷都烧掉，楚军将士们一看，这根本就是没有退路的战斗啊！如果这场仗打不赢，前面是敌人，后面是漳河，那就真的没有活路了，所以只有奋勇杀敌才有活下去的可能！就这样，楚军将士们带着“不是敌死便是我亡”的信念，个个奋勇杀敌，与秦军先后交战九次，直杀得章邯节节败退，楚军大败秦军。经过这一战，项羽名声大震，很多诸侯也率军归附了项羽。

章邯打了败仗，秦二世对他很是不满，章邯便想要和项羽订立和约。见到项羽后，章邯哭诉了自己的处境，项羽便决定将章邯收归自己帐下，结果二十多万秦兵也跟着章邯投降了。

诸侯手下的兵卒很多都在秦国服过徭役，受尽了秦兵的凌辱，秦兵如今一投降，各诸侯手下的兵卒便有了报复的机会，对这些降兵就像对奴隶一样。秦兵内心多有不服，其中有人又想要反了。

项羽本来就不是个好相处的人，听到诸侯向他反映这件事，他想到这二十多万秦兵若是不听令，以后入了关可就更难指挥了。与其等到日后出大乱子，倒不如现在绝了后患。最终，项羽一声令下，斩杀了秦军二十多万人。

和刘邦的争斗

在这之后，项羽率领诸侯军向关中挺进，刚到函谷关（位于今河南省灵宝市），就被守关的官兵阻挡住了，仔细一问，发现这居然是刘邦派来守关的人。这时他听人说刘邦已经攻破了秦国都城咸阳，大怒。他也想要成为关中之王，于是便加紧过了函谷关，将四十万大军驻扎在新丰鸿门（位于今陕西省西安市临潼区城东），刘邦的十万军队则驻扎在灞上。

刘邦手下有个左司马名叫曹无伤，这个人有些小聪明，他原想让项羽、刘邦两相争斗，自己渔翁得利，于是向项羽通风报信说："刘邦想要称王于关中，还想立秦二世的儿子子婴为相，更想一人独揽秦朝宫室的所有珍宝。"

曹无伤这番话彻底激怒了项羽。项羽向来认为是自己率军消灭了秦军主力，若论功行赏，自己才有对战利品的最大处置权。刘邦算什么？他怎么能做关中之王？而且项羽原本的灭秦计划中，就是想要将秦朝宗室斩杀干净以绝后患的，现在刘邦留着子婴这不是添堵吗？

项羽的谋士范增说："刘邦本来是个贪恋财物和美色的人，现在进了关，却不贪取百姓的财物，也不贪恋美色，可见他志向不小啊！这个人留不得。"听到这里，项羽决定要狠狠地打击一下刘邦。

鸿门宴

项羽的另一位叔父项伯与刘邦手下的张良是好朋友，项伯深夜前去告知张良，劝其早些脱身。谁知张良反过来请项伯帮忙。和张良商量之后，项伯回来劝项羽说，刘邦到底是攻破咸阳的大功臣，攻打他就是不义之举。因此项羽摆了一场宴席，以犒赏三军为名，刘邦请来赴宴，意图一探虚实。

待刘邦来了之后，项羽直言是曹无伤的挑拨离间。这时，刘邦也摆出了一副低姿态。如此这般，项羽不仅没有怨恨刘邦，而且还和刘邦把酒言欢。这下急坏了一旁的范增，他频频给项羽使眼色，还再三举起自己的玉玦（jué）暗示项羽："你怎么还不解决了刘邦？"可项羽却沉默不语，不动声色。

范增无奈之下找来项羽的堂弟项庄，让他借助舞剑的机会杀死刘邦。可项庄舞剑的时候，项伯起身和他对练起来。项庄屡次想用剑刺杀刘邦，都被项伯挡了回去。

酒席宴上的剑拔弩张让张良也很紧张，张良找来了将军樊哙，把酒席间的情况一描述，樊哙便干脆拿着剑和盾牌冲了进去，把项羽骂了一番，说他听信小人之言，不守信用。

项羽被骂了一顿，心里有些不是滋味。刘邦借口上厕所，叫上樊哙偷偷溜走了。等项羽问起刘邦，张良说他已经回去了，临走时留下一对玉璧赔罪。张良走后，范增拔出剑敲碎了刘邦给他的一对玉斗气愤地说："唉！小子不值得和你共谋大事，将来夺取你天下的人一定是刘邦啊！"

刘邦回到营中杀了曹无伤，而项羽则冲进咸阳城解决了子婴，带着从秦国宫室搜刮的战利品回到了江东。这时，项羽也不管所谓的"关中之王"的约定了，直接封自己为"西楚霸王"，又封刘邦为汉王，其他人也被封为诸侯王。尽管项羽尊楚怀王为义帝，但后来也杀死了他。至此项羽就成为了实际上的霸主。

从分封之后，项羽与刘邦的天下之争愈演愈烈。楚汉相争，打了大大小小无数次仗，双方你来我往，总也分不出上下高低。为了不两败俱伤，项羽决定与刘邦签订盟约，以鸿沟［位于今河南省荥（xíng）阳市］为界，从此中分天下。

兵败乌江

公元前202年十月，项羽带着大军回归江东，可是刘邦却突然撕毁了盟约，开始追击项羽。自那之后，刘邦旗下的汉军陆续进攻楚军的城池，打得楚军没有还手之力。最终汉军五路大军，共计六十万军队，形成了一股从西、北、西南、东北四面合围楚军的攻势。项羽无奈之下只得率领十万楚军向垓下撤退。

刘邦没有给项羽留任何退路。项羽中了韩信的计谋，遭遇十面埋伏，十万大军只剩两三万残兵保着项羽退回壁垒坚守。刘邦率大军将项羽重重包围，项羽一筹莫展，沮丧地不停喝闷酒，他的宠姬虞姬在一旁不断地安慰他。

正在此时，张良指使汉军士兵在楚军大营旁唱起楚调，楚军听到家乡的歌曲，回想起家中的双亲妻儿，想到自己可能战死沙场，心生悲凉。很多楚军因为受不了“四面楚歌”的影响，纷纷散去了。

项羽发现自己身边居然只剩下八百名亲兵了，更是悲痛不已。虞姬见此情景，忍不住哭了起来。

项羽内心变得越发沉重，他返回帐中拿起酒杯灌下烈酒，唱道：“力拔山兮气盖世，时不利兮骓（zhuī）不逝，骓不逝兮可奈何，虞兮虞兮奈若何！”

虞姬忍不住也唱道：“汉兵已略地，四面楚歌生。大王意气尽，贱妾何聊生？”唱完，两人抱头痛哭。

项羽说：“我是无法冲出重围的，你还是自寻生路去吧！”

虞姬却突然站起身，高声说道：“妾就算是死，也要跟着大王，希望大王多多保重！”说完，她拔出项羽随身的佩剑，引颈自刎。

项羽悲痛欲绝，带领八百亲兵趁着夜色突出重围，汉军立刻派出五千精锐骑兵紧紧追赶。最终项羽被逼到东城的一座山上，身边只剩下二十八人。

项羽知道自己已经没有退路了，便对剩下的二十八人说：“我从起兵到现在，打了八年仗，大小七十余战，还从来没吃过败仗。今天看来是天要亡我，并不是我不能战了！”抱着拼死一搏的决心，项羽把二十八人分成四队，从四面冲下山去，杀了几个来回，竟也斩杀了两员汉将，还杀了近百名汉军。

项羽一路向前，来到乌江边，乌江的亭长说：“江东虽小，但也有千里之地，也可以称王，您赶快乘船逃走吧！”

项羽却说：“我带着那么多江东子弟过江西征，如今却无一人东还，我还有什么脸面去见江东父老？既然天要亡我，我又何必渡江？”说完，他将乌骓马送给了亭长，要他快走，而他自己则和追来的汉军展开步战，又连杀几百人，自己也满身创伤。最终，无力回天的一代霸王挥刀自刎，年仅三十一岁。

（课内连线：《中国历史》七年级上，第三单元第 10 课《秦末农民大起义》）

汉文帝：孝顺节俭的治世之君

“文景之治”的开创者

汉文帝刘恒是汉高祖刘邦的第四个儿子，母亲是地位不高的薄姬，但他是西汉前期一位重要的皇帝。他在汉初的混乱之后，注重安定朝政，选贤任能，削除酷刑，减少战争，减轻赋役，重视农业生产，积累社会财富。他的儿子汉景帝继续推行了这些政策。经过文景二帝四十年的努力，西汉王朝从战争的动荡中恢复过来，走向鼎盛时期。后世把文帝和景帝时期的清明政治，称为“文景之治”。

谨慎的母亲

汉文帝的母亲薄姬是汉高祖刘邦的众多姬妾之一，在后宫地位低微，是个谦卑谨慎的人。在汉文帝小时候，整个皇宫都笼罩在吕后专权的阴影之下，如果吕后对哪个妃子不满，这个妃子就要倒霉了。当时的薄姬和刘恒一直处在战战兢兢、如履薄冰的生存状态中。薄姬看透了宫廷的险恶，想远离后宫这个是非之地。刘恒八岁时，就主动要求封到外地，被立为代王，辖地就是现在河北和山西的部分地区，薄姬也随儿子一起来到分封地。代地完全没有京城的繁华，甚至可以说是满目苍凉，初到时刘恒很伤感。母亲告诫他，孔子说过“贤者避世，其次避地”，意思是说：在乱世，贤明的人会避开纷乱的世事，其次是远离是非之地。虽然现在世道安宁，但宫中很不太平，所以要跑得远一点儿才安全。老子的“无为”和“不争”是避免灾祸的处世法宝，要好好学习老子的智慧。后来的事实证明，由于远离宫廷，他们母子俩得以逃脱吕后的打击。在戚夫人和她的儿子赵王如意被害时，刘恒却在代地自由自在地成长。

⊙汉文帝

继承王位

汉高祖刘邦驾崩后，汉惠帝刘盈接班做了皇帝，不久刘盈也死了，吕后便开始临朝称制。吕后过世后，以陈平、周勃为首的大臣们诛杀了企图发动叛乱的吕氏家族成员，并商议由谁继承皇位，取代此前吕后立的小皇帝刘弘（刘弘不是惠帝的后代，不应继承皇位）。讨论的结果是，大家选中了刘邦的儿子中尚存的年纪最长，又有宽厚仁慈之名的代王刘恒。

刘恒见到朝廷派来的使者，不但没觉得高兴，反而起了疑心，担心这是一个阴谋。如果贸然赴京，他担心会遭到暗算。于是刘恒一边禀报母亲，一边决定占卜一下吉凶。虽然占卜的结果非常吉利，但代王母子还是拿不定主意，便派舅舅薄昭先去长安探听虚实。待薄昭见到周勃，弄清原委后，刘恒才带着随从向长安进发。走到离长安城不远的高陵县时，他又停下来，派属下进城打探。得知大臣们都在长安城郊外等候迎接时，刘恒才放心地进了城。在群臣一致请求代王继承高祖皇位时，刘恒再三谦让，最后还是被拥立做了皇帝，史称“汉文帝”。

仁厚、节俭的帝王

文帝当政之初，便大封辅佐过刘邦开国的元老功臣，周勃因为拥立有功升任百官之首——右丞相，陈平为左丞相，灌婴任太尉，等等。文帝对老臣们的尊重和信任，也赢得了他们的倾力辅佐。他很快从代国接母亲薄太后来京城，并运用母亲教给他的黄老之术治理天下，与民休息，惠及百姓。他登基后连发几道诏书：凡是八十岁以上的老人，每人每月可以到当地政府领取米、肉、酒等；九十岁以上的老人，每人再加赐帛、棉絮等，赐给九十岁以上老人的慰问品，必须由县丞或者县尉亲自送达。他还废除了一人有罪，全家牵连治罪，并被收为奴隶的严苛法律。后来又减轻刑罚，废除了残酷的肉刑（肉刑是指割鼻子、砍手脚等使人致残的刑罚）。

文帝一直提倡勤俭节约，并要求官员不得以任何形式扰民。继位的第二年，他就责成审计部门清点长安的公用马匹，将多余的马划拨到驿站使用。他身体力行，奉行节俭：宫殿是旧的，不再装修；苑林很小，不再扩建。当时的宴游场所不够用，需要再建一个露台，但文帝一看预算，需用一百两黄金，眉头就皱了起来，这等于十户中等人家的财产，太奢侈了，就取消不建了。他自己衣着非常简单，宫中的帐幕也不许用织锦绣花的豪华品。

亲尝汤药

文帝的母亲薄太后年事已高，日渐衰老，汉文帝不免担忧母亲的身体。一次，母亲病倒了，文帝焦急万分，请来最好的医生给太后诊治。他深恐母亲一病不起，时刻牵挂着母亲，也不放心让宫女们来照顾。只要完成公务，文帝就会径直来到母亲寝宫，守护在母亲床前。看到母亲憔悴的面容，文帝食不甘味，夜不能眠，他亲自为母亲端水送药，一心想着让母亲尽快好起来。只要母亲感觉好了一些，文帝心中就感到无限的喜悦。薄太后一病就是三年，身为一国之君的汉文帝，很少睡过安稳觉。为了更好地照顾母亲，文帝还学习母亲所用汤药的药效和剂量，对什么时候用药，如何熬制才能充分发挥药效等，他都谙熟于心。母亲每次服药前，文帝都会先品一品，看熬煮的浓度是否适当、温度是否合适，然后再嘱咐下人调制调温，直到适宜母亲服用之后，才放心地端给母亲。汉文帝一方面对母亲尽孝心；另一方面还在全国倡导孝敬廉洁之风，并嘉奖模范，以带动形成良善的社会风气。

贤明的君主

文帝非常重视农业，他认为农业是天下的根本。为了劝农耕种，他亲自扶犁耕地，以作表率。他还采纳晁（cháo）错的建议，允许天下人以粮食换取爵位，或者用粮食来赎罪。他大幅度地减轻徭役，后来还免除了农民的赋税，人头税从一百二十钱减到四十钱，徭役从每年一次减为三年一次。就这样，他赢得了万民称颂。

文帝是个能虚心纳谏的君主。他废除了“诽谤”“妖言”之类的罪名，扫清了谏言的障碍。朝中有号召进言的旗帜，大道桥边有专供人写政治缺失的木板，无论上谏者官职高低，文帝都会认真对待。即位之初，文帝常招集君臣游猎宴饮。灌婴家的骑士贾士上疏，劝文帝把自己和大臣的注意力集中到国事上，文帝欣然接受了。作为武将的冯唐曾经让文帝当众下不来台，但文帝都能妥善处理，绝不会凭个人喜怒随意处罚人。

死后要求薄葬

公元前 157 年，文帝去世，享年四十六岁。他不仅生前俭朴，死后也要求薄葬。他在遗诏中说，希望改变厚葬的习俗，将自己葬在长安东南的霸陵，随葬品一律用陶器，不许用金银制品，坟墓沿山形成，不堆封土。之前汉代皇帝从死到下葬至少一百天，还有很多繁文缛节，文帝却令天下臣民三天后就不要穿丧服，停丧期间也不禁止百姓婚丧嫁娶，还把宫中夫人以下的妃嫔都送回家，不耽误这些人以后的生活。文帝在位期间，以仁政治国，使社会稳定、经济繁荣，为他的接班人汉景帝再创辉煌打下了坚实的基础，而他自己也成为一代明君，名垂青史。

（课内连线:《中国历史》七年级上，第三单元第 11 课《西汉建立和文景之治》）

汉景帝：承前启后的贤君

继盛世荣光

汉景帝刘启是汉文帝刘恒的儿子，母亲是窦太后。景帝是西汉第四位皇帝，在位十六年，享年四十八岁。汉景帝在西汉历史上占有重要地位，他继承和发展了父亲汉文帝的事业，与父亲一起开创了“文景之治”，并为他的儿子汉武帝刘彻开创的“汉武盛世”奠定了基础，完成从文帝到武帝的过渡。按照《逸周书·谥法解》上说，“耆（shì）意大虑曰景”，意思是说喜欢深思熟虑，善于充分谋划，可以称“景”这个谥号;“布义行刚曰景”意思是说传播仁义，品德坚强，可以称“景”这个谥号。所以汉景帝刘启的谥号定为“孝景”。

汉景帝并不是文帝的长子，但因为前面的四个哥哥都相继病逝，自然他就成了最年长的儿子。在文帝即位后不久，他就被立为太子。到文帝驾崩时，三十二岁的汉景帝登基继任了。汉文帝临走前嘱咐他说：当政以后，务必继续实行休养生息的政策，把国富民强的局面延续下去；万一哪天国家发生动乱，就让周亚夫统领军队去平息，他绝对能够保证江山社稷的安全。汉文帝的确高瞻远瞩，景帝也听取了父亲的遗训。

⊙汉景帝

景帝上任后就先大赦天下，并且给天下百姓官员人人提升一级爵位，相当于是给老百姓也都封了官，赐予一级爵位，还把全国农民的田租减免了一半。景帝在位十六年，大约有七次大赦天下的举动，不仅大赦那些刑事犯，还大赦参与叛乱的政治犯，可以看出他胸怀宽广。景帝的大赦既给犯过错的人一次重新做人的机会，又推进了以德治国的基本国策。

平定叛乱，成功削藩

景帝即位后，首先要解决的是诸侯王势力太大的问题。他先提拔力主削藩的晁错做内史，然后又升他做御史大夫，位列三公之一，就是朝廷中最尊贵的三个官职之一。晁错经过分析告诉景帝，要特别提防诸侯势力最强大的吴王刘濞（bì），恰好刘濞与景帝还有杀子之恨。刘贤是刘濞之子，他从小就轻佻剽悍，平时很骄慢，在景帝还是太子的时候，刘贤入京陪伴景帝喝酒下棋，与景帝争棋路时态度不恭敬，景帝就拿起棋盘，不料却失手将刘贤打死了。汉文帝派人将刘贤的遗体送回吴国，从此刘濞就十分怨恨景帝。

刘濞为了对抗朝廷，暗中准备了四十年。他私自铸钱，贩卖私盐，还招纳亡命之徒，谋反之心越来越明显。所以，晁错极力主张景帝削藩，剥夺诸侯王的封地。景帝听取了晁错的建议，决定先从吴王刘濞开始，削夺了吴国的会稽和豫章两个郡。刘濞见动手的时机已到，就联合各地诸侯王打着“清君侧，诛晁错”的旗号反叛作乱，意思是说清除皇帝身边的坏人晁错以安定国家。这次叛乱总共有七个诸侯王参加，所以历史上称为“七国之乱”。当时有一位曾经在吴国做过丞相的袁盎趁机劝说景帝杀掉晁错，他认为杀掉晁错就可以保住国家安全，平息叛乱。景帝采纳了袁盎的计策，便杀了晁错，谁知反叛的军队并没有因此而撤退。景帝想起父亲临终时的嘱咐，就调派周亚夫带兵平叛。周亚夫采用以空间换时间的策略，放弃梁国，断绝叛军的吴楚粮道，然后坚守不出，仅用三个月时间就将叛乱彻底平定，吴王刘濞兵败被杀。

七国之乱平定之后，景帝趁机将各诸侯的权力收回中央，诸侯王不再有行政权和司法特权，此后诸侯割据问题得以彻底解决。诸侯王的领郡由汉高祖时的四十二个减少到二十六个，而中央直接管理的郡由高祖时的十五个增加到四十四个，这对加强中央集权意义重大。

富国强兵

景帝时期，匈奴逐渐强大起来，经常南下烧杀抢掠汉地的百姓。景帝一边继续采取和亲的政策进行安抚，并在边界设立市场，与匈奴人做生意，一边积极地备战防御，当时涌现出李广、程不识等一批卓越的将领。匈奴人一听到李广的名字就感到害怕，尊称他为“飞将军”。

景帝非常注重农业生产，严厉打击擅用民力的官吏，并劝勉百姓从事农业和养蚕业，以保证大家有吃有穿。景帝还允许农民向土地肥沃的地方迁移，并禁止用谷物酿酒，禁止用粮食喂马。这样一来，汉朝的粮库就更加充实了。

景帝在法律上实行轻刑慎罚的政策。之前文帝已经废除肉刑，改成了笞刑，就是用竹板打，但打的量多时还会打死人。景帝就规定了竹板的长短、宽窄，要求竹节要削平，打的中间不能换人，并且对判刑非常谨慎，还经常大赦罪犯。景帝时期，从上至下的官员都逐渐重视发展教育，当时有个叫文翁的人创办了郡国的官办学堂，对文化教育起到了重要推动作用。

由于景帝采取了一系列惠民政策，他在位期间，社会稳定，经济得到发展，人口大量增加，国库殷实。据说，当时国库里的钱太多了，以至于串钱的绳子都烂了。

谆谆示儿

景帝立刘彻为太子，就是后来实现中兴的汉武帝。他教导太子说："人不患其不知，患其为诈也；不患其不勇，患其为暴也；不患其不富，患其亡厌也。其唯廉士，寡欲易足。"意思是说：对于官吏，不怕他不聪明，就怕他奸诈狡猾；不怕他不勇猛，就怕他对百姓残暴；不怕他不富有，就怕他贪得无厌。只有两袖清风、一生廉洁的贤士，才是少欲知足的人。景帝四十八岁时患了重病，不久就死于长安未央宫。景帝在位十六年，他将一个经济繁荣的国家留给了儿子汉武帝。

（课内连线：《中国历史》七年级上，第三单元第11课《西汉建立和文景之治》）

汉武帝：驱逐匈奴的大汉天子

少年即位

汉武帝刘彻原来叫刘彘（zhì），是汉景帝的第十子，他十六岁就登基做了皇帝，在位五十四年，享年七十岁，是中国历史上在位和享年比较长的帝王之一。

按照《逸周书·谥法解》，“威强睿德曰武”，就是说威严、坚强、明智、仁德叫作武。汉武帝在军事上也的确是一位有雄才大略的杰出君主，他在位时开辟了广大的疆域，开创了汉朝军事最鼎盛的时期。

根据《史记》记载，汉武帝的母亲王美人怀孕时梦见有太阳进入她的怀中，她将此事告诉了当时还是太子的汉景帝，汉景帝说，这是富贵的征兆。汉武帝出生那年，正好是父亲汉景帝登基之年。汉武帝一出生便是皇子，但由于母亲王美人只是个妃子，按照皇家继承的宗法规定，他是没有资格继承皇位的。所以，刘彻在四岁时被封为胶东王，他的大哥刘荣被立为太子。

⊙汉武帝

汉景帝有个姐姐叫刘嫖（piāo），就是馆陶公主，她的女儿叫陈阿娇。馆陶公主想把阿娇嫁给皇太子刘荣，这样女儿未来就是皇后了。但刘荣的母亲栗姬却不同意，于是馆陶公主和栗姬就结下了仇怨。后来馆陶公主又想把女儿许配给刘彻，王美人很高兴地答应了。馆陶公主对弟弟汉景帝施加了一些影响，加之刘彻也聪颖过人，景帝开始注意刘彻。后来太子刘荣被废，刘彻七岁时，母亲王氏被立为皇后，不久刘彻就当了太子。

到刘彻十六岁继承皇位时，汉朝已经建立了六十多年，此前的“文景之治”使经济得到恢复和发展，天下安定。但无为而治的黄老思想，给了诸侯和豪强做大做强的机会，同时也加剧了社会的贫富差距。雄心勃勃的汉武帝崇尚具有进取精神的儒家学说，广泛招纳贤士、严格法度、削弱王侯权力、振兴教育，同时对外准备反击匈奴。而此时的朝中大权仍操纵在窦太皇太后手中。窦太皇太后是汉武帝的奶奶，被立为皇后已经有四十年之久。她在宫内宫外权高势大，再加上有一些皇亲国戚到窦太皇太后那里诽谤汉武帝的政治措施，她很快就中断了汉武帝的新政，把儒家官员一一罢免。当时汉武帝也无可奈何，只能等待时机。

独尊儒术，改革制度

汉武帝二十二岁时，窦太皇太后病逝，他终于大权在握，得到施展政治抱负的机会。他采用了董仲舒“罢黜（chù）百家，独尊儒术”的建议，为儒学教育在历史上的特殊地位奠定了基础。他在都城长安建立了儒学教育机构太学，并将从太学中挑选的成绩优异的学生增补为官员。“太学”是当时的最高学府，学习的是儒家五经，太学的教师称为“博士”。这种“学而优则仕”的教育与选官相结合的制度，使儒学成为读书人做官的必备知识，也将天下读书人的意识形态都统一到儒家思想上来。

汉武帝加强了中央集权，削弱了诸侯王的势力。他颁布“推恩令”，让诸侯王将自己的土地分给子弟。诸侯王的封地在这种政策的推动下自然就缩减了，各诸侯王也不再享有政治上的特权。与此同时，朝廷还削夺了祭祀时不按规定献黄金的王侯的爵位。汉武帝恩威并用，解决了诸侯王势力过大的问题。

汉武帝还改革了监察制度，把全国划分成十三部州，每州派刺史，专门检查各地豪强的违法乱纪行为和地方长官的营私舞弊情况。同时，武帝把制造货币的权力也收归中央，国家统一经营盐和铁，重农抑商。

出兵匈奴

汉武帝在军事方面的功绩很多。汉初的无为政治在一定程度上助长了匈奴等民族的贪婪和掠夺，给边境百姓带来了不少灾难。汉武帝推行抗击加安抚的民族政策，先平定了南方闽（mǐn）越国的动乱，并用抗御匈奴代替带有屈辱性质的和亲政策。他派名将卫青、霍去病三次大规模出兵匈奴，收复河套地区，夺取河西走廊，将当时汉朝的北部疆域从长城沿线推进到漠北，将今天新疆、甘肃等地纳入中国版图。尤其是小将霍去病，十八岁时便脱颖而出，奔袭数千里，深入匈奴腹地，多次打赢了以少胜多的战役，被汉武帝封为“冠军侯”。

经过多次战争，匈奴人马伤亡惨重，丧失了肥沃茂盛的漠南地区，匈奴王庭逃到了漠北一带。汉武帝抗击匈奴，解除了从西汉初年以来匈奴对中原的威胁，给边境百姓带来了安宁。同时，汉武帝还派张骞出使西域，著名的“丝绸之路”就是从此开始的。中原的丝绸、漆器等精美的手工制品传入西域，西域的胡萝卜、葡萄、骆驼、汗血马等也输入中原。

下罪己诏

汉武帝时期征伐战事过多，军费开支巨大，虚耗了国内的财富。他还大兴土木，建立上林苑，劳民伤财。尤其在武帝晚年，为了寻求长生不老的仙丹，他迷信鬼神和江湖术士，有人以巫术害人的罪名陷害太子刘据，逼得太子冤死。种种打击使武帝开始反思自己的所作所为。不久，他遣散了炼丹的方士，在登泰山明堂祭祀之后，下《轮台罪己诏》，说自己即位以来做了很多错事，给天下百姓带来灾难，非常后悔。从今往后，但凡伤害百姓、浪费民力的事情，都不再做了。作为天子的汉武帝能及时看到自己的失误，显示出他的远见和自省。之后他采用与民生息、恩富养民的政策，天下因此逐渐归于和谐安定，为“昭宣中兴”奠定了基础。汉武帝在弥留之际下诏立刘弗陵为太子，同时拜霍光为辅命大臣。汉武帝过世后，刘弗陵继位，称为汉昭帝。

在汉武帝执政期间，汉朝政治空前发展，经济全面繁荣，文化振兴，国力强盛。这一时期人才辈出，有大经学家董仲舒、教育家公孙弘、史学家司马迁、文学家司马相如、军事家卫青和霍去病、外交家张骞、音乐家李延年等。他们当中的一些人是奴隶或平民出身，可见汉武帝不拘一格任用人才，使有才华的人集中出现，推动了社会发展。

（课内连线:《中国历史》七年级上，第三单元第十二课《汉武帝巩固大一统王朝》）

司马迁：中国历史学之父

家学渊源

在中国历史上，史官是重要的历史记录人。汉代有一个家族姓氏司马，司马家族世代担任着太史官职，专门负责记载史事，编撰（zhuàn）史书。

汉景帝中元五年（前145），司马氏家中又添新丁，家中长辈给这个新出生的孩子起名为司马迁。司马迁很小的时候就在父亲司马谈的教导下习字读书，十岁时跟着父亲来到京师长安（今陕西省西安市）继续学习，后来又跟当时著名的学者董仲舒学习《春秋》，还跟经学家孔安国学习《尚书》。司马迁学习刻苦，又有钻研精神，因此进步非常快。

行万里路

⊙司马迁

稍微长大一点儿后，司马迁的学业大有进步。司马谈看到儿子学业有成，并没有让他继续留在身边，而是让他去行万里路，遍访名山大川，搜集各种古事轶闻。

公元前126年，二十岁的司马迁遵从父亲的指示，开始游历天下。他从京都长安出发，有时候骑马，有时候乘船，一路上探访游览，考察历史遗迹，寻访各地老人，搜集各种历史资料。

司马迁去过屈原投江的地方，去过大禹疏通九江的地方，游览过春申君（战国时期楚国大臣，战国四公子之一，著名政治家）的宫室，目睹了孔夫子的遗风，还去过楚汉相争的战场……一路行来，司马迁遍览历史遗迹，追忆历史事件，收获颇丰。

经过这样的一次远方游历，司马迁回到京城，先补为博士弟子（汉代博士所教授的学生），后来因为考试成绩优异，被封为郎中（分管各司事务的高级官员）。

接受遗命

司马谈准备写一部贯通古今的史书。在司马迁成为郎中后的第二年，也就是在他二十四岁这一年，司马谈便开始动手写作《太史公书》。而司马迁则勤于公务，任劳任怨，父子俩也算各有各的事业。就在司马谈满心以为自己的心愿可以逐渐达成时，他的人生却出现了谁都没有预料到的变故。

公元前 110 年，汉武帝举行大规模巡行封禅。作为参与制定封禅礼仪的官员司马谈，本应跟随皇帝出行，但他却因为突然患了重病而不得不留在洛阳。这一次的重病来势凶猛，让司马谈的身体眼见着衰弱了下去。原本奉旨西征的司马迁，在完成任务后也赶来参加封禅大典，刚巧遇到养病的父亲。对于父亲的病，司马本就迁忧心忡忡，更让他悲恸的是，和父亲见面没多久，父亲就病逝了。

临终之前，司马谈紧紧地拉着司马迁的手，流着眼泪说:“我死以后，你一定会接着做太史，千万不要忘记我想要写一部通史的愿望。我希望你能继承我的事业，完成一部伟大的史书。”

司马迁被父亲的使命感和责任感震撼。听到父亲将他毕生未竟的事业交托给自己，他坚定地回应道:“父亲，您放心吧，我一定会尽力完成您的愿望。”

专心著述

公元前 108 年，三十八岁的司马迁正式接任父亲太史令的官职，这也使得他有机会接触到更多的历史文献。他可以阅览朝廷中所藏的一切图书、档案，可以翻阅所有的史料，这些资料为他日后编写《史记》提供了极大的便利。

四十二岁这一年，司马迁开始主持历法修改工作，参与制定中国第一部历法书《太初历》。与此同时，他也投入到完成父亲的遗愿，编写《史记》的工作中。第二年，《太初历》制定完成并颁布实施，司马迁便开始专心著述，甚至不见宾客，不理家事，将全部的心思投入到《史记》的编写之中。

但是，编写这样一部宏大的史书并不容易。尽管可以参阅很多民间看不到的史籍与重要资料，可由于当时的藏书和国家档案杂乱无序，没有可供参考的目录，而且当时的书并不像现在是纸张印刷的，而是一堆堆的竹简和绢书。为了翻找资料，司马迁不得不从一大堆竹简、绢书中去查找线索，把零零散散的史料整理出来。有些不能确定的资料，还要反复查阅考证，他几乎天天都绞尽脑汁。不过好在早期时，司马迁曾四处游历，那时他搜集的许多资料也成了此时整理和编写内容的重要参考。

飞来横祸

如果一直这样下去，司马迁的全身心付出原本能顺利地看见成果，但是谁也没想到，一件扭转了他人生命运的大事件正悄无声息地向他袭来。

司马迁四十六岁这一年，出使匈奴的苏武被扣，汉武帝决定发兵讨伐匈奴，救回苏武，同时也给匈奴一些警告。第二年夏天，汉武帝派遣李广利将军领兵讨伐匈奴，又派名将李广的孙子李陵为李广利护送辎（zī）重。但是李陵却不愿意只做护送部队，便直接找汉武帝，要求率领五千步兵去与匈奴抗衡。汉武帝欣赏他的勇气，答应了他的请求。

李陵的设想是美好的，但是当他的五千军士与匈奴的八万骑兵遭遇之后，他也紧张起来。经过八昼夜的战斗，尽管李陵率领部将斩杀了一万多匈奴兵，可是由于缺少主力部队的支援，李陵的军队最终弹尽粮绝，李陵被俘投降。

战败的消息很快就传回了长安。这样的消息原本就令汉武帝很恼火了，可当他得知李陵不是战死而是降敌了，更是勃然大怒。满朝文武官员前一阵子还称赞李陵英勇，但是如今看皇帝这么生气，他们也立刻像墙头草一边倒，纷纷指责起李陵来，说他是个反贼，毫无为国效力的本事。满心的愤怒再加上大臣们的煽（shān）动，汉武帝的情绪更加激动了。时任太史令的司马迁一直都很沉稳，汉武帝便想听听他对这件事的看法。可是令皇帝完全没想到的是，司马迁却给出了另外一种观点。

司马迁虽然和李陵没有什么深交，但在他看来，李陵平时对父母非常孝顺，对朋友也很讲义气，对人谦虚礼让，而且骁（xiāo）勇善战，对部下也颇为爱护，甚至他振臂一呼，底下兵士就能为他赴汤蹈火。司马迁觉得，这样仁义的人应该不会是像大家猜测的那样会叛国。他一面安抚着暴怒的汉武帝，一面尽力为李陵辩护说："李陵只率领五千步兵，就与匈奴的八万骑兵对抗，在救兵不到、弹尽粮绝、走投无路的情况下，他依然能奋勇杀敌，立下赫赫战功，就算是古代名将也不过如此吧。我想他兵败后没有自杀殉国，而是选择投降，一定是想要寻找合适的机会再报答皇上您对他的信任与重用，所以他还是想要为国效力的。"

哪知道，司马迁的一番话却被汉武帝误解，他认为司马迁居然替"叛徒"李陵讲话，这就已经很让他不高兴了，而那话语中似乎还明里暗里地贬低了远征却战败而归的李广利将军。要知道，李广利将军的身份可不一般，他是汉武帝最宠爱的李夫人的哥哥。汉武帝想到这一点，便看司马迁非常不顺眼了。盛怒之下，汉武帝下旨把司马迁打入大牢。

不久后，汉武帝又听说李陵曾经帮助匈奴练兵，就是为了要攻打汉朝。这下，汉武帝更认定李陵就是个叛徒，他甚至还没来得及确认这件事，便草率地将李陵的母亲、妻子和儿子处死了。而为李陵说话的司马迁自然被判定为与叛徒一党，被判了死刑。

按照汉代的刑法，有两种方法可以免死，一种是用金钱买，一种则是用腐刑来代替。所谓"腐刑"，就是把身体变成和宫中的太监一样，这不仅摧残身体和精神，对人格也是一种极大的侮辱。

司马迁官小家贫，自然是拿不出那么多钱来赎罪的，如果想要保住性命，就只能承受腐刑。一想到要承受这身心的痛苦，司马迁又感到悲痛欲绝，想着“就这么死了算了，何必要受那样的屈辱”。可是，一想到自己还有未竟的使命，就这样死了，虽然名节是保住了，但父亲的遗愿没有完成，自己也还没有做出一番事业，而且还是背着一个冤罪而死的，这样的死也太不值得了。

想想过去的伟人们，周文王被囚禁却演绎（yì）了《周易》，孔子困顿窘迫却写成了《春秋》，屈原是在被放逐的时候作的《离骚》，左丘明双目失明却写出了《国语》，孙膑是在失去双脚之后完成的《孙膑兵法》。这些人无不忍辱负重，无不有坚定的信念，这才有了那些伟大的著作。不知不觉的，司马迁把自己的遭遇同这些伟人的遭遇联系在了一起。

司马迁感觉自己眼前又有了希望。最终，他毅然选择用腐刑来代替死刑，尽管身体受到了摧残，但他毕竟活了下来，而父亲的理想此时则成为他坚持下去的最大动力。

史家绝唱

待身体好一些之后，司马迁就将全部精力都投入到编撰《史记》的工作之中。从公元前 108 年整理资料时起，一直到公元前 91 年脱稿完成，历经十八年的漫长时间，一部伟大的《史记》终于完成。这是一部用生命写就的光辉著作，全书包括十二本纪、三十世家、七十列传、十表、八书共五个部分，约五十二万余字。

《史记》写完之后，一直被司马迁的女儿珍藏。后来，她嫁给了西汉宰相杨敞（chǎng），有了两个儿子，大儿子杨忠和小儿子杨恽（yùn）。杨恽自幼聪明好学，母亲便将自己珍藏的《史记》拿出来读给他听。杨恽被这部书中的内容深深吸引了，用心地将书读完之后，内心久久不能平静。后来杨恽又将书反复读了几遍，每次读都会激动得热泪盈眶。

后来，杨恽被封为平通侯，他看到当时朝政清明，便想着要让外祖父司马迁的心血重见天日，于是向皇帝上疏，将《史记》献了出去，这才使天下人得以领略这部伟大著作的真容。

司马迁撰写《史记》，每一个历史人物或历史事件都经过了大量的调查，对史实进行了反复的核对，这就使得他的文章颇为公正可靠，不隐瞒坏事，但也不会空讲好话。这般严谨的态度，让《史记》这部书充满了实录精神。而且整部著作爱憎分明，他赞赏忠于国家、热爱人民的英雄人物，也歌颂为了反抗强暴而置自身性命于不顾的刺客，以及那些见义勇为的游侠，同时揭露残暴统治者的丑恶面貌。

司马迁用进步的历史观来讲演历史，给予历史正确的评价，同时也充分肯定了“历史是不断发展的”这一结论。另外，司马迁栩栩如生地刻画人物，入木三分地描写场景，将一段段历史活灵活现地展现在众人面前，可见他有高超的语言驾驭能力。

《史记》是中国历史上第一部纪传体通史，被列为“二十四史之首”，司马迁首创的纪传体编史法也被后世的众多“正史”类书籍所传承。

司马迁在遭受了无辜迫害之后，没有选择悲观消沉，而是一心坚持，奋发图强，化悲愤为力量，写下了中国历史上最伟大的史书。其坚韧不拔的意志和顽强不屈的精神是非常值得我们赞扬和学习的。

（课内连线:《中国历史》七年级上，第三单元第15课《两汉的科技和文化》）

周亚夫：拯救汉室江山的大功臣

命中的侯爵

公元前179年，汉文帝即位，当时周亚夫不过是一个河内郡守。由于他的父亲周勃曾经帮助汉文帝登基，所以汉文帝连带着对周亚夫也很喜欢。

有一次，汉文帝将善于相面的鸣雌亭侯许负请到宫中，让她为周亚夫和另一位宠臣邓通看相。

在看到周亚夫时，许负说："您三年后一定会被封侯，等到封侯之后再过八年，您一定可以成为将相，地位会比现在显贵得多，而且在人臣中也再没有能胜过您的人。不过，在您做了将相九年之后，您就会被饿死。"

三年之后，周亚夫的哥哥因为杀人而被剥夺了侯爵之位，汉文帝想到周勃为汉朝建国立下的赫赫战功，不忍心剥夺周家的爵位，于是下令让人推选周勃儿子中最好的一位来继承爵位。巧的是，大家一致推举了周亚夫，果然如许负所说，周亚夫在三年后继承了父亲的爵位，成为绛侯。

治军严明

公元前 158 年，匈奴进犯北部边境，汉文帝连忙调兵遣将镇守防御，同时派出三路人马到长安附近，以便更好地守卫京师。第一路是宗正刘礼，在灞上驻守；第二路是祝兹侯徐厉，在棘（jí）门（位于今陕西省咸阳市东北）驻守；第三路就是河内太守周亚夫，负责守卫细柳（位于今陕西省咸阳市西南）。

为了鼓舞士气，汉文帝亲自到守卫京师的三路军队中犒劳慰问。汉文帝先去了灞上和棘门，皇帝的车驾到的时候，这两处军营门口都没有通报就直接放行了。两位主将刘礼和徐厉也是在皇帝到了之后才得到消息，慌慌张张地跑出来迎接；而文帝走的时候，他们则是亲自率领全军在营寨门口恭送。可是等汉文帝到了周亚夫驻守的细柳营地，却发现这里和前两处大不相同。刚走到门口，汉文帝就发现守营的士兵各个表情严肃，仿佛随时都要与人决一死战一般。开道的人刚走到大门就被拦住了，尽管他们明确说是皇上要来慰问军队，可守门的都尉却说："将军有令，在军中只听将军的命令，就算是皇帝的诏令也是不能听的。"无奈，汉文帝只得派使者拿着自己的符节（古代朝廷传达命令的凭证）进去通报，周亚夫这才命令都尉打开营寨大门放他们进来。刚一进营寨，守营的兵士就严肃地告诉文帝的随从："将军有令，在军营中不允许疾驰车马。"车夫只得控制好缰绳，不让马走得太快。

⊙周亚夫

汉文帝的车马一路慢慢地来到中军大帐前，只见周亚夫一身铠甲戎装，还挂好了武器，站在大帐前只行了个拱手礼说："臣有甲胄（zhòu）在身，不便下跪参拜，还请陛下允许臣以军中之礼拜见。"

慰问完毕，汉文帝的车驾刚出营门，军营大门立刻就关闭了，周亚夫也没有亲自来送。周围人觉得周亚夫对皇帝太傲慢了，可汉文帝反倒夸赞起周亚夫来，直说："这才是真将军啊！灞上和棘门的营寨那好像是儿戏啊！如果敌人也像我们那样直接进去，恐怕砍了他们脑袋，他们还在毫无察觉地睡大觉呢！再看看周亚夫这里，这么森严的营寨，根本不可能给敌人偷袭的机会！"

一个月以后，匈奴大军退去了，汉文帝也撤回了守卫京师的三路军队，同时升任周亚夫为中尉，掌管京城的兵权，全权负责京师的警卫安全，可见周亚夫的细柳营给汉文帝留下了深刻的印象。

甚至多年之后汉文帝病重弥留之际，还拉着太子的手嘱咐说："周亚夫是个不错的人，关键时刻你可以放心用他，不必多疑。"

平定七王之乱

汉文帝去世后，汉景帝即位。公元前154年，刚即位不久的汉景帝便开始削夺王侯的封地。吴王刘濞随即联合其他六个诸侯国发动了叛乱。汉景帝想起父亲的嘱咐，便提升周亚夫为太尉，命他领兵平叛。

周亚夫很有自己的谋略，当时叛军正在猛攻梁国，而周亚夫却没有直接与叛军正面对战，没有去救援梁国，而是选择绕到叛军背后，准备伺机而动。

梁国受到叛军的轮番攻击，抵挡得颇为艰难，梁王向周亚夫求援，周亚夫却率领军队到了昌邑城（位于今山东省巨野县城南），并就此坚守不出。不管梁王怎么请求，周亚夫就是不予理会，即使是汉景帝下诏要周亚夫进兵，他也依旧不为所动。但是，周亚夫却暗中派人截获了叛军的粮食，断了叛军的粮道。

一看粮草被劫，叛军便转而先来攻打周亚夫。可是几次挑战，周亚夫都不出战，任凭叛军怎么叫嚣，他就是按兵不动，就连底下的将士们都有些不耐烦了。

几天之后，叛军大举进攻军营的东南方向，将士们无不摩拳擦掌，但周亚夫却判断叛军实际是要从军营西北方向进攻。主力部队被他集中在西北方向，果然打了叛军一个正着。

让叛军最头疼的事情是缺粮，为此他们急得抓耳挠腮。周亚夫趁着这个机会，派出精兵把叛军打得节节败退，最终首领刘濞的人头被送了上来，一场七国叛乱仅用三个月就平息了。

这一次平乱，让大家对周亚夫刮目相看，称赞有加。只不过，这一场漂亮仗却有一个不和谐的小插曲，那就是梁王因为周亚夫当时不及时救援，而与他结下了不小的仇怨。

拜相罢相

公元前 152 年，周亚夫接替病逝的陶青成为丞相。当时汉景帝和新得宠的妃子王夫人感情非常好，为了讨好王夫人，汉景帝就想废掉当时的太子刘荣，改立王夫人的儿子为太子。

周亚夫认为这件事很不妥，便去劝景帝，让他不要随便换掉太子。可汉景帝觉得周亚夫管得太宽了，真是处处都想为自己求功劳。这时他对周亚夫已经有些不满了，再加上梁王每次来京城都要在太后面前说周亚夫的坏话，太后再给景帝吹吹风，景帝和周亚夫的矛盾越来越大。

后来，汉景帝还是废了太子刘荣，改立王夫人的儿子为太子。王夫人母凭子贵，摇身一变成了皇后。这位王皇后自己富贵了，也想要为家人求富贵，便请求景帝封自己的哥哥为王侯。

封王侯是大事，汉景帝找来周亚夫问他的意见，哪知道周亚夫却毫不留情地否定了，直接说："这是绝对不可以的！当年汉高祖立下了规矩，'不是刘姓的不可以封王，没有立下功劳的不能封侯'，这王信若是被封侯，岂不是违背了先祖的誓约？"

汉景帝无话可说，因为汉高祖当年为了防止大权落入外人手中，的确说过这些话。可是周亚夫不留情面地指责他的皇后是外人，指责皇后的家人没有功劳，这让他对周亚夫更加不喜欢了。

没过多久，匈奴的五位将军来投诚。汉景帝自然很高兴，便想要给他们封官，让他们替自己效力。周亚夫听说之后，对汉景帝说："这些人既然能背叛自己的祖国，那么他们的本性就是不忠诚的。对于这些不忠的人，您不仅不处罚他们，反而要奖励他们，将来您又如何要求臣子们对您忠心呢？"

汉景帝又被周亚夫说得哑口无言，到这时他已经快被周亚夫烦透了，便直接吼道："丞相所说的话真是迂腐透顶，朕不会采纳的！"不仅如此，汉景帝还以最快的速度封了这五位匈奴将军的官。

无奈之下，周亚夫递交了辞呈，称自己有病不能再做丞相了。没想到景帝连挽留都没有，直接就批准了他的请求。尽管汉景帝越发不喜欢周亚夫，可周亚夫毕竟是平定叛乱的大功臣，汉景帝对他也有着颇为复杂的感情。

饿死狱中

为了试探周亚夫的忠心，也为了看看他的脾气在辞官后是不是有所改变了，汉景帝便请他进宫赴宴，但在席间又故意没给周亚夫筷子。周亚夫立刻就想到，这是景帝故意戏弄他，他不高兴地和一旁的侍从要筷子，但周围人却不理他。汉景帝此时开口说："怎么，朕请你吃饭你还不满意？"一听这口气，周亚夫知道景帝不喜欢自己，不得已离开座位跪下谢罪。景帝刚说了个"起"字，周亚夫立刻站了起来。还没等景帝再说话，周亚夫就直接转身离开了，这动作引得汉景帝连连叹气摇头，也算是彻底对周亚夫失望了。

后来，周亚夫的儿子看父亲日渐苍老，就背着周亚夫偷偷地托主管皇帝用品的官员买了五百副甲盾，以备周亚夫去世后出殡时护丧用。这甲盾可是国家禁止个人买卖的，周亚夫的儿子却毫不在意。不仅如此，他还贪图钱财，不想早给钱。雇来帮忙的人心有怨气，就告发了这件事，说周亚夫私自买国家违禁品，是想要造反。

汉景帝派人来询问情况，周亚夫本来就什么都不知道，这一问，也不知道应该怎么回答。负责询问的人深知周亚夫的脾气，误以为这是他在赌气，便将这情况向景帝作了汇告。景帝一气之下，将周亚夫交给最高司法官廷尉审理。

廷尉问周亚夫："你为什么要造反？"

周亚夫回答说："儿子买来给我百年之后出殡用的，怎么能说是造反呢？"

廷尉却讽刺地说："就算你不想在地上造反，到了地下也会造反吧，你不必多说了。"

人死哪能造反？周亚夫觉得受到了极大的侮辱，于是便绝食抗议，如此五天之后，吐血而亡。

周亚夫是个军事家，但不是政治家，他平定"七国之乱"挽救了大汉王朝的命运，但鸟尽弓藏，兔死狗烹，他的悲剧，一半责任在景帝的薄情寡恩，另一半责任在于他对自己的能力判断不清，未能及时隐退。

（课内连线：《语文》八年级上，第六单元《周亚夫军细柳》）

张骞："丝绸之路"的开拓者

主动请缨

在出使西域之前，张骞只是朝廷里一个默默无闻的小官，无人赏识，但是他心胸开阔、诚信待人，颇受人尊敬。

中原和匈奴从春秋战国时就交恶，战争不断，朝廷迫切需要一个军事盟友。汉武帝从一个匈奴俘虏口中得知西域有个国家叫大月氏，和匈奴是世仇，因此想派人出使大月氏，和大月氏建立外交关系，联合起来遏制匈奴。因为大月氏距离长安有万里之遥，一路都是荒漠和戈壁，还有强大的匈奴骑兵，路程十分凶险，几乎九死一生，所以文武百官没有一个主动请缨。

汉武帝无奈，只好张榜征集有勇有谋之士。渴望建功立业的张骞勇敢地接下了出使西域的艰巨任务。汉武帝很高兴，赐给他代表朝廷的使节，全力满足张骞的需求，要人给人，要钱给钱。张骞需要找一个懂匈奴话的翻译做向导，他找了很久才找到一个叫甘夫的人。甘夫原本是匈奴军中的战士，后来被汉朝军队俘虏，汉武帝把他当奴隶赏给女婿。张骞和甘夫接触一段时间后，认为甘夫早已被汉文明感化，一心向汉，于是大胆地起用了他。

公元 139 年，张骞带着一百个随从和精心挑选的礼物从长安城出发。这支孤零零的队伍奔往充满未知的茫茫戈壁，就好像几千年后人类往外太空投放一枚小小的探测卫星一样。他们刚刚走出国门，就碰上了匈奴的骑兵。

深陷险地

匈奴骑兵看到张骞一行人，凭借多年打仗的经验认为他们不是给匈奴送钱的，而是另有所图，于是把他们都抓起来，关押在匈奴的王廷（类似中原的首都）。匈奴的王廷所在位置是千古谜团，直到现在都不知道它在哪儿。

张骞知道，人为刀俎我为鱼肉，稍有不慎就要丧命。但是他保持着镇定，努力思索如何脱身。

匈奴的单于亲自审问张骞。在中军大帐里，单于厉声喝问：“这是我们匈奴的地盘，你们招呼都不打，偷偷跑过来，有何企图？”

张骞深知任何编造出来的谎言都容易被戳穿，但是把一件事情的真相完全说出来和部分说出来却是截然不同的效果。他大大方方地说："我等受皇帝的命令，前往西域出使大月氏。"两国互派使臣是很正常的事情，很多匈奴人便放松了警惕。其实他话只说了一半，并没有透露自己出使大月氏的目的是联合大月氏攻打匈奴。这位匈奴首领久经沙场，眼光极其毒辣，他接着问："如果我想派使者穿过你们汉朝腹地，前往南边的越国，你们会允许吗？"

⊙张骞雕像

张骞下意识地说："当然不允！"

单于冷笑："那你们鬼鬼祟祟穿过我匈奴腹地去找大月氏，岂不是居心叵测！"他猜到了张骞此行绝对不利于匈奴，于是将张骞软禁。此时匈奴还没有和汉朝彻底翻脸，因此没有痛下杀手。

这一软禁就是十年。这十年没有磨掉张骞不辱使命的信念和意志，反而让他更坚强、更成熟、更加富有战略眼光。

进退难题

匈奴人发现张骞是个人才，试图改变张骞，让张骞为匈奴效力，在精神上打击汉朝，因此给张骞的待遇还算不错，甚至给他安排了一个匈奴女人做妻子，还生下一个儿子。张骞随机应变，表面上维持着和匈奴人的良好关系。

六年后，西汉和匈奴全面开战，张骞竟然没有受到多少冲击，匈奴人似乎把他当成了自己人。但是，这种安定比苦难更容易摧毁一个人的信念。张骞所带随从起初打算逃跑，但是根本跑不出去。时间一长，他们中的很多人放弃了逃跑的念头，完全融入本地生活中，他身边的人越来越少。

张骞本人该吃就吃，该喝就喝，日常生活和匈奴百姓没什么两样，只是他一直保留着皇帝发给他的使节，每到夜深人静的时候，他就轻声而坚定地告诉自己：我是大汉的使臣，我还有使命没有完成！

这样的生活过了十年，匈奴人终于放松了对他们的监管。张骞找到机会，带着所剩无几的随从逃出匈奴，其中包括向导甘夫。张骞站在一望无垠的戈壁上，面临一个巨大的难题：是逃回汉朝，还是继续前行？

甘夫分析道："大月氏也是游牧民族，举族迁移是常事，我们根本不知道大月氏在哪里，继续前行的话，就要面对无数的危险和困难。"

张骞感叹："是啊，还有未知带来的恐惧。要是回国的话，那就安全得多。而且咱们这十年搜集到不少情报，也算是不辱使命。""但是——"张骞陡然一顿。

甘夫瞅了张骞一眼，只见张骞抖动干裂的嘴唇，铿锵有力地说："我们出使西域的目的还没有完成，就算安全到家，我哪有脸向对我寄予厚望的皇帝交代！继续出发！"

甘夫沉默了，心想，这才是我认识的张骞。

当机立断

张骞再次出发，突然他发现自己还挺幸运，因为匈奴为了防止他逃回汉朝，把他安置在匈奴边境的最西边，这样倒是方便他脱离匈奴进入匈奴的邻国——大宛。

他们进入大宛时，个个蓬头垢面，衣衫褴褛，跟逃荒的流浪汉没什么区别。但张骞自身的气度和手中的汉朝使节证明了他的身份，他获得了大宛国王的接见。

大宛早就听说过汉朝的繁荣富庶，只是苦于没有机会见识，这下见到汉朝使臣非常兴奋。张骞料想朝廷乐于结交这样的盟友，当机立断，给大宛国王许下承诺："待我回国，我会向吾皇陈述大宛国的友好，我大汉朝报李投桃，一定会给您带来大量的礼物！"

大宛国王高兴得合不拢嘴，当即摆下宴席招待张骞一行人。张骞发挥他卓越的说服力和亲和力，充分展现他作为外交家的才华，以一己之力代替汉朝和大宛结成盟友。大宛全力资助他继续出使大月氏，派军队护送他到下一个国家康居国。张骞再次绽放他的才华和人格魅力，获得康居国的帮助，终于到达大月氏的城门下。

伟大使命

他花费了十几年时间，终于来到目的地，并且如愿以偿，见到了大月氏国王，提出结盟共同攻打匈奴的意愿。他知道，当年匈奴单于杀掉了大月氏的头领，砍下头颅当作酒杯，并且把大月氏赶出自己的国土。大月氏被迫西迁，两国结为死仇。

谁知道大月氏国王听完张骞的话竟然哈哈大笑："汉朝的使臣，你说的都是老皇历了。我们当年翻越天山，走过帕米尔高原，意外发现这片水草丰盛的地方，比我们以前的国土更肥沃！四周没有匈奴这样的强敌，我们生活得很好，早已经忘掉了过去的仇恨，我们也不愿意再和匈奴为敌。你们回去吧。"

张骞呆若木鸡，他万万没想到会是这样的结果！他历经千辛万苦来找大月氏结盟攻打匈奴，这个信念支撑着他熬过无数的危险，大月氏却完全没有兴趣！

他无法接受这个结果。同样，他也没有放弃。他留在大月氏，努力说服国王，但是国王无动于衷。作为外交官，他的任务失败了。但是他挖掘出了新的使命，这个使命影响了整个世界，那就是：沟通欧亚文明。

他以旺盛的精力研究西域诸国文明，用他的笔记录西域混沌世界的绚丽色彩，同时向西域诸国介绍大汉朝的辉煌文明。东西方世界第一次进行真正的碰撞。世界史从张骞跨出长安那一刻开始写起。

丝绸之路

张骞在大月氏待了一年才决定回国。为了避免再次被匈奴抓获，他沿着青海羌人地区绕路，但是这里也被匈奴攻占了，他再次沦为俘虏。谁知他因此和分离的匈奴妻儿重逢。一年后，匈奴内乱，他带着妻儿再次逃脱，成功回到长安。

十多年前，他带着一百多人出发，回到长安时，只剩下张骞和匈奴翻译甘夫。此后，张骞加入大将军卫青的部队，利用自己对塞外的熟悉，带领大军追击匈奴，凭借军功获得博望侯的封号。后来，他再次出使西域，替汉朝争取到了西域另外一个盟友——乌孙国。

这次出使西域，他又一次铸造了欧亚文明沟通的桥梁。之后，越来越多的大汉使臣前往西域，西域诸国也派无数使者来到中原。

张骞开拓了历史上著名的丝绸之路，如果没有他，中西方文化的交流可能要推迟数千年。

（课内连线：《中国历史》七年级上，第三单元第14课《沟通中外文明的"丝绸之路"》）

汉光武帝：光复汉室的东汉开国之君

乱世骑兵

汉光武帝刘秀，字文叔，是东汉的开国皇帝。他在王莽篡权的新朝末年，从一介布衣起兵，经过长达十二年的统一战争，结束了新朝以来将近二十年的混战局面。汉光武帝还是汉朝的中兴之主，他让汉朝历史走出低谷，天下重新安定统一。他大兴儒学，注重教化民风。毛泽东曾称赞他是“最有学问、最会打仗、最会用人的皇帝”。

刘秀是汉高祖刘邦的九世孙，家道没落。他的父亲刘钦只是个济阳县令，而且在他年仅九岁时，父亲就过世了，他和哥哥妹妹是叔叔刘良抚养长大的。他的大哥叫刘縯（yǎn），是个胸怀大志、行侠仗义之人，而刘秀却勤于农事，看上去很普通。刘秀出生的年代正是西汉末年，社会动荡不安，王莽建立新朝后实行一系列改革措施，使得社会更加混乱。再加上天灾不断，各地农民起义军风起云涌。哥哥刘縯和南阳的诸多子弟都想趁乱起兵，刘秀开始持谨慎态度，后来看时局确实大乱了，就决定与哥哥一同起义。

⊙汉光武帝

昆阳大捷

因为刘秀兄弟和南阳宗室子弟在南阳郡的舂陵乡（今湖北省枣阳市境内）起兵，所以历史上称刘秀兄弟的兵马为“舂陵军”。初期他们兵少将寡，装备很差，刘秀甚至是骑牛上阵的。后来经过激战取胜，刘秀才有了战马。不久，他们与绿林军结为联军，共同打击王莽的军队，起义军迅速发展到十余万人。起义军要拥立一位姓刘的皇帝，以便统一号令，当时刘縯最有威望，治军严明，但绿林军担心刘縯势力壮大，就拥立懦弱的刘玄为帝，称为“更始帝”。对此刘縯、刘秀等人极为不满，但也只能先隐忍下来。刘縯被封为大司徒，刘秀也受封为太常偏将军。更始帝打出汉朝旗号，此举震惊了王莽，他很快集结了四十二万人马，派遣大司空王邑和大司徒王寻率军前来讨伐，力图一举歼灭这支起义军。

当时昆阳汉军仅有九千人，却被王邑、王寻的四十二万大军围困，军心浮动，形势严峻。刘秀冷静果敢，表现出卓越的军事才能，他以“合兵尚能取胜，分散势难保全”为由，主张坚守昆阳。趁敌军未合围时，刘秀率十三名骑兵突围出城，去定陵和郾（yǎn）县调集援兵，带援兵来到昆阳城。刘秀亲自率领一千多精锐组成的前锋，在敌阵中反复猛冲，瓦解敌军，首战告捷，汉军士气大振。随后他又带勇士三千，从城西渡水，向王邑大本营发起猛烈攻击。王邑兵马陷入困境，王寻战死。昆阳守军见城外汉军取胜，乘势出击，大败王莽军。昆阳之战，敲响了王莽政权的丧钟。不久，绿林军攻入长安，王莽死于混战之中，新朝覆灭。

此时刘縯和刘秀的威信越来越高，更始帝刘玄与其他绿林军首领担忧自己的政治地位不保，合谋以莫须有的罪名杀害了刘縯。刘秀闻讯，一方面强忍悲伤，韬光养晦，另一方面急忙返回宛城向刘玄谢罪，不谈昆阳战功，不为哥哥鸣冤，不与刘縯旧部往来，饮食谈笑如常。更始帝刘玄放松了警惕，封刘秀为武信侯。但是刘秀心里明白，自己功高震主，如果不摆脱更始帝的政权，早晚会落得与兄长刘縯一样的下场。

一统天下

由于河北（指黄河以北）各州郡还没有归附更始政

权，赤眉军在山东发展迅速，声势日益壮大，于是刘玄派刘秀去河北做招抚工作。这给了刘秀避开矛盾旋涡，积蓄力量的机会。他在河北考察官吏，平反冤狱，废除苛政，令官民欢喜拥戴。他还粉碎了假冒汉成帝之子的王郎叛军，使黄河以北地区成为自己创建统一大业的根据地。刘玄对刘秀的日益壮大深感不安，遂令其交出兵马，回长安受封赏。刘秀明白刘玄的意图，拒不领命，仍然坚守河北。之后刘秀又收编了几支农民起义军，跨州据土，带甲百万。公元 25 年，刘秀于河北鄗（hào）城登基成为汉光武帝，从此东汉王朝建立。

东汉刚建立时，绿林军坚守洛阳，赤眉军占领长安，大江南北处于四分五裂的状态。汉光武帝用了十几年的时间南征北战，终于克定天下，结束了从新莽政权以来的纷争割据、战火连年的状况，使天下再次归于统一安定的局面。

再创中兴

汉光武帝总结前朝失政的教训，顺应民心，实行宽松的统治政策，确立了一套偃武修文、以柔治国的方略。建都洛阳后，他注重儒学教育，立即修建太学，恢复五经博士，并亲自去视察。他还常在朝廷议事后，与文武大臣讲论儒学经典中的道理。他逐渐改变了官吏队伍的素质与结构，用文官取代打天下时的武将，令开国功臣交出兵权，回家养尊处优。为了恢复农业生产，汉光武帝减轻了农民的赋税，兴修水利，精减官员，多次发布释放奴婢和禁止残害奴婢的诏书。他停止武力，不再发动任何战争。

自幼的平民生活使汉光武帝形成了勤俭朴素的习惯。登基后，他不喜欢喝酒、欣赏歌舞和把玩珠宝玉器等，每日勤于政事，励精图治。对于贪赃枉法的官吏和行为，汉光武帝坚决打击，严厉惩处。他还能够积极采纳众臣的进谏，改正自己的过失，广纳贤士，用人不疑，对大臣诚信相待。

公元56年，汉光武帝到泰山举行盛大的封禅典礼，祭拜天地。第二年，他因病过世，享年六十三岁。他在遗诏中还特别嘱托，葬礼要像汉文帝那样一切从简，也不要派官吏前来吊唁。汉光武帝作为东汉王朝的建立者，恢复了汉家天下，实现了“光武中兴”。他在位期间，国势昌隆，号称“建武盛世”。汉朝因汉光武帝又延续了一百九十五年，总共达到四百零五年之久。

（课内连线：《中国历史》七年级上，第三单元第13课《东汉的兴亡》）

班超：万里封侯，平定西域

投笔从戎

班超的家境一直不好，少年时他跟着母亲住在洛阳。

班超在当书记官的时候，事情很多，每天忙忙碌碌，赚的银子却很少，劳苦得很。有一天，他写字写得疲倦极了，忽然发起脾气来，把笔一投，叹口气说："大丈夫没有别的志向，一定要学傅介子、张骞到外国去立功，做一个大官，干一番大事业，怎么能够长久舞文弄墨呢？"

旁边的人听了这些话，都忍不住笑了起来。

班超一见大家笑，更生气地说："你们这些小东西，哪里能够知道壮士的志向！"

班超是扶风平陵（今陕西省咸阳市东北）人，相貌生得魁梧。他从小就有很大的志向，不注意细小的事。但他对父母很孝顺，做事也谨慎，并且很会说话。

班超从小就以英雄自命。什么是英雄呢？凡能替国家做一番大事业而且有益于社会的都叫作“英雄”。

⊙班超

有一天，班超走到一个会看相的人那里去看相。看相的人见了班超，请他坐下，替他仔细一看，说：“你的面相好得很，你的面相好得很！”

班超说：“何以知道呢？”

看相的说道：“你的相是燕额虎颈，燕子是会飞的，老虎是要吃肉的。这是一个应该封万里侯的相。”

班超说：“我不过是一个平常的读书人罢了，有这样的好相吗？”

看相的说：“相是好的，一定要封侯于万里之外。”

班超听了，很高兴地回来，仍旧安心地做他的小书记。

有一天，汉朝皇帝显宗问班超的哥哥班固说：“你的弟弟现在哪里？”

班固说：“现在当一个小书记官，赚点儿小钱来养母亲。”

显宗听了，即刻命班超去做兰台令史。但是班超在那里做官没多久，就因为一些事情把官丢了。

班超一生的功业是在西域建成的。西域就是现在的新疆。永平十六年（公元73年），奉车都尉窦固出击匈奴，班超暂署司马。窦固以为班超很能干，就叫他同郭恂出使西域。

这正是班超的大志愿。西域，那广漠的大地，南靠昆仑，北至阿尔泰山，东交甘肃，西靠葱岭，风景优美，物产丰富。

立功鄯善

班超同他的属吏到了鄯善（今新疆罗布泊西南）。鄯善王的名字叫作广，起初待班超他们很好，后来渐渐怠慢起来。

班超对他的属吏说："这真是奇怪！何以广从前待我们友好，现在待我们却不友好，这一定有个缘故。我想，也许是匈奴也派了使者到这里来。他不能决定同我们交好，还是同匈奴交好！有眼光的人，遇着事情还没有发生，就可以觉察出来。况且这件事，不是已经很显明了吗？"

于是他心中一想，忽生一计。他叫服侍他的胡人进来，诈他说："匈奴的使者来了好多天了，你可知道他们现在住在哪里？"

这个胡人本来是一个粗人，没防备被班超一吓，把匈奴使者来的情形统统告诉了他。

班超觉得事情紧急，可是他并不害怕。班超的身边并没有很多兵，只有三十六个从者。他即刻把服侍他的胡人关起来，叫三十六个从者都出来，请他们大家喝酒。

大家喝酒喝得正高兴，班超忽然站起来，用话激励他们说："你们同我，现在都在这沙漠之中，我们为什么要到这里来呢？我们不是要来立大功、求富贵吗？匈奴的使者来了还没有几天，鄯善王待我们就不如从前了。如果鄯善王把我们送到匈奴那里去，我们的骸骨只好给豺狼吃了。如何是好呢？"

他的属吏都说："现在正是危急的时刻，死生都由司马做主吧！"

班超说："不入虎穴，焉得虎子！我现在有一个很好的计策。我已经知道匈奴使者住的地方，今天晚上我们就用火去攻匈奴使者，他们不知道我们的人有多少，一定很害怕，我们要趁机把他们全杀了。把这些坏东西灭掉，鄯善王就会害怕了，我们的事情一定可以成功。"

大家说："这件事，还得和郭从事商量商量。"

班超大怒："吉凶都决定在今天！郭从事是个文弱书生，他听见了这个计策一定很害怕。万一他把消息泄露出去，我们必死无疑，就是死了也没有名气，这不是壮士应该做的！"

当晚，趁着黑漆漆的夜，班超同三十多个属吏，往匈奴使者的营中去。恰好起了大风，班超安排十个人在外面，拿着鼓，藏在暗地里，对他们说：“看着火起来了，就打起鼓来。”

其余二十几个人都拿了兵弩，破门而入。班超顺风纵火，前后鼓噪。匈奴使者惊慌失措。班超自己动手杀了三个人，班超的属吏也奋力追杀匈奴使者，一共杀了三十几个人，其余一百多人也被烧死了。

到了第二天，班超才把这一消息告诉郭恂，郭恂果然大惊，脸色也变了。

班超知道他的意思，举起手说：“你虽没有去，但班超怎能一人居功呢？”

经他这样一说，郭恂立刻快活起来。班超即刻叫鄯善王广来，把匈奴使者的头颅给他看，鄯善王害怕了。

班超却一点儿骄傲的样子也没有，还用好话来安慰他们。于是鄯善王就用他的儿子为人质，表示他的亲善之意。

班超立了大功回来，把这些事情告诉窦固，窦固欢喜极了，立刻奏告显宗，说班超立了大功，并且请显宗再派能干的人到西域为使。

显宗很佩服班超的胆量和见识，说：“有班超这样的好人才，为什么不叫他去，却另外叫旁人去呢？现在就叫班超做军司马吧，他定可以成就一番大事业的。”

于是班超再当专使。

窦固想多给他一些兵。班超说：“够了！够了！只有三十六个人的时候也成了事！要是事情办不好，多带人反添麻烦。”

这是何等的胆量！这是何等的气概！

用兵奇计

第二年，班超征发于阗各国的兵两万五千人，再攻莎车国。龟兹王却叫他的将官同温宿国联合，带了五万人去救他。班超知道自己兵少，故意叫于阗王来，说：“我们兵少，一定打不胜，不如把兵四面散开吧。于阗的兵向东面走，疏勒的兵向西面走。晚上听见鼓声，大家就动身。”

这些话原本是故意说的，有些俘虏听见这些话，马上去报告龟兹王。龟兹王欢喜极了，自己带了一万兵，在西边等班超。温宿国的将官带了八千兵，在东边等于阗。

班超知道敌人的兵都出去了，趁天还没有亮，悄悄地叫自己的兵和疏勒的兵赶到莎车营中去。敌人一点儿防备都没有，大惊之下四散逃走，五千多人被斩，损失马畜财物不计其数，莎车国投降。龟兹见状也只好退兵，班超的威名在西域是没有人不知道了。

以前，月氏国曾助汉打车师国有功。那一年，月氏王进贡了许多珍宝奇兽，想求汉天子将公主嫁给他。班超拒绝了他的来使，于是月氏王心生怨恨。永元二年（公元90年），月氏王叫他的副王谢带兵七万讨伐班超，班超的兵少，大家都害怕起来。

班超说：“月氏兵虽然多，但是他们长途跋涉几千里由葱岭过来，军队补给一定很困难，有什么可怕的呢？我们预备好粮食，坚守不出，他们没有粮食接济，过不了几十日，一定会投降。”

谢用兵攻班超，果然打不了他。于是便到处抢掠，也抢不了什么东西。班超算着敌人的粮完了，一定会到龟兹去求救，于是派了几百兵在东路等着，谢果然带着许多金银珠玉去求救于龟兹。班超的伏兵把那些送宝贝的兵全杀了，拿了一些血淋淋的人头去给谢看。

谢害怕得不得了，立刻派使者去请罪，希望能放他们一条生路，班超就放了他。

月氏从此也害怕了，每年给汉朝进贡物品。

几年之内，龟兹（qiū cí）、姑墨、温宿各国都投降了，焉耆兵败之后也投降了。班超在西域三十一年，西域的五十多国都纳贡归附。他的部下，以前是三十六人，后来也不过一千至一千八百人。汉朝的皇帝，封他做定远侯。

七十岁那年，他上奏章请求归国，后来他的妹妹班昭也上书帮他说话，那时班超的头发全白了，手脚不大灵便了，耳朵有些聋，眼睛也不大看得见了。

永元十四年（公元102年）八月，他得了皇帝的允许，终于回到洛阳，一回来就病倒了。同年九月，班超逝世，享年七十一岁。朝廷专门派使者吊唁致祭，赏赐极为丰厚。

班超日常生活中亲自参加劳作，不以劳动为耻。他能言善辩，博览群书，能够权衡轻重，审察事理。他以非凡的政治和军事才能维护了东汉的国土安全，而且加强了与西域各族的联系，为平定西域、促进民族融合做出了卓越贡献。

徐钧评价班超说:“人生适意在家山，万里封侯老未还。燕颔虎头成底事，但求生入玉门关。”

（课内连线:《中国历史》七年级上，第三单元第 14 课《沟通中外文明的“丝绸之路”》）

张角：百万黄巾大将军

苍天已死

张角出生在一个普通的农民家庭，自幼喜欢读书，希望出仕做官。在汉朝，普通人想做官只能依靠地方察举推荐，一直到隋朝才诞生科举制度。张角努力读书，孝敬父母，研究当时流行的黄老之学，努力争取博得好名声。但是到了汉恒帝时期，朝廷开始卖官鬻爵，官职需要花钱买，举孝廉的制度形同虚设。张角在外面奔波多年都没有挣得一官半职，于是他打算回家当个私塾先生。

谁知他从外地回到家，发现父母都饿死了，两个弟弟也饿得瘦骨嶙峋、奄奄一息。当地又发生了旱灾，朝廷不思赈灾，百姓民不聊生。张角欲哭无泪，万般无奈之下带着两个弟弟逃荒。三兄弟远离家乡，艰苦求生。

在逃荒的路上，张角遇见了一个人，不仅改变了他的一生，也改变了汉朝的历史。

这个人叫于吉，是一个医术高超的道士。他写了一本有关道教的书——《太平经》，此书内容驳杂，包罗万象，既有治病养生，又有算卦占卜。当时《太平经》的名气几乎和《黄帝内经》不相上下，里面涉及长生不老、羽化升仙之类的内容，汉灵帝对此很感兴趣，甚至夸赞过《太平经》。

于吉看到张家三兄弟一身病痛，于心不忍，给他们治病，并且把《太平经》传授给张角。

张角学会这本书后，第一时间用来解决吃饭问题。他利用书中的医术治病救人，成了一个“赤脚医生”。他治好了不少人的病，名气渐长。本来他可能就是一个普通的乡村郎中，但时势造英雄，朝廷太过黑暗腐败，许多人活不下去了，人们迫切需要改变眼前的一切。张角慢慢意识到他可以利用自己的名气和威望做出一番事业来，于是他在治病过程中有意识地装神弄鬼，加入所谓的符水和咒语，把自己包装成活神仙的模样。

他的医术的确高明，而且会做宣传工作，很快受到成千上万人的追捧。他趁机利用《太平经》里的部分内容作为思想武器拉拢人心，成立太平道，一时间从者云集。无数被土豪劣绅夺去土地的人们纷纷会集在张角旗下，成为太平道的信徒。追随他的人太多，竟然造成道路拥堵，路上病死了一万多人。

很多教徒问张角："朝廷不管我们死活，怎么办？"

他想起自己饿死的双亲，看见"朱门酒肉臭，路有冻死骨"，告诉教众："朝廷不管我们死活，我们就推翻朝廷！"

他愤怒地喊出口号："苍天已死，黄天当立！"

他花了十六年时间，把太平道发展成为拥有数十万教众的巨型教派，起义时机逐渐成熟。

⊙张角

里应外合

苍天是朝廷，黄天是教众自己。张角让所有教众都带上黄色的头巾，因此他发动的起义就叫"黄巾军起义"。他定下起义时间：岁在甲子，天下大吉。这一天是汉灵帝中平元年（公元184年）三月五日。

张角的教众遍布全国各地，他一边让人骑马相互通告，一边让人刷墙，在墙上用石灰写标语告之教众在甲子这一天造反。他的势力非常大，东汉十三个州，太平道占据了八个州，造反意图很明显，但朝廷似乎一直没看见。原来张角注重谍报工作，他在朝廷里有内应！

张角的口号振奋人心，除了穷苦百姓、无业游民积极入教之外，部分达官贵人也追随了他。太平道在京师洛阳附近也有许多教众，领导人叫马元义。

张角找到马元义，说："当年陈胜、吴广起义如火如荼，但很快就被朝廷扑灭，关键原因就在于朝廷里没有人配合。如果朝廷里有大官同情咱们，给咱们通风报信，争取时间，想必我们成功的可能性更大。"

马元义颇以为然，说："我认识几个人，虽然不是大官，但权力很大，可以直接左右皇帝的意见。他们想加入我们。"

张角很奇怪，便问："他们是谁？"

马元义说："是宫里的太监封谞和徐奉。现在皇帝特别信任宦官，朝廷如今已是宦官当道了。他们虽然位高权重，但是没有子孙后代，所以想长生不老，希望您指点一二。"

张角叹息道："我们造反只是想活命，他们衣食无忧，享有荣华富贵，还想长生不老，你答应他们入教吧。"

马元义多次会见封谞和徐奉。他们二人在朝廷里尽心尽力为太平教说好话，说太平道跟蜀中的天师道一样，只是普通的教派，不用太过担心。在朝廷内应的帮助下，太平道发展极为迅速，一旦发动起义，里应外合，朝廷危在旦夕。

互有叛徒

在距离起义还有半个月的时候，马元义手下一个叫唐周的头领害怕了。唐周不敢真刀真枪和朝廷对战，他反复思索了一个晚上，决定向朝廷自首，揭发太平道意图造反的计划。消息传到朝廷，汉灵帝震怒，他没想到眼皮子底下竟有如此多的反军。他当机立断，安排大将军何进抓捕马元义，又逮捕了京师附近几千名教众，并下令全国通缉张角三兄弟。

马元义被朝廷处以车裂之刑，也就是五马分尸。张角听闻，目眦欲裂。张角的弟弟张梁问："哥哥，怎么办？全国各地都在打击我们，许多教众都被抓了。继续等到约定时间开战吗？恐怕来不及，现在就开战吧！"

张角另外一个弟弟张宝反对："如果仓促发动起义，许多兄弟都没准备好，恐怕难以成功。"

张角叹息道："朝廷不会给我们时间做准备的，只能提前开始！反正咱们都活不下去了，要是能给咱们的后代创造一个好一点的生活环境，那也不枉此生。"

他当场宣布："起义提前开始！"

他自称"天公将军"，张宝称"地公将军"，张梁称"人公将军"。黄巾军攻城略地，无数州郡守军望风而降。在短短十天的时间里，全天下的教众都加入起义行列，京师震动。

张角站在十万大军里，望着京师的方向，自言自语："如果不是你们逼得我父母饿死，我也不会造你们的反！"

太平道正式起义后，张鲁的天师道（蔑称"五斗米道"）也有了政治诉求。他看清楚了朝廷的软弱无能，抓住时机关门自立为王，后来投降曹操。

朝廷安排卢植率大军征讨张角。卢植文武双全，能写文章也会打仗，刘备是他的徒弟。张角本部和卢植发生激战，张角连战连败，退缩在河北广宗城内。卢植在城外制造云梯，准备强攻。张角非常担心自己再次战败。此时汉灵帝派了几个太监来慰问卢植，其中一个太监叫左丰。

卢植身边的人建议卢植讨好左丰，贿赂贿赂他，免得他回去后跟皇帝说坏话。卢植性格刚烈，不愿意和左丰这种人有过多接触。左丰通过暗示向卢植索贿，卢植冷哼一声，说:“我的战士们连军粮都吃不饱，哪有钱给你？”

左丰很生气，怀恨在心。张角在太监中有内应，他趁机让人联系左丰，送给左丰一笔钱财，让他回去向皇帝报告说卢植居心叵测。左丰接了钱眉开眼笑，果然在皇帝身边添油加醋地诬陷卢植图谋不轨。皇帝本就担心卢植拥兵自重，于是把卢植抓进大牢。张角这才得到喘息的机会。

黄巾军席卷天下，如同烈火燎原。汉灵帝看见集结于京城脚下的百万黄巾军，冷汗湿了后背。

朝廷无力镇压，只能让地方势力组织军队，无数豪强趁机发展军事实力，成为日后的军阀。黄巾军虽然人多势众，但是其中的很多领导人缺乏军事才能，渐渐被朝廷各个击破，双方大致打了个平手。

重病身亡

张角虽然拥有极高的个人威望，但是缺乏军事素养，对起义军管理松散。他坐拥百万大军，但是不擅长指挥，三十六路军马各自为战。他的黄巾军战士痛恨所有官吏豪强，起义时率先攻打他们，后来甚至把普通的有钱人和大家族都纳入攻击范畴，慢慢失去了地方支持。张角的起义是宗教起义，并非人民起义，他看到广大百姓渐渐站在朝廷那边，痛骂自己是黄巾贼，不禁又怒又气。在强大的军事和心理压力之下，张角病倒了，而且一病不起。这次《太平经》上的医术没能救他，他含恨离世。

张角的弟弟张梁接任了张角的领导地位，但是太平道的精神领袖不复存在，很快沦为一盘散沙，最终被根除。公元 184 年十月，朝廷派皇甫嵩率军偷袭黄巾军军营，张梁阵亡，三万多黄巾军全部被杀。张角的尸体也被从棺材里挖出来示众。没多久，张角另外一个弟弟张宝也战死，十多万黄巾军全军覆没。

轰轰烈烈的黄巾军起义宣告失败，但是这次起义撼动了朝廷根基。汉灵帝不思悔改，继续沉迷享乐，并没有去改善百姓的生存状况。在张角失败之后，又有大小数十股黄巾军起义，其中黑山黄巾军兵力多达百万，不过当时地方诸侯已经崛起，黑山军被袁绍、曹操镇压。

此后，中原大地开启了三国争霸时代。

（课内连线：《中国历史》七年级上，第三单元第 13 课《东汉的兴亡》）

蔡伦：造纸改良留千古

在人类文明史上，造纸术的发明无疑是一个划时代的发明，文化的传播从此变得无比便捷。而这位伟大的发明者，就是两千多年前我国东汉时期的蔡伦。他的名字与中国古代的“四大发明”紧紧地联系在一起，美国权威著作《影响人类历史进程的100名人排行榜》中，他名列第七位，仅次于孔子。美国《时代》周刊公布的“有史以来的最佳发明家”，他也榜上有名。

年少进宫，扶摇直上

蔡伦，字敬仲，东汉桂阳郡（今湖南省耒阳市）人，出生于一个普通的铁匠世家。小时候，他在家乡一所被称作“石林”的乡学读书，习《周礼》，读《论语》。他对周边的生产、生活环境很感兴趣，比如冶炼、铸造、种麻、养蚕等。少年蔡伦已经是满腹经纶，很有才学。

汉章帝即位后，常到各个郡县挑选长相英俊、才思聪慧的男孩到皇宫里当太监。当时只有十五岁的蔡伦也被选中，并在洛阳宫中接受培训。由于他聪明机灵，招人喜欢，入宫第二年就开始担任黄门侍郎之职。虽然黄门侍郎是宦官中较低的职位，但因负责的是宫内外公事传达，还有引导来拜见皇帝的人如何朝见、安排就座等事宜，所以职位重要，与皇帝、大臣直接接触的机会较多。

不久，窦皇后废掉了宋贵人儿子刘庆的太子地位，将刘庆废为清河王，改立自己的养子刘肇为太子。蔡伦被卷入这场宫廷斗争。汉章帝死后，十岁的刘肇登基，成为汉和帝。由于皇帝年幼，窦太后垂帘听政。蔡伦因在这场宫廷斗争中帮了窦太后的大忙，因此被提拔为中常侍，俸禄二千石，仅次于朝廷最高官员。此后，他跟随在年幼的皇帝左右，参与国家机密大事，权力非常大。

正是在这个职位上，蔡伦开始走上不平凡的人生之路。

掌管皇家制造

由于蔡伦才学出众，做事又极为认真，窦太后让蔡伦兼任尚方令，掌管尚方。尚方是主管皇家制造业的一个机构，主要负责监督宫廷御用手工作坊中的工匠，从事宫中御用器物的制造。我们常说的“尚方宝剑”，就是尚方这个机构专门为皇帝制作的宝剑，所以尚方宝剑就成为最高权力的象征。

⊙蔡伦

蔡伦担任尚方令期间，勤于政事，管理有方，皇宫作坊集中了天下很多能工巧匠。这也为蔡伦提供了一个极好的平台，使他的个性、爱好以及在工程技术方面的过人天资得到极好的展现。由于他探索创新，大胆改进制作工艺，当时制作的刀剑等器物“莫不精工坚密，为后世法”，达到极高水准，并长期居于制造业技术的顶峰。

据说有一次，蔡伦陪汉和帝在御花园练习剑法，和帝一剑击在大石头上，天子剑拦腰折断，身边的人吓得全部跪倒在地。和帝大怒，下旨要惩罚铸剑之人，这时蔡伦赶忙上前奏请:“圣上息怒，因为铸剑工艺久未改进，就是惩办天下所有铸剑之人也无济于事，臣愿意亲自督造天子剑，改进工艺，铸造出坚韧锋利之剑！”和帝这才转怒为喜，并让蔡伦亲自督造天子剑。

为了督造上好的天子剑，蔡伦遍览天下工艺书籍，同时寻访民间高人。他打听到有一位铸剑技艺高超的老工匠，当即前往请教。时值盛夏，炎热难当，蔡伦见到老工匠时已汗流浃背。蔡伦的精神感动了老工匠，老人亲自传授了自己的独门淬火技术。这一技术对于铸造一把上乘之剑十分重要。经过反复学习和实践，蔡伦终于在皇家御器坊督造出一把质地坚韧、锋利无比的天子剑。

他将新铸成的剑献给和帝，和帝十分兴奋，立即来到御花园试剑，只见他手起剑落，先前的那块大石头被劈为两半，而手中的剑却完好无损。和帝对蔡伦极为赞赏，要给蔡伦加官晋爵，蔡伦推辞了，说这是他的分内之事。

此后，蔡伦又用这种方法督造了杯盏等皇家御用器物，无不坚固耐用。先进技艺对发展当时的金属冶炼、铸造及机械制造起到了不小的推动作用。

一个看似荒唐的想法

永平九年（公元 97 年），窦太后去世，汉和帝亲政。这年夏天，全国闹起了蝗灾，多地颗粒无收，灾情十分严重。刚刚亲政的和帝立志要效仿先帝，经常通宵达旦批阅奏章，处理救灾事宜。

当时的奏章，是由竹简编成的“册”，十分笨重。汉武帝当年批阅奏章，每次必须由两名大力士将奏章抬到龙案上。战国时宋国的“名家”代表人物惠施出门讲学访友必带五牛车的书，后来人们称某人有学问就说他“学富五车”。实际上，五辆牛车拉的也是竹简，其全部内容，充其量不过相当于现代几部长篇小说。

由于当时灾情严重，各地奏章很多，每天都有大量的竹简被抬进宫中，堆得像小山一样。尽管有两名年轻力壮的太监给和帝帮忙，但每天下来，和帝仍累得浑身酸软。

蔡伦亲眼看到和帝的辛苦和劳累，十分感动，于是萌生了一个念头——用一种轻便的东西来代替竹简，书写奏章！这样不仅能使皇帝轻松方便地阅读，而且也能减轻书写者、运送者和储存者的劳苦。

其实，当时可供书写的东西除了竹简，还有缣帛、赫蹄和麻纸，但这些东西都不是很理想。竹简虽然制造简单，成本很低，但太过笨重；缣帛书写虽然轻便，但制造起来费事，成本太高，属于奢侈品；赫蹄是生产缣帛时遗留的一层薄薄的残渣，有韧性，在上面可以写字，但是因为缣帛的生产量很小，因此赫蹄就更加难得；麻纸的原料为麻，工艺简单，但非常粗糙，根本不适合书写。

蔡伦查阅了大量关于这些书写材料的资料，并将其制作工艺、质地以及书写特点等逐一进行比较，他突然产生了一个极为大胆的想法：制作一种集当时各种书写工具优点于一身的书写材料！这种材料的成本像竹简一样低廉，颜色像缣帛一样洁白，使用起来像赫蹄一样轻便，原料像麻一样容易得到。

这个念头在脑海里一出现，蔡伦自己也觉得不可思议，但他相信只要去摸索，就会有希望。于是，他将这个想法告诉工匠，工匠们听后惊讶地张大了嘴巴，无不认为他这个想法太荒唐，根本不可能实现！

造纸术诞生

听到工匠们的回答，蔡伦并没有放弃。为了达到自己的目的，他开始四处奔走，寻访能够造出这种材料的途径和方法。此后，蔡伦常常深入民间，寻找能工巧匠，和他们一起探讨交流。

永元十五年（公元103年），机会终于来了！当时，京城洛阳一连下了数十天大雨。大雨刚过，蔡伦就去民间探访。他来到洛阳城外的洛河岸边，看到一幅破败的景象：有好几棵大树倒在地上，树体已经腐烂，上面还缠绕着一些破渔网、破衣服、破麻布等。他不由得停住了脚步，心想，这场持续多日的大雨，又不知为多少百姓带来了灾难啊！

正当他感慨万千时，忽然在这些破树旁边的水面上惊奇地发现了一层和赫蹄纸相似的东西。他赶忙打捞上来细看，这个东西薄薄的，好像棉絮一样，但摸上去滑滑的像缣帛。他又轻轻地揉了揉，撕扯了一下，还很有韧性，不容易撕破。他忽然意识到，这可能就是自己多年来想要的东西啊！真是踏破铁鞋无觅处，得来全不费工夫！

这种东西是怎么来的呢？他去向当地村民请教。村民告诉他，由于这几年年年大雨，导致洛河水位上升，河边的一些树，还有从上游冲下来的破衣服、破渔网等，便被浸泡在河水里，时间一长就腐烂了，再被太阳一晒，过上几个月，就自然形成了这种东西。

对呀，这种材料十分常见，成本也低，完全可以制成书写工具！于是，蔡伦让人在洛河边搭建了一个临时作坊，开始了他的实验。他和工匠们一起动手，先把树皮、破布头、旧渔网切碎，放在水里泡，然后把杂物过滤掉，把剩下的纤维结构放在石臼中捣成白浆，最后用竹席把白浆挑起晾干，揭下来，就成了纸。

公元105年，蔡伦把这种新的书写材料呈给汉和帝看。汉和帝先是用手摸了摸，然后又在上面写了几个字，觉得非常好用，他对蔡伦大加赞赏，下令把这一技术推广到全国，让百姓们都能用上这种经济轻便的书写材料。当时，人们将蔡伦造的纸称为“蔡侯纸”。

服毒而死

就在蔡伦造纸成功的这一年，和帝驾崩，他还不满百日的儿子继位，邓太后把持朝政。不到两年，新皇帝驾崩。邓太后年仅十三岁的皇侄刘祜继位，即汉安帝。而刘祜正是当年废太子清河王刘庆的儿子。蔡伦想到自己当年曾帮助窦太后废掉太子刘庆，十分不安。

由于当时邓太后把持朝政，蔡伦继续受到了重用。邓太后喜欢绘画，而蔡伦不断改进造纸工艺，为邓太后解决了绘画材料的大问题，邓太后非常高兴，便封蔡伦为“龙亭侯”，封地在今陕西省洋县一带。

不久，蔡伦又被提升为长乐太仆，成为邓太后的首席近侍官。过了几年，因为宫中经史传记等文字大多都没有核实确定，于是朝廷选拔有名的读书人校正各种典籍，邓太后又派蔡伦专门主持这件事情。一时间，蔡伦的权位和名望达到了顶峰，受到满朝文武的奉承和追捧。

正当此时，邓太后去世，安帝亲政。安帝亲政后的第一件事，就是查办了当年刘庆太子被废一事，所有参与者都被捕入狱，蔡伦也被审讯查办。他深感自己死罪难逃，当时有人给他出主意，让他亲自到廷尉那里认罪，说自己是受人蛊惑，念他造纸有功，也许皇帝会免他一死。

可是蔡伦不愿意这样，他说：“好男儿自己做事自己当，岂能篡改原委，忍辱苟活！”公元121年，他沐浴更衣，穿戴整齐，服毒而死。他死后，爵位被削去，封地被收回。

蔡伦一生在内廷为官，身居列侯，位尊九卿，虽然以惨死告终，但他的科学成就却使他光耀后世。

论人品，南朝宋史学家范晔这样评价蔡伦：“伦有才学，尽心敦慎，数犯严颜，匡弼得失。”这句话是说，蔡伦很有才能学问，他辅佐皇帝尽心尽力，诚实谨慎，不害怕触犯皇帝，敢于向皇帝直言。

论贡献，蔡伦发明的造纸术对世界文明的传承和发展做出了巨大贡献，深刻影响了世界历史的进程。美国《影响人类历史进程的100名人排行榜》一书的作者麦克·哈特说："没有蔡伦就没有纸，我们很难想象今天的世界将会是什么状况。"

这些也许是对这位伟大发明家最中肯的评价。

（课内连线:《中国历史》七年级上，第三单元第15课《两汉的科技和文化》）

华佗：济世救人的神医

投师学医

东汉末年，谯城（今安徽省亳州市）北边小华庄有个叫华文的青年，在重阳节这天迎来了一个新的生命，他给这个儿子取名华佗。华文祖上并没有什么基业，到了他这一代更是连田地都没有，终年靠做苦力维持生计。华佗三岁的时候，华文因为一场瘟疫离开人世，留下孤儿寡母相依为命。

华佗八岁时，母亲将他送去私塾。华佗聪明过人，几乎过目不忘。先生所讲的课文，他听一遍就能明白，看过的书，念一两遍就可以背得一字不差。但这时候的华佗非常贪玩。母亲知道以后，把他叫到跟前，指着蚕茧说："你看这蚕为了生存，不断地吐丝结茧。如果一个人连一点儿本领都没有，那不是连蚕都不如吗？你现在不读书，不学习一些技能，将来怎么办呢？”听了母亲的话，华佗深受教育，自此以后勤奋用功。为了表达对他改变后的欣喜，私塾老师给他赠字“元华”。这也是华佗“元华”一名的来历。

华佗生活的村庄百姓极度贫困，卫生条件差，缺医少药，经常有人被病魔夺去生命。想到自己的父亲就是因为生病得不到医治而故去，华佗立志学医。但是“父母在，不远游”的训诫时刻提醒着他，如果离家游学，母亲便无人侍奉，他迟迟做不了决定。母亲知晓华佗的心意和顾虑后，鼓励他道：“你去学习医术，将来能够为父老乡亲消除病痛折磨，也算是行善积德了。如今我身体依然硬朗，你放心地去吧。”母亲的肯定，更加坚定了他学习医术的心。

华佗听人说，谯城以西的琼林寺有个叫治化的长老，医术出神入化，远近闻名。他决心前去拜师学艺。见到治化长老，说明来意以后，长老对华佗说：“你如果真心学习医术，就先在这边干三年的杂活吧！”随后便把华佗带到一个满是病人的院子，吩咐他照顾这些病人。华佗毫无怨言，耐心地干了三年杂活。他在给病人端屎端尿、打扫卫生的过程中，不忘细心观察病人的症状变化。

三年后，长老召见了华佗，称赞他将来会大有作为，并把他带到藏书阁，指着大殿里的书说：“你要想学成医术，还须苦读几年医书，这些都是你需要读的书，尤其是

《黄帝内经》必须了然于胸。”从那以后，华佗更加勤奋刻苦，夜以继日地在大殿里研习医书。见华佗学习用功，长老也会不时地指点一二。

⊙华佗

寒来暑往，又三年过去了，华佗熟读了所有的医书。一天夜里，有人慌忙来找华佗，告诉他长老生病了，口吐白沫，不能讲话。想到这些年长老的悉心教导，华佗匆匆跑去长老的卧房，看到长老被一众师兄弟围着，双目紧闭，直挺挺地躺在床上，嘴里不停地吐着白沫。华佗仔细观察了长老的脸色，又认真为长老切了脉搏，然后如释重负地对一众师兄弟说：“长老没有生病，大家不要着急。”没想到师兄弟们听完之后心情不但没有放松，反倒责骂起华佗了：“耽误了长老的病情，你负责吗？”就在大家吵吵嚷嚷的时候，长老自己坐了起来，笑笑说：“我并没有生病，只是为了考验一下大家的医术。”然后又对华佗说：“你已经学成了医术，可以下山去了。”师兄弟们面面相觑（qù），羞愧不已。

决断生死

华佗医术有成以后，就开始四处游历，为人治病。这天，有一个不服他医术的布店学徒刚吃过午饭，坐在布店门前的门墩上揉肚子，见华佗经过便和布店掌柜商量说：“待会儿我假装肚子疼，你请华佗为我诊病，咱们试试他的本领。”说完，他就跳进柜台，捂着肚子在地上打滚号叫起来。布店掌柜急忙请华佗来为他医治。华佗仔细地诊断了学徒的脉搏，又观察了他的脸色，摇摇头跟掌柜说：“没办法医治了，快准备后事吧。”布店掌柜冷笑，故意问道：“那你看他还能活多久？”“熬不过今天晚上十二点。”说完华佗叹息着离开了。随后，掌柜嘴中一边念叨“华佗医术也不过如此”，一边对学徒说“快起来，他走了”，可是无论他怎么说，学徒依然抱着肚子大声哭喊，额头不断冒出冷汗。原来这学徒刚刚在往柜台后边跳的过程中，挣断了肠子。

学徒试医丢命的事不胫而走，来找华佗诊病的人越来越多。

广陵太守陈登，总是脸色赤红，心浮气躁，找华佗来医治。华佗先是准备了十几个盆子，然后给他开了药。服了药以后，陈登吐出来十几盆红头的虫子，病慢慢就好了。华佗告诉陈登，这个病三年以后还会复发，到时候还需要再吃一服药才可以根治。临走前，华佗给陈登留下了他家里的地址。三年后，陈登旧病复发，差人去华佗家里取药，正好赶上华佗上山采药，不知道什么时候才能回来。因为没有及时服药，不久陈登便去世了。

华佗还擅长治疗妇科和儿科疾病。当时，在东阳（今安徽省天长市）有一户人家的小孩总是拉肚子，父母为他遍访名医还是不见好，最后找到华佗。华佗看了孩子和他母亲的情况后，要求赶紧把给小孩吃的药停了，并指出："小孩的病根在他母亲身上。由于母亲的乳汁有虚寒之气，所以小孩才会拉肚子。这个药以后给孩子母亲服用就好。"小孩的母亲服用了几服药以后，小孩就不拉肚子了。"子病治母"是中医最典型的特点，中医并不是头痛治头，脚痛医脚。中医认为人是一个五脏六腑、骨骼经脉上下相连、内外互通的整体，一个脏腑的疾病有可能会关联到其他的器官。

麻沸散

东汉末年，战乱频仍，许多官兵受伤，都请华佗医治。华佗来者不拒，只要有人请，他都会用心治疗。但有时遇到需要截肢、缝针等外科手术时，病人通常疼痛难忍。即便已经见惯了生死，华佗依然不忍心看到病人受这样的痛苦。他下定决心要研制出一种药，病人服用后可以短时间失去知觉，方便医生施行手术。功夫不负有心人，华佗最终研制出了麻沸散，也是迄今为止发现的世界最早的麻醉剂。

最初，华佗用尽了各种方法，还是没有配制出麻醉剂，就在他心灰意冷的时候，有一名妇人来请他为自己的相公看病。华佗到了妇人家里后，看到她相公双眼圆瞪，牙关紧咬，口吐白沫，躺在地上。华佗上前诊察了病人的神色、脉搏，摸了摸他的体温，觉得一切正常，但是无论如何都叫不醒他。华佗就问这妇人：“病人曾经得过什么疾病吗？”妇人回答：“他之前身体非常健壮，没生过什么病，今天吃了几朵花，就这样了。”

听了妇人的讲述，华佗欣喜若狂，请妇人赶快把花拿来给他瞧一瞧。接过花以后，华佗闻了一闻，又摘了一朵花尝了尝，顿时头晕目眩，满嘴发麻。他意识到这农夫肯定是中毒了，便开了清热解毒的方子，农夫服了药不多时便清醒过来。这次诊病，华佗并没有收取诊金，而是向农夫要了一捆使他中毒的花。

把这种花拿回家之后，华佗便开始继续研究麻醉剂。他把这种植物的花、果、叶、根、茎分别进行了实验，经过多次不同的配方炮制，最后发现果子和热酒配制麻醉效果最好，于是给它取名为“麻沸散”。

之后，华佗再给病人做手术的时候，便先让病人服用一些麻沸散，这样手术过程中病人就不会痛苦了。有一个肚子痛的病人找华佗治病。华佗检查后告诉病人：“你之所以会肚子疼，是因为你的脾脏已经腐烂了，必须把脾脏切除了，不然你会有生命危险。”随后就让病人服用了麻沸散，等病人失去知觉，华佗实施了脾脏切除手术。手术后一个多月，病人就恢复了健康。

除了麻沸散，华佗还发明了许多其他的药，如青苔膏。传说，青苔膏是华佗观察马蜂和蜘蛛后受到启发，利用青苔炼制而成的。有一天，华佗看到一只马蜂粘在了屋檐下的蜘蛛网上。蜘蛛与马蜂搏斗的过程中，被马蜂蜇到了肚子。华佗心想："这蜘蛛怕是中了毒，快死了。"正想着，就见蜘蛛慢慢爬到一块长满青苔的石头上，把肚子放在青苔上。一会儿工夫，蜘蛛竟然没事了，又顺着蛛丝爬到了网中间。看着无事的蜘蛛，华佗若有所思："难道青苔可以克制马蜂的毒？"知道青苔的药效后，华佗又增加了白芍等几味草药，熬制了治疗马蜂毒素的青苔膏。

五禽戏

华佗非常善于观察周围的事物。他见经常转动的门轴不会腐烂，流动的水不会变质，就提出人也要经常锻炼，活动筋骨血脉，帮助消化吸收，达到增强体质、预防和治疗疾病的目的。在这种观念的驱使下，华佗根据动物的行为习惯创编了一套体操，命名为"五禽戏"。

五禽戏即虎戏、鹿戏、熊戏、猿戏、鸟戏，分别模仿了老虎扑动前肢、鹿伸转头颈、熊伏倒站起、猿脚尖纵跳、鸟展翅飞翔等动作，借以锻炼人的四肢、颈椎、躯干、关节和胸部肌肉。他的学生吴普，每天坚持做五禽戏，活到九十多岁依然耳聪目明，牙齿完整。五禽戏一直流传到后世，到今天一些民间医疗体操中还保留着五禽戏的个别动作。

被杀之谜

华佗治好了很多疑难杂症，医名远扬。曹操患上了头痛的病，听说华佗妙手回春的事迹后就传召他来治病。华佗诊脉之后说："这种病在短时间内很难根治，我先缓解你的疼痛，再为你慢慢治疗。"恰巧这时候，华佗收到家书，思乡心切的华佗在为曹操做了简单治疗之后，便回到了家乡。

由于华佗厌恶被官吏驱使的生活，所以此后曹操三番五次写信催他，他都以妻子生病为借口推托了。长此以往，曹操很生气，就派人前去华佗家里了解情况，并吩咐官兵道："如果华佗的妻子真的生病了，就赐给他小豆四千升，并准许他在家照顾妻子；如果他撒谎，就把他抓起来。"结果，官兵发现华佗撒谎了，犯了欺君之罪，就把华佗抓了起来。有人向曹操求情："华佗医术高明，这样杀掉太可惜了！"曹操说："不用担忧，天下会治病的人很多！"华佗最终在监狱中被拷打致死。据传，华佗去世前曾经拿出一卷医书对看管他的狱卒说："你看了这书，就可以救活很多人了！"狱卒怕触怒了曹操，没敢接受，于是华佗便用火把这书烧掉了。

关于华佗被杀，民间还有一种说法。据说，曹操患头痛病以后，请华佗医治。华佗认为要治好这个病，必须打开头颅实施大手术。生性多疑的曹操认为华佗是要趁机杀害他，便以刺杀君王的罪名逮捕了华佗，并将他拷打致死。

华佗被害至今已经一千多年了，但人们还在怀念他，依然以“华佗再世”夸赞医术高超的医者。他是我国古代杰出的医学家，被人们称为“神医”。他在内科、外科、妇科、儿科、针灸、寄生虫病和医疗保健方面都有独到的见解和精湛的医术。他不慕功名，不事权贵，潜心钻研医术药理的精神，以治病救人为己任的高尚情操，观察细致入微的行事作风永远是后世学习的榜样。

（课内连线：《中国历史》七年级上，第三单元第15课《两汉的科技和文化》）

张仲景：悬壶济世的医圣

张仲景是东汉医学家。南阳涅阳（今河南省镇平县）人。相传曾任长沙太守，后因瘟疫流行，他毅然辞官选择从医。他一生为民医病，医术高超，医德高尚，深受百姓爱戴。

勤求古训，博采众方

张仲景年轻的时候就立志救死扶伤。一天，邻村一位农民得了伤寒，请张仲景前去医治。张仲景治了两天，这位农民的病情仍未好转，张仲景十分着急。这时，恰巧同乡名医张伯祖外出看病回来，张仲景赶紧去向他请教。经过张伯祖的治疗，病人的病情很快好转。张仲景对张伯祖赞叹不已，赶紧向张伯祖请教，张伯祖给他一个建议："要想成为医生，必须勤求古训，博采众方。"

“勤求古训，博采众方”，从此这八个字被张仲景牢记。在张伯祖的指导下，他刻苦研读了《黄帝内经》《难经》《胎庐药录》等书籍。平时他还处处留心观察，搜集了许多民间治病的良方。

隐姓埋名，救济四方

青出于蓝而胜于蓝。张仲景的医术越来越好，找他治病的人越来越多，他的知名度越来越高。

有一年夏天，张仲景想去山区采药，在经过一个村庄时听到阵阵哭声。一打听，原来这个村庄正闹瘟疫，死了不少人。一个老妇人的哭声引起了张仲景的注意，他走上前看到一位母亲正抱着她的儿子泣不成声。周围有人说：“多好的一个后生，可惜没指望了。”

张仲景走进屋里对老妇人说：“老妈妈，不要哭，让我给弟弟治治病好吗？”

老妇人的丈夫看到一个眉清目秀的年轻人走进来，赶紧给他让座。此时，死马也只能当活马医了。张仲景给病人诊了诊脉，又摸了摸肚子，沉思片刻对老妇人说：“您儿子得的是伤寒，因耽误了病情，病已入内，不过不要紧，我给他开点药吃吃还是会好的！”

老两口听了连声说好。果真，病人吃了两天药病就好了。

很快，村里来了个神医的消息就传遍了。村民们哀求张仲景留下来给村里的病人治病，张仲景爽快地答应了。而当大家得知他就是南阳有名的张仲景时，个个伸出大拇指称赞："怪不得，怪不得！"

⊙张仲景

年轻的张仲景医术十分高明，但仍虚心好学。有一年，张仲景的弟弟要去湖北襄阳做生意。出门前他问张仲景："我这次出门前，你给我看看，可有什么暗疾。"

张仲景给弟弟搭了下脉说："哟，明年只怕会长个搭背疮！"

弟弟听了十分苦恼，长在背上自己又看不到怎么治？

张仲景安慰弟弟："不要怕，我给你开个药方，到时候这个疮就会移到你屁股的软肉上。到时如果有哪个医生识得这是搭背疮就一定是个名医，等疮治好后，捎个信来，我好拜访这位名医。"

张仲景的弟弟在湖北的第二年，有一天突然觉得脊背疼痛，他知道是长搭背疮了，就赶紧按照哥哥的处方抓药。不几日，疮就转移到了他的屁股上。他找了许多医生，有的说是疖子，有的说是毒疮，最后只有同济药堂的一位姓王的医师认出这是搭背疮。在王医师的治疗下，张仲景弟弟的病很快就好了。

张仲景在得知王医师治好弟弟的病之后，当天就打点好行装向襄阳赶来，他要亲自向王医师求教。

张仲景向王医师请教的方式也很有趣。他怕王医师知道自己的姓名，便隐瞒了自己的身份。张仲景扮成一个落魄书生，向同济药店掌柜央求道："我从外地来，生活没有着落，请收下我当个伙计吧？"王先生看这小伙子虽然衣着落魄，但却年轻利落，便高兴地答应了张仲景的请求，说："那你就帮我制药吧。"

张仲景就这样在同济药堂住了下来。他制药熟练内行，王医师很快将他升作司药。张仲景在抓药之余，一时兴起也会给病人抚脉看病，凡被他瞧过病的，都药到病除。王医师又惊又喜，让张仲景做了自己的帮手。从此，张仲景处处留心。王医师如何用药，如何把脉，如何开方都被他看在眼里并记在本子上，以不断提高自己的医术。

有一天，一个老汉匆匆来到药店，说他儿子病得厉害，把王医师请去了。

过了半个小时，老人拿着王医师的处方来药店取药。张仲景看到药单上记载了"藤黄五钱"，他猜到病人肚子里有虫。过了一阵子王医师回来了，他刚想进屋休息就被张仲景拦住："先生稍等一下吧，看那老人还来不来请。"

王医师十分疑惑："药都吃了，还会来请吗？"

张仲景直言不讳道："恕学生直言，我在担心藤黄用量不足呢！如果药量不足，虫没杀死的话，病人反而因为虫的挣扎而更加痛苦，甚至还有性命危险……”

张仲景还没说完，那个老人就大汗淋漓地跑进来：“王医师，快去看看吧，病人痛得死去活来！”

王医师头上直冒冷汗，情急之中，张仲景主动请缨：“学生愿意去试一试！”

张仲景来到病人家中，只见病人正在地上打滚。他询问了病历，然后进行了诊断，确认是一只没被毒死的大虫在作怪。张仲景赶紧把病人衣服扒开，并掏出一只银针，摸准穴位，一针扎了下去。

病人大叫一声，便昏了过去，病人家属慌作一团。然而，过了一会儿奇迹发生了，病人呻吟了几声便不再疼痛。

随后张仲景给病人开了泻药，病人喝下后很快就排出了一条大虫。

王医师知道后，再也按捺不住自己的疑问，道：“先生，你到底是什么人？”

张仲景知道长期隐瞒下去也不太好，于是承认自己就是张仲景，这次是来拜师学艺的。

这可吓了王医师一大跳：“哎哟，久仰大名，拜师学艺可不敢当！”

从此，他俩成了好朋友。

一代医圣，名垂千古

张仲景中年时，医术更加高明，治好了许多疑难杂症，人称“医圣”。

有一天，张仲景的好友宁远闲来无事到他家下棋闲聊。谈话间，张仲景突然看着宁远的脸半晌说不出一句话来。

宁远觉得事情不妙，就追问起来。张仲景严肃地说：“你患了消渴之病，现在初发，不易觉察；三月之后，头痛不眠，尿量增加；六月之后，饥渴难忍，小便浓稠；一年之后就会背发疽疮而死！幸亏现在发现及时，还可以医治。”于是开了个药方给他。

宁远回到家，大笑不止：“怪不得人家说医生最会大惊小怪，吓唬人，我的这位朋友看来也是如此。”说完把药方一撕就去睡觉了。

三个月之后，宁远开始感觉头痛失眠，但他仍然不以为意，六个月后病势来得更厉害了，每日饥渴难耐，并且小便浓稠。他这才慌了手脚，赶紧跑去向张仲景求救。

可张仲景见了直摇头唉叹，让宁远去准备后事。

张仲景被人称为“医圣”，医圣都说不能治，看来是不会有什么奇迹了，但这世间还真有比医圣更善于医治此病的人。

也是宁远命大，他想：反正自己不久将归西，还不如临死前游遍祖国大好河山。巧的是他走着走着在茅山遇到了一位仙风道骨的道士。道士见宁远神色不对便上前询问，宁远一五一十地把自己的病情告诉了道士。

道士给他把了脉，微笑着说："这我也无药可治，但你可以下山买几担梨，每天吃一颗，还可以取干梨泡汤喝试试。"

一年之后，宁远回到家去拜访张仲景。仲景大吃一惊，只见宁远不但没死，脸色还越发好看，脉息平和，甚至年轻了许多。

宁远把遇到茅山道士的事情告诉了仲景。仲景不禁感叹："真是天外有天，人外有人！"

他下定决心要前往茅山拜访道士，然后遍游天下，寻访名师。张仲景这一出去就是三年。

后来张仲景的医术更加高深，编著了《伤寒杂病论》《金匮要略》等书，成为一代医圣，名垂千古！

（课内连线：《中国历史》七年级上，第三单元第 15 课《两汉的科技和文化》）

三国篇

曹操：从纨绔子弟到一代枭雄

在我国，曹操是一个家喻户晓的人物，也是一个白脸奸臣的反面形象，而这一奸臣印象是人们通过小说《三国演义》得来的，只能说是一个文学形象。历史上真正的曹操是一位英雄，一位卓越的政治家和军事家。他生在乱世，以统一天下为己任，纵横疆场，南征北战，最终统一了中国北方。他同时还是一位杰出的文学家，写下了大量的经典诗篇，引领当时的建安文学独冠群雄，鲁迅先生因此称赞他是“改造文章的祖师”。

纨绔子弟的少年时代

东汉末年，在黄巾起义爆发之时，一代枭雄曹操登上了历史的舞台。曹操，字孟德，一名吉利，小字阿瞒，沛国谯（今安徽亳县）人，出生在一个显赫的官宦家庭。他的父亲曹嵩是宦官曹腾的养子，曹腾历侍四代皇帝，汉桓帝时被封为费亭侯。后来曹嵩继承曹腾的侯爵，在汉灵帝时官至太尉。

⊙曹操

曹操是曹嵩的长子，自幼博览群书，机敏过人，很有谋略，喜欢钻研兵法，但他不受约束，行为任性不羁，既不修品行，又不钻研学业，是一个活脱脱的纨绔子弟，所以当时没有人看好他。可是太尉桥玄见了曹操，认定他将来必成大事，不禁惊叹道："如今天下即将大乱，没有经邦济世之才是不能扭转乾坤、挽救乱世的啊！能使天下安定的，大概只有你了！"

在当时的读书人中，流行评价朝野人士，或褒或贬，评论者都会直言不讳。在这些评论者当中，最为知名的当数南阳名士许劭。因为许劭对人的评论既公正又准确，所以当时的人都以能得到许劭的好评为荣。曹操也想得到许劭的评价，因此来找许劭。许劭听说过曹操的为人，有点看不起他，不愿对他做评价。曹操一再请求，见许劭仍不答应，就开始威胁。许劭沉吟半晌，只好说："子治世之能臣，乱世之奸雄。"

初入仕途，陈留起兵

曹操二十岁时被举为孝廉去京城洛阳做了郎官，不久就被任命为洛阳北部尉（管理治安的官）。

当时的洛阳是东汉最繁华之地，也是皇亲贵族聚居之地，很难治理。曹操一上任就严肃法纪，叫工匠做了十多根五色大棒悬挂在衙门两边，并立下禁令：“谁要是犯了禁令，一律用大棒处死。”皇帝宠幸的宦官蹇硕权大势重，他的叔父横行霸道，违反了禁令，结果被曹操让人用五色棒处死。曹操因此得罪了蹇硕，最后被明升暗降，调去顿丘做县令。

黄巾起义爆发后，曹操被朝廷封为骑都尉，在颍川大破黄巾军。因作战有功，他被提升为济南相，管辖十来个县。任职期间，他大力整饬，罢免了为非作歹的官员，使济南恢复了安定的局面。公元 188 年，曹操被任命为西园八校尉之一，从此开始了他政治生涯中的新角逐。

而此时摇摇欲坠的东汉政权正经历着一场大的变故。自黄巾起义后，全国逐渐形成军阀割据的局面，而朝廷内部两股最强大的势力——宦官和外戚仍旧斗争不止，并使矛盾彻底激化，最终两败俱伤。凉州军阀董卓带兵进入洛阳，挟持了汉少帝，并用武力控制了朝廷。

董卓知道曹操很有才能，用骁骑校尉这一官职来收买曹操。曹操见董卓残忍嗜杀，倒行逆施，不愿迎合，便改名换姓从洛阳逃到了陈留。在陈留，他散尽家财，联络四方豪杰，很快就组织了一支五千人的队伍。与此同时，各地反对董卓的武装力量也聚集起来，多达十几万人，曹操加入了这支讨伐董卓的队伍。渤海太守袁绍被推荐为联军盟主，曹操任代理奋武将军。

一开始，大家齐心协力，董卓被击败，挟持汉少帝迁都长安。可是联军惧怕董卓的凉州军，驻扎在酸枣一带不敢向前推进。曹操认为董卓焚烧宫室，劫迁天子，罪大恶极，要求联军趁机出兵，可是袁绍却下令按兵不动。曹操只好独自带领自己的五千人马向西边的成皋进兵，董卓派部下许荣带领一队人马在荥阳汴水等候迎战。两军相遇，因为力量悬殊，曹操很快就败下阵来，士兵死伤大半，他自己也中箭受伤。返回酸枣后，曹操建议诸军分兵西入武关围困董卓，但没有人听他的。在当时的形势下，各路军阀名为讨伐董卓，实际却各怀鬼胎，以趁机发展自己的势力。这样没多久，军阀之间就产生了矛盾，联军也就散伙了。

曹操陈留起兵最终以失败告终，他看这些人成不了大事，就离开了，等待时机重整旗鼓。

逐鹿中原，官渡决战

公元 192 年，董卓被司徒王允和吕布杀死，各路军阀纷纷割据，你争我夺，互相兼并，斗争血腥而惨烈，整个东汉陷入混战局面。

董卓死后，他的部下李傕和郭汜劫持汉献帝，在长安城大肆杀戮。不久，他们看汉献帝留着也没什么用，就把汉献帝放了。汉献帝逃出长安，返回洛阳，可这时的洛阳早已是一片废墟，吃的用的都没有了，好多大臣和士兵都被活活饿死，汉献帝也沦为乞丐。曹操得知后，立即抵达洛阳，带领汉献帝迁都到自己的根据地许县（今河南许昌），并将许县改为许都，形成了挟天子以令诸侯的局面。

此后，他一面安置流民，开垦荒地，恢复生产，一面又以汉献帝之名向全国发号施令，征讨各地军阀。

公元197年春，军阀袁术在寿春称帝，曹操即以“奉天子以令不臣”为名，进讨袁术并将其消灭。接着，他又消灭了吕布，取得张杨的河内郡，还招降了张绣，击走刘备，势力西达关中，东到兖、豫、徐州，涉及黄河以南，淮、汉以北的大部分地区。

而此时，袁绍的势力也在不断壮大，他击败了公孙瓒，并占有青、幽、冀、并四州之地，与曹操形成了沿黄河下游南北对峙的局面。袁绍发现曹操已经成了自己的劲敌，便率领精兵十万，企图南下进攻许都，官渡之战的序幕由此拉开。

袁绍的兵力远胜曹操，有数十万兵马，而曹操只有两三万。但是一开始，曹操就让袁绍连吃了两场败仗，先是大将颜良在白马大败，接着又是大将文丑战死。可是袁绍仍不认输，他看曹操带领人马退到了官渡（今河南中牟东北），便让人筑起高高的土台，居高临下，连日向曹军营寨射箭。曹操采用谋士刘晔的霹雳车之计，大破袁绍的弓弩兵，使自己在官渡得到了据守之地。

不久，曹操的粮草快完了，袁绍的谋士许攸建议趁机进攻，袁绍不听，还将许攸骂了一顿，许攸一气之下投奔了曹操。曹操听信了许攸的计策，亲自率领一队人马，放火围攻袁绍囤积粮草的乌巢。袁绍的粮草全部被焚毁，袁军听到这个消息无心应战，全面崩溃。

官渡一战，曹操以少胜多，大获全胜。不久，曹操又北征乌桓，一举统一了北方。此后他借汉献帝之名，自封为汉朝丞相，行使治理国家的权力。

赤壁之战，受封魏王

曹操统一北方之后，转而南向，打算一举击败各路军阀，统一中国。可是各军阀拥兵自重，满足于割据现状，不愿再向朝廷称臣。

公元208年，曹操亲自率领二十万大军南下，饮马长江，追击刘备，并想乘势一举吞并江东的孙权。当时，孙权只有四万人，刘备不过一万人，远远不能和曹操抗衡，孙、刘两股势力于是联合起来抗击曹操。

这年冬天，曹操率大军与孙刘联军在赤壁（今湖北蒲圻西北）相遇。孙刘联军占据长江南岸，曹操则处于长江北岸，两军隔江对峙。曹操看将士们晕船，便让人将战船用铁链连结在一起。联军大都督周瑜知道后，派黄盖去诈降。曹操骄傲轻敌，接到黄盖的信后深信不疑，老老实实地等着黄盖率船只来投降。没想到投降船只靠近时，却成了火船，并迅速烧向自己的船队。待曹操反应过来，一切都晚了。曹军不懂水性，几乎全被烧死在船上，曹操惨败，只好带领残兵逃走。

赤壁一战，曹操从此失去统一天下的良机，天下三分遂成定局。在此之后的十二年时间里，曹操对内采取措施加强了内部稳定和团结，对外平定凉州和关中。为了搜罗人才，他提出唯才是举的用人方针，并提拔了很多有用之才，不断壮大自己的力量，加强中央集权。

至此，天下能与曹操抗衡的，只有占据东南的孙权和西南的刘备了。曹操先后两次亲自南征孙权，第一次无功而返，第二次击败了孙权，孙权求降。后来，孙权擒杀关羽取得荆州后，向曹操称臣纳贡。曹操也曾多次出兵争夺刘备益州的门户汉中，但最终还是觉得无利可图而放弃了。

公元 216 年四月，汉献帝册封曹操为魏王。这时候的曹操名义上是汉臣，实际行使的是皇帝的权力。虽然称帝对他来说易如反掌，但他不想废献帝自立，他说：“如果天意选中了我，那我就做个周文王吧！”

备受争议的人物

曹操在文学方面造诣很深，成就也非同凡响。他的诗歌今存二十多篇，其中最为著名的有《短歌行》《观沧海》

《龟虽寿》等。此外，他还有散文和兵书传世，如《让县自明本志令》及《孙子注》等。这些作品中尤以诗歌最为出色，他的诗往往抒发自己的人生抱负和统一天下的雄心壮志，并反映汉末动乱的社会现实和百姓的苦难生活，气势雄伟，慷慨悲凉，被后人尊为典范，鲁迅先生因此称他是“改造文章的祖师”。

公元219年，就在曹操放弃汉中之后，他的身体越来越差了。第二年正月，曹操在洛阳病逝，终年六十六岁。临死前，他给子孙留下遗言：“天下还没有安定，我死之后不要厚葬，不要堆土，不要植树，不要随葬玉器珠宝。”这年十月，曹操的儿子魏王曹丕取代汉朝，自立为皇帝，国号“魏”。曹操被追尊为武皇帝，庙号太祖。

曹操是一个备受争议的人物。千百年来，人们对曹操的评价褒贬不一，誉之者称其为当世英雄，毁之者称其为逆贼奸臣。事实上，历史上真正的曹操是一个在乱世中有积极追求的英雄，他一生以“安民定天下”为己任，征战疆场三十余年，并最终统一了中国北方。但同时他也是一个有着诸多缺点的人，比如多疑、心胸狭窄，正如厦门大学教授易中天的评价：“大家风范，小人嘴脸；英雄气派，儿女情怀；阎王脾气，菩萨心肠。”这也许才是真正的曹操，一个生活中真实的人。

（课内连线：《中国历史》七年级上，第四单元第16课《三国鼎立》）

诸葛亮：三顾频烦天下计，两朝开济老臣心

躬耕陇亩，娶得贤妻

俗话说：“三个臭皮匠，顶一个诸葛亮。”作为智者的代名词，一提到诸葛亮，在中国几乎是家喻户晓！

诸葛亮，字孔明，号卧龙先生，琅琊（láng yá）郡阳都（今山东省临沂市沂南县）人。生在汉朝末年，三国时期蜀汉丞相，著名的政治家、军事家、书法家、散文家、发明家。先祖曾在西汉元帝时做过官，父亲诸葛圭东汉末年做过泰山郡丞。

诸葛亮三岁时母亲章氏病逝，八岁时父亲去世。幼年孤苦，跟随叔父长大的诸葛亮十分好学。随着年龄的增长，他的才学日渐丰益，常常把自己比作管仲、乐毅，然而他却隐居在隆中，耕田自给，不愿出仕做官。

当时很多人对他不屑一顾，只有徐庶、崔州平等好友相信他的才干。他与当时的襄阳名士司马徽、庞德公、黄承彦等有结交。一次，黄承彦对诸葛亮说："听说你要选妻，我家中有一丑女，头发发黄、皮肤很黑，但才华可与你相配。"

⊙诸葛亮

诸葛亮早就听说过这位女子，她虽然相貌很丑，但非常贤德，于是就答应了这桩亲事。当时的人都拿此说笑，甚至作了谚语："莫作孔明择妇，正得阿承丑女。"他们哪里知道"娶妻求贤，丑妻家中宝"的道理呀！相传，诸葛亮的很多智谋都是从妻子那里学到的，由此可见，孔明才是真正的智者。

三顾茅庐，卧龙出山

东汉末年，汉朝气运已日落西山。此时群雄四起，天下大乱，以刘备、孙权、曹操为首的三股势力逐渐强大起来。刘备虽有关羽、张飞、赵云等大将辅佐，但实力仍然较弱，这时最需要一位谋臣。

公元207年冬，刘备（字玄德）屯兵在新野。有一天，孔明的朋友徐庶（字元直）对玄德说："诸葛孔明是个很有学问的人，他好像一条卧龙，如果能请到他来协助，那恢复汉室便指日可待啊！”

玄德听后，决定去隆中拜访诸葛亮。第一次，玄德带了关羽、张飞，还有一些兵士，一同到隆中去。且说那隆中真是个好地方，有山有水，风景秀美。

刘备打听到诸葛亮的住处后，来到门前，下马敲门，不想出来一个小孩子。小童只说先生早上出去了，不知道去了哪里，回来的时间也不一定……他们只好回去了。

过了些日子，玄德听说卧龙先生回来了，高兴极了，立即叫人备马去拜访。到了之后，刘备去敲门，问道：“先生今天在家吗？”里面一个小孩子答：“在家，正在堂前看书。”玄德高兴极了，赶忙跟着进去。走到中门，玄德抬头，刚好看见一副对联：“淡泊以明志，宁静而致远。”里面有人正在念诗。玄德等他把诗念完后，走上前去，行礼后说：“备仰慕先生已久，无缘拜会。前些日子，因徐元直介绍，来访未遇，实在想念，这次能见，实在高兴。”那少年慌忙答礼说：“将军莫非是要见家兄？”玄德感到奇怪，说：“先生不是卧龙吗？”少年说：“我是卧龙的弟弟诸葛均，家兄昨天和崔州平相约，出外闲游去了，游踪不一，也不知去向……”

没想到，这次又扑了个空，刘备只好回去了。

过了新年，刘备三人又去了卧龙岗。到了草堂之后，只见又是那小孩子出来开了门，对刘备说：“先生如今在草堂上睡着，未醒。”玄德说：“那就暂且不要通报。”于是吩咐关、张二人在门外等候。玄德慢慢走进来，在阶下拱手站着。

过了很久，先生才醒。这时，玄德总算见到了孔明，只见他身长八尺，面如冠玉，头戴纶巾，身披鹤氅（chǎng），相貌非凡。

孔明已知刘备的诚意，便吩咐身边人都出去，与刘备交谈。孔明就天下大势做了明确的分析，提出“先取荆州为家，再取益州成鼎足之势，继而图取中原”的战略构想。刘备听了之后，对孔明的才学佩服得五体投地，立即恳请诸葛亮出山做自己的军师，帮助自己匡扶汉室。

这就是历史上著名的“三顾茅庐”和“隆中对”的典故。从此以后，诸葛亮为报刘备的知遇之恩，鞠躬尽瘁，死而后已。

联孙拒曹，三国鼎立

孔明出山跟随刘备后的第一件大事就是联孙拒曹。他的外交政策口号是：“北拒曹操，东和孙权。”

公元208年，曹操带了二十万大军（对外号称八十万）南下。刘备退守湖北武昌，此时他只有军士两万多人，寡不敌众。诸葛亮建议与孙权联合共同抗曹，他自荐到柴桑（今江西省九江市西南）说服孙权共同抗曹。到达柴桑后，诸葛亮面见孙权，分析了当下形势，并对孙权说：“曹操虽然人多，但其中有七八万是刚投降的荆州士兵，这些人是作战的主力，但他们不一定真心服从曹操。而北方曹操的士兵不善于水战，长途跋涉而来，生病的很多。如果我们联合，一定可以打败曹军，这时就会形成三国鼎立的局面。”孙权动了心，同意派大将周瑜带领三万军士与刘备一起抗击曹军。

曹军驻扎在赤壁，曹操下令用铁索把战船锁在一起，以便北方士兵在船上行走。诸葛亮和周瑜都决定用“火攻”的方法进攻曹操。这天夜里，正如孔明所料，刮起了东南风。周瑜派部下黄盖假装投降曹操，黄盖带着十艘战船，船上装着灌了油的柴草，向曹军驶去。接近曹军时，十艘战船同时点火，火船顺风向曹操的战舰驶去，曹军战舰锁在一起，一时无法解开，不一会儿便成了一片火海，曹军败北。

赤壁之战后，曹操退回北方，玄德乘势收回江南的荆州各地，任命孔明做军师中郎将，负责督零陵、桂阳、长沙三处，调整赋税，休养生息，充实军资。

曹操死后，公元220年，他的儿子曹丕废掉汉献帝，自立国号为“魏”。刘备在公元221年也自立为帝，国号为“汉”，史称“蜀汉”。孙权于公元222年称帝，国号“吴”。就此形成了三国鼎立的局面。

白帝城托孤，南征北伐

三国鼎立的局面没过多久，又起了波澜。刘备因孙权侵犯荆州，又杀了关云长，于是亲自带兵攻吴，最后不幸失败，退走白帝城，生了重病。临危之际，他召孔明来到白帝城，托付后事，并对他说："你的才能是曹丕的十倍，必能安国，终定大事。若是我的儿子可以辅助，就请辅助他。若是他实在不成才，你可以自立为主。"孔明哭着说："我一定竭尽我的能力，效忠国家，死而后已。"玄德又对他的儿子刘禅说："你同丞相做事，要像对待父亲一样侍奉丞相……"

刘备去世后刘禅即位，封孔明为武乡侯，领益州牧，事无论大小，多取决于孔明。孔明则仍旧坚持"和孙拒曹"的政策。那时，因云南等边界的蛮人反叛，孔明只好率众南征。后来捉了蛮王孟获，又让其参观军营。孟获说："向者不知虚实，所以打败了，现在看看营阵，也不过如此，要打败这样的军队也不难。"

孔明笑了笑，释放了他，叫他改日再来战。结果孟获连续七次来攻打，七次都被捉住。到了第七次被捉住的时候，孔明仍说："你还可以回去，改日再来战。"孟获说："七擒七纵，从古不曾有过。我们虽是化外人，也不能够如此无耻。"于是同兄弟、妻子、宗党人等，匍匐（pú fú）在帐下说："丞相天威，南人心服了，子子孙孙都不会再反了。"

于是，云南等处尽平，孔明仍用孟获为统领。那时有人谏孔明，问他为什么不派官吏守着所平之地。孔明说：

“我这样做有三个原因：第一，留官吏一定要留兵，留兵没有东西吃。第二，蛮人伤破，父兄死亡，留官吏不留兵，一定会弄成大祸。第三，蛮人累有废杀之罪，自有嫌疑，留官吏终不能使他们相信。现在我不留人，不运粮，大家也都相安无事。”众人听了，无不佩服。

孔明见南方已平，便于建兴六年（公元228年），出师北伐。他临走的时候写了一份《出师表》给后主刘禅。文章真切感人，旨在劝谏后主“亲贤臣，远小人”，并表明自己的一片赤胆忠心！

孔明对外宣称将由斜谷道出兵，并令赵云、邓芝为疑军，占据箕谷。魏将军曹真率领大军阻挡，诸葛亮令赵云、邓芝在斜谷道阻挡曹军，而自己则率领蜀军主力进攻祁山。赵云、邓芝由于兵弱敌强，失利于箕谷。部队撤退时，赵云亲自断后，阻止曹军追击，因此军资和人员的损失都不大。

而在祁山战场，蜀军主力因督军马谡违背诸葛亮的指示，举动失宜，被魏将张郃大败于街亭。孔明见大势已去，便准备退兵汉中。忽然有人报告，司马懿带了大军数十万，向西城杀来。那时孔明的身边并无大将，只有一些文官。孔明仔细一想，心生一计，这就是著名的空城计。最后，诸葛亮凭此空城硬是吓退了司马懿。但此次北伐还是以失败告终。后来，诸葛亮挥泪斩马谡，引咎上表自贬三级。

遗风千古

在之后的五年里，诸葛亮先后四次北伐，鞠躬尽瘁，最后病逝在五丈原（今陕西省岐山县）。

孔明在临死之前上表给后主说：“……成都有桑八百株，薄田十五顷。子弟衣食，自有余饶。至于臣在外任，无别调度。随身衣食，悉仰诸官。不别治生，以长尺寸。若臣死之日，不使内有余帛，外有余财，以负陛下……”由此可见诸葛亮一生清廉。

孔明死后，有人向司马懿报信，让他派兵追赶。姜维受了孔明的遗嘱，令杨仪反兵，鸣鼓，向司马懿进攻。蜀兵奋勇向前，军中还飘出一幅大旗，上面写着：“汉丞相武乡侯诸葛亮。”司马懿大惊，说：“孔明没有死，我中他的计了！”说着赶忙逃跑，魏兵也各自逃命，互相践踏，死了很多。司马懿走了十几里，背后的将官赶上对他说：“都督不要害怕。”司马懿摸摸自己的头说：“我还有头没有？”将官说：“都督不要怕，蜀兵走远了。”过了两日，乡民来报：孔明真的死了，因怕魏军知道，没有发丧。蜀军入谷之后，哭声震天。司马懿叹口气说：“我能料他生，不能料他死呀！”因此，当时也有一句话说：“死诸葛吓走生仲达！”

孔明葬在定军山，直到现在，四川成都还有武侯祠。唐代杜甫游成都武侯祠时，作咏史古诗《蜀相》。其诗曰：

丞相祠堂何处寻，锦官城外柏森森。

映阶碧草自春色，隔叶黄鹂空好音。

三顾频烦天下计，两朝开济老臣心。

出师未捷身先死，长使英雄泪满襟。

（课内连线:《中国历史》七年级上，第四单元第16课《三国鼎立》）

周瑜：三分独数一周瑜

顾曲周郎

周瑜出身望族，父亲做过洛阳的县令，是首都的最高行政官员，堂叔和堂祖父都曾担任东汉太尉，相当于最高军事长官。周瑜是当时有名的美男子，我国史书很少描述男性的外貌，但是《三国志》里描述周瑜“长壮有姿貌”，也就是说他又高大又英俊。

周瑜博学多才，而且精通音律。有一次他在家中欣赏音乐，喝了三大杯酒，颇有醉意，这时候演奏者弹错一个节拍，周瑜很快察觉出来，回头看了演奏者一眼。后来，人们用“顾曲周郎”来泛指精通音乐的人。

周瑜自小就拥有锦绣前程，但是他志向远大，自幼就刻苦读书，尤其喜欢兵法，希望在乱世中澄清玉宇廓清天下。

黄巾起义爆发后，江东孙坚出兵攻打黄巾军，把儿子孙策留在老家。孙策才十来岁，小小年纪就懂得结交各方英雄名士。周瑜听说孙策的大名，特地去拜访。两位少年同岁，一见如故，以诚相待，成为总角之交。

⊙周瑜

后来孙坚去讨伐董卓，周瑜让孙策搬到他老家舒县来，把自家的宅院给孙策一家居住，对待孙策的母亲就跟自己的母亲一样。他俩建立了深厚的兄弟情义。此后，周瑜凭着兄弟之情一心帮助孙策开疆拓土，固守基业。他始终把兄弟情谊放在首位，袁术、袁绍、曹操等手握大权的军阀都邀请周瑜为他们效力，他们任意一人的势力都远超孙策，但是周瑜拒绝了他们。

袁术曾让周瑜去朝廷当大官，周瑜不肯，说只愿意当一个小县令，但是他没当多久又跑回东吴。孙策高兴极了，跑出十几里地迎接周瑜，封他做建威中郎将。

其实孙策自己也就是个将军，并没有封王，这个中郎将是个虚职，一点儿权力都没有。不过此时周瑜已经感受到孙策的壮志凌云。孙策英勇善战，人称“小霸王”；周瑜风流倜傥，人称“周郎”。他们还成了连襟兄弟，孙策迎娶大乔，周瑜迎娶小乔。

所向无敌

建安五年（公元200年），孙策遇刺身亡，年仅二十六岁。临死前把军国大事托付给弟弟孙权，此时孙权刚满十八岁，威望和经验极为不足，东吴境内豪杰无数对他并不服气。

在关键时刻，周瑜挺身而出，带领自己的部下奔丧，趁机守护在孙权身边，帮助孙权掌握大权，稳定军心。这个时候孙权依旧只有一个将军的官职，部下之间的礼节很简单，但周瑜却始终用君臣的礼节来对待孙权。周瑜还给孙权推荐了大量人才，其中包括鲁肃。

同年，曹操和袁绍展开官渡之战，曹操击败袁绍，一时睥睨天下。他用吩咐属下的口气给孙权写信，让孙权送一个儿子到他那里当人质，如果孙权你不愿意，就说明你居心叵测，小心朝廷的征讨。

孙权和群臣商量，大家都犹豫不决。他带着周瑜到他母亲面前一起商量。周瑜帮孙权分析：“将军您现在继承父兄基业，兵精粮足，士兵们士气旺盛，君臣一心，所向无敌，何必送人质到曹贼那里去？”

周瑜见孙权还在犹豫，又说：“一旦送了人质，您以后顶多是个小诸侯，难道您不想称孤道寡成为九五之尊吗？退一万步，如果曹操仁义治天下，到时候我们再归附也不迟。如果曹操骄纵，我们肯定能找到机会成就一代霸业！”

孙权的母亲非常赞同周瑜的意见，说：“公瑾的话有道理，他只比你哥哥小一个月，我一直当他是我的亲儿子，你也应该当他是亲哥哥才对。”

孙权最终听从了周瑜的意见。

火烧赤壁

建安十三年（公元 208 年），曹操平定北方，对南方虎视眈眈。他发兵南下，很快占领荆州，刘备败逃。曹操给孙权写了一封信，说：“我奉天子之命，讨伐叛逆。如今率兵八十万，邀请你一起打猎。”

孙权把这封信传给文武大臣们看，他们个个吓得面无人色。主管内部政务的张昭吓破了胆，对孙权说：“主公，那曹操兵多将广，现在又平分长江天险，咱们东吴根本没有还手的机会，干脆投降吧。”其他大臣纷纷附和，只有鲁肃一言不发。

孙权心中也有些畏惧曹操，但是不愿意放弃现有的基业，一时进退两难。孙权去上厕所，鲁肃跟着去。孙权明白鲁肃有话说，于是握着鲁肃的手问：“你有什么想法？”

鲁肃说：“我们都可以投降，但是您不能投降。我们投降了照样当官，您投降了只能吃牢饭。”

孙权很无奈，说："将军们都不敢打仗，我有什么办法？"

鲁肃这才说出他的目的："为什么不把周瑜请回来？只有他能对付曹操。"

孙权连忙召回驻守在鄱阳的周瑜。

在全国军民都喊着投降的情况下，周瑜豪气冲天，对曹操无所畏惧！他迅速赶回孙权身边，告诉大家曹操是一只纸老虎："曹操远道而来，疲惫不堪；他们都是北方人，不会打水仗；马超、韩遂等人在西北，时刻想造反；曹操新得荆州降兵，人心不稳，咱们以逸待劳，何惧之有？"他仔细分析敌我，制定战略战术，稳定了军心。

孙权下定决心抗曹，拔剑砍掉桌子一角，说："谁再提投降，就跟这个桌子一样！"

此时鲁肃游说刘备一同抗曹，孙权任命周瑜为作战总指挥。周瑜调兵遣将，定下连环计，一把火烧得长江通红，取得赤壁之战的胜利。在整个三国史上，大兵团作战硬抗曹操而获胜的战役只有两次，此为其一。

周郎走向军事和个人魅力的巅峰！而此时，统御十万孙刘联军的他，只有三十四岁。

曹操败北，狼狈逃窜，自此天下三分。

后人苏轼赞美火烧赤壁时的周瑜："雄姿英发，羽扇纶巾，谈笑间，樯橹灰飞烟灭。"

这是何等潇洒！

不过，到了明朝时，罗贯中把周瑜的这身装扮安到诸葛亮身上去了。

饮醇自醉

周瑜风流倜傥，心胸宽广，富有真才实学，和东吴文武百官关系都非常融洽，只有将军程普对他很轻慢。原来程普很早之前就追随孙坚东征西讨，逐渐成为东吴名将。孙坚死后，他继续帮助孙策经营津南，是孙氏集团的元老。他见周瑜年纪轻轻地位就超过了自己，内心非常不满，所以经常倚老卖老给周瑜脸色看。

周瑜倒是不以为意，坚持退一步海阔天空的原则，从来都不和老将军闹矛盾，处处克制，事事忍让。

赤壁之战时，周瑜和程普分别担任左右都督，不过主要的战斗策略是周瑜制定的，程普负责执行。

周瑜深知蔺相如和廉颇的将相和典故，为了消除隔阂，他多次主动拜访程普，表达善意。程普最终被周瑜的才华和胸襟折服，从此对他极为敬佩，两人相处融洽。程普经常和别人说：“跟周公瑾交谈，就跟喝味道醇厚的美酒一样，不知不觉就醉了。”

英年早逝

建安十五年（公元210年），东吴两名重臣周瑜和鲁肃在下一步的战略目标上产生了重大分歧，周瑜偏攻，鲁肃偏守。

周瑜对孙权说：“主公，那刘备野心勃勃，文有诸葛亮，武有关张赵，一旦让他在西蜀站稳脚跟，那就是放虎归山。我建议出兵进攻刘备，一举铲平蜀军，从而与曹操二分天下，南北对峙，再找机会北伐，一统江山！”

鲁肃不同意，说：“我东吴虽然打赢了赤壁之战，但是自身也有损伤，需要休养生息。何况我江东如此大的地盘，何必觊觎刘皇叔的地盘？东吴西蜀两家联手对抗曹操，三足鼎立才是出路。”

东吴其他大臣跟着分为两派。最终孙权同意了周瑜的策略，让他用刘备借荆州不还的理由出征西蜀。周瑜提兵出征，谁知在半路上突然得了重病，卧床不起，没几天就病死了。东吴大都督没死在战场上，却死在病魔手中，享年三十六岁，可谓英年早逝。

孙权听说周瑜死了，十分伤心，穿上孝服给周瑜举哀，当着所有人的面痛哭不已：“公瑾有王佐之资，然而寿命短促，我以后还能依赖谁呢？”

其实周瑜在病重的时候便自知命不久矣，他给孙权写信让鲁肃接替他的职位。他虽然与鲁肃政见不合，但是知道鲁肃是个人才，而且对东吴忠心耿耿，于是大度地推荐鲁肃。

周瑜本来是三国第一儒将，气量恢宏，见识非凡，但是随着民间戏剧和演义小说的流传，周瑜渐渐被描述为心胸狭窄之辈，甚至有了他被诸葛亮活活气死的说法。周瑜如果地下有知，恐怕会真的被气死。

南宋文学家、政治家范成大作《吊周瑜》七古一首：

年少曾将社稷扶，三分独数一周瑜。

世间英雄豪杰士，江左风流美丈夫。

功迹巍巍齐北斗，声名烈烈震东吴。

青春年纪归黄壤，提起教人转叹吁。

（课内连线：《中国历史》七年级上，第四单元第 16 课《三国鼎立》）

吕蒙：白衣渡江，令人刮目相看的三国名将

吕蒙，字子明，汝南富陂（今安徽省阜南）人。

他生于东汉末年，是吴国名将，历史上著名的“孙权劝学”的故事就发生在他身上。目不识丁的吕蒙在孙权的劝说之下，立志笃学，不仅留下了“士别三日，当刮目相待”的勤学美名，还凭借这些学到的知识与兵法，让自己成为一代名将。

“吴下阿蒙”少年时

吕蒙的出身并不好，所以年幼的时候他并没有读书，甚至连字也不认识几个。

但是他身强体健，有一种天不怕地不怕的果敢坚韧。吕蒙很小的时候就独自一人南渡长江投奔姐姐姐夫求生活。

他的姐夫邓当是吴国侯孙策的部将，帮他在军营中谋取了一份差事，这让小小的吕蒙学到了一身武艺。

⊙吕蒙

吕蒙刚到军营的时候还很小，个子也不像成年人那么高，因此总是受到轻视。有一天，一个官员看到他小小的样子，就讥讽了起来：“吕蒙那个小孩子，上了战场，还不是拿肉喂虎嘛！”说完，一行人哈哈大笑了起来。

气急了的吕蒙拿出一把刀对着这些嘲笑他的人，一言不发。

那个人看到吕蒙气红了脸，更觉得可笑：“哎呀，就这小东西还能打仗吗？回家玩泥巴吧！”然后又大笑了起来。

吕蒙怒不可遏，冲上去就把那个讥讽他的人杀掉了。那些看热闹的人慌了，吕蒙也因为害怕奔逃到同乡家中藏了起来。平静下来的吕蒙意识到了错误，于是他选择了自首。

虽然这件事是因为对方侮辱在先，但毕竟杀人是大错。姐夫邓当为了平息这件事，到处求人说情。吴国侯孙策听说了这件事的来龙去脉，认为吕蒙年少勇猛，是一个可以提拔的战将，于是将他留在身边做事。吕蒙非常感激孙策，格外珍惜干事的机会。他日夜勤奋操练手下的兵士，让他们能够在战场上建立功勋。

没多久，孙策遇刺身亡，他的弟弟孙权继任吴国侯。这时候的吕蒙已经长成一名颇有英姿的小将。孙权巡视军营的时候看到吕蒙的士兵们“陈列赫然，兵人练习”非常高兴，认为他治军有方。

士别三日，当刮目相待

吕蒙先后参与了孙权讨伐黄祖与豫章郡、鄱阳、乐安、建昌等地叛乱的山越族人的多次战争，每次他都能冲锋陷阵，打败敌军。孙权非常重视吕蒙，也因此想要给他很高的职位。

不过，吕蒙的学识有所欠缺，孙权非常担心吕蒙会因为学识不够而不能胜任高位。于是，就来吕蒙的军营看望他，说：“你现在和以前不一样了，以前你只是一个士兵，只会武力就可以，但现在你要当权，掌管军中事务，不可以不学习！”

吕蒙其实不太明白孙权为什么这么说，他随口应承着：“我军中这么多的事务等着处理，哪有那么多的时间去看书呢？”

孙权看到他如此不屑，有些着急：“我让你研读儒家经典，难道是为了让你成为有学识的人吗？读书是为了了解历史，这样才能对治军治国有帮助。”

吕蒙听到“治军”两个字，瞬间来了兴趣。孙权接着说：“你军中事务繁多，我治理国家事务也很多。但是我经常读书，这对于治国理政有很大的帮助。”

吕蒙听从了孙权的建议，开始认真研习百家经典、兵法和历史，日积月累下来，他读的书比一个年长的老学者还要多。

鲁肃很早的时候见过吕蒙，他认为吕蒙是一个没有学识，不会有大成就的人。后来，鲁肃和吕蒙一起谈论战事，被吕蒙的远见卓识和非凡见地所折服。

鲁肃吃惊地说：“以你现在的才干和谋略，早就不是当年的‘吴下阿蒙’了！”

吕蒙恭敬地回复他：“读书人分别几天，就应该用新眼光来看待，长兄你博学睿智，为什么认清事物这么晚啊！”

这就是“吴下阿蒙”“士别三日，当刮目相待”两个成语的由来。吕蒙在孙权的劝说之下，勤奋笃学，成为后世效仿的榜样。

制曹良谋，巧取江淮

通过勤奋学习而成功蜕变的吕蒙不仅有年轻时的英勇果敢，还因为见识广博而成为孙权的良臣谋士。

当时占据北方的是曹操，他觊觎吴国的富庶，所以频繁派兵征讨吴国。建安十八年（公元 213 年）正月，曹操亲自率领十万大军发动进攻，孙权于是召集重臣商议对策。

“我们应该在夹水口建立船坞，吴军擅长水战，应该保证我们的船可以随时通行。”吕蒙建议孙权。

听从了吕蒙的建议之后，孙权又请他制定了防范敌兵的策略。当曹操的军队到达边境的时候，吴国士兵们严阵以待，整装待发，让经历了无数次战役的曹操也有些感慨。他非常欣赏孙权的军事部署，知道此次自己不可能赢得胜利，于是主动撤军。

曹操没想到孙权的准备会如此充分，竟然开始佩服孙权的治国能力，他感慨地说道：“生子当如孙仲谋。”

撤兵之后的曹操其实并不甘心，他将军队撤到庐江地区的皖城。吕蒙听到这样的谍报有些紧张，他马上找到孙权说：“曹操将军队撤到皖城，这是在为下一次进攻做准备啊！”

孙权不明就里：“为什么这么说？”

吕蒙回答：“皖城地方屯兵耕地，大面积种植稻谷。曹操此次将兵士迁移到那里，一定是为了补充粮草的。皖县田地肥沃，如果粮食丰收，他们的兵员就会添增。”

孙权恍然大悟：“如果让他们得到休整，我们就危险了！”

吕蒙提议：“我们应该早点儿拿下皖城！我建议，趁着雨季来临，我们沿江而上直达皖城！”

孙权采纳了吕蒙的建议。五月雨季，江河水涨方便行船，孙权带领部队很快到达了皖城。在进攻曹军之前，孙权把所有的战将谋臣召集到一起，商量应对策略。

“我们应该立即修筑土山，添置攻城器具，这样方便守卫！”一名将士说道。

吕蒙不同意这一看法，他说：“修筑工事需要的时间太长，敌军同样也可以利用这段时间巩固防卫和等待援兵，到时候我们必定失败啊！”

众人也开始考虑这个问题。吕蒙接着说：“我们是趁着雨季水涨来到这里的，如果停留时间太久，雨季过了，那我们就回不去了，困在这里是很危险的。”

孙权觉得吕蒙考虑得非常周到，就问他：“你觉得我们现在应该怎么办？”

吕蒙思索了一下，回复孙权说：“曹军走陆路，到这里来的时间不长，防御设施必定修整得不够坚固，而且士兵多处于疲劳状态。而我们乘船而来，军队士气高昂。趁着现在这个时机发动进攻，很快就会把曹军打败。到时候，我们还可以趁着大水未退去而迅速回军，这才是全胜的策略啊！”

吕蒙的建议得到了孙权和战将们的一致认同。最后这场战斗在仅仅一顿饭的时间内就结束了，他们生擒了曹军守将朱光，俘虏了数万兵士。当曹军的援兵赶到时，吴军已经将皖城占领了。由于援兵人数不多，曹军只好作罢。就这样，皖城以及江淮地区的控制权就落到了吴国手里。

为此，孙权嘉奖了吕蒙，特赐他寻阳屯田六百户，官属三十人，并任命他做了庐江太守。

荆州败关羽

古典小说《三国演义》中讲到关羽的失败，有“大意失荆州”一说。关羽的忠义世人皆知，但是他豪气干云的背后，是过于自信大意。吕蒙就是利用了他的这一弱点，让英雄一世的关羽最后以失败而告终。

三国鼎立时代，关羽和吕蒙分属蜀、吴两个不同的阵营，注定要拼个你死我活。吴国位于东部长江中下游一带，蜀国位于西部川渝一带，而荆州位于中部，是两军都想要拓展的重心地带。

当时继取汉中后，关羽率军接连攻下了房陵、上庸、合肥、荆襄、樊城等地。这名勇猛的战将水淹七军，俘于禁、斩庞德，早就名声在外。

吕蒙为此给孙权上书，说：“关羽当时攻打樊城，一些兵士还留在襄阳城中。他不肯出兵是担心我会偷袭他，所以我会以生病疗养为由回到建业，让关羽放心出城。而我们的士兵就可以从水路出发，袭击襄阳。”

孙权接受了吕蒙的提议，悄悄在襄阳附近屯兵。为了让这个计谋很快实施，他命陆逊接近关羽，并向关羽表达自己的仰慕之情，不断地恭维和抬高关羽，让关羽放松了警惕。

荆州距离蜀地遥远，关羽军队的粮食很快就不够用了，只能派兵强行占领东吴在湘关的储粮。孙权和吕蒙认为时机已到，就把所有的战船改作商船，让士兵躲在船舱里，船上人员一律穿着平民或商人衣服，伺机解除了关羽的巡哨，然后迅速部署兵力偷袭关羽。最后，关羽“大意失荆州”，兵败被杀。这就是历史上有名的偷袭战“白衣渡江”。

关羽作为蜀国最强悍的大将，帮助蜀国夺取天下，也曾经被曹操盛邀入列。荆州之战的胜利可以说是吕蒙人生中最辉煌的一笔，这让很多学习兵法的人都感慨他的计谋之深邃细密。

这场胜利后不久，吕蒙就染上了瘟疫，年仅四十岁就病逝了。他生病期间，孙权不断前来探视。临终前，他还不忘提醒孙权哪些人是可以提拔的有用之人。

吕蒙的一生虽然短暂，却灿烂耀眼。他早年果敢有胆，引人注目。后勤学苦读，成为后世读书人值得效仿的榜样。最后，他以博学多才、足智多谋帮吴侯夺取了大片江山，被世人称道。他身上那份笃定和坚持，正是现代人最需要学习的。

（课内连线:《语文》七年级下，第一单元《孙权劝学》)

司马懿：奇睿之才

说起东汉的军事家，大家脑海中第一个想到的一定是名震天下的诸葛亮。但是仔细回想，还有一个和诸葛亮相爱相杀的军事家不得不提，他的名字叫司马懿。

年少气盛

所谓乱世出英雄，东汉末年，群雄并起，天下奇才数不胜数，这司马懿就是奇才中的佼佼者。这个奇才生在一个官僚世家，祖上都在朝廷当大官。小时候的他被家里人逼着学了儒学，那时候的他是多么不情愿啊！但当他空闲下来的时候，特别喜欢跑到自己家的藏书阁看兵书，这为他后来行军打仗奠定了基础。当然，每个人在业余时间都会有一个或者多个爱好，司马懿也不例外。年少的司马懿很喜欢练书法，有一天听说书法大家胡昭就住在自己家附近，连饭都不吃，急急忙忙跑到胡昭家中拜师。

⊙司马懿

一有空，司马懿就会去胡昭那里学习书法，二人建立起了深厚的师生情谊。那时候的司马懿自恃有才，很张狂，不管是做事还是写文章，除了老师，别的在座的同窗他都不放在眼里。渐渐地，同窗们对司马懿充满了敌意。直到一天，司马懿写了一篇很狂的文章，文章的大概意思就是自己是在座学生中最厉害的。那时候一个颍川同窗看了司马懿的文章，实在忍不了了，就联系了好几个自己的同乡，想要秘密干掉他。这件事最终还是被他们的老师胡昭知道了。出于对学生司马懿的喜爱，胡昭连夜去追颍川那群人，追到之后规劝他们放弃杀人的想法。胡昭一边讲，一边掉下眼泪，讲到最后眼泪鼻涕一大把。那些人看到老师的样子，不禁有些心软，但还是没有放弃杀司马懿的念头。胡昭哭喊着："如果你们杀了司马懿，我们颍川名士的声誉就被你们毁了！"胡昭用哭红的双眼看着自己的学生，学生沉默了一会儿，勉强答应老师不再杀司马懿。司马懿得知这件事，一直铭记于心，后来在给自己儿子取名字的时候，加入了老师的名——“昭”字。

初入仕途

出身名家的司马懿一直很想出仕实现自己的报复。他二十二岁这年，被人推荐当了河内郡上计掾，工作内容就是做后勤、记账。那一年曹操想要招人做官，想到司马朗和司马懿两兄弟出身军事世家，而且两人都很有才能，求贤若渴的曹操多次邀请了兄弟俩。司马朗立马去上任了，而司马懿看透了这乱世，觉得投靠谁风险都很大，就假装生病，不去当官。一代枭雄曹操怎么会看不出司马懿的心思，但是出于面子，还是尊重了司马懿的选择。

时间过得飞快，转眼间就是七年。这一年，司马懿的妻子张春华怀孕了。曹操知道司马懿是装病，但老百姓不知道啊！在事情没有被众人知道前，聪明的司马懿急忙跑到哥哥司马朗和好友荀彧那里，让他们去推荐自己，向曹操说自己的身体好了，能当官了。曹操考虑了一下，给了他一份很有意思的工作，那就是陪自己的儿子曹丕读书。

前半生，司马懿还没有多少名气，那时候的他选择了在朝廷中隐忍。三十多年过去了，他才官居文学掾。直到他后半生，才开始在官场上真正发迹。他三十六岁这一年，跟着曹操降服了汉中的张鲁，这是他仕途起步的真正开始。接下来的两年，司马懿完成了他人生中极为重要的一件事，那就是辅佐曹丕夺取了曹家的继承权，这也为他之后权力的攀升奠定了基础。

一计成名

乱世之中，几乎每时每刻都有争夺，在司马懿的不惑之年，遭遇到五虎将之首关羽水淹曹操大军的事件。年迈的曹操想要撤兵，司马懿连忙站出来说：“虽然吴蜀联军表面上很好，但是如今刘备的势力越来越大，已经开始威胁到东吴的利益了，而且荆州也被刘备占去。如果现在向孙权示好，和东吴联合，必定能大破刘军。”曹操听完，摸了摸胡子，同意了这个计谋。

之后，关羽败走麦城，死得很是凄惨。刘备听说自己的义弟被杀，火从心中来，本就不牢靠的吴蜀联盟就此瓦解。曹操再次掌握了军事主动权，司马懿进一步展现了自己高明的谋略。

一年后，司马懿永久地告别了那个让自己敬畏的上司——曹操。这一年，曹操过世，司马懿主持了曹操的葬礼。旧主去世，新主上任，曹丕就此登上了统治者的宝座，身为曹丕侍从官的司马懿更是扶摇直上，出任军事要职。曹丕在任期间有过三次亲征，每次亲征都是委托司马懿管理后方，由此可以看出曹丕对司马懿的高度信任，以及司马懿的超群才能。和长寿的司马家相比，曹家是真的短命。在司马懿四十七岁这一年，曹丕去世，曹睿继位，司马懿和曹休等人共同辅助这位新皇帝。这一年，吴国听闻曹丕去世，趁机出兵两路来攻打蜀国，一路由孙权亲自带领，另一路由诸葛亮的哥哥诸葛瑾担任主帅。司马懿奉命出击，一举击溃东吴军队，名声大振。

又是一年，魏国发生大事。谣言相传蜀国叛将孟达想要回归蜀国，这件事第一时间被司马懿知道了。为了增强自己的威信，司马懿写了一封密信忽悠了孟达，然后亲自带兵连夜突袭孟达的军队，拿下了孟达。魏国人听说了这件事，纷纷称赞司马懿睿智，还把司马懿比作蜀汉的“诸葛亮”。

人生宿敌

击溃了吴国，司马懿开始准备对付他一生的宿敌——诸葛亮。在曹休兵败身亡后，曹真接手了第一军事权，但是司马懿不情愿给曹真打工，故意拖延伐蜀计划，最后逼得曹真抑郁而死，司马懿如愿以偿，得到了军事指挥权。

从得到军事指挥权的那天起，司马懿和诸葛亮就算是真的杠上了。两年后，诸葛亮开始了第四次北伐，聪明的司马懿以防守为主，想要等诸葛亮粮草耗尽后自己退兵。虽然这种做法太窝囊，遭到很多将士的反对，但因为总指挥权在司马懿手里，众人也没有办法。最后身为五良将的张郃实在忍不住了，说自己曾经跟随曹丞相四处征战，从来没有躲起来防守的时候。张郃强行带兵出战，司马懿自知资格没有张郃老，便默许了，虽然他也知道张郃必定会败给诸葛亮。果不其然，张郃在追击蜀军的过程中被连弩射中，死于马下。这时候，魏国之中除了皇帝，已然没有能挑战司马懿权威的人。司马懿在张郃兵败后，立马下令防守，绝不出击。同样睿智的诸葛亮知道这样下去不讨好，只能班师回朝。司马懿知道诸葛亮一定还会北伐，就上疏给皇帝，让朝廷派人去西区的战线上开辟田地，迎接诸葛亮的下一次北伐。

经历了又一次春夏秋冬的交替，这一年，历史上赫赫有名的战役开始了。司马懿和诸葛亮对峙在五丈原，诸葛亮派兵屯田，想要和司马懿决一死战。这时候就显示了知识的重要性。精于记账和统计的司马懿计算出这片田不足以养活蜀国的十万大军，仍以防守为主的策略对付蜀军。拿司马懿没办法的诸葛亮为了激怒对方，还给司马懿送去了女人的衣服，但司马懿沉住了气。最终，长期的鞠躬尽瘁终于拖垮了诸葛亮，在秋日的一天，司马懿生命中的这位宿敌与他诀别了。蜀军的天空中弥漫着一片悲伤，这时候对司马懿来说就是一个大好机会，他立马出兵追击。诸葛亮自知自己死后，司马懿一定会追击蜀军，便雕刻了一个和自己一模一样的木偶，让自己的亲传弟子姜维在司马懿追击的时候推在军营前来吓司马懿。果不其然，司马懿真的被木偶吓到，慌忙撤军。

但诸葛亮去世的消息还是从蜀军那里得到了证实，司马懿自知天下已经没有能在智谋上和自己匹敌的人了，又是欢喜又是感慨。司马懿大展身手的时刻来了，五十六岁的他一举平定辽东，又在后方发展魏国的经济和民生。

绝地反击

四年后，曹睿去世，临终前立下五个辅政大臣，都是曹家亲贵。这时候，人际关系的重要性就凸显了。当时，拟写曹睿遗嘱的刘放等人和司马懿是老乡，而且刘放等人又与那些辅政大臣有矛盾，于是他们便连哄带骗让曹睿改了遗嘱，辅政名单上出现了司马懿的名字。

有才华容易遭人嫉妒，司马懿也不例外。当时辅政的曹爽就看不惯司马懿，想要借机除掉他。聪明的司马懿知道这件事，便借妻子去世不能正常上朝为由辞官。之后，司马懿一直装病，还摆出一副老年痴呆的样子，让曹爽等人对他失去戒心。当所有人都以为司马懿真的一病不起的时候，曹爽带着自己的亲属去祭祀魏明帝了。历史的转折点突然来到。司马懿得知曹爽带人出城祭祀，连忙联络旧部发动政变，向太后要来了诏书，废除了曹芳，之后又用计除掉了曹爽，从此魏国政权落入司马家。凡人总会迎来生命的尽头，在生命的最后三年，司马懿为子孙细心经营，最后在洛阳永远地闭上了双眼。

对于一个谋士来说，司马懿的一生很长，也很传奇。

历史上对他的评价有好有坏，褒贬不一。有人说他代表了人性的阴暗面，说他的人格中满含黑暗。但是人性都有两面性，历史中的司马懿有阴暗的一面，也有光明的一面。希望合上历史的课本后，这位三国第二谋士，能被大家所铭记。

（课内连线:《中国历史》七年级上，第四单元第 17 课《西晋的短暂统一和北方各族的内迁》）

钟繇：楷书的鼻祖

钟繇（yáo），字元常，三国时期曹魏著名的书法家、政治家。他在中国书法史上有着极其重要的地位，他痴迷书法，博采众长，创立了楷书，后世称他为“楷书鼻祖”，并将他与东晋书法家王羲之并称为“钟王”。同时他在政治和军事方面亦有出色的成就，他忠于汉室，早年曾帮助汉献帝摆脱奸臣陷害，才使曹操能够“奉天子以令不臣”，后来又镇守关中，积极恢复和发展生产，为曹操统一北方提供了强大的后勤保障。

少年贵相，名传乡里

公元151年，钟繇出生在河南颍川长社（今河南省长葛市）一个显赫的世家。他出生不久父亲就去世了，叔父钟瑜收养了他。他从小就聪慧过人，相貌不凡，叔父非常喜欢他。

⊙钟繇

有一次，他和叔父一起去洛阳，途中遇到一个相面的人。相面者一见到钟繇，便对叔父说:“这个孩子面相富贵，将来一定能成大器，但是会有溺水之灾，因此遇水时一定要小心。”

钟繇和叔父继续赶路，走了十来里路，来到一条小河边。两人正打算从石桥上通过，钟繇骑的马不知为什么突然惊慌嘶鸣，四蹄腾空，一下子将他摔到了河里。叔父和旁边的路人赶忙搭救，钟繇这才捡回了一条命。

但是这件事却让钟繇因祸得福，他的名字很快就传遍了乡里，人们都知道这个孩子有一副富贵相，长大以后一定会出人头地，便都对他刮目相看。他的叔父更是心花怒放，越来越看好这个侄子，一心想把他培养成才。

叔父听说抱犊山有一个叫刘胜的人，学识渊博，书法了得，便将钟繇送到那里去学习。钟繇在那里学习儒家经典，也学习书法。

钟繇不负众望，刻苦用功，经过几年努力，成为一个学识渊博的少年。他离开老师之后，便开始周游四方，进一步开阔自己的视野。他乐意结交当时一些很有学识和名望的人，以增长自己的见识，他的名声因此也越来越大。

长大成人后，他被颍川太守阴修举荐为孝廉，在宫中任黄门侍郎，成为皇帝身边的侍从官。这个官职虽然不大，但地位非常重要，职责是向皇帝转送大臣的奏章，以及向大臣颁发皇帝的诏书，相当于皇帝和大臣之间联系的纽带。

忠于汉室，谋助献帝

当时的汉献帝年幼，朝廷中外戚和宦官纷纷争权夺利，朝政昏暗，加上连年遭遇自然灾害，很多地方爆发了农民起义，此时的东汉王朝已经到了穷途末路。

公元189年，外戚和宦官的矛盾进一步升级，西凉军阀董卓趁机作乱，火烧洛阳城，挟持汉献帝迁都长安，钟繇以黄门侍郎的身份随汉献帝来到长安。第二年，董卓被杀，他的部下李傕（jué）、郭汜（sì）等继续把持朝政。又过了几年，曹操任兖（yǎn）州牧，派遣使者来到长安，上疏汉献帝，向朝廷表达自己的忠心。但是李傕、郭汜觉得现在各路诸侯都想自己当皇帝，曹操派使者前来肯定不怀好意，便不让使者见汉献帝，并准备将使者扣留。钟繇劝李傕、郭汜："当今群雄并起，确实有人是名为替皇帝分忧，实则想独霸一方，但是曹兖州能够派使者前来，说明他心有汉室，如果拒绝了他，就会使那些忠于汉室的人失望。"李傕、郭汜觉得钟繇的话有道理，便厚待使者，让使者拜见了汉献帝。

不久，李傕、郭汜等人觉得将汉献帝留在自己手里是个累赘，便想杀害献帝。钟繇得到消息后，立即与尚书郎韩斌谋划，帮助汉献帝逃出长安，回到洛阳。公元 196 年，在洛阳走投无路的汉献帝被曹操接到许都，从此曹操便开始“奉天子以令不臣”。

镇守关中，助曹有功

由于钟繇曾替曹操的使者说过话，使其得以拜见了汉献帝，后来又帮汉献帝逃离李傕、郭汜的魔爪，最后才使曹操得以“奉天子以令不臣”，所以曹操对钟繇非常器重，他任命钟繇为侍中兼司隶校尉，代表朝廷镇守关中，掌管关中的军政大权。

关中地势平坦，沃野千里，本来是一块富庶之地，但由于长期战乱，关中人口锐减，农业生产遭到严重破坏，社会经济非常萧条。而当时关中的大将马腾、韩遂等各拥重兵，互相攻打，更让本已残破的关中雪上加霜。钟繇了解情况后，便以朝廷的名义给马腾和韩遂各自写了一封书信。在信中，钟繇陈述祸福，晓以利害，最终说服马、韩二人放下武器，言归于好，并表示将以汉室社稷为重，忠于朝廷。

镇守关中期间，为了充实人口，恢复农业生产，发展经济，钟繇实行了招降纳叛、保护流民、积极垦荒等举措，几年之内就使关中之地人口得到充实，生产逐渐恢复。几年后，在曹操与袁绍官渡大战的危急时刻，钟繇为曹操送去两千余匹战马和大量粮草，助曹操取得胜利。曹操对钟繇大加赞赏，亲自给钟繇写了一封信，信中说：“关右地区平定，朝廷没有西顾之忧，都是足下的功勋。当年萧何镇守关中，粮草充足，以至大军获胜，也不过与您的功劳相当啊！”

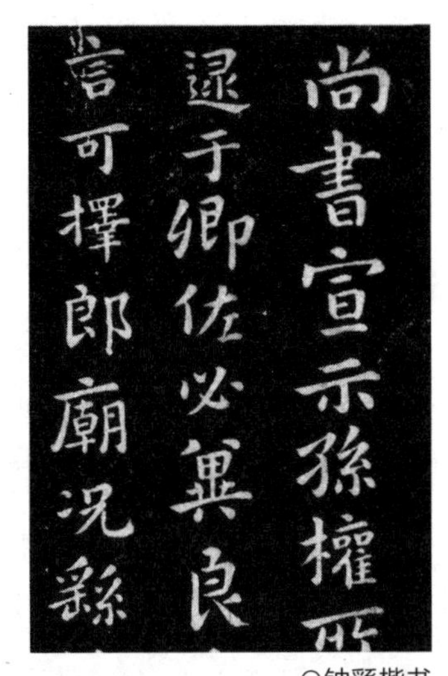

⊙钟繇楷书

由于长期战乱，洛阳的人口也大量减少，经济遭到重创，随着关中经济的恢复，钟繇便将关中的一部分人口迁到洛阳，洛阳的生产经济也逐步恢复和发展。钟繇的这些举措，为曹操前线征战，并最终统一北方提供了有力保障。

率军平叛，大义灭亲

钟繇在军事方面也有着极高的才能。他曾多次亲率大军参加战争，并取得胜利。甚至在一次战斗中，他以天下安定的大局为重，大义灭亲，失去了自己的亲外甥。

公元202年，袁绍的儿子袁尚在黎阳同曹操对抗。袁尚任命的河东郡太守郭援和并州刺史高干以及匈奴单于攻取了平阳，又派遣使者同关中的马腾联合，企图袭击曹操的后方。曹操派钟繇率军出击，打算夺回平阳，却一直没有攻下。

钟繇手下的将士看郭援骁勇善战，而且联军兵力强盛，便想放弃平阳。钟繇却镇定自若，不慌不忙，他对大家说：“袁尚现在力量强盛，郭援一来就和关中诸将暗中勾结，但是他们目前还没有明目张胆地背叛朝廷，因为他们还在顾忌我的威名。如果我们现在放弃攻城，自行败退，那么他们就会认为是我们害怕他们。而那个郭援刚愎自用，肯定会逞勇好强，渡汾水作战，到那时我们再乘机出击，定会大获全胜！”与此同时，钟繇又暗中派遣张既说服马腾，言明袁尚的力量现在已是强弩之末，让马腾不要背叛朝廷。马腾认为钟繇的话有道理，便派儿子马超率领精锐部队与钟繇会合，联合攻打郭援。

正如钟繇所料，郭援果然要渡汾水。钟繇让大家早早做好准备，等到郭援的部队渡过一半时，马超等人率军出击，大破袁军，郭援本人也被马超的部将庞德斩杀，高干和匈奴的单于投降，平阳之战以曹军取胜而结束。

钟繇见到郭援的首级后失声痛哭，大家这才知道郭援原来是钟繇的亲外甥。斩杀郭援的庞德大吃一惊，非常害怕，连忙向钟繇请罪，钟繇却说：“他虽然是我的外甥，但他是国贼啊！你杀了他，何罪之有？”

魏室元勋，楷书鼻祖

由于钟繇立下汗马功劳，曹操被封为魏王后便拜钟繇为相国。曹操的儿子曹丕称帝后，钟繇又被拜为廷尉。当时，钟繇与司徒华歆、司空王朗都是曹魏政权的开国功臣。在一次退朝后，曹丕曾对左右说："这三位长者，都是一代伟人啊，后世恐怕很难有人与他们相比了！"

魏明帝曹叡（ruì）即位后，钟繇晋爵为定陵侯，被拜为太傅。这时，钟繇已经是七十六岁高龄的老人了，因为患有膝关节炎，跪拜不便，而华歆、王朗两人也都年迈，明帝便特许他们三人入朝不拜。而且每逢入朝觐见，皇帝都会派卫士用轿子将三人抬到大殿上，让他们就座。这在当时是非常高的礼遇。

钟繇在繁忙的政务之余，还有一个很大的爱好就是研习书法。他早年跟曹喜、刘德升等人学习书法，后来又博采众长，敢于创新，在篆、隶、行、草多种书体的基础上创立了楷书。自钟繇开始，楷书逐渐成为社会通行的汉字规范，所以他被后世尊为"楷书鼻祖"。

钟繇对书法的研习到了痴迷的地步。他不分白天黑夜，不论场合地点，有空就写，有机会就练。晚上躺在床上，就在被子上写，时间一长，被子都被写穿了一个洞。有时看到花草树木、虫鱼鸟兽等自然景物，他也会与笔法联系起来。去厕所时，想到着迷处，他竟然会忘了出来。他不但自己痴迷钻研，而且还不耻下问，甚至到了不惜性命的地步。有一次，他与曹操、邯郸淳和韦诞等人一起把酒言欢，讨论书法技巧。酒后，韦诞拿出大书法家蔡邕（yōng）的练笔秘诀《笔势》一书炫耀。钟繇一见，迫不及待地想要借来学习，却被拒绝了。钟繇不死心，又亲自上门用重金购买，还是被拒绝。钟繇求而不得，一气之下口吐鲜血，晕死过去，幸亏曹操将五灵丹给他服下，他才被救醒。

他不但对自己要求严格，对弟子门生要求也很严格。据说弟子宋翼学书极其认真，却毫无效果，经常被钟繇训斥。宋翼发奋练习，后来终于学有所成，成为当时有名的书法家。钟繇的幼子钟会在父亲的严格教导下，在书法上也相当有造诣，后人因此称钟繇、钟会父子为“大小钟”。

钟繇现存的传世作品主要是小楷，代表作有《贺捷表》《荐季直表》《宣示表》《力命表》等。遗憾的是，这些都不是钟繇的真迹，而是后人临摹的成就较高的作品。南朝庾肩吾将钟繇的书法列为“上品之上”，唐张怀瓘（guàn）则评其书法为“神品”。

公元230年，钟繇因病去世，享年八十岁。临死的时候，他把幼子钟会叫到身边，交给他一部关于用笔之法的书，告诫钟会练习书法要刻苦用功，并让后代子孙永远铭记。

（课内连线:《中国历史》七年级上，第四单元第20课《魏晋南北朝的科技与文化》）

课里名人课外读

爱华文 著

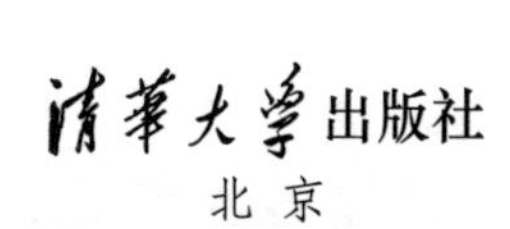

北京

内 容 简 介

本套书紧贴教材，将教材中的名人摘出整理，用精练的文笔叙写名人们一生的重要事迹和经典故事，总结他们身上的闪光点和优良品质等，既能增进孩子对课内知识的理解，又能开阔孩子的阅读视野，是一套帮助中小学生提高阅读能力、增强人文素养和塑造理想人格的优秀读物。全书从上古到近现代，按时间顺序共分三册，条理清晰，易于阅读。内文采用大字排版，难字注音，并配有名人图片，版式设计古典简约，增强了阅读趣味性。

图书在版编目 (CIP) 数据

课里名人课外读 / 爱华文著 . —北京：清华大学出版社，2024.2
ISBN 978-7-302-63853-7

Ⅰ . ①课…　Ⅱ . ①爱…　Ⅲ . ①阅读课－中小学－教学参考资料　Ⅳ . ① G634.333

中国国家版本馆 CIP 数据核字 (2023) 第 107703 号

责任编辑：刘　洋
封面设计：徐　超
版式设计：方加青
责任校对：王荣静
责任印制：沈　露

出版发行：清华大学出版社
网　　址：https://www.tup.com.cn，https://www.wqxuetang.com
地　　址：北京清华大学学研大厦 A 座　　**邮　　编：**100084
社 总 机：010-83470000　　**邮　　购：**010-62786544
投稿与读者服务：010-62776969，c-service@tup.tsinghua.edu.cn
质 量 反 馈：010-62772015，zhiliang@tup.tsinghua.edu.cn
印 装 者：三河市东方印刷有限公司
经　　销：全国新华书店
开　　本：148mm×210mm　　**总 印 张：**30.125　　**总 字 数：**553 千字
版　　次：2024 年 2 月第 1 版　　**印　　次：**2024 年 2 月第 1 次印刷
定　　价：178.00 元（全三册）

产品编号：099459-01

出版说明

梁启超曾说："读名人传记，最能激发人志气，且于应事接物之智慧增长不少。"的确，一个人少年时期读的书，足以影响他的一生。这个时期树立什么样的志向，以什么样的人为榜样，往往会决定孩子未来的人生成就。因此，在给青少年的大量书单中，都少不了名人传记类著作。

为什么要让孩子多读名人传记呢？

首先，名人传记真实性比较强，能让孩子认识真实的社会。

现在不少中小学生都喜欢看一些玄幻、侦探、冒险类的作品。这些作品往往让孩子沉浸在一个虚无缥缈的世界里，和现实世界脱节，不利于孩子养成正确的世界观、人生观、价值观。而名人传记都来源于现实，可以让孩子对现实社会有一个正确的认识和了解，有利于培养孩子正确的世界观、人生观、价值观。

其次，读传记能够让孩子获得很多人生启迪。

如果说经典是古人留给我们的言教，那么传记给我们的就是身教了。读一本名人传记，就是在学习一个人的人生经验和智慧。比如，我们读了孔子的故事，就能够了解

我们的至圣先师的一生是怎样的，了解他有什么样的思想；读了玄奘的故事，就能知道这个伟大的僧人是如何克服种种困难，成功地从印度取回佛经的。总之，一个人能够被后人立传，名垂后世，他的言行一定能够给后人以启迪。

再次，读传记能够帮助孩子树立远大志向。

一个人成就一番伟业，不仅需要聪明智慧，还需要从小有志向。纵观古今中外的圣人、伟人、名人，莫不如此。孔子十五有志于学，班超立志效法张骞出使西域，玄奘少年就立志远绍如来，王阳明从小立志做圣贤，这些人之所以流芳百世，就是因为他们从小就有远大的志向。读这些名人的传记，可以帮助孩子树立志向。古人说“少年养志”，如何养志？读名人传记故事是一个很好的方法。

最后，读传记能够帮助孩子找到人生榜样。

榜样的力量是无穷的。如果是以古圣先贤、英雄豪杰为榜样，这些榜样就能够给孩子极大的正面激励。在孩子遇到困难的时候，他们可以回想那些伟大人物是如何面对挫折的，好的榜样能教会孩子勇敢地面对挫折；在孩子心存困惑的时候，他们可以从这些伟大人物的人生经历中获得启示，好的榜样能帮助孩子解决成长中的困难。

《课里名人课外读》是一套独特的名人传记故事作品集。书中选取教育部部编全国通用中小学《语文》《道德与法制》《历史》教材中涉及的中外历史名人一百一十余位，针对每个人物都收集了大量资料，不断锤炼，写成数千字

的人物传记故事。这些传记故事文笔优美，情节生动，不仅让中小学生读者在阅读时收获读名人传记的益处，还可以达到温习功课、拓展课堂知识、提高阅读能力的功效，无形中起到帮助中小学生读者提高学习成绩的作用。

希望广大青少年朋友在阅读这套书时，不仅能够感受到阅读之美，更能受到书中人物的激励，树立远大志向，成为国家和民族的栋梁，这是我们的心愿所在。

目录

魏晋南北朝篇

隋唐篇

宋朝篇

元代篇

明代篇

魏晋南北朝篇

苻坚：令人惋惜的乱世明主

前秦世祖宣昭皇帝苻（fú）坚生于公元338年，正处于我国历史上的“东晋十六国”动乱时期，战争频发。那段历史中的王侯将相虽然比比皆是，但后人给予好评的却如凤毛麟角。

苻坚称帝的时间虽然不长，但他在位期间积极推行各种安民政策，让战乱中的人们获得了短暂的喘息，促进了民族融合。由于多年战乱积弊，苻坚最后还是在一次兵败后让国家走向衰亡，而这位乱世明主也在战败后过早地结束了生命，令人惋惜。

氐（dī）族少年，立志经世济民

十六国时期，北方很多地区被少数民族政权占领。这些少数民族多为游牧生活方式，与汉族的沟通仅限于通商和战争。但苻坚却不一样，出身于氐族王廷的他非常崇尚汉族文化，从小就有经世济民的远大抱负。

⊙苻坚

他的祖先是世代沿袭的西戎酋长，到了祖父苻洪时自立为秦王。苻洪去世之后，伯父苻健承袭爵位，并在公元351年入据关中称帝，国号秦，史称前秦。后来，苻健将苻坚的父亲封为东海王。苻坚成年后，父亲去世，便由他承袭了东海王的爵位。

少年时代的苻坚谦和有礼，年仅八九岁的他就有很多成年人才会有的言谈举止。因此，祖父苻洪和父亲苻雄都非常宠爱他。

有一次，他从一个汉族人那里看到很多书籍，非常好奇："这么多的书，都写了什么呢？"

"这里面都是一些人生智慧和处世道理，可以教会我们很多。史书可以告诉我们以前发生过什么，兵书可以教人如何打仗。"那个汉族人说。

小小的苻坚被吸引住了，于是请求祖父为他聘请一位博学的汉族老师。虽然汉族的经史典籍对于小苻坚来说理解起来有些难，但他迎难而上，刻苦研读，积累了满腹学识。

因为博学，少年时期的苻坚便具有了非常开阔的视野。和那些只知道享乐的贵族子弟不同，他广泛结交当世豪杰，小小年纪就有了经世济民之心，希望能让这战乱四起的天下重新实现大一统。

诛杀暴君，政变登位

公元355年（前秦皇始五年），苻坚的伯父苻健病死，堂兄苻生继承皇帝位。虽然是堂兄弟，但苻生和苻坚却有着天壤之别。苻坚胸怀天下，而苻生却是个残暴的昏君。

有一次，前秦边境受到攻击，苻黄眉将军等人领兵前去抵抗，最后不仅保住了边关平安，而且让贼寇部众全部投降。这本来是大功一件，但皇帝苻生不但没有做到赏罚分明，而且还让人对苻黄眉将军进行侮辱。

“皇帝生性残暴，现在每个人都担心自己的生死，不知道自己什么时候会被皇帝杀掉！”一位前秦大臣对同僚说。

“可是废掉这个皇帝我们要拥立谁当皇帝呢？”有人提出了自己的想法。最后，他们决定拥立当时声誉很高的苻坚登基。

政变在苻坚的精心谋划之下获得了成功。就这样，残忍暴虐的苻生被贬为越王，不久被杀。

苻坚登基以后才发现前秦所面对的情况非常复杂：少数民族之间的斗争非常激烈，南方诸国无不在战乱之中，邻国总是有吞并他们的意图；而前秦国内在苻生的残暴统治下，国家法度不健全，水旱灾害连年发生却得不到有效治理，老百姓的生活异常艰难。

苻坚广招贤才，让那些有才能的人出任官员，惩治不法官吏，减少赋税和徭役，让老百姓休养生息。他还积极发展教育，兴修道路和水利。在他的用心治理之下，前秦的政治局面走向清明，而苻坚自己也成为一个令百姓爱戴的好皇帝。

不拘一格，重用汉臣

为了让国家得到发展，苻坚重用了很多有才能且廉洁的文官和能征善战的武将。这些人既有北方五胡各族的人，也有汉族人。汉士王猛是他重用的外族人才中最著名的一个。

王猛出身寒门，却博学多才、正直严谨。开始，苻坚下令让王猛执掌律令，结果刚正不阿的王猛得罪了很多权贵，这令权贵们非常不满："这些汉臣和我们不是一个民族的，陛下怎么能重用他们呢？"

苻坚回答："不管是哪个民族的人，现在都是我们前秦的人。他们有才华，可以为国家做出贡献，为什么不能得到重用呢？"

苻坚知人善任，像王猛这样的人才，不管哪个民族，都会被破格提拔。经过两年的治理，前秦的社会风气发生了很大改变，各民族之间也慢慢地融合，民族纷争少了很多，许多村镇开始出现路不拾遗、夜不闭户的盛世景象。

而当时的社会局势非常动荡，前秦国内虽然一片祥和，但前秦之外的世界仍然处在战乱之中，他们必须为战争做准备。苻坚面对边关送来的敌情奏报非常淡定，因为前秦经过这些年的发展国力大增，已经具备了很强的应敌能力。

北方一统，固执南下

苻坚在各地广建学宫，鼓励农桑，兴修水利，让前秦的国库短短几年就从空虚变得充盈，不仅家家有余粮，也让国家为军队储备了大批粮草。

公元 369 年末（前秦建元五年），苻坚命王猛、梁成和邓羌率军东进灭燕，军队一路势如破竹，在辽东一带将最后的前燕反抗势力消灭后，正式吞并前燕，随后举兵西拓。

苻坚对待俘虏非常宽容，只要对方愿意归顺，他就会像对待自己的臣子、士兵、百姓一样对待他们。所以，前秦很快就收服了陇西鲜卑、代国、前凉、吐谷浑等政权，让北方大面积国土归于前秦。这是在几百年动乱之后，统一面积最大的一片国土，苻坚为此非常自豪。

一统北方之后的苻坚，有些沉湎于自己的成就，开始变得自负和骄傲。他决定南下进攻东晋，很多大臣劝说他："东晋由汉族人建立，受国人拥戴；况且长江天险不易攻下，如果我们贸然进攻，一定会遭到挫败。"

骄傲的苻坚一脸不屑地说："我坐拥百万大军，长江天险还有什么好怕的！"看到有大臣还要劝谏，他阻止对方说下去，"现在，只要我下令让士兵将马鞭投入长江，江水也会因被马鞭堵塞而断流，我们怎么会失败？"

苻坚的确高估了自己的实力。前秦的军队数年征战，死伤很多，虽然他们收服各个政权补充了一些兵力，但这些补充进来的士兵来自不同民族，并不能像原来的前秦军一样严格按照指令统一作战。危机正在慢慢靠近，而苻坚丝毫没有察觉。

兵败淝（féi）水，草木皆兵

当时的长安街头，不同民族的人因意见不一而剑拔弩张的事情频频出现。尤其是鲜卑族和羌族，他们虽然归降前秦，却不能很好地与氐族、汉族融合。

王猛很早就看出了这个问题，临终前对苻坚说："晋室是承继正统的政权，并且远在江南。现在国家最宝贵的就是亲近仁德之人以及与邻国友好。臣死以后，希望不要对东晋有所图谋。鲜卑、羌虏都是我们的仇敌，终会成为祸患，应该将他们除去，以利社稷。"

这一次，苻坚并没有听从王猛的建议，因为他已经被胜利冲昏了头脑。他带领军队与东晋在淝水交手，前秦军因不擅水战屡屡受挫。

眼看着天险难破，苻坚有些心慌，他从来没有遇到过这么强劲的对手。一天晚上，当他查看地形地势的时候，望着八公山，竟然有无限恐惧袭来："那山上密密麻麻的，不都是晋军吗？"因为恐惧而方寸大乱，苻坚很快被打败。

这就是成语"草木皆兵"的由来。淝水之战中前秦军大败，只有苻坚单骑逃脱。

英雄末路

苻坚一路仓皇奔逃，经过一片山林，有几个百姓给他送来了食物。他非常感激又惭愧地说："我已经是一个失败的皇帝，你们为什么还要来帮助我呢？"

"陛下现在虽然失败了，但是当年您实行的休养生息政策，让我们过了很多年太平日子。如今战争频发，我们还期盼您振作起来，让国家复兴呢！"

苻坚听了非常感动，他连夜赶路返回长安，希望可以重建国家和平的局面。可是，他所有的政令还没来得及实施，王猛生前最担心的事情发生了。淝水一战让前秦元气大伤，鲜卑、羌两个部族趁机举兵反叛，原本统一的北方又变得四分五裂。

最后，苻坚被羌族首领姚苌包围，姚苌逼他交出传国玉玺。

面对叛贼，苻坚展现出傲人的帝王气度。他痛骂姚苌："你这个忘恩负义的小人，当年我救了你一命，现在你却要来害我！"

姚苌拿刀指向苻坚："你现在被我俘虏，只要你交出传国玉玺，我就会饶你一命！"

苻坚毫不屈服："我苻坚身为帝王，一生征战，统一北方。就算是死，也不会把传国玉玺交给你！"

恼羞成怒的姚苌命人将苻坚绞死。这一年，苻坚四十八岁。苻坚死后，北方重回动乱局面。对于苻坚这位乱世明主的死，当时的百姓们都感到十分惋惜。

苻坚在淝水一战中最大的错误就是过于轻敌。像他这样在位初期励精图治，后期则过于自信自傲的失败君王在历史上有很多。可见，在取得一些成就之后，戒骄戒躁是多么重要的一件事！

当代历史学家范文澜评价说："苻坚在皇帝群中是个优秀的皇帝。他最亲信的辅佐王猛，在将相群中也是第一流的将相。"在那个战乱四起的年代，每一个政权都非常脆弱。不过，能够在乱世中维护一方百姓，也是非常值得称道和纪念的。

（课内连线：《中国历史》七年级上，第四单元第19课《北魏政治和北方民族大交融》）

顾恺之：人称“三绝”的书画之祖

顾恺之是六朝四大家之一，他博学多才，诗赋和书法都很出众，尤其擅长绘画，精于人像、佛像、禽兽和山水等题材。他沉醉于艺术文学，淡泊名利，在当时有才绝、画绝、痴绝“三绝”之称。

为母作画

公元350年，顾家的小少爷顾恺之刚会走路，他胆子小，不敢迈步，害怕摔倒，只能由丫鬟牵着，小心谨慎地迈步，没走两步就不愿意再迈步子，丫鬟只能无奈地抱起他，带他回房间。

“你要是这么惯着他，他会过于娇气，到时更不愿意走路，老爷会怪罪你的。”奶妈看见丫鬟如此惯着顾恺之，无奈地摇摇头，这要是她自己的孩子，肯定放手让他走，哪怕摔上一两次，也不必担心不会走路。总让人抱着，怎么学得会走路？

⊙顾恺之

丫鬟也是没有办法。自从夫人去世后，她就成了半个母亲，要照顾小少爷的饮食起居。老爷公务繁忙，根本就没时间过问小少爷的情况，她又是个没当过母亲的人，小少爷一哭闹，她就招架不住了。

“奶妈，这孩子没走几步就哭闹，实在恼人，我也害怕日后老爷怪罪，这可如何是好？”丫鬟向奶妈求助。小少爷日渐长大，以后要是还不愿意走路，她可是抱不动的。

“小孩生性爱玩，你带少爷出去玩，他玩心大起，自然不会再让你抱，自己就会下地玩耍。”

丫鬟觉得奶妈说的有道理，向她道谢后就抱着顾恺之去禀报老爷。顾恺之对丫鬟和奶妈的对话似懂非懂，但当丫鬟把他抱出顾府后，他看见外面来来往往的人，很是开心，就挣脱着要下地自己走。丫鬟把顾恺之放下，不放心他一个人，只能悄悄跟在后面，眼睛一刻也不敢离开他。很快，顾恺之不再害怕走路，也会说话了，经常被丫鬟带着去找别家的小朋友玩。

有一次，顾恺之的父亲带着他到别人家里拜访，那人家里刚好有个和顾恺之年纪相仿的孩子。

“恺之，去和小朋友玩吧。”

顾恺之向来喜欢热闹，有小朋友陪他一起玩当然乐意，只是这个小朋友好像有些腼腆，不太敢和顾恺之亲近，一直拉着一位妇人的衣袖，小声地说：“妈妈，妈妈……”

那妇人摸了摸孩子的头，笑着看了看顾恺之，低下头对自己的儿子说：“去和恺之玩吧。”

顾恺之抬头看那位妇人，心里有种奇怪的感觉，为什么别的小朋友都有母亲，唯独自己没有？为什么别的小孩子在外面玩耍时都是被母亲叫回家的，唯独他是被家里的丫鬟带回家的？

回去后，顾恺之就问父亲：“为什么别的小孩都有母亲，我却没有？”

“你怎么会没有母亲呢？”顾父一直没有和顾恺之提起过他的母亲，即便是在恺之懂事之后，他以为孩子自己会慢慢明白。

顾恺之刨根问底道：“那父亲你告诉我，我母亲长什么样？”顾父不答，顾恺之就一直缠着他，没办法，父亲只好向顾恺之描述了母亲的样子。

那时的顾恺之已经有了一些绘画功底，知道了自己母亲的长相后，他就照着父亲的描述，想将母亲画在纸上。

每每画好一幅肖像，顾恺之就跑去问父亲画得像不像。父亲每次都在肯定后表示遗憾，总有一些地方不够传神。顾恺之不气馁，不断完善着母亲的画像。终于有一天，父亲看到肖像画时眼睛一亮，激动地说：“像！像极了！”顾恺之这才放下画笔。至此，母亲的样子便永远铭记在他心里。

开光点睛

南京的瓦官寺新建成时，寺僧们请官员和有钱人募捐，但这些人的捐助没有一个超过十万钱的。

寺僧们头疼不已，但捐助纯粹是个人意愿，不能勉强，虽然他们已经极力暗示那些官员和有钱人多捐些，但那些人故意打马虎眼，没一个慷慨解囊的。

寺里年纪大的僧侣倒是看得开：“捐多捐少都是缘分，施主的钱也不是大风刮来的，这里是寺庙又不是黑店。”

话虽如此，但那些平日里花钱如流水的达官贵人们的吝啬还是令人寒心，他们宁愿一掷千金博戏子一笑，也不愿意布施寺庙。捐助也是在做善事，却很少有人愿意花钱行善。

小僧侣们正干瞪着捐资簿烦恼着，这时候来了一位年轻人，这人怎么看都不像是有钱人的样子。年轻人在捐资簿前驻足良久。

“这位施主可是要捐资？”小僧侣虽然看出年轻人囊中羞涩，但师父常说出家人以慈悲为怀，万不能以貌取人。

“对啊！”年轻人提笔一挥，就在捐资簿上写下“捐资一百万钱”，旁边还写上了自己的名字“顾恺之”。

那时顾恺之不过二十岁，他自己囊中羞涩，却敢开出这样的空头支票，让小僧侣疑惑不解。

“敢问这位施主，这一百万钱从何而来？”小僧侣询问顾恺之，难不成这钱还能从天上掉下来吗？

顾恺之笑对着比自己矮半头的小僧侣说：“可否让我见见你们的方丈？”

小僧侣认真打量顾恺之一番，想着反正他也只是要见方丈，就答应他：“施主请随我来。”

见到方丈，小僧侣先是对方丈耳语了一番，顾恺之的脸上始终挂着自信的微笑。

听完小僧侣所言，方丈也觉得奇怪，平日他也只听说顾恺之画得一手好画，没听说过他腰缠万贯、出手阔绰。怎么张口就是一百万钱的布施？

“法师，”顾恺之开门见山，“麻烦法师在寺里帮我粉白一面墙壁，让我可以关起门来专心作画。”

小僧侣不能理解顾恺之怎么提出这种奇怪的要求，靠一面墙怎么筹集一百万钱的布施？方丈虽然没有看出顾恺之的意图，但还是应允下来：“老衲这就让人为施主准备墙面。”

“有劳法师了。”

顾恺之的画也算是声名远播，方丈想着要是他能为寺院的墙上添幅画也不是坏事，只是不知道他画在墙上的一幅画，要如何换来一百万钱。

近一个月的时间里，顾恺之都在寺院中闭门作画，也不许人进来看，等到他画得差不多只剩下眼睛还没画时，顾恺之才让寺僧打开门供人参观。

寺僧觉得奇怪：“施主这幅维摩诘的画像尚未完成，怎么就可以供人参观了？”

“对，虽然画供人参观，但我还要立个规矩。”顾恺之笑着说：“记住，第一天来看的人要布施十万，第二天来的人布施五万，第三天随意布施。”

寺僧惊讶地看向屋里的维摩诘像，他对绘画没有研究，但他有点儿不相信会有人愿意花钱来看这幅带不走的画像。虽然是这样，寺僧也还是按照顾恺之交代的放出了消息。

顾恺之将在瓦官寺“开光点睛”的消息一出，不少人纷纷在第一天就慕名而来，只为看顾恺之为维摩诘像画上眼睛的神奇一刻，甚至不惜为寺院布施十万钱。

顾恺之看人来得差不多了，就开始提笔点睛。事实上那间屋子里里外外围满了人，一百万钱的布施早已集齐。

果然，在顾恺之为维摩诘画上眼睛后，整幅画大放异彩，惟妙惟肖，令人叹为观止。

月下咏诗

有一次，顾恺之在庭中漫步，不经意间抬头，发现那

⊙《洛神赋》局部图

月亮又圆又亮，旁边还有几颗星星在闪烁。

“今晚月色甚好，也不知道是什么日子。”顾恺之自言自语道。

他来这里任散骑常侍没几天，初来乍到，对这里的一切都还不熟悉。但是看这样的夜色，凉风习习，顾恺之却觉得十分惬意，“好不容易有个清闲的晚上，这时候要是有酒有肉有诗，那该多好。”

这样想着，顾恺之准备去厨房拿一壶清酒，小酌几杯。

到了厨房，顾恺之就后悔自己从家乡来上任没带几壶好酒，虽然他现在和谢瞻同在官署，但大晚上的去讨酒吃总归不太方便。

最后，除了几棵白菜，他什么也没找到。顾恺之摇了摇头，虽说没有酒，但也没能影响他此刻的兴致。

顾恺之回到庭院中，对着月光，独自咏诗。

他的咏诗声传到了正在打水准备洗漱一番的谢瞻的耳朵里。谢瞻放下脸盆，往声音传来的方向走去，远远就看见一个人影。

“都这么晚了，是谁在庭院中吟诗？”谢瞻自问，“这声音听着甚是耳熟。”他又往前走了几步，借着月光才看清那人正是顾恺之。没想到刚到任不久的散骑常侍是个喜欢吟诗作对之人。

“好啊，好诗！”谢瞻拍手叫好，他想着顾恺之既然喜欢吟诗作对，也应该是个好相处之人，希望他不要有什么怪脾气。

顾恺之听到有人叫好，自然十分得意，更是诗兴大发，没有要停下来的意思。谢瞻本来是要准备洗漱一下去睡觉的，看顾恺之这般好兴致，不想扫他的兴，这时，正好看见平日里为自己捶腿捏肩的仆人走过，就招手让他过来。

那仆人看见谢瞻招他过去，还觉得奇怪，平常这个时间，谢瞻早该洗漱睡觉了，怎么现在还在庭院中？那仆人走过去，就听见顾恺之的咏诗声，心里感叹这位大人可真是好兴致。

“我现在去睡觉，你就在这儿替我为他叫好，明白吗？”谢瞻小声交代仆人，还不等仆人反应过来，他就先走了。

仆人无奈，只能代替谢瞻为顾恺之叫好，没想到顾恺之丝毫没有察觉他身后叫好的人已经换了一个。

痴黠（xiá）各半

话说顾恺之与他的老领导桓温的关系一直不错，但对于桓温的儿子桓玄，他总是看不上眼，觉得桓玄太过自恃高贵，经常过分夸耀自己，还把自己比作英雄豪杰，为人不够谦逊。

桓温在桓玄七岁的时候就死了，桓玄由他的叔父桓冲抚养。桓玄长大后起兵攻入南京称帝，更加不可一世。

顾恺之对桓玄一向是敬而远之，但桓玄称帝后权势滔天，即便再不想与桓玄合作，也不能表露。无奈之下，顾恺之只好佯装痴傻。

顾恺之看不上桓玄，桓玄也不怎么看得上顾恺之，一直想找机会戏弄顾恺之一番。

一次，桓玄拿着一片柳树叶找到顾恺之，说：“我偶然得到一片蝉翳（yì）叶，听说你一直在寻找它，那我就把它送给你好了。”说完桓玄就将手里的柳树叶递给顾恺之。

顾恺之听说这是他一直苦苦寻找的蝉翳叶，双眼放光，接过那片柳树叶细细查看，还将柳树叶举起，问桓玄：“你现在看得见我吗？”

“你在哪儿？”桓玄一心只想戏弄顾恺之，就假装自己看不见顾恺之，“我怎么看不到你？”他一边这样问，还一边把尿撒在顾恺之身上。

顾恺之被淋得满身臊味却也没有生气，反倒像个小孩一样高兴地举起那片柳树叶：“太好了，你看不见我，看来这真的是蝉翳叶！”

桓玄笑而不语，心中对顾恺之满是鄙夷。他不理解，顾恺之无非是画技高人一招，怎么就深得他父亲桓温看重？

“多谢陛下，我一定会好好珍藏这枚叶子。”顾恺之说着就用随身带着的布条将柳树叶包起来。

“好啊，蝉翳叶何其珍贵，你可要好好保存啊！”桓玄嘴上这么说，心里却在嘲笑顾恺之。

顾恺之又怎么会不知道这只是一片柳叶呢？他不过是想借由痴傻之名躲开桓玄，让他以后不要再来烦自己罢了。但是表面功夫还是要做足，回到家后，顾恺之真就把柳树叶仔细保存了起来。

所以说，桓玄看人还是太过表面，而他的父亲桓温才是真正慧眼识英。桓温曾评价顾恺之是“痴黠各半，矜伐过实”。他看出顾恺之有狡黠的一面所以对顾恺之重用，而不单单因为顾恺之的画作。

（课内连线：《中国历史》七年级上，第四单元第20课《魏晋南北朝的科技与文化》）

王羲之：中国书法史上的“书圣”

王羲之是东晋时期著名书法家，有“书圣”之称，他兼擅隶书、草书、楷书和行书。他笔力雄劲，可入木三分，书法技艺炉火纯青。他的代表作《兰亭序》被誉为“天下第一行书”。

竹扇题字

日落西山，平日山阴城最繁华的街道上行人也渐渐稀少，城门口那个卖扇子的老婆婆还在有气无力地叫卖着。她坐在小板凳上，面前摊开的破布上摆了不少扇子：竹扇，绢扇，羽毛扇，蒲葵扇……种类繁多，但是扇子上的花样却很单一，既无字也无画。老婆婆身旁有个竹篮，里面还堆着大半篮扇子，显然生意不好。越来越稀少的路人匆匆经过，几乎没有人驻足看扇，老婆婆愁眉不展。

一个衣着干净的中年人路过老婆婆的摊位前，停了下来。老婆婆以为生意要来，但看到那人腰间挂着更精美的扇子，身后还跟着书童，目光瞬间暗淡下来——那不是个寻常老百姓，不可能买她的扇子。

⊙王羲之

“您这扇子做工虽然好，但是既无字又无画，定然不好卖。我来给您这扇子题几个字，怎么样？”中年人说话温文尔雅，老婆婆觉得他是个好心的富人，呵呵笑着应了下来。中年人从书童手中接过笔墨，随手从扇子堆里挑扇题字，随性而写，小扇面上题两三字，大扇面上唰唰写上两句诗，隶、草、楷、行，挑、点、折、捺，没有哪一种笔法不是行云流水而又平和自然的，看得书童忍不住拍手大赞。

中年人题完一小堆扇子，收了笔墨准备走，书童乐呵呵地说道：“老婆婆，您在这儿吆喝着，就说扇子上的字是王右军题的！”老婆婆不识字，也没听说过这位“王右军”的名号，但还是把“王右军”三字给吆喝了出来。

老婆婆也不明白是怎么回事，她吆喝了不到一盏茶的工夫，扇子摊周围就挤满了人，其中不乏衣着光鲜的纨绔子弟和谈吐文雅的读书人。

“翩若惊鸿，婉若游龙，这还真像是他琅琊王氏的笔法！你们看，这一点，普通人哪里点得出来？”一位儒雅的老者眼中放光，细细品味着扇子上的字，不住地赞叹。

“看这一笔，这得多少年的火候，我可写不出来……你们谁写得出来？”

老婆婆又惊又喜，寒酸的扇子摊不寒酸了，就因为那位“王右军”的几个字！众人围在扇子摊前品来品去，最终认定这就是“书圣”的真迹，纷纷抢着掏钱，一篮扇子很快就卖空了，连没题字的也被人稀里糊涂地给买走了。

这位在扇子上题字的，书童口中的“王右军”，就是名垂青史，人称“书圣”的大书法家王羲之！

笔山墨池

王羲之之所以能把字写得让人叹服，原因有两个：兴趣和努力。

王羲之出生于东晋时期的琅琊王氏家族，王氏家族是真正的豪门望族，无论财富还是权势在整个东晋王朝都排得上号。王羲之的祖父是尚书郎，父亲是淮南太守，伯父王导是丞相，伯父王敦是有名的军事统帅，其他的亲戚朋友在朝廷也多多少少有一席之地。实际上，连东晋王朝的建立和王氏家族也有莫大的关系，因此就连东晋皇帝对王家也是敬重有加。

这样的家族必定会重视培养家族成员的文化素养，王羲之自然而然地受到了文化方面的熏陶，自小便对书法有浓厚的兴趣。父辈们泼墨挥毫，他常常在一旁观看。王羲之七岁开始学习书法，十岁时已经写得很有水平了。

王家藏有一本珍贵的书法秘籍——《笔说》，被父亲王旷放在枕头底下，视若珍宝。王羲之偶然发现以后，就时不时地溜进父亲房间偷看。父亲担心王羲之年幼不知保密，导致秘籍外传，便怒斥，说等他长大以后才能传给他。王羲之却比父亲想象中成熟得多，他当着家人的面跪下，恳求父亲道：“日出就能做好的事情，为什么非要等到日落才做呢？长大再学，那不成了日暮之学，我这大好的青春年华岂不白白浪费了？”王旷听了王羲之这番言论，十分惊异，认为这不是普通小孩能说得出来的，于是决定早点培养王羲之。父亲开始给王羲之逐字逐句地讲解《笔说》，并且让他拜在当时著名的书法家、他的姨母卫夫人门下。

卫夫人练书法很勤奋，年轻时她曾在山上苦练书法，把山间的石头、树皮写满了字。后来下大雨，山上流下来的雨水里都含有墨汁，附近的山民引以为奇，到处传说“山头下过墨汁雨”。王羲之跟随卫夫人练书法，刻苦程度和卫夫人如出一辙。王羲之家中建有水池，每天练完字，他都要在水池中洗笔，久而久之，那水池看起来装的都不是水了，而是一池墨。至于他练坏的毛笔，都可以堆成一个小山包了。后来王羲之每到一个地方，基本都会练出一个“墨池”。他到很多地方任过职，如今的浙江永嘉积谷山、江西庐山归宗寺、抚州临川周学岭都留有他的墨池遗迹，这是后话。

王羲之还因练字刻苦闹出过笑话。据说，有一次他在书房练字，丫头给他送来一盘馍馍和半碗蒜泥。丫头催了又催，馍馍都快凉了，王羲之却只顾练字，一口没吃。丫头气呼呼去向夫人抱怨，说您儿子练字入了魔，饭都可以不吃了。夫人领着丫头正要来教训王羲之，却见王羲之一手拿馍，另一手还不忘练字，嘴上糊的满是墨汁，看得两人哈哈大笑。王羲之竟然错把砚台当作蒜泥碗，还吃得津津有味。

东床快婿

王羲之在一天天的苦练中渐渐成长，书法技艺越来越成熟，很快就超越了父辈们。但是，王羲之仍然对自己的书法很不满意，因为他练来练去，一直没有摆脱卫夫人的影响，字体里始终留有卫夫人的影子。卫夫人曾教导王羲之，真正的大师要写出自己的“体”，仅仅模仿前人的笔法，练得再好也只能算是个会写字的，并不算真正的书法大家。王羲之不愿一味仿古，想要自成一家，因此大多时候他少言寡语，沉浸在练字与悟字之中。

晋朝太尉郗（xī）鉴有一个女儿，已经到了嫁人的年龄。郗鉴和王羲之的叔父——宰相王导是好朋友，他便想把女儿嫁给王家。王家若与郗家联姻，那在政治上对双方都有好处，王导于是欣然答应，要郗家尽管来王家挑女婿。这天，郗家派人来了，王导便召集儿子侄儿们来谈婚事。儿侄们听说郗家小姐如花似玉，温柔贤惠，都表现得很积极，一个个更冠易服，精心装束。王导与郗家的人本来谈得兴高采烈，但看来看去，发现少了一个人，他知道王家未婚配的儿侄有二十个，这次却只来了十九个，还有一个哪儿去了？那个没来的正是王羲之，那日他穿着平日居家的衣服，躺在东边厢房的床上，琢磨自己的书法呢！

郗家派来的人回去后向郗鉴报告说：“王府二十来个年轻公子都还不错，才华相貌没有哪个不好的。”郗鉴问他有没有表现比较突出的，那人回答说：“突出的没发现，倒发现一个奇怪的。公子里有个叫王羲之的，我们前去选婿，整个王家都热热闹闹以礼相待，可是那公子居然好像不知道此事，还像个愣头青赖在东厢房的床上若无其事地研究书法。”郗鉴惊讶道：“我听王家提到过他们有位公子书法造诣很高，想必就是这个王羲之了，我且去看一看！”

不久后，郗鉴亲自来到王府见了众位公子，对王羲之格外留心。他觉得王羲之书法有成，却仍然含而不露，潜心钻研，不被外物干扰，日后必然会令人刮目相看。就这样，郗鉴很快就将王羲之召为女婿，王家其他公子既羡慕又嫉妒，都叫王羲之“东床快婿”，意思是他仅仅因为躺在东厢房的床上就被选中作女婿。后来这四个字不知怎么流传开来，成了好女婿的代名词。

入木三分

和郗家小姐成亲以后，书法在王羲之心中的绝对地位依然没有改变。因为家族的关系以及自身认真的个性，王羲之从来都不缺官位。短短二十年里，他历任秘书郎、宁远将军、江州刺史，后来做上会稽内史，还兼任右军将军。右军将军在晋朝已经是三品以上的官职了，权势显赫，这也是王羲之后来被称作“王右军”的原因。

王羲之辗转多个地方任职，生活环境变了又变，但是他琢磨书法的习惯从来不曾改变。日复一日，年复一年，中年王羲之的书法便已经到了炉火纯青的地步，他的手笔在社会上有了相当大的名气，被人们传得神乎其神。据说有一年皇帝去北郊祭祀前，命王羲之把祭祀祝词写在木板上，以便让工匠雕刻出来，做成祝版。那工匠拿着写好的木板准备雕字，却发现王羲之笔力千钧，那祝词竟然一直透到木板深处去了。工匠削了一层又一层，足足削进去三分深度，笔迹才见底，以至连皇帝都对王羲之惊为天人。

王羲之的名声越来越大，向他学习或求字的人越来越多。有一年王羲之趁闲暇之时游山玩水，途中看到一群白鹅，这些白鹅身形矫健，羽色纯净，叫声洪亮，又漂亮又健康。王羲之本来就喜欢养鹅，他认为养鹅和练书法一样可以陶冶情操，并且从鹅协调的形态和动作中也能领悟到

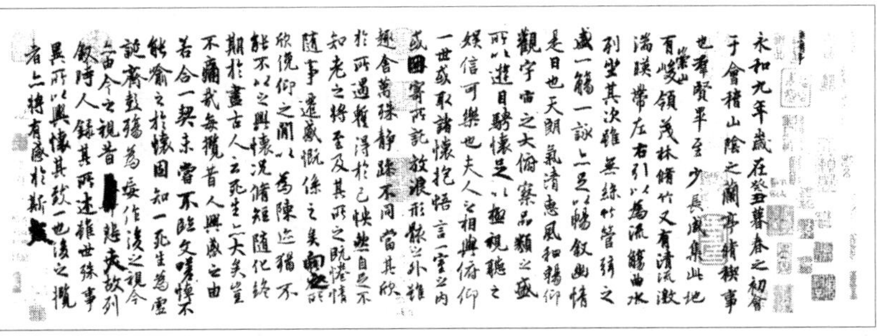

⊙《兰亭序》

书法的道理。看到这么难得的一群好鹅，王羲之心里痒痒，于是在周边打听鹅是谁养的，决定就算花再多的钱也要买下来。最终，王羲之找到了鹅的主人，那是附近的一位道士。道士一听原来是大名鼎鼎的王羲之要买鹅，喜不自胜，他跟王羲之商量说：“这鹅我万分喜爱，其他人我是万万不会卖的，但只要您王右军能亲笔为我抄写一部《黄庭经》，那这鹅直接送给您都行！”王羲之欣然答应，当即挥毫给道士誊下《黄庭经》，领走了这群漂亮的白鹅。

隐居会稽

以书换鹅足见王羲之的书法多么受人欢迎，他此时的书法已经打破了之前的樊笼，有了属于自己的风格，世人皆以藏有他的书法作品为傲。当然，这样的盛名也给王羲之带来过小小的不便。

每年除夕，王羲之都会亲自给自己的住处写春联，毕竟世上字比他好的人很难找出来。但是，王羲之的春联贴在门前的时间最多不会超过三天，因为大家都将他的笔迹当作至宝，总有人趁着四下无人，偷偷把他的春联给揭了收藏起来。甚至有好几年，王羲之除夕夜贴出的春联，还没到第二天早上就已经消失得无影无踪了。有一年除夕夜，王羲之担心没到第二天春联就被人揭走，于是把上下联都只写下半截，然后贴了出去。夜里，不少人瞄上了他的春联，但是一看之下皆大惊，不愿去揭，原来那春联写的竟然是“福无双至，祸不单行”！这样的春联谁愿揭？要揭也不能在大过年的时候揭，实在是太不吉利了，于是这半副春联得以保留。但是附近的人都很奇怪，王羲之不至于真贴着这副对联过春节吧？当然不会，到了寅时，王羲之早起补全了春联——“福无双至今朝至，祸不单行昨夜行”。春节一大早，大家看到春联的意思完全反转，无不拍手叫绝。

功与名二者皆有，但王羲之是个淡泊名利之人。年纪越大，他越觉得自己应该摆脱功名的束缚。公元355年，年过五十的王羲之称病辞官，和家人迁居金庭（今浙江省嵊州市）的会稽山，在那里开垦田园，植桑种树，建造书楼，放养白鹅，并教人习书作画赋诗。没有了官职，王羲之的时间更多，书法也更上一层楼，真正到了随心所欲、出神入化的地步。他的作品渐渐挂满了书房和厅堂，人们称他的住处为“华院画堂”，如今那个地方所在的村子就叫作“华堂村”。公元361年，年老的王羲之在住处溘然长逝，葬在了那个山清水秀的地方。

王羲之的真迹如今已经少有人见过，留存于世的大多是后世书法家的摹本，但是他在中国书法史上的地位无人能撼动，他的《兰亭序》被誉为“天下第一行书”，实至名归。后世的大书法家诸如欧阳询、颜真卿、柳公权，无一不受到王羲之的影响，也无不对他心悦诚服，尊其为“书圣”。连唐太宗李世民看了王羲之的书法之后也感叹道：“心慕手追，此人而已（我心中钦慕的，笔下模仿的，也就是这个人了）！”

（课内连线：《中国历史》七年级上，第四单元第20课《魏晋南北朝的科技与文化》）

魏孝文帝：促进民族融合的改革家

鲜卑旧部，家教严格

魏孝文帝，原名拓跋（tuò bá）宏，后改名元宏，南北朝时期北魏第七位皇帝，鲜卑族，历史上著名的改革家。他即位时只有五岁，亲政后推行汉化改革，整顿吏治、修改典章，改变鲜卑族的风俗、语言和服饰，注重礼仪，推广教育。他制定了以儒家思想为核心的法德相济的北魏律，慎用刑罚，鼓励鲜卑和汉族通婚，实现了以汉文化为主导的各族文化大融合。他的一系列改革政策史称“孝文帝改革”。

鲜卑族是中国历史上一个古老的北方民族，那时比较有名的三个部族分别是宇文氏、慕容氏和拓跋氏。拓跋部最初活动在大兴安岭北端东麓（lù）一带，以游牧渔猎为生。拓跋部后来不断南迁，在西晋时其部落首领因为立了战功而被皇帝封为代王，建立了代国。后来不幸被前秦皇帝苻坚灭国，代王的嫡长孙拓跋珪随生母贺兰氏在战乱中逃离。苻坚兵败淝水后，前秦统治瓦解，当时只有十五岁的拓跋珪趁机复兴代国。由于他嫡长孙的身份被各部拥立为代王，并改国号为“魏”，史称“北魏”。此后几代的北魏统治者都致力于统一兼并的战争，先后灭掉了北方的大夏、北燕和北凉，于公元439年统一了北方。

拓跋宏的父亲献文帝信仰佛教，好黄老之术，所以，在拓跋宏五岁的时候，献文帝就把皇位禅让给了儿子。当时北魏援用汉武帝时的做法“立其子杀其母”，就是在立儿子做太子的同时，杀掉太子的母亲，以此来防止太后干政。所以拓跋宏三岁被立为太子，其生母李夫人被赐死，由祖母冯太后将其抚养长大。孝文帝登基之后，由于年纪尚小，朝政由祖母冯太后执掌，直到二十四岁时，冯太后去世，他才得以亲政。

冯太后是汉族人，她对孝文帝管教很严，让他从小学习儒家经典和汉人文化，所以孝文帝深受儒家思想的熏陶。有一次，为了惩戒孝文帝，冯太后在大冷天里把穿着单衣的小皇帝关在一间空屋子里，三天没给饭吃。孝文帝从小就跟着冯太后，把冯太后当亲生母亲一样看待，所以就算冯太后对他比较严厉，他也不会因被责罚而有任何怨言。

迁都洛阳，移风易俗

孝文帝亲政后，全面推行汉化改革，他所做的第一件大事就是将北魏首都从平城（今山西省大同市东北）迁到洛阳。迁都洛阳，既便于学习汉族先进文化，也能进一步加强对黄河流域的统治，表明了他全盘汉化的决心。

⊙魏孝文帝

孝文帝以出兵进攻南齐为名，亲自率领三十多万步兵、骑兵南下到了洛阳，这时正赶上连绵秋雨，足足下了一个月，道路泥泞，行军非常困难。大臣们本来就不想出兵伐齐，趁着这场大雨纷纷出来阻拦。孝文帝表示，如果半途而废，岂不是给后人留下笑柄。如果不能南进，就得把国都迁到洛阳这里。许多文武官员虽然不赞成迁都，但是听说这样便可以停止进攻南齐，也只好表示拥护。

迁都洛阳后，孝文帝秉承“营国之本，礼教为先”的理念治国，礼教囊括了修身、齐家、治国、平天下的一切行为准则。孝文帝深刻认识到完备礼教、转化民风是重要的施政之道，他发动了声势浩大的“明礼仪、定制度、移风易俗”运动。北魏仿照周礼来制定祭祀的礼仪，还建造宗祠、太庙，强调祭祀祖先之礼是宗族传承的精神支柱。

朝廷多次奖励表彰孝悌之举，宣扬尊老恤孤，强化人们对礼德的认同感，再辅以一些法律规章，把以德治国和以礼治国作为法制的基础。

迁都之前北魏还保留着部落的习惯，没有把家庭伦理关系放在一个很高的地位。孝文帝为了稳固家庭关系，加重了对不孝罪的处罚。比如父母过世要守丧三年，如果在应该守丧的时间出来做官便会受到处罚。当时有位偏将军就因为触犯这条法令而被惩罚。孝文帝还创立了存留养亲制度，规定犯有死罪的人，若他的父母或祖父母还健在，家中又没有其他人可以供养老人，允许犯人先奉养亲人到过世，然后再对其执行刑罚。存留养亲制度非常符合儒家“老有所养，终有所送”的孝道精神，这样既让罪犯受到惩罚，又体恤家人的困难，情和理都兼顾了。

全面汉化，英年早逝

孝文帝的改革涉及政治、经济、文化等各个领域，范围很广，内容也非常丰富。主要有以下几个方面：第一，推行均田制。颁布了均田令，对不同性别的成年人和奴婢、耕牛都作了详尽的授田规定，还对老少残疾鳏（guān）寡都给予了适当的照顾。在实行均田制的同时又颁布了三长制和租调制。均田制使农民分得了一定数量的土地，让农民成为国家的编户，而租调制又相对减轻了农民的负担，以一夫一妇为征收单位，每年缴纳帛一匹，粟（sù）二石

（dàn）。三长制采用邻、里、党的乡官组织，取代宗主督护制，抑制了地方豪强的势力。这三个政策改善了农民的生产生活条件，也促进了生产力的发展。第二，实行官吏俸禄制，禁止官员通过掠夺获得财富。严惩贪污，俸禄以外贪污满一匹绢布的官员就会被处死，这对当时的官员起到了极大的震慑作用。孝文帝还改革了官制，把官员分为九品，每品又分成正从两类，根据治理功绩决定升降和奖惩，从而健全了北魏的官吏制度。第三，革除鲜卑旧俗，接受汉族文化。主要内容有换汉服、讲汉语、改汉姓、通汉婚、改籍贯等，还兴办学校，让鲜卑人全面学习汉族的文化，搜集整理天下书籍，使因战乱而衰落的北方文化开始复兴。

孝文帝对汉族的文化艺术也有很大兴趣。他从小就接受汉族文化教育，不仅“五经之义”能熟练讲解，史书传记和诸子百家也都有涉猎，另外对汉族的诗文也很有研究。孝文帝对自己民族的落后有清醒的认识，他虚心学习汉文化。在他的带动下，鲜卑人很快融入汉文化之中。孝文帝对北魏宗教艺术的发展也有很大贡献，他的父亲献文帝就是个极其虔诚的佛教徒，他本人也信奉佛教。因此，孝文帝大力提倡佛教，佛教的发展也推动了佛教艺术的发展，我国三大石窟之一的洛阳龙门石窟就是孝文帝正式迁都洛阳之后大规模开凿的。

孝文帝非常注重个人修养，他一生勤学，喜欢读书，还虚心纳谏，从善如流。他一直倡导和鼓励大臣们直言进谏，强调“言之者无罪，闻之者足戒”，对敢于批评进谏的官吏礼遇有加。孝文帝还爱惜民力，规定在行军过程中，禁止士卒踏伤庄稼；如需砍伐百姓树木以供军用，也要留下绢布作为补偿。孝文帝生活非常简朴，宫室非不得已不修，衣服破旧了，洗补以后又重新穿。

三十三岁那年，孝文帝病逝在攻打南齐的路上。孝文帝的改革有力地促进了北魏经济的恢复和发展，巩固了北魏的政权，使西北地区各民族在进入中原后形成了一次民族文化的大融合。

（课内连线:《中国历史》七年级上，第四单元第 19 课《北魏政治和北方民族大交融》）

贾思勰：致力农学研究的“农圣”

我们知道，人类文明首先是从农业文明开始的，但自有文字以来，那些研究政治、军事的文献汗牛充栋，却很少有人将农业生产当作一门学问来研究。一直到6世纪的北魏，才有人第一次对农业生产进行系统研究，并著书立说，这个人就是北魏时期籍籍无名的地方官员——贾思勰（xié）。他一生致力于农学研究，写出了我国第一部农业百科全书《齐民要术》，对后世的农业发展产生了深远影响，他也因此被后世尊为“农圣”。

世代务农

北魏之前，我国北方长期处于分裂割据的局面，农业生产遭到严重破坏，社会经济萧条，人们的生活非常艰难。

后来，鲜卑族的拓跋氏建立了北魏政权，并逐步统一了北方地区，社会秩序逐渐稳定，经济也得到恢复和发展。

孝文帝即位后大力实行改革，在经济上推行“均田制”，使农业生产逐步恢复，人们的生活有了一些改善。可是到了北魏末年，政治腐败，经济逐渐走向衰落，农业经济和生产受到了严重影响。

恰在这时，出现了一位名叫贾思勰的农学家。

贾思勰，山东益都（今山东省寿光市）人，出生在一个世代务农的书香之家。他从小在田园长大，七八岁便常常跟随父亲在田间参加农业劳动，掌握了大量农业科技知识，积累了丰富的劳动经验。

他的家境虽然不是很富裕，却拥有大量藏书，这使他从小就有机会博览群书，从中汲取各方面的知识，为他以后编撰《齐民要术》打下了坚实的基础。

亲事农桑

贾思勰曾经做过高阳郡（在今山东省淄博市）的太守。

当时，正值北魏由经济繁荣、社会安定走向经济衰落、政治腐败的时期，战乱频仍，社会动荡不安，百姓流离失所。出身农家的贾思勰，深知农业生产对百姓生活和社会安定的重要性。因此，做太守期间，他每到一处，都要认真考察和研究当地的农业生产，虚心向当地经验丰富的老农请教。

⊙贾思勰塑像

他还常常深入民间，来到田园，督促百姓不要误了农时，抓紧生产。农民在生产中有什么困难，他也尽力帮助解决。为了提高农民的生产积极性，他还亲自下地，为农民做示范，以激发农民的劳动热情。

有一次，他到一个地方考察农业生产情况，见到一个老农正在田间耕作，而这片田地旁却空着一大片土地。他感到很奇怪，便走上前去问老农缘由。老农告诉他说这叫“养田”，也就是说，在不同的季节轮换种植不同的作物，这样做可以使土壤养分均衡，减少病、虫、草害，还能调节土壤肥力。

贾思勰由此得到启发，后来经过多次田间试验，他提出了“轮作”的种植方法，并记录在后来的农书《齐民要术》中。

还有一次，他从一个农家小院门口经过，看到主人正弯着腰，认真地挑拣麦粒。他非常好奇，便走进院子去问究竟。原来，那人是在挑选小麦种子，他把自己积累多年的选种方法和经验都告诉了他，比如选小麦种子，要在麦子成熟的季节，首选生命力强、穗大粒多、籽粒饱满的麦穗，晾晒，脱粒，再晾晒脱水，然后选大而饱满、色泽光亮的麦粒作为种子，这样的种子种下去，庄稼长势才好。

贾思勰认真地听着主人的讲解，他越发觉得农业真是一门很深的学问，仅选用种子这一项就有这么多门道！

辞官回家

据北魏均田制的规定，太守有十顷“职分田”，贾思勰便亲自在这块土地上种粮、种菜、种树，还养鸡、养羊、养牛。在经营农牧业的过程中，他对农业生产也有了切身体会，总结出很多宝贵的经验。

有一年，他养的二百多头羊因为饲料不足，不到一年就饿死了一大半。后来，他种了二十亩大豆，每天都向羊圈放很多大豆秆让羊吃。他以为这下饲料充足了，羊就不会被饿死了。可是羊在大豆秆上踩来踩去，拉屎尿尿，就是不去吃。没过多久，羊又死了很多。

饲料少了羊会死，饲料多了羊也会死，这到底是怎么回事呢？贾思勰找到一个老羊倌，向他请教。老羊倌说：“羊虽然喜欢吃大豆秆，可你把它们随便扔在羊圈里，大豆秆被弄得很脏，而且不新鲜了，羊当然是不会吃的。”贾思勰这才恍然大悟，他按照老羊倌教的办法去做，羊儿果然养得越来越肥壮。

除了养羊，他还养了牛、猪、鹅、鸭等。他多次向有经验的农人请教养殖经验，最后总结出一套家畜、家禽的饲养方法和疾病预防方法。后来，他把这些经验都记录在《齐民要术》中。

当时，魏晋玄学正在兴起，一些达官贵族不关心社稷安危，不关心百姓稼穑，整天吟诗作赋，饮酒作乐，崇尚空谈，自视清高。如果愿意，贾思勰依靠丰厚的家底，也能过上这种闲适的生活，但他却选择了无比艰辛的农业研究道路。

在长期的农事活动中，贾思勰认识到，只有农业得到发展，国家才能富裕起来。如果人们吃不饱、穿不暖，连基本生活都无法保障，久而久之，一定会爆发社会矛盾，国家也就难以维持稳定的局面了。

但是农业生产要想有发展，就必须先提高政府官员和农民的技术水平。如果农民不懂技术，那肯定搞不好生产；而官员不懂技术，就会指挥失当，影响生产。他由此萌生了编撰一部农书的想法，专门介绍农业生产方面的技术和规律，供天下人学习。

经过认真权衡，公元 534 年，贾思勰毅然辞掉官职，回到家里，开始全力以赴编撰农书。

专心著书

编撰农书是一份苦差事。贾思勰编书，不是坐在书斋里，而是亲自下地，和农民一起“锄禾日当午，汗滴禾下土”，体会劳动的艰辛，学习耕作的技巧、方法和要领，总结当时的经验，研究前人的成果。

为丰富自己的农学知识，贾思勰还翻阅了大量古代农业典籍，熟悉农谚、歌谣，但他并不迷信书本，而是通过亲自实践来印证书本上的知识。他看到西汉农学专家氾胜之在其《氾胜之书》中记载种植黍子的密度为“欲疏于禾”，他通过亲自种植，发现氾胜之的种植主张有偏差，于是提出了更为科学的种植方法。

为使书中内容更为全面，范围更加宽广，他不辞辛劳，足迹踏遍大半个中国，向有经验的老农请教。比如，长着茅草的地要先让牛羊在上面踩过一遍，七月翻地后，茅草才会死去；不同的地理位置，不同的气候环境，要选不同的作物种类等。他不仅总结汉族人民的生产经验，还深入塞北，了解游牧民族的畜牧技术，从而积累了丰富的农业生产知识。

经过十年的摸索和积累，公元544年，贾思勰将自己搜集的古书上的农业技术资料、请教老农获得的丰富经验，以及亲身实践后的体会分析整理和归纳总结，终于写成一部皇皇巨著——《齐民要术》。

当时的手稿封面上，简单地写着两行大字：

齐民要术

高阳郡太守贾思勰

书名之所以叫《齐民要术》，贾思勰这样解释说："齐，无贵贱，故谓之齐民者，若今言平民也。"从中不难看出，贾思勰对农业是多么重视，对劳动人民是多么尊重啊！

这是一部综合性农学著作，是我国现存最早的一部完整的农书，也是世界农学史上最早的专著之一，被誉为"中国古代农业百科全书"。

这部书共十卷，九十二篇，十一万字，其内容丰富，涉及面极广，既包括各类农作物，比如粮食作物、纤维作物、油料作物、染料作物、香料作物、绿肥作物、饲料作物等，也包括水生植物、蔬菜、瓜果、林木等，就连养猪、养鸡、制造酱醋等农副产品，也都有详细说明。可以说，这部书为研究我国古代农业生产提供了极为真实和详细的史料。

《齐民要术》使农业科学第一次有了系统的理论。贾思勰针对当时各种农作物，从初始的开荒耕种及生产前的各种准备，到生产后的加工、酿造和利用等，都作了全面、详细的叙述；他还对农作物进行了分类，对影响农作物生长的多种因素进行了分析。

这些成果，不但促进了当时的农业生产，就是在今天仍有重要的参考价值。

一代农圣，名垂千古

贾思勰所著的《齐民要术》为保留我国古代农业生产的宝贵经验，推动我国古代农业生产的发展，做出了重大贡献。

可是，由于他生前官职不高，无论是官方还是民间，都没有人为他树碑立传。因此，对于他出生何时，死于何时，史书中没有任何记载。唯一留下来的，就是这部《齐民要术》，它以独特的方式向世人呈现着它不息的生命力。

唐朝初年，太史令李淳风写了《演齐人要术》一书，来推演《齐民要术》。因当时皇帝是李世民，为了避讳，所以把“齐民要术”改成“齐人要术”。后来武则天执政，下令编撰《兆人本业》，其中的“兆人”也是“齐民”的意思。唐朝末年，由韩鄂编写的《四时纂要》，里面大量采用《齐民要术》的资料。

从唐代到清代，我国出了不少指导百姓生活的书，如《山居要术》《齐民四术》《治生要术》等，仅从书名就能看出，它们与《齐民要术》有着千丝万缕的联系。后世几部在历史上有影响的农书，如元代的《农桑辑要》《王桢农书》，明代徐光启的《农政全书》，清代的《授时通考》等，都是在《齐民要术》的基础上写成的。

早在唐代，《齐民要术》就流传到了日本，并被大量刻印，后来又被译成其他文字，流传到其他国家。

清乾隆年间，日本人山田罗谷对《齐民要术》进行校注时称赞说："我从事农业生产三十余年，凡是民家生产上、生活上的事，只要向《齐民要术》求教，依照着去做，经过历年的试行，没有一件不成功的。尤其是关于农业生产的切实指导，可以和老农的经验媲美的，只有这部书。"

即使在今天，日本和欧美一些国家，对《齐民要术》的研究也很流行，并将其称为"贾学"。

沧海桑田，世事变迁，时间已经过去了一千四百多年，但《齐民要术》这部书仍是人们研究农业史不可或缺的资料。它的作者，当年那个籍籍无名，却将农业视为国家安定和发展大计的官员贾思勰，将永远被后世怀念和敬仰！

（课内连线:《中国历史》七年级上，第四单元第 20 课《魏晋南北朝的科技与文化》）

祖冲之：中国数学之祖

南北朝时期，政权更迭频繁，社会动荡不安，百姓生活非常艰难。但是就在这种环境中，仍有一些科学家锲而不舍，刻苦钻研，创造了许多科学史上的奇迹。祖冲之就是其中最为杰出的一位。他把圆周率的值精确到小数点后第七位，这一纪录直到15世纪才被阿拉伯数学家卡西打破。除了在数学领域，他还在天文历法、机械制造、音律、文学等诸多方面也有突出贡献，是历史上少有的博学多才的科学家。

官宦世家

祖冲之，祖籍范阳遒县（今河北涞水）。西晋末年，北方发生大规模战乱，中原地区的人口大量迁移到南方，祖冲之的先辈从河北迁徙到江南，并在江南定居下来。

公元429年，祖冲之出生在建康（今南京）一个官宦家庭。他的祖父祖昌在南朝宋任负责营造的大匠卿，父亲祖朔之曾任奉朝清，常常被邀请参加皇室的典礼和宴会。

⊙祖冲之

小时候，父亲经常逼着祖冲之背诵四书五经，可是祖冲之对经书没有兴趣，他非常喜欢看家里有关数学和天文方面的书籍，还常常缠着祖父给他讲解天文方面的知识。父亲看儿子这么喜欢数学和天文，也就不逼迫他了，有时甚至还和祖冲之一起研究天文知识。

在这样的家庭里，祖冲之受到了良好的教育，青年时期就有了博学的名声。宋孝武帝赏识祖冲之的才学，便派他去专门研究学术的官署“华林学省”任职。祖冲之对做官没有兴趣，但他在那里有了专心研究数学和天文的更好的条件。

推算圆周率

当时，人们在生产实践中遇到有关圆的问题，都要使用圆周率来推算。

事实上，早在先秦时期，人们就开始使用圆周率来解决一些生产和生活问题。那时，人们一般用“径一周三”作为圆周率，即圆周长是直径的三倍，后来把这称为“古率”。随着生产和科学的进一步发展，人们越来越发现这个数值的误差很大，于是就把它改为“圆径一而周三有余”，可是这个“有余”到底余多少，却没有一个较为准确的值。

到了三国时期，数学家刘徽利用“割圆术”将圆周率从东汉时期的近似值为3，精确到3.1416。祖冲之觉得这个数字还可以再精确，于是他开始认真研究刘徽的“割圆术”。所谓“割圆术”，就是在圆内画个正六边形，其边长正好等于半径，再分十二边形，用勾股定理求出每边的长，然后再分二十四、四十八边形……一直分下去，所得多边形各边长之和就是圆的周长。

祖冲之觉得这个方法非常好，但刘徽的圆周率只得出3.1416的结果后就没有再算下去。他决定按刘徽开创的路子继续走下去，将圆进行更多的分割，以求得更精确的结果。

当时，数字运算还没用到纸和笔，而是通过纵横相间地罗列小竹棍，然后按类似珠算的方法进行计算，极其麻烦。

祖冲之在房间的地板上摆开许多小木棍，计算起来。他还让十三岁的儿子祖暅（gèng）一起帮忙。一开始，他算得非常仔细，却没有得出满意的结果，曾一度以为刘徽算错了。可是再次计算之后的结果验证了刘徽是完全正确的。为了避免再出误差，祖冲之以后的每一步计算都至少重复两遍，直到结果完全相同。

他日日夜夜，废寝忘食地钻研，从六边形一直计算到二四五六七边形，直到两者相差仅 0.0000001 才停止，得出了圆周率的准确值应该在 3.1415926 和 3.1415927 之间。这是世界上最早把圆周率数值推算到小数点后七位数字以上的伟大尝试，人们将他计算的这个值叫作“祖率”。这项纪录直到祖冲之逝世一千年后才被一位名叫阿尔·卡西的阿拉伯数学家打破。

随后，祖冲之和儿子祖暅一起，圆满解决了球体积的计算问题，得到了正确的球体积计算公式。这在当时也是一个了不起的成就。

编订《大明历》

后来，朝廷派祖冲之去地方做官。他先是到南徐州（今江苏省镇江市）刺史府，先后担任南徐州从事吏、公府参军。几年后，他又被调到娄县（今江苏省昆山市东北）当县令。

在地方做官期间，他的生活很不安定，生活条件也非常艰苦，但让祖冲之感到庆幸的是，他有了更多接触生产和生活实践的机会，不但可以将自己的知识应用到生产实践中去，同时也从实践中学到了书本上学不到的知识。

刚到南徐州不久，祖冲之就发现了一个奇怪的现象：尽管当年风调雨顺，但是庄稼的收成却不好。经过多次与百姓交谈，他发现原来是历法测算不准影响了农时。他深深体会到，运用错误的知识对人们生产和生活影响太大了！

当时，人们用的是天文学家何承天编制的《元嘉历》，经过实际观测，祖冲之发现里面有很多错误。比如，日月方位距实测值相差 3 度，冬至、夏至差了 1 天，五星的出没差 40 余天。于是，祖冲之便有了重新编订历法的想法。

此后，在繁忙的公务之余，祖冲之开始深入田间地头，同有经验的老农交谈，收集民间谚语和民间经验。与此同时，他把从古至今所有文献资料搜罗来进行了研究，并亲自观测日月星辰的运行，对此进行详细记录和精密推算。

经过几年的努力和研究，一部新的历法——《大明历》终于编制完成了。这部历法精确程度极高，它测定的每一回归年（也就是两年冬至点之间的时间）的天数为 365.2428141，与现代科学测定值仅相差 46 秒；它测定的月亮环行一周的天数，与现代科学测定值相差不到 1 秒！

新历受阻

公元 462 年，祖冲之请求南朝宋孝武帝颁布新的《大明历》，遭到皇帝宠臣戴法兴的反对。祖冲之为坚持自己的正确主张，勇敢地同戴法兴展开了一场激烈的辩论。

戴法兴认为，历法是古人制定的，后人不应该改动，祖冲之的行为是离经叛道。他认为冬至时的太阳总固定在一定位置，而不是如祖冲之认为的每年都会移动。

祖冲之一点儿也不害怕，他用自己研究的数据驳斥戴法兴，并严肃地说："现在我们已经知道了旧历法不准确，会耽误农时，就不应该再用了。你如果有事实根据，可以拿出证据来。"

戴法兴当然拿不出证据，但他仰仗皇帝宠幸自己，仍然不依不饶。孝武帝偏向戴法兴，就找了一些懂得历法的人跟祖冲之辩论，谁知这些人也一个个被祖冲之驳倒了。戴法兴见此，竟气急败坏地说："新历法再好也不能用！"

不久，宋孝武帝就死了，接着统治集团内部发生变乱，改历这件事也就被搁置起来，这一搁置就是四十多年。直到南梁天监九年（公元510年），经其子祖暅请求，祖冲之的《大明历》才得到推行。而这时，祖冲之已经去世十年了。

研究制造机械

完成《大明历》后不久，祖冲之被调到总明观任职。总明观相当于现在的中国科学院，是当时最高的教学和科研机构。总明观内设文、史、儒、道、阴阳五个学科，实行分科教授制度，由各地有名望的学者任教，祖冲之就是其中的主要人员。

从这时起，一直到南齐，祖冲之的大量精力都用在了研究机械制造上。当时，齐高帝萧道成对指南车情有独钟，他希望祖冲之能够仿制一辆。关于指南车的历史由来已久。相传远古时代，黄帝对蚩尤作战，曾使用指南车来辨别方向。史书记载，三国时代的发明家马钧也制造过这种指南车，可惜后来失传了。南朝宋的开国皇帝刘裕率军打到长安时，也曾得到过一辆指南车。

祖冲之研究了以往关于指南车的资料，经过一番努力，终于制作成功。为了使车子耐用且更加灵敏，车子的内部构件全部使用上等的铜材制作的。制成后的指南车构造精巧，运转灵活，无论怎样转弯，木人的手总是指向南方。齐高帝看后乐得合不拢嘴，直夸祖冲之是一代巧匠。

当时北朝有一个名叫索驭驎的人，他来到南朝，自称也会制造指南车，于是齐高帝让他也制造了一辆，与祖冲之所制造的指南车进行比试。赛场上，祖冲之的指南车运转自如，而索驭驎的车子却很不灵活，车身已经转弯好一会儿了，木人的手才笨拙地改变方向，而且有时还不能指向南方。

除了制造指南车，祖冲之还有其他的发明。他看到老百姓舂米、磨粉很费力，便想发明一种工具减轻百姓的劳动强度。在古代，很早就发明了利用水力舂米的水碓和磨粉的水磨。西晋初年，杜预对此加以改进，发明了“连机碓”和“水转连磨”。一个连机碓能带动好几个石杵一起落地舂米；一个水转连磨能带动八个磨同时磨粉。

祖冲之在杜预发明的基础上进行了改进，发明了“水碓磨”，把水碓和水磨结合起来，利用水力转动石磨舂米碾谷子，生产效率大大提高，舂米磨粉又快又好。

此外，祖冲之还根据春秋时代的文献记载制作过一个“欹（qī）器”，送给齐武帝第二个儿子萧子良。欹器是古人用来警诫自满的器具，器内没有水的时候是侧向一边的；如果里面水量适中，它就会竖立起来；如果倒满水，它又会倒向一边，把水泼出去。孔子当年就曾受过这种器具的启迪。这种器具，杜预曾试制三次都没有成功，祖冲之却仿制成功了，可见祖冲之在机械制造方面具有卓越的才能。

遗憾离世

南齐末年，江南一带陷入战乱，这时祖冲之已到了晚年，他对这种内忧外患、国无宁日的局面忧心忡忡，于是写了一篇《安边论》，建议政府开垦荒地、发展农业、增强国力、安定民生、巩固国防。齐明帝看到这篇奏疏，打算派祖冲之巡行四方，兴办一些有利于国计民生的事业。但是由于连年战争，这个建议始终没有能够实现。公元500年，这位卓越的大科学家带着遗憾离开了人世，享年七十二岁。

祖冲之出生于南朝宋，去世于南齐，一生经历政权更迭和内乱之苦，但他以自己的聪明才智、超凡毅力和民生情怀，为人类科学事业做出了巨大贡献。为纪念他的丰功伟绩，1967 年，国际天文学家联合会将月球背面的一座环形山命名为“祖冲之环形山”；1964 年，紫金山天文台将国际永久编号为 1888 的小行星命名为“祖冲之小行星”。

（课内连线：《中国历史》七年级上，第四单元第 20 课《魏晋南北朝的科技与文化》）

隋唐篇

隋文帝：西方学者眼里最有影响力的中国皇帝

名将之后，侍母至孝

隋文帝杨坚是隋朝的开国皇帝，据说他是汉朝时太尉杨震的十四世孙，小名那罗延（“金刚不坏”的意思），鲜卑姓氏为普六茹。这个姓是西魏恭帝赐给隋文帝的父亲杨忠的，隋文帝掌权后恢复了汉姓“杨”。隋王朝虽然短暂，但对历史的贡献却不小。隋朝建立初期百废待兴，隋文帝在位期间，成功地结束了南北朝分治的战乱局面，实现了中国大范围内的多民族的统一，建立了一直沿袭到清朝的三省六部制的组织管理体系，开创了科举选官制度，制定了影响后世的律法——《开皇律》，大力发展文化经济。隋朝疆域辽阔，人口达到七百余万户，是中国农耕文明的辉煌时期。隋文帝开启了隋唐盛世之门，实现了千古传颂的“开皇之治”，为之后的唐朝盛世奠定了坚实的基础。

杨坚的父亲杨忠跟随北周文帝宇文泰起义，因为在宇文泰执政和宇文觉建立北周的过程中功勋卓著，官至柱国、大司空，后封随国公。他从小在专门为王公贵族开设的学校念书，不算聪明用功。杨坚十四岁时就被封为功曹，开始了做官生涯。

⊙隋文帝

十五岁的时候，他因为父亲杨忠的功劳被授予散骑常侍、车骑大将军、仪同三司等官职。十六岁时，他又被升为骠（piào）骑大将军。北周文帝宇文泰看见杨坚后曾赞叹说：“这孩子的模样和气质，不像世上的凡人啊！”北周武帝宇文邕即位后，十九岁的杨坚离开京城出任隋州刺史，并晋升为大将军。鲜卑贵族、柱国大将军独孤信欣赏杨坚，认为他前途无量，就把自己十四岁的七女儿许配给了他，进一步提高了杨坚的政治地位。后来北周武帝又把他调回京城，正遇上杨坚的母亲生病。整整三年，杨坚昼夜服侍母亲，不离左右，世人都说他是真正的孝子。

躲过猜疑，受禅立国

二十八岁的时候，杨坚的父亲过世，他承袭了父亲随国公的爵位。由于他并无突出的功绩，却身居高位，引起了朝臣和贵族的嫉妒，这让他常有“身在帝王边，如同伴虎眠”的危机感。有人对北周武帝宇文邕说，杨坚相貌非常，有可能会威胁到皇帝的政权，应早些除掉他。周武帝对此犹豫不决，就向畿伯下大夫来和问计。来和也说杨坚不凡，但暗中又想给自己留条后路，就说：“杨坚这人是可靠的，如果皇上让他做将军，带兵攻打陈国，想必没有攻不下的城防。”这为杨坚避免了一场杀身之祸。周武帝还是放心不下，暗中请相士赵昭偷偷为杨坚看相。赵昭与杨坚关系不错，当着周武帝的面假装观察杨坚的脸庞，然后毫不在意地说：“皇上，请不必多虑，杨坚的相貌极其平常，无大富大贵可言，最多不过是个大将军罢了。”这又使杨坚渡过了一次险关。这时，内史王轨又劝周武帝：“杨坚貌有反相。”言下之意是想及早除掉杨坚。因为周武帝对相士赵昭的结论确信无疑，就不高兴地说：“要是天意如此，那又能怎么办呢？”周武帝还让太子娶了杨坚的长女做太子妃，进一步巩固了杨坚的地位。

周武帝宇文邕死后，他的儿子宇文赟（yūn）即位，即北周宣帝，杨坚的长女杨丽华被封为皇后，杨坚晋升为上柱国、大司马。但事实上，周宣帝对杨坚的疑心更大，他命内侍在皇宫设下埋伏，再三叮嘱：“只要杨坚有一点儿无礼声色，就杀了他！”然后他把杨坚召进皇宫，议论政事。杨坚几经化险为夷，心中早有准备，不管周宣帝怎样激他，怎样蛮横，他都不动声色，毕恭毕敬，周宣帝找不到杀他的机会。最后，杨坚被安排暂时离开都城，外放去做亳（bó）州总管。这样宇文赟放心了，杨坚也安心了。周宣帝是个昏君，不问朝政，沉溺酒色，满朝文武敢怒而不敢言，看到这样的局势，杨坚便开始做取代北周的准备了。

周宣帝荒淫无度的生活使他年仅二十二岁就丧命了，他的儿子，年仅八岁的周静帝宇文阐（chǎn）即位，任命杨坚为丞相。趁着周静帝还是个不懂事的小孩，杨坚在几位大臣的帮助下以外戚身份控制了北周的朝政，统揽了军事大权，接着除掉了宇文氏的势力。在杨坚四十一岁这一年，周静帝被迫下诏将皇位禅让给杨坚。杨坚因为曾继承父亲随国公的封号，所以把王朝的国号定为随，他又觉得“随”字的走之底寓意不吉利，就改“随”为“隋”，成为隋朝开国皇帝——隋文帝。在之后的几年，隋文帝先后统一了位于江陵的西梁、南方的陈朝和北方的突厥（jué）等，实现了自秦汉以来中国的又一次统一局面。

百废俱兴，多有创举

隋朝建立之初百废待兴，隋文帝在政治、经济等方面推行了一系列改革措施。隋文帝确立了三省六部制，他废除了北周不合时宜的官僚体制，恢复了汉魏时期的体制，在中央设立三师、三公、五省。“三师”是虚衔，没有官职；“三公”虽然参与国家大事，却也只相当于顾问，没有实权。掌握政权的是“五省”，即内侍省、秘书省、内史省、门下省和尚书省。内侍省是宫廷的宦官机构，管理宫中事务。秘书省掌管图书历法，比较清闲。起作用的是其他三省——内史省、门下省、尚书省，这三省是最高政务机构。内史省负责决策，门下省负责审议，尚书省负责执行。这就是后来被唐朝继承的三省制。尚书省下设吏、户、礼、兵、刑、工六部。吏部掌管全国官吏的任免、考核、升降和调动；户部掌管全国的土地、户籍以及赋税、财政收支；礼部掌管祭祀、礼仪和对外交往；兵部掌管全国武官的选拔和兵籍、军械等；刑部掌管全国的法律和刑狱；工部掌管工程、工匠、水利、交通等。六部的长官是尚书，分掌全国政务，分工明确，组织严密。隋文帝设置六部，加强了中央集权，对唐及以后历代王朝影响十分巨大，一直沿袭到清末。

在确立了三省六部制的中央机构后，隋文帝又对地方机构进行了改革。北周设州、郡、县三级地方机构，由于郡县设置过繁，形成了民少官多的局面。开皇三年，隋文帝下令废除郡，改为州、县两级制，又合并了一些州县，淘汰了大批官员，大大节省了政府开支，提高了行政效率，也减轻了人民的负担。隋文帝还规定九品以上官员一律由中央任免，官吏的任用权一概由吏部掌握，每年都要由吏部进行考核，以决定奖惩、升降；刺史和县令实行三年任期制，禁止地方官就地录用官吏。

隋文帝开创了科举制度，该制度在中国历史上留存长达一千三百多年，直到清朝末期才被废除，对中国的官吏选拔制度产生了深远影响。他废除了之前的九品中正制——单凭门第出身做官的机制，采用荐举和考试相结合的选官方法，命令各州每年推选三个文章华美、有才能的人到中央授官，官员由有德有才的举人担当。到了隋炀（yáng）帝时开始设立进士科，通过考试选取进士。开科取士的选拔官员制度把读书、应考和做官紧密联系起来，科举成为知识分子进入官场的阶梯，各个阶层有才华的人都有机会为国家效力，结束了数百年来世家大族垄断官场的局面。

北周的法律既残酷又混乱，为了统一刑罚，又不滥用刑律，隋文帝下令制定了《开皇律》，将原来的车裂（五马分尸）、枭首（砍下头悬挂在旗杆上示众）、宫刑等残酷刑罚都废除了。《开皇律》规定一概不用灭族刑，减去死罪八十一条、流罪一百五十四条，徒、杖等罪千余条，保留了律令五百条。刑罚分为死、流、徒、杖、笞（chī）五种，基本上完成了自汉文帝刑制改革以来的刑罚制度改革历程。对于死刑的执行，隋文帝提出了死刑复奏制度，在处决犯人之前，需要向皇帝奏请三次，以便考虑得更加周详，所以称为“三复奏”。这种谨慎的流程正式将死刑的复核纳入法制轨道，为死刑的文明化奠定了基础，将死刑核准权收归中央也有效防止了冤假错案的发生。

开创盛世，立嗣遗恨

隋文帝下令修建首都大兴城，就是后来的长安城。大兴城街道整齐划一，南北交错，东西对称，大街小巷井井有条。大兴城在当时是世界上最巨大的城市，占地面积是汉长安城的二点四倍，明清北京城的一点四倍，比同时期的拜占庭王国都城大七倍，比公元800年所建的巴格达城大六点二倍。大兴城不仅是中国古代城市建设规划高超水平的标志，也是当时国家经济实力和建筑水平的综合体现。

隋文帝平定南朝之后，不但没有杀后主陈叔宝，还给予了优厚的待遇，经常召陈叔宝上朝接见，视同三品文官。朝中每当有宴会，为了不勾起陈叔宝的怀乡之情，隋文帝会特意叮嘱乐师不要演奏吴地乐曲，称得上关怀入微。隋文帝善待亡国之君陈叔宝，为后代皇帝开了个好的先例。

隋文帝是出名的节俭之人。他小时候生长在寺庙之中，素衣素食，生活俭朴，养成了崇尚节俭的性格。他虽贵为天子，却不喜欢吃肉，不用金玉饰品，连死后的陵墓都是一切从简。他教育太子要谨守节俭的习惯，告诫太子奢侈腐化不利于国家长治久安。他还提倡官员们要节俭，这样上行下效，形成了从皇帝到百姓的简朴风气。加上其他一些促进生产的措施，在很短的时间内，隋朝便百业兴旺，经济繁荣。

隋文帝与独孤皇后感情深厚，他们彼此相伴，不设三妃，只有几位夫人而已，后宫清简朴素，这在帝王中是极少见的。

隋文帝晚年受到次子杨广的蒙蔽，废去了太子杨勇，立杨广为皇位继承人，杨广就是后来荒淫无道的隋炀帝。他患病住在仁寿宫，被杨广害死。隋文帝在位二十三年，终年六十四岁。他开创的大隋王朝虽然只存在了两世共三十七年，但他所建立的疆域范围却超过了以往，结束了东汉之后长达三百六十多年的分裂动荡局面，实现了中国历史上第二次大统一。他消除了之前过时和无效率的制度，创造了一个中央集权的帝国，在长期政治分裂的各地区培植了共同的文化意识，为唐代的大发展和经济文化的大繁荣准备了条件。

（课内连线:《中国历史》七年级下，第一单元第1课《隋朝的统一与灭亡》）

唐太宗：开创“贞观之治”的治世明君

名门之后，年少有为

唐太宗李世民是唐朝的第二位皇帝，他是唐高祖李渊和窦皇后的第二个儿子，中国历史上杰出的政治家、军事家。他在位二十三年，享年五十二岁。唐太宗李世民登基后，虚心纳谏，偃武修文，厉行节约，劝课农桑，使百姓能够休养生息，国泰民安，开创了中国历史上著名的“贞观之治”。他对外开疆拓土，平定东突厥、高昌、龟兹、吐谷浑等地区，使各民族融洽相处，被北方民族尊称为“天可汗”，为唐朝一百多年的盛世奠定重要基础。如果给中国所有的帝王组织一次明君投票评选活动，唐太宗李世民很有可能会位居榜首，他的功业和美德使他成为后代帝王的楷模，一直被人们所传颂。

李世民是十六国时期西凉开国君主李暠（hào）的后裔，世代显贵。其曾祖父李虎在西魏时官至太尉，是西魏八柱国之一。其祖父李昞（bǐng）是北周时的柱国大将军，祖母是隋文帝独孤皇后的姐姐。其父唐高祖李渊七岁便在北周世袭了唐国公的爵位，后来隋末天下大乱时，李渊从太原起兵，攻占长安，建立唐朝。李世民四岁的时候，家里来了一位自称会相面的书生，对他的父亲李渊说：“您是贵人，而且您有贵子。”见到李世民，书生说：“龙凤之姿，天日之表，等到二十岁时，必能济世安民。”李渊就用了“济世安民”的意思为儿子取名为“世民”。李世民自幼聪明果断，胆识过人，作为世代显赫的将门之后，他从小就受到家庭尚武风气的熏陶，学习骑射征战和文韬武略。他年少时就熟读了《孙子兵法》，并且能够用里面的方法与父亲讨论排兵布阵的策略，深得父亲喜爱。

⊙唐太宗

十六岁那年，李世民娶了长孙氏为妻，长孙氏同样出身于世代显赫的贵族世家，自幼受到良好的教育，知书达礼，聪明善良，宽厚仁慈。十八岁那年，李世民参加云定兴的军队，去雁门关营救被突厥人围困的隋炀帝。十九岁时，父亲李渊出任晋阳留守，李世民跟随到太原并随父多次出征，平定发生在太原周围的各种叛乱，抗击东突厥的入侵。

号泣谏父，晋阳起兵

有一次，李渊决定连夜拔营攻打另外一个地方。李世民对父亲说：“这样做我们可能没有办法成功，因为很有可能会中埋伏，不但不能取得胜利，还会被围剿，反而会大伤我军。”这样劝了三次，父亲李渊仍不采纳他的建议。眼看父亲次日就要带领整个军队出发了，李世民在帐篷外面号啕大哭，哭得非常伤心。因为他知道父亲这个决定是错误的，这种做法相当危险。父亲李渊在帐篷里头听到外面有很大的哭声，走出去一看，是李世民，就问他为什么哭。李世民说：“本来希望能阻止父亲的这次军事行动，但是父亲不能采纳，我非常难过，又没有办法，只能在这里哭泣。”李世民此时是在试图做最后一次劝解。李渊认真思考后，发现儿子分析得很是中肯，就及时停止了这次军事行动。

之后李渊在晋阳起兵反隋，最后攻入长安并称帝，改国号为“唐”，史称“唐高祖”。在此过程中，李世民屡次立下战功，被封为秦王。从十几岁开始，李世民就随父亲不断征战，经历了迁徙不定的军旅生活，亲眼看到大量的社会现实，开阔了眼界，逐渐形成意志顽强、豪放果断的性格，养成了勤于思考、审时度势、遇事冷静的习惯。唐王朝建立后，全国还有未平的叛军，唐高祖李渊和皇太子李建成要留在京城处理政务，李世民就担起了为统一国家而战的重任。他二十岁出头就做了军中统帅，先后平定了王世充、窦建德等军事政权，建立了卓著军功。秦王李世民的军事才能和政治谋略，使他的威望日益增长，权力也逐渐扩大，他不但掌管军队，担任尚书令，高居宰相之位，麾（huī）下还有一批共同经历过生死的谋臣武将对他忠心耿耿。

玄武门之变

李世民显赫的政治军事地位，导致了他与哥哥李建成之间的矛盾。为了维护自己的皇位继承权，太子李建成努力扩充自己的势力，还把齐王李元吉拉入自己的阵营。李世民与李建成之间的争权活动逐渐由暗斗变为明争，最终导致兄弟相残的“玄武门之变”。李世民在武将尉迟敬德、侯君集和谋臣长孙无忌、房玄龄、杜如晦等人的协助下，在长安城太极宫的北宫门——玄武门设下伏兵，射杀了太子李建成和齐王李元吉。两个月后，李渊退位做了太上皇，李世民登基，史称唐太宗，成为唐王朝第二位皇帝，时年二十九岁。第二年，改年号为贞观，后人也把唐太宗执政的时期称为“贞观之治”。

广纳贤才，从谏如流

李世民即位时，大唐立朝不久，刚经历了隋末战争，人口只有二百多万户，民心还不安定，社会经济凋敝（bì）。唐太宗经历过隋朝盛世，并亲眼看到一个强盛富庶的统一帝国在隋炀帝继位后不到十三年就分崩离析，以致灭亡，他常以亡隋为戒，知人善任，从谏如流。他不但任用唐高祖执政时的班底，对待东宫太子李建成的旧部也能不计前嫌，唯才是举，充分发挥贤德人士的才能。他曾说内举不避亲，外举不避仇。意思是朝廷会任用有才能的亲戚，而不避讳（huì）；会任用有私人恩怨的臣子，只要此人真能为朝廷做贡献。

唐太宗重视对官员德才的考核。他沿用了隋朝的科举制度，让寒门士子也有机会入朝做官。他还亲自任命都督、刺史等地方官，并把各州刺史的功过写在卧室的屏风上，作为赏罚的依据。他要求地方官每年进京汇报工作，由吏部考核决定升降。正是唐太宗不拘一格的官员选拔制度，使贞观时期人才辈出。有个“房谋杜断”的成语，描述的就是唐太宗的两位重臣房玄龄和杜如晦。唐太宗与房玄龄研究国事的时候，房玄龄总是能够提出精辟的意见和具体的办法，但是往往不能作决定。这时候，唐太宗就把杜如晦请来，杜如晦将问题略加分析，就立刻有了决断。他们二位一个善于出谋划策，一个善于当机立断，唐太宗就用了他们各自的长处。在贞观年间，有一批为国家建设和百姓福祉（zhǐ）殚（dān）精竭虑、脚踏实地奉献的官员，形成了廉洁勤勉的政治风气。

为了避免君主独断和重臣专权，唐太宗开创了君主虚心纳谏和臣下耿（gěng）言直议的开明风气。他重赏进谏的官吏，还拿出最大的宽容来听取臣子的建议，其中最为著名的谏官就是魏徵。此人曾是辅佐太子李建成的重要谋臣，后又受到唐太宗的重用，位至宰相。魏徵前后向唐太宗进谏两百多件事，即使太宗在大怒之际，他也敢于面折廷争，毫不退缩，而唐太宗也没有因此处罚魏徵。有一次，唐太宗想要去打猎取乐，行装都准备好了，却迟迟没有出行。后来，魏徵问到此事，太宗笑着说：“当初确有这个想法，但害怕你又要直言进谏，所以很快打消了这个念头。”还有一次，太宗得到一只上好的鹞（yào）鹰，把它放在自己的肩膀上，很是得意。这时他看见魏徵远远地向他走来，便赶紧把鹞鹰藏在怀中。魏徵故意奏事很久，致使鸟儿被闷死在李世民怀中。魏徵病逝时，唐太宗亲自去吊唁，并悲伤地说：“以铜为镜，可以正衣冠；以史为镜，可以知兴替；以人为镜，可以明得失。魏徵过世，我就少了一面镜子啊！”

文治武功，盛世之基

唐太宗建立了完备的法律制度，包括律、令、格、式，从国家制度到经济生活，以及民间的婚丧嫁娶等风俗，都有详细规定，同时采用慎刑宽法和加强法治的措施。他一再告诫执法的官员“人死不可复生，用法务在宽简”，并将死刑的终审权收到中央，以免出现冤案。公元632年，监狱里有三百九十名判处死刑的犯人，年底时唐太宗特批他们回家探亲，料理后事，等到第二年的秋天回京接受死刑。结果，遣送回家的三百九十名死囚，在无人督促的情况下，全部如约准时返回监狱，没有一人逃跑和藏匿（nì），于是太宗就全部赦免了他们。

在军事外交方面，唐太宗武功显赫，统一了北部边境，并出师平定了突厥等西域各国。他还与东西方国家建立文化交流，使亚洲、欧洲的国家与唐朝加强了联系，使长安成为世界性的大都会，至今西方语言中还有用“唐人”称呼中国人的习惯。由于疆域辽阔，唐朝在西域设立了安西四镇，为东西方来往的商旅提供了安定的社会秩序和有效的安全保障，丝绸之路上商旅不绝于途，丝绸之路成为整个世界的黄金走廊。唐太宗对内重视农业生产，兴修水利，减轻农民赋税劳役。他自己也戒奢崇俭，住的宫殿是隋朝时留下的。他还禁止铺张厚葬，在官民中形成崇尚节俭的风气。他让魏徵、虞世南、褚（chǔ）亮等人，从一万四千多部、八万九千多卷古籍中挑选与治国修身相关的内容，编成五十多万字的《群书治要》。后来这套书因战乱而失传，所幸当时的日本遣唐使把这套书带回过日本，最终此书得以从日本辗（zhǎn）转回到中国。

唐太宗五十二岁那年生了病，最终医治无效，一代英主就此陨（yǔn）落。由于唐太宗的励精图治和锐意进取，到了贞观二十三年（公元649年），全国人口达到三百八十万户，人民过上了安居乐业的生活，国力日益强盛，成为历史上公认的太平盛世，并为后来的唐高宗、武则天、唐玄宗年间的大唐盛世奠定了基础。唐太宗是一位被中国人真心尊崇敬仰的封建帝王，他自身的智慧美德，他积累的治国经验，他与诸位名臣共同创造的贞观之治的灿烂辉煌，都将永载史册，并为后人所称颂。

（课内连线：《中国历史》七年级下，第一单元第2课《从贞观之治到开元盛世》）

玄奘法师：威震五印、名扬西域的中国高僧

河南省开封市陈留镇地势平坦，土地肥沃，传说曾有凤凰在此栖息，因此又称“凤凰城”。不过令陈留大放异彩的不是“凤凰”，而是那些人中之龙凤——商朝宰相伊尹、东汉文学家蔡邕均出生于此，还有一位威震五印、名扬西域的佛学大师也出生于此，他就是大唐玄奘法师！

孺子可教也

秋日午后，凉风习习，令人好生惬意。从书房的窗口望去，有个身高八尺、仪表非凡的男子，那人正是江陵学士陈惠，面前坐姿端正的八岁孩童是他的小儿子——陈祎。陈惠曾任江陵县令，因隋朝政权衰微，官场腐败，他隐世回乡，一面潜心读书，一面悉心教导四个儿子。

有一天，陈惠给小儿子讲《孝经》中“曾子避席”的故事：“曾子听到他的老师讲述关于德行的深刻道理时，就站起身来，走到席子外面，以表示对老师的尊敬……”

陈祎听到这里，急忙整理衣襟站起来，侧立在席子旁，说道：“曾子听师父的教诲知道避席，我现在听父亲的教诲，怎么还能安静地坐着，岂不是太不知礼数了？”陈惠听了十分高兴，抚摸着儿子的头说：“我儿日后必成大器！”

陈祎在父亲的谆谆教诲之下，一心扑在书本上面，通读各家经典，从不与同龄的儿童嬉戏玩耍。

“陈祎，我们去逛街市，你听远处锣鼓喧天，一定是有什么热闹事！”

“不去，我今天要读《孟子》！”

“陈祎，今天戏台子有表演杂耍的，保证你大开眼界！”

“不行，今日我要和二哥学习经书！”

随兄长出家

陈祎的二哥陈素自幼喜爱佛法，成年后在洛阳的净土寺出家，法号“长捷”。在师父察法大师的培养下，长捷佛学造诣越来越深。陈祎对二哥羡慕不已，整日像个小尾巴一样跟着他出入佛堂寺庙。

公元 614 年，皇帝下旨通过考试选择二十七个人出家为僧。参加考试的有几百人，场面十分壮观。陈祎也跃跃欲试，不料到了考场门口却被考官拦了下来："哪里来的小孩子，这是皇家的考试，可不是由你闹着玩的！"由于年龄太小，陈祎只能站在门口眼巴巴地张望。

⊙玄奘

大理寺卿郑善果奉命来考场选拔，看到寺门外有个眉清目秀的少年在徘徊，便上前问他："你是谁家的孩子？为什么在这儿转来转去？"

陈祎坦率地回答："我是陈留人，我想要出家，但是他们不让我进去！"

大理寺卿又问："你为什么要出家呢？"

陈祎一拍胸脯："为了去远方弘扬如来家业，在近处光耀佛法。"

大理寺卿心中一惊：这个少年生得气度不凡，又胸怀大志，比那些只会诵经的僧人强多了，若是让他进入佛门，日后一定能成为佛门中的厉害人物。于是他破格录取了这个年仅十三岁的少年。

陈祎出家后，与二哥一同在净土寺学习，剃度师父给他起了法名——玄奘。一天，寺中的景法师为众僧讲解《涅槃经》，玄奘第一次聆听大师的教诲，如坐春风。后来他又跟随严法师学习了《摄大乘论》。他对音律十分敏感，凡是听大师诵读过的经书，都能深刻地记在脑中。每当法师下课之后，众僧就会让玄奘将课程内容重复一遍。玄奘站在台上，用抑扬顿挫的语调为大家讲法，俨然一代大师的模样。

佛门千里马

隋末战乱频仍，河南盗贼四起，连寺庙都被打劫一空。当时避难的僧人都赶往四川，因为那里相对太平，还聚集了很多佛门大德之师。玄奘兄弟也来到四川，博采众长，学习各派理论精华。

长捷法师颇有其父遗风，生得风神俊朗，不仅对佛典研究很深，对诸子百家之学也涉猎甚广。玄奘法师更是品行高洁、不染杂尘，并且怀有宇宙般的宏大志向。兄弟二人在四川芳名远播，远近皆知。

玄奘年满二十岁时在成都受具足戒，成了一名真正的僧人，开始潜心研究律学。当时，律学最盛行的地方是长安，玄奘想到那里深造，他的兄长劝道："长安路途遥远，又不安全，还是待在成都吧！"玄奘去意已决，于是乘着一叶扁舟渡过了三峡，来到仅一江之隔的荆州天皇寺。众僧早就听说了玄奘的大名，请求他留在寺中讲经说法，玄奘就给他们讲佛学中的经典，一讲就是三个月。荆州的汉阳王听说此事，率领他的部下来到寺中向玄奘请教，并送他堆积如山的宝物，玄奘分文未取。

玄奘去长安的心并没有动摇！他先后途经河南的相州、河北的赵州，终于来到长安的大觉寺。道岳法师为他讲解《俱舍论》。玄奘的领悟能力颇强，就连寺中修行多年的老者都自愧不如。长安这里较为出名的还有法常、僧辩两位高僧，二人对大小乘佛法和戒定慧三学都穷尽通达。玄奘此时已颇有声名，仍谦虚地向二人请教。两位大师被玄奘的领悟能力与谦虚品质所打动，不禁赞叹道："玄奘真是佛门中的一匹千里马呀！"

踏上西行路

自踏入佛门以来，玄奘阅读的佛经多如牛毛，寻访的名师更是数不胜数，然而他心中的疑惑却越来越多：我所读的经书版本各不相同，哪一本才是真正接近原著的呢？我所拜访的名师各树门派，哪一家才是正派？为了解开心中的疑惑，玄奘作了一个惊人的决定，那就是——西游天竺，求取真经。

长路漫漫，玄奘想要与人结伴而行，众僧纷纷摇头："西行的路太远了，来回恐怕要走上十几年，而且前途未卜，能不能回来都很难说！"

玄奘十分失望："以前法显、智严大师都能不畏艰险，不远万里去西方求取真经，难道他们的精神就无人能继承吗？”看到没有人愿意与他同去，玄奘决定孤身一人前往西方，并在寺中发誓许愿：“我玄奘此次西行，不为名，不为利，只是为了取得真经，希望佛祖庇佑，能够顺利完成任务！”

此时，唐王朝刚刚建立，为了控制各地的流民，朝廷下旨百姓不能出境。玄奘上书请求朝廷放他西行求学，但是被拒绝了，但他并不气馁，慢慢寻找机会。这年秋天，长安一带农田受灾，朝廷允许百姓外出谋生，二十七岁的玄奘夹在灾民之中，出了长安城，开始了艰难漫长的西行之路。玄奘走到凉州，没有通过证过不了关卡。凉州佛寺有一位叫慧威的法师，十分佩服玄奘，得知他西行受阻，便派两个弟子前去偷偷地帮助他。三人昼伏夜行，快马加鞭，这一日赶到了瓜州边境。瓜州刚刚接到朝廷的文书：全城搜捕玄奘，令他返京。玄奘听闻大惊失色，眼看就要无功而返，幸好州吏李昌是个虔诚礼佛之人，他撕毁文书，放玄奘西行。

当初护送玄奘的两个僧人，一个偷偷溜走了，另一个身染重病，最终踏上西行之路的，还是玄奘一人。

绝食以明志

长路漫漫，一僧一马越行越远。眼看着就踏入大漠之中，这里没有长河落日圆的美景，只有烈日当空、饥渴疲奁。随身携带的水囊越来越瘪，万不得已的时候才敢抿上一口。不幸的是，进入沙漠不久，玄奘失手打翻了水囊，水洒得一滴不剩。怎么办？再往前走可能会被渴死，返回取水会耽误行程，罢了！玄奘心中暗念：宁肯西行饿死，绝不东归一步！

口唇干裂，面颊爆皮，因饥渴干呕不停，为了支撑下去，玄奘心中不知默念了多少遍阿弥陀佛。他踉踉跄跄地在沙漠中走了四五日，终于看到远处有一抹蓝色。玄奘忽然来了力气，狂奔数里来到水源前，人与马头也不抬地喝着湖水，然后一头栽在那里。

玄奘醒来时，发现自己在一所寺庙中，原来是寺庙打水的僧人救了他，一问才知道自己已经到了高昌。高昌王早就听说了玄奘的威名，立即派人将玄奘接到宫中，并沐浴焚香，诵读一夜经文以此欢迎他。

玄奘对高昌王的款待感激不尽，高昌王趁机说：“我去长安时就听说了大师的名字，那时就心生敬仰，如今您来到这里，干脆别走了，留下来帮我教化子民，我一定不会亏待您的！”

玄奘听了心中一惊，忙说道：“大王这些时日的款待令小僧无以回报，然而小僧此次是为求取真经而西行的，为的是东土的众生，岂能在这里享受荣华富贵？”

高昌王多次挽留无果，便翻了脸：“大师能不能走，还不是我高昌王一句话的事！”无奈之下，玄奘开始以绝食抗争。到了第四天，玄奘突然昏厥过去。高昌王懊悔不已，立刻向他赔礼谢罪，答应放他西行。

为了回报高昌王，玄奘留在高昌国讲经一个月。临行之时，高昌王为他准备了旅途中所需的物资，大到车马，小到防风沙的面具、纱巾等，又派队伍将他送到边境。高昌王还亲笔写了书信给相邻的几个国家，让他们接待玄奘。

天竺取真经

有了高昌王的帮助，玄奘如足下生风，肋下生翅，行程比以前快了很多。不出数日，就穿过了阿耆尼国、屈支国等。再往西行，又是艰难险阻之路：葱岭之北，白雪皑皑，冰天雪地，压根儿不能生火做饭；热海之南，灼浪滔天，微风不起，皮肤不知被灼伤了几回……

艰难前行的玄奘到了梵衍都城，他听说这里有一个伏龙窟，传说如来曾在这里降伏恶龙，便想去参观一番。不料半路突然杀出几个蒙面强盗，指着他说："包袱中有什么宝物，尽管拿出来，不然可别怪我们手里的刀不长眼！"

玄奘并不害怕，摘下帽子给他们看头上的戒痕："我是一个出家人，身无分文。"

盗贼凶相毕露："你不知道我们是贼人吗？没有财物留下便取你性命！"

玄奘行了个佛礼："阿弥陀佛，盗贼也是人，凶猛的野兽受到佛法的洗礼都能变得温驯，何况你们呢？"接着便同他们讲因果轮回、福祸报应。最终，玄奘感化了盗贼，他们竟然自愿请求陪同玄奘一起去佛洞观摩。

玄奘自贞观二年（公元 628 年）仓皇出发，至此已经过了七八个年头。他在阿富汗境内走走停停，又穿过巴基斯坦各国，其中艰辛不可言表。好在皇天不负有心人，玄奘终于到达了目的地——天竺。

摩揭陀国的首都王舍城奢华无比，处处都是镏金的寺庙，大街小巷随处可见颈挂佛珠的僧人，不管是青年男女，还是妇孺老幼，都匆匆赶往一个方向，那就是北方最大的寺庙——那烂陀寺。这所寺庙规模宏大，僧侣千万，佛教藏书更是数不胜数，世界各地有名的高僧都聚集在此，讨论佛法，求取真经。玄奘站在那烂陀寺门前，心潮澎湃！

寺门大开，眼前豁然开朗，四位高僧一同迎接这位东土而来的玄奘大师。玄奘进入大殿，寺中的僧人早就候在那里，上座的首位旁特地放了一张椅子，众僧请玄奘入座。

正在问候寒暄之时，大殿外进来一位长者，众人皆起身相迎，这位僧人正是印度赫赫有名的戒贤大师。玄奘依据印度人的拜师之法，双膝跪地，以肘前进，匍匐到戒贤大师面前，举起他的脚放到自己头上。戒贤大师问道："你从何处来？"玄奘恭敬地回答："弟子从中国而来，想要跟随老师学习《瑜伽论》。"戒贤法师安排他住在寺院内听经。

玄奘在那烂陀寺住了下来。他参观了灵鹫山、雁塔等佛教圣地，又跟随众僧阅读佛经，学习梵文法典。那烂陀寺中的很多藏书，玄奘曾在本国及流转各国时读过，现在有机会针对心中疑惑四处请教，他的心中豁然开朗。为了更深刻地领会佛法，他辗转行走于天竺各地，一晃过去了五年。

载佛经归故土

岁月匆匆，随着心中的疑惑一个个解开，玄奘回到东土的愿望也越来越强烈。那烂陀寺的众人劝阻他："印度才是佛陀降生之地，你排除万难来到这里，何必要回去呢？再说中国向来蔑视佛法，回去也没什么用！"玄奘辩驳道："我求取真经就是为了普度众生，哪能还未教化他们就将他们抛弃了呢？那我来这里意义何在？"戒贤法师听到此话，欢喜地说："玄奘才是真正的得道之人！"

东天竺的鸠摩罗王与中天竺的戒日王听说玄奘要走的消息，一同来为他践行。鸠摩罗王手拿宝盖站在左侧，戒日王手持拂尘站在右侧，中间是装饰华丽的象队，玄奘等高僧坐在上面。印度各国王赠送的宝物不计其数，玄奘都没有接受，只收下鸠摩罗王送的一条披肩用来遮挡风雨。就这样，玄奘和拉着经书佛像的车马，踏上了返回东土之路。

回国之行，并不比来时省力，而且当初他违命偷渡，恐怕如今还是戴罪之身。玄奘请求一位前去长安的高昌人给太宗捎去书信谢罪。唐太宗听说玄奘周游十七年，行走五万余里，十分震撼，立刻下诏让沿途各国、各州接待高僧。

贞观十九年（公元645年），玄奘终于回到长安，并将带回的佛经、佛像供奉在弘福寺。二月初，太宗在洛阳宫召见了他。玄奘为太宗讲述了印度的风土人情。太宗听说玄奘带回六百多册经书，于是让宰相房玄龄在嵩山之南的少林寺为玄奘设立讲经堂。从此，玄奘在讲经堂开始了讲经、译经工作，前后共翻译经书七十五部，一千三百三十五卷。大业完成后，太宗皇帝亲自为经书作序。

玄奘在翻译《般若经》时，多次对弟子说："我现在已经六十五岁了，译经的大业完成了，我的寿命也就到头了。"一天夜里，玄奘梦见一朵硕大的白莲，他竟然在梦中打起坐来，一坐就是七天七夜。到了第七天夜里，北方星空闪过四道白虹，玄奘大师就此与世长辞！太宗悲痛不已："玄奘大师一去，如同苦海中丢失了船桨，暗室中熄灭了烛光，众生再也没有这样伟大的导师了！"

（课内连线:《中国历史》七年级下，第一单元第4课《唐朝的中外文化交流》）

鉴真：六次东渡的大唐和尚

中国佛教史上有两件惊天动地的大事均发生在繁荣的唐朝，一件是玄奘法师不远万里西行天竺求取真经，另一件则是鉴真和尚六次东渡日本弘扬佛法。

大云寺中动佛心

唐武则天大足元年（公元 701 年）四月初八，扬州江阳县（今属江苏省扬州市）人头攒动，善男信女们不待天明就梳洗完毕，扶老携幼匆匆赶往大云寺。因为这一天是浴佛日，谁不希望争得一炷头香，讨个吉利呢？

信徒淳于夫是个“优婆塞”，即不用剃发到寺庙中修行，只在家中供佛诵经的人，这样的人也被称为“佛门居士”。淳于夫跟随大云寺住持智满禅师学佛多年，深受大师喜爱，佛寺内外之事从来不会少了他，像浴佛日这样的大日子他更是比谁都积极。

⊙鉴真

小儿子淳于春生跟在父亲后面，一路上絮絮叨叨："父亲，佛祖洗澡也值得庆祝吗？"

淳于夫解释道："佛祖释迦牟尼出生的时候，一手指着天，一手指着地，天地颤了一颤，从空中飞来九条神龙，口吐温水为他洗浴。所以每到这天，我们就要清洗佛像以表示对佛祖的尊敬……"

春生头一次来大云寺，看见气势宏伟的佛殿和庄严威武的佛像，不由得瞪大了眼睛，张大了嘴巴，很是惊讶。活泼的春生满心好奇，很快就脱离了父亲的视线，跑到别院去了。日头逐渐升高，只见侧院中一位法师正在讲法："贪嗔愚痴、五欲六尘是人们烦恼的根源，只有进入佛门才能大彻大悟。"

"师父，五欲六尘是什么？"春生从听众中挤出来。

"五欲就是色、声、香、味、触，再加上法就是六尘。"大师慈祥地回答道。

春生灵机一动："就是说人们受到外界感官的干扰太多，就不能看到自己的本心了！"正在讲法的智满大师听到了，点点头："这孩子很有慧根呢！"又听大师讲了几句，春生越发觉得佛门玄奥神秘，比他平时学的建筑、医药都有意思，于是央求父亲："父亲，我想要出家！"淳于夫本就一心向佛，如今见儿子与佛有缘，没有阻拦，请求智满大师收下春生。

智满大师望着这个眉间广阔、目露灵光的少年，问道："孩子，你为什么要出家呢？"

春生回答道："大师刚才说佛家把世间万物都看作精神本体的虚幻表现，那么世上还有什么是真的？我为此问题而来！"

智满大师会心一笑："佛家对山水树木、世间万物都充满亲切感呢！既然你为这个问题而来，就为你起名为'鉴真'吧！"

转眼成了学问僧

就这样，鉴真留在大云寺中做了一个小沙弥，跟随智满大师学习佛法。十八岁这年，鉴真跟随"受戒之主"——道岸律师来到长安，看到长安城中的寺院庄严恢宏、金碧辉煌，院中高僧荟萃，真是天外有天！来长安之前，鉴真学的是佛法，如今才知道学戒律之法才是衡量僧人的标准。长安实际寺中有一位弘景大师，在律学上造诣颇深，曾三次被请到皇宫中当戒师，鉴真就拜他为师，学习律法。俗话说"听君一席话，胜读十年书"，高手如云的环境不仅为鉴真学习佛法夯实了基础，而且让他领略了最先进的佛学思想。

长安作为当时全国的政治、文化中心，其开阔的视听环境令那些佛门子弟恋恋不舍。一日，道岸律师感叹道：“都说学习佛法是为了普度众生，僧人却连自己的家乡都不想回！”众弟子闻之都低头不语，鉴真也是面红耳赤。道岸又说：“要不是我现在年老体弱，行动不便，我还是要回到家乡去。那里的僧人到老都没有受过具足戒，就是因为没有高僧指引啊！”鉴真听到这里，再也坐不住了，起身上前说道：“师父，弟子愿回家乡去！”

经过连日舟车劳顿，鉴真终于回到了江阳。仔细一算，他竟然在长安待了十五年！十五年后，鉴真重返扬州大云寺。

这天，斜阳夕照，山路笼上了一层金色。鉴真回到离别已久的大云寺，抬头一望，上面赫然出现三个大字：龙兴寺！不是大云寺吗？正在纳闷中，寺中走出一个高高胖胖的中年和尚。鉴真赶紧上前问道：“师父，这寺名是何时改的？”那师父回答：“早就改了，中宗皇帝登基后就改了，您是外地人吗？”

“我是鉴真，从长安回来的，寺中的智满大师可还安好？”鉴真最惦记的就是师父。

“原来你就是师父心心念念的鉴真师兄！”那和尚一听兴奋不已，一边往寺院里面跑一边喊着：“鉴真师兄回来了，鉴真师兄回来了……”寺中的僧人听闻都放下手中的经书佛卷，聚到院子里来。远处，两位小僧搀扶着一位形销骨立的老僧走来，那正是智满大师。

鉴真热泪盈眶，冲过去拜在师父膝下：“师父，鉴真回来晚了，没能好好服侍您，实在是愧疚！”智满大师也激动不已，说道：“回来就好，我听说你在长安受到高人指点，在那里建佛殿、画佛画、讲戒律，还给人治病，名声好得很，就一直盼着你回来呢！”

在众人的推荐下，鉴真做了寺里的监院，自此开始登坛讲学。他把在长安学到的知识毫无保留地传授给寺中弟子。此外，鉴真还设计古寺，铸造佛像。他建了一所悲田院，种植粮食和蔬菜送给穷人。鉴真学医多年，他将所学用在治病救灾中，在精神和物质层面上都做到了普度众生！

最先受具足戒的日本僧

鉴真的名声在江南地区传开，慕名而来的僧人络绎不绝。一日，鉴真在大明寺讲学，一个小沙弥问道：“大师，佛教从印度传过来已有几百年了，如今在我国也算是繁荣兴盛，将来会不会也有人来中国学佛呢？”

鉴真回答道：“这个自然会有，当初我在长安时就有很多日本遣唐使到寺庙学习佛教义理，听他们说日本也有很多僧人呢！”

一个僧人不屑地说道："日本哪有真正的僧人啊！我听说他们想出家，只要随便找个佛像拜一拜，出家以后还能娶妻生子，哪像我们要受菩萨戒、具足戒，还要受到朝廷的批准才能出家！"这个僧人说得并不夸张，日本僧侣混乱的局面使天皇十分头疼，因此第九次派遣唐使者来中国时，天皇另外派了两名僧人荣睿、普照来中国学习佛法戒律。

洛阳的大福先寺是佛教的中心院寺，朝廷的译经所就设在这里，全国各地的高僧都到此交流。荣睿、普照在这里如鱼得水，孜孜不倦地学习。不久，著名的律戒大师定宾为他们授了具足戒，这可是日本僧人中最先受到最高佛戒的两个人。

学习佛法只是目标之一，荣睿、普照还有一个不为人知的目的，那就是物色一名学识渊博的高僧随他们东渡日本整饬佛教纪律。二人一直在洛阳秘密观察，发现大福寺中的道璿在佛学上造诣很深，而且愿意去日本，于是他们向朝廷申请让道璿跟随回日本的遣唐使一起东渡。

十月扬州拜鉴真

荣睿二人继续留在中国，一方面是继续完成学业，另一方面则是他们认为道璿算不上著名的高僧，他们还要再寻找到一位德行与名声兼备的大师。正当二人苦寻未果的时候，他们遇到了长安安国寺中的道航和尚。这道航不是别人，正是鉴真的弟子。

道航对荣睿二人说道："如果我没有猜错的话，你们不但要请一位佛学渊博的大师，更重要的是这位大师还要在戒律上颇有研究，这样才能整治你们国家的僧侣乱象。"

荣睿对道航拜了一拜："师兄说的正是我意，您可认识这样的高僧？"

道航自信地说："当然，我的师父鉴真大师不仅在律学上研究颇深，还懂得建筑、医学，是一位全能型的高僧！只是他现在远居扬州，不知愿不愿意与你们同去！"

普照急切地说："总要试一试，我们即刻动身赶往扬州！"

十月小阳春，在乘船赶往扬州的途中，金菊盛开，桂花飘香，荣睿、普照还没欣赏过江南的美景，但求贤若渴的心驱使他们昼夜不停赶往鉴真大师的所在地——大明寺。

自从鉴真入驻后，大明寺就成了江南律学的中心。荣睿、普照到达的这天，鉴真正在为几个二十多岁的小僧举行受戒仪式，光是诵读戒律就是几个时辰，比长安和洛阳的仪式还要复杂。

受戒仪式完毕后，荣睿、普照立刻前来拜见。寒暄过后，二人说出了自己的请求："大师，您的威名早就传遍了大江南北，我们日本正需要您这样的高僧前去指点。我们冒昧地请求您与我们回国，不知道您是否愿意？"

鉴真思忖片刻，说："佛家讲普度众生，众生是不分国界的！”

“这么说，您愿意同我们去日本了？”普照激动不已。

还没等鉴真回答，他座下的弟子忍不住站起来说：“日本离中国隔着茫茫沧海，来往一次都是九死一生，我们师父如今已经五十多岁了，哪里经得起这番折腾！”

鉴真制止了这位鲁莽的弟子：“为了佛法，就算牺牲又何妨？”

就这样，鉴真以五十五岁高龄，开始了他人生中的新篇章——东渡日本。

六次东渡何其艰

鉴真大师想要东渡可没有那么容易，皇帝下旨不准百姓私自出境，像鉴真这么有名的大师，更是不会放他出行了。

“为今之计，只能偷渡了。”荣睿觉得这是唯一的出路。“我们假借去天台山国清寺供养众僧的理由出海。”普照灵机一动，想出一条瞒天过海的计策。

“就这样办。”鉴真也同意他们的计划。不料人算不如天算，浙东一带突然海盗横行，公私船只一律不准出行，荣睿等人被人诬陷勾结海盗，不仅船只被没收了，还被关进了大牢。最终误会虽然解开了，但第一次东渡就这样失败了！

鉴真并没有放弃，他将毕生积蓄拿出来买了一艘军船，雇用了十八名船员，在天宝二年（公元 743 年）十二月末的一个夜里再次起航。此时虽是初冬，但海面上格外的冷，大风、暴雨更是常见。船只颠簸了两个月，在浙江海域触了礁，一行人拼死挣扎才得以保命。朝廷知道此事后，将大部分人遣回家乡，鉴真、荣睿等人则留在了浙江的阿育王寺。第二次东渡又以失败而告终。

为了防止鉴真出国，朝廷派人专门监视他的行动，这让他们接下来的几次计划也都失败了。荣睿、普照二人觉得：照这样下去，东渡的计划肯定是行不通的，为今之计只有他们远离鉴真，才能让朝廷放心。鉴真十分赞同他们的做法："你们走吧，等风声过去再来，我去日本的决心不会改变！"

荣睿、普照移居安徽，在那里耐心等待，这一等就是三年。鉴真则在各地传戒、修寺、施诊，最终又回到了扬州。人们觉得，大师已经将去日本的事情忘记了，朝廷的眼线也撤走了。这时，荣睿二人悄悄来到扬州，与鉴真密商第五次东渡计划。此次出行的共三十五人，众人在天宝七年（公元 748 年）六月十六日晚上秘密上船，又一次扬帆起航。

这一次东渡，他们遭到了前所未有的打击：荣睿因病去世，鉴真的眼睛也几乎失明，他再次被遣送回乡。兜了一大圈，鉴真又回到了扬州。此时，他已经是一位六十三岁的老人了！

日本孝谦天皇听说此事，为鉴真的执着所感动，于是第十次派遣唐使来中国，正式向唐玄宗提出聘请鉴真赴日本传教的申请，唐玄宗仍是没有同意。为了完成荣睿的遗愿，鉴真表示愿意秘密跟随遣唐使去日本，众人将他乔装打扮，藏在运送物资的船上。第六次，鉴真终于到达了日本。

十年传灯名永扬

天宝十三年（公元754年）二月，在日本的鉴真拄着一根拐杖颤巍巍地走下船，朦朦胧胧中觉得眼前黑压压一片，前来欢迎鉴真的代表团将道路两边都挤满了。天皇派安宿王作为代表，引导鉴真入住东大寺，已经成为日本佛教领袖的道璿大师以及当朝宰相、大臣、僧侣早就等候在此。

鉴真休整一月后，天皇下诏授予他“传灯大法师”的称号，并让他在此传授戒律。鉴真对众人说:“传戒首先要建立戒坛！”于是他亲自设计图纸，在东大寺前筑造戒坛。

樱花盛开的四月，戒坛完工。鉴真登上戒坛，举行了一场空前绝后的受戒仪式：最先受戒的是天皇，其后是太子，接着沙弥等四百四十多人受戒。受戒僧人太多，一个戒坛容不下，在鉴真的主张下，又设立了下野药师寺和筑前观音寺的戒坛。凡是没有经过这三个戒坛的受戒仪式，一律不许出家做和尚。那些为了逃避税务、不想劳作的人再也不能假借出家之名享受清闲了。

戒坛只是佛教建筑之一，除此之外，还有寺院、宝塔。在设计寺庙时，鉴真将唐朝的建筑风格融会贯通，使日本的建筑开始转向恢宏大气、布局巧妙的风格。不久，唐招提寺建成，各地的僧侣都来此学习戒律。在鉴真的努力下，律宗在日本正式成立，从此日本建立了严整的律仪。

鉴真自准备东渡起，历经十二年的坎坷挫折才得以成功。如今来到日本弘扬律法更是令他劳苦伤神。转眼十年过去了，鉴真已经七十六岁高龄，实在是有心无力了！唐广德元年（公元 763 年）农历五月初六的夜里，鉴真在唐招提寺面向西方而坐，魂归故里！

大师逝世的消息传到扬州，全国各地的僧人纷纷前往龙兴寺向东哀悼三日。公元 779 年，唐朝派使者到日本，吊唁鉴真的遗像和墓塔。大师的一生有诗为证：鉴真盲目航东海，一片精诚照太清。舍己为人传道艺，唐风洋溢奈良城！

（课内连线：《中国历史》七年级下，第一单元第 4 课《唐朝的中外文化交流》）

李白：天纵英才诗中仙

早年天才

“天生我材必有用”是李白写的一句诗，意思就是“上天生下我一定有需要用到我的地方，一定有需要我去做的事”。从这句诗中足以看出，李白是个非常自信的人。李白的人生的确颇具传奇色彩，他高傲，天性豪迈，即便面对皇帝也毫不畏惧，这样的人说出“天生我材必有用”这样的话，其实并不显得突兀。

李白的出生地在西域碎叶城（今吉尔吉斯斯坦北部），他在周岁抓周时抓到了一本《诗经》，父亲觉得儿子长大后一定能成为有名的文学家。

李白七岁那年春天的一天，家人们正在院子里赏花，父亲想写一首春日绝句，但只想到了两句——“春风送暖百花开，迎春绽金它先来”，后面两句怎么也想不出来了，他便向妻子和儿子求下文。妻子想了一阵子说：“火烧杏林红霞落。”话音刚落，儿子就指着院中正盛开的李树说：“李花怒放一树白。”父亲一听即刻为儿子的这句诗拍手称赞，并且反复琢磨这句诗。这句诗的开头是家姓“李”，“白”正说出了李花的圣洁高雅，用得非常妙，于是就给儿子取名叫“李白”。

⊙李白

铁杵磨针

李白从小在学习方面颇有天资，也因此而变得很骄傲。一天，逃学的李白在一条小河边遇到一位白发苍苍的老婆婆，只见她正费力地蹲在小河边的一块石头旁边，一下一下地磨着一根铁棍。李白好奇地走过去问道：“老婆婆，您在做什么呢？”老婆婆连头都没抬，手下动作也没停，只是嘴里回答说：“磨针啊！”李白觉得在听笑话，他忍不住脱口说：“要把这么粗的铁棍子磨成细细的绣花针，得什么时候才能成功啊？”老婆婆抬起头来，很认真地回答说：“铁棒虽然粗，但只要我天天来磨，它就总有变细的时候。既然水滴能把石头打穿，铁棒怎么就不能磨成针呢？”

听了老婆婆的话，李白的脑中像是打了一道闪电，他想：这位老婆婆说的话一点儿都没错，只要有恒心、不怕困难，什么事都能做好，读书不也是同样的道理吗？从那之后，李白在读书上再也没有偷过懒。等到李白十五岁时，他已经创作了不少诗赋，当时社会上很多名流对他颇为推崇。

旅途中的诗仙

李白从书上看到了张良、荆轲等豪杰的故事，对于行侠仗义的事很感兴趣，于是就跑到外面找教剑术的老师，一面读书一面学剑。

天性豪迈的李白在二十四岁时就离开了故乡，去外面闯荡，一路走到了扬州。当时刚好是开元年间最繁华鼎盛的时期，扬州处处是亭台阁榭，满目的茶肆酒楼，来往的商人再加上络绎不绝的游人，构成了一幅热闹非凡的景象。面对这样的景象，李白既惊讶又惊喜。他在热闹繁华的扬州生活了一年，其间和很多官员富商相交，生活过得相当惬（qiè）意潇洒。

后来他又到了山东，并很快结交了一群好友，其中与山东名士孔巢父等五人格外要好，世人称他们为“竹溪六逸”。他们在徂（cú）徕（lái）山下的竹溪隐居，没事就一起尽情地喝酒吟诗，有时候坐在泉水边的石头上闲聊，有时候又聚在一起对酒赏月，交流感想，很多名诗名句就是在这样惬意的情景下诞生的。很快，李白的诗歌与名气就传开了。

初入仕途

三十岁的时候，李白因为一些琐事被人向官府进了谗言，尽管他极力为自己辩解，最后也无济于事。等他来到都城长安时，已经穷困潦倒。三十五岁这一年，西游的李白趁着唐玄宗狩猎的机会献上了一篇《大猎赋》，文中夸耀唐朝远胜于汉朝，结尾处又讲到了道教的玄理，刚好契（qì）合当时唐玄宗崇尚道教的心情，因此给唐玄宗留下了非常好的印象。

这一年，李白在长安结识了卫尉张卿，通过他向唐玄宗的妹妹玉真公主献上了一首诗，用“几时入少室，王母应相逢”的诗句来祝福她能得道成仙。而他在送给卫尉张卿的诗句中则陈述了自己当前的状况，希望能得到引荐，并表明了自己愿意为朝廷效劳的志向。

同时，李白还结识了当时著名诗人贺知章，并向他呈上了自己随身携带的诗本。贺知章翻看之后，对李白那瑰丽的诗歌和他潇洒的风采大加赞赏，尤其是读到《蜀道难》这一篇的时候，还没读完，贺知章就不住地赞叹：“你是不是天上的神仙下凡到了人间啊？”为了能跟李白结交畅饮，贺知章不惜用自己喜爱的金龟配饰来换酒家的美酒，足见他对李白的重视。贺知章是当时文坛的元老，有了他的赞赏和推荐，李白的名号与诗歌传得更广了。唐玄宗看到了李白大气磅（páng）礴（bó）且颇符合他个人喜好的诗篇，再加上听闻玉真公主、贺知章等人的交口称赞，便对李白产生了仰慕之心，随即就把他召到了宫中。

御用文人

李白进宫那一天，唐玄宗甚至从玉辇（niǎn）（天子乘坐的车）上下来亲自迎接，还亲手为他准备羹（gēng）汤，足见对他的重视。在被问到当时一些政事时，凭借半生所学，以及长期对社会的观察，李白都能对答如流。唐玄宗爱惜李白的才华，便给了他一个“供奉翰林”的官职，李白要做的就是经常陪侍在皇帝身边，在合适的时机写诗娱乐。

从那之后，唐玄宗只要有宴请或郊游的活动，都会叫上李白，让他用敏捷的诗才随时赋诗，用诗歌的形式将历史记录下来，以流传后世。四十三岁时，李白进入翰林院。初春时，李白受诏写了一篇《宫中行乐词》，得到了皇帝赏赐的宫锦袍；到了暮春，唐玄宗与爱妃杨玉环一起赏牡丹，李白又奉诏作了《清平调》三篇，但有人认为李白的三篇《清平调》是在讥讽杨玉环。

李白慢慢对这种“御用文人”的生活感到厌倦，他开始日日纵酒，甚至连唐玄宗召见都不去了。有一次更是在醉酒的情况下替皇帝起草诏书，还曾让唐玄宗的宠臣高力士给他脱鞋。李白的放荡不羁让人抓住了把柄，那些不喜欢他的人开始向唐玄宗进谗言，再加上唐玄宗亲眼所见，很快就疏远了他。李白也发觉自己并不适合在这朝堂之中工作生活，随即辞官，依旧像以前一样四处游荡。

晚年潦倒

四十四岁时，李白在东都洛阳遇到了比自己小十一岁的杜甫。当时李白已经名扬天下，而杜甫尽管风华正茂但却穷困潦倒。两人都抛开自己之前的身份，很快就建立起深厚的友情。李白和杜甫经常相约一起访道求仙，短短一年多时间，便有两次相约，三次会见，而一旦谈到诗歌创作，更是能够切磋交流，取长补短。

五十五岁这一年，安史之乱爆发，原本在庐山隐居的李白也想凭自己的能力为国家做点儿事。这时恰好永王李璘（lín）邀请他加入自己的阵营，于是李白便投靠了永王。当时天下大乱，永王发动叛乱，想要划一块地盘做皇帝，但没过多久就失败了，李白自然也被牵连入狱，最后被流放到夜郎。

五十九岁时，关中大旱，朝廷宣布大赦，被流放的李白还没有走到夜郎便获得了自由。这时，他年近花甲，生活窘迫，只能依靠友人的帮助生活。六十二岁时，李白病逝。

传奇人生

李白的一生充满传奇色彩，有肆意放纵的潇洒，也有穷困潦倒的窘迫，可那信手拈来的诗句却总能触动人心，即便是在醉酒状态中，他依然能够毫不费力地遣词造句。他的人生充满了诗歌的浪漫气息。作为唐朝最著名的诗人，李白在乐府、歌行、绝句方面的成就最高，他的诗歌经常将想象、夸张、比喻、拟人等手法综合起来使用，读来有飘飘欲仙的感觉。他的遣词造句既自然明快，又任意随性，他用最直白简洁的语言表达出说不尽的情思，不管是五绝还是七绝，李白都能写到极致。

李白的诗歌具有“笔落惊风雨，诗成泣鬼神”的艺术魅力。他周游四方，踏遍名山大川，因此他的诗歌便也有了豪迈奔放的个性和浪漫主义的色彩。他的作品对后世产生了极为深远的影响，中唐时期的韩愈、孟郊、李贺，宋朝的苏轼、陆游、辛弃疾，甚至明清时代的高启、龚自珍等人，他们的文学成长之路也都受到了李白诗歌的巨大影响。

（课内连线:《中国历史》七年级下，第一单元第3课《盛唐气象》）

杜甫：一生穷困的“诗圣”

年少发奋

公元 712 年，杜甫出生于襄阳，杜氏一家属于北方大士族京兆杜氏的分支。杜甫的曾祖父杜依艺当年从湖北襄阳到巩县（今河南省巩义市）做县令，也就连带着将一大家子人都迁到了巩县。到了杜甫这一代，杜氏这一分支家族在巩县居住有八十多年了。

杜甫小的时候拥有优越的家庭环境，过着无忧无虑的生活。因为生活太过安定富足，杜甫逐渐养成了贪玩的坏习惯。杜甫的爷爷是唐朝有名的诗人杜审言，在爷爷的严厉管教之下，杜甫慢慢改掉了贪玩的坏习惯，开始发奋读书。

杜甫七岁就能写诗了，他当时写的内容是神鸟凤凰，能以这样高贵大气的动物为写作题材，人们都感叹杜甫小小年纪便有大志向。慢慢长大后的杜甫，也的确心系国家，想要为国效力。

仕途坎坷

杜甫学习一直很用功，十几岁的时候他的诗作就已经得到众多人的夸奖了。后来杜甫去参加了京城的科考，原本大家认为他中榜应该是没问题的，可哪知道，当时是宰相李林甫掌权，他很排斥读书人，于是欺骗唐玄宗说："这次参加考试的人考得都非常糟糕，没有一个够资格的。"唐玄宗感到很奇怪，认为天下之大，不可能没有一个有才学的人。李林甫却说："这件事说明，有才能的人都已经被陛下您重用了，所以民间也就再没有遗留下来的贤能之人了。"唐玄宗对这种奉承的话很喜欢，便信了李林甫的话。

当时的读书人都希望能够科举中第为自己谋个出路，杜甫也不例外，得知自己没有中榜，他懊丧得很。此时的他家道没落，四处漂泊，虽然身在长安，但生活却相当窘迫。亲眼看到长安权贵的奢（shē）华与穷人受冻挨饿的强烈对比，他内心的愤慨也随即而生，写下了"朱门酒肉臭，路有冻死骨"这样的名句。更为不幸的是，杜甫的小儿子因为营养不良而死，杜甫和妻子悲恸不已，却无能为力。

四十三岁这一年，杜甫给唐玄宗献上了《三大礼赋》。

唐玄宗一直很看重文人，读过杜甫的文章之后，发现他果然才学不凡，便召见了他。一番考核之后，唐玄宗封了杜甫一个兵曹参军的官职。但第二年，安史之乱就爆发了，长安一带的百姓纷纷外逃避难，杜甫一家也在难民的行列之中。一家人随着难民大潮跑了许久，吃尽了苦头。杜甫亲历难民生活，他更能体会百姓的痛苦，因此也就更想为百姓做些事。于是，杜甫决定去投奔在灵武（今属宁夏回族自治区）即位的唐肃宗。在去灵武的路上，杜甫遇到了叛军，亲眼看到叛军烧杀抢掠，百姓苦不堪言，他将这种痛苦与悲愤都写进了诗句之中。这一时期杜甫写出的诸多诗篇，被后人誉为“诗史”，这些诗篇真实地反映了国家的动荡和百姓的痛苦。

⊙杜甫

最终，杜甫见到了唐肃宗，此时的他一身破衣，脚上是一双破鞋，一副乞丐形象。在乱世之中，杜甫还能长途跋涉来投奔朝廷，唐肃宗心里对他颇为赞赏，却并没有要重用他的意思，只是给了他一个左拾遗的官职，这是一个谏官的位置。

忠言遭贬

杜甫刚到任不久就赶上了一件大事：唐肃宗毫不留情地撤掉了宰相房琯（guǎn）的职，只因为房琯的门客收了别人的红包。杜甫觉得唐肃宗这件事做得不对，他认为房琯是个很有才能的人，就因为门客收了红包这么小的一件事就撤了宰相的官职，这惩罚也着实太重了。于是杜甫立刻上了奏章向皇帝进谏，请求皇帝留下房琯。唐肃宗刚好在气头上，杜甫此时的劝谏无疑是撞在了枪口，唐肃宗因此迁怒于杜甫，传令刑部、御史台、大理寺三司对杜甫展开了联合调查。

这时，另一位宰相张镐（gǎo）出来给杜甫解围，劝唐肃宗道："杜甫如果因此而获罪，那以后可就没有人敢向陛下进谏了，这不是相当于陛下自己断绝了言路吗？"这一番话让唐肃宗的火气小了一些，可自己的决定刚出来就被杜甫直言不讳地反驳，还是让唐肃宗觉得丢了面子。最终，房琯被贬为豳（bīn）州（在今陕西省彬州市）刺史，杜甫也连带着被贬为华州（今陕西省渭南市华州区及周边地区）司功参军。杜甫这时想起了还在农村的家人，于是决定暂时远离官场，向皇帝请假回家看看。

回家路上，杜甫路过一个叫石壕（háo）村的地方，借宿在一户穷人家中。这户人家有一对年迈的老夫妇带着年轻的儿媳和年幼的孙儿，老夫妇的三个儿子早已被抓走打仗去了。可是，到了半夜，官府又来抓人了。老大爷从窗户上跳了出去，老婆婆无奈一个人应付着官差，她哭着对官差说：“我的三个儿子都已经被你们抓去打仗了，前两天收到一个儿子的信儿，说他两个兄弟已经战死了。我的命已经这么苦了，家里只有一个儿媳和吃奶的孙儿了，你们还想要抓谁？”但是官兵并没有听她说什么，反正就是一定要抓走一个人。最终，老婆婆无奈只得自己跟着官兵走了，去军营给兵士们做饭。待到天亮，来送杜甫出门的只有先前逃走又回来的老大爷。好不容易躲过一劫的年轻儿媳只能带着孩子躲在屋子里低声哭泣。亲眼看到这样的凄惨情景，杜甫心里非常不是滋味，他将这些经历写成了“三吏三别”六首诗，这些内容也成了“诗史”重要的一部分。

西南漂泊

回到自己家之后，杜甫发现家中的生活也同样凄惨，吃不饱穿不暖，妻子带着孩子生活得胆战心惊。最终，杜甫只得辞官，带着一家老小流落到成都。四十八岁这一年的冬天，靠着朋友的帮忙，杜甫在成都西郊的浣花溪边建造了一座草堂，在这草堂之中，杜甫一住就是四年，看似隐居般的生活，却并没有隐居那样的惬意。杜甫一家的生活依旧穷困潦倒，茅屋草堂根本无法遮风挡雨，他写的《茅屋为秋风所破歌》反映的就是当时的生活。

后来，杜甫在朋友严武的帮助下，被推荐为参谋检校工部员外郎，杜甫也因此被后人称为“杜工部”。可是严武去世后，成都一片大乱，杜甫不得已离开了成都。从此以后，杜甫的生活都是在朋友的帮助照顾下维持的。年岁越大，杜甫对故土的思念之情也就越重，于是他想坐船回故乡。

江舟长逝

五十九岁这一年，杜甫原想去郴州（今湖南省郴州市）投靠舅父，但坐船行到耒（lěi）阳（今湖南省耒阳市）时，刚好赶上江水暴涨，被洪水围困的他哪里都去不了。一连好几天杜甫都没有吃东西，身体疲惫孱弱到了极点，一代“诗圣”最终就在这里病逝了。

杜甫的内心充满了对国家、民族的历史责任感，所以他才能忠实地描绘出当时社会的真实面貌，也能将自己悲痛的内心表达得淋漓尽致。他的诗歌全部来自现实生活，他用最精练的文字为世人展现一个不容被忽视的“悲惨世界”。杜甫的诗成为时代的一面镜子，让当时社会的苦难无所遁形。杜甫的诗歌标志着唐诗内容与风格的重大转折，并深深影响了中唐之后直到宋代诗歌的发展。

（课内连线:《中国历史》七年级下，第一单元第3课《盛唐气象》）

白居易：有文如此，居亦何难

生于乱世

唐代是我国诗人辈出的时代，继李白、杜甫之后，白居易是当时最具影响力的一位了。在杜甫去世后的第三年，也就是公元 772 年，白居易出生于河南新郑一个世代以儒学为业的读书家庭。

白居易出生的年代是动乱的，他出生后不久，家乡就发生了战争，战火导致民不聊生。他两岁时祖父逝世，没多久祖母病故，再加上父亲调任，白居易一家搬离了家乡，在宿州符离（今安徽省宿州市埇桥区）住了下来。白居易是个很有读书天分的人，五六岁就开始学习作诗，每天都认真刻苦地读书，到十几岁的时候在自家所住的一带已经有了“神童”之名。

为了有更好的发展，白居易在十六岁时带着自己平日里写好的诗文去求见文学家顾况。顾况是当时很有影响力的一位诗人，很多读书人都会带着自己的诗作去向他求教，而如果能得到顾况的提点，那么日后的发展会更好一些。白居易带着作品来拜见顾况，顾况在心里嘲笑了一声：“不过是个乳臭未干的小毛孩子，也敢来找我指点吗？”带着轻慢的心理，顾况看到白居易的名字时，更是觉得可笑，忍不住说道：“米价方贵，居易弗易。”意思就是都城长安的米价很贵，在这里住着很不容易，其实就是在嘲讽白居易自不量力。面对顾况的嘲讽，白居易并没有辩解，他更想听到的是顾况对他诗作的评价和在学问上的提点。

⊙白居易

顾况打开了白居易的诗文，待他看到了“离离原上草，一岁一枯荣。野火烧不尽，春风吹又生”这几句诗时，却不由得眼前一亮，忍不住站起来高声称赞道：“好诗！真是好诗！”这时他一改之前的态度，郑重其事地对白居易说：“道得个语，居即易矣。”意思就是，能写出这样的内容来，在长安居住也容易了。顾况对白居易大为赞赏，甚至说出“我本来以为文章之道已经断绝，现在可由你来继承”这样的话。经过顾况的推荐，白居易的诗作和名气就在京城传开了。

仕官生活

白居易在长安看到了繁华，也看到了上升的机会，他决定继续读书，准备投考科举，以期能在政事上有所作为。白居易昼夜苦读，甚至读到嘴唇舌头上都长了疮，手肘也因为反复与书桌摩擦而出了茧子。功夫不负有心人，公元799年，二十七岁的白居易终于心愿得偿，进士及第，担任秘书省校书郎，掌管文字校对工作。

白居易曾经有一个好朋友，名叫王质夫，王质夫曾提醒他不要浪费了一身才华，建议他写一首长诗，歌咏一下唐玄宗与杨贵妃那缠绵悱恻（fěi cè）的爱情故事，这个题材一定会引起轰动。白居易听从了王质夫的建议，经过一番思考琢磨之后，他完成了那首旷世杰作《长恨歌》。这首长诗一出，天下轰动，其中“在天愿作比翼鸟，在地愿为连理枝”的美丽诗句更是深入人心，引得普通百姓纷纷传唱，王公贵妇们也爱不释手。甚至远在海外的日本国的文学发展，也受到了这首长诗的影响。

此外白居易还创作了许多其他作品，其中乐府及杂诗尤其多。唐宪宗想要召他进宫，白居易这时刚好任职将要期满，于是他便参加了由皇帝亲自主持的策问，也就是制科考试。最终，他以第二名的成绩升官，成了左拾遗。尽管官阶并不高，但作为一名重要谏官的生活，给白居易讽喻诗的创作带来了契机。

白居易上任左拾遗之后，希望能尽言官的责任以报答皇帝对他的知遇之恩，因此对自己谏官的身份很是看重，不断地向唐宪宗提出谏言。不仅如此，白居易还借助自己擅写诗歌的才能，写了大量反映社会现实的诗歌，他甚至在某些时候当面指出皇帝的问题，还曾经说出“陛下错了”这样的话来。尽管白居易给皇帝提出的很多建议都被采纳了，但这种直截了当挑战皇帝权威的表现，还是令皇帝非常不满。

有一次被白居易直言不讳地指出自己的问题之后，唐宪宗愤怒地说道：“白居易是被朕提拔上来的，这是吃准了朕不会对他怎么样吗？他怎么能对朕如此无礼？这样的人，朕真是再也没办法忍耐了！”唐宪宗想要找个由头好好处罚一下白居易，翰林学士李绛（jiàng）赶紧劝道：“正是因为陛下您开放了言路，愿意听从他人的建议，所以群臣才敢在您面前直言不讳，甚至不惜触怒于您。如果您只因为白居易的表现就将他逐出朝堂，那岂不是直接告诉群臣不可以再上谏吗？如果那样可是有损陛下的盛德啊！”

唐宪宗当然知道有谏言对一个皇帝来说是多么重要，毕竟他的先祖唐太宗可是将魏徵的谏言当成明镜来用的，更何况要认真听取谏言也已经成为皇家的古训。被谏言是件很不舒服的事情，唐宪宗最终还是不再让白居易担任左拾遗，而是给了他一个“太子左赞善大夫”的官职，这是一个专门陪太子读书却不得过问朝政的闲职。

贬谪江州

四十四岁这一年，堂堂的当朝宰相武元衡被刺身亡。白居易得知之后热血沸腾，他立刻给皇帝上疏，要求立刻逮捕凶手以正国法。但是有人认为，白居易已经是不能干涉朝政的东宫闲官了，还敢直接发言干涉朝政，是越权行为，不能被容忍。再加上白居易之前因为谏言得罪过很多权贵，他们也趁机落井下石，毁谤白居易，说他的母亲因为赏花不慎跌入井中去世，他却还作了赏花的诗，更写了与新井有关的诗，这是大不孝的表现，等等。

唐宪宗原本就因为白居易屡次谏言而对他心有不爽，现在白居易又背上了不孝的严重罪名，于是就把白居易外放做了江州（今江西省九江市）司马。这个司马也是一个闲职，白居易不能再接触政事，即便有一心为国为民的热血，也发挥不了什么作用了。

在被贬谪的日子里，有一次，白居易送客人到渡口，忽然听到渡口泊船上传来一阵琵琶声，几人一时兴起，便让弹琵琶的女子也给他们弹奏一曲。女子弹琴，白居易细细观察，这个女子已经上了年纪，可是为了糊口，却不得不四处漂泊卖艺。听着情感丰富的琵琶曲，看着年老色衰的琵琶女，白居易内心忽然想起了自己“忠心为国，反被贬谪”的遭遇，再加上他因为长期郁闷导致身体也不那么硬朗了，和生活漂泊、容颜憔悴的琵琶女颇有些同病相怜。将心比心之下，白居易写出了《琵琶行》这首著名的诗，与《长恨歌》一样，很快这首诗也成了天下传唱的名诗。

抱负东流

四十九岁这年冬天，被贬谪在外的白居易终于奉召回京，重新成为皇帝身边的近臣。他满以为这一次自己可以施展才华，于是依然像以前一样，对皇帝知无不言、言无不尽，直接指摘皇帝的错误，毫不避讳。但是，唐宪宗不久就去世了，继位的唐穆宗年幼无知，对待臣下很是傲慢。白居易提过几次建议不被采纳，而当时朝堂之上宦官又非常猖狂。面对这样的官场，白居易感到很失望，于是便请求到外地去任职。白居易后来成了杭州刺史，他兢兢业业、尽职尽责，修筑西湖堤防、疏浚六井，政绩斐然，深受杭州老百姓的爱戴。

随着年龄和阅历的增长，白居易越发看出朝廷的没落，对时局也越来越失望。尤其是到了晚年，他开始向往做隐士，经常和一众朋友游山玩水，创作诗歌。白居易的诗歌题材广泛，形式多样，而且读起来非常好懂，相传他每写一首诗，都会拿去念给老婆婆听，如果连不识字的老人都听得懂他的诗说了什么，他才会保留下来，否则就会一改再改。后来，白居易把自己的作品整理起来，亲自编排校正，竟然有三千八百四十首之多，因此后世对他有

“诗魔”和“诗王”之称，他可算得上是唐朝诗作最为丰富的诗人了。

文内存情

白居易的思想以儒家为主导，并综合了佛道两家，他对孟子那种“穷则独善其身，达则兼济天下”的思想颇为尊崇，这也是他一生都遵循的人生信条。白居易不仅留下诸多诗歌，还总结出一整套诗歌理论。他认为诗歌创作离不开现实，而“情”是诗歌创作的根本条件。他还提出了一个著名的现实主义创作原则——“文章合为时而著，歌诗合为事而作”，促使诗人更多地正视现实、关心百姓生活。

（课内连线：《中国历史》七年级下，第一单元第3课《盛唐气象》）

欧阳询：面丑才高的著名书法家

欧阳询是唐朝著名书法家，他既是“楷书四大家”之一，也是“初唐四大家”之一。他创立了练习书法的“八诀”理论体系，系统总结书法用笔、结体、章法等技巧，为中国书法理论留下了宝贵遗产。

年少坎坷

天边是密密的云层，没有一丝阳光透下，灰沉沉的。看起来才十二三岁的少年欧阳询内心充满了痛苦，因为他刚刚遭遇了灭门之灾。欧阳询出身豪门望族，然而他的一生却不似众人所想的那般平坦顺利。他的父亲欧阳纥（hé）在三十三岁时因犯谋反罪被杀，在全家得知这一消息的同时，朝廷的士兵也跟着来到家宅。他们气势汹汹地闯进大宅，手上拿着明晃晃的刀，看起来很是吓人。大宅里的人惊恐万分，四处逃窜，桌子倒地、花瓶碎裂的声音接连不断，场面非常混乱。

就在士兵四处抓人时，聪敏的欧阳询趁乱躲藏起来，从而幸免一死。但他总不可能一直躲着，可只有十二三岁的他在没有亲人可以依靠的情况下又该如何生活下去呢？欧阳询看着凌乱的大宅，紧皱眉头思考着。在长时间的思索中，他想到了父亲生前的好友江总，心想："江总与父亲关系很好，父亲也帮过他许多，他曾说如果我们有难定会施以援手。如今我的亲人都被处死，我也没有其他人可以依靠，不如去投靠他试试。希望他不会食言。"但他又有些害怕江总告发他，反复权衡之下，他终于下定决心前去投靠江总。

他来到一座古朴的大宅前，这座宅子便是江总的住所。他向看门的仆从说明来意，不一会儿，就有一个穿着粗布短衫的仆人前来带他进去。他穿过层层回廊，很快便来到书房。江总一看到年幼的欧阳询，便想起了自己的好友，不免叹息："你父亲一向与我交好，可惜他听信谗言谋反，失败被杀，每每一想到这些，我内心也是惋惜难过。你是我旧友之子，念你无可依靠，我将你收养下来，也算是为你父亲做些什么。"欧阳询感激地点了点头，从此，他便在江总的教导下成长起来。

天资聪颖

江总不仅在政坛上地位很高，而且学识渊博，在文坛上也有一席之地。一日，他教欧阳询读书识字，随意指着刚刚教过的文段，让欧阳询背一遍。让他没有想到的是，欧阳询不仅背出了他所指的那段，还背出了接下来的一段。江总大吃一惊，连忙追问："你当真是第一次看这些文章吗？"欧阳询点了点头，怕江总不能理解，他进一步解释说："刚刚您教我读书时，我看得比较快，已经看完下一段了。"

江总听闻，一时之间难以置信，于是他从旁边摆放得整整齐齐的书柜中抽出一本欧阳询从未读过的书，递给他，说："在半盏茶的时间里，以你最大的能力背下所看到的内容。"欧阳询接过书，认真而专注地背了起来。为了不打扰他背书，江总走到门外，欣赏起院内苍劲挺拔的常青柏。很快，半盏茶时间就到了，欧阳询自觉地将书合上，微微摇着头，背了起来。他吐字清晰，速度不快不慢，背了将近一页半才停下。江总这才相信这个其貌不扬的孩子原来天赋异禀、极其聪敏！

聪颖敏悟的欧阳询勤奋好学，用人们经常能听到从他的房间里传出琅琅的读书声，有时夜深了，还能看见他挑灯苦读，沉浸在诗书的海洋里。因为他读书可以一目数行，并且爱看书，长久积累下来，少年欧阳询便博览古今，通晓经史，尤其精通《史记》《汉书》和《东观汉记》三史。正是这丰富的读书经历，为他后来主编《艺文类聚》打下了深厚的基础。

⊙欧阳询《九成宫醴泉铭》

正是晴朗无云的好天气，院内花草尽情舒展，一派生机勃勃的景象。江总同往常一般在书房里专心致志地练字。练完十面纸后，他停下笔休息。忽然眼光一瞥，他看到自己随手放在桌边的一本手抄《汉书》，这本《汉书》正是欧阳询抄写的。他拿起细细翻读，没有发现一处错误，而且字迹工整，没有一丝不耐烦的痕迹。江总不由得点了点头，对于欧阳询的天赋与刻苦非常满意。倏（shū）然间，他心意一动，看着欧阳询写的字，心中有了一个想法。

他暗自沉吟："我虽学问不错，但最自傲的还是我的一手书法。欧阳询不但天资聪颖，而且十分刻苦，我看他这一手字沉稳有力，是个练书法的好苗子，我何不将自己最好的书法技艺教授给他呢？也许将来他的成就会比我高呢！"身为书法家的江总一颗爱才之心已经压抑不住，他越想越觉得可行，于是此后他更加注重指导欧阳询学习书法，将自己的经验与心得毫无保留地传授给欧阳询。在江总的教育与指导下，欧阳询受到了良好的书法艺术熏陶，踏出了成为书法大家的第一步。

书法大家

不知不觉中，几年过去了，欧阳询的相貌渐渐显现出男子汉的刚毅，他不再像开始时将一天多半时间花在读书上，因为他已经迷上了书法。除了吃饭睡觉，剩下的时间十有九分都被他用在了练书法上。

夏季，毒辣的太阳蒸烤着大地，行走在街上的人们汗流浃背，急切地想要找一处阴凉的地方，但就是在树荫下，也依然热得心烦气躁。寻常人家里养的土狗吐出舌头散热，一副蔫蔫的样子，窗外蝉鸣不断。就在这样热得令人焦躁的天气里，欧阳询依然凝神专注地提笔练字，仿佛感受不到四周的炎热。他身上的衣衫已被汗水浸湿，仿佛轻轻一拧便可以挤出不少水。

用人在门外请示了一声，没有得到回应，便直接端着冰镇酸梅汤进来了。这种情况他并非第一次遇到，看着认真练书法的欧阳询，既想嗤笑他，又不禁有些敬佩。自开始服侍欧阳询吃喝穿行起，他便看到欧阳询无论春夏秋冬，每天都雷打不动地练字，一旦练起字来，便如同与世隔绝般，什么也听不到、看不到了。不过是最最简单的横竖撇捺，几年来他日日苦练不辍，真不知该说他痴傻，还是该说他刻苦。

在练完规定的字后，欧阳询停了下来。他拿起酸梅汤，一边喝一边回忆江总的教导。江总常常同他讲，练书法一定不能贪快，要扎实，练好基础，同时还要多借鉴他人的书法，多临摹，从中汲取精华，逐渐形成自己的风格。

当时最流行的是王羲之的书法，欧阳询看了王羲之的墨宝也极为喜爱。听过王羲之入木三分、笔染墨池的传闻，他在佩服之至的同时，也明白想要成为书法大家，必然要流无数的汗水，于是他下定决心刻苦练字。想到江总对他的指导，他并不贪图一开始就追求自己的风格，而是决定先去临摹王羲之的字，不断观察其中的神韵，取其长处。几年下来，他的书法已经有了长足的进步。

喝完酸梅汤，欧阳询又开始了新的练习。日复一日，年复一年，无论寒冬还是酷暑，只要能够提笔写字，他都会去练书法。经过长久不懈的刻苦与努力，欧阳询的书法越写越好，其字体在险劲方面甚至超过了王羲之，于是他将自己写的字称为“欧体”。与此同时，他的字体也渐渐流传开来，被人们当作摹本。因字写得极好，后来高丽甚至派使者前来，想要求得他的墨迹。唐高祖听闻，虽是半开玩笑，却不免露出几分赞叹，道：“没有想到欧阳询的名声竟然大到连高丽之人都听闻，但如果使者在没有看到他本人的情况下，先看到他的墨迹，肯定会以为他是一个长得魁梧而又英俊的人吧！”因为中国有一句话叫作“字如其人”，由此可见，欧阳询写的书法到底有多么出众了吧！

观碑练书

欧阳询的书法并不是凭空而来的，而是他博采众长、融会贯通，最后再加上自己的思考与领悟创作出来的。后人观他的书法，无不赞叹他的字体严整遒劲。有人说，欧阳询的书法深受北派书风的影响，因为北派书风多“劲峭”。有一则故事能够证明他学习了北派的书风。

那是一个略显寂静的清晨，在一条两边长着荒草的路上，有马蹄“嘚嘚”声传来。随着声音渐渐变大，一位相貌很丑的老人骑着一匹红棕色马前来，这位老人便是欧阳询。此时的欧阳询已然经历了南朝、隋朝两代，步入暮年，而他写的字也到了炉火纯青的地步，但是他并不因此骄傲自满，依旧在想着如何让自己的书法更进一步。

在这条黄土小路上，除了头顶的蓝天白云，就是两边的荒草，没有更多的点缀，看起来单调得很。也因如此，不远处立着的石碑显得格外引人注目。路过这个石碑时，欧阳询不由得停下看了几眼。这石碑上是西晋书法家索靖的墨迹。欧阳询坐在马上，仔细看着石碑上的字。令他失望的是，这字写得好像并没有什么出彩的地方，看起来普普通通。他叹了口气，骑马离去。

但才走了几步，他又让马儿停下。因为他的脑子里一直想的还是那块石碑，一个疑问逐渐升起。他暗自思量，西晋的索靖既然被人们称为一代书匠，受到许多人称赞，其中不乏有名的书法家，那么他的书法一定有过人之处，怎么可能会像我所看到的那样普通呢？也许是因为我太过匆忙，没有认真观赏才会这样觉得吧？

于是他掉头返回，从马上下来，伫立在石碑前仔细观看其中一笔一画。渐渐地，眼前的字似乎化作了高山悬瀑，奔泻而下；又似有崇山峻岭，从中而裂。倏而场景变换，他仿佛看到了常年无人登上的雪岭，上面有棵孤独矗立却挺拔不屈的松柏，又瞬间看到冰河中那块坚硬高大的巨石。一撇一捺无一不是坚劲，古今罕有人可以达到！

欧阳询越看越入迷，不由得赞叹出声。他站着看了很长时间，感觉有些看累了，便拿出麻布铺在地上，坐下来继续看。因为出门没有带纸笔，于是他就随意从身旁的荒草中折了几根，拧在一起，当作毛笔来用。他一边摸索着石碑上的字迹，一边用草笔在地上比画练习。因为太过痴迷，他甚至直接在石碑旁边睡了下来，不肯浪费一丝一毫的时间。

有路过的行人看到不修边幅、痴迷练字的他，纷纷躲了起来，以为这是一个疯子，哪里想到这竟是名扬天下的欧阳询呢？就这样过去了三天三夜，欧阳询终于领悟到索靖书法用笔的精神所在，不由得痛快大笑道："能够看到这样好的书法，真是高兴啊！"也是这一次观碑练书，使得欧阳询的书法更加臻于完美。

欧阳询的书法很受人们喜爱，据不完全统计，在后世所见到的十几种欧阳询楷书中，只有四种才是真迹。而剩余的字迹里，有一些甚至达到了以假乱真的地步，这是因为有许多人喜欢欧阳询的楷书，以至于有人不惜花费大量时间精力来模仿作假！

长久的练习不仅使欧阳询能够写出一手好字，还让他积累了深厚的书法经验。他从自己的书法实践中总结出系统的书法理论，创作了《三十六法》《用笔论》等书，比较系统地阐述了自己对书法的见解，为后人练习书法提供了宝贵的经验。此外，他还在文献领域做出了突出成就。他与裴矩、陈叔达等人主编《艺文类聚》一百卷，其中举例引证的古书典籍，有很多都已经在漫长的历史岁月中失传，赖有此书后人才能够知晓，可以说它间接保存了许多珍贵资料。

（课内连线:《中国历史》七年级下，第一单元第3课《盛唐气象》）

吴道子：绝代画圣

吴道子是唐代著名画家，在绘画史上被尊为“画圣”，擅长佛教和人物绘画，精于壁画创作，他的画风被唐代和宋元以后的许多画家效仿和借鉴。

年少刻苦

一年冬天，河北定州城外，天上还下着鹅毛大雪，阳光照在雪地上，反射出白色的光，一位十二三岁的少年在柏林寺前驻足，这便是年少时的吴道子。他仰望寺院大门房梁上的金字牌匾，不知被什么驱使着，抬脚跨过高高的门槛，步入寺中。

院子里，只有一位老和尚拿着竹扫帚扫着院里的积雪。老和尚抬头，看见了误闯院中的吴道子。

⊙吴道子《送子天王图》局部

吴道子见老和尚注意到自己，有些不好意思，他上前鞠了一躬说“对不起，打扰了”，说完就想转身走开，怎奈他肚子饿得咕咕叫，之前又走了很远的路，如今实在是走不动了，只得转回身，面对那老和尚，又鞠一躬。

“对不起，不知我可否讨口饭吃？”

老和尚看这少年脸色苍白，身体消瘦，知道他定是因为家境贫困，不得已才出来讨生活的。老和尚走向吴道子，手里的竹扫帚在地上拖出一道道痕迹。

“小施主，你叫什么名字？”老和尚右手立掌，微微俯身问道。

“吴道子。”

“倒是个好名字。”老和尚又问，“可有什么一技之长？”

吴道子觉得有些羞愧，他抬手摸了摸后脑勺，说：“没有。”

“无妨无妨，”老和尚微笑，“白纸一张，倒也不错。贫僧也没有什么一技之长，只会诵诵经，在白纸上画上几笔。”

吴道子听了，有点儿领悟到老和尚的用意，但又不敢确定，迟疑一瞬，就扑通一声跪在地上，边叩拜老和尚边大声地说：“请您收我为徒，我愿意跟随师父您学习。”

老和尚欣慰地笑着将吴道子从地上拉起：“贫僧与你有缘，就受了这一声师父。”老和尚把手中的竹扫帚交给吴道子，自己转身走向寺中的前殿。

吴道子自知家境贫寒，自己又是孤身一人，没有一两项能拿得出手的技艺恐怕难以在世上立足。既然今天他路过柏林寺，柏林寺又给了他一个容身之所，他当然要向老和尚认真学习。

他在寺中住了几天，发现老和尚除了让他清扫院子之外就没什么吩咐了，寺里其他的和尚也会吩咐他做些事，无非就是洗洗菜生生火之类的小事。虽然吴道子觉得他继续在寺里这样蹭吃蹭喝也不是什么坏事，但他总觉得老和尚有什么东西想要教给自己，还是说他太过愚钝，难以领悟？

冬天就快到尾声了，地上也不再有厚厚的积雪，有的时候吴道子觉得无聊，就会拿着竹签在地上画上几笔，雪一融化，他的画作也就跟着消失。吴道子忽然开始渴望，有一天他能执笔画上一幅画，再在画的旁边题上字，然后亲手盖上自己的印章。

春天来了，地上的积雪都融化了。一天，吴道子跟着寺里的师兄去外面化缘，得到一支别人丢弃的毛笔，他欣喜若狂。师兄看在眼里，知道吴道子对绘画有浓厚的兴趣。在回柏林寺的路上，他看吴道子小心翼翼地护着那支毛笔，无奈地摇了摇头。

吴道子不解地问："师兄你为何摇头？是我不能配上这支笔？"

"笔是死物人是活物，哪有人配不上笔的道理？师兄只是看你痴狂，想告诉你个秘密。"

吴道子来了兴趣，注意力从手中的毛笔移到了眼前的师兄身上。

"师父一直想为殿堂画一幅壁画，却落笔无神，我猜想他过几日会远行，你大可表明决心，跟师父一道去远行。"

吴道子听了师兄的话，道完一声谢，就头也不回地跑回柏林寺。

他之前从未听说过师父会远行的事，就连师父想画一幅壁画的事都不知道，吴道子只怪自己粗心，同时心里暗自揣测，难道是师父未看出他的恒心毅力才故意瞒着他？

回到柏林寺，吴道子发现老和尚正在房间里整理衣物，确实是一副要远行的样子。

吴道子并不想错过这次学习的机会，哪怕山高水长，他也想要跟着去，于是他便跪在老和尚房门外，请求道："师父若是要远行，徒儿请求一同前往。"

老和尚闻声回头，就看见吴道子跪在门口，目光灼灼，眼神坚定。老和尚十分感动，他走过去扶起吴道子："为师这一路，并非游山玩水，你跟着去，能干什么？"

"捡柴烧饭，洗衣化缘，无所不能。"

"好啊……那你就跟着去吧。"

吴道子欣喜若狂，不停地说："谢谢师父！谢谢师父！"说完就兴冲冲回房间收拾东西。

老和尚无奈地摇了摇头，他不知道带上吴道子是对是错，吴道子以后能学到多少，要看他自己的造化了。

之后吴道子就跟着老和尚游历江河湖海，学习画水。吴道子这才知道原来他师父想画的是一幅《江海奔腾图》，因为一直画不出水流的神韵，才想要远行，切切实实看一看奔涌的江河。

就这样过去了三年，吴道子画技大有长进，老和尚对他赞赏有加。看到吴道子进步如此之快，老和尚觉得自己是时候回到柏林寺，完成那幅《江海奔腾图》了。

替师作画

又是一年冬天，师徒二人回到柏林寺。

那一年，寺门外不远处的梅花开得格外红艳。

可谁知，回来的第二天，老和尚就病倒了。

老和尚始终高烧不退，半梦半醒，嘴里叨叨着模糊不清的话语。

“师父……”吴道子跪在老和尚床前，眼含泪水，“是徒儿没能照顾好您。”

老和尚双眼半闭半睁，嘴里一直念叨着什么，吴道子俯下身把耳朵凑到老和尚嘴边，这下他听清了，师父说的是：

“江海，江海……”

原来，老和尚自始至终都惦记着要完成那幅壁画，只是老人家现在心有余而力不足，脑子也是一片混沌，就别提什么作画了。

吴道子在床前叩拜，对着床上躺着的老和尚说：“师父，我愿替您完成《江海奔腾图》！”

老和尚半梦半醒间听见吴道子的声音，瞬间清醒了许多，他一直牵挂的就是完成《江海奔腾图》，要是徒弟能替他完成，也算是了却了他的夙愿。

“好啊……好。”

吴道子认为，既然师父将作画任务交给自己，就绝不能辜负师父的信任。吴道子开始一边照顾老和尚，一边到殿堂里构思壁画。

直到老和尚病情有所好转，他才正式进入殿堂，闭关作画。他整日面对墙壁，不断思索与构想该如何完成这幅作品。

他清楚地记得这三年来和老和尚一起观赏的江河湖海，它们或波涛汹涌，或波澜不惊，在壁画中，不仅要表现出水的汹涌，还要表现出水的柔美。

常言道"水滴石穿"，《江海奔腾图》应该展现出一种坚韧的力量。

为了作画，吴道子基本不出殿堂。冬天还没过去，他有时在殿堂中冻得瑟瑟发抖，甚至握笔的手僵直得难以驾驭画笔，这让他不得不停下来，活动一下筋骨，借由运动让身体暖起来。

直到春天，他还没有完成壁画的三分之一。他不时地便会遇到瓶颈，比如有个地方，不论用何种方法都表达得不自然，这时他特别想去求助师父，但转念一想，师父为了画好江海花了三年时间，三年之前肯定还有许多个三年，而他花费的，只有那三年而已。

这样一想，他就觉得自己应该花更多时间去回想那三年看到的风景，听到的水声，而不是向师父要一个现成的答案。

春天过去了，老和尚的病情缓解了不少，他不用整日躺在床上等着别人伺候。他走出房门，才知道自从自己允许吴道子替他作画之后，吴道子从未离开过殿堂。

老和尚没想到，只有十五六岁的吴道子，不仅有志气，更有耐心和恒心。他知道自己可以放心了。

夏天到了，吴道子在殿堂里热得满头是汗，但炎热的天气没能蒸腾掉他作画的热情，反而使他更加忘情地投入到“大海”的浪花中。

吴道子完成《江海奔腾图》时，已是深秋时节。历时九个月，终于将画作完成，他高兴地打开大门跑去找老和尚。

老和尚的病总是反复，到了深秋，他就虚弱得只能躺在床上。听见吴道子兴奋的声音，他的身体忽然有了力量。

吴道子推开老和尚的房门:“师父！我已完成《江海奔腾图》，请师父前去观看。”看见躺在床上正挣扎着坐起来的老和尚，吴道子由原本的神采飞扬变成了满心的担忧，他想扶起老和尚，老和尚却轻轻推开了他。

“师父还没有老到这份儿上。”老和尚只觉得自己浑身充满力量，病仿佛一下子全好了。他下床套上鞋，就去看吴道子在殿堂里画的壁画。

站在殿门口，老和尚看着扑面而来的浪花仰天大笑，冲着吴道子说:“孩子，你画的这幅《江海奔腾图》成功啦！”

传神之笔

老和尚病逝后，吴道子觉得自己也没有必要在柏林寺当半个和尚了，于是他告别了师兄师弟，离开柏林寺，琢磨着去谋个一官半职。

途中他觉得有些口渴，刚好想起从前他和师父云游的时候曾经路过此地，并在附近的一间僧房里借住了一晚。吴道子就想去寻找当时的那间僧房，拜访故人，顺便讨口茶吃。

吴道子凭借记忆找到当年的房子，他走上前去叩响屋门。

不一会儿，门打开了，门后一个僧人探出头来：“所为何事？”

“不好意思，可否讨口茶吃？”吴道子礼貌地问。

僧人用鄙夷的眼神上下打量了吴道子一番，然后皱着眉头，表现出不耐烦：“没有没有！”说着就要关门。

吴道子还没反应过来就被拒之门外，他十分气愤，认为这个僧人是在以貌取人，于是他当即从包中取出笔墨纸砚，在僧房的围墙上画了一头驴。

谁曾想当天晚上，他画在墙上的驴变成了真驴，这头驴恼怒异常，满屋尥（liào）蹶子，把僧房的家具等物践踏得乱七八糟，一片狼藉。

这僧人一看到墙上的画，就知道一定是吴道子画的，他只能去恳求吴道子将墙上的画擦掉。

“昨天是小僧冒犯，还希望您不要放在心上。”僧人被这头驴一闹，损失惨重。要是吴道子再不擦掉墙上的画，他的生命怕是都会受到威胁。

吴道子看僧人态度诚恳，就将画擦掉了。果然，这之后那驴也从僧房消失了。

虽然“画驴成真”是民间传说，但也从一个侧面说明吴道子画动物有如神来之笔。

⊙吴道子《先师孔子行教像》

无诏不画

吴道子跟随著名书法家张旭、贺知章学习书法，后来刻苦钻研绘画，年未冠之时，已能“穷丹青之妙”，在画坛上小有名气。

公元713年，唐玄宗召他到京都长安，入内供奉，充任内教博士，并命他“非有诏不得画”。后官至“宁王友”。吴道子入内供奉之后，多在宫中作画，有时也随同玄宗巡游各地。

一天，他随驾去东都洛阳，会见了将军裴旻（mín）

和书法家张旭。三人都是身怀技艺之人，自然被要求表演绝技。

将军裴旻是性情中人，他拔出佩剑，说："我裴旻一介莽夫，在此献丑，为大家舞剑助兴！"

周围观看的官员各个拍手叫好，将军裴旻舞剑，那可不是想看就能看到的。

舞剑结束，裴旻把剑收回剑鞘，对着周围的官员作揖后，退到一边。

看完裴旻舞剑，张旭也在兴头上，他站起来，说："裴将军的剑舞得干净利索，在下文弱书生手无缚鸡之力，惭愧惭愧，没有什么绝技，只能表演写字。"

笔墨早已为张旭准备好，他善于草书，立即挥毫泼墨，作书毕。

众人对他的书法也是赞不绝口。

最后轮到吴道子，三人中他年纪最小，理应谦虚再谦虚，他对着裴旻将军和张旭行礼，恭敬地说："论年纪，两位都是前辈，都身怀绝技，今日能在二位面前献丑，也是小弟我修来的福分。小弟别的不会，画画还算在行，望两位大哥能指点一二。"

张旭和裴旻客气道："不敢当，不敢当。"

吴道子这才奋笔作画，下笔有神，可谓"俄顷而就，有若神助"。众人纷纷为其叫好。

公元742年，唐玄宗忽然想起蜀中嘉陵江山清水秀，遂命吴道子乘驿船赴嘉陵江写生。

到了嘉陵江，吴道子漫游江上，纵目远眺，此地好山好水，一幕一景地掠过，当时的体会与感受一一铭记在心，并没有绘制一张草图。

他觉得草图是死的，而心里的感受却是活的，不能让草图限制了他的思想。

回到长安，玄宗问他绘画的情况，他回答说："我并没有作草图将它带回来，而是全部都记在心里了。"

玄宗命他在大同殿壁上绘画。吴道子不是将嘉陵江山水表面罗列一番，而是把握住嘉陵江一山一水、一丘一壑引人入胜的境界，即把这一带的山川壮丽优美与自然特色做了高度的概括，凝神挥笔一日而成，嘉陵江三百里的旖旎风光跃然笔下，玄宗看了啧啧称赞。

在此之前，大画家李将军擅长山水画，也曾在大同殿壁上画嘉陵江山水，虽然画得也十分奇妙，但却用数月才完成，不如吴道子画得既快又好。

因此，玄宗颇为感慨地说："李思训数月的工夫，你用一天就完成了，真是奇妙至极。"

可见吴道子画技高超，笔法娴熟。

（课内连线：《中国历史》七年级下，第一单元第 3 课《盛唐气象》）

颜真卿：楷书大家

颜真卿是唐代名臣，也是著名书法家，他擅长写行书和楷书，被誉为“楷书四大家”之一。他的楷书端庄雄伟，气势浑厚，善用中锋，饶有筋骨。他的《祭侄文稿》被后世誉为“天下第二行书”。

正直遭贬

公元752年暮秋，山东德州平原郡外落叶纷飞，四十二岁的颜真卿骑着马，慢悠悠地行进在县外的小道上，身后两个随从无精打采地跟着。

此时的颜真卿百感交集，不知道该喜还是该悲——他被贬了，从朝廷调到平原郡来做太守，可谓“悲”，但是从这一天起，他远离了那个纷乱的、摇摇欲坠的朝廷，不用再受朝廷中那些小人的算计，能够静下心来研究平生最痴迷的书法，可谓“喜”。

⊙颜真卿

孔老夫子说“四十不惑”，可他的心中为什么还是有那么多不明了的事情呢？马儿不紧不慢地走着，颜真卿索性闭了眼，回想起自己平平淡淡的前半生。

公元709年一个普通的秋日，颜真卿出生于京兆万年（今陕西省西安市）敦化坊。颜家虽不是什么名门望族，但也算得上书香门第，孔子门下“七十二贤”之首颜回便是颜真卿的祖上，颜真卿的五世祖颜之推、爷爷颜师古都是声名远扬的儒学大家。颜家世世代代受人尊敬，先辈们在朝廷做官的真不少，颜真卿的出身可比那些穷苦百姓好了不少，可谓幸福。不幸的是，颜真卿三岁时，他的父亲因病去世了！

在那个时代，一个家庭中男主人的作用和地位比现在重要得多，失去了正值壮年的父亲，这个家就没了支柱。母亲殷夫人悲痛万分，孩子年幼，除了苦苦支撑，她还有什么办法？所幸殷夫人也生在书香门第，自幼饱读诗书，教育起孩子来一点儿都不马虎，颜真卿五岁不到，殷夫人便开始教他读书了。

颜真卿十二岁时，爷爷奶奶相继离世，殷夫人在长安再无牵挂，便带着他南下苏州，寄居到外祖父家里。没有父亲的生活让颜真卿比同龄的孩子成熟不少，他懂得生活的艰辛，对母亲非常孝顺，学习也极其刻苦。

公元734年，颜真卿学有所成，此时的他饱读诗书，学识渊博，字写得不错，一手文章也写得格外漂亮。这年二月，颜真卿参加科举考试，一举考中进士，此后不到两年，便被朝廷任命为校书郎。颜真卿为人正直，做事一丝不苟，之后的几年在仕途上走得格外顺畅，多次升迁。他先后做了醴（lǐ）泉县尉、临川内史、长安县尉、监察御史，到公元749年，颜真卿官至殿中侍御史，这已经是比较大的官了，可以接触到皇帝了。

殿中侍御史是朝廷里类似“纪律委员”的职位，很得罪人，像颜真卿这样作风过于正派又心口如一的人是做不长的。果然，他上任不到一年，连宰相杨国忠都给得罪了。杨国忠把他这里一调，那里一挪，终于在这一年把他贬到了跟京师完全搭不上边的平原郡。

安史之乱

颜真卿忠心耿耿，为人正直，可年过四十却还遭贬谪，心中难免有些惆怅。入职以后，他花了几天时间理清公事，便带着笔墨纸砚寻觅起平原郡周边的碑文来。颜真卿酷爱书法，被贬前不久他还向“草圣”张旭讨教过笔法。

两人促膝长谈一夜后，颜真卿很有心得。如今他得罪当朝宰相，功名已不可求，索性静下心来钻研，让自己的书法造诣更上一层楼。

⊙颜真卿《多宝塔碑》

就这样过了些时日，颜真卿受益匪浅。之前他始终觉得自己的水平与书法大成之间有一层隔膜，如今他隐隐感到这层膜已经到了将破未破之际了！然而，天不从人愿，没等颜真卿突破这层膜，一重天大的磨难向他压了过来，这磨难他必须承受，因为关系到国家的命运、无数百姓的安危！

磨难来自唐朝两位将领——安禄山和史思明，他们都是长年镇守边地的节度使，手握重兵，颜真卿所在的平原郡也在他们的势力范围内。天高皇帝远，安禄山和史思明拥兵多年却无仗可打，于是就动起了叛乱的心思。当然，说到根本原因还是和中央的管理有关系，此时的皇帝是唐玄宗李隆基，唐朝经过“贞观之治”“永徽之治”，在唐玄宗登位时达到空前的繁荣。晚年的唐玄宗安逸久了，完全没有了作为一国之主该有的危机感，他整天和贵妃杨玉环腻在一起，过着声色犬马的生活，还让杨贵妃的哥哥杨国忠把持朝政，纵容他胡作非为。安禄山和杨国忠一直都有嫌隙，杨国忠在朝中的势力越来越大，危及安禄山的利益，安禄山自然要动别的心思了。可唐玄宗迷恋杨贵妃，杨国忠和杨贵妃的血缘关系又坚不可摧，动什么心思呢？安禄山和史思明拥有唐朝十五万正规兵力，坐镇边陲，皇帝却过得浑浑噩噩，当然是发动一场突如其来的战争最直截了当！

为了增加胜算，安禄山和史思明暗中拉拢当时河北北部的少数民族，收买了不少契丹、突厥的上层人物，势力越来越大。这一切都被身在平原郡做太守的颜真卿看在眼里，颜真卿预感有大事要发生，便偷偷招募兵士，准备粮草，疏通平原郡的护城河，并暗中把城墙加高了不少。平原郡这个地方就在安禄山眼皮子底下，为了不引起安禄山的怀疑，颜真卿经常召集一些宾客吟诗作对，游玩品酒，表现得很张扬。安禄山便对这个从京师调过来的书生放下心来，从来不觉得他会成为自己的阻碍。

公元755年的一天，颜真卿担心的事情终于发生了，安禄山和史思明以“忧国之危，讨伐杨国忠”为借口在范阳起兵，史称“安史之乱”。自此，将唐朝逼向衰退的战争开始了！

固守平原

安禄山和史思明连同契丹等少数民族共计二十万兵

力，由范阳向河北各地碾压而去。唐朝安定太久，已经有好几代人没经历过战争了，人们一听说发生战乱，哪里还有心情沉稳应战。叛军一路势如破竹，所到之处，各个郡县望风瓦解。有的郡守吓得直接投降，有的自知不敌，干脆开门迎接叛军或者弃城逃跑，少数敢于反抗的，也因为没有准备很快就被砍杀。不到半个月，河北大部分区域都被安禄山控制了。

由于颜真卿准备充分，平原郡暂时得以稳固。颜真卿知道仅凭平原郡这一点儿兵力是没办法坚持太久的，于是派人快马加鞭去长安向唐玄宗汇报。当时的唐玄宗听说河北沦陷，正气不打一处来："难道我河北二十四个郡，就没一个忠臣吗？"等到颜真卿的消息送到，唐玄宗转怒为喜，对左右官员说："我以前真是不了解颜真卿啊，想不到他做事这么出色！"朝廷很快就派出五千精锐奔赴河北支援颜真卿。颜真卿也加紧征召士兵，倾尽所有犒劳将士，将士们群情激愤。饶阳太守、济南太守、邺郡太守等不愿投降叛军的将领都领兵前来归附，平原郡越发稳固了！

然而叛军声势浩大，仅凭像平原郡这样的少数几个能固守的郡县根本挡不住他们前进的步伐。不出一个月，连洛阳城都被叛军攻陷了，李憕（chéng）、卢奕、蒋清等几位声名远扬的忠臣均被斩杀。为了扰乱平原郡的军心，安禄山想出一条恶毒的计谋，他割下李憕、卢奕、蒋清的头颅，把头颅沾满血污，然后派手下段子光送到平原郡。

颜真卿在朝廷任职多年，认识李憕、卢奕、蒋清，看到三人的头颅，悲愤交加。为了稳定军心，他直接把段子光给斩了，然后哄着将士们说："我认识李憕、卢奕、蒋清，这根本就不是他们的头。"为了慰藉三位忠臣的在天之灵，颜真卿之后又偷偷把三人的头颅收了起来，用草编了人身接上头颅后装殓并设了灵位。

在颜真卿的力争之下，更多的郡归顺了朝廷，誓死抗击叛军，他们推举颜真卿为盟主，会聚了更多的兵力。

后来颜真卿在官场几经沉浮，最后在淮西节度使李希烈的叛乱中，因做使者传达朝廷旨意，最后尽忠而逝，享年七十六岁。

颜真卿的书法初学褚（chǔ）遂良，后又得笔法于张旭，还与怀素一起探讨书法。他对王羲之、王献之、褚遂良等书法都进行了深入研究，吸取其长处。颜真卿的行书遒劲郁勃，体现了大唐帝国繁盛的风度，他的《祭侄文稿》被后世誉为"天下第二行书"。他以数十年功力千锤百炼，使得"颜体"形神兼具，在书坛巍然屹立。后人范文澜曾说："初唐的欧、虞、褚、薛，只是二王书体的继承人，盛唐的颜真卿，才是唐朝新书体的创造者。"后世学习颜体楷书者极多，甚至有"学书当学颜"的说法，可见颜真卿对中国书法的传承创新有卓著的贡献。

（课内连线：《中国历史》七年级下，第一单元第3课《盛唐气象》）

黄巢：唐王朝的掘墓人

落榜书生

黄巢是山东人，家里世代以贩卖私盐为生，家境富裕。贩卖私盐是违法行为，一旦被朝廷发现就会被砍头，因此从事这个行当的人几乎都是亡命之徒。不过黄巢的祖父重视黄巢的教育，从小教他读书舞剑，黄巢五岁的时候就能和他祖父对诗。

有一天，他们一家人相聚一起赏菊，黄巢的父亲建议大家为菊花写诗，黄巢的祖父一时写不出来，黄巢却脱口而出："堪与百花为总首，自然天赐赭黄衣。"

黄巢的父亲责骂道："赭黄衣是皇上穿的衣服，你瞎说什么？"

黄巢的祖父不以为意："小孩子嘛，别太认真，你看巢儿这么聪明，以后说不定还能考状元。孙儿，再作一首，免得你父亲聒噪。”

⊙黄巢

黄巢当即又作诗：“飒飒西风满院栽，蕊寒香冷蝶难来。他年我若为青帝，报与桃花一处开。”他才思敏捷，颇受家庭重视，渐渐生出傲气。长大后他去长安参加科举考试，志得意满，谁知道连续落榜好几回。最后一次落榜，他在长安城再次看到菊花，写了一首《不第后赋菊》抒发愤懑：

待到秋来九月八，我花开后百花杀。

冲天香阵透长安，满城尽带黄金甲。

自此，他离开长安，彻底放弃科举，继承祖业继续贩卖私盐，成为盐帮的领导者。

公元874年，全国各地水旱灾害不断，许多地方颗粒无收，但是朝廷不给赈灾，地方隐瞒灾情，导致百姓饿死无数。在此情况下，濮阳地区的盐帮头子王仙芝聚众造反，连战连捷，声威大震。王仙芝自称大将军，痛斥朝廷吏治腐败。黄巢对朝廷不满很久了，趁机揭竿而起，响应王仙芝。仅仅几个月的时间，黄巢的队伍就发展到了几万人。他没想到，唐帝国的坟墓将由他来挖掘。

转战天下

黄巢和王仙芝会聚一处，所向披靡，一直打到蕲州。蕲州刺史裴渥主动投降，面见王仙芝，说：“大将军请暂时罢兵，我为你向朝廷上表，请朝廷赏赐你们官职，这是正统的官职，以后没人敢嘲笑你是草头将军。”

王仙芝很高兴，和刺史相约罢兵，又带着黄巢一起和刺史吃饭，相谈甚欢。酒席间，黄巢拿出当年自己落第时写的诗句，问刺史：“裴大人，你看我‘满城尽带黄金甲’的诗句写得如何？”

刺史哪敢评价好坏，赶忙说当年的考官有眼不识泰山，错失了您这位英才。黄巢听罢哈哈大笑。

不久之后，皇帝果然封王仙芝左神策军押牙，王仙芝准备投降朝廷去做官。但是朝廷没有给黄巢官职，黄巢很生气，看着跃跃欲试的王仙芝愤愤不平：“王将军，我们曾经共同立下誓言，横扫天下，救民于水火。现在朝廷封了你官职，却不管我们，你让我们这些人怎么办？”

王仙芝本来很高兴，听到黄巢的指责脸上挂不住了，说：“我弃暗投明而已，难道当一辈子反贼？”

其他将士见王仙芝如此反应，顿时群情激愤，责骂王仙芝贪图荣华富贵。黄巢更是怒不可遏，出拳殴打了王仙芝。王仙芝看到所有人都反对，只好拒绝投降，但终究还是与黄巢产生了隔阂，两人兵分两路，就此分开。

他们各自为战，力量大减，王仙芝战死，他的部分将士和黄巢会合，推举黄巢为大将军。黄巢转战千里，多有失败，死了很多人，无奈之下向朝廷投降。朝廷头痛这么多人造反，于是封黄巢为右卫将军，希望其他造反的人都投降。

黄巢虽然投降了，但仍然掌控着大批武装力量，他见藩镇力量薄弱，难以制服自己，很快又开始造反。他们一路杀到福建，烧官府，杀官吏。

到了这年六月，黄巢听到自己军队里流传着这样一句话："如果把读书人都杀了，这样的部队肯定要全军覆没。"黄巢信以为真。虽然他起兵造反，但他一直认为自己是读书人，并且还是状元之才。他抓到俘虏后，先问俘虏是不是读书人，如果是读书人就放掉，如果不是读书人那就倒霉了。黄巢的军队路过崇文馆校书郎黄璞的家门口，黄巢下令："这是读书人家，大家把火把灭掉，不要把他家烧了。"

黄巢非常关心自己的前途，找到一个叫周朴的隐士，请周朴辅佐自己。他问周朴："周先生，能帮我成就帝王霸业吗？"

周朴不喜欢黄巢，冷漠地说："我连当今的皇帝都不愿意辅佐，这才退隐山林，我又怎么会辅佐你这样的反贼？"

黄巢大怒，一刀杀了周朴，从此把自己不杀读书人的命令抛到脑后。

马踏长安

黄巢久经战事，逐渐领悟到纪律的重要性，其军队的战斗力越来越强。他带领着部队北渡淮河，严格约束部队，下令不得抢劫百姓财物。为了壮大声威，他拉了许多壮丁当兵，军队总数达到六十万之众，令朝廷大为恐慌。他一路进军颍州、宋州、徐州、衮州等地，所到之处，官吏望风而逃，此时他已经具备了推翻朝廷的实力。

宰相豆卢瑑上疏曰："陛下，微臣建议先封黄巢为节度使，稳住他，等到他去赴任的时候，我们再发兵除掉他！"

另外一个宰相卢携提出反对意见："不能养虎为患，现在就该发兵守住泗州，反贼不能入关，肯定无功而返。"皇帝听从了他的意见。

他们没想到黄巢实力极为强悍，很快就打过泗州。卢携非常羞愧，称病不敢上朝。

黄巢打到了东都洛阳附近，他传檄朝廷官军说："我马上攻克洛阳，下一步就是攻打京师长安。你们这些当官的扪心自问，有没有做过鱼肉百姓的事？有的话，做好引颈就戮的准备！"

皇帝派兵驻守，但当黄巢兵临城下时，朝廷将领逃跑，洛阳城的官员出城迎接黄巢。

黄巢豪气在胸，大声宣布："注意军纪！不得祸害百姓！"在黄巢的约束下，军队居然没人抢劫，只需要百姓供应军粮即可。他休息几天，又奔往京师长安。离开的时候，洛阳城内的集市照常运行，没有受到丝毫影响。他望着长安城的方向，横刀立马，仰天大笑。只要踏过潼关，占领长安城不在话下。

朝廷连忙组织十万神策军守卫潼关，但神策军的战士都是长安城富豪子弟，平常贪图享乐，只想挂军职捞军功，一听到要和黄巢拼命，个个吓得抱头痛哭。他们为了逃避战事，花钱请贩夫走卒来代替他们打仗。

黄巢打到潼关脚下，惊喜地发现守军都是酒囊饭袋，而且军粮不足，最关键的是没有援兵。黄巢一鼓作气攻克潼关，直捣长安。皇帝和诸大臣狼狈逃跑。

他顺利进入长安，畅通无阻。黄巢学习当年刘邦入咸阳的做法，约法三章，不但不骚扰百姓，碰到贫苦百姓还送他们粮食。他意气风发，自立为帝，分封众臣。他说："唐朝三品以上的官员，没一个好东西，把他们的乌纱帽全部摘掉，我们自己的人当大官！四品以下的小官暂时不动，让他们继续干活。"

他身披黄袍，想起当年科举失败的落魄模样，情不自禁地大喊："满城尽带黄金甲！"他当上皇帝后，很快沉迷于享乐，对逃跑的皇帝唐僖宗不管不问。而他的部下对皇室家族和王公大臣十分痛恨，抓到之后全部杀掉。黄巢睁一只眼闭一只眼，安心做皇帝。

毁于一旦

黄巢称帝后，放松了军队管理，军队战斗力大为减弱。唐僖宗召集全国朝廷军反攻，与黄巢展开拉锯战，互有胜负。但是黄巢手下大将朱温反叛，投降朝廷，给予黄巢沉重的打击。朝廷的雇佣兵李克用也大展神威，多次击败黄巢部队。无奈之下，黄巢撤离长安。朝廷紧追不舍。黄巢把辎重珍宝都扔在路上，朝廷官兵忙着捡财物，无心追击，黄巢这才从容离开，进攻陈州。此时黄巢军中粮食供应不足，饿死的士兵和百姓不计其数。

黄巢站在尸体堆前默然无语，想不通为什么自己在一夜之间就从万乘之尊变成了丧家之犬。身边不断有人死去，很多百姓坐着等死。他望着陈州城门，愤怒地大喊：“难道打不下来吗？”

有部下回答说：“大家都快饿死了，等着死了喂野狗，没有战斗力。”

黄巢面目狰狞，思考了许久，突然说：“既然死了喂野狗，不如喂我们自己！”

部下不明白，请教黄巢。

黄巢咬牙切齿地说：“这些等死的人，不都是粮食吗？”

这一刻，黄巢魔鬼附身，令所有人心惊胆寒。

他围攻陈州一年，制造了一年的人间地狱，失去了民心。陈州的百姓不够吃了，他便纵兵四掠，自河南、许、汝、唐、邓、孟、郑、汴、曹、徐、兖等数十州，百姓多死于屠刀之下……

然而朝廷的进攻越来越强，反叛的部下越来越多，黄巢军大势已去，他身边只剩几千人了。眼见朝不保夕，他化装成和尚模样逃跑，企图保住性命。没想到，他遭遇了外甥林言的偷袭，被其斩杀。林言想把首级送给朝廷，但在路上遇到了李克用，李克用把他们都杀了，抢夺了诛杀黄巢的功劳。黄巢的儿子黄皓率残部流窜，第二年被湖南地区的土豪杀掉，黄巢起义至此彻底结束。此后，地方藩镇割据，朝廷一蹶不振。曾经反叛黄巢的大将朱温再次反叛唐朝，篡夺唐政权，唐朝灭亡，中国进入五代十国时期。

逃跑途中，黄巢回顾轰轰烈烈的一生，从书生到私盐贩子，又变成反贼，从大将军变成一国皇帝，瞬间又众叛亲离。此时他又回到书生，题诗一首：

记得当年草上飞，铁衣著尽著僧衣。

天津桥上无人识，独倚栏干看落晖。

（课内连线：《中国历史》七年级下，第一单元第5课《安史之乱与唐朝衰亡》）

宋朝篇

宋太祖：杯酒释兵权的大宋开国之君

昔香孩儿，今后周将

宋太祖赵匡胤，字元朗，小名香孩儿，是宋王朝的建立者，出生于洛阳夹马营，祖籍河北涿州。他出身于军人家庭，是父亲赵弘殷的次子，长兄赵匡济很小就夭折了。他在后汉隐帝时，投奔到后汉枢密使郭威帐下，屡立战功。后来郭威建立后周，委任他以军中要职。在周世宗柴荣驾崩后，赵匡胤发动了陈桥兵变，建立宋朝，定都河南开封，在位十六年，享年五十岁。在位期间，宋太祖致力于统一全国，结束战乱分裂的局面，他提倡文人政治，开创了中国的文治盛世，是一位英明仁慈的皇帝，是推动历史发展的杰出人物。

据史书记载，赵匡胤出生时有一股奇异的香气，所以乳名叫“香孩儿”。几年后，他到了读书的年纪，父亲就给他起了个正式的名字叫赵匡胤，“匡”是匡扶保佑的意思，“胤”是后代的意思，从这个名字来看，父亲对他确实是寄予厚望的。赵匡胤从小在习武方面就表现出特殊的天赋，在学习骑马射箭时，他的表现总是异常出色。

⊙宋太祖

不过，在赵匡胤成长的十几年中，赵家的境遇每况愈下，父亲本来是后唐庄宗李存勖（xù）器重的武将，不幸的是李存勖在兵变中被杀了，父亲就开始被冷落，家境日益艰难。后来赵匡胤结婚成家，家中的窘迫状况使他不得不离家外出寻找机会。他去投奔亲戚，受到冷遇。那两年的流浪生活是艰难的，这也使他的意志更坚定，眼界更开阔。有一次，他来到汉水边的襄阳，住进了一家寺庙。寺院的住持是一位年近百岁的老和尚，他饱经沧桑，阅人无数，很会看相。虽然当时赵匡胤衣着寒酸，风尘仆仆，老和尚却觉得他气度不凡，告诉他汉水以南的地区政权稳定，而北方战乱频繁。所谓乱世出英雄，老和尚劝他北上，还送给他一些路费。赵匡胤去北方后，投奔了郭威，开始只是一名士兵，后因屡立战功被提拔，负责宫廷禁卫。

后来郭威发动兵变，推翻后汉建立后周，成为周太祖。几年后，郭威病逝，由柴荣即位，史称周世宗。赵匡胤在周世宗称帝前就是他的亲信武将，因此周世宗称帝后非常器重他。周世宗也有统一全国的野心，他给了能征善战的赵匡胤以发挥才能和聚集力量的良机。由于在多次战役中有出色表现，赵匡胤被提拔为忠武军节度使兼殿前都指挥使，在军队中有着极高的地位。同时他与其他高级将领在战斗中也建立了生死与共的情谊。他曾经结拜过的义社十兄弟，形成了一股以赵匡胤为核心的武装势力。同时，他还留心结交有道德学问的文人做幕僚，并虚心向他们学习。

赵匡胤虽然是武将出身，却喜爱读书，他常常研读经史，手不释卷。他跟从周世宗平定淮河流域时，有人向周世宗告密说，赵匡胤用几辆车运载自己的私人物品，其中都是些金银财宝。世宗就派人去检查，结果车中竟然是几千卷书籍。周世宗问他：“你身为武将，要这么多书有什么用？”赵匡胤回答说：“我没有好的计谋贡献给陛下，只能多读些书以增长自己的见识。”

陈桥兵变，黄袍加身

公元959年，周世宗驾崩，年仅七岁的柴宗训继位。赵匡胤在心腹文武幕僚的帮助下加紧行动，将殿前司系统的高级将领几乎都换成了自己的兄弟、故交，在京城无人能与他相抗衡。公元960年正月初一，朝廷上下正在朝贺新年，突然接到契丹和北汉联兵南下的战报。小皇帝在征得宰相范质等人同意后，匆忙派遣赵匡胤统率禁军北上迎敌。正月初二，赵匡胤统率大军离开都城，夜宿距开封东北二十公里的陈桥驿（yì）。赵匡胤的一些亲信在将士中散布消息，说皇帝年幼不能亲政，希望拥立赵匡胤做皇帝。第二天一早，赵普和赵匡胤的弟弟赵光义见时机成熟，就带领将士把事先准备好的皇帝穿的黄袍披到了赵匡胤身上，并跪拜齐呼万岁。赵匡胤推辞再三，才接受了拥戴，并定下了对后周的太后和小皇帝不得惊犯，对后周的公卿不得侵凌，对朝廷府库不得侵掠等一系列军令。当天赵匡胤便率军火速回师开封，与在京城等候的石守信等人里应外合，迅速控制了局面，柴宗训也被迫宣读了赵匡胤事先准备好的禅位诏书。赵匡胤就这样兵不血刃地完成了“陈桥兵变，黄袍加身”，改国号为“宋”，成为宋王朝第一位皇帝，史称宋太祖。

宋太祖在陈桥兵变后回师进入开封皇宫时，见到宫妃抱着一个小婴儿，就问是谁的儿子。宫妃回答说是周世宗的儿子。当时，范质、赵普、潘美等亲信都在身旁，宋太祖问他们该如何处理。赵普等回答说：“应该除去，以免后患。”宋太祖说：“我接了人家的皇位，还要杀人家的儿子，我不忍心。”于是就把这婴儿送给潘美抚养，以后再没过问此事。后来这个婴儿长大成人，取名惟吉，官至刺史。

杯酒释兵权，先南后北略

宋太祖登基后，对后周旧臣实行全部录用、官位不变的政策。他深知对皇权威胁最大的是禁军将帅手中的兵权，但他没有像其他皇帝一样，用杀戮的方式来消除开国功臣的武力威胁，而是巧妙地运用了“杯酒释兵权”的做法，和平解决。故事是这样的：一天下朝后，宋太祖宴请石守信、高怀德、王审琦等禁军高级将领。酒过三巡菜过五味，宋太祖忽然感叹道：“如果没有你们出力辅佐，我也没有今天，你们的功德我永远不会忘。只是当了天子之后，我没睡过一夜的安稳觉啊！”将领们忙问：“这是为什么呢？”宋太祖意味深长地说：“这还不明白吗？这皇帝的位子，谁都想要呀。”一听这话，石守信等人赶忙离座向宋太祖表忠心。太祖说：“我当然相信你们没有异心，可你们的手下，却可能因为贪图富贵而将黄袍披到你们身上，还由得了你们吗？”将领们一听全都吓蒙了，忙跪下磕头哭泣，希望太祖指一条生路。宋太祖趁机表达了希望他们放弃兵权的想法：“人生苦短，犹如白驹过隙，不如多累积一些金钱，买一些房产，为子孙后代留下一份产业，家中再多招一些歌伶舞女，天天饮酒作乐，以终天年，君臣之间也没有猜疑，上下都安宁，这样不是很好吗？”第二天，这些将领都称病而请求辞职交出兵权，宋太祖一一应允，并给予优厚的封赏，后来还相继把自己的妹妹和女儿嫁给了这些拥立他的功臣。宋太祖用这样的方法妥善处理了与功臣武将的关系，还避免了“飞鸟尽，良弓藏；狡兔死，走狗烹”的指责。

之后，宋太祖听取群臣的建议，确立了“先南后北”的统一计划，先征服了南方八个割据势力，又向北扩张，开始了统一全国的大业。直到宋太宗赵光义时期，经过五代十国几十年战乱的华夏民族终于重新获得了统一，百姓摆脱了连年战乱颠沛流离之苦。

文治武功全，施政传遗训

宋太祖虽然是武将出身，却非常重视以文治国的理念，他果断地推行了尊孔崇儒、完善科举、创设殿试、重视教育、重视农桑、减轻徭役、厚禄养廉等一系列重大举措，彻底扭转了唐末以来武夫专权的黑暗局面，使宋代的文化空前繁盛，以至于现在的很多学者都羡慕当年“宋朝是文人的乐园”的局面。然而宋太祖并不轻武，他重视军队的操练，还根据士卒拼杀格斗的经验编成“宋太祖三十二势长拳”，就连号称天下武功至尊的少林寺对太祖长拳也另眼相看。而一些后代的宋朝皇帝只重视文臣却轻视武将，使得宋朝的军事力量日渐薄弱，最终不得不迁都临安（今属杭州），建立南宋，偏安一隅。

宋太祖曾给后代子孙留下施政的遗训，宋朝历任皇帝即位时，都必须拜读这份遗训，遗训包含三点内容：一是柴氏子孙有罪，不得加刑，纵犯谋逆，止于狱中赐尽，不得市曹刑戮，亦不得连坐支属。这是表达对后周旧主的感恩之情，善待他们的后代。二是不得杀士大夫及上书言事人。这一条在整个宋朝发挥了重要作用，凡是文官和上书劝谏的人都不会被处死。三是子孙有渝（yú）此誓者，天必殛（jí）之。宋朝的皇帝基本都遵守了誓碑遗训，因此，在各种政治势力的党争中，文臣虽然有被流放到边远地区的，但不会因此而丢了性命。宋太祖温厚的性格透过这份遗训传达给后世的皇子皇孙们，并表现在整个宋王朝的历史中。

公元 976 年，宋太祖召他的弟弟赵光义饮酒，并将其留宿在宫中。第二天清晨，宋太祖暴亡，享年五十岁。之后，赵光义继位，史称宋太宗。宋太祖赵匡胤一生重要的贡献是重新恢复了中华地区的统一，结束了从唐末五代以来长达六十多年的藩镇割据局面。饱经战乱之苦的百姓终于有了一个和平安宁的生活环境，为经济的发展、文化的繁荣创造了条件，因此，宋太祖赵匡胤在中国历史上是一个承前启后的重要人物。同时，他还具有宽仁大度、虚怀若谷、好学不倦、诚意纳谏、勤政爱民、严于律己、崇尚节俭等优秀品质，对改变五代以来武夫当道、奢靡享乐的风气发挥了极大的作用。

（课内连线：《中国历史》七年级下，第二单元第 6 课《北宋的政治》）

沈括：中国科学史上的卓越人物

北宋仁宗时期，诞生了一位著名的科学家，他就是沈括。他一生致力于科学研究，在众多领域都有很深的造诣和卓越的贡献：他发现了地磁偏角；他为“石油”命名；他改良测绘，重修历法；他的著作《梦溪笔谈》集前代科学成就之大成，具有世界性影响。元代政治家、军事家脱脱称赞沈括：“博学善文，于天文、方志、律历、音乐、医药、卜算无所不通……他博物洽闻，贯乎幽深，措诸政事，又极开敏。”

书香门第

沈括，字存中，1031 年出生于浙江杭州一个书香门第。他的祖父沈曾庆曾任大理寺丞，是掌握全国刑狱的最高长官。他的父亲沈周、伯父沈同也都是进士出身。

父亲沈周被安排在地方上做官，母亲许氏是一个大家闺秀，知书达理。由于父亲常年忙于公务，母亲便承担了教导沈括读书识字的任务。沈括勤奋好学，十四岁就读完了家中所有藏书。后来，他又跟随父亲到过福建、江苏、四川和京城开封等地，增长了见识，表现出对大自然的强烈兴趣和敏锐观察力。

⊙沈括

沈括十八岁时，他的父亲被调往南京做官，他也跟随父亲前往江宁（今南京）。这时，他开始认真研读文学方面的书籍，并读到了唐代诗人白居易的诗《大林寺桃花》：

人间四月芳菲尽，山寺桃花始盛开。

长恨春归无觅处，不知转入此中来。

这是白居易在庐山大林寺游玩时即景吟成的一首七绝。沈括读到这首诗，非常惊讶，心想：山下诸花都已凋谢，山上的桃花怎么会刚刚开放呢？难道大诗人也会犯这样自相矛盾的错误吗？

后来，有一年四月，沈括来到山上游玩，看到了白居易诗中的奇景：山下桃花已经凋谢，可是山顶桃花却开得正艳。为了弄清其中缘由，他多次进行实地考察，终于揭开了谜底：由于山上地势高，气温低，春季到来得比山下晚，所以花开得晚，这是由气候条件决定的。

这种喜欢钻研的习惯和精神，陪伴了沈括一生。

发现地磁偏角

1054 年，沈括在父亲去世后继承了父亲的官位，被分派到江苏沐阳县担任主簿。主簿相当于现在的副县长，主要是协助县令工作。沈括离开家乡，从此开始了近四十年的仕途生涯。

宋英宗即位后，三十二岁的沈括参国了科举考试，一举考中进士。宋英宗见沈括相貌堂堂，学识渊博，又有实际才能，便调派沈括前往扬州，任司理参军，掌管刑讼审讯。

有一次，沈括前往宜兴考察，晚上寄宿在一户人家。当时，他们正在院中乘凉，忽然天空坠下一块陨石，落在庭院当中。大家都很害怕，觉得这是不祥之兆，而沈括却对这块陨石产生了浓厚的兴趣。

经过反复研究，沈括发现这个陨石有一些磁性，于是便拿来一块磁石，同这块陨石进行比较。为了得出确切的结果，他花费了大量时间，将陨石和磁石磨成了磁针，从而有了一个重大发现——陨石磨成的磁针灵敏度更高！

接着，他又将磁石磨成的磁针悬在半空，发现磁针基本指向正南方向。然后，他又将陨石磨成的磁针悬在半空，结果磁针并非指向正南方向，而总是微微向东偏离。

沈括意识到，这是一个非常重要的发现，于是他又进行了多次重复实验，得到的还是这个结果。也就是说，地磁的南北极与地理的南北极并不完全重合，二者之间存在一个夹角，这个夹角就是地磁偏角。

这个发现在当时是很了不起的！因为这个数值很小，只有几度，一般人很容易忽视。这一发现比 1492 年哥伦布横渡大西洋时发现地磁偏角现象早了四百多年。

后来，沈括将这一发现写在了《梦溪笔谈》中，在书中他精辟地指出地磁偏角存在的原因——因为地球上的磁极不是正好在南北两极。

指南针及地磁偏角理论对于远洋航行有着重大意义，人类正是因为有了这一正确的指引，才获得了全天候航行的能力，从而可以第一次在茫茫大海中自由行进。此后，新航路不断开辟，缩短了航程，加速了航运的发展，促进了世界文化交流与贸易往来。

改良测绘，重修历法

宋英宗在位没几年就死了。1067 年，他的长子宋神宗赵顼（xū）即位。宋神宗任用王安石进行变法，沈括是王安石的支持者。但是王安石变法最终失败，参与或支持变法的人纷纷被贬，沈括被贬到宣州任知府。

沈括虽然被贬，却没有消极和气馁，而是积极处理公事，了解当地民情，尤其将治理水利、发展农业生产作为主要工作。由于在任时政绩显著，宋神宗非常高兴，便将沈括提升为司天监，让他负责观察天象、钟鼓漏刻计时、编制历书等工作。

主持司天监后，沈括发现司天监的官员由于历来世袭，不少都是不学无术、没有实际才能的人，甚至连基本的仪器观测都不懂，难怪当时的历法十分混乱。因此，他打破惯例，起用一些平民出身但具有实际才能的人。

他发现，前朝的旧历以十二次的月亮圆缺作为一年的标准，后来虽然经过多次修订，但仍与实际节令和气候变化误差较大，影响农时农事。

经过进一步研究和推算，他对旧历法进行了大胆革新，不再以月亮圆缺为标准定年，而参照二十四个节气定月：一年分为十二个月，以立春日为每年的元旦。这就是著名的《十二气历》。

《十二气历》的原理和现今的阳历是一样的，它既可以和天文实际较好地吻合，又便于农时的掌握和安排，是一种既科学又实用的历法。但当时新历法却遭到司天监庸官们的反对，因此没有得到实施。

八百多年后，英国气象局用于统计农业气候的《萧伯纳历》其原理与《十二气历》相同。

在司天监时，沈括还添置了一些天文仪器。为了观察北极星的位置，他一连三个月每天夜里用浑天仪观察，计算出了北极星的正确位置。他还根据当时日食和月食的观测情况，分析出太阳和月亮是球状的而不是平面的，从而推翻了古人对天体的模糊认识。

为“石油”命名

1076年初春，朝廷派沈括出使辽国。从辽国回来的路上，沈括每经过一个地方，都要把那里的大山河流、险要关口画成地图，还把当地的风俗人情调查得清清楚楚。回到京城以后，他把这些资料整理出来献给宋神宗。宋神宗见沈括立了功，就将他封为翰林学士，并让他编制《天下州县图》。

有一年，沈括奉命前往陕西洛川和延安一带防守边塞。当时恰逢隆冬时节，途中，他在一处河岸边发现，农户们烧火做饭并不用柴火，而是用一种黑色液体。这种液体色黑如漆，黏稠如脂，点燃后像烧麻秆，火势猛烈，冒出浓浓的黑烟。

沈括向当地农民询问这种液体是什么，它是怎么来的。一个农民告诉他说，在村庄附近的河岸边，这种液体到处都是。它是从岩石缝隙中流出来的，流到了山间的小河，就漂浮在水面上了。有一次，当地人偶然发现它能燃烧，便把它捞起来，采集到瓦罐，用来做饭、取暖或者照明。由于这种液体燃烧时会产生浓烟，当地人便将它叫作石脂水、猛火油或石烛。

沈括对这种黑色液体非常好奇，便研究起来。经过多次试验，他发现这种液体不但可以自用，还可以开采贩卖。于是，他便着手投入人力，进行大批量开采，然后再向各地推广。他将其正式命名为“石油”，这一名称沿用至今。

与此同时，沈括发明了文房四宝之一——墨。当他看到石油燃烧时冒出的浓烟将帐篷都熏黑了，便试着将它制成了墨。结果，这种墨的光泽和亮度都非常理想，就连当时最好的松墨也比不上。于是，他大量制造，还给它取名为“延川石液”。苏轼也曾用过这种墨，还评价说它“在松烟之上”（松烟即松墨）。

迁居梦溪园

1087 年，沈括完成了《天下州县图》的编绘。早在宋神宗时期，他就开始奉旨编制这份全国地图。在此后的十二年中，虽然多次被贬，环境不断变换，但他依然坚持一面考察地理，一面修订地图，并最终完成。

这是一套在当时最为精确的地图，他将全国郡县一共绘了二十幅图，包括全国总图和各地区分图，其中大图一轴高一点二丈，宽一丈，比例为九十万分之一，附有专书说明。这套地图除了有准确的计算比例——分率外，还设置了准望、互融、傍验、高下、方斜、迂直等方法，并按方域划分出“二十四至”，从而大大提高了地图的科学性。

可是由于南宋战乱频发，这套地图毁于战火之中，成为千古遗憾。

年过六旬的沈括辞掉官职，决定潜心著述养老，便举家迁往曾经购置的园子。这个园子是他托人在润州（今江苏镇江）买的，沈括将它称为“梦溪园”。

关于“梦溪园”一名的由来，还有一段故事。据说，沈括在三十来岁时常常梦见一处风景秀美的地方，那里环境清幽，山明水秀，草舍青青，置身其中心情豁达舒畅，安闲自在，非常美好。他也因此对这个梦中之地念念不忘。

几年后，他第一次来到托人买的这处园子，发现这里分明就是自己梦中所见的园子，不禁又惊又喜。后来，沈括迁居此地，看到园子经过一番修整后环境更为清幽，非常欣喜。当他看到门前恰有小溪流过，便将园子起名叫“梦溪园”。

梦溪园著书

晚年的沈括在梦溪园里潜心著书，他将自己一生的研究成果和前人的科技成就记录在了一本著作——《梦溪笔谈》里。这是一部堪称百科全书的著作，共二十六卷，内容涉及天文、数学、地理等十七个门类，反映了我国古代，特别是北宋时期自然科学的发展水平。

值得一提的是，这本书详细记录了活字印刷技术。

印刷术是我国古代四大发明之一。沈括生活的时代早已有了雕版印刷术，但是雕版费时费料，而且一块木板上一旦错了一个字，就要全部重刻。为了解决这个问题，一个叫毕昇的老工匠自创了一套简单省事的印刷方法。他把一种细细的黏土做成许多小块，在上面刻上字，然后放在火上去烧，烧硬后就会成为单个活字。用这种活字排版印刷，省时省力，非常方便。

沈括对此很感兴趣，并把它详细记录在《梦溪笔谈》里，后世读了这本书，才知道了活字印刷技术。现在我们知道，活字印刷术的发明是印刷史上一次伟大的技术革命。它得以流传后世，沈括功不可没。

然而，在辛苦著书的同时，沈括却要遭受精神上的摧残。由于原配去世较早，他续娶的继室张氏骄蛮凶悍、生性恶毒。她每每心情不好就大发脾气，对沈括连辱带骂，甚至拳脚相加。

有一次，张氏发脾气，竟将沈括的胡须扯下来很多，弄得沈括满脸是血，儿女们在一旁苦苦跪求，张氏才停了手。后来张氏去世，亲友们都向沈括道贺，可此时的沈括因为张氏的长期虐待竟然终日精神恍惚，身体也越来越差了。

1095 年，在完成《梦溪笔谈》后不久，六十五岁的沈括因病离开了人世。

《梦溪笔谈》具有世界性影响，早在 19 世纪中期，日本就排印了这部著作。它还被翻译成英、法、意、德等多种语言传到世界各地。英国科学史家李约瑟称这部著作是“中国科学史上的坐标”，称沈括是“中国整部科学史上最卓越的人物”。

（课内连线:《中国历史》七年级下，第二单元第13课《宋元时期的科技与中外交通》）

毕昇：活字印刷术鼻祖

一说起活字印刷术，我们就会想到一个响亮的名字——毕昇（shēng）。毕昇发明的活字印刷术是世界印刷史上的一次伟大革命，它将人从繁重的刻版印刷中解脱出来，极大地提高了印刷效率。它与蔡伦发明的造纸术互为依托，相得益彰，使得人类长期积累的文化得以低成本地大量复制，对人类文化的传播和交流起到了重要的推动作用。那么毕昇是怎样的一个人，他又是如何推出这项改变世界的大发明的呢？

出身布衣

公元972年，大宋王朝刚刚建立不久，国家重新获得了统一，开国皇帝实行轻徭薄赋的政策，让老百姓休养生息，一连数年，庄稼获得了丰收，从事各种手工制造的人越来越多，社会逐步呈现百业兴旺的繁盛景象。

⊙毕昇

就在这一年冬天，在淮南路蕲州蕲水县（今湖北省黄冈市英山县）一个普通农家，一个男婴呱呱坠地，他就是毕昇。毕昇的降生，给这个普通之家带来了无尽的希望和欢乐。

毕昇的父亲曾读过一些诗书，在这个人们思渴已久、好不容易才到来的太平盛世，他打算让儿子也读些书。他不奢望儿子将来能考中科举，求得功名，只要儿子将来能够识文断字，到公门里谋一份公差，可以领俸禄、吃皇粮，他就心满意足了。

在父亲的熏陶下，毕昇五六岁就开始读书识字了。他非常聪明，父亲教过的诗文，他很快就能熟读和背诵。

过了几年，父亲觉得自己没法再教儿子了，就将毕昇送到家乡附近的一个私塾去读书。

在私塾里，老师教学生诵读经典的同时，也教学生练习书法。那时，写一手好字是一个读书人必备的技能。毕昇似乎对写字有特别的天赋，老师教写字时，他总是很快就能领悟这个字的间架结构和运笔走势，落笔和提笔干净利落，写出的字苍劲有力、美观大方，让人看后忍不住啧啧称赞。

毕昇在私塾读书非常刻苦，不几年，他就成为方圆几十里一个很有学问的人了。

刻字工匠

有一年，朝廷的印书坊想招录一批刻字的工匠，要求熟读诗书，同时写一手好字。印书坊是朝廷印刷公文和书籍的机构，相当于今天的印刷厂。朝廷发往各地的公函、牒报、读书人为科举考试而熟读的四书五经等，都是由印书坊印刷出来的。民间也兴起了各种印书坊，能够印刷各种图文、书籍。

在印刷术还没有出现的秦汉之前，不管是书籍还是朝廷的公文，都是刻在竹简上的。造纸术发明以后，虽然将文章书写在纸上，比刻竹简轻松和经济，但抄写起来仍是非常费时费工的，远远不能适应社会的需要。

大约在隋唐时期，人们从刻印章中受到启发，发明了雕版印刷术。雕版印刷前，先在一块平滑的木板上粘贴一页抄写工整的书稿，将书稿的正面和木板相贴，我们看到的透过纸张的字就成了反体。然后刻字的工匠用刻刀把木板上没有字迹的部分刻掉，木板上就有了凸起的字。这块刻好字的木板就成为印版。待印刷时，印刷工匠在凸起的字上涂上墨汁，然后把纸覆在它的上面，再用干净的刷子轻轻地拂拭纸背，字迹就留在纸上了。最后将纸轻轻揭下来，一页书稿就印好了。雕版印刷比起手工抄写要快得多，是印刷术的一大进步。

到北宋时期，雕版印刷已经非常普遍。不论是朝廷还是民间的印书坊，都使用雕版印刷。北宋建立初期，社会安定，当时的矿冶、纺织、瓷器、造纸等手工业都有了很大的发展，国内外商业往来和文化联系更为频繁，这些都大大刺激和推动了印刷业的发展。

印书坊对刻字工匠的需求越来越大，要求也越来越高。朝廷印书坊招录刻字工匠，实行的是俸禄制，比民间印书坊的酬劳高而且工作稳定。

毕昇非常希望自己能够被招录上，便去报了名。经过严格的选拔，毕昇依靠自己的博学和一手好字，如愿以偿地成了印书坊的一名刻字工匠。进入印书坊后，毕昇很快就熟悉了印刷工艺流程，掌握了刻字的技艺，练就一手扎实的刀功。他的印版刻得又快又好，而且错误率很低。不几年，他就成为印书坊刻字部门的骨干，之后还被升为刻字部门的总管。

灵光闪现

大宋王朝经过几十年的发展，政治清明，百业兴旺，国库充盈，百姓富足，社会经济的发展使人们对印刷品的需求越来越大。

当时，读书人越来越多，需要大量的书籍教材；知识分子的思想不再受到禁锢，他们的创作激情得到充分释放，大量优秀作品在民间广泛流传；佛教、道教等得到进一步发展，信奉宗教的人越来越多，需要大量的教义典籍；商业和各种手工业蓬勃发展，需要大量的文书、账表等资料；随着各级政府体制管理的日趋完善，大量的公函、档案、简报等需要印刷。这巨大的需求，使印书坊的业务越来越多，工匠们需要加班加点，但常常是这一批活还没干完，又有好几批活在排队等候。

作为刻字部门的总管，毕昇对此深有体会。他知道，整个印刷业发展的瓶颈，就在刻版这一块。因为雕刻一块印版既费时又费力，如果印一般的文书倒也没什么，如果要印大部头的书，刻版就要花费很长时间，甚至数年才能完成。

宋朝初期，刻印一部五千零四十八卷的《大藏经》，自宋太祖开宝四年（公元 971 年）开始刻版，花了二十余年才完成。当时，光刻好的版就放了好几个房间。刻版不仅速度慢，一旦出现错别字，更改也比较困难，但是如果不改，印刷出来就是质量问题。

另外，如果出版过的书不再重印，那些印版就成了废物，保存下来又占用空间，只能当柴烧，造成很大浪费。而且，正因为刻版是印刷的核心环节，对刻字匠的要求也较高，不仅要能写一笔好字，有过硬的刀功，还要熟读诗书，所以招录一个好的刻字匠并不容易。而随着印书坊业务量的增加，巨大的工作量只能由现有的刻字匠来扛。不像其他工匠，要求相对较低，人员不够可以随时招录、替代。刻字工匠的工作更为艰辛，由于长期劳累，不少人身体状况越来越差，但仍不得不带病工作。

面对这种状况，毕昇非常焦急，他日夜都在想着如何提高刻版的速度，来减轻刻字工匠的负担。他曾经尝试了好多办法，采取了好多措施，效果都不太理想。

有一天，毕昇看到儿子和几个小伙伴围在一起，吵吵嚷嚷，玩得不亦乐乎。他不由走上前去，想看他们在玩什么游戏。原来，儿子正在用几个萝卜头在地上变换着拓来拓去，每个萝卜头上都刻了凸起的反字，蘸水后就可以在地上拓出字来。萝卜头每变换一次位置，就能拓出一个不同的词，时不时引来一阵阵欢笑声。

看着看着，毕昇的脑海里忽然有了一个新奇的想法：如果刻上好多个单独的字，然后在一块版面上进行排列，这样不就解决问题了吗？

制作活字

想到这里，毕昇非常兴奋，他立即开始钻研和尝试。经过反复试验，他终于发明出一套超越前人的印刷技术——活字印刷术。

这一技术操作简单，具体方法是这样的：

首先是制造活字。他选用细腻的胶泥，制成一个个小方块，并在上面刻上一个凸起的反体字，然后用火烧硬，成为单个胶泥活字。因为每个字要在同一个印版中重复使用，所以每个字都做了好几个活字，像“之”“也”等常用字，每个字要制作二十多个活字。如果排版时遇到生僻字，就临时用胶泥刻制，用草火烧，很快就制成了。

当时的汉字已经非常多，常用的就有三千多个。怎样才能把需要的字快速地挑选出来呢？为了解决这个问题，毕昇考虑了很久，又向有学问的人请教，最后，他把这些字按音序归成十几类，一个韵部的字归为一类，同一类字放在一个木格子里，并贴上纸条标明。这样根据字的读音，就能很快找出相应的字了。

接着是制版。先准备好一块四周围有铁框的铁板，给铁框内的铁板涂上松香、蜡和纸灰作为黏合剂，再按照文章的内容，将对应的活字排在铁框内，然后把铁板放在火上加热，使黏合剂熔化。待黏合剂稍微冷却，但还没有完全凝固时，用一块平板在排好的字上轻轻压一下，让平板和铁框重合，这样排好的字就在一个平面上了。待黏合剂完全冷却凝固后，就可以像雕版印刷那样付印了。

印完后，把印版拿到火上加热，黏合剂会重新熔化，这时就可以轻易地将活字拆下来。将拆下来的活字分类放进原来的木格子里，待下次排版时继续使用。印刷时，可以准备两块铁板，一块印刷，另一块排版，两块交替使用。

这样一来，印刷效率大大提高，而且，刻字工匠再也不用长年累月一刻不停歇地趴在那里刻字了，印书坊再也不用因为招录不到刻字工匠而发愁了。

毕昇活字印刷的这个方法，被同时代的沈括记录在他的《梦溪笔谈》中，后世才得以知道这一伟大的发明。

光耀万代

1051 年，活字印刷技术还没有来得及推广，毕昇就去世了，享年八十岁。毕昇生前没能看到他发明的活字印刷术得到推广，可是在他死后不久，这一技术就被普遍应用，后来还相继传到朝鲜、日本、越南、菲律宾、伊朗等国，并于 15 世纪传到了欧洲。

1455 年，德国人古腾堡用铅活字印出《圣经》，被称作《古腾堡圣经》，这是欧洲第一部活字印刷品，比中国晚了四百年。后来，活字印刷术又经德国传到欧洲其他国家，为后来的文艺复兴提供了强大的技术支持。正是由于活字印刷术的普及，知识的传播才变得极为便捷，思想文化的猛烈传播以至大爆发才成为可能。

毕昇布衣出身，史料对他的记载极少，我们难以知道他更多的生平事迹，但仅仅活字印刷术这一项发明，就足以使他的名字光耀千秋万代！

（课内连线：《中国历史》七年级下，第二单元第 13 课《宋元时期的科技与中外交通》）

司马光：儒家教化的典范

日力不足，继之以夜

司马光，字君实，号迂叟（sǒu），世称涑水先生，北宋政治家、史学家、文学家。宋仁宗宝元年，司马光考中进士，成为龙图阁直学士。宋神宗时，司马光因反对王安石变法，离开朝廷十五年，在家编纂了中国历史上第一部编年体通史《资治通鉴》。司马光在仁宗、英宗、神宗、哲宗四朝都做过官，死后被加封为太师、温国公，谥号文正。司马光为人温良谦恭、刚正不阿；做事用功、刻苦、勤奋。他为政、治学“日力不足，继之以夜”，其人格堪称儒家教化的典范，历来受人景仰。

机智少年，砸缸救友

⊙司马光

宋真宗天禧三年（1019年），司马光出生于光州光山（今河南省光山县），此时他的父亲司马池任光山县令，所以给他起名为“光”。从小，父亲就教司马光读书、学习，七岁时，司马光不仅能背诵《左氏春秋》，还能讲明白书的要意，并且做出了“砸缸救友”这一件震动洛阳的事。有一次，司马光跟小伙伴们在后院里玩耍，院子里有一口大水缸，有个小孩爬到缸沿上去玩，一不小心掉到水缸里了。缸大水深，眼看水就要淹没那孩子的头顶。别的孩子一见出了事，吓得边哭边喊，跑到外面向大人求救。这时，司马光急中生智，从地上捡起一块大石头，使劲向水缸砸去。只听“砰”的一声，水缸破了，缸里的水流了出来，被淹在水里的小孩就这样得救了。小小的司马光遇事沉着冷静、聪明机灵，从小就是一副小大人模样。这次偶然的事件也让小司马光出了名，东京和洛阳有人把这件事画成图画，广为流传。

以诚立身，不喜奢华

受父亲影响，司马光一生都诚信做人。在五六岁时，有一次，司马光要给胡桃去皮，他不会做，姐姐想帮他，可是也去不掉，姐姐就先离开了。后来一位婢女用热汤替他顺利地为胡桃去了皮。姐姐回来后问他："是谁帮你做的？"他欺骗姐姐说是自己做的。当父亲知道他撒了谎后，便训斥他："小子怎敢说谎！"司马光感到很羞愧，从此不敢再说谎。长大以后，他还把这件事写到纸上，鞭策、勉励自己，一直到死，都没有再说过谎言。邵雍的儿子邵伯温还看过这张纸。

清朝人陈宏谋说："司马光一生以至诚为主，以不欺为本。"后人对司马光盖棺定论之语也是一个"诚"字。有一次，司马光要卖一匹马，这匹马毛色纯正漂亮，高大有力，且性情温顺，只可惜夏季时得了肺病。司马光对管家说："这匹马有肺病，事先一定要告诉买主。"管家笑了笑说："哪有人像你这样呀？我们卖马怎能把人家看不出的毛病说出来呢？"司马光很不认同管家这种看法，他对管家说："一匹马能卖多少钱事小，对人不讲真话，坏了做人的名声事大。我们做人必须要讲诚信，如果我们失去了诚信，损失将更大。"管家听后惭愧极了。

司马光性情淡泊，不喜奢华。他在《训俭示康》中曾提到小时候长辈给他穿华美的衣服，他总是害羞脸红地把它脱下。宝元年间司马光中举时，曾得到仁宗的接见。酒席宴会上，每个人都在纱帽上簪戴鲜花，满脸喜气，嬉戏取乐，唯独司马光正襟危坐，也不戴花。被同行的人提醒“君赐不可违也”后，司马光才不太情愿地戴了一朵小花。

司马光有一个老仆，一直称呼他为“君实秀才”。一次，苏轼来到司马光府邸，听到仆人的称呼，觉得好笑，戏谑道：“你家主人不是秀才，已经是宰相了，大家都称为‘君实相公’！”老仆大吃一惊，以后见了司马光，都毕恭毕敬地尊称他为“君实相公”，并高兴地说：“幸好有大苏学士教导我……”司马光长叹道：“我家这个老仆，被子瞻（苏轼）教坏了。”

夫妻情笃，至乐读书

北宋士大夫生活富裕，有纳妾蓄妓的风尚。司马光和王安石、岳飞一样，是极为罕见的不纳妾、不储妓之人。婚后三十多年，妻子张夫人一直没有生育，司马光并没有因此而嫌弃夫人，也没想过纳妾生子。张夫人却急得半死，一次，她背着司马光买了一个美女，悄悄安置在卧室，自己则借故外出。司马光见了，不加理睬，一人到书房看书去了。美女也跟着到了书房，一番搔首弄姿后，又取出一本书，随手翻了翻，娇滴滴地问：“请问先生，中丞是什么书呀？”司马光离她一丈远，板起面孔答道：“中丞是尚书，是官职，不是书！”美女很是无趣，大失所望地走了。

还有一次，司马光到丈人家赏花，张夫人和丈母娘合计，偷偷给司马光安排了一个美貌的丫鬟。司马光这次不客气了，生气地对丫鬟说："走开！夫人不在，你来见我做什么？"第二天，丈人家的宾客都知道了这件事，十分敬佩司马光，说他们俨然就是"司马相如和卓文君"白头偕老的翻版，只有一人笑道："可惜司马光不会弹琴，只会蹩斯踢！"张夫人终身没有生育，司马光就收养了哥哥的儿子司马康作为养子。

司马光在洛阳编修《资治通鉴》时，居所很简陋，于是他又建了一间地下室，在那里读书。当时大臣王拱辰也住在洛阳，他的宅第非常豪奢，中堂建屋三层，最上一层称朝天阁，洛阳人戏称："王家钻天，司马入地。"司马光的妻子去世后，清贫的司马光拿不出给妻子办丧事的钱，只好把仅有的三顷薄田典当出去，置棺理丧，尽了做丈夫的责任。司马光任官近四十年，位高权重，竟然典地葬妻。重读历史，让人深思。

俗话说：三年清知府，十万雪花银。意思是说，即便当了三年廉洁的官，也能从中捞到许多钱财。在封建社会，大多数人寒窗苦读，跻身仕途，无疑都是为了显耀门庭，荣华富贵，泽被后世，荫及子孙。在这些人面前，司马光的清廉更显可贵。嘉祐八年三月，宋仁宗诏赐司马光金钱百万余，珍宝丝绸无数，但司马光却不为所动。司马光年老体弱时，他的好友刘贤良准备用五十万钱买一个婢女给他使唤，司马光婉言拒绝了，他说："我几十年来，吃饭不敢常有肉，穿衣不敢有纯帛，多穿麻葛粗布，怎么敢用五十万来买一个婢女呢？"

司马光家中藏书丰富，在洛阳居住时，他买了二十亩田，建"独乐园"，收藏文史书籍一万多卷，又置"读书堂"，辟出精善之本五千卷，更得神宗赐书两千四百卷，用来帮助他著书。司马光善于保护图书，每年二伏至重阳间天气晴朗的日子，他便会摆出桌子晒书。桌子很干净，铺上了茵缛（rù），司马光端坐在桌旁看书。他看书时不用空手捧书，唯恐手心的汗把书浸湿了。司马光藏书几十年，他的书崭新得像手没有触碰过一样。

耆英娱老，忠清粹德

司马光退居洛阳后，和文彦博、富弼等十三人，仰慕白居易九老会的旧事，便仿效着会集了洛阳的卿大夫中年龄较大、德行高尚的人。他认为洛阳风俗重年龄不重官职大小，便在资圣院建了"耆英堂"，称为"洛阳耆英会"，让闽人郑奂在其中画像。当时富弼七十九岁，文彦博与司封郎席汝言都已经七十七岁，朝议大夫王尚恭七十六岁，太常少卿赵丙、秘书监刘几、卫州防御使冯行己都已七十五岁，天章阁待制楚建中七十三岁，朝议大夫王慎言七十二岁，大中大夫张问、龙图阁直学士张焘七十岁。当时宣徽使王拱辰任北京（大名府）留守，写信给文彦博，想要参加他们的集会，那时王拱辰也已经七十一岁了，只有司马光还没到七十岁。文彦博一直很看重他，便请他入会。司马光因为自己是晚进后辈而不敢在富、文二人之后。文彦博不听，让郑奂在幕后传司马光的画像，又到北京传王拱辰的画像，于是参会的有十三人，他们摆酒赋诗相互取乐。当时洛阳有许多名园古刹，有水、竹、林、亭的风景，司马光等人头发和眉毛雪白，仪表神态却端庄美好。每次聚集宴会时，洛阳的百姓都前来观看。

元祐元年（1086年）九月初一，司马光病逝，享年六十八岁，谥号“文正”，宋哲宗赐碑铭“耆英娱老，忠清粹德”。一时京城罢市，哭声动天。

（课内连线:《中国历史》七年级下，第二单元第12课《宋元时期的都市和文化》）

岳飞：尽忠报国，万世流芳

提到尽忠报国，人们都会在第一时间想起岳飞这个名字，他堪称中华民族忠义气节的象征。

天生神力，为国效力

1103 年，相州汤阴县（今属河南省安阳市）一个很普通的岳姓农家出生了一个男孩，这就是岳飞。岳飞少年时是个沉默寡言的孩子，很喜欢读《左氏春秋》《孙子兵法》这样的书，还曾经拜师学习骑射，能左右开弓。后来他又拜师学习刀枪之法，练得一身好武艺，再加上他天生神力，可称得上全县无敌。

宣和四年（1122 年），由于北宋朝廷被辽国打败，需要招募一批“敢战士”（民间招募的武者，不是正规军）来抵御辽兵。岳飞秉着为国效力的心也去参加了选拔。因为他有一身好武艺，不仅被选上了，还成了敢战士中的一名分队长，二十岁的岳飞开始了他的军旅生涯。

⊙岳飞

刚一参军，岳飞就立下大功：他带着一百名骑兵，用伏兵的计策，将在相州作乱的陶俊、贾进两名贼寇生擒。立功没多久，因为父亲病故，岳飞不得不离开军队回家乡去为父亲守孝。直到宣和六年（1124 年），岳飞才又投入军中，参加了河东路平定军。

国家危难，匹夫有责

一年之后，大金灭了大辽，可是却完全没有收手的意思，而是挥兵南下大举进攻北宋王朝。懦弱的宋徽宗将皇帝的位置禅让给了儿子宋钦宗。次年，宋钦宗改元靖康。皇帝虽然换了，但是对抗金国的能力却没有什么变化。宋钦宗任用李纲守卫京城，可最终还是选择求和割让太原等三镇土地以保全自己。

仅过了一年，宋钦宗就后悔了，想要收回国土。金国也生气了，立刻派了两路人马，先是攻破太原，然后又二次南下围攻开封。这让宋钦宗慌了神，他一边忙着再次求和，一边招兵买马。康王赵构被任命为河北兵马大元帅，负责征召各路兵马。在相州城中，武翼大夫刘浩则负责招募义士。

岳母刺字，尽忠报国

岳飞目睹金人入侵后对大宋子民烧杀抢掠、奴役凌辱的情形，心中愤慨不已，也想要加入抗金的队伍。但是父亲去世了，岳飞就是家中的顶梁柱，如此毫不犹豫地走掉，对家中的亲人有些不负责任。

母亲姚氏深明大义，她鼓励岳飞不要想太多，男子汉就应该从戎报国。据传说，为了激励儿子，时刻提醒他不要做出背叛国家的错事，母亲拿来毛笔和针，在岳飞的背后刺上了“尽忠报国”四个大字。带着这样沉重的嘱托，岳飞告别亲人，跟随刘浩投身到了抗击金兵的前线中去。

所向披靡，战功显赫

北宋靖康元年（1126年）冬天，康王赵构到了相州，岳飞也被划归大元帅府管辖。

有一次，刘浩命令岳飞带领三百人的小队去李固渡（在今河南省滑县西南）进行侦察，岳飞的小队与金兵碰了个正着，以往宋军看见金兵就害怕，所以金兵向来看不起宋军，可这一次金兵没想到的是，岳飞选择主动出击，杀死敌将，迅速击退了金军。

还有一次，岳飞与金兵在滑州（今河南省滑县）南遭遇，他又一次一马当先，仅以百余骑兵击败了叫嚣的金兵。经过这两次小战，岳飞被众人刮目相看。后来，岳飞上阵杀敌，与金军数次交战均大胜而归，成了宋军对抗金兵的一员猛将。

抗金之路，坎坎坷坷

尽管岳飞如此努力，1127年五月，金兵还是攻进了汴京（今河南省开封市），将宫中珍宝洗劫一空，俘虏了宋徽宗和宋钦宗，至此北宋灭亡，历史上将这一段屈辱史称为“靖康之耻”。

难道就眼看着宋朝这样被金兵一点点吞掉吗？康王赵构可不这么想。北宋灭亡一个月之后，赵构在应天府（今河南省商丘市）即位，建立了南宋，他就是宋高宗。

岳飞原以为，只要有皇帝在就有主心骨，对抗金兵就没问题，可哪知道，赵构偏向投降派，采取了投降派所谓的避战南迁的政策。

得知宋高宗如此躲避不应战，岳飞既失望又气愤。当时岳飞不过二十五岁，正是血气方刚的年龄，他不顾官职卑微，直接向宋高宗上疏说：“既然皇上已经登基，那现在我们足以对抗金国，而金人正以为我们软弱，此时也很松懈，完全可以趁着这个机会给他们迎头痛击。那些投降派并不能顺承皇上收复旧山河的意思，反而只想着要南迁，恐怕会伤了中原百姓的心。臣希望陛下能趁着这会儿敌人还没有站稳脚跟，亲自率领大军北渡黄河，如此一来将士们的士气肯定会受到鼓舞，中原也就可以被收回来了。”

宋高宗很不喜欢这番话，因为这戳到了他的痛处，可他又无法反驳。再一看，这位敢于对他说这么多话的人居然只是个微不足道的小官，恼羞成怒之下，宋高宗索性便以“小臣越职，妄言国事”的罪名罢免了岳飞的军职、军籍，将他逐出军营。

无处可去的岳飞投奔了正在四方招揽人才的招抚使张所。张所听说了岳飞多次从军的经历，了解了他的遭遇，对他既同情又看重，尤其是在见识过岳飞高超的武艺和非凡的见识之后，对他更为器重了，破格提拔了他。

然而，岳飞的抗金之路还是走得不顺利。宋高宗为了向金人乞和，竟然开始打压朝中的抗金力量，李纲、宗泽、张所等主张抗金的朝臣或被罢官，或激愤而死，或被发配，南宋北伐的计划彻底夭折。

后来，宋高宗跑到建康（今江苏省南京市），接替宗泽守卫京师的杜充也准备放弃开封，岳飞说：“中原土地一寸都不能放弃，如果今天我们跑了，那这块地就再也不是我们的了，就算日后再想要取回来，除非牺牲十万大军。”

可不管岳飞把现实说得多么严峻，杜充等人还是放弃了开封。

1129 年秋天，金兵兵分多路继续向南进犯，其中由完颜兀术率领的军队更是直逼宋高宗所在的临安（今浙江省杭州市），想要一举灭亡南宋，占领整个大宋疆土。由于宋朝的不抵抗政策，很快建康也沦陷了，杜充干脆投降了金国。

建军立业，收复建康

这一次岳飞被激怒了，自己转战到了后方，士兵们都被他的拳拳报国之心感动，愿意随他作战。

完颜兀术占领建康之后，便一直追着宋高宗，而岳飞则在完颜兀术的后面不断地骚扰他，并在广德（今属安徽省）境内与金兵交战，且六战六胜，打了一场漂亮的大胜仗。

这时候岳飞手下的军队已经颇具规模了，人们都称他的军队为“岳家军”。岳家军不仅战功赫赫，纪律也严明。岳飞明令要求不得骚扰普通百姓，这一点很得民心，岳家军的名气渐渐传开。

岳飞治军相当严格，岳家军中有这样一个信条——“冻杀不拆屋，饿杀不打掳（lǔ）”，意思是就算冻死了，也不能拆百姓的房屋来取暖，就算饿死了，也不能劫掠百姓以填饱肚子。而只要不违反规定，岳飞对待士兵还是很友爱的，可谓恩威并施，宽严并济。他和士兵们同甘共苦，操练在一起，生活在一起，大家都愿意跟着他。

1130年五月初，因为之前金兵被韩世忠等名将杀得惨败，完颜兀术想要放弃建康，早日过江回家。在离开建康之前，完颜兀术命人在城中大肆抢劫破坏。岳飞指挥军队冲进城中，大破金军，同时还消灭了没来得及渡江的金军，收复了建康。

在这之后，从1131年至1133年，岳飞先后平定了多处游寇的叛乱，再加上之前大败金兵的功绩，宋高宗赐给岳飞一面“精忠岳飞”的锦旗，还扩充了岳家军的队伍。

事实上，前面所提到的“岳母刺字”的传说，可能就是因为宋高宗赐给岳飞这面锦旗而传出来的，足见人们对英雄的崇拜。

1134年，岳飞带着十六岁的儿子岳云重返战场，胜利收复襄阳六郡。这是南宋头一次收复大片失地，更是南宋进行局部反攻的一次大胜利。

小人当道，报国无门

南宋与金国之间的纠缠并没有完结，南宋朝中又出了一个大奸臣秦桧（huì）。秦桧擅长溜须拍马，且与金人勾。在他的“撮合”下，宋金两方达成了和平协议。尽管岳飞强烈反对，但是也没能阻止协议的签订。和平协议也就执行了两年，金国国内发生兵变，完颜兀术控制了金朝军国大权，拿到了大权之后，他做的第一件事就是南侵大宋。

宋高宗当初签订和议的时候，对岳飞所说的“金人绝对不可信，和议绝对不可靠”的话根本不理会，现在眼看着金人单方面撕毁和议，又一次发兵大宋，无奈之下只得又召回岳飞来抵挡。

1140年，完颜兀术仅派出骑兵一万五千人直扑岳飞驻守的郾城（今属河南省漯河市），他认为那里人马不多，想要趁此一次消灭岳家军的指挥中枢。金兵以“铁浮图”为主力进行正面进攻，左右则辅以“拐子马”进攻，这些都是金兵的精锐部队，若是寻常宋将还真是想不出应该怎么应对。可这次完颜兀术的对手是岳飞。岳飞命令儿子岳云率领两支骑兵迎战，负责往来冲杀。同时，他又命令步兵使用麻扎刀、大斧子做兵器，上砍敌军，下砍马腿。

铁浮图是将三匹马用皮索相连，外披厚重护甲，攻坚能力相当强，但是岳飞命令步兵冲入阵营之后，专砍马腿，一匹马受了伤，另外两匹也就被牵制了。结果铁浮图发挥不了作用，拐子马也被岳云的骑兵冲来杀去，损失惨重。

这一仗结束，完颜兀术忍不住痛哭，因为自他开战以来，靠铁浮图和拐子马取得了不少胜利，但这一次岳飞却将他的法宝全破了。在这之后，岳飞又和其他部队联合，继续追杀完颜兀术和他的军队，直逼得他退回到开封。

最终，完颜兀术将自己的十万大军驻扎在开封西南的朱仙镇（在今河南省开封市），希望能卷土重来。而岳飞则将军队驻扎在距离朱仙镇不远的尉氏县，将那里作为制胜之地。岳家军的前哨与金兵的一次交锋就打得金兵全军溃退，完颜兀术眼看着就剩下最后一条路可走了，那就是放弃开封，渡河北遁。这时完颜兀术忍不住感慨道：“撼山易，撼岳家军难！”此时的他已经准备要将黄河以南还给宋朝了。

眼看着靖康之耻就要得以还报，岳家军和全国百姓都兴奋不已。可就在此时，却又出了状况，原来秦桧可不会坐视岳飞就这样把金兵打回老家去，如此一来他勾结外敌的罪名可就坐实了。他暗中早就开始策划让岳飞撤军的事情了，就在岳飞的捷报一封封上报朝廷的时候，秦桧串通了一群投降派上奏说：“兵微将少，民困国乏，岳某若深入，岂不危也。愿陛下降诏，且令班师。”

宋高宗竟然答应了这样的上奏，随即便向岳飞发了金牌班师诏令。当时的局面对于宋军来说真是太好了，只要再一战就可以完胜，岳飞当然不会看着这样的好时机被错过，于是便上疏争辩。他不仅没有等来回复，反倒在一天之内又收到了另外十一道金牌班师诏令。看着如此荒唐的诏令，岳飞悲愤不已，忍不住掉下泪来，无奈地说：“十年之力，废于一旦。”

而完颜兀术得到了这个喘息的机会，回去之后重整大军，又迅速将已经被岳飞收复的河南地区再次夺了回去。得知这个消息时，岳飞还走在回朝的路上，他不由得长叹：

“社稷江山，难以中兴！乾坤世界，无由再复！”

冤死风波亭，芳名永流传

受到这一打击，岳飞原想不再担任军职，可宋高宗却不放他，还让他在1140年再次与金军交战，这是岳飞最后一次参与抗金战斗。

也就在这一年，金国和南宋重新议和，朝廷在秦桧的搅和之下开始打压手握重兵的将领，岳飞成了首先被打击的人。完颜兀术在给秦桧的书信中说：“必杀岳飞，而后和可成。”于是，岳飞便被秦桧等人设计陷害，先是被罢了官，后来又被诬陷谋反，为了斩草除根，岳飞的儿子岳云也没能逃脱这些罪名。

1140年十月，岳飞被投入大理寺狱中，面对审讯他毫不畏惧，义正词严地为自己辩解，并露出身上刻着的“尽忠报国”四个大字，主审官何铸也被他感动了，认为这一案件有冤情，遂将案件审讯情况上报给秦桧。

秦桧当然知道岳飞有冤情，这就是他做的，所以他换掉了何铸，重新任用了一名主审官，想让岳飞屈打成招。岳飞宁死不自诬，甚至以绝食来抗争。眼看逼供不成，为了除掉岳飞，秦桧指使主审官罗织了一堆莫须有的罪名，欲将岳飞定为死罪。

朝中正直的大臣纷纷为岳飞喊冤，可是全被秦桧挡了回去，有反抗特别强烈的，也被秦桧下令处死。最终，宋高宗相信了秦桧编造的罪名，下令赐死岳飞。

岳飞被害于风波亭，年仅三十九岁，他的儿子岳云也被斩首。岳家父子的死震惊了全国，百姓闻之痛哭不已。直到 1162 年，宋孝宗即位，岳飞的冤狱才得以平反。

⊙岳王父子墓

（课内连线:《中国历史》七年级下，第二单元第 8 课《金与南宋的对峙》）

文天祥：人生自古谁无死，留取丹心照汗青

少年壮志

文天祥生于江西庐陵（今江西省吉安市），他的祖父是一个忠厚老实的人。在文天祥出生的时候，祖父做了一个梦，梦中一个小孩从云中下来落在他的家里。文天祥生下来以后，他的祖父高兴得很，为他取名“云孙”。

文天祥年少时在乡下念书，有一天，他同家人到学宫里去祭孔子，那祭祀的礼节是很隆重的。文天祥深受感染，他看到学宫里有庐陵地方的先贤——欧阳修、杨邦义、胡铨等人的塑像，大人们把先贤的事迹讲给他听，文天祥感动地说：“将来我死了之后，如果不同这些先贤一样，塑像站在学宫里，就不算大丈夫。”

文天祥作文章从来不打草稿，总是一气呵成。当时的

考官王应麟看了他的卷子上奏说：“是卷，古谊若龟鉴，忠肝如铁石，臣敢为得人贺。”那时候，文天祥只有二十岁左右，同时他的弟弟也登科了。

弃官悲愤

文天祥所处的是一个内忧外患的时代。自高宗南渡以后，只剩下可怜的半壁江山！那时的朝廷，正如同一所破房子，在凄风苦雨中飘摇着。

⊙文天祥

在这样艰难的时代，朝廷里却多是坏人得势。来了黄潜善、汪伯彦两个奸臣，宗泽和李纲两个忠臣便告退了；用了秦桧，岳飞便被杀了；用了韩侂胄，太学生被杀了十多人。一时正义消沉！文天祥正处在贾似道专权的时代，他虽然是一个小官，却有一腔爱国热血，处处留心国事。

宝祐六年（1258 年），蒙古兵进四川，接着把广西、贵州都占据了，更派重兵向两淮及长江上下游进军。江西不保，武昌也被围了。那里的老百姓，在蒙古人的铁蹄下任人宰割。有一个太监董宋臣，请皇帝迁都四明，以避敌锋。

文天祥听到迁都的消息，上疏请斩那些专权误国的臣子和干政的太监。可上疏之后却如同石沉大海，他愤然辞官，回家隐居了。

理宗死后，度宗即位，文天祥做了尚左郎。不久，文天祥的意见同奸臣贾似道不合，他被免官回家了。回家之后，他仍然心系国家，在文山上造了一所小房子，闭门读书，隐居求志，为将来效力国家做准备。

勤王救国

度宗咸淳九年（1273年），文天祥出山，做了湖南的提刑。他勤政爱民，百姓都非常拥戴他，奸臣贾似道却十分妒忌他。

那时，元兵得了襄阳，接着又转攻郢州。郢州守将张世杰预先在汉水南岸暗置了炮弩，各方面都布置得很好，所以元军没有得逞。

元兵到了临安以后，朝廷下诏，要求各地起兵"勤王"。文天祥听见这个消息，一心想要救助王室，便什么也不顾了。他约了几个豪杰，又结了溪峒的山蛮，各处士民纷纷响应，没几天就召集了上万人。可是受奸人鼓动，朝廷竟不许他们打仗。

后来京师的情形更危险了，朝廷没办法，只得急诏文天祥率兵进京。文天祥的朋友劝他不要去，他却坚决要以身报国。

王爚（yuè）、陈宜中拜文天祥为兵部尚书。文天祥从吉州发兵，八月到了阙下，驻兵在西湖上。十月朝廷命他遣兵到常州去解围。紧接着，朝廷因为独松关地方很危险，又叫他赶快带兵去。文天祥怕自己走了以后平江空虚，想两面分守，无奈朝廷不肯答应。文天祥没法子，只好弃了平江，转到临安去了。他走了不到三天，平江便落在了元人手里！

身入虎穴

那时，元将巴颜已经攻到临安附近了，朝里的官僚走的走，逃的逃。文天祥便倡议以下数事：

第一，送吉王、信王离京，一个到闽，一个到广。万一国家有变动，吉王、信王可以在闽广再立。

第二，送福王或沂王到临安去，以安定人心。

第三，请帝后秘密躲到别的地方去，因为从前徽帝和钦帝被金人捉去，受了许多污辱。

第四，将京师的义士二十万和城内外数万军人联合起来，由张世杰带领，再和元军决一死战。

他的奏折呈上去后，朝廷只照办了第一件事，其余的全不采纳。等到元军逼近了，城里的兵将也守不住了，大家纷纷投降，朝廷这才想起文天祥，又命他到军前去解围。到了元军阵地，巴颜起初在文天祥面前示威吓唬他，文天祥从容地说：“我是宋朝的状元宰相，富贵也算达到极点了，所欠缺的，不过以死报国罢了！你就是把刀放在我眼前，我也不怕，你何必恐吓我呢？”

巴颜听了这些话，不觉对他生起敬佩之意，连呼：“好男儿！好男儿！”巴颜知道文天祥是忠义之士，所以不肯放他回去。后来巴颜改临安为两浙大都督府，又叫各州县来投降，把文天祥的勤王兵全部解散，把帝后赶到北边去，南宋灭亡了。

京口逃难

文天祥一想到宋朝已经灭亡，自己一定会被带到北方去，与其受敌人的侮辱，不如自我了断。他想写信给家中料理后事，后来又觉得吉王、信王都在外面或可再立，便打消了这个念头。

大家要渡江的时候，随从中有个叫余元庆的遇见一个老朋友，是替北军管船的。余元庆便送了那人一千二百两银子，希望他找一只船来，放文天祥逃走。那人虽然是管船的粗人，却很有义气，说：“我替大宋放掉一个丞相，是好事，难道一个丞相只值千两银子不成？”

那人坚辞不受银两，并预备了一只小船等待着。晚上，余元庆想了一个计策，对看守的人王千户说：“明天过了江便是北方了，我们南方人离开家乡越来越远了，不如趁此机会买些酒来喝，大家醉饱一番吧。”

王千户满口应允，于是大家欣然吃着酒菜。等他们都醉了，文天祥便换了衣服，悄悄地逃到甘露寺下，匆忙上了船逃走了。

那时真州的守将是苗再成，他很高兴地迎文天祥进了城。文天祥到了，大家才知道国家已亡，都感愤流泪。大家认为两淮的兵力本不差，现在既然丞相来了，在这个月便可连兵大举收复江南。文天祥写信给李庭芝、夏贵庭，可是李庭芝反疑心文天祥没有走脱的道理，说他定是受了元人指使而来的。李庭芝命苗再成把文天祥杀掉，苗再成不忍心下手，就放走了文天祥。

这时候，忽然来了五十个人，说是来护送文天祥的。文天祥想了一想，说："你们送我到扬州去吧，我想见见李制使，将这回的事说说明白，再谈复国的事。"他们到了扬州，走到城门边，便看见了一条告示，正是要捉拿他。护他一起来的人，很多都因为害怕离开了，文天祥没办法只能离开扬州，转到高邮去了。

不幸被捉

德祐二年（1276 年）五月一日吉王在福州得文天祥上表劝进，即位为帝，召文天祥为观文殿学士侍读。文天祥到了福州之后，拜他做了右丞相。因为他的意见同陈宜中不合，所以又派他做枢密使统领诸路军马，发行都，出剑南，号召四方。次年三月收复梅州，文天祥才和母亲、妻子、兄弟相会。自从江西失陷以后，文天祥同他的家人已经好几年不见面了。

此时军中瘟疫流行，文天祥的母亲和儿子都因染了瘟疫而死。但文天祥的爱国热忱并没有减少。那时盗贼刘兴、陈懿在潮州一带为害，文天祥带兵进据潮州，把刘兴杀了，陈懿逃了。

后来元朝的张弘范带了大军向潮州进攻，可恨那大盗陈懿竟用船接济张弘范的水兵。那天，文天祥正在营里同许多人吃饭，敌人从五坡岭攻入，文天祥想这回一定是没有退路了，于是就把藏在身上的龙脑香吞了下去。敌人把文天祥抓了，他讨水来喝，想快点儿死，没想到，水到肚里，把龙脑香冲到肠里，大泻下来，他并没有死。

南宋祥兴二年（1279 年）正月二日，张弘范把文天祥带到崖山，叫他写信给张世杰劝投降。文天祥说："自己不能保卫父母，却叫旁人反叛父母，我是做不出来的！"张弘范还是逼着他写，他遂写下一首《过零丁洋》：

辛苦遭逢起一经，干戈寥落四周星。

山河破碎风飘絮，身世浮沉雨打萍。

惶恐滩头说惶恐，零丁洋里叹零丁。

人生自古谁无死？留取丹心照汗青。

那年二月，崖山被攻破。丞相陆秀夫背起祥兴帝跳到海里，太妃等人也跟着跳海。将士官僚不肯投元，一齐投海死的有十几万人！文天祥听到这个消息十分悲痛，还作了一首长歌哀悼他们。

张弘范为庆祝胜利请大家喝酒，他对文天祥说："国亡了，忠孝的事情也已经尽了。你若能为我大元效力，大元的丞相非你莫属。”文天祥听了，流下眼泪说：“国亡了，没法挽救，做臣子的死有余辜，哪里还敢再有二心！”张弘范听了这些话，脸色也变了，他把情况奏告给元世祖，元世祖下令把文天祥送到京师去。

正气长存

文天祥到了燕京之后，元丞相博罗叫他来觐见，侍臣让他下跪，文天祥说：“南方人不能跪。”侍臣用尽法子强迫他，他都不跪。侍臣问他：“你还有什么话说呢？”文天祥说：“天下之事有兴即有废。自古以来，帝王将相在国家灭亡时遭受诛杀的事，哪一代没有？我忠心于宋朝，所以到了今天，死便罢了，还有什么话说？”

自此以后，文天祥在兵马司狱中被囚禁四年。狱里文天祥所住的地方狭小得很，四面都是泥土的墙壁，窗小屋暗，每到夏天臭味冲天，大雨淋时床几尽湿，文天祥住了两年的时候，曾作了一首《正气歌》：

天地有正气，杂然赋流形。下则为河岳，上则为日星。

于人曰浩然，沛乎塞苍冥。皇路当清夷，含和吐明庭。

时穷节乃见，一一垂丹青。在齐太史简，在晋董狐笔。

在秦张良椎，在汉苏武节。为严将军头，为嵇侍中血。

为张睢阳齿，为颜常山舌。或为辽东帽，清操厉冰雪。

或为出师表，鬼神泣壮烈。或为渡江楫，慷慨吞胡羯。

或为击贼笏，逆竖头破裂。是气所磅礴，凛烈万古存。

当其贯日月，生死安足论。地维赖以立，天柱赖以尊。

三纲实系命，道义为之根。嗟予遘阳九，隶也实不力。

楚囚缨其冠，传车送穷北。鼎镬甘如饴，求之不可得。

阴房阒鬼火，春院閟天黑。牛骥同一皂，鸡栖凤凰食。

一朝蒙雾露，分作沟中瘠。如此再寒暑，百沴自辟易。

哀哉沮洳场，为我安乐国。岂有他缪巧，阴阳不能贼。

顾此耿耿存，仰视浮云白。悠悠我心悲，苍天曷有极。

哲人日已远，典刑在夙昔。风檐展书读，古道照颜色。

元世祖至元十九年（1282 年）十二月，元世祖叫文天祥来，问他:“你要用待宋朝的心思来待我，当用你做丞相。”文天祥说:“我为宋朝丞相，安能再事二姓！请赐一死，就满足了。”元世祖仍旧不忍心杀文天祥，侍臣都劝元世祖把文天祥杀了，从而成就他的志向。

十二月初九那天，文天祥被召出狱，他经过街市，志气昂扬，一点儿愁苦之态也没有。路上的人看见，莫不悲哀流泪。文天祥被杀的时候只有四十七岁。在他的衣带间有一篇绝笔《自赞》:

孔曰成仁，孟曰取义。唯其义尽，所以仁至。读圣贤书，所学何事？而今而后，庶几无愧！

（课内连线:《中国历史》七年级下，第二单元第 10 课《蒙古族的兴起与元朝的建立》）

苏轼：旷世奇才，豪放逸士

年少有志

苏轼字子瞻，号东坡居士，出生于1037年，是历史上著名的文学家、书法家。在北宋这个文人辈出的时代，苏轼是一个举足轻重的角色。苏轼的父亲苏洵就是个很了不起的人物，他二十七岁才开始奋发努力，最终成为“唐宋八大家”之一。

苏洵二十七岁之后才开始认真读书，有了苏轼、苏辙两儿子后，为了做学问，离家外出游学。苏轼一直是母亲程氏在家教导他。程氏教苏轼读《后汉书》，书上记载着后汉时期朝政不稳，宦官专权，一些正义的书生儒士纷纷奋起反抗，甚至不惜冒着生命危险去弹劾奸党，其中包括范滂（pāng）。宦官将读书人都列为“党人”，大肆逮捕诛杀，范滂也没能幸免。县官劝范滂赶快逃，但是范滂却不愿意连累他人。范滂赴死前，母亲来看他说：“你能留下好名声，我就已经很满意了，你为正义而死，也是值得的。”程氏给苏轼讲解《范滂传》时万分感慨，极力赞扬范滂的为人。苏轼便问母亲：“如果我长大了，也学范滂，做他那样的人，母亲愿意吗？”程氏回答：“既然你能做范滂，难道我就不能做范滂的母亲吗？”

⊙苏轼雕像

苏轼十六岁的时候对经史已经很精通了，写起文章来洋洋洒洒，下笔如有神。苏轼的文笔旷达自然，与他喜欢看《庄子》有关，他发现其中的闲情逸致正是他所喜爱的，其中的豪放自由也正是他所追求的。

进京应试

二十一岁时苏轼参加了科举考试，他清新洒脱的文风吸引了当时的主考官欧阳修。考试的试卷都是密封的，欧阳修乍一看还以为是自己的弟子曾巩写的，他原本是想给这卷子第一名，但为了避嫌，便改成了第二名。哪知道，拆开密封条之后，欧阳修才发现考生竟然是一位他不认识的人。

也就是从那时候起，欧阳修对苏轼便格外关注。放榜之后，苏轼来拜谢欧阳修的提点，欧阳修顺口问他："我看你在卷子里引用了一句话，说的是尧帝三次劝止皋陶给一人判死刑的事，这段典故你是从哪里得来的？"苏轼随口回答说："是从《三国志》中得来的。"可是欧阳修后来翻遍了《三国志》，压根儿没找到这一句。再问苏轼，他竟然回答说："这是我杜撰的，不过我觉得如果是圣明之君，一定会这样做的。"欧阳修听了，忍不住大笑起来，但还是对苏轼的勇气连连夸赞，之后甚至对朋友说："苏轼这个人善于读书，也善于用书。有朝一日，这个年轻人的文章必然会名扬天下。我读苏轼写的东西，有时候会高兴得流泪，看来我应该给后来的新人让一让了，真该让他们出人头地了。"

苏轼和弟弟苏辙均考取了功名，在前途看似一片光明之际，二苏的母亲程氏却去世了。按照成制，兄弟俩要回家为母亲守孝。丧期满后，苏轼才出来做官，被任命为大理评事、凤翔府（在今陕西省凤翔县）判官。

治平二年（1065年），苏轼的父亲苏洵也因病去世。兄弟二人扶柩还乡，守孝三年。三年之后，苏轼还朝。然而等他这次回朝的时候，朝堂上已经开始涌起了波澜——从1069年开始，宰相王安石发动了震动朝野的变法。苏轼的许多师友，包括当初赏识他的欧阳修在内，因反对新法被迫离京。朝野旧雨凋零，苏轼眼中所见，已不是他二十岁时所见的"平和世界"。

致命一击

王安石的变法让很多人感到不满，苏轼向皇帝上疏谈论王安石颁布的新法的弊病，这让王安石很愤怒，他暗示御史谢景到皇帝面前述说苏轼的过失，想要借此发泄怨怒与打压苏轼。苏轼看到这样的情景，深感凄凉与无奈，便请求出京任职，以躲开这太过紧张与纷乱的朝堂。

四十三岁时，苏轼被调到湖州（今属浙江省）做知州。上任后，他例行公事，给宋神宗写了一封《湖州谢上表》。别有用心的人便抓住苏轼文章中的话，比如“愚不适时，难以追陪新进”（意思就是“自己愚笨，跟不上朝廷革新的脚步”），还比如“老不生事或能牧养小民”（意思就是“老了没有什么作为”），以及从苏轼诗作中摘些词句捕风捉影，大做文章。他们认为苏轼说这样的话就是在愚弄讽刺朝廷，就是妄自尊大的表现，是对皇帝不忠。结果，苏轼才当了不到三个月湖州知州，就被御史台的吏卒逮捕，从湖州押往京城，同时受牵连的多达数十人。这便是历史上著名的“乌台诗案”（乌台，也就是御史台，因为那里的柏树常年都栖息着乌鸦，因此也被称为“乌台”）。

乌台诗案给苏轼带来了巨大的打击，变法派里的很多人都想要置苏轼于死地，而与苏轼政见相同的朝堂元老则纷纷上疏想要保下苏轼，就连一些变法派的有识之士也劝谏皇帝不要错杀。当时主持变法的王安石已经退休，听说

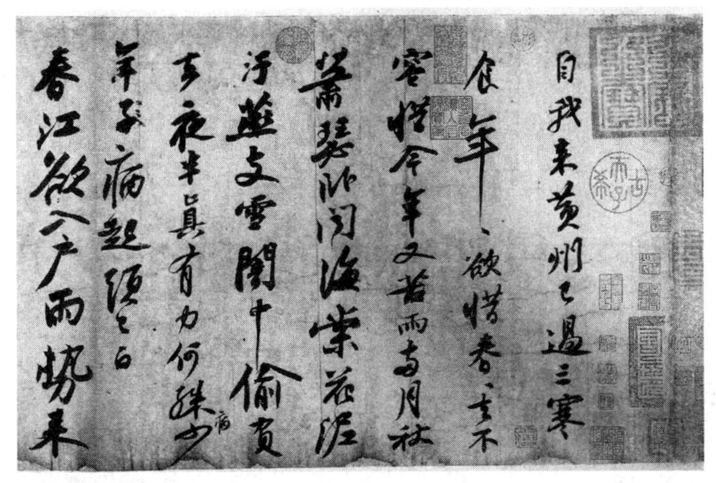

⊙苏轼《寒食帖》

苏轼的事情之后，也给皇帝上疏说：“怎么能在盛世之下去杀有才的人呢？”最终，皇帝听从了王安石的劝阻，苏轼得以被从轻发落，贬为黄州（在今湖北省黄冈市）团练副使，其举止言行要受到黄州官员的监视。这个官职地位很低，也没有任何的实权，苏轼闲暇时便去黄州城外的赤壁游览散心，心情与山水、历史重叠，让他写下了《赤壁赋》等许多千古名作。

被贬瓜洲

后来，苏轼原本想在常州养老，可是宋神宗驾崩了，继位的宋哲宗年幼，以王安石为首的变法派受到打压，以司马光为首的保守派重新上台，苏轼自然重新得到重用。可苏轼看到那些守旧势力拼命压制变法派的人，甚至还将新法全部废除，便认为这些人与当初的变法派没什么不同，他随即就向宋哲宗上疏抨击了守旧派上台后的种种腐败现象。因为和司马光发生了激烈冲突，苏轼又被贬去了瓜洲（今属江苏省扬州市）。纵观苏轼的一生，仿佛一直都是在被贬谪的路上，但天性乐观旷达的他不管到了哪里，都能演绎出自己的乐趣。

佛寺趣事

这不，与瓜洲一江之隔的金山寺有一位佛印禅师，苏轼信仰佛教，决定去山上会一会他。在庙里，苏轼与禅师侃侃而谈，从皇帝讲到文武百官，从对国家的治理讲到做人的道理，佛印禅师只是静静地听着，一句话都没有说。

佛印禅师是佛门高僧，为人仁厚，苏轼则是一个自我感觉非常良好的人，他总想借机占点儿便宜。

有一次，苏轼与佛印禅师一起打坐，正坐到出神入化时，苏轼突然问佛印禅师："你看我像什么啊？"佛印禅师回答说："我看你像尊佛。"苏轼果然很得意，接着就笑问佛印禅师："你知道我看你坐那儿像什么吗？哈哈哈！活像一堆牛粪啊！"佛印禅师微微一笑，双手合十说："阿弥陀佛！见心见性，心中有眼中就有。"

又过了一段时间，苏轼自认为禅定功夫修得不错，在一次出定之后，苏轼很开心地写了一首诗："稽首天中天，毫光照大千，八风吹不动，端坐紫金莲。"写完之后，苏轼迫不及待地让书童过江将这首诗送给佛印禅师看。苏轼的本意是想让佛印肯定一下自己禅定的功夫，佛印禅师看过之后却只一笑，拿过笔来在苏轼的诗上写下两个大字："放屁"。书童拿回诗来交给苏轼，苏轼原以为佛印会写赞美之词，可却看到了这斗大的两个字。苏轼立刻火冒三丈，当下决定过江与佛印禅师理论。佛印禅师料定苏轼会来找他，早就在江边等候了。苏轼到了之后，气呼呼地下船，见面就问："我们是至交道友，你不赞赏我的诗和我的修行也就罢了，怎么还骂人呢？"佛印禅师哈哈大笑道："你不是说自己'八风吹不动'吗？怎么一个'屁'字就打过江了呢？"

听了这话，苏轼闹了个大红脸，同时也自叹自己的修行果然还是不够。与佛印禅师的结交，成了苏轼生活中难得的快乐时光，两人经常一起参禅悟道，一起讨论诗文，成了莫逆之交。

建筑苏堤

五十三岁时苏轼做了杭州太守，在杭州他为百姓做了不少好事，最重要的一件事就是疏浚（jùn）西湖。苏轼派人将西湖中的淤泥挖出来修建了长堤，并在长堤上栽种树木，又在湖水最深处建立三塔，这就是著名的"三潭映月"。除此之外，苏轼还疏通盐道，整顿盐价，建立公共设施。在杭州为官的日子里，百姓无不爱戴他，甚至把他的画像供奉在家中。

流落儋州

自此之后，苏轼的官运也如坐过山车，突升陡降，最惨的一次是苏轼六十二岁时被流放到儋（dān）州（海南岛）。海南岛与大陆海水相隔，交通不便，流放到海南是当时仅次于满门抄斩的处罚。在如此境遇下，苏轼在儋州办了学堂，成为儋州文化的开创者，甚至有人不远千里去儋州向他求教学问。后来宋徽宗即位，他很欣赏苏轼的才华，在大赦天下时趁机召苏轼回京。不幸的是，在北归的路上，六十五岁的苏轼病逝了。

文学巨匠

苏轼在诗、词、散文、书法、绘画等方面都取得了很高的成就，在后代文人的心目中，他是一位天才的文学巨匠。他的诗清新却又充满豪迈气势，词则是豪放派的代表，散文更是有宏伟的著述，而书法又被称为是“宋四家之一”，他还擅长画墨竹、怪石、枯木，多才多艺的苏轼是宋代文学最高成就的代表。他继承了欧阳修的传承精神，重视发现和培养人才。有一批青年文人众星捧月般地围绕在他周围，其中成就较大的有黄庭坚、张耒、晁补之、秦观四人，合称“苏门四学士”。

（课内连线:《中国历史》七年级下，第二单元第 12 课《宋元时期的都市和文化》）

李清照：千古女词圣

琴瑟和鸣

李清照的家庭称得上是顶级的书香世家。她的曾外公王拱辰十九岁考得状元，是宋朝最年轻的状元之一。她的外公王圭中过榜眼，是北宋名相。她的母亲写得一手好文章，连《宋史》都称赞她的文采。她的父亲李格非是北宋大文豪苏轼的得意弟子，也是当朝进士。

在如此家庭背景下，李清照被熏陶得灵襟秀气，超越恒流，很早就以词作名震京师，吸引了当时在太学读书的赵明诚。李赵两家父辈都是朝廷要员，门当户对，二人很快便结合在一起。

二人都是有学问的人，经常在一起讨论诗词，互相查考对方。每天饭后闲暇时分，他们喜欢玩一种叫“赌茶”

的游戏。先由一人出题，说出某个历史典故，让第二个人迅速指出这个典故出自哪部书籍，甚至还要说明在哪一卷哪一页，答对了有茶喝，答错了有惩罚。赵明诚输多胜少，自叹不如。有时候赵明诚对李清照并不服气，比如在诗词方面，他觉得自己的文采不比夫人差，总想找机会比一比。

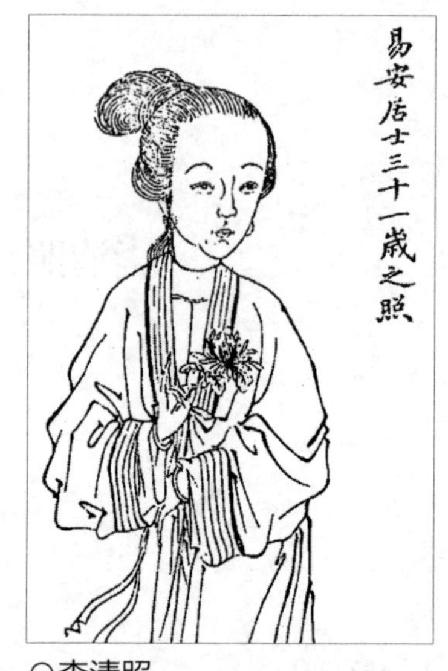

⊙李清照

有一年，赵明诚在外地做官，李清照因故没有一起去。她非常思念丈夫，写了一首词托人捎给他，用来表达对丈夫的思念之情。赵明诚收到夫人的词作后非常感动，也打算写几首词回赠。他准备好笔墨纸砚，正要提笔时，突然想起来：“我是宰相之子，文采怎么能总被夫人盖过去？我得超过她才行。”他闭门几日，苦思冥想，一口气写了五十首词，接着把李清照的词抄写一遍混在自己的作品里，然后找人来评判。

正好他的朋友陆德夫来了，赵明诚连忙把五十一首词都拿出来给他欣赏。等陆德夫读完最后一首词，赵明诚颇为紧张地问：“你看，我的这些作品，哪一首最好？”

陆德夫摸着胡子笑道：“难分高低啊！可见赵兄的功底不弱。”

赵明诚继续问：“总有几句写得最好吧！你再看看？”

陆德夫又翻了翻词作，说：“依我看，有三句写得最为拔尖。”

赵明诚像等待揭榜的学子似的，问：“敢问是哪三句？”

陆德夫摇头晃脑，唱道：“莫道不销魂，帘卷西风，人比黄花瘦。”

这三句正是出自李清照写给赵明诚的《醉花阴》：

薄雾浓云愁永昼，瑞脑消金兽。佳节又重阳，玉枕纱厨，半夜凉初透。

东篱把酒黄昏后，有暗香盈袖。莫道不销魂，帘卷西风，人比黄花瘦。

巾帼英雄

1129年，赵明诚被调到南京做知府，李清照一同前去。李清照作词婉约，但为人豪放，喜欢指点江山、激昂文字，因此也得罪了不少人，赵明诚颇有怨言。

有一天，赵明诚的下属来告状，说一个叫王亦的将领要造反，让赵明诚赶紧采取措施。赵明诚的警惕性不强，不以为意。李清照劝他：“现在天下大乱，人心不稳，你要提前部署才是。”

赵明诚埋头于金石研究，根本没有把这事放在心上，说：“男人的事女人少管。”

李清照不再多言，她找到告状的下属，请他们多多防备。当天晚上，王亦果然造反。南京城内火焰冲天，王亦大杀四方，甚至冲到李清照卧室门口。好在李清照和部分军官有所提防，李清照才得以跟着他们趁黑逃走。在南京城守军的努力下，王亦被击败。天亮后，李清照和军官一起去找赵明诚，惊讶地发现赵明诚昨天晚上早就利用绳子从城墙上逃跑了。

军官嘲笑道："赵知府身手不错啊，勇敢地抛弃了我们。"李清照面红耳赤。

出于对丈夫安全的担忧，她和军官们一起寻找赵明诚，最终找到了他。赵明诚逃跑的事情传到朝廷，被革职查办。李清照被丈夫临阵脱逃的做法伤透了心，夫妻间的感情从此有了隔阂。

之后两个人一路往江西方向逃亡，中途路过乌江，这是当年项羽宁可自刎也不愿过江的地方。李清照有感而发，遂作《夏日绝句》一首：

生当作人杰，死亦为鬼雄。

至今思项羽，不肯过江东。

她是在用此诗来讽刺软弱的南宋统治者。

千里运书

李清照夫妻二人的所有收入几乎都用来买书了，家里有许多珍藏典籍。靖康之变爆发后，金兵进犯京师。全城人都要逃难，李清照面对整座大院的书籍十分着急，她对丈夫说："怎么办？这么多书，肯定搬不走啊！"

赵明诚也很心痛，说："只能搬一部分了。"

他们左挑右选，先把厚重的印本扔掉，又把藏画中重复的几幅画去掉，再把古器中没有落款的放弃掉，仍然还剩很多。李清照咬咬牙，把书籍中的国子监刻本、画卷中的平平之作及古器中又重又大的几件扔掉。赵明诚又流着泪扔掉一些，剩下的古书古画依旧装了十五大车。

李清照说："不能再扔了，这都是我们大半辈子的心血。"

他们雇了好几艘大船渡过淮河，又渡过长江来到南京。刚刚稳定下来，李清照想起青州老家还有十多间房屋的书，打算来年春天再搬走。但是到了十二月，金兵南下，一把火将这些书烧成灰烬，李清照哭了好几天。

后来赵明诚被任命为湖州知州，要进京面圣，遂让李清照运书去湖州。他们再次面临分别。李清照情绪很不好，大喊道："听说城里局势紧急，怎么办？"

赵明诚走到湖边，远远地答应道："跟随众人吧。万不得已，先丢掉包裹箱笼，再丢掉衣服被褥，再丢掉书册卷轴，再丢掉古董，只是那些宗庙祭器和礼乐之器必须抱着背着，与自身共存亡，别忘了！"

李清照艰难运书，路上听说赵明诚赴任途中感染疟疾，重病不起，她连忙去探望，一昼夜行了八百里。不幸的是，赵明诚已经病入膏肓，很快就去世了。李清照伤心过度，也得了重病，差点儿丢了性命。

病愈后，她带着古书古器去南昌投奔妹婿，但是金兵又打来了，十几艘船的古籍几乎被抢光，只剩下一两船。李清照把这些东西搬到卧室里，睹物思人，不禁泪流满面。

但是她依旧不得安宁，有人怀疑她藏着许多古器意图出卖给金国。她只好横跨小半个江南，把这些藏品送给皇帝。但是皇帝忙着逃命，无暇顾及，珍贵的文物在路上被乱兵抢走一半。她安定下来后，把硕果仅存的古籍藏在床底下，却被小偷挖穿墙壁偷了一半。原来十五车古书只剩下薄薄的三五册。

遇人不淑

没多久，金兵又打过来了，李清照跟着皇帝逃跑，随身带着赵明诚念念不忘的文物古籍。国破家亡，李清照心中的悲痛可想而知。她已经五十多岁了，经不起多少奔波。

此时一个叫张汝舟的文人对李清照嘘寒问暖，关怀备至。李清照感受到久违的温暖，思索再三，她嫁给了张汝舟。

婚后没多久，李清照发现张汝舟似乎不太对劲，总是旁敲侧击问她关于赵明诚遗物的事情。李清照觉得既然结为夫妻，就该以诚相待。当张汝舟再次询问的时候，李清照告诉他："我带着遗物跟着皇帝逃难，路上丢了九成，没剩多少了，剩下的东西也不值钱。"

张汝舟脸色一变，勃然大怒："没钱？那你还有心思整天吟诗作对？"自此，张汝舟每天对李清照冷眼相对，非打即骂。

李清照十分后悔没有早点儿认清这个人的真面目，但是木已成舟，只能步步忍让。过了段时间，李清照察觉到张汝舟竟然贪污军饷，大发国难财，她无法容忍这种行为，遂提出离婚，并且声称要去朝廷揭发张汝舟。

张汝舟警告她说："按大宋律法，妻子告丈夫要判刑三年！"

李清照冷笑一声，选择高昂着头颅与张汝舟对簿公堂！李清照获准离婚，但身陷囹圄。好在她才名远播，不少人给她求情，所以只坐了九天牢就出来了。她这段不幸的婚姻不满一百天。

此后她漂泊无依，更加孤苦寂寞。她一门心思继续赵明诚生前的事业：编纂《金石录》。当这本书完成时，她的脸上已经写满沧桑。她回顾自己后半生经历的无数痛苦煎熬寂寞，吟出奠定她婉约派风格的《声声慢》：

寻寻觅觅，冷冷清清，凄凄惨惨戚戚。乍暖还寒时候，最难将息。三杯两盏淡酒，怎敌他，晚来风急。雁过也，正伤心，却是旧时相识。

满地黄花堆积，憔悴损，如今有谁堪摘。守着窗儿，独自怎生得黑。梧桐更兼细雨，到黄昏，点点滴滴。这次第，怎一个愁字了得！

此后，她在极度的孤苦与凄凉中度过了二十年后，悄然离世。

（课内连线:《中国历史》七年级下，第二单元第12课《宋元时期的都市和文化》）

辛弃疾：豪放的爱国词人

生于乱世

1140年，辛弃疾出生在山东东路济南府历城县（今山东省济南市历城区），当时正处于南宋王朝风雨飘摇的年代，北方大部分地区已经归大金所有，百姓颠沛流离。辛弃疾还很小的时候父亲就去世了，是祖父辛赞把他抚养大。当时朝廷南渡，但辛赞拖家带口无法去南方，不得不留在被大金占领的“沦陷区”，并担任了金朝的开封府知府等官职。辛赞不得已成了金朝的官员，却一直心向大宋。他经常带着辛弃疾爬上高山，望向远处的土地河山，提醒辛弃疾时刻记着这是大宋的国土，他更希望孩子们能够看到大宋恢复中原。

辛弃疾从小就一边学文一边习武，在祖父辛赞的悉心培养下，他不仅诗文写得好，还练出了高超的剑术。他曾经豪迈地说：“我要用词骂尽天下的贼，用剑杀尽天下的贼！”

⊙辛弃疾

辛弃疾年满八岁的时候，就开始跟着田园诗人刘瞻读书。他在读书方面很有天赋，老师对他也非常器重。后来，大金皇帝完颜亮迁都燕京（今北京市），也效仿大宋朝的科考制度，每三年举行一次进士科考试。辛弃疾参加考试，一举及第。主考官对这个少年颇为欣赏，原想将他提拔进官场，但辛弃疾谨记爷爷的教诲，拒绝成为金人手下的官员。

起义反金

1161年，完颜亮率领大军南下，想要一举消灭南宋，中原百姓纷纷拿起武器反抗。二十二岁的辛弃疾义愤填膺（yīng），组织了两千多人的队伍揭竿而起，加入了起义军的行列。后来，辛弃疾率领起义军投靠了山东的耿京，耿京是当时山东影响最大的农民起义军领袖。因为辛弃疾文武全才，耿京对他十分器重，让他掌管全军的文件和大印。

第二年，完颜亮被杀，金世宗完颜雍即位，他对起义军采取了劝诱、瓦解和集结兵力残酷镇压相结合的政策。耿京的起义军如此出名，是金兵重点镇压的对象。几次战役之后，起义军不能和正规军队相抗衡，形势严峻，辛弃疾劝耿京向南宋朝廷求援，接受南宋朝廷的领导。起义军若是能和南宋朝廷军队相配合，比自己单独抵抗要有效得多。耿京思量过后，派了辛弃疾等十一个人作为代表，来到南宋朝廷。宋高宗接见了他们，对这些奋勇杀敌的勇士们表示了赞赏，并同意了辛弃疾提出的联合作战建议，当下封耿京为天平节度使，辛弃疾也成了天平节度掌书记（掌管一路军政、民政机关之机要秘书）。

步入仕途

得到了朝廷的任命，辛弃疾等人兴奋地往回赶，可他还没来得及把这个好消息告诉耿京，就传来耿京被手下人杀害的坏消息。原来耿京的部下张安国等人被金朝收买了，他们趁机杀死了耿京，起义军群龙无首，兵士们跑的跑散的散，还有一部分人跟着叛徒张安国投降了金兵。辛弃疾悲愤交加，立即带上一队精锐人马，直奔张安国所在的济州（今山东省济宁市）。正美滋滋地喝着庆功酒的张安国被辛弃疾提剑活捉，同时辛弃疾还劝降了不少在场的兵士。最终，辛弃疾带着人马，押着张安国回到临安（今浙江省杭州市）。叛徒被斩首示众，宋高宗大大赞赏了辛弃疾，随即派他去江阴（今属江苏省）做官。

1162年，宋高宗传位给宋孝宗，新皇帝即位之初想要做一番事业，也曾重用主战派的官员，甚至发动过南宋的第一次主动出击。遗憾的是，南宋王朝的出击以大败而终结，不得已之下，和大金王朝签订了“隆兴和议”，主和派又占了上风。辛弃疾对当时宋金的对峙形势进行了详细分析，写成了《御戎十论》（又称《美芹十论》），他用十篇论文对南宋的反攻前途提出具体建议，以及克敌制胜的种种战略战术。但是这些见解独到的文章并没有被重视，这让辛弃疾感到极其悲愤苦闷，他只能用诗词抒发自己报国无门、壮志未酬的激愤之情。比如，他写了《水龙吟·登建康赏心亭》，一句“倩何人唤取，红巾翠袖，揾（wèn）英雄泪”，道出了他自身抱负得不到实现的难过心情。

人生起落

辛弃疾的官路起起伏伏，从二十三岁开始做官起，十三年间调换了十四个官职。三十五岁时辛弃疾因为官职调动回到建康，这是他首次见到宋高宗的地方，后来任职也在这里。辛弃疾感慨万分，他曾豪情万丈地想要尽展才华，可如今并没有什么建树，国家的统一也遥遥无期，内心半是不甘半是无奈。朝廷一直是主和派当道，屡次排挤辛弃疾，最终他不得不辞官，回到江西上饶，与山林为伴。

在上饶，辛弃疾建起了几座小楼，开垦了稻田，给自己居住的地方命名为“稼轩”。他在此吟诗、填词、作赋，抒发爱国情感。辛弃疾的诗词内容广泛，哲理、政治、山水、爱情等题材都有涉猎，他本来就学识渊博，再加上一腔热情与勇武的气魄，使他的诗作流露出一股不凡的气势。

壮志未酬

辛弃疾的词凸显了豪放的风格，他将满腹的爱国热情与壮志不得酬的无奈都倾注了进去，他的词也有苍凉悲壮的气息。在当时豪放派词人中，辛弃疾与苏轼齐名，并称“苏辛”。六十八岁时，辛弃疾身染重病，朝廷再次起用他做枢密都承旨，到临安赴任。诏令到达时，辛弃疾已卧床不起，只得上奏请辞，不久就病逝了。

辛弃疾一生词作留存下来的有六百多首，他是两宋存词最多的作家，其代表作有《丑奴儿·书博山道中壁》《鹧鸪天·代人赋》《祝英台令》《永遇乐·京口北固亭怀古》《水龙吟·登建康赏心亭》《破阵子·为陈同甫赋壮词以寄之》等，还有《稼轩长短句》传世。这些作品的主题都是“抗金御敌，恢复中原”，蕴含着满满的爱国情，同时又不拘一格，沉郁、明快、激励、妩媚兼而有之。

（课内连线:《中国历史》七年级下，第二单元第12课《宋元时期的都市和文化》）

元代篇

成吉思汗：一代天骄

成吉思汗是我国历史上一位叱咤风云的人物。他戎马一生，率领蒙古铁骑四方征战，在短短几十年时间就统一了蒙古草原，创建了强大的蒙古帝国，继而攻打西夏、金国，侵入印度，西征辽国、花剌子模国，直抵俄罗斯，使蒙古帝国周围的辽阔土地几乎全部归入自己的版图。成吉思汗是一个战神，五百多年以后在欧洲诞生的另一个战神拿破仑说:“我不如成吉思汗！”

崭露头角

蒙古族是我国历史上一个古老的北方游牧民族。他们是匈奴的后裔，居住在以肯特山为中心的荒漠地带，四周环绕着著名的鄂嫩河、克鲁伦河和土拉河。12 世纪中叶，蒙古民族各部落相互独立，互不统属，部落之间为了争夺牧场、牲畜和奴隶而征战不休。乞颜、札答兰、泰赤乌、弘吉剌等是其中最重要的部落。而蒙古民族诸部落周围，还有突厥民族诸部落，如塔塔尔（鞑靼）、克烈、乃蛮、蔑儿乞等并存对峙。

⊙成吉思汗

1162年，乞颜部落与东部的塔塔尔部落展开了一场血战。结果，乞颜部落首领孛儿只斤·也速该打了胜仗，生擒塔塔尔部落首领铁木真兀格。也速该凯旋，恰好此时妻子诃额仑生下了他们的第一个儿子。传说，这个男孩出生时右手握着一块坚硬的血饼，就像蒙古族的长矛一样。也速该见了满心欢喜，为了庆祝这次战争的胜利，便给儿子起名叫“铁木真”。

铁木真九岁时，父亲也速该带他到弘吉剌部落去求亲。弘吉剌部落首领特薛禅一眼就看上了这个“目中有烨，面上有光”的男孩，当即将女儿孛儿帖许配给了他。可是在返回途中，也速该被塔塔尔人设计，中毒而死。泰赤兀部落首领塔里忽台乘机煽动蒙古部众抛弃铁木真母子，铁木真一家从部落首领的地位一下子跌入苦难的深渊。但是，苦难的生活同样磨炼了少年铁木真的意志，铸造了他坚毅的性格，这为他后来的成就奠定了基础。

铁木真到了娶亲的年龄，弘吉剌部落首领特薛禅知道铁木真家里的变故，不但没有悔婚，还给铁木真和女儿孛儿帖举办了隆重的婚礼。没过多久，蔑儿乞人突然在一天晚上袭击了铁木真的营地，抢走了新娘孛儿帖，还把她配给了本族的武士。铁木真愤恨难当，便去向父亲的安达（结拜兄弟）克烈部落首领王汗求援，王汗不但爽快地答应了，还认铁木真做了“义子”。

铁木真在战斗中异常英勇，很快便打败了蔑儿乞部落，夺回了妻子。此后，铁木真开始召集离散的部众，并不断壮大自己的势力。没过几年，铁木真的势力范围就超过了父亲也速该。

1189 年，二十七岁的铁木真被推举为乞颜部落的首领。此后，他从亲信中选拔出一些将领，组建了一支骑兵队伍，这支队伍成为铁木真日后统一蒙古高原军事力量的基础。

统一蒙古

转眼到了 1190 年，草原诸部落之间依旧烽烟不绝。虽然表面上这几个大部落相安无事，实际却暗流涌动，各自盘算。

有一次，札答兰部落首领札木合的部下因偷铁木真的马而被铁木真的手下杀死，札木合便借机联合了十三个部落，合兵三万人进攻铁木真。铁木真丝毫不惧，他将自己所属的三万人分为十三翼（营），他和母亲诃额仑各统领一个翼，其余各翼由其他将领统领。战斗结果是铁木真大败，撤退到鄂嫩河上游一带，扼险而守。这就是著名的“十三翼之战”。

此战结束后，札木合烧了七十口大锅，将俘虏的民众全部煮杀，这使札木合大失民心，不少部族纷纷投靠铁木真。铁木真虽然败了，但力量却进一步壮大。

十三翼之战拉开了铁木真统一蒙古的序幕。此后，铁木真率领骑兵，先后攻灭和收服了强大的塔塔尔、札答兰和泰赤兀等部落。当时在蒙古草原上，能与铁木真抗衡的只有克烈部落和乃蛮部落了。

塔塔尔部落被消灭后，王汗和铁木真的关系便急剧恶化。一开始，铁木真不想与王汗决裂，想通过联姻来拉拢王汗，却被拒绝了。王汗深知铁木真的骑兵骁勇善战，便和投奔了自己的札木合设计要除掉铁木真，不料走漏了风声，王汗只好与札木合一起攻打铁木真。铁木真寡不敌众，侥幸逃脱，同溃散部众在班朱尼河（今内蒙古呼伦湖西南）一带会合。这里极其荒凉，没有吃的，也没有水可以饮用，可是铁木真的斗志却愈加高昂。为了表明自己战胜克烈部落的决心，他与下属共饮浊水解渴，食野马果腹，盟誓共渡难关，重整旗鼓。

1203 年深秋，铁木真亲率精锐骑兵，日夜兼程，包围了王汗的大营。双方激战三天三夜，王汗大败逃亡，后来被乃蛮人杀死。

克烈部落的覆灭使太阳汗深感不安，他纠集札木合残部及泰赤兀等部落的残余势力，共同对付铁木真，结果乃蛮联军大败，太阳汗战死。铁木真乘胜肃清了所有残余势力，札木合被自己的手下绑着送到了铁木真跟前，最后落了个赐死的下场。

最后一个部落被消灭了，整个蒙古高原的土地都置于铁木真的权力之下。

建立蒙古帝国

1206 年，四十五岁的铁木真在鄂嫩河源头召开“忽里台”大会，建立蒙古帝国。铁木真被推举为大汗，尊号“成吉思汗”，蒙古语的意思是“拥有四海的皇帝”。蒙古帝国从此进入它的全盛时期。

此后，成吉思汗开始着手国家缔造工作。他十分重视骑兵的建立，并因此建立了军政合一、全民皆兵的军事体制，“千户制”是其最核心的部分。千户制最大的特点是将全部牧民用军事方式编制起来，使他们隶属于各个千户那颜（首领），而每个千户既是军事组织，又是行政机构。千户编制内的人员，从十五岁到七十岁的男子既是生产的牧民，又是作战的骑兵。战时打仗，平时游牧，上马则准备战斗，下马则屯聚牧养。

同时，成吉思汗还设立里必（宰相）之职，管理军民内部政务；建立怯薛（近卫）军，这是一支精锐部队，士兵在军官和自由民子弟中选拔。蒙古统一后，成吉思汗将怯薛军扩充到了一万名。著名的四大怯薛长正是成吉思汗身边的四位干将，即“蒙古四杰”博尔忽、博尔术、木华黎、赤老温。

蒙古国建立后，原来各部落融合为一个共同的蒙古族。为了方便记录和交流，成吉思汗命人创造了蒙古文字，他用蒙古文字颁布了一系列训言和法令，其中比较有名的是法典《大札撒》。

四方征伐

统一蒙古之后，成吉思汗率领蒙古铁骑发动了一系列对外扩张战争。

成吉思汗第一个征服目标是西夏。西夏位于蒙古南面，由党项人于1038年建立。为了获取财物，蒙古军从西边对金国实施战略包围，从1204年到1209年，成吉思汗先后三次讨伐西夏，最终使西夏成为蒙古国的附庸。

此后，成吉思汗全力以赴发动对金国的战争。蒙古与金国有世仇，因为金国曾经长期对蒙古进行残酷的剥削和掠夺，还杀害了成吉思汗的曾祖——蒙古各部落可汗俺巴孩。后来，成吉思汗虽然接受了金国的封赏，但他并没有忘记仇恨。

1211 年，成吉思汗出动了几乎所有兵力，领着他的四个儿子术赤、察合台、窝阔台和拖雷向金国进发，开始了长达二十四年的蒙金之战。一开始，蒙古军很快就攻下了西京（山西大同），随后又攻破了居庸关，直抵金国都城中都（北京）城下。两年后的 1213 年，成吉思汗再次率军攻金，接连破城九十余座，居庸关再次被攻破，金国最精锐的主力部队被歼灭，中都再次被包围，金国献出公主和大量金银珠宝向蒙古求和。

经过几次打击，金国已经失去了在中都立国的基础，金国皇帝担心蒙古军再次来攻，打算迁都。成吉思汗得到消息，非常生气，他说："已经议和，金国还要南迁，这分明是缺少诚意！"于是他派兵再次合围中都。第二年，中都被攻陷。成吉思汗向金国皇帝提出，割让黄河以北的所有土地，取消皇帝尊号，改称王，并将金国变为蒙古的属国，金国皇帝拒绝。成吉思汗看金国大势已去，便留下大将木华黎善后。木华黎烧杀抢掠，不到三年就攻下了金国的大部分地区。木华黎去世后，他的儿子把蒙古的势力延伸到了淮河中下游一带，金国被迫退守河南一隅。

夺取了中都后的 1218 年，成吉思汗又亲自率军西征。他先是攻灭了辽国，将辽国所有土地归入蒙古帝国的版图，然后又亲率二十万大军攻打辽国西边的花剌子模国。他用三年时间攻下了花剌子模国都城撒马尔罕，迫使其国王摩诃末逃到了里海的一个荒岛上，最后病死在了那里。

与此同时，成吉思汗还命令大将哲别和速不台率领二万名骑兵征服东欧。蒙古大军在俄罗斯南部横行无阻，一直抵达克里米亚半岛。

英雄暮年

1225 年秋，经过七年西征的成吉思汗回到蒙古草原。第二年春天，六十四岁高龄的成吉思汗亲自率十万大军发动对西夏的第六次进攻。蒙古大军所向披靡，势如破竹，占领了西夏的大部分地区。

在这期间，成吉思汗坠马受伤，将领们请求撤军，却被他拒绝了。1227 年初夏，成吉思汗病情加重，在六盘山清水县（今属甘肃）休养，留下了三条著名的遗嘱：利用宋金世仇，借道宋境，联宋灭金。七月十二日，成吉思汗因病去世，享年六十五岁。

他的后代继续向外扩张，先是消灭西夏，然后又灭了金国，接着发动了对南宋的战争。与此同时，他们还进行了新一轮西征，仅十多年，就使蒙古发展成为一个横跨亚欧两洲的空前的大帝国。

有人称，成吉思汗是一个无与伦比的战争奇才，也是一个具有雄韬伟略的大政治家，但也有人称他是一个残忍嗜杀的侵略者，因为蒙古铁骑所到之处杀人屠城，尸骨堆积成山。我国当代著名学者柏杨先生则这样评价他：“铁木真是历史上最伟大的组织家暨军事家之一，他在政治上和战场上的光辉成就，在20世纪之前，很少人可跟他媲美。铁木真具有野蛮民族残忍好杀的缺点，也具有英雄们所不容易集于一身的各种优点。铁木真胸襟开阔、气度恢宏……高度智慧使他发挥出高度的才能。”也许，这个评价对于成吉思汗更为客观和贴切吧！

（课内连线：《中国历史》七年级下，第二单元第10课《蒙古族的兴起与元朝的建立》）

忽必烈：众王之王

元世祖忽必烈是中国历史上著名的少数民族政治家和军事家，元朝的创建者。他骁勇善战，深谋远虑，集文治武功于一身，建立起一个统一的、多民族的大元帝国，结束了中国自唐朝灭亡后持续三百多年的南北对峙局面。他崇尚并效仿汉人的先进政治和文化，大胆任用汉族官员，重视发展农业，对元帝国的建立和巩固，及奠定今天中国版图立下了不朽的功勋。西方旅行家马可·波罗盛赞忽必烈是“众王之王”。

少年立志，有为天下

1215 年秋天的一天，苍茫广袤的蒙古草原上，一个男婴呱呱坠地，他响亮的啼哭声和着猎猎西风，在草原上空回荡。这个新生的孩子就是孛儿只斤·忽必烈，大名鼎鼎的蒙古帝国大汗成吉思汗铁木真的孙子，他的父亲是铁木真的小儿子托雷。

⊙忽必烈

忽必烈体魄强健，且十分聪明，成吉思汗非常喜欢这个孙子。忽必烈很小的时候，成吉思汗就带着他在草原上骑马驰骋。七八岁时，忽必烈就跟随爷爷练就了高超的骑术，还学会了射箭，而且用的是只有成年人才能拉开的大弓。他常常骑着悍马，与爷爷身边的大将在草原上比赛骑射，他的本领毫不逊色于他们。为使忽必烈得到更好的锻炼，成吉思汗还让托雷带着小忽必烈去征战沙场。本来爷爷只是想让孙子感受一下战马嘶鸣和刀光剑影的场面，锻炼一下胆识，但是冲锋开始后，小忽必烈竟跟随那些身经百战的蒙古勇士冲向敌阵。父亲托雷发现后，连忙让人将他拽了回去。

忽必烈十二岁那年，爷爷成吉思汗在一次征战途中去世，他的伯父窝阔台继承了蒙古汗位，他的父亲托雷则担负起监国之责。窝阔台遵照成吉思汗的遗愿继续征战，开疆扩土，灭掉了金朝，并远征欧洲，将蒙古帝国的版图拓展到中亚、东欧一带。

又过了几年，父亲托雷在征战返回途中去世，忽必烈陷入巨大的悲痛之中。但这时的他，已经从一个单纯好勇的孩童成长为一个睿智成熟的青少年。他化悲痛为力量，在心中默默地立下志向：今后一定要实现爷爷和父亲统一天下的梦想。

崇尚汉制，崭露头角

忽必烈感到，虽然蒙古勇士骁勇善战、所向披靡，蒙古帝国的疆域也越来越大，但是那些被征服的少数民族并未真心归服，尤其是成吉思汗实行的那种每打下一座城池就要屠城的残酷政策，激起了不少民众的强烈反抗，因此蒙古帝国看似强大辉煌，实则动荡不安，矛盾和叛乱此起彼伏。于是他开始研究汉人的治国之道，对儒家文化产生了浓厚的兴趣。他在自己府中招募了一大批有学问的汉人，著名的有窦默、姚枢、许衡、刘秉忠等人。

这些汉人为忽必烈讲授儒家的“仁、义、礼、智、信”和“修身、齐家、治国、平天下”的道理。其中刘秉忠的学识最为渊博，他对天文、地理、律法、奇门遁甲无所不通，天下大事无所不晓，又善权谋，因此深受忽必烈器重。有一次，刘秉忠向忽必烈上万言策，提出“治乱之道，系乎天而由乎人，以马上取天下，不可以马上治”，主张整饬吏治、减赋税差役、发展农业、兴建学校等。这些主张和蒙古的武力征服、强取豪夺形成了鲜明对比，忽必烈非常赞同，并认真学习研究。

窝阔台大汗去世后，忽必烈的同母哥哥蒙哥继位成为蒙古大汗。蒙哥知道弟弟的才能，便将他召来，语重心长地说:“在我的三个弟弟中，你最年长，也最有才能，而且又和汉人走得近，所以我想把管理漠南汉地的重担交给你。”

“听从大汗吩咐，定不负所托！”忽必烈当即答应，并提出了“崇儒学”和“行汉法”的主张。

经过几年的努力，忽必烈依靠汉人，效仿汉制，所管辖地区的经济生产和社会秩序得到恢复和发展。不久，他又征得蒙哥大汗的同意，率领军队南下，灭掉了大理国（云南）。进入大理城时，他接受了刘秉忠等人不屠杀百姓的意见，大理百姓都愿意臣服于他。

退兵北返，争夺汗位

1258 年，蒙哥大汗以南宋扣押蒙古使者为由，决定攻占南宋。他派三路大军南下，并亲率主力部队进攻四川，一路所向披靡，攻克了四川北部大部分地区。忽必烈一路在开平（内蒙古正蓝旗）祭旗誓师，于第二年渡过淮河，攻入南宋境内，随后一路向南，一直打到长江中游的鄂州。这时，蒙哥正在攻打合州（今重庆合川区）钓鱼城，在一次进攻中中箭，受了重伤，不久便去世。

当时忽必烈正在向鄂州进攻，蒙哥死于军中的消息传来，有人劝他立即北返，争夺汗位。可是忽必烈却觉得他奉命南进，不能无功而返，于是继续南进。就在他打得南宋朝廷疲于应对、向他求和之时，他接到了妻子的密报，说部分大臣正在谋立他的弟弟阿里不哥，希望他尽快北还。忽必烈接受了汉人郝经的建议，答应了南宋的和谈条件，迅速退兵北返。

北返途中，忽必烈采纳了刘秉忠等人的建议，先发制人，于1260年在开平宣布继任大汗。但由于忽必烈亲近汉人，行为举止太过“汉化”，蒙古大部分贵族并不认可忽必烈，他们拥立阿里不哥为蒙古大汗。于是，忽必烈与阿里不哥展开了长达五年的汗位之争。经过多次激战，阿里不哥最终失败，忽必烈成为蒙古大汗的正式继任者。

深谋远虑，迁都建元

为了巩固自己的地位，便于加强对新开拓地区的统治，忽必烈接受刘秉忠等人的建议，将蒙古都城从和林迁往原来金朝的都城中都（今天的北京），并将中都改为“大都”。

1271年，忽必烈的统治地位已经得到巩固，他按照中国封建王朝的礼仪颁布了即位诏书，自称皇帝，正式建国号为“大元”。从此，“蒙古帝国大汗”的称呼消失了，取而代之的是“元朝皇帝”。

“大元”取《易经》中的“大哉乾元”之意，是对无始无终、无边无际的浩大宇宙的赞叹。忽必烈把原来属于西夏帝国、金帝国、宋帝国、大理帝国的土地和蒙古本土合并成为元朝，开启了一个少数民族在中华大地建立庞大政权的统治时期。

1273 年，大都宫殿建成。次年正月元旦，忽必烈在大都接受朝贺。从此，大都成为元朝多民族国家的政治中心。之后明、清两代一直把北京当作国家的首都。

元朝建立后，忽必烈重用汉臣，采用汉法，建立各项政治制度，尤其是“行省制”的确立开启了我国省制的开端。“行省制”是一种新的行政区划制度。为了加强中央集权，忽必烈效仿金朝，在中央设“中书省”总理朝政，在地方设“行中书省”，简称“行省”。今河北、山东、山西一带划为直属中书省，称为“腹里”；全国一共设置了十一个“行省”，作为朝廷中书省在外地的代理机构，主要管理路、府、州、县的行政。

为了发展农业生产，忽必烈扩大屯田，兴修水利，设立“司农司”“劝农司”等专管农业的机构，又命人编撰《农桑辑要》，在全国颁行。为了加强对边疆地区的管理，他还在全国设置驿站，巩固了对全国各地的统治。

攻灭南宋，一统天下

南宋虽然偏安一隅，但经济发达，是一个富庶之地。蒙古统治者早就对南宋垂涎三尺了，但多次攻打南宋没有取胜。忽必烈建立元朝后，决意灭掉南宋。他派军队进攻南宋重镇襄阳，襄阳守将吕文德和吕文焕组织军民顽强抵抗，但襄阳城最终还是被攻破了。襄阳失守后，宋军士气低落，元军趁机长驱直入。

1276 年，元军攻占南宋都城临安（杭州），俘虏了年仅五岁的南宋皇帝恭宗。南宋的一些忠臣陆秀夫、文天祥、张世杰等人又拥立小皇帝端宗，成立小朝廷。端宗不久病死，大臣们又立小皇帝怀宗。元军对小朝廷穷追不舍，小皇帝被迫逃至新会至南海一带。1279 年三月，文天祥在海丰兵败被俘，张世杰战船沉没，陆秀夫背着八岁的小皇帝怀宗在崖山跳海而死，南宋彻底灭亡。

至此，忽必烈完成了中华民族的又一次大统一，元朝的疆域空前广阔，今天的新疆、西藏、云南、东北、台湾地区及南海诸岛，都在元朝的统治范围内。

壮志难酬，郁郁而终

宋朝灭亡后，元朝并没有满足已有的疆域，又将目标对准了周边的日本、缅甸、占城、安南以及爪哇等国家和地区。

1274 年，忽必烈曾派兵攻打日本，虽然首次战斗元军获得了胜利，但由于日军顽强抵抗，元军最终没能深入，仓促撤回。灭掉南宋后的第二年，忽必烈又派兵十万、战船四千四百艘，再次向日本进发。元军强大的声势使日军惊慌失措，不料战斗打响后，海上台风骤至，一时间风浪大作，大雨倾盆，元军战船几乎全部沉没，十万士兵大都葬身大海。

此后，忽必烈又派兵先后远征缅甸、安南，后来在远征爪哇的时候，元军遇到强敌，遭遇了失败。这时他已到了晚年，他最钟爱的妻子察必皇后先他去世不久，他与察必所生的儿子、被立为太子的真金也去世了。经过这一连串打击，他终日酗酒，暴饮暴食，患上严重的肥胖和痛风等疾病。1294 年二月，他在郁郁寡欢中去世，享年八十岁。

忽必烈虽然戎马一生，四处征战，但他接受汉人的先进文化，效仿汉制，使社会经济得到了很大发展。加上他实行鼓励通商的开放政策，元朝的对外贸易非常繁荣。当时，一些外国的旅行家、商人、传教士、政府使节和工匠纷纷来到中国。有一位名叫马可·波罗的意大利旅行家在中国游历了十七年。回国后，他把自己在中国的见闻写成一本书，这就是闻名世界的《马可·波罗游记》。这本书激起了欧洲人对东方的强烈向往，对后来新航路的开辟产生了巨大影响。

忽必烈是中国历史上最杰出的帝王之一。《元史》对忽必烈的评价是:“度量弘广，知人善任使，信用儒术，用能以夏变夷，立经陈纪，所以为一代之制者，规模宏远矣。”

（课内连线:《中国历史》七年级下，第二单元第 10 课《蒙古族的兴起与元朝的建立》）

许衡：元朝一人

百里抄书

1209年，中原大地战乱不断。金国灭掉北宋，占据中原北方地区，蒙古崛起，又来攻击金国。

北方一个普通农民叫许通，为了躲避战乱从河南焦作逃到新郑，居住在隗山麓附近一个小村子，这个村子常年缺少阳光，所以叫“阳缓村”。许通生了个儿子，名叫许衡。许通虽然大字不识，但儿子许衡却自幼聪颖，善于读书，而且进步非常快。

许衡曾经请教老师：“读书是为了什么？”

老师说：“为了科举考试，学而优则仕。”

许衡又问：“难道只是为了这样吗？”

老师一时语塞，不知道怎么回答。老师找到许通，说：“你儿子很聪明，以后一定能成大事。我学问有限，当不了他的老师了，请另谋名师吧！”

⊙许衡

许通只能接着再给许衡找老师，连续找了三个，每个老师都觉得许衡天赋太高，不敢收他做学生。因为缺乏老师监督，许衡只好凭着自己的兴趣爱好读书。因为家里太穷，买不起多少书，所以他不得不到处借书看，有时候步行百里借书，白天借过来读，晚上接着抄书。

到了十岁的时候，许衡的舅舅当上了一个县里的小吏。官和吏是不同的职位，官是国家公务员，吏只是普通的工作人员。金国朝廷修建皇陵，给许衡的舅舅分配了一部分任务，许衡便帮舅舅干活。舅舅有意培养他，希望他以后成为小吏。许衡在帮忙期间，看到服徭役的百姓工作非常辛苦，徭役繁重，自己却无能为力，内心总是不能平静，于是对舅舅说：“舅舅，我不想当吏了。”

舅舅很纳闷，问：“那你想干什么呢？”

小小年纪的许衡认认真真地说：“我想继续读书。”

但是，为了生存，他不得不学习占卜术，当算命先生维持生计。有一次他在一个算命先生家里看到一部解释

《尚书》的书，非常喜欢，就借回家细细研读。这本书对他的人生产生了重大影响，他经常说："我对此书，敬若父母和神明。"当时虽兵荒马乱，许衡仍坚持日读夜思。

许衡心主

1233年，蒙古灭掉了金国，统一了黄河以北地区。这年许衡二十五岁，他渡过黄河去老家寻找在战乱中失散的亲人。路过河阳时正值三伏，天气炎热，许衡和其他的逃难百姓一样，非常口渴。大家顶着炎炎烈日行路，路过一片梨园。所有人喜出望外，争先恐后地去摘梨子吃，许衡只是坐在树下休息却不吃梨子。

有个同伴很奇怪，就问许衡："你不口渴吗？"

许衡擦了擦脸上的汗，说："渴啊，都快渴冒烟了。"

同伴又问："你不喜欢吃梨子吗？"

许衡老实地回答："喜欢。"

同伴皱着眉头问："那你怎么不摘梨子吃呢？"

许衡笑道："这些梨树不是我的，我怎么能随便摘别人的梨子吃呢？"

同伴笑他迂腐："现在是乱世，哪里管得了那么多，说不定这梨树根本没有主人。"

许衡认真地说："虽然梨树没有主，但是我心中有主。"

许衡不食道旁梨的故事很快传开了，人们都敬佩许衡的高贵品质。

五诏五辞

许衡常年手不释卷，名气渐长，曾经到河北大名府讲学。他学识渊博，深受学生爱戴，人们给他的书房送了一块匾，名曰“鲁斋”，从此人称“鲁斋先生”。

他的名气渐渐传到忽必烈耳中，忽必烈请他到京师当京兆提学。他来到京师，在所辖郡县广建学校，教人读书启蒙。忽必烈当上皇帝后，思考着该如何治理这片辽阔的疆域。在此之前，他一直用蒙古文化传统治国，但中原的北方是农耕民族，和蒙古文化格格不入。许衡认为对待中原汉民族应该使用汉法，而朝廷里大部分人认为应该统一使用蒙古法。

许衡不忍心看到中原的农田变成牧场，迫切想对忽必烈陈述自己的想法。不久后，姚枢和窦默两位大臣推荐许衡当丞相。现任丞相王文统非常不满，暗中使坏，让他当了没有实权的太子太保。许衡既伤心又失望，很快就称病辞官回家。

几年后，忽必烈又召许衡入朝当官，许衡提出五项治国建议，全部被忽必烈采纳，许衡感动于忽必烈的知遇之恩，此后一生都兢兢业业为忽必烈服务。

后来阿拉伯人阿合马当上宰相。忽必烈很喜欢他，接着让阿合马的儿子做最高军事长官，文武大臣都随声附和，只有许衡不同意。他从朝臣里站出来，对忽必烈大声说：“陛下，朝政大权分兵、民、财，如今阿合马掌管民财大权，您又让他儿子掌管兵权，这成何体统？”

忽必烈考虑到阿合马能为朝廷捞钱，对阿合马极为重视，因此忽略了许衡的建议。然而，阿合马的敛财政策给汉人百姓带来深重的灾难，许衡又上疏列举阿合马欺上瞒下损国害民的种种行为，但是奏折被阿合马扣下，忽必烈根本没有看到。许衡以为忽必烈不重视自己，再次称病辞官。

好在他当太子老师的时候，和真金太子建立了良好的师生关系。在他的影响下，真金太子仰慕汉儒文化，对朝中的汉臣关怀备至。朝臣渐渐分为两派，一派是以真金太子为首的汉法派，一派是以阿合马为首的敛财权臣派。许衡用自己的学识征服了真金太子，真金太子认为应该轻徭薄赋、休养生息，对一心敛财的阿合马深恶痛绝。有一次，真金太子用弓殴打阿合马，打得他头破血流，阿合马敢怒不敢言。上朝的时候忽必烈问阿合马：“你脸上的伤是怎么回事？”阿合马谎称：“不小心被马踢的。”

太子一派的武官王著联络上一个武艺高强的僧人高和尚，设计刺杀阿合马，事成之后王著、高和尚被捕。许衡连忙上疏为王、高二人求情，并且陈述阿合马所犯的罪行。忽必烈调查后发现阿合马罪恶滔天，盛怒之下将阿合马开棺碎尸。

此后，真金太子和许衡的关系更加密切。可是许衡的朝政意见难以被忽必烈完全采纳，每次和忽必烈出现重大分歧，他都会辞官泄愤，最终又被忽必烈召了回来，这种情况多达五次，这就是历史上的五诏五辞。在许衡的努力下，忽必烈在一定程度上采用了汉法。

特立独行

1273 年，元朝和南宋进行了五年的襄阳攻防战结束，元军攻占襄阳。忽必烈打算趁机大举南下消灭宋朝，一统天下。他让朝臣们商议攻取之策，文武百官们斗志昂扬，纷纷献策，朝堂之上只有许衡默默无语，就好像当年旁观他人摘梨子一样。忽必烈问许衡："许卿有何想法？"

许衡心系百姓，说："治理天下，应该以德服人，少做杀孽。微臣建议陛下对南宋君臣采取劝降策略，而非作战。若是两国交战，必定生灵涂炭，苦的还是百姓。所以，微臣不赞成用兵！况且，南宋仍有一战之力，贸然出兵不一定能打赢。"

忽必烈正在兴头上，听到许衡泼冷水，非常不高兴。朝中其他大臣都不同意许衡的观点，但许衡泰然自若，不被他人意见影响。其实此时的许衡并不受欢迎，大臣们都抵触他的汉法。他在国子监传授汉学，学生的伙食费经常被大臣们克扣。忽必烈最终还是要打仗，许衡脾气又上来了，对忽必烈说："陛下，我年老多病，家中先人还没安葬好，我想回家。"

忽必烈咨询众臣意见，许衡好友姚枢和窦默已经很了解他的脾气，建议忽必烈再一次批准他辞官。他回到老家，不再参与朝政，与太史令郭守敬等人合作，研制新观象仪，制作新历法《授时历》，颁行天下。

享尽哀荣

许衡为了宣扬元朝统治的合理性，篡改《论语》，杜撰了一句“华夏入夷狄则夷狄之，夷狄入华夏则华夏之”。他名气太大，导致后来很多人认为这句话就是孔夫子说的。他一心一意辅佐元朝，殚精竭虑，元朝也大方地给予回赠。

1281 年，许衡自知大限将至，临死前对儿子说：“我这一辈子都被世间虚名所累，我死后就不要立碑了，随便写个许衡之墓就行。”他儿子想照做，忽必烈却不同意，他赐许衡墓田一百三十亩，敕建牌坊一座，享堂三间，谥号“文正”。

许衡享年七十三岁。被谥号“文正”的大臣，往往都是功劳最大的顶级文官，宋、元时代只有范仲淹、司马光、耶律楚材等极少人有此殊荣。朝廷还下诏许衡从祭孔庙，让他站在孔子身旁，受天下儒生祭祀，这是古往今来所有儒者的最高荣誉。

许衡死后，享尽哀荣。他的品德言行为人们所推崇，被誉为“元朝一人”。

（课内连线：《道德与法治》八年级上，第一单元第 3 课《探究与分享》）

关汉卿：曲中圣人

暗无天日

关汉卿生于金朝末年，此时南宋偏安一隅，蒙古铁骑横扫天下，不可一世的大金国也撑不了多久了。关汉卿的祖上是金国太医，本来他长大后要子承父业，但是蒙古灭了金朝，他一下子丢了饭碗。后来蒙古的马蹄又踏碎南宋的江山，忽必烈一统天下，建立元朝。

元朝朝廷把全国百姓分为四等，一等人是蒙古人自己，二等人是西域以及阿拉伯世界的色目人，三等人是原来金朝境内的汉人金人，四等人是南宋的汉人，总之汉人的地位极其低下。元朝皇帝取消了科举制度，绝大部分底层读书人永无出头之日。关汉卿虽然饱读诗书，但是找不到出仕做官的路。好在他老家的戏剧氛围浓厚，他从小就掌握了大量的戏曲知识。为了谋生，他决定投身戏曲创作。

当时宋朝金朝兴起的娱乐商业场所——瓦舍勾栏，在元朝得到进一步发展。各路艺人在瓦舍勾栏里表演杂剧、曲艺、歌舞等，竞争非常激烈。戏班子为了提高演出水平，保住自己的饭碗，大量招收读书人为他们创作剧本。与朝廷不同，他们仍然和宋金时代的百姓一样尊重读书人、重视读书人。关汉卿因此在戏剧中找到了存在感和成就感。

关汉卿随着戏班子走南闯北，深切而广泛地体会到社会底层普通劳苦大众的生活，亲眼见证他们的悲惨遭遇，切身体会到朝廷暗无天日的统治。他有感而发，创作了大量的杂剧，为生活在水深火热中的百姓奔走呼号，站在百姓中间发出对朝廷黑暗的控诉，最终取得了无与伦比的艺术成就。

因为朝廷丝毫不在乎百姓的文化活动，而在传统文人眼里，吟诗作对写文章才是正途，小说和戏剧都是旁门左道，所以史书文献里，关于关汉卿的记载非常少。但是，百姓们没有忘记他，他的故事和作品一直传诵至今。

为民呐喊

关汉卿创作了大量揭露社会黑暗、朝廷腐败的戏剧，在民间广为流传，感动了无数人。三教九流贩夫走卒都很喜欢他的作品，这引起了当地衙门的警觉，认为他蛊惑民众，县官下令逮捕他。关汉卿不愿意连累戏班子，也不愿意坐以待毙，一天夜里趁着夜色逃走，谁知却遇见了巡夜的捕快。捕快见他行色匆匆，十分可疑，就抓住他质问："三更半夜，你想去哪？"

关汉卿学识渊博，对历史典故十分精通，他很快联想到春秋战国时期孙膑装疯卖傻骗庞涓的故事，于是假装自己是疯子，手舞足蹈地唱起戏来："三五步走遍天下，七八人百万雄兵。"这句唱词是形容戏剧的舞台表现手法，顺便也能回答捕快的问题。捕快居然能欣赏关汉卿的唱词，便问他："你是唱戏的吗？"

关汉卿猜测这个捕快平常也喜欢听戏，不然听不出他的功底。他决定通过唱戏博得对方的好感，又唱道："或为君子，或为才子佳人，登台便见。"这句唱词仍然可以当作对捕快的答复。

捕快的确喜欢听戏，他觉得这么深厚的唱功不是一般人能掌握的，于是用火把照亮了关汉卿的脸，有点儿怀疑他就是关汉卿本人，不由得说道："你好像就是关……"

关汉卿心里吃了一惊，决定破釜沉舟，用自己的唱词博取对方的同情，他唱道："你看我非我，我看我，我亦非我；我装谁像谁，谁装我都像我。"

捕快又犹豫了。他虽然是个捕快，然而在上司眼中一文不值，整天都戴着虚伪的面具扮演上司喜欢的自己。他被关汉卿的唱词打动了。

关汉卿趁热打铁，继续唱："台上莫逞强，纵使厚禄高官，得意无非俄顷事；眼下何足算，到头来抛盔卸甲，下场还是一般人。”

关汉卿创作过大量有关英雄好汉的故事，比如讲述关云长义薄云天的《单刀会》。这部戏弘扬忠义，非常受群众喜欢，激发起百姓心中的忠义。他刚才这几句唱词是说人生世事无常，片刻得意终究不能长久，不如多做点儿好事。捕快感叹自己生活凄苦，不见得比关汉卿强多少，眼下朝廷不把百姓当人看，迟早要完蛋，不如多积点阴德做点好事……终于，关汉卿用他的才华、智慧和品行彻底征服了捕快。

捕快很聪明，假装没有认出关汉卿，大骂他是戏疯子，骂完转身离开，关汉卿得以逃命。

窦娥奇冤

南宋灭亡之后，大批的戏班子和剧作家南下，希望获得南方百姓的欢迎，关汉卿也不例外。他下江南，在扬州遇见了女演员朱帘秀。朱帘秀有些驼背，但是能歌善舞、风姿绰约，并且颇有风骨，极受人喜欢，红极一时。他们志同道合，一起创作。

关汉卿从朱帘秀的生活经历吸取了许多创作素材和灵感，他部分作品里的女主角都有朱帘秀的影子。朱帘秀出演了关汉卿的许多戏剧，如《救风尘》《望江亭》等。他们互相是对方黑暗生活中的明灯。

他曾经赞美朱帘秀：

攀出墙朵朵花，折临路枝枝柳。

花攀红蕊嫩，柳折翠条柔，浪子风流。

凭着我折柳攀花手，直煞得花残柳败休。

半生来折柳攀花，一世里眠花卧柳。

他们在扬州创作的时候听说了一起冤案。一个名叫朱小兰的青年寡妇被诬陷为杀人犯，贪官受贿，判她死刑。在押赴刑场的过程中，朱小兰一路喊冤，声嘶力竭，闻者落泪，最后还是被处斩。关汉卿义愤填膺，想为朱小兰申冤，但贪官一手遮天，他无权无势，只好通过创作戏剧将朱小兰的冤情昭告天下。

他以笔代剑，结合汉朝时期的传奇故事《东海孝妇》，把朱小兰的冤情写成杂剧《窦娥冤》，用来抨击贪官污吏的罪恶，表达对朱小兰等被诬陷、奴役、打压的底层百姓的同情。其中窦娥的人物形象和性格特点参照了朱帘秀。

他的正义之举得到朱帘秀的支持。朱帘秀和她的徒弟配合排练，准备公演。关汉卿在家推敲唱词的时候，一个混在戏剧界专门溜须拍马、卖友求荣的败类来找他。这人叫叶和甫，他对关汉卿说："关先生，现在天下太平，你搞这些幺蛾子岂不是故意找朝廷麻烦？不如写点儿歌颂朝廷英明的戏剧，再署上我的名字，我推荐给达官贵人，咱们一起发财，你看如何？"

关汉卿笑道："早听说叶先生的脸皮厚如城墙，我觉得这话不太准确，因为你这么厚的脸上，居然还能长出胡子，可见还不太厚……”

叶和甫恼羞成怒，骂道：“敬酒不吃吃罚酒，你等着坐牢吧！”他离开关汉卿家，去找宣布朱小兰死刑的县令阿合马告状。现在阿合马已经升官，成了皇帝的宠臣。阿合马大怒，命令关汉卿修改剧本。

关汉卿知道不修改剧本肯定要大难临头，但他宁死不屈，拒绝修改。第二天，朱帘秀坚持出演只字未改的《窦娥冤》。依靠关汉卿、朱帘秀的才华，窦娥的悲惨遭遇震惊了所有观众，大家纷纷唾弃贪官的原形阿合马。

阿合马震怒，将关汉卿、朱帘秀二人打入死牢，准备择日处斩。虽然进了死牢，关汉卿依然乐观，整天给监牢里的狱友唱戏，甚至乐呵呵地唱喜剧。由于关汉卿造成的影响实在太大，百姓群情激愤，随时可能酿成大规模的骚乱，朝廷不得已改判主犯关汉卿流放千里，判朱帘秀去做歌伎。

关汉卿临走之时，全州百姓来相送。他满心愤恨，因为朱小兰冤案的始作俑者阿合马依旧逍遥法外，他忍不住唱起窦娥受刑时的词句：

有日月朝暮悬，有鬼神掌着生死权。天地也！只合把清浊分辨，可怎生糊突了盗跖、颜渊？为善的受贫穷更命短，造恶的享富贵又寿延。天地也！做得个怕硬欺软，却原来也这般顺水推船！地也，你不分好歹何为地！天也，你错勘贤愚枉做天！哎，只落得两泪涟涟。

游戏人间

在古代，伶人的社会地位非常低，被说成是下九流。关汉卿博学多才，却整天和伶人戏班子混在一起，为他们创作剧本。他相貌英俊，有时候还自己登台表演，所以很多人都笑话他。关汉卿为人诙谐幽默，性格乐观，对于他人的讥笑毫不在意，他用唱词来回应他人的讥笑：

我是个蒸不烂、煮不熟、捶不扁、炒不爆，响当当一粒铜豌豆，恁子弟每谁教你钻入他锄不断、斫不下、解不开、顿不脱、慢腾腾千层锦套头。我玩的是梁园月，饮的是东京酒，赏的是洛阳花，攀的是章台柳。我也会围棋、会蹴踘、会打围、会插科、会歌舞、会吹弹、会咽作、会吟诗、会双陆。你便是落了我牙、歪了我口、瘸了我腿、折了我手，天赐与我这几般儿歹症候，尚兀自不肯休。则除是阎王亲自唤，神鬼自来勾，三魂归地府，七魄丧冥幽，天哪！那其间才不向烟花路儿上走！

关汉卿一生颠沛流离，但始终都保持着积极向上的乐观精神，活了八十多岁，可谓长寿。他一生创作杂剧六十七部，是中国戏剧界无可争议的大宗师，被后人称之为“曲圣”。只不过可惜的是，他的作品只有十八部留存下来。

（课内连线：《中国历史》七年级下，第二单元第 12 课《宋元时期的都市和文化》）

明代篇

朱元璋：从小沙弥到大明天子

苦儿有大志，投军结良缘

明朝开国皇帝朱元璋，字国瑞，是濠州钟离（今安徽省凤阳县）人，父亲名世珍，母陈氏，兄弟共四人，朱元璋最幼。他少时多疾病，曾经替人牧过牛羊，看过鸭鹅。十七岁时，蝗灾、荒年、时疫、大旱接踵而来，他的父母兄弟接二连三地死去，仅剩下他一个人，无家可归，被迫投到皇觉寺做了小沙弥。

不久，他出外流浪，西至合肥，去过六安，经过光固、汝州、颍州各地方，混了三年多，没混出啥名堂，就重回皇觉寺过着清磬木鱼相伴的生活。民间传说他夏天在寺院露宿，以诗明志：

天为帐幕地为毡，日月星辰伴我眠。

夜间不敢长伸脚，恐踏山河社稷穿。

后来寺院被乱兵焚毁，僧徒四处逃散。郭子兴是当时的豪杰，占据了濠城，威风颇盛。元将彻尔布哈带兵来收复该城，但又怕郭子兴的势力，不敢进攻，天天在城外掠杀良民，冒功取赏。百姓各自逃奔求命，朱元璋恐怕不免于难，决定从众起事。他想进入濠城投军，守城的人怀疑他是间谍，把他拿下送去见郭子兴。郭子兴很赏识他，就把他收留在帐中，并时常召他相与谋事，凡有攻讨的事情，都叫他去干。

朱元璋本有远大志向，今一旦得以施展，干起事来十分认真。他负责攻伐的战事，没有一次不胜的。因此，郭子兴的兵力渐渐强大起来。这一时期，朱元璋还缔结了良缘。宿州人马公和郭子兴是知己，马公不幸去世，临死前把女儿托付给郭子兴，郭子兴对她视如己出。郭子兴看朱元璋仪表非凡，就把养女许配给他为妻，这就是后来有名的马皇后。

救郭子兴，驰援六合

至正十二年（1352 年），郭子兴、孙德崖两人在濠州起义。李二占据徐州，被元朝丞相托克托攻陷并杀死，他的手下彭大、赵均用被迫带领余党投奔濠城，郭子兴反而屈己侍奉，事事都依照他们的命令来做，被他们所牵制。

与郭子兴共同起事的孙德崖，本来就与郭子兴有些不和，经常相互猜忌，赵、彭来了之后，便生出更多事端。赵均用因郭子兴优待彭大而轻视自己，就与孙德崖等合谋，趁郭子兴出外，在大街上将他绑了，囚禁在孙德崖家中，准备杀死了事。不料这事传到了朱元璋耳朵里，他急忙从淮北赶过来，带着郭子兴的儿子一起向彭大求救。得到彭大的协助后，朱元璋披甲、持短刀来到孙德崖家中，救出郭子兴，郭子兴因此逃得一难。

⊙朱元璋

元相托克托带领军队包围了高邮，并在城郊外打败了张士诚，又引兵向西攻六合。六合的守将派使者向滁州求救。郭子兴因为跟那守将的意见不合，因此拒绝救援。朱元璋对郭子兴说：“六合和滁州，有如唇齿相依一般，六合破了，滁州又怎能独存！岂可因私怨而误了大事！”郭子兴最终被朱元璋说动了，决定出兵援助。当时的官军号称有百万之多，郭子兴的手下都不敢应命前去救援，大家都以占卜不吉祥为理由推辞。朱元璋说：“事情的可否当由自己的心来决断，向神鬼问卜有何用？”他亲自带兵赶往六合。

就当时的情况来看，朱元璋敢率领军队去作战，他的勇敢与谋略早已经传扬开来。朱元璋到了六合以后，和耿再成联合守卫瓦梁垒，竟然吓得元军不敢再进攻。

站稳脚跟，大败张士诚

至正十五年（1355年）春天，官军以十万雄兵攻打和州。朱元璋仅以万人守城，时常出其不意地发动进攻，官军屡屡战败，伤亡惨重。朱元璋的军队被围困了三个月，城中缺粮缺饷，元太子图沁及枢密副使弁（biàn）珠玛、民兵元帅陈野先等各自派兵分别驻扎新塘，高望鸡笼山，意图切断朱元璋的粮道。朱元璋率领众将击败元军，元兵纷纷渡江而逃。

四月，常遇春来依附。五月，朱元璋想要渡江却没有船只，刚好赶上巢湖元帅廖永安、俞通海率领千艘水军来归附。朱元璋非常高兴，认为是上天在帮助他，于是渡江攻取采石，乘胜占领太平，然后建立元帅府。第二年朱元璋又攻破集庆路，将其改名为应天府（今南京），以此作为根据地。当他们进攻集庆路时，郭子兴的长子郭天叙和张天祐被陈野先诱杀。陈野先先降后叛，不久又为民兵所杀。从此郭子兴部将尽归朱元璋，朱元璋军权集中，指挥统一。

朱元璋命徐达为大将军，带领诸将沿江东进攻。出发时朱元璋告诫他们说："我自起兵以来，未尝妄杀一人，你们应当体谅我心，戒戢（jí）士卒，城下之日，切勿焚掠杀戮，有犯令的处以军法，放纵不管的刑罪不赦。”徐达严格遵守朱元璋的指令，军事行动非常顺利，不到两日就攻下了镇江。朱元璋陆续攻占浙东余下各地，至此朱元璋部控制江左、浙右各地，向西与陈友谅部相邻。朱元璋命徐达、汤和为统军元帅镇守这里，诸将奉朱元璋为吴国公。

那时，江北的张士诚击退元兵后又袭取平江作为根据地，将其改名为陆平府。紧接着，附近松江常州、湖州一带都被攻下。张士诚改至正十六年为天祐三年，国号大周，自称周王。

这一年的七月，张士诚遣水师攻打镇江。统军元帅徐达大败张士诚军队，并乘胜急追，一直攻到常州，又加紧围攻。张士诚急忙派人到集庆向朱元璋求和。但是，急攻中的徐达没有收到停战命令。不久，常州、常熟相继被徐达攻下。张士诚在走投无路的情况下投降元朝。

鄱阳湖大战，摧毁陈友谅

在这一时期，陈友谅杀了他的主帅徐寿辉，占据了江西和湖广，以采石五通庙为行殿，自称皇帝，立国号为汉，改元为大义。陈友谅想扩大自己的地盘，遣人约了张士诚一同去攻打建康（今南京），可张士诚还没有回报，陈友谅就已经自行督领水师自采石东下，军威煊赫，声势浩大。

朱元璋见此情形，害怕陈友谅布置妥当之后，和张士诚前后夹攻，于是一方面紧急指示胡大海率兵突袭信州，扰乱他们的后方，同时又让康茂才诈降陈友谅，诱其深入，并布下埋伏。果然，陈友谅中计。当陈友谅部的战舰到达大战港后，由于港湾狭小，大船不能并进，只得率众船转向龙湾，先派一万人登岸，立栅栏准备迎战。彼时正当暑天，顷刻间大雨如注。朱元璋举赤帜为号，下令上前拔栅栏。陈友谅指挥全军抵抗。不一会儿雨就停了，朱元璋又举黄帜为号，前后伏兵一齐进攻，陈友谅的军队无力应战急忙丢弃阵地，上船准备逃跑。可是这时潮水已退，大船搁浅，溺水而死的士兵不计其数。朱元璋的军队大获全胜，俘获敌兵二万余人，获巨舰百余艘，更有敌将张志雄等来投降。陈友谅另外乘坐一艘小船逃回武昌。朱元璋乘胜攻取江州，进占隆兴路（今江西省南昌市），改为洪都府。

至正二十三年（1363 年）四月，陈友谅举兵围攻洪都。这次他们造的大舰高数丈，外面以丹漆粉饰，上下共三层，每层都设有马棚，下面用板房隔开，上中下层说话互相都听不见。陈友谅带着他的家属和百官倾巢而出，准备殊死决战。

陈友谅所部士气很高，前后攻抚州门、新城门、工步门、士步门，但久攻不下，于是包围了八十多天。守将朱文正请求救援，朱元璋亲自率领舟师二十万，由湖口出兵援救洪都。陈友谅听到这个消息，立即调兵东出鄱阳湖迎敌，两军在康郎山相遇。陈友谅的巨舰首尾连接，不利于进退。朱元璋采用火攻应敌：分舟师为十一队，火器、弓弩等依次罗列，令将士寇舟先发火器，再发弓弩，接近战船时则用短刀作战。一场恶战，烧毁了陈友谅的战舟二十多艘，并且虏获一艘巨舰。酣战中，双方死伤惨重。朱元璋所坐的船只搁浅，差点儿就被陈友谅的猛将张定边活捉。幸亏常遇春从一旁射中了张定边，俞通海乘快船来援，战船极速猛进，带动水流，朱元璋所乘战船才得以脱逃。

连战三日后，朱元璋因舟小不能仰攻，于是趁傍晚东北风起的时候，命人将七艘小船载满火药，上面放上稻草人，这些稻草人穿甲胄，拿兵器，俨然一副临敌的样子。朱元璋又令敢死队划着这几艘小船过去，临近敌人战舰时乘风点火，风急火烈，不一会儿陈友谅水寨中的数百艘战舰就被全部烧毁，火焰漫天，湖水都被映红了。陈友谅被飞箭射中而亡。

这就是历史上著名的鄱阳湖大战，也是关乎朱元璋成败的关键一战。战事结束以后，江西、湖广等地尽归朱元璋。

国号大明，纪元洪武

至正二十五年（1365 年），朱元璋下令各路一起进攻平江，战事持续了一年，最后平江城被攻破，张士诚被掳自杀，三吴及浙西一带归朱元璋所有。随后，朱元璋招降了浙东一带的方国珍。收了浙东各地之后，朱元璋已经据有中国的大半疆土，成为反元的唯一势力。朱元璋称吴王。

至正二十六年（1366年）冬天，朱元璋命徐达、常遇春等带兵二十五万，分道北伐，轻松取得山东、河南二省。同时他又派兵平定福建和两广。次年，北伐军由济南、开封会师于德州，直入通州。元顺帝闻讯，带领后妃、太子等人匆匆出居庸关，向漠北逃走。

至正二十八年（1368年），朱元璋在应天府即皇帝位，改国号为明，纪元洪武。洪武帝即位后，大封功臣，诏谕天下，禁止汉人改用胡姓，衣冠制服都恢复唐宋旧样。洪武三年（1370年）三月间，《大明集礼》编纂完成，上自天子仪仗，下至一般民众的服制都作了详细规定。洪武七年（1374年），朱元璋废沿海市舶司，命令“不许寸板入海”。之后，分封二十五子于重镇作屏藩，晚年多诛杀功臣宿将。

制度方面，保留了元朝的很多旧制。洪武十三年（1380年），胡惟庸被诛后，朱元璋乘机废止中书省，六部各自独立，分担责任，每部长官称为尚书，吏部司行政，户部司财政，礼部司教民，兵部司军政，刑部司司法，工部司土木。模仿宋朝的官制，置大学士若干人为自己的顾问，处理日常政务。此外，分全国为十三省，每省设置“承宣布政使司”（行政）和“提刑按察使司”（司法）两个机关，长官分别称布政使、按察使。军政方面，设“都指挥使司”（略称“都司”），长官为都指挥使，别的边境则置“行都指挥使司”。地方的行政、司法、军政三权鼎立，由三人分担责任，这样一人独裁就不可能了。

朱元璋死后，葬在金陵（今南京），庙号太祖，南京明孝陵雄踞石头城外，形势壮伟，那就是明太祖长眠之地。

（课内连线:《中国历史》七年级下，第三单元第 14 课《明朝的统治》）

郑和：七下西洋的伟大航海家

三宝太监

郑和本来姓马，祖先是蒙古贵族，他的曾爷爷伯颜做过元朝的宰相，爷爷也是高官，父亲受封滇阳侯，全家搬到云南后生下马和。他的祖父和父亲都是富有冒险精神的航海家，多次扬帆远航。他非常羡慕祖父和父亲，希望长大后也能出海游历。幼年的马和与同龄的孩子不一样，他没有坐在书桌前年复一年日复一日地背诵圣贤经典，而是努力锻炼身体，增强体质，学习航海知识。

正因如此，他的身体远比常人强壮。如果没有幼年时期的基础，可能马和熬不过青少年的时光。明朝洪武年间，燕王朱棣发兵三十万进攻云南，消灭盘踞于此的元朝残余势力。在战乱中，少年马和被俘虏，不幸遭到阉割，送入军中。此后，这个年仅十一岁的少年跟着明军征战四方，经历北方风雪和大漠黄沙，在血流成河、尸横遍野的战场上努力生存。

他熬过五年颠沛流离的生活，多次死里逃生，最终坚强地活了下来，而且培养出坚定的意志力和大无畏的精神。这时他遇到了燕王朱棣。朱棣慧眼如炬，一眼看中了这个沉默寡言但目光坚毅的少年，遂让他进入燕王府，做自己的贴身侍卫。

朱棣试图自己培养人才，提高身边亲随的水平和能力，于是挑选博学之士到燕王府给众亲随授课，并且给亲随们开放书房，他的藏书大家随意阅读。马和天资聪颖，勤奋好学，很快就积累了渊博的学识。又因为他身材魁梧，才思敏捷，总能够出色地完成朱棣派发的任务，因此得到朱棣的器重。后来朱棣发动靖难之役，推翻侄儿朱允炆自己当了皇帝。

在战争中，马和在河北郑州（并非河南郑州）立下赫赫战功，朱棣便赐“郑”姓给马和用以表彰他，因此马和改名为郑和。朱棣称帝后，提拔郑和为内官监太监，相当于正四品高官。郑和小名三宝，因此人称“三宝太监”。

以和为贵

朱元璋和朱棣两任劳模皇帝勤政治国，国家发展得极为强大。朱棣为了弘扬国威，加强与西洋各国的贸易，同时也为了寻找生死不明的朱允炆，决定发起下西洋的航海运动。他看中了军事才华出众的郑和，任命他为船队总指挥。郑和从此开始绘制属于他的壮丽辉煌的航海画卷！

此时，明朝的航海条件非常不错。因为朱元璋曾经和陈友谅在鄱阳湖进行水战，差点儿丢了老命，所以朱元璋对造船技术极其重视。到郑和出海时，明朝已经造出了堪比航空母舰的大船，最大的船长达一百三十多米，宽达六十米，中等的船也长一百米，宽四十五米。郑和的船拥有十二张帆，转舵时需要几百个大汉一起动手才能转动！

他的船队由六十二艘船组成，将士船员一共有两万七千余人，船上装备有最先进的火器。这是名副其实的无敌舰队，也是一支友好的舰队，其所到之处，没有眼泪和鲜血，只有和平和友善。

1405 年，郑和第一次下西洋，经过越南，来到爪哇国。当时这个国家有东王和西王两个王，他们正在打仗。西王打败东王，占领了对方的地盘。正巧郑和的部分船员上岸打算去集市做生意，西王以为他们是东王的援兵，不分青红皂白地攻击了船员，一百七十八名船员被杀。其他船员跑回船队报告这一噩耗后，郑和的军官们瞬间红了眼，打算复仇。他们的船队装备着大量火枪和火炮，而对方还是拿着竹枪的光脚野人，打败对方轻而易举。但他们并没有擅自行动，因为他们是一支纪律严明的部队，现在还没有得到郑和的命令。

他们向郑和请战，要求血债血偿。

眼见朝夕相处的船员无辜被杀，郑和气得青筋暴露，他的手掌按在佩刀上，随时准备下令杀人。但是他咬碎钢牙，最终克制住了自己的怒火，没有下令作战。将士们大为不解。他紧握双拳，镇定地望着愤怒的官兵，告诉他们："咱们背负着和平的使命，如果我们现在开战，毫无悬念能获胜。但是打仗的消息传出去之后，西洋各国就会怀疑我们的来意，他们都会把咱们当成敌人。"

⊙郑和

此时，爪哇国的西王得知他们杀死的人是明朝船员，吓得瑟瑟发抖，急忙派使者去找郑和认错。

黝黑的西王使者跪在威风凛凛的郑和面前，吓得满头大汗，认为自己死定了。明朝官兵的刀枪如林般架在使者头上，每一片刀刃都透着凛凛杀气。

郑和目光如炬，死死盯着死者，一字一句地说："我中华子民，个个都是英雄豪杰，尔等手上沾染我国官兵的鲜血，理应处死，以儆效尤！"

"处死！处死！"

“杀！”

官兵们齐声怒吼。

使者感觉气都喘不过来了。

郑和话锋一转，继续说：“念在你们是无心之失，我天朝上国向来讲究以和为贵、宽恕为怀，所以不会打击报复你们。但是，人，不能白死，你们要提供赔偿。”

使者欣喜如狂，赶紧回去转告郑和的要求。

郑和重重叹了口气，对左右说：“厚葬惨死的船员，向皇帝上疏奏明此事，申请烈士名号，安顿好他们的家人……”

朱棣知道这件事后，当众称赞郑和顾全大局。

郑和的行为完全征服了爪哇，从此他们每年都主动向中国进贡。沿途各国也见识到了郑和船队的大国风采。

扬威海外

郑和来到终点——一个叫古里的国家，这个国家曾经向明朝称臣，请求皇帝封他为王。郑和带来朱棣的诏书和国王金印，在古里国建立碑亭，立下石碑，上面写着：

去中国十万余里，民物咸若，熙皞同风，刻石于兹，永示万世。

他一路展示明朝雄厚的国力和博大的胸襟，各国使臣都要求坐船去中国朝见，郑和一口答应了。第一次航海任务就这样有惊无险地完成了。

但让人没想到的是，船队回来的时候却遇到了海盗。

海盗的头目叫陈祖义，本是广东潮州人，因为早些年犯了大罪而逃到印度尼西亚附近的渤林邦国，在国王手下当了大将。国王死后，他召集一群海盗，自立为王，经常出去打劫，周边国家深受其害。

郑和早就从各国使者那里听说过陈祖义这号人物，他忍不住跟官兵们开玩笑："他们这群井底之蛙，在西洋小国作威作福惯了，竟然敢打咱们的主意！"话虽如此，郑和没有轻视敌人，反而冷静地排兵布阵，准备迎战。

陈祖义也做足了准备，他凑了二十多艘战船，五千多名士兵，踌躇满志，想一口吞掉郑和的船队。但是当他看到郑和庞大的战船和黑黝黝的火炮炮口，吓得当场举白旗投降。

郑和表示接受海盗投降。谁知陈祖义是假投降，他打算趁着郑和麻痹大意偷袭旗舰，控制舰队中枢。当他靠近旗舰时，发现郑和舰队毫无反应，船上的哨兵都在打瞌睡。陈祖义大喜，下令进攻。此时，突然杀声四起，枪炮齐鸣，陈祖义的船队被郑和舰队分割包围，四周都被火炮瞄准。

原来身经百战的郑和早就看穿了陈祖义的把戏，为了一劳永逸，将陈祖义的整个部队都消灭掉，这才将计就计，摆出被骗的姿态。而且，他想活捉陈祖义！

郑和顺利完成任务，回到京城，受到朱棣的热烈欢迎。陈祖义可以派上用场了，他是逃犯，还是海盗，作恶无数，朱棣下令在各国使者面前将陈祖义斩首示众，以纪念航海使命的完成和清除海盗行动的成功，同时警醒在场的所有人，做海盗只有这个下场。

各国使者见识了明朝的强盛，回国后纷纷歌颂赞扬。之后，朱棣体会到了什么叫作“万国来朝”。

接着，郑和又先后五次下西洋。

麦加朝圣

郑和的家人都信仰伊斯兰教，伊斯兰教教徒最大的愿望是去圣城麦加朝圣。他的父亲和祖父千里跋涉到过麦加，郑和小时候经常听他们讲述朝圣途中的各种经历和趣闻。在他们的影响下，他也想乘风破浪去朝圣。

前面六次下西洋，郑和由于各种各样的原因都没去成麦加，他只好寄希望于下次。可是这时最支持他航海的朱棣突然驾崩，皇子们忙着争权夺位，谁都没心思搭理这个年近花甲满头白发的老人。他成了一个多余的人，只能等着退休养老，远航的梦就此作罢。

所幸，几年后，郑和再次迎来出海的机会，这次是新皇帝朱瞻基令他再次出海。朱瞻基并非继承朱棣弘扬国威宣传和平的理念，而是想告诉西洋各国：现在的皇帝是我，你们快来拜见。他也想体验一下“万国来朝”的滋味，于是找到郑和，说：“郑公公，麻烦您再辛苦跑一趟。”

郑和十分兴奋，大声说：“定不辱使命！”

他召集那些跟随了自己二十余年的部下和老船工，站在海边感慨万千。他忍不住回想第一次下西洋的盛况。如今的他，再次出海，将用剩余的生命完成自己儿时的梦想！

船队一路南下，告诉人们明朝换皇帝了。完成任务后，他沿红海北上，驶往几十年来日思夜想的地方——圣城麦加。

他等了五十年时间，终于来到梦想中的地方。此时，两鬓斑白的他，不是手握无敌舰队的总兵，只是一名普通的穆斯林。

这是他第七次下西洋，也是最后一次。

回国的途中，郑和病死在船上。七下西洋，永载史册！他此生无憾，死得安详。在他之后，中国再也没有远洋航行的壮举。

（课内连线：《中国历史》七年级下，第三单元第15课《明朝的对外关系》）

戚继光：抗倭名将，民族英雄

出身将门世家，立志保家卫国

1528年，明朝著名将领戚景通的家里多了一口人，戚景通的儿子降生了，他给儿子起名为“继光”。仅看这名字，也不难看出戚景通对儿子的期望，他希望儿子能继承祖上遗风，可以光宗耀祖，为保家卫国负起应尽的责任。

也许正是由于有这样的期许，所以戚继光从小就受到父亲的严格教育，稍有做得不好的地方，父亲就会严厉批评，他希望将戚继光培养成行得端、走得正的顶天立地的男子汉。

由于出身将门世家，所以戚继光从小就受到了父亲的影响，对行军打仗的学问颇感兴趣。慢慢长大的他并不为书本上的知识所束缚，而是在实践中吸取经验，更注重实际有效的军事学问。同时，戚继光对自身本领的提升也很重视，他向俞大猷（yóu）学习棍法，向唐顺之学习枪法。这种虚心学习的态度，让戚继光的军事才能日积月累，远远超过寻常人。

戚家军突起，受百姓爱戴

嘉靖二十七年（1548年），戚继光被推荐入朝为官，他的言行举动、性格为人都颇为得当，受到了内阁首辅张居正的信任。张居正看到戚继光在军事上颇有才能，便让他任登州（今山东省蓬莱市）卫指挥佥（qiān）事，后来又调任浙江，在那里招募训练新兵。也正是在浙江这段时间，戚继光带出了一支世界闻名的军队——戚家军。

说到戚继光，就必须提戚家军。这支队伍是戚继光在浙江义乌招募当地的矿工、农民编练而成的，成立于嘉靖三十八年（1559年），总共有四千人。

戚继光对戚家军倾注了不少心血。他为戚家军创立了“鸳鸯阵”，这个阵法可以随机应变，在任何狭窄地形都能使用。戚家军有严明的军纪，严格且高水准的训练，而且还有当时东亚地区最先进的武器装备。自从成军开始，戚家军经历的大小数百场战斗，没有一次失败的。因为百战百胜的战绩，戚家军被誉为“16—17世纪东亚最强军队”。

戚继光之所以要建立这么一支强悍的军队，与当时明朝的边境形势有很大关系。元末明初，倭寇作乱是朝廷挥之不去的一块心病。到嘉靖年间，这种祸乱猖（chāng）獗（jué）到了极点。倭寇们在沿海地区烧杀劫掠，有的还从事走私贸易，给边境百姓生活和明朝政局稳定带来了不小的冲击。而且，倭寇作战向来凶狠，赤身裸体地冲上来，挥刀就砍，很多明军都来不及反应就被杀死了。

⊙戚继光

更令人气愤的是，一些地方贪官、恶霸、奸商和逍遥法外的罪犯，纷纷与倭寇勾结，使得倭寇烧杀抢掠毫无顾忌，浙江、福建、广东沿海一带的百姓生活在恐惧之中。

1553 年，大批倭寇和明朝的海盗头子勾结，从浙江、江苏登陆，对上海、绍兴等几十个城市一路祸害过去。朝廷接到各地的求助，立刻派了官员和军队去围剿，虽然也打过一两场胜仗，但朝廷却听信了奸商与贪官污吏的诬陷，将致力于抗倭的能臣处死了，反倒派无能的人去祭奠海神。这让倭寇觉得明朝软弱至极，他们的气焰更嚣张了。

就在这种情况下，朝廷在公元 1555 年秋天，将戚继光从山东沿海调到江浙一带，让他镇守倭寇经常出没的城池，希望他能改变这种现状。

戚继光刚接手军队就发现了问题，原本的明军纪律差不说，平时的训练就是在走形式，整个军队士气不旺、素质不高。而且，士兵们还总是滥杀无辜去邀功。

有一次，刚结束一场战斗，立刻就有一个士兵拎着人头来报功。但是，很快另一个士兵哭着跑进来，指着之前那个人头说：“那是我亲弟弟！他不过是受了伤，还没有断气，就被砍了头……”这事还没处理，又有一个士兵拎着人头来请赏，哪知道一查，被杀的竟然是一个只有十几岁的无辜少年。

面对这样的军队，戚继光感到很痛心。查明真相后，他处死了两个想要冒领军功的士兵，同时下定决心，要建立一支全新的、纪律严明的、训练有素的军队。戚家军就是在这样的背景下建立起来的，从中不难看出戚继光抗倭的决心。

戚家军虽然只经过短短几个月的训练，但他们的表现却比明军训练多年的部队强许多。戚家军所到之处，对百姓秋毫无犯，而且还以保卫百姓为己任，百姓们对他们也非常欢迎，纷纷拿着食物和水犒劳他们。

骁勇善战，战功赫赫

嘉靖四十年（1561 年）四月，倭寇向浙江沿海发起了攻势，戚继光率领主力部队一路追杀，哪知道却有三路倭寇趁着台州兵力空虚准备杀进台州（今属浙江省）府城。

戚继光经过分析也察觉了倭寇的意图，便赶紧率兵回援。

在接下来的一个月里，戚继光率领戚家军在台州附近的新河、花街等地方连续九次挫败了倭寇的进攻，彻底消灭了侵犯台州的倭寇。最令人称奇的是，这九次战斗中，戚家军每次只损失几个人。这次胜利，历史上称为“台州九战九捷”。在这之后，尽管倭寇多次妄图进犯温州，但都被戚家军迅速消灭。至此，浙江的倭患也算是彻底平息了。

消灭了进犯浙江的倭寇之后，戚继光带着戚家军进入福建，在福建的第一仗便是著名的“横屿之战”。

横屿是宁德（今属福建省）城东北海中的一座小岛，一伙两千多人的倭寇已经在这里盘踞了三年之久。这个小岛虽然四周环水，但周围水很浅，根本不能行大船。水退之后，岛周围又都是浅滩沼泽，不管水军还是陆军都无法攻破。

面对这种情况，戚继光先派人探察了小岛的地理位置，又了解了地形、水道、潮流的特点，然后才制订了进攻方案。戚继光命令每个士兵都带一捆干草，天黑之后，在横屿对岸将草抛进沼泽中，铺出一条路来。

岛上的倭寇怎么也想不到明军会这样上岛。强行登岛的大军对这群有恃无恐的倭寇发起了强攻，歼灭三百多人，另有六百多人跑到海上被淹死，剩下的都被俘获。这是戚家军在福建的首仗，大获全胜的战绩让明军士气大振。

在这之后，戚继光又带着戚家军接连在沿海一带很多城市打了许多大胜仗，倭寇对戚家军闻风丧胆。1566 年，位于广东、福建交界处南澳岛上的海盗被戚家军一举消灭，切断了倭寇与内陆的最后一线联系。至此，对东南沿海骚乱数十年的倭寇被消灭干净。

封侯非我意，但愿海波平

戚继光抗倭斗争取得胜利，实现了他“封侯非我意，但愿海波平”的抗倭志向。而在一系列战斗中，他都身先士卒，率领兵卒与百姓和平共处，而且他善于思考，善于创新，善于灵活运用武器，有效地打击了敌人。戚家军的抗倭斗争，也是留给后人的一份宝贵的军事财富。

戚继光扫平了倭寇祸患之后，又在北方抗击蒙古部族内犯，保卫了北部疆域的安全，促进了蒙汉民族的和平发展，可见他的确是一位伟大的民族英雄。除此之外，戚继光还是个杰出的军事理论家、兵器专家与军事工程家，他将自己的作战经验加以总结，写成了十八卷本的《纪效新书》和十四卷本的《练兵实纪》。为了能更好地抗击倭寇，他改造、发明了各种火攻武器，建造大大小小的战船、战车，还在长城上建造可攻可守的空心敌台，这是个颇具特色的军事工程。

不许外敌欺我百姓，这就是戚继光整个军事生涯最重要的信念所在吧！

（课内连线：《中国历史》七年级下，第三单元第 14 课《明朝的统治》）

李时珍：医中之圣

屡试不第，弃儒就医

李时珍（1518—1593），字东壁，湖北蕲（qí）州（今湖北省蕲春县蕲州镇）人，是我国古代伟大的医学家和药物学家。

李时珍出生于一个医药世家，他的祖父是游方郎中，父亲李言闻也是当时的名医，曾做过太医院吏目。据说李时珍本名“石珍”。他出生的那天是明武宗正德十三年（1518 年）五月二十六，李言闻正在雨湖上打鱼。他连续撒了好几次网都一无所获，垂头丧气，心里盘算着“这最后一网要是还没有收获的话，就收工回家”。没想到最后一网拉起来的时候感觉沉甸甸的，“应该是条大鱼”，他这么想着，便迅速地将网拉了起来，结果打开一看，竟然是一块大石头。李言闻看着石头感叹道:“石头啊石头，你也来气我啊，何苦这样捉弄我呢？”刚说完，石头竟然说话了:“石头是前来贺喜的，先生的娘子马上就要生小孩了，不知道先生有没有什么愿望呢？”原来这石头竟然是雨湖神变化而来的。李言闻听完，匆匆赶回家，正好儿子出生，于是起名“石珍”。

李时珍生活的年代，医生的地位比较低，生活艰苦，所以李言闻反对李时珍学习医术，希望他认真学习儒家经典著作，有朝一日能够金榜题名，光耀门楣。但李时珍并不热衷于科举考试，十四岁的时候他随父亲到黄州府考试中了秀才，从那以后他又三次去武昌参加考试，可惜都名落孙山。于是他放弃了做官的打算，决心学习医术。

为了说服父亲，他给父亲写了一封信，信上说:“身如逆流船，心比铁石坚。望父全儿志，至死不怕难。”意思是:“父亲，我做什么都能坚定目标，毫不动摇，求您成全我的愿望，再苦再难我都不害怕。”看到儿子如此坚定，又想到他三次考试均未及第，李言闻也就打消了要求李时珍学习八股文参加科举考试的念头，开始教李时珍学习医术。

李时珍有个哥哥叫李果珍，小时候父亲经常带着兄弟俩出诊，偶尔也会让他们帮忙誊抄一下药方。李时珍耳濡目染，渐渐掌握了不少医学知识和技能。有一天父亲带着哥哥去行医，只留下李时珍一个人在家。这时，来了两位病人，一位火眼肿痛，一位腹泻不止。正在读书的李时珍见到有病人来求医，赶紧放下书，礼貌地对病人说：“父亲要到晚上才回来，你们还是去找别的医生看吧！”但这两位病人十分痛苦，苦苦哀求。心软的李时珍思考了很久，对他们说：“那要不我先给你们开个药方试试？”病人实在难受，就同意了。李时珍果断开了药方，抓了药，送病人回家了。

傍晚父亲回来，发现李时珍给病人开了药方，心一下子提到嗓子眼儿了。他严厉地责问李时珍：“病人是什么症状？你都开了哪些药？”李时珍小心翼翼地将药方递给父亲，又细细讲述了病人的症状以及用药的药理。等李时珍讲完，父亲长舒一口气，夸奖李时珍用药恰到好处。他的哥哥在一边看到父亲对弟弟赞不绝口，十分羡慕。

赶巧，没过多久父亲带着李时珍出诊，独自在家的李果珍也遇到了眼睛肿疼和拉肚子的病人。李果珍想要获得父亲的赞扬，就把之前弟弟开的药方原封不动地给了病人。结果第二天，这两个病人都找上门来，说病情加重了。李言闻这才知道大儿子给人私自开了药方，狠狠责罚了他。李果珍很不服气，反问父亲：“为什么我给病人用这些药是错的，而弟弟就是对的？”父亲说：“这两次的病人看起来症状差不多，但实质上病灶却不一样，当然要用不一样的药方。”

这件事让李言闻意识到李时珍学习医药有天赋，更加坚定了教他医术的想法。在父亲的精心教导下，李时珍的医术突飞猛进，二十二岁已经能给人看病了。

明世宗嘉靖三十年（1551 年），三十三岁的李时珍因为治好了富顺王的儿子，一时间名气大盛，被楚王任命为王府的“奉祠正”，主要管理良医所。五年后他又被推荐为“太医院判”。在太医院工作没多久，他就以潜心著述为由辞掉了官职，开始四处行医，积累本草知识。

躬行实践，遍尝百草

有一次，李时珍正在给病人看病，突然一帮人推搡着一名郎中来找他。他细细一问才知道，原来为首的年轻人的父亲吃了这个郎中开的药，病情不仅没有好转反倒加重了，但郎中坚持说用药没错，于是大家商量着找他来评评理。知道缘由以后，李时珍对年轻人说：“把给你父亲煎药的罐子和药渣拿来。”年轻人连忙把药罐递给了他。李时珍抓起药渣仔细闻了闻，又放在嘴里嚼了嚼，然后告诉大家：“这是古代医书上的错误，古书上将漏篮子和虎掌混为一谈，你们别责怪这名郎中了。”大家这才在李时珍的劝说下把郎中放了。

这件事让李时珍认识到，古代本草书目中药物名称不准确、药性不明晰、许多药物没有记载等问题越来越多。有生之年一定要编撰一本完整准确的本草书目成了李时珍最大的愿望。《本草纲目》就是在这样的情况下孕育的。

即使准备充分，真正动起笔来也困难重重。“读万卷书不如行万里路”，为了验证前人记载的正确性，李时珍背起药篓，穿上草鞋，开始走访民医宿儒，搜求民间药方，收集和观察药物标本。

李时珍听人说北方有一种叫作曼陀罗花的药物，吃了以后会让人手舞足蹈，服用剂量大的话还会让人失去知觉。为了能够验证曼陀罗花的药性，他多次去北方寻找，后来终于看到了曼陀罗——一种只有一根长长的茎，叶子像茄子叶，花朵早上绽放晚上闭合的植物。他亲自尝试了这种植物的药性，认为这种植物可以作为麻醉剂，先给病人服用后再给病人针灸或割去疮口，病人就不会感觉到疼痛了。

医书中记载蕲州产的白花蛇又叫蕲蛇，能够医治风痹（bì）、惊搐（chù）、癣癞（lài）等疾病。李时珍多次跑去蛇贩子那里观察这种蛇。后来有人告诉他蛇贩子那里的并不是真正的蕲蛇，只是从江南兴国州山里捕捉来的，外形很像而已。为了弄清楚真的蕲蛇的药用功效，他特意找了捕蛇的人请教。捕蛇者说：“蕲蛇牙尖有毒，如果不小心被它咬伤，要立刻截肢，不然就会中毒身亡。虽然蕲州很大，但它们只在龙峰山上活动。”在李时珍的再三恳求下，捕蛇的人答应带他上龙峰山。龙峰山上有个狻猊（suān ní）洞，洞的周围生长着茂盛的石楠藤。蕲蛇喜欢吃石楠藤的叶子，所以经常在这周围活动。李时珍跟着捕蛇的人上山，躲在狻猊洞里，仔细观察他们捕蛇、制蛇的过程。后来他将捕捉、炮制蕲蛇的过程，以及蕲蛇同外地白花蛇的区别等十分详细地记载到了《本草纲目》中。

还有一种叫鲮鲤（líng lǐ）的动物，也就是我们现在所说的穿山甲，是常用的中药。陶弘景在《本草经集注》中介绍它是水陆两栖动物，白天爬上岩石，打开鳞甲，装作已经死去的样子，引诱蚂蚁进入甲肉后闭上鳞甲，回到水中再打开鳞甲，让蚂蚁浮出水面，慢慢吞食。为了证实这种说法，李时珍亲自去山里观察穿山甲，最后发现穿山甲确实以蚂蚁为食，但它是先打开蚁穴，随后舔食蚂蚁的。了解了穿山甲的习性后，李时珍在《本草纲目》中对陶弘景的说法做了进一步的修改和完善。

⊙李时珍尝百草

李时珍以《证类本草》为参考，翻阅了八百多部古代医学书籍，走遍湖南、湖北、广西、直隶等地的名山大川，亲尝百草，用了近四十年时间编写《本草纲目》。《本草纲目》全卷约一百九十万字，收纳本草一千八百九十二种，记录药方一万一千余种，附药物形态图一千一百余幅，是截至明朝我国最完整、最系统、最科学的一部药学著作。万历二十一年（1593 年）李时珍去世，三年后这本书刊印，先后被翻译成日、朝鲜、拉丁、德、英、法、俄等多种文字，在全世界广为流传。被英国生物学家达尔文称为“中国古代的百科全书”。

李时珍极具批判性和创新性思维，他发现古籍上除了草药记载有纰漏外，关于脉学也存在缺憾甚至谬误。于是他在完成了《本草纲目》的编写工作之后，又以他父亲所写的《四诊发明》和历史上名医对于脉学的观点为参照，编著了《奇经八脉考》《濒湖脉学》《五脏图论》等多部著作。

作为一名医术高超、学识丰富的医生，李时珍不慕名利，敢于挑战古代医学权威，对医学典籍提出质疑，并且为了编写《本草纲目》等书籍不惧路途艰难、不畏严寒酷暑亲身实践的精神永远值得后人学习。他为中医的发展和传播做出了极大的贡献，被后世称赞为“药圣”。

（课内连线：《中国历史》七年级下，第三单元第 16 课《明朝的科技、建筑与文学》）

汤显祖：中国的“莎士比亚”

明朝时期，所有读书人接受的正统思想还是孔孟儒学，同一时期的西方国家正在进行着文艺复兴。几乎同一时间，在英国文艺复兴的土地上和中国儒家文化的土地上诞生了两位文学巨匠——莎士比亚和汤显祖。两位都是伟大的戏剧大师，都有着传奇的人生。我们来领略一下中国“莎翁”汤显祖的传奇事迹吧！

拒绝宰相的小书生

汤显祖出生于明朝嘉靖年间，生长在秀丽的江西临川，祖父、父亲都是文化人，所以他从小就接受了良好的教育。他从五岁起就在自家的家塾里读书，师从大诗人徐良傅。汤显祖聪颖好学，二十一岁就中了举人。家中族人都以他为骄傲，认为这个后辈将来肯定能够出人头地，当地人都知道临川有个大才子叫汤显祖。但是，他可不是一般的儒生，他骨子里的清高和刚毅令他的仕途坎坷曲折。

⊙汤显祖

明神宗时期，张居正位居内阁首辅，地位显赫，如同宰相，一人之下，万人之上。他大权在握，手里掌握着不知多少朝廷命官的政治命运。他只要一句话，不知道会有多少人因此而丧命，也不知道多少人会因此而迁升。他同时也是万历皇帝的老师，没有人敢对他说个“不”字。

可就是出生在江西临川的这个小书生汤显祖，在受到张居正的笼络时，令世人瞠目结舌地说了一声“不！”

明朝中后期的科举制度显然已经被官宦子弟掌控，他们结党营私，蝇营狗苟。这天下做官的也变成了世袭制度，科举制形同虚设，寒门子弟晋升之路被阻塞。万历五年（1577 年），宰相张居正想让自己无能的儿子在会试中取得进士，又不想做得太嚣张，为掩人耳目，他找到汤显祖和沈懋学等出身平常家庭但又声名远播的大才子，提出让汤显祖等为他的儿子做陪衬，并且在会试中许以不错的名次。面对只手遮天的宰相，沈懋学等人选择了屈服顺从，但汤显祖选择了断然拒绝。

张居正大吃一惊，这个江西临川的小小书生竟然如此不识抬举。结果可想而知，汤显祖在会试中名落孙山。这还不够，在之后张居正当权的十载岁月里，汤显祖被打压得连做官的机会都没有。可想而知，当时的政治有多黑暗。面对这样的官场，汤显祖勇敢地说了“不”，他宁肯赋闲在家，也不愿意与他们同流合污，其宁折不弯的高尚品格令世人称颂。沈懋学等人攀附张居正的权势，虽然在会试中取得功名，但其后不久就官场失意，积郁成疾，没两年就去世了。

歌颂浪漫主义的“疯老头”

我们都知道莎士比亚的经典爱情著作《罗密欧与朱丽叶》是英国的文学珍宝。就在同一时期，中国的汤显祖也在全情创作他的爱情戏剧《牡丹亭》。

张居正的倒台使汤显祖有了晋升的机会，后来张四维、申时行相继成为宰相，他们都想拉拢汤显祖，但都被拒绝了。汤显祖虽然得到了做官的机会，可还是因自身宁折不弯，不屑与他们同流合污的性格而处处被压制。

因不满官场风气，汤显祖告病回家，在老家过起了闲云野鹤般的自在生活。他的小儿子那时刚八岁，活泼可爱。汤显祖尤爱这个听话乖巧的儿子，儿子对于仕途不顺心的他是一个极大的慰藉。

每日除了和小儿子嬉戏玩耍之外，汤显祖的生活重心就放在了《牡丹亭》的创作上。有一次，他正在书房写《牡丹亭》里的故事情节，到了吃饭点儿，家里人几次叫他吃饭他都没听见，为此夫人很是上火。最后小儿子走进书房，把他拉了出来，他嘴里还说着：“我还差一点儿没写完呢。”小儿子也不听他的，硬是把他拽到饭桌前，这时他发现大家都已经吃完了，只有他的饭还在饭桌上，因为怕凉了被夫人用盆盖住了。夫人绷着脸对他说：“你还知道吃饭呢？”汤显祖也不敢作声，与小儿子相视一笑，乖乖地坐在饭桌前开始吃饭。

《牡丹亭》是一部伟大的浪漫爱情著作。为了让故事情节更加生动，汤显祖努力构思丰富的人物性格。有时候，实在是思路不畅，他竟然气得在书房的地上打滚。有时候，家里人在院子里都能听见从书房里传来朗朗的笑声，大家知道他肯定又写了一段自己很满意的故事情节。汤显祖对《牡丹亭》的创作真是如痴如醉，他的小儿子调侃父亲是个“疯老头”。

可好景不长，没过多长时间，汤显祖最喜爱的小儿子居然因一场重病而亡。汤显祖悲痛万分，整日无精打采，家里好长时间都闭门谢客。因为伤心过度，汤显祖整个人都消瘦了好些。

从丧子之痛的阴影里走出来以后，汤显祖更加专注于《牡丹亭》的创作。很快，他完成了这部中国历史上伟大的浪漫主义戏剧作品。

《牡丹亭》一经出版，便受到了广大读者的青睐，尤其是青少年。据说，当时有一名叫俞二娘的娄江女子很是喜爱这部作品，在品读的过程中细心地用蝇头小楷作了详细的标注，她认为自己的遭遇和文中的杜丽娘十分相似，以至于爱上这部作品不能自拔。汤显祖在听说这个事情之后，还专门为俞二娘写了一首诗加以褒扬。

《牡丹亭》可以说是汤显祖平生最具代表性的戏剧作品，也是世界戏剧史上的瑰宝。《牡丹亭》讴歌的浪漫爱情打破了封建礼教套在人们心头的枷锁，它所表达的追求自由解放的精神，与莎士比亚手下的《罗密欧与朱丽叶》有异曲同工之妙。

“一根筋”的倔知县

由于不会趋炎附势，性格刚直不阿，汤显祖在朝廷为官的时候得罪了不少人。因受小人诬告陷害，明神宗将汤显祖贬至遂昌任知县。汤显祖说道：“即使是知县，即便阻力重重，我也要为遂昌的百姓做点事。”

在遂昌，汤显祖斗豪绅、惩恶少，深受老百姓的拥戴。他在遂昌刚一上任，就听说本地的大地主、大豪绅项应祥拖欠田赋十分严重，但是由于项应祥以前也做过知县，在遂昌的地位很高，又是地主豪绅的头目，所以遂昌之前的县令不敢得罪他，对他拖欠田赋的事情睁一只眼闭一只眼。汤显祖的手下也都劝他不要去得罪项应祥，但汤显祖不信邪，一上任就命人搜集到项应祥拖欠田赋的证据。他致信项应祥，让项应祥将所欠田赋补齐，项应祥看到汤显祖手里证据确凿，只好乖乖交齐了田赋。

项应祥有个儿子叫项天倪，这是个纨绔子弟。他倚仗自己父亲的权势横行乡里，鱼肉百姓。老百姓对他是敢怒不敢言，就连他的父亲项应祥平时也劝他，让他收敛一些，可是他却依然我行我素。汤显祖上任的时候就听说项应祥的儿子为祸乡里，于是致信项应祥，让他多加管束自己的儿子，但显然没有达到好的效果。直到有一天，项天倪强暴良家妇女，被受害人家属告到了汤显祖这里。为了替受害人申冤，汤显祖亲自带领县兵来到项应祥家里与项天倪对质，最后项应祥忍痛将儿子亲手推入井中溺死。

这件事过后，遂昌百姓都赞扬汤显祖是百姓的青天。可是也因为这件事，项应祥怀恨在心，他联合当地有势力的豪绅，背地里去找朝中有关系的权贵势力污蔑汤显祖。汤显祖遭到了上司的非议和当地豪绅势力的反对，最终弃官回家。汤显祖说：“为了百姓，我就是一根筋，我不怕得罪别人！”

超然脱俗的戏曲家

汤显祖一生蔑视封建权贵，不满当时官场的黑暗，也厌倦了钩心斗角的政治圈子。晚年的汤显祖辞官回家，专注于文学创作，创作出许多脍炙人口的诗词以及艺术价值极高的戏剧作品。汤显祖一生的文学成就中，戏曲创作最为突出，他的戏曲作品《牡丹亭》《紫钗记》《南柯记》和《邯郸记》被称作“临川四梦”。

汤显祖辞官回乡以后，浙江开府和安徽凤阳巡抚都曾派人去请他出来做官，都被他婉拒。他晚年潜心佛学，不再关心政治。他自称“偏州浪士，盛世遗民”，说“天下事耳之而已，顺之而已”。后来，他又以“茧翁”自号。他置身政治斗争之外，成就了诸多文学创作。

这位中国的文学巨匠与英国的文学大师莎士比亚同样于1616年离世，我们感叹历史的巧合，更加感叹汤显祖所留下的艺术杰作！

（课内连线:《中国历史》七年级下，第三单元第16课《明朝的科技、建筑与文学》）

徐光启：具有经世之才的科学家

明朝末年，有这样一个传奇的科学家：他思想开明，信奉天主教，取了英文名；他注重实用，引进西方科学，拜洋人为师，见识卓然；他进过内阁，当过内阁次辅，权倾天下；他是沟通中西方文化的先行者，翻译西方数学名著《几何原本》；他是一个具有爱国情怀的军事家，为抗击后金侵略、挽救大明危局付出巨大心血；他精通数学和天文历法，修订明朝末年的历法；他崇尚实践，关注农业科学，晚年撰写农业百科全书《农政全书》，以延长明朝微弱的呼吸……

出身农家，仕途坎坷

16 世纪 60 年代初，正值明世宗嘉靖末年，徐光启出生在上海法华汇（今徐家汇）一个农民家庭。他的祖上一直居住在苏州，世代务农，后来迁到了上海。徐光启的祖父擅长经商，徐家一下子发达起来。可是，徐光启的父亲比较老实，不懂得经商，家里的经济状况一年不如一年，所以不得不又开始务农。

⊙徐光启

小时候，徐光启聪明好学，喜欢钻研，他经常下地帮父亲干农活。对于不懂的农业现象，他总是要问清楚，并因此对自然科学萌生了兴趣。不久，他被父亲送到离家不远的龙华寺读书。

十九岁时，徐光启考中秀才，成为家乡私塾里的教书先生，从此摆脱了务农的命运。由于连年的自然灾害，父母又年过半百，家道每况愈下。他一边教学一边用功读书，准备参加乡试考取举人，改善生活状况。然而他在私塾一待就是十六年，其间先后两次参加乡试，两次落第。

几年后，他再次参加乡试。就在这一次，他遇到了一个改变自己一生命运的人——当时著名学者、此次乡试主考官焦竑（hóng）。

焦竑在审阅一批未被录取的试卷时，看到了徐光启的应试文章，大为赞叹，随即将已经名落孙山的徐光启拔至第一名解元。可是，解元不能当官，还得继续参加会试，考取举人才可以当官，光耀门楣。在又一次遭受了落第的打击后，徐光启回到家乡继续教学，直到三十六岁才中了举人。

功夫不负有心人。万历三十二年（1604 年），徐光启参加殿试，考中进士，进入朝廷一个重要机构——翰林院，被任命为庶吉士，主要负责起草诏书、为皇帝讲解经籍等。这一年，徐光启已经四十三岁了。

一个寒门子弟，用几十年时间参加科举考试，虽然几经周折，颇为艰难，但终于如愿以偿，这对徐光启是极大的鼓舞。

钟情西学，拜师学技

早在万历二十八年（1600 年），徐光启还未考中举人时，他就认识了一个名叫利玛窦的意大利教士。利玛窦知识渊博，对数学、物理学、天文学、医学等领域都很有研究，而且擅长雕刻和绘制地图，并会制作日晷、钟表等先进器械。

当时在南京，利玛窦为了传教方便，向人们传播西方的科学知识，一些读书人很愿意听他讲解，徐光启听说后非常好奇，也前去听讲，并因此认识了利玛窦。第一次真正接触到西方科学，他就对此产生了浓厚的兴趣。

后来，利玛窦来到北京。那时候教士是不能到北京传教的，除非得到皇帝的允许。利玛窦一到北京，就托人给万历皇帝送了很多新鲜玩意儿，比如自鸣钟、《圣经》、圣母图等。皇帝对其他不感兴趣，倒是很喜欢自鸣钟，他还召见了利玛窦。大臣们觉得这个人来历不明，害怕皇帝被骗，因此想让人把他撵走。可是皇帝不但奖赏了利玛窦，还让他留在京城传教。

就这样，利玛窦和徐光启便有了再次见面共事的机会。因为没过几年，徐光启也到了北京，在翰林院做了官，两人得以真正结识，从此交往甚密。从利玛窦那里，徐光启深切体会到西方科技对富国强兵的好处，于是拜利玛窦为师，向他学习天文、数学、测量、武器制造等方面的科学知识。

在宗教信仰上，徐光启也找到了坚定的方向。万历三十一年（1603 年），徐光启在南京受洗加入天主教，并获教名“Paul（保禄）”。

首用“几何”，流传至今

徐光启常常利用闲暇去拜访利玛窦。

有一次，他到利玛窦那里去学习，利玛窦跟他提到了西方的数学名著《几何原本》，并将书递给徐光启看。因为是外文写的，徐光启根本看不懂。

“这本书是欧洲数学的基础，是欧洲很多国家的教科书和考试必备内容。”利玛窦告诉徐光启。

徐光启对这本书产生了极大的兴趣，他每两天去利玛窦那里一次，开始系统学习《几何原本》。凭借自己在数学方面的极高天分，没过多久，他就掌握了这部书的全部内容，并深深为这本书中严密的逻辑推理所折服。他发现，这正是我国古代数学所没有的。于是，他告诉利玛窦说：“这么好的一本书，希望我们两个人一起，把它翻译成汉语！”

一开始，利玛窦并不同意，他告诉徐光启，这是一项浩大的工程，因为这部著作是用拉丁文写的，拉丁文和中文语法不同，书中许多数学名词在中文里都没有相应的词汇，要译得准确、流畅又通俗是非常困难的。后来，在徐光启的一再劝说下，利玛窦才答应了。

此后，他们便开始了紧张的翻译工作。每天，徐光启完成翰林院的工作后，都要到利玛窦的住所向他请教关于《几何原本》的一些问题。他们一起交流，每次翻译之前，都是先由利玛窦用中文逐字逐句口述，然后徐光启记录下来，再逐字逐句地反复推敲，最后再由利玛窦比照原著进行核对。

徐光启非常认真，常常到了深夜，利玛窦已经休息了，他还坐在灯下加工、修改。遇到译得不妥当的地方，或者为了确定一个译名，他们两人会反复琢磨、修改，直到满意为止。

有了利玛窦的口述，徐光启的翻译工作进展很快。万历三十五年（1607），历时一年，《几何原本》译完六卷，并正式刊印发行。徐光启抚摸着这部闪耀着光辉的数学著作，激动地说:“百年之后，它必将成为天下学子必读之书！”

在最后确定书名时，徐光启费了一番周折，因为这部著作的拉丁文原名叫《欧几里得原本》，如果直译成中文，不大像是一部数学著作。我国古代称几何学为“形学”，但是如果翻译成《形学原本》，他又觉得不太满意。

利玛窦告诉徐光启，“形学”的拉丁文是“geometria”（英文 geometry），意思是土地测量。徐光启便取“geo”，查考了十多个词语，最后灵感闪现，想到“几何”一词。因为“几何”原意有“衡量大小”的意思，当时的读音又与“geo”相近，便最终确定书名为《几何原本》。

除了在数学上最早使用“几何”一词，徐光启还确定了几何学中一些基本术语的译名，如点、线、直线、平行线、角、直角、三角形、四边形等。直到今天，这些译名不但我们还在使用，并且影响到了日本、朝鲜等国家。

编撰农书，溘然长逝

就在翻译《几何原本》这一年，徐光启的父亲病逝，他回到上海为父亲守丧。其间，他埋头致力于科学研究，运用《几何原本》中讲述的原理和方法，深入系统地研究了中国古代的数学，完成了《测量法义》《测量异同》和《勾股义》三部著作，把中国的数学向前推进了一大步。

第二年夏天，江南连日大雨，江湖泛滥，农田被淹。水灾过后紧跟着就是饥荒、瘟疫，到处都是逃难的人群。徐光启非常着急，他苦苦思考着一个问题：如何能给老百姓一些帮助，让他们度过荒年呢？

后来，他偶然遇到一个在福建经商的朋友，聊天时，他得知海外有一种叫作甘薯（红薯）的作物，非常高产。甘薯的果实长在地下，不怕台风，不怕干旱，吃起来又香又甜，目前福建也有人种。徐光启立即请求这位朋友给他弄些秧苗，在上海试种。

不久，朋友带来了甘薯秧苗，徐光启在荒地上试种起来。他天天挑着粪桶，拿着锄头，在田里忙得满头大汗。甘薯长得十分好，一亩能收数十石，比稻谷产量不知高多少倍。

后来，徐光启结合自己的试种经验，从甘薯的生长特点、性能、食用方法和副食利用等不同的角度编写了一本通俗易懂的小册子——《甘薯疏》，推广种甘薯的方法。此后，黄河流域也开始普遍种植起甘薯来，甘薯成为我国南北方一种重要的高产粮食作物。

万历四十六年（1618年），后金努尔哈赤不时发兵来犯，徐光启被朝廷召回，并被派往辽东抗敌，主持军务。他提出了练兵造炮的主张，很快就得到批准。他满怀希望，督练新军，铸造大炮。可是没有多久，这件事情就做不下去了，因为朝廷太腐败了，拿不出来军饷，练兵造炮计划只好搁置。他非常失望，便请求回天津养病。

当时，我国西北大面积荒地被废弃，后金的威胁越来越大，京城和军队需要的大量粮食要从长江下游起运，这要耗费极大的人力、物力。为了解决这个问题，徐光启提出在北方屯田的策略。屯田需要水利，为了改变南粮北调的局面，在天津养病期间，徐光启又一次进行了农业试验，以寻找解决途径，巩固国防，安定百姓生活。

明熹宗朱由校即位后，徐光启又回到京城。这时的明朝已经内忧外患，风雨飘摇，徐光启非常担忧，竭力主张多造西洋大炮，可是不但没有得到支持，反而被排挤。

1624 年，徐光启不得不回到上海，这时他已经是六十多岁的老人了。虽然这么多年一直忙于政事，可他一刻也没有忘记国计民生。他经常利用闲暇亲自下地参加劳动，试种农作物，并将自己积累多年的农业成果写成了一部著作，这就是《农政全书》。

这本书共六十卷，七十余万字。在书里，徐光启详细记载了我国的农具、土壤、水利、施肥、选种、嫁接等农业技术，讲述了农业政策和措施，这些内容中贯穿了徐光启治国治民的“农政”思想，这是以往大型农书所没有的。

人们阅读《农政全书》，不仅能了解有关古代农业的百科知识，还能深深体会到一个古代科学家严谨求实的治学态度、心怀天下的爱国情怀。

崇祯皇帝即位后，为了挽救明朝的危局，除掉了宦官魏忠贤，并重新召徐光启进京，想要重用。由于当时历法多次出现错误，崇祯皇帝使命徐光启主持修改历法。这时已近古稀之年的徐光启，仍以极大的热情投入历法修订工作中。然而不幸的是，这部历法还没有修订完成，徐光启就病倒了。

崇祯六年（1633 年），徐光启在上海的家中溘然长逝，享年七十二岁。

为了纪念这位伟大的科学家，人们将他的家乡改名为“徐家汇”。后来，他的墓地被改为徐光启公园，墓地石坊上雕刻着一副对联：

治历明农百世师经天纬地

出将入相一个臣奋武揆（kuí）文

这是对徐光启一生恰如其分的概括和评价。

（课内连线：《中国历史》七年级下，第三单元第 16 课《明朝的科技、建筑与文学》）

宋应星：写作《天工开物》的巨匠

明末清初，一部名为《中华帝国古今工业》的书，在日本、欧洲引起了巨大的反响，被称为中国古代科学技术的百科全书。这部书在中国的名字叫《天工开物》，他的作者是明代著名科学家宋应星。宋应星一生致力于对农业和手工业生产的科学考察和研究，并最终完成了《天工开物》。这部书是世界上第一部关于农业和手工业生产的综合性著作，反映了中国明朝末年出现资本主义萌芽时期的生产力状况，被欧洲学者称为“中国17世纪的工艺百科全书”。

名门之后，早慧少年

宋应星，字长庚，明末清初人，名门之后。

1587年，他出生于江西奉新一个没落的大家族中。他的曾祖父宋景自幼聪颖好学，后来成为明代弘治年间重要的阁臣。宋景为官清廉，曾推行“一条鞭法”改革政策，史称其“有古大臣风”，对宋族后代有很大影响。

⊙宋应星

宋应星的祖父宋承庆博学能文，但在青年时期就去世了，只留下孤子宋国霖，也就是宋应星的父亲。宋国霖是一个秀才，一生没有做过官。在宋承庆时，宋家还是繁华府第，用人前呼后拥，具有阁臣府第气派，但到了宋国霖时，宋家开始走向没落。

在四个兄弟中，宋应星排行第三。他自幼聪明伶俐，几岁就能作诗，有过目不忘的本领。为了重振家族的荣光，父亲将希望寄托在几个儿子的身上，宋应星很小的时候就和大哥、弟弟被安排在叔祖开办的家塾中读书。

有一次晨读时，老师让每个人都要熟读一篇文章，可是宋应星起床晚了，连书都没来得及翻。老师知道后，狠狠地批评了他，并罚他放学后补读。没想到宋应星当场就流利地背诵出来，并且背得一字不差。原来，他在大哥宋应升背诵时听了几遍，就记在心里了。

过了几年，宋应星和大哥宋应升同时考入奉新县县学。兄弟二人读书都非常努力，宋应星除熟读经史及诸子百家外，对宋代的关、闽、濂、洛四大学派也很有研究[关、闽、濂、洛四大学派，依次指的是讲学关中的张载学派、讲学福建的朱熹学派、居住道州濂溪的周敦颐学派，以及身为洛阳人的程颢（hào）、程颐学派]。他们传授的学问都非常深奥，一般人很难读懂，但宋应星却能抓住文章的要领和线索，条分缕析，从中撷取精华。

宋应星的爱好极为广泛，除了研究先贤的学问，他对天文学、地理学、物理学、化学、医学、农学及工艺制造学也有浓厚的兴趣，还喜欢音乐、作诗，经常与同窗好友去踏青郊游，吟诗作赋，纵谈天下之事。他曾经熟读李时珍的《本草纲目》和沈括的《梦溪笔谈》，对此有自己独到的见解，并萌生了济世救民的想法。

年逾不惑，放弃科举

万历四十三年（1615 年），宋应星与大哥赴省城南昌参加乡试。在一万多名考生中，宋应星考取全省第三名举人，他的大哥名列第六。他的家乡奉新县来了几百名考生，只有他们兄弟中举，被人们赞为“奉新二宋”。这年宋应星二十九岁。

这一结果使兄弟二人深受鼓舞。这年秋天，兄弟二人前往京师（今北京）参加会试，但这次两人都名落孙山，榜上无名。按照明朝的规制，凡参加乡试考取举人的，连当县令都没有资格，一般只能做县域内某一部门的小官吏，而且还要亲自前往京师吏部备案候补，待有空缺后，由吏部安排任命。

如果想要仕途通达，有一番作为，起码得当个县令，那就必须参加会试，考取进士。因此，当时很多读书人在中举后，为了谋求更加远大的前程，并不去吏部备案候补，而是进一步学习，参加会试。于是，宋氏兄弟也决定去参加会试。为了做好应试准备，兄弟二人前往江西九江府著名的白鹿洞书院求学。

之后，兄弟二人一连参加了五次会试，次次失败。按明代的科举制度，会试三年一次，兄弟二人从万历四十三年（1615 年），经天启一直到崇祯四年（1631 年），为中进士耗费了十几年光阴，到最后一次会试，宋应星已经四十五岁了。他禁不住慨叹道："生命是何等的短暂，光阴是何等的珍贵，如果将大好光阴消耗在僵化的八股文上，是一种多么大的浪费啊！"

宋应星在多次应试失败后，终于决定放弃科举考试。由于他兴趣广泛，之前在钻研八股文之余，也常常广泛涉猎哲学、天文、地理、数学、农业及手工业生产等领域的知识。如今，随着年龄的增长，他觉得研究这些实用的科学技术，对国计民生和社会发展更会有切实的作用。从此，宋应星开始了自己一生之中的重要转折。

而他的大哥宋应升，则准备继续参加会试。因为当时人们的思想长期受儒家传统观念束缚，认为科学技术是雕虫小技，只有通过参加科举考试，进入仕途谋取功名才是读书人的最高追求。

县学教员，奋笔疾书

崇祯七年（1634 年），宋应星的大哥宋应升去参加第六次会试，这次终于天遂人愿，中了进士。第二年，宋应升做了桐乡县县令。而这时，宋应星经过几年的努力，对我国农业和手工业的研究已经有了相当的基础，并且在长期的考察中积累了丰富的资料，他准备动手写一部这方面的著作。

由于长期读书，兄弟二人将祖上留下的家财消耗殆尽。为保证生活来源，安心写作，宋应星打算谋求一官半职，为此他去吏部备案，打算做一个小官吏。可这时他的母亲去世了，按照封建社会习俗，他要守孝三年。

1634 年，宋应星守孝期满，他获得本省袁州府分宜县一份县学教谕的职务。县学有二十名学生，教谕类似于现在学校不坐班的教员。完成授课之后，他的闲暇时间较多，同时又能接触到一些图书资料。

得到这份职务，对于宋应星来说比考中进士还让他兴奋。他觉得，这正是他大展宏图的机会。于是，他充分利用这段时间开始了极其紧张的著述工作。他翻阅了大量古代的参考文献，并虚心向周围经验丰富的人请教，及时记录有关工农业生产技术的知识。

1637年，宋应星完成了他一生中最重要的宏伟巨著——《天工开物》。这是世界上第一部关于农业、手工业生产和科学技术的百科全书，也是中国古代一部综合性科学技术著作。该书于1637年（崇祯十年）刊发，记载了明朝中叶以前中国古代的各项技术。全书共十八卷，附有一百二十三幅插图，描绘了一百三十多项生产技术和工具的名称、形状、工序，收录了诸如栽培、养蚕、纺织、染色、粮食加工、制糖、酿酒、榨油、烧瓷、造纸、采矿、冶铸、锤炼，以及兵器和舟车制造等，几乎涉及所有农业、工业部门的生产技术和生产过程，以及许多先进的手工业技术和工艺。比如，在冶炼方面，记录了炼铁联合作业，灌钢、炼锌、泥型铸釜、失蜡铸造等方法，还有在生产刀剪时使用的夹钢、钻钢技术。当时这些技术在世界上都是首屈一指的，其中不少技术至今仍在使用。

《天工开物》书名取自《尚书·皋陶谟》中“天工人其代之”及《易经·系辞》中“开物成务”。“天工”表示自然的力量，“开物”表示人力对自然的开发利用。合在一起的意思是只要提高自己的知识技能，遵循事物发展的规律，辛勤劳动，就能生产出胜过天然的精美物品。该书名表达了人类要与自然相协调、人力要与自然力相配合的朴素唯物辩证法思想，揭示了人的主观能动性对社会发展的重要作用。

《天工开物》写成后，宋应星生活拮据，由朋友资助刊印，旋即引起巨大反响。清军入关后，为巩固统治，对所有古籍进行了集中整理、检查、修改和销毁，《天工开物》一度被销毁，埋没了三百年，后来由藏于日本的版本重印刊行中国，并先后被译为日、法、英、德、俄、意等多种文字。《天工开物》被后人誉为“中国科技史上划时代的著作”“世界科技史上的重要文献”。

身处乱世，仕途坎坷

宋应星在教谕的职位上成绩卓著，教导学生有方，又博学多才，著述颇丰，受到了人们的敬重，也得到了上司的器重。四年任满之后，他破例升任福建汀州府（今福建省长汀县一带）的推官，掌管一府刑狱。他正直廉洁，在当地百姓中很有声望。但他一直希望安心研究科学技术，不愿在官场厮混，因此任期未满，就回了老家。

当时正值明朝末年，统治集团昏庸，各地农民起义此起彼伏，新兴的清政权对明朝屡屡进犯，大明政权处于风雨飘摇之中。国家危亡之际，宋应星出任南直隶凤阳府亳州知州。上任后，看到因战乱破坏，官署被毁，他集资努力重建，又把出走的官员召集回来，还自己捐资在城南买下一处宅院，准备建立书院。

正当宋应星在亳州积极施政，挽救危局之时，第二年年初，农民军在李自成的率领下攻占北京城，崇祯帝朱由检在万岁山的一棵树上自缢身亡。随后，起义军攻破内城各门，进入皇城，大明政权就此覆亡。宋应星心愿未遂，不得不辞官返回奉新老家。

不久，清兵进入山海关，包围北京城。宋应星虽然已经挂冠回乡，但仍心系大明，他按捺不住激动的心情，挥笔草就《春秋戎狄解》一书，借古喻今，痛斥那些汉族大官僚、大地主投靠清统治集团，压迫广大百姓的可耻行径，在南方制造抗清舆论。

随后，南明福王朱由崧（sōng）在南京称帝，史称南明。宋应星被荐授滁和兵巡道和南瑞兵巡道，但他均辞而不就。因为他眼中的南明虽然是大明的延续，但朝廷却是由一群奸佞之人控制，自成立之日起就一片乌烟瘴气。他对恢复大明已不抱任何希望，只想做一名隐士，研究专心科学技术。

手足离去，晚景凄凉

明朝灭亡之前，宋应星的大哥宋应升已升任广州知府。明朝灭亡后，宋应升和弟弟宋应星一样，也对南明缺乏信心，便辞去官职，回到家乡。这对阔别多年的兄弟相见却没有一点儿重逢的喜悦，动荡不安的时局给他们增添了无穷无尽的烦忧。

1645 年五月，清军渡过长江，南明福王逃走，后被俘处死，兄弟二人对明朝的前途更加绝望。第二年，与宋应星相伴多年的大哥宋应升题了两首绝笔诗后，服毒殉国。宋应星安葬了大哥，拒绝了到清廷去做官的机会。

此后，他一直过着隐居生活，在贫困中度过晚年。康熙五年（1666年），八十岁的宋应星去世。他的两个儿子，长子士慧和次子士意都很有才情，人称“双玉”。但宋应星生前教导子孙，一不要参加科举，二不要去做官。他的子孙也都遵奉父祖遗训，世代在家乡安心耕读。

宋应星远离官场，不恋权位。他反对不切实际的科举之学，提倡有实用价值的学问。他专心致力于科学技术研究，为促进中国乃至世界科技的发展做出了卓越贡献。随着他的光辉著作《天工开物》的流传，他的名字被世界上其他国家所熟知，英国科学史家李约瑟对宋应星非常推崇，由衷称赞宋应星是“中国的狄德罗”。

（课内连线:《中国历史》七年级下，第三单元第16课《明朝的科技、建筑与文学》）

徐霞客：寄情山水，志在四方

不爱做官的他，用一生的时间游历名山大川；他出身平民，依靠家中积蓄，足迹遍及大半个中国；他去过最荒凉、最偏僻的地方，数次断粮，几乎饿死；他背着行李徒步跋涉，曾三次遭遇强盗，被劫去财物，身负刀伤；他尝尽艰辛，受尽白眼，却毫不在意。临终前，他安静地说："我不过一介平民，凭借一根竹杖一双草鞋，到黄河，达沙漠，登昆仑，过西域，能够做到这些，我死而无憾！"他就是徐霞客——有明一代最伟大的地理学家、旅行家和文学家。

受熏陶，立志向

徐霞客，名弘祖，字振之，号霞客，万历十五年（1587

年），出生在江苏江阴一个很有名望的书香世家。

他的祖上都是读书人。早在北宋末年，徐氏一世祖徐锢携带大批中原文献随宋王室南迁。到九世祖徐麒时，徐家已经成为“辟田若干顷，藏书数万卷”的江南望族。再到徐霞客高祖徐经时，因为家中藏书很多，还特地建了一座“万卷楼”。

⊙徐霞客

徐霞客的曾祖徐洽分家时曾得田一万多亩，是江阴有名的富户。到了祖父徐衍芳时，家道已经中落。徐衍芳去世时，徐霞客的父亲徐有勉十八岁，分家产时，徐有勉将自己分得的宽敞明亮的正屋辞让给大哥，而自己却住在东面低矮阴暗的偏屋。后来，他和妻子艰难创业，家道逐渐兴旺起来。

徐有勉虽然读书万卷，但心性淡泊，不愿做官，也很少和权贵交往。有人劝他捐资买官，他掉头就走。他隐迹田园，常常带着三五个家童外出游历，观赏湖光山色，品评甘泉新茗，悠然自得。

徐霞客自小受父亲影响，喜欢读书，读遍了家中藏书。凡读过的书他都能记住，别人问起时，他也能对答如流。每当看到好书，即使没带钱，他也要把衣服脱下来去换书。在少年时代，他的好学多知便出了名，人们称他为目空万卷的“博雅君子”。

由于看了很多历史、地理、探险、游记之类的书籍，徐霞客非常向往去游览天下名山大川。在少年时期，他就立下了“大丈夫当朝游碧海而暮宿苍梧”的旅行大志。父亲非常支持儿子，他曾对朋友说：“这孩子眉宇间有英气，读书好客，看来可以继承我的志趣。”可见，徐霞客的父亲不但自己无意做官，也不希望儿子追求功名。

别母亲，游天下

徐霞客十九岁时，父亲去世，他虽然很想外出游历，但因母亲已年过六旬，他不忍成行，只好待在家里。他的母亲是一个心胸豁达的女人，她知道儿子的心思和志向。有一天，她把徐霞客叫来，对他说：“好男儿志在四方，你应该去天地间一展胸怀，怎么能因为我而留在家里，就像篱笆下的小鸡、马圈里的小马一样呢？”

有了母亲的鼓励和支持，二十二岁的徐霞客头戴母亲缝制的“远游冠”，穿着粗布衣裳，背着简单的行李，依依告别了母亲，踏上了伟大而又充满凶险的旅程。

古人说“父母在，不远游”，徐霞客因为牵挂母亲，早期外出游历离家都不太远，并且每次都是春天出行，秋天回家陪伴母亲。徐霞客常年外出，母亲在家里支撑门户，打点家务，将一切处理得井井有条。她不但支持儿子游历，甚至在七十岁的时候还亲自陪同儿子去游览山水。徐霞客每次游历回家，跟她讲自己游历的见闻和惊险经历，她总是听得津津有味，发出爽朗的笑声。

他泛舟太湖、洞庭山等名胜，后来又去游历了天台山、雁荡山、泰山、武夷山和北方的五台山、恒山等名山。

在游雁荡山时，徐霞客听说山顶有一个芦苇丛生的湖泊。《大明一统志》说，雁荡山上的大龙湫瀑布就源自这个湖泊，他很想去看看。后来，他去爬雁荡山，可是越往上越艰难，结果差点儿掉下悬崖。

这次登顶失败后，徐霞客并没有放弃。十九年之后，他再次重游雁荡山，并顺利登上了山顶，找到了他要寻找的雁荡湖。他仔细查看了湖泊的出水口，发现它并不是大龙湫瀑布的源头。可是，大龙湫瀑布又是从哪里来的呢？为了弄清楚这个问题，徐霞客在雁荡山停留了很多天，并四处探寻，最后终于找到了瀑布的源头，证实《大明一统志》的说法是错误的。

访名胜，探奥秘

母亲去世后，徐霞客把全部精力放在旅行上。

五十岁的时候，徐霞客开始了一次漫长的旅行。他花了整整四年时间，游历了湖南、广西、贵州、云南，一直到我国边境腾冲。他跋山涉水，到过许多人迹罕至的地方，他攀登悬崖峭壁，考察奇峰异洞。

徐霞客并不单纯是为了寻奇访胜，更重要的是为了探索大自然的奥秘，寻找大自然的规律。

在游历途中，徐霞客总是能对一些奇异的自然现象给予科学的解释。

有一次，他去广西浔州游览，途中遇上一个道士。他听说附近有一个古洞，便让道士带他进去。于是，他们一人手持一个火把，来到洞里，发现洞底有个大而深的水潭。可就在这时，火把烧完了，洞里一片黑暗，水面上却闪着微光。

道士一见，便说："这一定是妖怪在作祟。"

徐霞客见到过很多次这种景象，他告诉道士说，这是洞中石壁上的孔透过来的光。道士说，以前村里人划竹筏去看过，石壁上根本没有孔，肯定是有妖怪。

徐霞客解释说："如果真有妖怪，我们怎么没有见到它呢？何况这里离来时的洞口已经很远了，应该离附近洞口不远，所以光从水面反射过来了。"

在旅行途中，徐霞客几乎每天都要写旅行日记，详细记录自己所到之处的所见所闻，包括对山脉、水道、地质、地貌等方面的调查和研究，以及各地的人文风俗。

不畏险，不服输

在游历中，徐霞客不怕苦，不怕险，风餐露宿。不论严寒酷暑，只要有险峰，有奇洞，他都会义无反顾地去寻访、探索、考察。

有一年秋天，徐霞客游览黄山，文殊院的和尚告诉他：“天都峰是黄山的最高峰，非常险峻，根本无路可走，只能远远看一看。莲花峰离这里较远，但至少有路，你还是爬莲花峰吧！”

徐霞客却摇了摇头，说了一句话：“越险峻，越奇异，就越应该攀登。”

凭借坚定的毅力，他终于爬上了天都峰峰顶。后来在爬了莲花峰以后，他发现天都峰并没有莲花峰高，莲花峰才是黄山最高峰，从而纠正了人们长期以来的错误认识。

当时，人迹罕至的深山老林常常有豺狼虎豹出没，为了考察实际情况，徐霞客不放过任何一次机会。

有一次，他路过湖南茶陵云嵝山，听说山上有一座寺庙，附近常有老虎出没，还吃了庙里的和尚，现在寺庙都被废弃了，便想找到寺庙看一看。当时，山上雨雾迷蒙，他边走边打听去寺庙的路怎么走，可是遇到的人都劝他不要去。

走着走着，他遇到一个人拿着伞要出远门，见徐霞客问路，那人便说：“你要去的那个地方，要几个人一起去，我给你带路吧！”

那人从村子里找了几个人，他们一起打着火把，拿着棍棒，冒着大雨，连夜曲曲折折走了十多里，终于找到那座古庙。徐霞客考察了云嵝山，了解了当地的民情风俗和物产。他将这次所见所闻详细记录在他的旅行日记中。

不怕难，探究竟

徐霞客不考功名，不求做官，一心只想“游山玩水”，他这种崇尚自然、探索未知事物的精神，很多人极其不理解，所以都称他是一个“怪人”。

后来，他听说茶陵麻叶洞里有神龙和妖怪作祟，便要去一看究竟。他找火把时，当地人都愿意给他，可是没有人敢带他进洞。人们都劝他不要去，说除非是法师才能降伏那洞里的妖怪。

徐霞客还是决意要去一探究竟，他花了很多银两雇了一个胆子大的人做向导。到了洞口，当向导知道徐霞客只是个读书人，而不是什么捉妖怪的法师，就说：“我可不能跟着你一起去送死！”说完这句话，就逃走了。

徐霞客只好和仆人一起，一人拿了一个火把，进洞去了。当时，洞口来了几十个看热闹的村民，但是没有一个人愿意跟他们进去。进入洞中，徐霞客发现，洞中幽深曲折，只是狭窄之处比较多，进去比较艰难，但他和仆人一一克服了困难。越往里走他越发现，洞中的胜景美不可言，是他所游览过的洞中最吸引人的。他们在洞里越走越深，一直到火把快烧完了才出来。

这时，洞口看热闹的村民比先前又多了很多，一见到徐霞客，连忙行大礼，说：“奇异呀，奇异！我们等了很久了，还以为你们早就被妖怪吃了！想进去看看又不敢，想离开又不能，现在看你们安然无恙出来，我们就放心了。”

徐霞客一再感谢，再次踏上了旅程。这次麻叶洞探险更加坚定了他探索自然的决心。

重情义，踏归途

在旅游途中，徐霞客多次遇到强盗，不仅盗走了他的衣服和路费，甚至多次威胁到他的生命，但这些都没有改变他游遍神州的决心和志向。

崇祯九年（1636 年），徐霞客再次踏上旅程，这也是他一生中最后一次旅行。这次远游，他不再陶醉于风景名胜和湖光山色，而是将考察江河水系的来龙去脉，山脉的走向分布与地貌特征，岩石的地质构造及植物、动物、矿产、水文等地理现象作为重点。

这次与徐霞客同行的，还有一个名叫静闻的和尚。静闻和尚出家二十年，刺血写成《法华经》，一心要将此经供奉在云南鸡足山的迦叶寺。当时，云南是蛮荒之地，行人稀少，交通闭塞，途中常有盗贼出没，静闻和尚偶遇徐霞客，便与他结伴西游。

这一天，他们乘船要渡过湘江。船刚刚行到江心，忽然跳上来一伙强盗，个个手持大刀，将他们的行李财物抢劫一空。静闻和尚因此受了重伤，没多久就去世了。

当时，徐霞客身无分文，有人劝他不要再走了，他却说：“我带着一把铁锹来，什么地方都能埋我的尸骨！”

为了不负静闻和尚所托，徐霞客找朋友借了盘缠，辗转数千里，徒步跋涉，终于来到鸡足山。他将静闻和尚的经书供奉在迦叶寺，并亲手埋葬了静闻和尚的骨灰，了却了静闻和尚的夙愿。为了怀念静闻和尚，他写下了诗作《哭静闻禅侣》六首，其中几句这样写道：

西望有山生死共，东瞻无侣去来难。

故乡只道登高少，魂断天涯只独看。

这段人生的约定曾经感动了无数人，也让徐霞客无比艰辛的旅程充满传奇色彩。

此后，他溯金沙江而上，到达丽水，随后又折向西南，一年后到达滇西边陲重镇腾冲。到了腾冲以后，徐霞客本来想去大理、缅甸，但他的身体状况越来越差，随行的仆人也跑了，他不得不踏上归途，回到江阴老家。

回家以后，徐霞客深感老之将至，时不我待，他不会客不访友，而是将全部精力投入整理自己多年来写的旅行日记中。

崇祯十四年（1641 年），躺在病榻上的徐霞客知道自己将不久于人世，他深情地望着这部倾注了一生心血的旅行日记，回忆起昔日旅途中的点点滴滴，不由得老泪纵横。他多想再次背起行囊，出发远行啊！可是，这一次他的愿望再也无法实现了！

这年三月八日，五十四岁的徐霞客离开了人世。

他死后，他的旅行日记被整理刊行，这就是地理名著《徐霞客游记》。这部游记是徐霞客“驰骛数万里，踯躅三十年”写成的，书中详细记录了他对祖国山脉、水道、地质、地貌等方面的调查和研究，被誉为17世纪最伟大的地理学著作，后来被翻译成几十种文字，广为流传。

《徐霞客游记》既是地理学上的珍贵文献，又是一部优秀的文学著作，后人称赞它是“世间真文字、大文字、奇文字”“千古奇书”，并称赞作者徐霞客是“千古奇人”。

（课内连线:《中国历史》七年级下，第三单元第16课《明朝的科技、建筑与文学》）

李自成：从落魄小卒到农民领袖

历史风云变幻，朝代更迭，水可载舟亦可覆舟，无论历代帝王是如何称王的，都面临着如何执政为民的考卷。李自成身为平民却能揭竿起义并称王，在他领导下，受尽欺凌压榨的贫苦农民挺起了腰、抬起了头，因此可以说李自成不失为一位勇猛有胆略之人。

颠沛流离的童年

在明朝的陕北地区，有一个叫米脂的县，居住在米脂县的人大多姓李，为李继迁的后代，李自成的家庭属太安里二甲，是党项族。

李自成出生在一个穷苦的农民家庭，祖辈十世务农。李自成的祖父李海、父亲李守忠都是勤劳纯朴的农民，和其他中国农民一样，只求平平安安，使家族生存延续下去。李守忠娶吕氏为妻后，几年无子。俗话说“不孝有三，无后为大”，他很苦恼。为此，他带着供品，虔诚地跪倒在山上神庙的神像前，祈求神灵赐子。回家后梦到神灵告诉他：“让破军星（民间传说中天上主宰军队、战争之事的星象）做你的儿子吧。”后来果然生下一子，取名“鸿基”，乳名“黄来儿”，以纪念他神奇的降生，这个孩子就是李自成。

李自成出生后不久，李守忠因负担不起沉重的驿役而破产，只好把他送到寺庙当和尚，使他不至于忍饥挨饿。所以李自成的童年，是在贫困和苦难中度过的。在寺院里，他的日子像所有小和尚一样，每天念经、扫院子、擦祭器，生活虽然清苦，却还算安定。

失去双亲，甘州投军

万历年中后期，土地兼并严重。皇室官僚占有大量土地，而广大人民却无立锥之地。阶级矛盾日益尖锐，农民起义在酝酿之中。年少的李自成离开寺院后，迫于生计，为同乡大户姬氏放羊。他经常去村里的学堂门旁听课，因此能够识文断字。一个正值螃蟹肥美的深秋，向来吝啬的老师请学生们吃螃蟹。虽不是正式学生，但经常来听课的李自成也受到老师邀请。老师让学生们在吃螃蟹前先以螃蟹为题写一首诗，于是李自成的这首《螃蟹诗》便出炉了：

“一身甲胄肆横行，满腹玄黄未易评。惯向秋畦私窃谷，偏于夜月暗偷营。双螯恰似钢叉举，八股浑如宝剑擎。只怕钓鳌人设饵，捉将沸釜送残生。”老师看到李自成的这首诗后对他说，你长大后虽然能干出一番事业，但你若一味纵横，最终恐怕免不了功败垂成，身死人手。

⊙李自成

贫穷和压力磨炼了李自成的性格和毅力。在他十三岁时，母亲因操劳过度去世了，小自成悲痛地向乡亲们宣布：“大丈夫当横行天下，自成自立。如果墨守成规，死守父业，非大丈夫也！”从此更名“李自成”，以此勉励自己自立自强。

不久后，他的父亲也去世了，李自成独自承受着失去双亲的痛苦。后来，他辗转到银川驿站当驿卒，负责传递朝廷公文。因为李自成为人正直热情，所以驿卒们都很喜欢他。可是好景不长，因为明朝末年的驿站制度弊端百出，明思宗在崇祯元年（1628 年）对驿站制度进行改革，精减人员，李自成因丢失公文被遣返回乡。

那几年米脂连年收成不好，农民拿不出租税，当地有一个姓艾的大地主却趁机放高利贷，想要在农民身上捞一笔。李自成看着大家缴不起租税，就替大家借了债，把税缴了。到冬天的时候，姓艾的地主逼李自成还债，李自成还不起，姓艾的地主就唆使官府把他抓起来打得半死，还锁上镣铐，把他放在太阳底下暴晒。百姓和驿卒恳求县官把李自成放在阴凉处，可县官不答应。看着李自成遭罪，百姓们被激怒了，大家一哄而上，砸开李自成的镣铐，将李自成救了出来。看尽人间疾苦的李自成与自己的侄子李过到甘肃甘州投军。

征战四方，不屈不挠

那时候各地都闹饥荒，农民起义频繁爆发。这年冬天，明王朝从甘肃调了一支军队到北京去，这支军队到达金县后，士兵们因为领不到军饷闹到了衙门，带兵的将官出来弹压，年轻的李自成气愤地站出来，带领士兵们杀死参将王国和当地县令，发动兵变。

之后，李自成转战汉中，参加了王左挂的农民军。1629年，后金第一次入塞，震动北京。当时的大将袁崇焕被皇帝凌迟处死，次年王左挂被朝廷招降。李自成失去了追随者，于是转投陕西的农民军首领张存孟，正遇明军剿杀陕西境内农民军。张存孟投降后，李自成带领剩余的人东渡黄河，在山西投奔了当时被称作“闯王”的舅父高迎祥。

高迎祥很是重视李自成，并将他称为“闯将”。但作为一支农民军，在明朝政权下揭竿而起是不容易的。1629年，高迎祥、李自成、张献忠等人在河南被多路明军包围。为了对付官兵围剿，高迎祥约了十三家起义军的大小头领在荥阳开会，商量对策。

荥阳大会上，大家议论纷纷，有一个士兵说："敌人兵力太强，不如打回陕西老家避一避再说。"可另一些人不同意，但也想不出更好的对策。这时候，李自成站起来说："一个士兵若肯拼命，也能奋战一阵子，我们有十万大军，敌人能拿我们怎么样？"

高迎祥问："那依你的意思，我们该怎么办？"李自成提出自己的主张，他认为起义军应该分成几路，分头出击，打破敌人的围剿。大家听了李自成的策略都觉得有道理，经过详细的安排后，十三家起义军分成六路，有的拖住敌军，有的流动作战。高迎祥和李自成以及另一支由张献忠领导的起义军向东打出包围圈，直取江淮地区的凤阳。李自成的勇气与谋略加快了起义胜利的步伐。

推翻黑暗济平民

1640年，李自成趁明军主力在四川追剿张献忠时进入河南。河南饥民遍地，李自成带领士兵给饥民分发粮食。不管远近，有的饥民甚至背着锄头匆匆赶来领粮食，越来越多的人知道了李自成的善行，都支持他的行为。

李自成的军队迅速壮大，他越发深刻地体会到了明末统治阶级横征暴敛给广大农民生活造成的悲苦。于是，在军队人数发展到数万时，他提出“均田免赋”“割富济贫”的口号，主张大力恢复农业生产，推行“招商赈饥”“平买平卖”等工农商业政策。民间也逐渐开始流传“迎闯王，不纳粮”的口号。深得民心的起义军，在崇祯十四年（1641 年）迅速攻克了洛阳。在之后的一年半内，李自成攻破潼关，占领了陕西。1644 年一月，李自成在西安称帝，建国号大顺。同年三月，李自成进京。

李自成进京后不久，就将紫禁城乾清宫原有匾额“敬天法祖”四个字改为“敬天爱民”。在接见原明代检讨梁兆阳时，他说:“朕只为几个百姓，故起义兵。”他还两次召见京师耆老，问民间疾苦，了解士兵对百姓有无扰害。李自成农民军的军纪严格规定:“各营有擅杀民者，全队兼斩。”李自成为百姓着想，他也得到了百姓的拥护和颂扬。

有一日李自成去街市走访，发现街市上热闹至极，原来是附近的饥民结着队伍举着旗子，结彩焚香迎接他，这些让感动不已。李自成秉持节俭的品行，他虽然身居皇宫，但生活依旧俭朴。早起时他习惯于喝少许米汤，不用宫中华贵的龙凤器物。他的穿着讲究不异于别人，仍然是毡帽箭衣。出门骑马，他只张小黄盖，不铺张，没有排场。

昙花一现留遗叹

然而，李自成所建立的政权并没有像历代那样长久，

1644年，山海关守将吴三桂投奔了清军，李自成得知吴三桂降清后，立即下令派明将唐通率二万骑兵出一片石，绕到关外切断吴三桂的路，并亲率二十万大军于四月十三日北上讨伐吴三桂。清军在接到吴三桂飞书告急后连夜疾驰。四月二十一日，清军在一片石打败唐通，随即进入山海关。吴三桂带军与大顺军交战，被大顺军包围，埋伏的清军突然冲出来，李自成带领的农民军大受打击。主将刘宗敏受伤，大军撤退。四月二十六日，李自成逃回京城，军队仅余三万人。四月二十九日，李自成在京称帝，怒杀吴三桂全家老小三十四口后，于次日逃往西安。1645年，清军攻破潼关，李自成避战南下，在湖北九宫山被地方武装杀死。

纵观中国历史，每一位走向帝王之位的人除了须有善战的能力，还要有安邦治国的才略。

尽管李自成艰难成功，迅速败退，但他的历史功绩是不可磨灭的。一代伟人毛泽东在1944年给李鼎铭的信中说道："实则吾国自秦以来两千余年推动社会向前进步者，主要的是农民战争，大顺帝李自成将军所领导的伟大的农民战争，就是两千余年来几十次这类战争中极著名的一次。"

李自成领导的农民起义虽以失败告终，但他所代表的农民争取主权的斗争精神永垂不朽。

（课内连线：《中国历史》七年级下，第三单元第17课《明朝的灭亡》）

郑成功：开辟荆榛逐荷夷

将门虎子，皇帝赐名

郑成功是福建南安人，出生于1624年。郑成功的父亲郑芝龙是一个海上商人，同时也是海上走私者的头目。这个身份让郑芝龙受到了当时日本政府的重视，郑芝龙到日本做贸易的时候，和当地一位田川氏女子结婚，两人生下的孩子就是郑成功。

六岁以前，郑成功和母亲住在日本平户（位于日本长崎县西北部），父亲被明朝廷招安后，郑成功才被接回福建读书。当时的读书人之所以刻苦读书，无非是想要考取功名，然后为国效力。但是郑成功所在的年代并没有给他这样的机会，当时明朝政权岌岌可危，眼看就要崩塌，清军已经挥师南下，清王朝的建立已经萌芽。

清朝廷占领了江南，在江南采取了残酷野蛮的高压政策，百姓纷纷奋起抵抗清廷的统治。郑芝龙当时手握重兵，成为南明隆武政权可以依靠的主要军事力量。这时郑成功已经长大成人，学了满腹韬略和一身武艺，郑芝龙将他推荐给隆武帝。隆武帝对这个“将门虎子”颇为欣赏，将最尊崇的“朱”姓赐予郑成功。而实际上，“成功”这个名字也是这时候才改的，之前他的名字是郑森。皇帝帮着改了名，郑森也就成了朱成功，因为明朝“朱”是国姓，所以百姓们也称呼郑成功为“国姓爷”。

⊙郑成功

抗清之路，磕磕绊绊

从1646年起，郑成功就开始领兵与清军作战，并且因为作战勇猛而颇受隆武帝器重。但是，与郑成功一心护国不同的是，父亲郑芝龙并没有全力抗清的意思。当时，郑芝龙想投降清朝，郑成功屡次劝阻父亲，试图改变他的想法，但父亲已经决定，郑成功最终与父亲决裂。

原本郑芝龙想的是投降清朝可以保命，也可以保住自己的官帽，可哪知道，他一投降便被清军挟持到了燕京，家乡闽南南安也立刻被清军攻占了。郑成功的母亲田川氏当时就住在南安，战乱之中她自刎身亡。母亲的死刺激了郑成功，他更加坚定了抗清的决心。从那之后，郑成功便率领父亲留下来的旧部队，在东南沿海一带积极抗击清军入侵，成为南明后期的主要军事力量之一。

郑成功坚持抗清，认定自己就是明朝人，坚决不投降清朝。隆武帝去世，他立刻保着永历帝继位。但是，郑成功尽管有完善的军备，对百姓也远比残暴的清军好得多，归附的人也不少，怎奈历史的车轮不会倒转，朝代的更替也是必然，以郑成功为首的明朝军队可占据的领土太少，军队又太过庞大，筹集粮饷成了很棘手的问题。

其实清政府一直都想拉拢郑成功，尤其是在几次被郑成功打败之后，顺治帝给了郑成功各种封号，可是郑成功拒不接受，依旧对永历帝忠心耿耿。1659 年，郑成功率领大军北伐，一路接连攻克镇江等地，并包围了南京。

从一开始的战场走势来看，郑成功所部本该是士气大振的，他也以为自己能一直胜利下去的。可是，清军却对郑成功用了缓兵之计，他遭遇了清军的突然袭击，大败，损兵折将不说，很多重要的将领都在这一次突袭中战死。兵败的郑成功也试图反击，但长江的阵地久攻不下，不得不全军退回厦门。

南京这场战役是郑成功作战生涯中最辉煌也最重要的一次战役，可是其走向却由盛而衰，最终以大败结束，这让郑成功的“反清”大业遭遇了巨大的挫折。

虽然郑成功在抗击清军的道路上走得磕磕绊绊，但他最大的功绩却是收复了被荷兰殖民者侵占的台湾。

抗击荷夷，收复台湾

从1647年开始，郑成功的军队转战于东南沿海多个地区，除了抗击清军，还多次帮助明朝宗室与民众渡过海峡，到台湾及东南亚各地定居，以避开战乱。为了保证华人在海外经商的安全，郑成功将自己府上的令牌与“国姓爷”的旗号派发给大家，让大家得以安全出海。但如前所说，郑成功仅从内陆的一小块南明领土是无法获取巨额军饷的，为了解决后勤供养问题，他将目光放到了被荷兰人占领的台湾岛上。事实上，看着中华国土被荷兰人占领，郑成功内心深感屈辱，于是他听从了曾担任荷兰通事的爱国志士何斌的建议，决定出兵收复台湾岛。

1661年四月，郑成功将儿子留下防守厦门、金门，自己则亲自率领二万五千名将士和四百艘战舰横渡台湾海峡，向台湾进军。

一开始，郑军很多人因为得知西洋人有大炮而感到害怕，但郑成功鼓励大家：“这些荷兰蛮夷的红毛火炮没什么可怕的。我的战船在最前面，大家只要跟着我的船前进就没事了。”说完，郑成功安排自己的战船在所有船的最前面，以安抚大家的情绪。将士们一看主帅这样奋不顾身，为自己的胆小感到惭愧，队伍里的畏战情绪渐渐消失了。

荷兰人在台湾岛西南建有两座防御要塞，一座是位于大员（今台湾省台南市安平区）的热兰遮城，另一座是位于赤嵌（今台南市中区）的普罗民遮城。听说郑成功要进攻台湾，荷兰人连忙将军队集中在这两座要塞，做好了防御准备。

最开始，荷兰人认为自己驻扎的这片地域海岸线曲折，加上有两座要塞的炮台，应该能阻挡郑军登陆。哪知道，郑成功掌握了当地的潮汛规律，利用海水涨潮的时机驶入鹿耳门（今台南市安平镇西北），一举登上台湾岛。

刚一上岛，郑成功的军队便与荷兰人的军队剑拔弩张地对峙起来。为了阻止郑成功的队伍继续登岸，荷兰侵略军调动他们国家当时最大的一艘军舰“赫克托”号气势汹汹地开了过来。可郑成功并不着急，他沉着冷静地指挥着自己这方的六十艘战船，将赫克托号团团围住。因为郑军的战船小，行动起来非常灵活，郑成功一声号令，数十只战船一齐开炮，赫克托号体积庞大行动笨拙，躲都躲不开，其舰身中弹后迅速起火，整个海面被火光照得通红。很快，赫克托号便坚持不住，渐渐沉了下去。荷兰船队一看，最大的船都被击沉了，吓得立刻掉转船头逃跑了。

这一战让荷兰侵略军心惊胆战，他们缩在两座城堡中不敢再出来应战。为了摆脱困境，荷兰人偷偷派人去巴达维亚（今印度尼西亚首都雅加达）搬救兵，并派出使者去郑军大营求和，说只要郑军能退出台湾，他们将会送上十万两白银以作慰劳。

郑成功对荷兰侵略军的做法嗤之以鼻，表示坚决不接受他们的条件。他喝退了荷兰使者，并派兵猛攻赤嵌的普罗民遮城。荷兰军顽强抵抗，眼看着郑军久攻不破，熟悉赤嵌地形的当地百姓跑来告诉郑成功，普罗民遮城的水都是从城外高地流下来的，一旦水源被切断，敌军在城里就待不住了。郑成功依计而行，果然不出三天，荷兰人就因为城中断水不得不出城投降。

尽管丢了普罗民遮城，但热兰遮城中还有异常顽固的侵略军，他们一边抵抗一边等待援军。1661 年七月，荷兰援军赶到台湾岛，六百多名士兵、十一艘战舰，带来了大量的补给品和火药。但这批援军也没能起到什么作用，而且还遭遇了暴风侵袭。天灾加上强敌，荷兰人坚持不住了。在被围困八个月之后，荷兰人只得同意和谈。

1662 年初，荷兰侵略军头领来到郑成功的大营，在投降书上签字，夹着尾巴灰溜溜地逃离了台湾岛。至此，被荷兰侵略者占领三十多年的台湾岛，终于回到了祖国的怀抱。

智勇武将，民族英雄

尽管郑成功做了如此一件大事，但因为他是“反清人士”，清朝廷绝对不能容忍他的存在，于是应对郑成功的策略开始逐步实施，包括断绝经贸财源，毁坏沿海船只，杀掉郑成功的父亲，挖开郑氏祖坟，拆分郑军部队……郑成功听闻消息后悲愤交加，在台将士水土不服导致人心惶惶，他的儿子又做了不可原谅的错事……

可以说，郑成功收复台湾后并没有胜利的喜悦，反而陷入了内外交困的境地。这种现状很快就让他的身体垮了下来，生了一场大病。1662 年五月初八，这位大明的孤臣遗子病逝，死时年仅三十九岁。

作为一员武将，郑成功作战勇猛，有勇有谋，是不可多得的将才。他坚守自己的信念，不为利益所动，不失为一条好汉。收复台湾岛，则是让人热血沸腾的一大功绩。不允许国土流落外敌手中，不接受外敌的威逼利诱，这种为保卫国土而奋起抗争的精神，让他成为一位受世人景仰的民族英雄。

（课内连线：《中国历史》七年级下，第三单元第 18 课《统一多民族国家的巩固和发展》）

课里名人 课外读

第三册

爱华文 著

清華大學出版社
北京

内 容 简 介

本套书紧贴教材，将教材中的名人摘出整理，用精练的文笔叙写名人们一生的重要事迹和经典故事，总结他们身上的闪光点和优良品质等，既能增进孩子对课内知识的理解，又能开阔孩子的阅读视野，是一套帮助中小学生提高阅读能力、增强人文素养和塑造理想人格的优秀读物。全书从上古到近现代，按时间顺序共分三册，条理清晰，易于阅读。内文采用大字排版，难字注音，并配有名人图片，版式设计古典简约，增强了阅读趣味性。

图书在版编目 (CIP) 数据

课里名人课外读 / 爱华文著．—北京：清华大学出版社，2024.2
ISBN 978-7-302-63853-7

Ⅰ．①课…　Ⅱ．①爱…　Ⅲ．①阅读课－中小学－教学参考资料　Ⅳ．① G634.333

中国国家版本馆 CIP 数据核字 (2023) 第 107703 号

责任编辑：刘　洋
封面设计：徐　超
版式设计：方加青
责任校对：王荣静
责任印制：沈　露

出版发行：清华大学出版社
网　　址：https://www.tup.com.cn，https://www.wqxuetang.com
地　　址：北京清华大学学研大厦 A 座　　**邮　　编：**100084
社 总 机：010-83470000　　**邮　　购：**010-62786544
投稿与读者服务：010-62776969，c-service@tup.tsinghua.edu.cn
质 量 反 馈：010-62772015，zhiliang@tup.tsinghua.edu.cn
印 装 者：三河市东方印刷有限公司
经　　销：全国新华书店
开　　本：148mm×210mm　　**总 印 张：**30.125　　**总 字 数：**553 千字
版　　次：2024 年 2 月第 1 版　　**印　　次：**2024 年 2 月第 1 次印刷
定　　价：178.00 元（全三册）

产品编号：099459-01

出版说明

梁启超曾说:“读名人传记，最能激发人志气，且于应事接物之智慧增长不少。”的确，一个人少年时期读的书，足以影响他的一生。这个时期树立什么样的志向，以什么样的人为榜样，往往会决定孩子未来的人生成就。因此，在给青少年的大量书单中，都少不了名人传记类著作。

为什么要让孩子多读名人传记呢?

首先，名人传记真实性比较强，能让孩子认识真实的社会。

现在不少中小学生都喜欢看一些玄幻、侦探、冒险类的作品。这些作品往往让孩子沉浸在一个虚无缥缈的世界里，和现实世界脱节，不利于孩子养成正确的世界观、人生观、价值观。而名人传记都来源于现实，可以让孩子对现实社会有一个正确的认识和了解，有利于培养孩子正确的世界观、人生观、价值观。

其次，读传记能够让孩子获得很多人生启迪。

如果说经典是古人留给我们的言教，那么传记给我们的就是身教了。读一本名人传记，就是在学习一个人的人生经验和智慧。比如，我们读了孔子的故事，就能够了解

我们的至圣先师的一生是怎样的，了解他有什么样的思想；读了玄奘的故事，就能知道这个伟大的僧人是如何克服种种困难，成功地从印度取回佛经的。总之，一个人能够被后人立传，名垂后世，他的言行一定能够给后人以启迪。

再次，读传记能够帮助孩子树立远大志向。

一个人成就一番伟业，不仅需要聪明智慧，还需要从小有志向。纵观古今中外的圣人、伟人、名人，莫不如此。孔子十五有志于学，班超立志效法张骞出使西域，玄奘少年就立志远绍如来，王阳明从小立志做圣贤，这些人之所以流芳百世，就是因为他们从小就有远大的志向。读这些名人的传记，可以帮助孩子树立志向。古人说“少年养志”，如何养志？读名人传记故事是一个很好的方法。

最后，读传记能够帮助孩子找到人生榜样。

榜样的力量是无穷的。如果是以古圣先贤、英雄豪杰为榜样，这些榜样就能够给孩子极大的正面激励。在孩子遇到困难的时候，他们可以回想那些伟大人物是如何面对挫折的，好的榜样能教会孩子勇敢地面对挫折；在孩子心存困惑的时候，他们可以从这些伟大人物的人生经历中获得启示，好的榜样能帮助孩子解决成长中的困难。

《课里名人课外读》是一套独特的名人传记故事作品集。书中选取教育部部编全国通用中小学《语文》《道德与法制》《历史》教材中涉及的中外历史名人一百一十余位，针对每个人物都收集了大量资料，不断锤炼，写成数千字

的人物传记故事。这些传记故事文笔优美，情节生动，不仅让中小学生读者在阅读时收获读名人传记的益处，还可以达到温习功课、拓展课堂知识、提高阅读能力的功效，无形中起到帮助中小学生读者提高学习成绩的作用。

希望广大青少年朋友在阅读这套书时，不仅能够感受到阅读之美，更能受到书中人物的激励，树立远大志向，成为国家和民族的栋梁，这是我们的心愿所在。

目录

清代篇

民国篇

新中国篇

国外篇

清代篇

清圣祖：开创盛世的康熙大帝

幼年丧亲，自立自强

清圣祖仁皇帝爱新觉罗·玄烨（yè），即康熙帝，是清朝的第四位皇帝，清定都北京后的第二位皇帝。他的父亲是顺治，祖父是皇太极，祖母是孝庄太皇太后，儿子是雍正，孙子是乾隆。康熙即位时，清朝初定中原，朝虽立而国未盛且民不安，他面临的挑战是，上继父祖宏业，下开后世太平。他八岁登基，十四岁亲政，在位六十一年，享年六十九岁，是中国历史上有文字记载以来在位时间最长的君主。康熙是年号，“康”代表安宁，“熙”代表兴盛，取“万民康宁、天下熙盛”的意思。在他的努力下，清王朝开创了“康乾盛世”，奠定了兴盛的根基。

年幼的康熙生活并不顺利，他的生母佟佳氏只是皇宫中一位不受恩宠的庶妃。康熙幼年时得了令人九死一生的天花，命悬一线。他凭借顽强的生命力幸运地活了下来，却从此留下一脸细小的麻子点。不幸的事接踵（zhǒng）而至。他八岁丧父，之后体弱的母亲也得了重病，他日夜守候在床边，亲自尝汤喂药，照顾母亲。十岁时，疼爱他的母亲也死了，两年间父母双亡，小小年纪的康熙便成了孤儿。母亲去世时，他日夜哀哭，不思饮食。直到晚年，康熙回忆起这一幕还非常悲伤地说，他在父母在世时，没有让他们得到一天的欢娱。幼年的孤独和忧患激励了康熙自立自强的意志，成就了他少年老成的性格。然而也正是他得过天花并已具有免疫力的经历，使他成为皇位继承人，顺治帝临终时，以遗诏的形式册立玄烨为皇太子。

⊙清圣祖

康熙集三种血统文化于一身：他的父亲顺治帝是满洲人，祖母孝庄太皇太后是蒙古人，母亲佟佳氏是汉族人。他深得祖母教诲，向祖母的贴身侍女苏麻喇（lǎ）姑学习蒙古语，跟满洲师傅学习骑马射箭，又从汉族老师那里接受儒家文化教育。因此，他既有满洲人的勇武奋发，又有蒙古人的开阔大度，还吸收了汉族文化的仁爱与韬（tāo）略，多元文化兼容并蓄。他还深受西方科学的影响，具有开放创新的精神。

康熙是中国历史上少有的嗜书好学的帝王，他五岁进入书房开始读书，废寝忘食，不分寒暑。他读四书（《大学》《中庸》《论语》《孟子》），必定要让自己能背下书中的每个字，从来不肯自欺欺人地敷衍（fū yǎn）。后来他教导皇子读书，也要求他们读满百遍，再背诵下来，这是他自己早年读书的经验。康熙继位后，学习更加勤奋，甚至因此而劳累过度。他八岁就成为少年天子，肩负天下大任，他读书是为了学习古代帝王的治国之道。他还喜好书法，每天练习写一千多字，从来没有间断。他在出巡的途中，或居于行宫时，常常诵读《周易》《尚书》《左传》《诗经》等典籍，闲暇时还会赋诗著文，直到花甲之年仍然手不释卷。

平定内外，疆域空前

顺治在遗诏中指派了索尼、苏克萨哈、遏（è）必隆、鳌（áo）拜四位大臣辅政，这是为了避免出现顺治初年睿亲王多尔衮（gǔn）独断专权的局面，而从异姓功臣中选拔辅政之人。在最初几年，外有皇族宗亲对辅政大臣加以监督，内有太皇太后对军政要事进行裁决，四位大臣尚能同舟共济。但后来，鳌拜开始结党营私，欺凌年少的康熙皇帝。十四岁时，康熙开始亲政，当时索尼刚刚病逝，鳌拜成了首席辅政大臣，他和遏必隆都是镶黄旗，二人联手将另一位辅政大臣苏克萨哈置于死地。之后，鳌拜更是专横跋扈（hù），一些重要的政务都在自己家中商议，根本不把少年天子放在眼中。康熙虽然心中极为不满，但表面上却不露声色，暗自寻找合适的时机除掉鳌拜。

康熙与索尼的儿子索额图在宫中召集满洲少年组成侍卫队，天天练习摔跤。鳌拜以为是十几岁孩子们的戏耍，就没放在心上。一天，康熙召鳌拜进宫，突然下令少年侍卫们将鳌拜擒获，之后便与大臣议定了鳌拜的三十条大罪。康熙帝感念鳌拜的功劳，赦免了他的死罪，改为终身监禁。不久，鳌拜就死在了禁所。对仅存的另一辅政大臣遏必隆，只是削去了他的太师位。自此，康熙完全夺回军政大权，年仅十四岁的他部署周密，机智敏锐，初显了一位政治家的沉着冷静和当机立断。

明末清初有三位帮助清朝消灭南明的明军将领，一位是引清兵进关的吴三桂，另两位是尚可喜和耿仲明。清初的皇帝认为他们有功，封吴三桂为平西王，驻防云南贵州；封尚可喜为平南王，驻防广东；封耿仲明为靖南王，驻防福建：合起来叫作“三藩（fān）”。三藩占据要地，拥兵自重，设立税卡（qiǎ），私自铸钱，自派官员，不把皇帝放在眼里。康熙帝知道，要统一政令，三藩是很大的障碍，一定要削平三藩，强化皇权。刚好尚可喜年事已高，想要回辽东老家，就上了一道奏折，要求让他的儿子尚之信继承王位，留在广东。康熙批准尚可喜告老，但是不让他儿子接替平南王爵位，决定下令撤藩。朝廷多数官员主张不可以撤藩，年仅二十岁的康熙力排众议，他认为吴三桂早有野心，撤藩，他要反，不撤藩，他迟早也要反，不如先发制人。诏令一下，吴三桂果然暴跳如雷，在云南发动叛乱，提出反清复明，并在第二年率军进攻湖南，接着广西、四川、福建、陕西、广东等地相继有人发动叛乱。与此同时，京师发生大地震，太和殿还发生了火灾。接二连三的天灾人祸降临到年轻的康熙皇帝身上，满朝文武人心惶（huáng）惶，京师不少官员甚至把家眷送到江南故里。康熙在危急时刻方寸不乱，他的对策是坚决打击吴三桂，而对其他的叛军则尽量招抚，以此来分化瓦解叛军，孤立吴三桂。经过八年平叛战争，最后清廷取得平藩的胜利，各路叛军纷纷投降。吴三桂病死后，他的孙子退居云南，最终也被剿（jiǎo）灭。之后，康熙又统一台湾，驱逐沙俄，缔结了《中俄尼布楚条约》，大破准噶（gá）尔，解决了漠西漠北蒙古的问题。那时清朝的疆域广大，南到曾母暗沙，北跨外兴安岭，西北到巴尔喀（kā）什湖，东北到库页岛，总面积约一千三百万平方公里，成为当时世界上幅员最辽阔、人口最多、国力最强盛的国家。

勤政爱民，融汇中西

康熙是一位勤政的君主。自亲政以来，到去世之前，除了生病、过节和发生重大变故，他几乎没有一天不听政。康熙亲政不久便宣布禁止圈地，放宽开垦荒地的免税年限，治理了黄河、淮河、永定河等处的水患，并兴修水利，促进农业发展。他还着手整顿吏治，恢复了京察、大计等考核制度。为了防止被臣下蒙蔽，深入了解民情吏治，康熙亲自出宫巡视，其中有六次南巡、三次东巡、一次西巡，以及数百次巡查京畿（jī）和蒙古，这些举动足以说明他是一位勤政爱民的明君。

康熙很重视文化教育，他在御制的《日讲四书解义序》中明确宣布，清廷要将治统与道统合一，以儒家学说为治国之本。他曾多次举办博学鸿儒科，创建了南书房制度，并亲临曲阜（fù）拜谒（yè）孔庙。他还下令编纂（zuǎn）了《康熙字典》《古今图书集成》《全唐诗》《康熙永年历法》《康熙皇舆全览图》等，为汉文化的总结传承做出了贡献。康熙对西方文化也多有涉猎，他向来华的传教士学习代数、几何、天文、医学等方面的知识，推广西药，还引进种痘预防天花的技术。康熙帝被现代学者誉为“二十五史”中唯一了解西方文明和尊重科学精神的皇帝。

康熙去世后的谥号是仁皇帝，他也确实在用儒家仁爱的政治理念施政。一旦有灾害发生，他都会在灾区设义仓，救济灾民。康熙十八年（1679 年），北京发生大地震，康熙下令开设粥厂，还让太医院给伤者送药。他还实行宽刑减罚政策，康熙二十二年（1683 年），全国判处死刑的犯人不到四十人。他大力惩办贪官、重用清官。当时最著名的清官于成龙，人称“于青菜”，他虽然是位封疆大吏，却长年只吃青菜粗米，不吃肉，死后家中只有一身袍子和一点食盐、豆豉而已。康熙帝自己的日常生活也很简朴，他努力为臣子做出节俭的表率，少用或不用金银器皿等贵重物品。他节制个人开支，却又大方地调动国家经费，只要事关百姓福祉，花费千百万两白银也在所不惜，比如修缮（shàn）公共建筑、疏通江河航道、建桥修路造船等，都是方便百姓和有利贸易交通的事。

言传身教，寡欲养生

康熙的子女在清帝中算是最多的，共有三十五个儿子、二十个女儿。他对子孙的教育也特别看重，通过言传身教，带领子孙祭祀、打猎、出巡、征战等，在丰富的实践中教育后代。康熙帝还定下制度，皇子皇孙从六岁开始便要在上书房读书。他亲自选定老师，请汉人师傅教授儒家经典，请满人师傅教授弓箭骑射和满蒙文。康熙对子孙的教导是他为君之道的重要部分，也正是因为他注重家教，相沿成习，清朝的皇帝没有暴君，尤其是他的继任者雍正和乾隆，都非常优秀。

康熙帝认为，人若想长寿，不能靠吃所谓的长生不老药，而要靠饮食起居有序有节，还要靠寡虑、寡欲和寡言。在位六十一年，创造了辉煌功绩的康熙帝于六十九岁时在北京畅春园过世。康熙革除旧制，施行新政，勤于国事，好学不倦，保疆御敌，统一江山，治河重农，提倡文教，为清朝的兴盛奠定了军事、经济和文化基础，开创了“康乾盛世”的大局面。在他之后，四皇子胤（yìn）禛（zhēn）继承皇位，也就是雍正皇帝。

（课内连线:《中国历史》七年级下，第三单元第 18 课《统一多民族国家的巩固和发展》）

乾隆：让大清达到巅峰的清高宗

高寿皇帝，过目成诵

清高宗爱新觉罗·弘历，是清朝的第六位皇帝，入关之后的第四位皇帝，年号“乾隆”，有“天道昌隆”的寓意。乾隆帝二十五岁登基，在位六十年，又做了三年多的太上皇，实际行使国家最高权力长达六十三年之久。他是中国有文字记载以来享年最高的皇帝，活了八十九岁，也是中国历史上实际执掌政权时间最长的皇帝。他还是著作最丰富的皇帝。汉学在乾隆年间得到了很大的发展，民间艺术也蓬勃发展起来，如京剧就形成于乾隆年间。乾隆在位期间完善了对西藏的统治，正式将新疆纳入中国版图，清朝的版图由此达到最大化，同时经济文化发展也达到了清王朝的最高峰。

弘历的生母和出生地，在各类史料中莫衷一是，但他的生母应该不是一位身份很高贵的皇妃。他自幼聪明，五岁开始接受启蒙教育，能过目成诵。康熙帝在雍亲王府第一次见到弘历时，他只有十岁。康熙惊叹于他的聪颖，非常喜爱这个皇孙，命他住到宫中，亲自教导。十二岁时弘历就参加了朝廷的正式宴请活动。康熙帝举行了一次千叟（sǒu）宴，弘历作为皇孙向老臣们敬酒。在所有的皇孙中，康熙皇帝最喜爱的就是弘历。雍正登基后不久就写下密旨，立弘历为皇位继承人，并把圣旨藏在锦匣之中，放到乾清宫“正大光明”匾额后面。

⊙清高宗

刊刻典籍，学术辉煌

清朝皇帝中，要论对文化事业的重视当首推乾隆皇帝。北京内城的南面有两个重要的地名，一是崇文门，一是宣武门，乾隆帝是真正称得上又崇文又宣武的皇帝。在他当政期间，各种官修书籍达到一百多种，完成了从顺治朝开始编撰（zhuàn）的《明史》和康熙下令开始编写的《大清一统志》。他在图书典籍方面的最大成就是亲自主持了大型文献丛书《四库全书》的编修。《四库全书》是中国历史上规模最大的一套丛书，有三千八百多人参与抄写，耗时十三年才完成。整套书收录了从先秦到乾隆之世大部分的重要古籍，共收书三千多种，七万多卷，大约八亿字，涵盖了古代中国几乎所有学术领域。整套书分为经、史、子、集四大部，为后代学者研究中国古代文化提供了较为完善的文献资料。乾隆帝还将汉文和蒙文的《大藏经》译成了满文，并大量刻印。

乾隆天资聪敏，勤奋好学，擅长书画，还喜欢写作诗文。他的语言能力超群，不但精通满语、汉语和蒙古语，还懂一些藏语和维吾尔语，这在古代帝王中是绝无仅有的。他长期痴迷于书法，在名胜古迹之处经常挥毫题字，很多都保留到现在。他撰写的文章编成文集的有一千三百多篇，诗赋更是有四万两千多首，而《全唐诗》收录唐代两千多位诗人的作品不过四万八千多首，乾隆作为日理万机的业余诗人，算得上是高产了。乾隆时期的民间艺术有了很大发展，在乾隆八十岁大寿时，徽班进京，国粹京剧从此形成。由于他对文化事业的热心，汉学从乾隆时期开始日益兴盛，到嘉庆年间形成了著名的“乾嘉学派”。

在建筑艺术方面，乾隆在北京和周围地区扩修、兴建了一批皇家宫殿园林，如皇宫的宁寿宫和花园、天坛祈（qí）年殿、清漪（yī）园（现在的颐和园）、圆明园、静宜园（现在的香山）、静明园（现在的玉泉山）、承德避暑山庄、木兰围场等。这些皇家园林都展现出清代园林文化的辉煌成就，其中的大部分成为世界文化遗产。

重农恤商，国库充盈

乾隆延续康熙、雍正两朝的政策，比较重视农业生产。他秉持“务本足国，首重农桑”的原则，从南方向北方引入先进的耕种技术。以前贵州遍地桑树，但当地百姓却不会养蚕纺织，他便让地方官从外省招募养蚕纺织能手传授技术。他在全国植树造林以保持水土，还鼓励开荒，扩大耕地面积，将全国的可耕地面积从雍正二年的六百八十三万多顷，扩大到乾隆三十一年的七百四十一万多顷。他还重视发展商业，制定了宽松的恤（xù）商政策，规定商人到歉收的地方销售粮食可以免交过境的米税，允许百姓贩运少量食盐，经营汇兑、存款、信贷的票号也在乾隆朝出现。由于生产的发展、贸易的发达，国家财政收入逐年提高，原来每年三四千万两，到乾隆四十二年达到最高点八千多万两，之后降低了一些，但也能达到六七千万两。

乾隆重视社会的稳定，关心受灾百姓，执政期间曾五次普遍免除天下的钱粮，三次免除八个省的漕（cáo）粮，减轻了农民的负担。他认为，只有百姓富足了，君主才会富足，朝廷的恩泽就是要施及百姓的。据统计，乾隆时期累计免除了两亿两白银的赋税，大约相当于四到五年的全国财政收入。这一方面说明乾隆年间经济发达，国库充实，另一方面也是他勤政爱民的体现。

开拓边疆，十全老人

乾隆进一步巩固和开拓了中国的疆域版图，维护和加强了多民族国家的统一。他统一了整个新疆，在新疆设伊犁将军，实行军府制，修筑城堡，驻扎军队，屯田垦荒，加强了对西域地区的统辖，保证了西北、漠北和青海等地的安定。他通过制定《钦定西藏章程》，完善了对西藏的治理，设立驻藏大臣，统一了当地白银的铸造，并设立了转世灵童认定的“金瓶掣签”制度。至此，乾隆朝的版图东起大海，东北到外兴安岭和库页岛，西北到巴尔喀什湖，西到葱岭（现在的帕米尔高原），北到贝加尔湖以南的恰克图，南到南沙群岛。

乾隆尊重祖父康熙帝，不敢打破康熙大帝在位六十一年的纪录，决定只做六十年皇帝。在八十五岁这一年，他举行内禅大礼，将皇位让给了皇太子颙（yóng）琰（yǎn），也就是后来的嘉庆皇帝，自己做太上皇。乾隆虽然禅位了，但实际权力还掌握在他的手中。嘉庆四年（1799 年）正月，乾隆在养心殿逝世，终年八十九岁，从此嘉庆帝亲政。

中国历史上有文字记载的享年八十岁以上的皇帝除了乾隆还有四位：第一位是梁武帝萧衍（yǎn），享年八十五岁，在位四十八年，但他只是偏居江南的南朝梁皇帝；第二位是女皇武则天，享年八十二岁，在位十五年；第三位是宋高宗赵构，享年八十一岁，在位三十六年，但他在位时的南宋也只有半壁江山；第四位是元世祖忽必烈，享年八十岁，在位三十五年。但是，他们的功绩和统治时期的百姓生活都不能与乾隆相比。乾隆曾自诩（xǔ）为“十全老人”，以彰显自己一生的丰功伟绩。

（课内连线:《中国历史》七年级下，第三单元第18课《统一多民族国家的巩固和发展》）

纪晓岚：烟袋顽童，铁齿铜牙

纪昀（1724—1805），字晓岚，一字春帆，晚号石云，道号观弈道人。清直隶献县（今河北省沧州市沧县崔尔庄镇）人。又因其北京虎坊桥寓所有一巨大太湖石，故又称“孤石老人”。

空信示警

纪晓岚二十四岁考中顺天府乡试举人第一名，三十一岁中进士，后来做到侍读学士。在他做侍读学士的时候，他的亲家卢见曾（号雅雨）是两淮盐运使，因为宴请宾客，卢雅雨挪用了国家的款项。乾隆皇帝知道后，就想把卢家的家产抄没。纪晓岚听到这个风声，马上叫人送封信给卢见曾。只有一些茶叶装在信封里，外面用面糊加盐封口，里面、外面一个字也没写。卢见曾接着信觉得很奇怪，想了想，突然明白，原来这封信暗含“盐案亏空查抄”六个字。于是他赶紧把余下的钱财寄存到了别的地方。

⊙纪晓岚

和珅是纪晓岚的死对头，他打听到这件事后，觉得有些奇怪，就在乾隆皇帝面前说是纪晓岚走漏了消息。皇帝叫纪晓岚来盘问，纪晓岚始终不肯承认。

乾隆皇帝说：“人证确凿，何必再说假话呢？”

纪晓岚没有法子，只好老实交代了。他摘下帽子，跪在地上说：“皇上敢于执法，固然合乎天理之大公，可是臣子惓惓于私情，也是实在没有办法了。”皇帝觉得他的话说得也有道理，就从轻发落，把他贬到乌鲁木齐，没过多久又把他召了回来。

两则趣事

纪晓岚才华横溢、文思敏捷，同时又滑稽可爱，常常语出惊人，妙趣横生，盛名当世，很得乾隆的赏识。他与和珅同朝为官，常常用暗语来戏弄和珅，可是和珅的反应总是慢好几拍。

和珅请他为自己修的凉亭匾额题个字，纪晓岚想了想，马上替他写上“竹苞”两个大字。和珅看了很高兴，马上就挂起来了。一天，乾隆皇帝来了，看见这个匾额之后，忍不住哈哈大笑，说：“这是纪昀骂你的话！什么是‘竹苞’啊？就是影射‘个个草包’的意思。”和珅听了，气得脸都绿了，从此便对纪晓岚怀恨在心。

纪晓岚喜欢抽旱烟，而且烟瘾很大，因此大家都叫他“纪大烟袋”。有一次，他正在抽烟，忽然听见皇上叫他。情急之下，他便把烟袋插进了靴筒里，跑进去见皇上，结果皇上跟他说了很久的话。因为烟袋的火还没有完全熄灭，烫得脚痛，他忍不住呜呜咽咽地哭了起来。

皇上问他：“爱卿，你为何哭了起来？”

纪晓岚回答说：“臣的靴筒内走水了！”（北方人称“失火”为“走水”）

皇上听了，赶忙放他出去。到了门外，他把靴子脱下来，里面直冒烟，脚上的皮肤已经烫红了。

蓝出于青

纪晓岚从不埋没他人的长处。

有一次，纪晓岚到古北口去，在一个旅店的墙壁上看见一首诗，其内容已随墙皮剥落了一半，其中有两句写道：“一水涨喧人语外，万山青到马蹄前。”

纪晓岚看见这两句，觉得写得实在是好。

乾隆二十七年（1762 年）顺天乡试，纪晓岚充同考官，学子朱孝纯（字子颖）投了一首诗寄给他，其中就有上面所说的两句，可谓有缘。后来，他到闽督学，经过严江，在舟中作诗说：

山色空蒙淡似烟，参差绿到大江边。

斜阳流水推篷望，处处随人欲上船。

纪晓岚随即把这首诗寄给朱子颖看，说自己的诗实在是从朱孝纯的“万山”句脱胎而来。人家说“青出于蓝”，现在是“蓝出于青”了。一时传为文坛佳话。

妙思巧对

纪晓岚最善于说滑稽话。乾隆戊申年（1788 年），工部失火，事后特别叫金简去督工修复，有个人就此事作了一副上联：

水部火灾，金司空大兴土木。

有个中书舍人是纪先生的同乡，他请纪先生吃饭。席间谈起这个对子，说是出了很久了，没有人可以对出来。纪先生想了想，说：“这是不难的，只不过得委屈足下了。”

纪晓岚随即脱口而出：“南人北相，中书君什么东西！”大家都笑起来。

有一天，词林的一个太夫人过寿，纪晓岚去给她贺寿，词林某君请纪晓岚作祝诗，他张口即说“这个婆娘不是人”，满座的人都惊讶起来，你看我，我看你，只见老太太一家人脸都拉得好长。

纪晓岚满脸得意，不慌不忙地继续说：“九天神女下凡尘。”大家一听都笑了起来。

老太太和家人们也都满意地笑开了花。紧接着他又续了一句“生来儿子惯为贼”，大家又惊讶起来，表情变得严肃。

纪晓岚又续了一句：“偷得蟠桃献母亲。”大家听罢哈哈大笑。

阅微记趣

纪晓岚所著的书，最有名的是《阅微草堂笔记》，这本书里面讲的都是些小故事，很有深意，文学价值很高。鲁迅先生在《中国小说史略》中，对这本书给予很高的评价。我们在这里简单地了解两个故事：

有一个老学究，他夜里走路时忽然遇着已经逝去的朋友。学究素来刚直，也不害怕，问：“你到哪里去？”鬼说：“我做冥吏，要到南村去捉人。”于是他们俩同路而行。

到了一间破屋前，鬼说：“这是文士住的房子。”老学究问他：“何以知道？”

鬼说：“在白天的时候，人们忙碌得很，性灵也湮没了。但是到了晚上，一念不生，性灵光明得很。胸中所念的书，每一个字都吐出光芒，从百窍出来，这光芒好看得很，散在空中如同锦绣一般。那些大学问家、大文学家，他们的光辉，上烛霄汉，同星月争辉。其次也有几丈高的，也有几尺高的，渐渐下来。还有些人，学问不十分高，但也有光芒，如同一个小灯，荧荧忽忽地，照映着窗户。人不能见，不过鬼是看得见的。这屋上的光芒有七八尺，所以我知道他是个读书的人。”

学究说：“我一生读书，睡着的时候有多少光芒呢？”

鬼沉默了很久，不肯说出来。后来才说：“昨天我路过你的私塾馆，那时你正在睡午觉，看见你的胸中有高头讲章一部，墨卷五六百篇，经文七八十篇，策略三四十篇，字字化墨烟，笼罩在屋顶，还有你的学生读书的声音，如同在浓云密雾中一样。实在没有看见光芒，不敢瞎说！”

学究听了，忍不住大骂。那鬼大笑而去。

刘羽冲，沧州人。纪晓岚的高祖厚斋公多与唱和。他的性情孤僻得很，喜欢讲古代的制度，可多半都是迂腐而行不通的理论。有一次，刘羽冲请董天士画了一幅画，画他自己在秋天的树林底下读书的场景，厚斋公在上面题了一首诗，说：

兀坐秋树根，块然无与伍。

不知读何书，但见须眉古。

只愁手所持，或是井田谱。

这首诗，当然是嘲笑他的。

有一次，刘羽冲得了一部“古兵书”，他很用功地读了一两年，自己说："这样，可以带十万兵了。"不久土匪来了，他自己带了乡兵去同他们打仗，差点儿被土匪捉了去。

后来，他又得了一本古代的"水利书"，也读了一两年，说："可以使千里之地，水利大兴，出产丰富。"他自己绘成图样，去同州官说，州官也很相信他的话，叫他在他自己的村里去试试。河渠造成了，水来得不止，洪水横流，整个村子几乎都被淹没了。由是他抑郁不乐，几乎发狂，常常一个人站在阶前，摇着头说："古人哪里会骗我？"一天到晚，这句话要说几千遍。

不久，他就发病死了。

自述挽联

纪晓岚不仅在清代被公认为文坛领袖，就是在中国和世界文化史上也是一位少见的文化巨人。

他一生的成绩，主要是担任《四库全书》的总纂官。此项工作先后历时十三年，最后以大型丛书《四库全书》收尾。在总纂该书过程中，他还用八年时间为该书所包括的一万余部书籍精心撰写了二百卷的《四库全书总目提要》。他著的《四库全书总目》，为三千年来的典籍做了简要的题解和索引，这是何等大的功劳！

他八十岁时还很强健。纪晓岚自己说，他从四岁到老，没有一天离开笔墨和砚台。

乾隆壬子年（1792 年）三月的时候，他还同他的朋友开玩笑说："从前陶渊明戏作活挽联，我现在要为自己作一副挽联，希望我死后大家能够用它挽我。"挽联内容如下：

浮沉宦海如鸥鸟，生死书丛似蠹鱼。

挽联第一句是说他在官场中起落浮沉，就好比鸥鸟一样，把仕途的艰辛描摹出来了。第二句是说自己埋头于图书之中，好比在书中生死的蠹鱼一样，表达了他对自身命运的喟叹。从这副自挽联中可以看出纪晓岚对官场的厌倦之情，同时也可以看出他对自己一生的认识。

（课内连线：《语文》七年级下，第六单元《河中石兽》，作者：纪昀）

林则徐：虎门销烟的禁烟大臣

勤学的少年

林则徐自小就十分聪颖，他六岁的时候进学校读书，先生教他一篇书，他读两遍就能背出来，一个字不差。

有一天，他忽然问先生：“先生，我读书有用处吗？”

先生说：“书读熟了，光是会背，还是没有用的。读一篇，要懂得一篇的意义，那样才有些用处。”

他又问：“先生，怎样才算懂得书中的意义呢？”

他的先生便翻开书找了一个例子：“姓王的小孩会撒谎，常常骗人。后来有一天，那小孩真的跌到水里去了，他喊人来救他，大家都不相信他了，他就浸死在水里了。”

林则徐立刻懂得了，他对先生说：“我懂了，这就是说，一个小孩子不应该说谎话，说一次谎话，第二次即使说真话了，人家也不相信了。是不是呢？”

他的先生很欢喜地说：“对了，你真懂得我所说的意义了！”

⊙林则徐

后来他每读一篇书，就先请先生讲那篇书的意义。他去考试的时候只有十三岁，考了第一名，他的母亲和先生都欢喜得不得了。他的邻舍和亲戚得知他考了第一名，也都惊奇地说：“这么小的孩子，成绩就这样好，将来也一定是好的！”然而他一点都不骄傲，暗暗对自己说：“考了第一名不算什么！”他仍旧勤苦地读书，不肯放松自己。

他长大一点后，人家见他品行如此好，便推荐他去做事，在一个县官那里当书记，负责文牍（公文书信）方面的事。林则徐写的书信雅洁、老练，字也很清秀。有一次，福建巡抚张师诚看见他的手笔，觉得他的才学不错，人又老实，便留他在自己身边做事。

林则徐的思维很敏捷，无论什么事，一到他手里，他立刻就能想出很妥善的处理办法，而且做事从不轻率。他说：“读书的时候，我一定要把意义弄明白了才肯读；做事的时候，我也一定要把事理弄清楚后才肯做。”

查禁鸦片

从明朝开始，到清朝初年，吸鸦片的人一天比一天多。吸了鸦片的人都是黄皮瘦脸，一点精神也没有，不爱做事情。有的人为了吸鸦片变卖家产，弄得家破人亡。

林则徐看见这种情形，心想："要是我们的老百姓都吸鸦片成瘾，国家自然亡得很快了。"

于是他上奏说："鸦片初流行到中国来，吸的人很少，现在全国的老百姓都吸上鸦片了，流毒遍及全国，已经成为国家的灾害了。倘若仍旧不注意，不想法子去严禁，国家便会一天天地穷下去，百姓便会一天天地弱下去，再过几年，连兵也没有人当了，兵饷也筹不出来了……"

道光帝看了林则徐的奏折，觉得他说得不错，于是马上叫他进京，给他军事行政上的一切权力，以钦差大臣的身份去广东查禁鸦片。

林则徐领了圣旨，就到广东去了。

他动身的时候是道光十八年（1838 年）冬天，到广东已经是第二年春天了。他进了府学，住下以后，装作无事的样子，但那些贩鸦片的外国人都急得不得了，要等他的吩咐，然而他总是沉默着，不说一句话。这样过了八天，他才叫怡和洋行的人来，说："你们如果不守法令，我一定要重办你们！"

怡和洋行是英国人开的，他们专门做贩卖鸦片的生意。听了林则徐的话，这些人也有些害怕了。

后来他告诉本国人说："你们如果仍旧吸鸦片，我一定会处死你们。"

那天，他又发了一个命令：

"外国人在广东经营通商，已经有许多年了，若是叫你们停止通商，一定很困难。在以前，我们中国反对鸦片通商的法令没有实行，可是现在要严格地实行了。凡是吸鸦片的人，都要处以死刑，就是外国人也应该服从中国的法律。今天我的命令一发出，你们就必须把仓库里的鸦片全数缴出，叫洋行的人员拟一个目录来，把鸦片的存数写清楚。如果你们反抗，或是藏起鸦片不缴出来，我一定会照新法令执行。鸦片一天不禁绝，我就一天不离开这里。我一定要把事情办得有始有终，决不半途放弃。"

这个命令一公布出来，广东人反对鸦片通商的舆论更加激烈了。命令限三天时间缴出鸦片，但英国领事义律对此置之不理。过了三天的限期，外国商人仍然没有动静，林则徐便叫广东海关监督封闭外国商船货物，停止交易。同时下令不准外国国民到澳门去，又派几只炮舰载着武装军队，集合在商馆前面。

英国领事到广东以来，第一次受此打击，十分恼怒，命令停在外海的英国船立刻开到香港去，挂起英国旗帜，准备抵抗。同时送信给两广总督，说："你们真要和英国国民和战舰开战吗？请立刻回复我们。"

一天，义律又在广东上岸了，一时警报四起。商馆周围的通路都封闭了，就是商馆前面的花园里也没有一个人影，园子门口有人防卫。商馆的大门本来只有几个人守卫，现在持枪的、提灯的、全副武装的兵士多了好几倍。商馆前面有一条河，河里也布置了三重船舶，载了许多武装起来的兵士。商馆雇用的中国雇员也被勒令全部撤出。

到了晚上九时，那里已经没有一个中国人了，只有三四百名外国居民住在那里。骑兵、哨兵来回巡查，吹喇叭，打铜锣，杀气腾腾。

林则徐气愤极了，他将大字的布告贴在义律的屋外和商馆的墙上，布告内容如下：

“一、天道报施不爽，逆天者不得善终，如英人罗拔图占澳门，卒不能达到目的，客死该地。拿皮耳亦存心险恶，中道夭死。

二、中国皇帝待外国人，恩泽深厚，外国人当服从中国法律，与本国一样。

三、若以鸦片的缘故，以致通商停止，则茶叶及大黄等需要之物，亦不能再得，何苦以鸦片的缘故，牺牲全体通商。

四、交出鸦片之后，仍准照旧通商，利害得失，一目了然，何去何从，幸善自择。”

这个布告贴出来之后的第二天，就有几只船请求出港的许可状。广东海关总督立刻下令说：“钦差大臣林则徐在这里处置鸦片期间，凡是在黄浦的船，一律禁止装货起货，没有出港许可状的，不许出港。”

英国领事义律为了英国船和英国人能顺利出港，便正式对两广总督要求通行许可状，并且说：“限三天内把通航券交出来，如果中国政府强制拘留英国船和英国人，我们便有应对的措施。”

总督回信说：“你们只要求通航券，可是忘了缴出鸦片的命令了。你们不先缴出鸦片，我们是不发通行券的。”

义律没有办法，便写信给林则徐，自悔说错了话，并请求允许他雇用奴仆运食物到商馆去。然而林则徐仍旧坚持命令他们缴出鸦片，并且将布告封在信里送去。

义律也没有办法了，因为那时沿海的商船不止一国因为英国的事情受到牵连，都开始怨恨英国。义律和英国商人商量，照会中国，缴出鸦片两千八百八十三箱。

他们的商船有二十几只，每只商船至少可以装一千多箱鸦片，现在只缴出两千多箱，数目差得太远了。

林则徐觉得义律太狡猾了，便立刻将商馆四条通路断了三条，停止食物的供给。他又将商馆的后门用砖瓦塞住，下令说：“缴出鸦片二分之一的给食物，缴出四分之三的仍旧允许贸易，全数缴出，万事皆休。”

义律眼看着三四百名英国人被软禁起来，没有水喝，没有蔬菜吃，被中国军队包围着，一时也没了主意，只好把所有的鸦片，共两万零两百多箱缴了出来。

⊙林则徐虎门销烟

林则徐要义律保证，如果以后英国商人再将鸦片运到中国，就是犯了禁令，中国当没收他的船舶、货物，而且犯人应该交给中国政府，处以死刑。

中国将保证书送去，叫义律签字承认，但义律很倔强，他将保证书撕得粉碎，说："即使砍了我的头，我也不会同意！"

随即义律发出布告，叫上英国商人，准备一起离开广东。

鸦片之战

英国将鸦片交出来了，林则徐便和两广总督邓廷桢商量，联名上书朝廷，说："鸦片全数接收了，想运到京城去烧毁……"

广东离京城很远，要运这么多烟土当然很麻烦。朝廷就命令林则徐在虎门烧毁，不必运回京城了。

林则徐接到命令，便开始在虎门焚毁鸦片。鸦片是不容易处置的，因为鸦片焚过以后仍旧有膏汁，还可以拿来吸。后来他想出一个法子，将石灰和盐混合在鸦片里一起焚烧，这样烧完以后就没有用了。

可是鸦片很多，如果用锅灶煮化，一时怎么会有这么多锅灶呢？于是林则徐又想出了办法：在海滩上凿两个方池，里面留一个洞通海。鸦片烧化了，就顺着洞流到海里去了。

烧鸦片的时候，围观者人山人海，大家都来看热闹，拍手说："这回好了，这回好了！"

英国人一时想不出办法，只好让林则徐去处置鸦片，心里自然很不痛快，时不时地无理取闹。

有一天，英国水手在香港停船的地方发动暴乱，欺侮中国人，把一位叫林维喜的人打死了。

经查，凶手是英国水手长，五个水手都和这件事有关系。审理这个案件的裁判官便是领事义律，他的判决是："三人处二十镑罚金，监禁六个月；二人罚金十五镑，监禁三个月。监禁地点在大英国的狱舍。"

这种判决实在太狡猾，而且很不公平。打死了人不偿命，只罚钱了事，天下哪有这样的道理呢？中国的官吏不承认英国的判决。林则徐便和总督联名出布告："凶手是英国水手，英国领事已经证明了。对于犯杀人罪的外国人，判决权应当在我们中国手里。”

于是林则徐下令，凡是停在香港的英国船，禁止供给一切日用品。他又派军队到广东、澳门之间的青山地区，同时发出两道布告。第一道布告说：“对于澳门船上的英国人停止供给，但在澳门的葡萄牙人和其他的外国人，仍保持他们的权利。”

还有一道布告说：“英国所雇用的奴仆和掌柜，限三天内解职，不服从的人，处死刑。”

英国人看到这种情况，没有办法，只好暂时退到澳门去了。

义律也被驱逐，他带领五十七家英商渡海，又带着两只兵船来广东，把枪炮藏在船里，趁中国不备突然向九龙山驻扎的水师开战，水师参将努力抵抗，把他们击退了。

林则徐把这件事上奏给了朝廷，朝廷的回答是：“英国人反复无常，决计停止和他们通商。”

林则徐便筹兵筹饷，准备和英国人对抗。他组织制造木排铁链，横断虎门海口，凡是广东水师所管辖的海面都防备起来。又买了两百尊大炮，排列在两边海岸。林则徐偷偷叫人去探查英国的消息和形势，同时又请了懂英文的人，把英国新闻翻译成中文。

可见，林则徐已防备得很周密了。

但是英国人因第一次失败，便弃了广东来攻浙江。浙江的官员没有防备，定海被英国人占去。后来英国人又进攻天津大沽口，这里也被英兵占了。英兵一不做二不休，趁着中国没有防备，把广州占了，又派兵进攻厦门、宁波、乍浦，再进攻长江，夺取镇江，直攻南京。清廷毫无办法，最后被迫签订了《南京条约》。

这样一来，鸦片又可以冠冕堂皇地运进来了。

被谪病逝

鸦片战争失败后，林则徐受到小人陷害被革职。虽然身受重谴，但他未忘国家大事，还想戴“罪”立功。他说：“各国商船都愤恨英国人，他们都要回国调兵船来打英国人，这是以敌攻敌的计策。我们只要告诉各国一起讨伐祸首，英国便被各国所不容。”

于是他上书朝廷，没想到奏折刚刚发出，清政府不但罢免了他担任不久的两广总督之职，而且还叫他到伊犁去充军。

伊犁远在新疆，冰天雪地，一片荒凉，很少有人居住。但是林则徐泰然自若，到了伊犁后，仍然努力尽他的职责，一点也不倦怠。他指导当地百姓开垦荒地、种植树木、开通河道，使那里水利大兴，百姓得到许多便利，众人都非常感激他。

林则徐一生为国奔波。后来，清廷又派林则徐去广西赴任，那时的林则徐已经生病了，他的儿子劝他不要出去。

他说：“二万里冰天雪地，只身荷戈，不敢说苦。这时国家要用我，哪里敢怕劳苦呢？”

由于长途奔波，林则徐到了广东潮州之后不幸病重逝世。“苟利国家生死以，岂因祸福避趋之。”就像他的诗所表达的，林则徐刚正不阿的高尚品德和忠诚无私的爱国情操永留人间。

（课内连线：《中国历史》八年级上，第一单元第1课《鸦片战争》）

曾国藩：晚清中兴第一名臣

封建王朝这座大厦，到了清朝中后期已是摇摇欲坠。经历过两次鸦片战争之后，国库亏空，朝廷不断剥削百姓，不堪忍受的农民纷纷发动起义，如破竹之势逼近清朝的心脏……大厦将倾之时，有一个人力挽狂澜，再造了清朝“中兴”大业，这个人就是曾国藩。

比贼还笨的学生

湖南长沙府湘乡县（今湖南省湘乡市）的夏夜闷热潮湿，蝉虫聒噪，令人辗转难眠，荷叶塘白杨坪的曾家老小却鼾声不断，大概是由于白日里操作劳累的原因。曾家世代务农，现在好不容易出了两个文化人：曾玉屏和他的儿子曾麟书。父子二人合力办了一个私塾，但不足以维持生计，白天还是要到田里干活。

这时曾家还有一个没睡的人，此人就是曾家的长孙曾国藩。他蹑手蹑脚地走进书堂里。“今天上午爷爷教的《诗经》别的孩子都背下来了，唯有我磕磕绊绊，明天岂不是要当场出丑？”曾国藩一边嘀咕着，一边掏出书本背起来。

⊙曾国藩

“硕鼠硕鼠，无食我黍！三岁贯女，莫我肯顾。逝将……逝将……”曾国藩懊恼地用书卷敲了下自己的脑袋，“接下来是什么……”

这时，有一个来曾家“拜访”的“梁上君子”正躲在房梁上听曾国藩背书。原来这贼听说曾家私塾中藏有墨宝，便想盗去卖钱，谁知道碰上这么个半夜三更还苦背文章的小娃娃。一晃一炷香的时间过去了，曾国藩还没背好。小偷急了，“噌”的一下从房上跳下来，吓了曾国藩一大跳：“你……你……是谁？”小偷嘲笑道：“你这娃娃也太笨了，我在房上听得都背下来了，你还不会，我看你还是别读书了。”说完，跳窗逃走了。

曾国藩杵在那里，若有所思：我若是不努力，岂不是连小偷都不如吗？不一会儿，书房里又响起了稚嫩的背诵声。

草窝里飞出金凤凰

俗话说“笨鸟先飞早入林，笨人勤学早成才”，曾国藩每天夜里都预习功课，第二天早早起来将背诵的诗篇温习一遍。此外，曾国藩还阅读大量书籍，八岁的时候就将四书五经翻个遍，十岁的时候开始读历史。这般努力，只为不辜负祖父和父亲的希望。

祖父曾玉屏虽然书读得不多，但见识很广。他深知要摆脱面朝黄土背朝天的生活，唯有考取功名。他曾把希望寄托在儿子曾麟书身上，无奈曾麟书考了十七次才考上秀才。因此，祖、父两代人只得把希望寄托在曾国藩身上。

从十四岁开始，曾国藩就开始参加县试，接连考了六次都名落孙山，他的弟弟们也没有一个考中的。曾家长辈摇头叹息：“罢了！大概是我曾家没有这个命吧！”同乡的人也都嘲笑他。曾国藩却不气馁，依旧像往常一样参加考试。

曾国藩二十三岁那年，终于打破了曾家不中举的魔

⊙曾国藩书法

咒——考中了秀才，第二年又中了举人，从此一发不可收拾。道光十八年，曾国藩考中进士，被授予翰林院庶吉士之职，此后连续升迁至内阁学士、礼部侍郎……进京十年升迁七次。

曾国藩的同乡们议论纷纷：这可真是草窝里飞出了金凤凰……

贫穷的二品官

曾国藩刚考中进士时，家中的亲戚都兴奋不已。进京做官之前，曾国藩到各亲戚家告别。到大舅家时，发现大舅还住在窑洞里，靠种菜为生。到二舅家时，发现情况也是如此。二舅握着他的手说："我的外甥做了大官，以后让我做个伙夫就行了。"曾国藩心中很不好受。

入京之后曾国藩发现，清朝官员的薪资并不高，如果不贪不拿，养活一大家人还真是困难。因此，收受贿赂、搜刮百姓在官场上已经成了很平常的事，正所谓"三年清知府，十万雪花银"。农民出身的曾国藩自幼见识到老百姓的贫苦生活，心中对贪官仇恨不已，如今易地而处，他是无论如何也不肯贪赃的。

曾国藩不贪，自然生活拮据。舅舅们多次要来京看他，曾国藩都推辞道："不要来，不要来，我这里生活实在是太清苦了。"

尽管收入微薄，曾国藩还是会按时往家中捎寄钱财，但往往一年也就是几十两，直到他当上二品官员，仍是如此。家中的兄弟们都不乐意了，在背地里说他："有钱只给妻子儿女花，却不管父母兄弟。"曾国藩听了非常生气，写信给九弟说："我自三十岁以来，就认为靠做官发财是一种耻辱，将贪来的钱留给子孙更是可恨。"弟弟们这才知道哥哥是个有骨气的人。

曾国藩常常对家人说：俭而不奢，家道恒兴；俭而不贪，居官清廉。

秀才募兵创湘军

鸦片战争之后，清政府为了支付赔款，开始搜刮百姓，除此人祸外，还有天灾：两广地区旱涝频繁，蝗虫肆虐，百姓无以为生。官逼民反，广东花县（今广州市花都区）的洪秀全组织农民起义，建立了太平天国政权。

咸丰皇帝心急如焚，召集群臣商议对策。曾国藩认为，当务之急是培养人才……朝中大臣听了都嗤之以鼻："现在匪寇都要骑到我们脖子上了，你却在谈如何培养人才。眼下要紧的应该是召集大量士兵才对！"曾国藩反驳道："历代王朝开国初年都是兵少而国力强盛，兵员越来越多国家却越来越弱，兵饷越来越多国家却越来越穷。所以应该将重点放在选拔将才上，打造一支可依赖的精锐之师，而不是靠数量取胜。"皇帝同意他的看法，并将打造军队的重任交给了他。

在征集士兵方面，曾国藩吸取戚继光留下的经验，招募那些朴实健壮的农民。被选拔的士兵多来自湖南山区，因此人们将曾国藩创建的军队称作“湘军”。

朝中的大臣们对曾国藩创建的军队都不看好，曾国藩并不在意，因为他深刻地认识到，正规军之所以不能取胜，最主要的原因是士兵和将领之间没有交情，无法形成一个强有力的整体。在创立湘军时，曾国藩让将领们自己去招募、提拔士兵，这样士兵都对将领感恩戴德。除此之外，曾国藩还立下军规：只要军中的将领死了，那么这支军队就解散。士兵们为了保证自己的利益，拼命保护自己的将领。将领保住了，军队自然就保住了。

自杀未遂

书生出身的曾国藩，在用兵打仗这件事上并没有经验，只能摸着石头过河。除了研究戚继光的战术之外，他的枕头底下还塞着一本《孙子兵法》，每日睡觉前他都要读上一段，细细琢磨其中的道理。

咸丰四年（1854 年）春天，曾国藩率领刚刚组建的湘军从衡阳起程进剿太平军。此时，太平天国的部队已经接连攻下了黄州、汉口，眼看就要到湖南了。三月的时候，两军碰面，湘军中很多人都是第一次上战场，经验不足加之过度恐慌，难免乱了阵脚。这一战湘军惨败，曾国藩很受打击。四月二十日，曾国藩亲自率领湘军水师在湘江靖港与太平军交战，再次战败。在作战之前，曾国藩就已经想好：如果此战失败，就自杀谢罪，他甚至将遗书都写好了。

望着滚滚湘江水，曾国藩打算眼一闭脚一蹬，就这么跳下去，可是前脚还没迈出，就被他的手下章寿麟死死拽住了："老师，万万不可。您要是死了，这数万湘军该怎么办呀？再说胜败乃兵家常事，我们只是缺乏经验而已！"曾国藩这才打消了自杀的念头。

本就不看好曾国藩的大臣们，此时更是肆意嘲笑他。曾国藩顶着巨大的压力回到长沙，重整军队。曾国藩对将士们说："现在世道混乱，圣人君子很少了，大家跟着我都是为了保家卫国，你们是值得被尊敬的……"大家听了很是感动，都愿意誓死追随他。

不久，曾国藩的陆军攻克了湘潭地区，士气大涨。时隔几个月，曾国藩又率领士兵打到岳州，斩杀了太平军首领曾天养，武汉、汉阳的太平军望风而逃。地方官员纷纷上奏表功，曾国藩却因为从前在靖港失败，上疏请求皇帝褫夺自己的官位，皇帝却加封他为兵部侍郎，命他继续征讨太平军。

同治三年（1864 年）六月，曾国藩率领湘军攻克了太平天国都城南京，俘获了忠王李秀成，长达十四年的太平天国运动终于被镇压下去了。

洋务运动

与那些好大喜功的将领相比，战功赫赫的曾国藩并没有被胜利冲昏头脑。在镇压太平天国胜利以后，他主动向皇帝提出裁军。曾国藩此举不但解除了朝廷对他的猜忌，也保全了自己的官位与性命。

可剩下的那些精兵良将是否还能创造出更大的价值呢？一个想法在曾国藩的脑子里萦绕很久了，那就是——发起学习西方的洋务运动。在与太平军作战之时，曾国藩就曾借用西方的坚船利炮；两次鸦片战争也使他明白：战争靠的不仅仅是战术，更需要先进的武器。他在奏折中说：师夷智以造炮制船，尤可期永远之利。

不久，曾国藩便率先开办了中国第一家军工厂——安庆内军械所，专门制造洋枪洋炮。江苏巡抚李鸿章积极响应他，在上海买下一座设备齐全的铁厂，改名为“江南制造总局”。

在学习西方先进技术之时，曾国藩发现，最大的障碍不是缺乏资金和原材料，而是语言不通——技术人员因为不懂外文，对说明书、设计图纸很难理解。针对这种情况，曾国藩就在军工厂里设立翻译馆，聘请英国美国的老师主持翻译，其间翻译了大量电学、化学、光学等各个领域的西方书籍，这些书籍开阔了中国人的视野，为中国的近代化做出了巨大贡献。

家书抵万金

曾国藩的一生，几乎都是奔走在路上的，与家人团聚的时候很少。能够联络感情的，唯有那一封封家书。他自幼就有写日记和书信的习惯，刚到京城做官时，他经常给祖父、父母以及叔父写信，汇报自己的状况以及人生感悟。

后来，曾国藩的书信多是写给弟弟的，主要讲学习、处世的道理。一次，他的弟弟在信中说，最近家中人多嘈杂，不能安心看书。曾国藩回复他说："一个真正有志读书的人，不管身处任何环境都能学有所成，不论是在私塾、旷野，还是在闹市，甚至在砍柴和放猪的时候，都不会被影响。"弟弟很受启发。

有了子女后，曾国藩更是书信不断，他告诉子女修身立命的道理。小女儿曾纪芬出嫁的时候，曾国藩也不忘给她一封书信，在信中将女儿每天该做的事都写得清清楚楚。

同治十一年（1872 年），曾国藩在花园中散步，突然觉得双脚发麻，长子曾纪泽将他扶回书房。曾国藩在书房端坐了三刻钟，安详地离开了人世。朝廷听说这个消息，罢朝三天以示追思，并追赠他为太傅，赐谥号为"文正"。

（课内连线:《中国历史》八年级上，第一单元第 3 课《太平天国运动》）

李鸿章：权倾一时，谤满天下

胸中有丘壑

李鸿章是一个充满争议的人物，有人说他是镇压太平天国杀人如麻的刽子手，有人赞美他是让清王朝回光返照的中兴之臣。他一生签订了数十个丧权辱国的不平等条约，却又一手奠定了中国近代化工业基础。他自称是大清裱糊匠，鞠躬尽瘁，为风雨飘摇的清王朝缝缝补补，却避免不了清王朝轰然倒塌的命运。

李鸿章并非出自书香世家，爷爷李殿华是个五十年不进城的乡下读书人，一心想跳出农门，但屡考不中。父亲李文安不像个聪明人，别人四岁启蒙，他八岁才读书，三十五岁终于考中举人，四十岁殿试考中三甲。

李鸿章自小就被家人寄予厚望，在父亲监督下不敢有丝毫懈怠，整个青少年时期只用“寒窗苦读”四个字就能完全概括。好在他读书的天分比父亲高得多，少年聪慧，先后拜当地名士为师，打下扎实的学问功底。

⊙李鸿章

他十七岁考中秀才，二十岁赶往顺天府参加乡试，取得不错的成绩。年轻的李鸿章就写出了“一万年来谁著史，三千里外欲封侯”这样的诗句，可见他志向远大。此时他父亲在刑部当官，在父亲的引荐下，他结识了京城里大批祖籍安徽的京官和名士，眼界得以开阔。

1845 年，年轻的李鸿章进京参加会试，落榜，他遭受了人生中第一次重大打击。万幸的是，他遇到了曾国藩。

倔强师徒

李鸿章的父亲和曾国藩是同年进士，关系密切。在父亲的推荐下，二十三岁的李鸿章拜曾国藩为师，两人一见如故。李鸿章一直恭恭敬敬地喊曾国藩老师，自称学生。

有一年，曾国藩率军追击太平天国军队，将大本营安扎在安徽祁门。时任幕僚的李鸿章看出曾国藩安排上的错误，他私下找到曾国藩，劝道：“老师，祁门易攻难守，万一太平军杀个回马枪，我军都是瓮中之鳖。”

曾国藩不以为意，哼道：“匪徒如今是丧家之犬，哪有胆量回头？”

李鸿章再三劝阻，曾国藩不听，师徒俩不欢而散。

曾国藩安排一个叫李元度的亲信去守徽州。李元度是个文人，带兵经验比较欠缺，到徽州后不听曾国藩“坚守不出”的叮嘱，贸然出击，很快丢了城池。曾国藩大怒，要严惩李元度。

李鸿章找到曾国藩，和他讲道理：“老师，李元度是您资格最老的亲信，无论何种困难始终伴随在您左右，当年还于您有救命之恩，您这样对待李元度，岂不是让众臣寒了心？”

曾国藩冷笑道：“败军之将，岂能安然无事？你废话少说。”

李鸿章见自己提出的两个建议都没有被采纳，心中也来了气，打算拍屁股走人。

曾国藩大怒，指着李鸿章的背影骂道：“老夫这么关照你，你在这种时候撂挑子不干！罢了罢了，就当老夫认错人，你赶紧滚！”

李鸿章黯然离开，走出军营十里后还在回头遥望，一只眼睛充斥愤怒，一只眼睛装满委屈。

后来，太平军果然反扑祁门，曾国藩无路可退，陷入绝地，他写好遗书，把刀架在脖子上，准备以身殉国。还好援军及时赶到，在千钧一发之际救下曾国藩。曾国藩这才想起李鸿章的深谋远虑。在接下来的军事行动中，没有李鸿章的协助，曾国藩举步维艰。

第二年，四十岁却一事无成的李鸿章发现自己离不开恩师，于是又回到曾国藩身边，师徒二人冰释前嫌。李鸿章充分展示了自己的卓越能力以及胆识，曾国藩也加快了提拔李鸿章的步伐，帮助他着手开展洋务运动，后来还暗中向他推荐被自己严惩过的李元度。

苏州杀降

1863 年，李鸿章率领自己的淮军围攻苏州，此时太平天国经过自相残杀后已经一蹶不振，实力大减，但是苏州仍然固若金汤。

李鸿章打听到，苏州守将谭绍光手下有八个对他极为不满的“王”，这八个王一文不值，因为太平天国后期封了两千多个王。李鸿章暗中和八王联络，商议投诚，只要八王献出苏州，他们就能脱下反贼的草帽，戴上朝廷的乌纱。他担心八王不相信，还把洋枪队的队长戈登请来做证人。戈登是个英国人，正宗的基督教徒，太平天国的指导思想来源于基督教义，所以八王和戈登的关系都不错。

八王果然割下谭绍光的人头，送到李鸿章军帐之中，并且打开城门，请李鸿章入城。李鸿章高高兴兴地进城，发现八王的士兵占据着大半个苏州，根本没有解除武装的打算。

“李大人，我们什么时候进京当官啊？”八王笑嘻嘻

⊙李鸿章书法

地问。

李鸿章心里非常不满，但还是不动声色地笑道：“本官早已向朝廷上书奏明八位的功劳，升官晋爵指日可待，恭喜八位！”他邀请八王喝酒，八王兴冲冲地赴宴。

宴席上，李鸿章殷勤敬酒，八王喝得面红耳赤。李鸿章敬完一轮，回到主位上，微笑着说：“动手！”

八王一愣，接着全部被李鸿章埋伏的武士砍掉首级，至死都不知道发生了什么。

李鸿章坐在血泊之中，一边喝酒，一边下令：“太平军居心叵测，假装投降，全部杀了。”

得知李鸿章杀降，舆论哗然。

戈登极其愤怒，大骂李鸿章不守信用，甚至拿着手枪找李鸿章决斗。李鸿章避而不见，坐在书房里给朝廷写奏折，说洋枪队劳苦功高，请给予赏赐。他自己掏钱给洋枪队发奖金，又给戈登本人送了一万两白银，戈登这才偃旗息鼓。

李鸿章知道杀降这件事做得不厚道，在给他母亲的信中写道：“此事虽太过不仁，然攸关大局，不得不为。”

曾国藩知道这件事后，评价这位学生“眼明手辣”。

收复苏州后，李鸿章势如破竹，节节胜利，苏州地区的太平军被一扫而空。

骡马拖火车

李鸿章在曾国藩的帮助下开展洋务运动，学习外国的先进技术，然而很多事情不被朝廷认可，困难重重，比如修铁路。

鸦片战争之后，铁路就已经传到了中国，但是朝廷视铁路为洪水猛兽，因为修铁路要动土挖坑，会破坏风水，动摇祖宗根基，而且劳民伤财。即使是外国人修的铁路，朝廷也要想方设法拆除。1876 年，英国人修建的吴淞铁路上撞死了一个人，朝廷借此说铁路杀人无情，于是花二十八万两白银赎回这条铁路，然后一段一段地拆除。

李鸿章却清醒地认识到铁路的作用。无论是军事用途还是民生建设，铁路都有巨大的利用价值，尤其体现在交通运输方面。铁路用来运煤，比骡马拉车快无数倍，但是朝廷反对修铁路。李鸿章坐在家里冥思苦想，犹豫了许久，决定豁出去，冒着风险也要修铁路。他坐在书房中，提笔上奏，申请修一条“供马车通行的快速路”。朝廷同意了。李鸿章准备修完快速路，在这基础上再修建铁路。

铁路通车那天，火车以三十公里的时速跑了一个来回，围观的人欢呼雀跃，尤其是煤矿工人。李鸿章摸着胡子还没高兴多久，噩耗就传来了：朝廷勒令他停止火车运输，因为火车的发动机声响太大，震动了清朝列祖列宗的皇陵，会让老祖宗们睡不安稳。李鸿章欲哭无泪，这条铁路离皇陵有一百多公里远，怎么会震动到那里去！但是皇命不可违，李鸿章绞尽脑汁，想出一个不是办法的办法，他找来大量的骡马，让骡马拖着火车的车头在标准化的铁轨上走。骡马累得气喘吁吁，火车走得慢慢吞吞，外国的记者乐得捧腹大笑。

李鸿章感觉自己就像这些可怜的牲畜，费尽全力拉着一个垂垂老矣的王朝蹒跚而行。

骡马拖火车这个滑稽的场面，一直到中法战争爆发后才逐渐消失，因为朝廷需要用铁路运煤。

李鸿章竭尽全力对抗朝廷顽固分子的阻挠，殚精竭虑，创建了中国近代第一条铁路、第一座钢铁厂、第一座机器制造厂、第一所近代化军校、第一支近代化海军舰队……

不过，李鸿章本人和他的家族在洋务运动中也捞了不少好处，所以百姓讽刺他“宰相合肥天下瘦”。

一枪一亿两

1894 年，中日两国爆发甲午战争，中国惨败，李鸿章一手创建的北洋水师全军覆没，中国被迫和日本进行战后谈判。作为战胜国，日本狮子大开口，要求清王朝割地，并且赔款白银三亿两。要知道，当时日本全国的年财政收入才八千万两。

清王朝的当家人慈禧太后派时年七十二岁的李鸿章作为使者去日本谈判。李鸿章自然不同意如此巨额的赔偿，谈判陷入僵局，无奈弱国无外交，李鸿章撑不了多久。他从谈判场所回住处时，被一个日本年轻人行刺。这个日本人不希望两国和谈，希望日本继续打下去，于是在大街上朝李鸿章脑袋放了一枪。子弹永远留在他左眼下的骨头缝里，一直陪着他进了棺材。这起刺杀事件震动日本朝野。日本人没有信心一口吞下中国，担心清王朝以此为借口中断谈判，也担心西方列强谴责打击日本，因此很多人前来探望李鸿章，甚至日本天皇的妻子也给李鸿章送了绷带。

因为这颗子弹，赔款从三亿两降到两亿两。

两亿两还是太多，李鸿章希望再少一点，他对日本首相说："再少点，不然我回国都没盘缠了。"日本首相十分震惊，没想到晚清名臣连这种有失身份的话都说得出来。

代表慈禧太后在《马关条约》上签字后，李鸿章回国，收获骂声一片，都骂他把国家的脸丢光了。签订《马关条约》的确是他这辈子最大的耻辱，他发誓今生今世再也不会踏上日本国土一步！

第二年，李鸿章又被朝廷派遣出使俄国，中途必须取道日本。李鸿章在汪洋大海中望着这个岛国，坚决不肯在日本住宿。中间换船时，他不肯乘坐日本的小船，而是选择在两条大船之间搭一块木板。七十三岁的李鸿章，这位晚清第一重臣，在海浪声和海风中颤颤巍巍地从木板上踏了过去。

暮气沉沉

1900年，八国联军入侵北京，中国又一次战败，慈禧太后和朝臣们逃亡，留李鸿章收拾烂摊子，代表朝廷跟洋人求和。老百姓骂他："卖国者秦桧，误国者李鸿章！"

巨大的心理压力终于压倒了李鸿章，他一病不起，开始咯血。八国联军要求中国赔款十亿两白银。李鸿章已经躺在床上起不来了，一边吐血，一边指挥属下和八国联军谈判。八国联军知道朝廷根本赔不起这么多钱，于是把十亿两降到四亿五千万两。中国百姓正好有四亿五千万人，一人赔一两，以示侮辱。

李鸿章挣扎着在《辛丑条约》上签字，回来后大口吐血，病逝于北京，临终留下遗作：

秋风宝剑孤臣泪，落日旌旗大将坛。

海外尘氛犹未息，诸君莫作等闲看。

可见其内心的忧愤与孤寂。

李鸿章去世后，时人用"权倾一时，谤满天下"来形容他。

（课内连线：《中国历史》八年级上，第二单元第4课《洋务运动》）

邓世昌：有公足壮海军威

我们虽生活在和平年代，但现世安稳并不代表永无战争，我们怎能忘记那些为了和平而在硝烟中牺牲的英雄！让我们走近民族英雄邓世昌，看看他的一生。

天资聪慧，师从洋人

出生在动荡年代的邓世昌正是因为早早懂得了保家卫国的重要性，才会在海军这条路上义无反顾、无怨无悔地走下去。

邓世昌出生在一个比较富裕的经商家庭，最初他的父亲给他起名为邓永昌，希望他能振兴祖业。然而世道黑暗，战乱频繁，通情达理的父亲知道欲立家先立国，便给他改名为邓世昌。

因为从小跟着父亲四处经商，邓世昌对中国当时的社会现状有所了解。当时英国向中国大量输送鸦片，掠夺白银，爆发了第一次鸦片战争。如果说在广东的见闻让他知道了这个社会不安稳，那么在上海的经历则坚定了他报效祖国的决心。

⊙邓世昌

邓世昌年少时就聪颖过人，在家乡时他以优异的成绩完成了小学的学业。邓世昌的父亲邓焕庄是个有远见的商人，他考虑到邓世昌未来无论是经商还是从事其他行业，都需要学习外国先进的科学技术，于是举家移居上海。当时的上海在太平天国起义后，成为中国的一块“乐土”，没有了清政府的牵制，少了封建束缚，上海成为经商之人争相前往的地方。父亲明智的选择让邓世昌得以接受良好的教育。

在上海，邓世昌学习了西方的算术和英语。

1867年6月，沈葆桢任福建船政大臣。当时中国大兴船政技术，需要培养制造轮船和驾驶轮船的人才，因此而开办了制造学堂和驾驶管轮学堂。新学堂需要招录一批福州本地的人才，而且年龄限制从十八岁放宽到二十岁以上。十八岁的邓世昌听说这个消息，连忙禀告父亲要求报考。

父亲通情达理，毫不犹豫地答应了，于是邓世昌回到广州参加考试，并以优异的成绩考取轮船驾驶专业。自此，邓世昌怀揣着一颗炽热的爱国之心，开始了他在福州船政学堂的学习。

胸怀壮志为报国

邓世昌在船政学堂时刻保持着勤劳刻苦的好习惯，自始至终奋发学习，各门功课皆列优等，“凡风涛、沙线、天文、地理、测量、电算，行阵诸法，暨中外交涉例文，靡不研究精通”。而且，因为邓世昌在船政学堂中年龄较大，稳重老练，所以深受外教的好评，船政大臣沈葆桢还称赞他是船政学堂中“最伶俐的青年”之一。这奠定了邓世昌后来在船政学堂中的良好发展基础。

学成之后的邓世昌一心想着要加入海军事业，发挥自己的才干。1871 年，他被派到“建威舰”实习，随船巡历南洋的各个岛屿。因为表现良好，1874 年 2 月，他被船政大臣沈葆桢奖以五品军功，并委以海琛号航运船大副，后历任“海东云舰”“振威舰”等兵船管带。

1887 年 2 月，因为“海东云”吨位较小，火力较弱，邓世昌被任命为“振威”炮舰的管带，并代理“扬武”快船管驾，奉命扼守澎湖、基隆等要塞。他在执行守备任务时坚决果断，用兵有方，抑制了日本侵略军的嚣张气焰。

在当时人才匮乏的情况下，聪颖而有谋略的邓世昌被朝廷大臣李鸿章选中。当时的李鸿章正在筹建北洋海军，海军人才的匮乏更彰显出邓世昌的能力。他熟悉管驾事宜，是水师中不易得的人才，所以被调过去先后担任“飞霆舰”“镇南舰”管带。

邓世昌在北洋海军的生活并不是一帆风顺的，但他是一个智商情商都很高的人，用一句话来评价他就是“知世故而不世故”。

因为北洋海军驻扎在福建，祖籍广东的邓世昌就成了外地人，在当时排外严重的环境中，邓世昌成了唯一一个不是福建当地人的指挥官。虽然当时生活中处处有矛盾，但这并没有动摇他报效祖国的决心，相反，在北洋海军的生活历练了邓世昌。

最初的邓世昌是个缺乏社会经验的愣头青，会因为出海没有带够煤，而让自己的军舰在海上漂了一段时间才回港。可他的聪慧和英勇让丁汝昌很是喜欢，丁汝昌甚至把他当作自己的心腹，任命为海军准将。

勇谋双全担大任

邓世昌不仅在指挥舰船时有勇有谋，在学习中也善于发现。

他曾经两次出国接舰，从最初的勤奋好学到最后的全力以赴，邓世昌为我们刻画了一个伟大的海军英雄的光辉形象。

三十二岁那年，丁汝昌水师官兵两百多人赴英国接舰，邓世昌随往。他非常珍惜这次机会，趁着这次机会见识了英国的工业化发展，看到了大机器生产的宏大场面，游历了英国最大的港口，见到了强大的英国海军。他细致地参观了格林尼治英国皇家海军学院，在这座培育海军人才的圣殿里，他看到了用铁舰模型等浓缩的人类征服海洋和在海上作战的历史。他在回廊上看到了英国历代海军将领的画像，其中最著名的是曾数次击败拿破仑舰队和一举歼灭法西联合舰队，赢得特拉法尔加海战胜利的纳尔逊。为此，邓世昌还特意去特拉法尔加广场瞻仰了纳尔逊的雕像。

邓世昌孜孜不倦的求学精神为他后来的发展奠定了基础。在这次游历中，他积极学习西方的先进技术并为己所用。1881 年 8 月 17 日，中国海军首次完成北大西洋—地中海—苏伊士运河—印度洋—西太平洋航线，经过的沿途各国始知中国也有海军，均鸣礼炮致敬，大大增强了中国在国际上的影响力，而邓世昌也因驾舰有功被清廷授予“勃勇巴图鲁”的勇名，成为“扬威舰”管带。

邓世昌第二次出国接舰是在六年之后。这次接舰回国途中，邓世昌因为过度劳累发了寒热，但他对自己要求很严格，他认为自己身为管带要对全舰的人负责，要坚守在自己的岗位上，于是忍着病痛，撑着虚弱的身体，坚持在驾驶台监视行船。不仅如此，他还带领全舰官兵在沿途进行不间断的各种操练，“终日变阵必数次”。在邓世昌以身作则的激励下，舰上将士“莫不踊跃奋发，无错杂张皇状”。

在此之后，邓世昌屡次立功，他的海军事业越发成功，获得了李鸿章和朝廷的认同和器重。1888 年 10 月，北洋海军正式组建，邓世昌升至军中营副将，后又立功获“葛尔萨巴图鲁”的勇名。或许是冥冥之中的安排，也或许是邓世昌内心那份炽热的爱国之情在燃烧，一位普通的水兵就这样一步步走来，从孤立无援到左右逢源，从鲁莽无知到细心谨慎。

历史从不会因为一个人而改写，但历史一定会由千万个不甘于现状的人来改变，邓世昌就是这样的英雄。

碧海青天留忠骨

如果用一句话来评价邓世昌，最贴切的莫过于光绪帝挥泪撰写的那句“此日漫挥天下泪，有公足壮海军威”。

邓世昌对自己和部下向来严明，他常常对士兵们讲：人谁无死，但愿我们死得其所！

1894 年，中国和日本之间爆发了甲午战争，邓世昌多次表明：如果在海上和日舰相撞，遇到危险，我就与之同沉大海。邓世昌为国献身的决心不是一时的心血来潮，而是一种为国家民族奉献牺牲精神的长久积淀。

同年 9 月 17 日，日本舰队突然袭击中国舰队，一场浩大的海战就此开始，这就是黄海大东沟海战。在海战期间，中国担任指挥的旗舰被击沉，为了及时吸引住敌舰，邓世昌立即下令在自己的舰上升起旗帜，他指挥的“致远”号在战斗中最英勇，前后火炮一起开火，连连击中日舰。

可是，由于当时兵力不足，以及火炮质量的问题，敌军很快包围了“致远”号，“致远”号受了重创，开始倾斜，最后全舰开始燃烧。而此时作为指挥的邓世昌并没有慌乱，也没有临阵脱逃，他鼓励全舰官兵：“吾辈从军卫国，早置生死于度外，今日之事，有死而已！”“倭舰专恃吉野，苟沉此舰，足以夺其气而成事。”官兵们的怯懦和犹豫因为邓世昌的鼓舞而消散，取而代之的是勇敢和坚定。接着，他驾着舰毅然决然地撞向了日军主力舰“吉野”号的右舷。日军见此情形惊慌失色，他们对着“致远”号全力开炮，其中的一枚炮弹击中了“致远”号的鱼雷发射管，导致管内的鱼雷发生爆炸，“致远”号沉没。

真正的英雄是敢于直面死亡的，因为心存国家民族，所以不畏死亡。让人震撼的不仅仅是邓世昌敢于撞向日舰，更是他在船沉后那份死而后已的决心。在“致远”号沉没的时候，他的随从想要极力救起他，遭到了他的拒绝。他高声大喊：“我立志杀敌报国，今死于海，义也，何求生为！”

扛起炸药包的董存瑞，宁死不屈的江姐，明明可以求生的邓世昌……在有些人眼中，这些人真傻，可在这些铁骨铮铮的英雄心里，如果不能报效祖国，即使是生也是苟活。

在致远舰最后沉没的那一刻，感动人的一幕再次出现：邓世昌的爱犬“太阳”游到他身边，用嘴衔着他的衣袖，邓世昌忍痛将自己的爱犬按入水中，与二百多名官兵一同壮烈殉国。

邓世昌在死亡面前表现出来的无畏，正是我们民族所需要的大爱。后人为了纪念这位英雄，在广州建立了邓世昌纪念馆和衣冠冢，以及邓世昌小学，这些都是对这位民族英雄永久的纪念。

（课内连线:《中国历史》八年级上，第二单元第5课《甲午中日战争与瓜分中国狂潮》）

詹天佑：中国铁路之父

京张铁路让詹天佑名扬天下。承受着外国人的冷嘲热讽和不为人知的艰辛，詹天佑不依赖任何外国工程师，不使用外国银行一分钱，展现了一个铮铮铁骨的中国人的伟大形象。

小小机器迷

詹天佑，字眷诚，号达朝，祖籍徽州婺源（今江西婺源）。詹天佑出生在一个普通的茶商家庭，小时候十分聪慧，求知欲强，可是进了私塾以后，私塾老师每天讲的都是四书五经和八股文，小天佑对这些腻烦透了。

他感兴趣的是工程、机械等新知识，经常用泥巴做小火车、做机器跟小伙伴们一起玩耍。别的小朋友书包里面装的是课本和零食，只有詹天佑书包里装着小齿轮、发条、螺丝刀、镊子这些小零件和工具，他一有空就摆弄着玩，小伙伴们都叫他“机器迷”。

⊙詹天佑

一天，小天佑对家里嘀嗒作响的闹钟产生了兴趣，他想，这个方方的东西为什么会走个不停呢？为什么每天到了那个时间就会自己发出响声呢？为什么它能保持匀速运动呢？

小天佑决定打开这个“方盒子”，看看其中的奥秘。

他把闹钟拿到隐蔽的角落，把里面的零件用自己随身携带的螺丝刀一个一个拆了下来。拆的过程中，小天佑不停地开动脑筋：这个零件有什么作用？那个零件为什么可以自己动起来？小天佑一边拆一边思考，把整个闹钟拆到不能拆为止，待到完全弄清了闹钟的构造与原理，他才把零件一个一个装好，放回原处。

出洋留学

第二次鸦片战争失败以后，清朝统治者终于意识到中国科学技术的落后可能会危及清王朝的统治。

这时，清朝在美国留过学的爱国知识分子容闳

（hóng）提出，派中国优秀的儿童到美国留学，学习先进的科学技术知识。

然而当时的中国传统观念认为“父母在，不远游”，所以招生官员很难招到学生，于是他们只好去农村做宣传。即使这样，依然没什么人报名，招生官员又把眼光放在了当时毗邻港澳的广东地区。

就这样，长于广东的詹天佑考进了清政府开设的幼童出洋预备班。同年，他便随着容闳乘轮船由香港出发抵达上海，在预备学校进行“番书”（英文）的强化训练。

留洋读书路途遥远，前途未卜，这些预备班的孩子没有一个是官宦人家的子弟，他们都来自普通家庭。

詹天佑刚到美国的时候对一切都感到好奇，比如那些高高的楼房，川流不息的汽车。而更让詹天佑一行人感到神奇的却是马路上飞驰而过、汽笛声声的铁箱子。那黑色的铁箱子里坐了很多很多人，这些人都坐在长长的铁箱子里喝茶聊天。

詹天佑问容闳：“这个铁箱子是什么呢？怎么可以跑得这么快？”

容闳回答说：“这个铁箱子叫作‘火车’！不过我也不知道为什么火车会跑得这么快。”

年仅十二岁的詹天佑对火车充满了好奇。

1873 年，詹天佑考入美国西海文小学。他小小年纪就知道自己的英文底子不是很好，于是像背四书五经似的天天背英语单词，然后大大咧咧地拉上外国同学聊天，提升会话能力。

1876 年，他以优异的成绩考取纽海文中学。

1878 年，他又考入知名学府耶鲁大学，在土木工程系铁路专业深造。在耶鲁大学这样藏龙卧虎的地方，詹天佑从来不妄自菲薄，他刻苦钻研，各科成绩都很优秀，特别是数学。在大学一、三年级的时候，詹天佑还获得了耶鲁大学数学奖学金。

詹天佑二十岁那年就出色地完成了大学本科课程，成为当年归国的一百零五名留美学生中仅有的两位学士学位获得者之一。

中国人可以自己修铁路

然而，作为当时中国唯一一个掌握现代火车制造技术的工程师，詹天佑却被清政府调往船政局做一名教导员。

满腔热血的詹天佑空有一身本领，却无用武之地。

在马尾海战战败后，慈禧太后终于意识到铁路对战争物资运输的重要性，于是决定重新开始修建铁路。

1888 年 3 月，詹天佑被招入位于天津的中国铁路公司，原以为施展才能的时刻到了，然而当詹天佑进入铁路公司之后才发现，事情跟他想的完全不一样。

这个铁路公司虽然是中国人创办的，但真正有话语权的却是外国人。

1905年，清政府决定兴建我国第一条铁路——京张铁路（北京至张家口）。英、俄都想插手，但由于中国人民的强烈反对，他们的企图最终没能得逞。

英、俄使臣威胁清政府说："如果京张铁路由中国工程师自己建造，那么到时候我们英、俄两国不会提供任何帮助，你们可知道这样做的后果吗？"

他们原以为这样一要挟，软弱的清廷就无法建造这条铁路了。在这关键时刻，詹天佑站了出来，毫不犹豫地接下了这个艰巨的任务，全权负责京张铁路的修筑。

消息传来，一些帝国主义分子和英国一些报刊挖苦说："中国能够修筑这条铁路的工程师还在娘胎里没出世呢！中国人要想不靠外国人自己修铁路，少也得三五十年。"他们甚至攻击詹天佑担任总办兼总工程师是"狂妄自大""不自量力"。

原来京张铁路从南口往北过居庸关到八达岭这一路全都是高山深涧，地势非常险要，他们认为这样艰巨的工程，就算是英、俄两国著名的工程师也不敢尝试，更不用说当时科学技术水平远远落后的中国人了，那是无论如何也完成不了的。

詹天佑顶着重重压力，坚持不用一个外国工程师，并表示："中国地大物博，而于一路之工必须借重外人，我以为耻！"中国已经醒过来了，中国人要用自己的工程师和自己的钱来建筑铁路。

奔波在崇山峻岭间

1905 年 8 月，京张铁路正式开工，紧张的勘探、选线工作开始了。詹天佑亲自带着学生和工人，背着标杆、经纬仪，日夜奔波在崎岖的山岭上。

一天傍晚，狂风骤起，呼啸的寒风卷起了八达岭一带的沙石，刮得人睁不开眼睛，八达岭上空乌云密布。测量队的队员看到天气这样恶劣，害怕会下大暴雨，于是他们匆忙结束工作，随便填个测得的数字，就从岩壁上爬了下来。

詹天佑接过本子，一边翻看填写的数字，一边疑惑地问:“数据准确吗？”

“差不多。”测量队员回答。

詹天佑听到“差不多”这几个字，顿时收起脸上的笑容，严肃地说:“技术的第一个要求是精密，不能有一点模糊和轻率，‘大概’‘差不多’这样的说法怎么能出自我们工程人员之口？”

接着，詹天佑背起仪器，冒着风沙，吃力地攀到岩壁上，认真地重新勘测了一遍，修正了一个误差。当他下来的时候，手脚早就冻得失去知觉，连嘴唇也冻青了。

不久，勘探和施工进入最困难的阶段。八达岭、青龙桥一带山峦重叠，陡壁悬崖，要想在那里开四条隧道，十分困难。

詹天佑经过精确测量计算，决定采取分段施工法：从山的南北两端同时对凿，并在山的中段开一口大井，在井中再向南北两端对凿。这样既保证了施工质量，又加快了工程进度。凿洞时，大量的石块全靠人工一锹锹地挖，涌出的泉水要一担担地挑出来，身为总工程师的詹天佑毫无架子，与工人一同挖石，一同挑水，每天都弄得自己一身泥。

保路爱国

1910 年，英、法、德、美四国银行团逼清政府签订借款修路合同。1911 年辛亥革命爆发，清政府向四国银行借银子镇压革命。随即，清政府发布了“铁路国有政策”，将已归商办的川汉、粤汉铁路收归国有。

收回路权的清政府并没有退还补偿先前民间资本的投入，因此遭到了四川各阶层的反对，激起了轰轰烈烈的保路运动。

在保路运动发展过程中，詹天佑对清政府的腐朽没落有了更进一步的认识。辛亥革命爆发前，广州城内十分紧张，有钱人大多逃往香港避难，商办粤路公司人员出现离散倾向，詹天佑的朋友也劝他早点离开广州，去香港避避风头。

但詹天佑丝毫没有理会，他把各部门负责人召集起来，宣布自己决定坚守岗位，其他人想走随时都可以离开，不过走之前必须把自己经办的工作交代清楚。在詹天佑的影响带动下，粤路公司没有一个人离开自己的岗位，在整个辛亥革命期间，粤汉列车照常开行。而邻近的广川铁路，因领导人员率先逃跑，铁路运输和财产损失重大。

燃尽生命里最后一点光

“一战”结束后，列强们为了向外扩张，纷纷将主意打到中国头上。1919 年，在重新瓜分世界的巴黎和会上，大家争论不休的还是中国的铁路，为了分一杯羹，甚至还有国家提出国际共管中国铁路。

面对如此情景，詹天佑病倒了。1919 年，詹天佑拖着孱（chán）弱的身体参加了远东铁路会议。会议时间冗长不定，原本虚弱的詹天佑更加疲惫不堪。为了保护中国铁路主权，詹天佑据理力争，最终没有让日本人的阴谋得逞。然而不幸的是会议还没结束，詹天佑再次病倒，再也没能起来。

1919 年 4 月 24 日，詹天佑逝世，享年五十八岁。弥留之际，他念念不忘的仍是那未完成的铁路事业。

詹天佑曾说：“各出所学，各尽所知，使国家富强不受外侮，足以自立于地球之上。生命有长短，命运有沉升，初建路网的梦想破灭令我抱恨终天，所幸我的生命能化成匍匐在华夏大地上的一根铁轨……”

（课内连线：《中国历史》八年级上，第八单元第 25 课《经济和社会生活的变化》）

梁启超：民主之光

八股少年

梁启超出生于广东，祖父和父亲都是当地乡绅，他四岁的时候在家里由祖父开蒙读书。祖父是个爱国人士，除了教授梁启超传统的文史知识外，还给他讲述许多的爱国故事，强调宋朝、明朝灭亡之后中国百姓的苦难。梁启超耳濡目染，从小就有忧国忧民的思想。

他整天埋首故纸堆，琢磨之乎者也，钻研八股文章，两耳不闻窗外事，十二岁便考中秀才，光耀门庭。十五岁那年，梁启超去广州学海堂读书。在那里，他有幸遇到了几个学识渊博、不拘泥于考试的教师，也接触到了更为广阔、更为自由的学术世界，不由得感叹以前的自己就是井底之蛙。

⊙梁启超

他开始广泛阅读各类书籍文章，渐渐觉得八股文章缺乏生气、枯燥无味，甚至开始觉得考科举做官并不见得是他的终生目标。

戊戌变法

梁启超考中举人后，继续在学海堂读书。

有一天，同学陈千秋兴冲冲跑来找梁启超，说：“我的老乡康有为先生向朝廷上书要求变法，轰动朝野！他是个学识渊博的人，刚从北京回来，咱们去拜他为师吧！”接着他又介绍了康有为的学问和为人。梁启超大为仰慕，满怀憧憬地和陈千秋一起去拜会康有为。

他们当即赶往康有为的南海老家。梁启超见康有为言谈举止间颇有一派宗师气度，谈及变法的思想理念也是妙语连珠信手拈来，他非常钦佩，纳头便拜。康有为见梁启超、陈千秋二人都是青年俊彦，也很欣慰。康有为特地为两位学生单独开设学馆，成立万木草堂。

几年后，他们一起去北京参加会试。当时正值甲午战争战败的第二年，清王朝打算签订丧权辱国的《马关条约》。消息传出去，举国激愤。康有为、梁启超召集北京一千多名举人集体上书请愿，请求光绪皇帝拒绝批准《马关条约》。康有为写了一份长达一万八千字的奏折，但被督察院扣留，送不到皇帝手中，于是十八省的举人和数千名百姓在督察院门口集体请求上奏。

康有为又创办了《万国公报》（后改为《中外纪闻》），介绍国内外新闻，宣传变法。因为缺乏经验，这份报纸根本卖不出去。他们只好跟送《京报》的人商量，把这份报纸当作赠阅品和京报附在一起，免费送给达官贵人，并且给送报人酬劳。办报费用都由康有为想办法筹集，报纸的编辑则是梁启超，他还负责撰写时事评论。这份报纸慢慢受到人们的重视，一个月后就增印到三千份，主笔梁启超的名气渐渐大了起来。

后来，他们的奏折终于被光绪皇帝看到，皇帝亲自接见他们，有时畅谈到深夜。康梁师徒二人走向封建王朝改良革新的历史舞台。

这场浩浩荡荡的变法运动引起了顽固守旧派的不安，慈禧太后很快展开反击。由于康有为、梁启超并没有多少从政经验和政治智慧，光绪皇帝也没多少实权，戊戌变法仅进行了一百零三天便宣告失败，光绪皇帝被软禁，康有为和梁启超流亡日本。

假衣带诏

逃亡到日本后，他们接触到了孙中山。孙中山认为康有为、梁启超遭受清朝廷迫害，应该意识到了清王朝大厦将倾，于是请人约见他们，一起协商革命事宜。康有为很不屑，对中间人说：“我乃大清子民，誓死保卫光绪皇帝！尔等俱是乱党，趁早投降！”梁启超认同老师的想法。

但是眼见孙中山等人在日本多方周旋活动，在日本华人中的影响越来越大，康有为又想找他们合作。他安排梁启超去游说孙中山。梁启超信心满满，以商讨合作的名义将孙中山、陈少白等人请到他们平常活动的地盘，突然摆出香案，对孙中山说：“孙先生，我看你是可造之材，不如参加我们的勤王运动，一起协助皇上，共襄大业，如何？”

孙中山非常不满梁启超的诓骗行径，正要反驳，梁启超又摸出一块衣襟，满脸崇敬地说：“这是光绪皇帝赐给我老师的衣带诏，尔等还不跪拜？”

孙中山不相信：“光绪帝早已被软禁，哪有衣带诏传到日本来送到你们手中？”他带着陈少白要离开，梁启超不让。

陈少白大怒，扇了梁启超一耳光，打得梁启超踉跄倒地。陈少白一脚踢翻香案，高声呵斥：“我乃堂堂炎黄子孙，岂做奴才拜此小丑，尔辈甘为满洲奴者，可鄙！”

吾更爱真理

在之后的日子里，梁启超发现康有为拿着衣带诏不干正事，整天找人捐钱，深感疑惑。最后他发现衣带诏居然是假的，是康有为伪造的！他失望至极，渐渐对孙中山心生同情，同时和老师的理念产生分歧，并且分歧越来越大。

封建王朝最终走到了尽头，进入民国时期。袁世凯上台后，企图复辟当皇帝。康有为特别兴奋，为复辟帝制大造舆论。袁世凯垮台后，他又和辫子军张勋混在一起，企图拥护末代皇帝溥仪复位。面对老师违背历史发展趋势的行为，梁启超坚定地站在正义这边，批驳老师的荒唐。

康有为恨之入骨，破口大骂梁启超：“梁贼，我没你这个学生！”

梁启超痛苦地说：“吾爱吾师，但吾更爱真理！”

师徒二人决裂。

但是康有为去世之后，梁启超又带头募捐，主持康有为的身后事，在葬礼上为康有为披麻戴孝，痛哭失声。

华丽转身

康有为、梁启超在日本流亡了十四年。袁世凯当上民国大总统后，主动邀请梁启超回国参政，并委以重任。梁启超已经意识到帝制不适合中国国情，他决定利用自己的声望和袁世凯的器重做出一番事业来。此时，主张实行议会政治的宋教仁组建了国民党，该党迅速成为中国第一大党派，企图控制内阁。梁启超帮助袁世凯抗衡宋教仁，组建了民主党，又和共和党、统一党合并为进步党，成为民国初年唯一能和国民党对抗的大党。他全心全意为袁世凯服务，甚至利用自己掌握的舆论污蔑革命党进步人士。袁世凯投桃报李，任命他为司法部总长。

后来，袁世凯找到一群美国人写文章，抛出只有君主制才能救中国的思想，误导人们。梁启超看出袁世凯称帝的野心，对袁世凯大失所望。他认为复辟就是叛国！为了反对袁世凯复辟，他写出了一篇脍炙人口的文章——《异哉所谓国体问题者》，一针见血、毫不留情地揭穿袁世凯的复辟野心。

袁世凯深知梁启超笔杆子的力量，非常恐慌。他连忙派人给梁启超送去二十万大洋，说是给梁启超的父亲做寿，其实是恳求梁启超高抬贵手，不要在报纸上发表这篇文章，但被梁启超严词拒绝。

袁世凯见软的不行，就来硬的。他找到梁启超，威胁说：“你在国外流亡十几年，那种艰苦辛酸想必已经尝够了。现在好不容易过上好日子，荣华富贵享之不尽，何必再自找苦吃？”

梁启超微笑不语。

袁世凯脸色一变，说：“顺我者昌，逆我者亡！”

梁启超看到袁世凯亮出了底牌，从容笑道："大总统，我已经是流亡的专家了，再流亡一次简直是轻车熟路啊！"

袁世凯只好恨恨离去。梁启超很快将文章发表，各大报纸纷纷转载。袁世凯一意孤行，还是复辟做了皇帝。梁启超联合蔡锷将军，发起讨伐袁世凯的护国战争。在全国各省响应护国运动的形势下，袁世凯不得已取消帝制，宣布退位，不久后病死。

梁启超完完全全地告别了过往，抛弃了帝制，选择了民主，声望达到顶点。

宽容人生

1926 年，梁启超因为尿血在北京协和医院住院治疗。经过 X 光检查，医生发现他的右肾上有一颗大黑点，诊断为肿瘤。为了避免肿瘤细胞扩散，医生通过手术切除了他的右肾。医生对切下的右肾进行解剖，看到右肾上的确有一个樱桃大小的肿块，但不是初诊的恶性肿瘤。手术后的梁启超依然尿血不止，查不出病因。医生束手无策，只好诊断为"无理由之出血症"。

这则消息传出去之后，一时舆论哗然，矛头全部指向协和医院，讽刺西医草菅人命，拿病人当实验品。但是素来开明的梁启超认为，给他主刀的医生都是经验丰富、救人无数的医生，他们绝对不是故意错割，而且当时的医疗技术水平有限，无法绝对避免医疗事故的发生，他能够谅解。

梁启超在《晨报》上发表文章《我的病与协和医院》，为协和医院辩护。在他的努力下，一场可能引起全国医疗界地震的医疗风波得以大事化小、小事化了。

但是，因为失去了一个肾，身体素质本来不错的梁启超变得虚弱多病。两年后，梁启超因重病再次入住协和医院，这次他没能挺过来，溘然长逝，享年五十六岁。

梁启超用一生寻找让中国繁荣富强的道路，在戊戌变法后写出《少年中国说》，喊出“少年强则中国强”的口号，振聋发聩。他将民主进步之光带给民众，成为近代中国伟大的启蒙者。

（课内连线:《中国历史》八年级上，第二单元第6课《戊戌变法》）

民国篇

蔡锷：护国军神

士官三杰

清朝末年，湖南宝庆府（今邵阳市）平民蔡正陵家里诞生了一个男孩，取名为艮寅，字松坡。蔡正陵是个农民，闲暇时兼职做裁缝，夫人是贤妻良母。虽然家境贫寒，但家教颇严，男孩蔡松坡因此拥有不错的教育环境。

蔡松坡从小聪明过人，是远近闻名的少年才子。十六岁时，他报考长沙时务学堂，从两千多名考生中脱颖而出。从老家到长沙求学，路途遥远，蔡松坡没钱乘船，只能在天寒地冻的天气里，冒着冰霜风雪徒步几百里来到长沙城。时务学堂一共办了两年，招考三次，录取学生两百余名，蔡松坡是其中年龄最小的，人们称赞他是“白帽青衫最少年”。他的老师，就是大名鼎鼎的梁启超。梁启超对聪颖的蔡松坡刮目相看、关怀备至，师徒二人建立了历久弥坚的深厚感情。

⊙蔡锷

戊戌变法失败后，时务学堂被迫停办，蔡松坡先后去武汉、上海、日本等地求学。1900年，蔡松坡回国参加武汉的自立军起义，结果起义失败，多名师友遇害，他侥幸逃脱。此后他效仿东汉名将班超投笔从戎，改习军事，给自己改名为蔡锷。锷，刀剑之锋也。

他又去日本求学，考入东京陆军士官学校。留学期间，他的生活异常艰苦，处处遭受日本人的歧视。很多中国学生难以忍受，不得不退学，但是他咬牙坚持了下来。

毕业的时候，学校宣布各位毕业生的名次，第一名由日本天皇赐刀以示奖赏。当时毕业生有三百多人，其中中国学生只有四名。士官学校念名次从第一名开始。第一名：蒋百里，是个中国人，天皇的刀当然就归他了。日本士官脸上一热，没想到最高荣誉被中国人夺走了。紧接着念第二名：蔡锷，也是中国人！士官群里的骚动更厉害了。

念第三名的时候，所有人都安静了，学校还特地检查了一下名单，然后宣布第三名：张孝准，还是中国人！

从此，蔡锷和蒋百里、张孝准一起被称为“中国三杰”。

重九起义

蔡锷毕业后回国，先后在江西、湖南、广西、云南等地帮助清王朝训练新军。在广西任职时，蔡锷年轻英俊，脚穿长筒靴，腰挎指挥刀，扬鞭策马，威风凛凛。他讲解精辟，技艺娴熟，深受官兵敬佩，被誉为“人中吕布马中赤兔”。但是蔡锷为人正直，才华横溢，遭到他人嫉妒排挤，被迫离开兢兢业业工作六年的广西。

他赋闲在家，心中满是委屈和失落。这时，云贵总督李经羲向蔡锷伸出了友谊之手，邀请他来云南带兵。李经羲是晚清重臣李鸿章的侄子，也是清王朝最后一任云贵总督。李经羲被蔡锷的才华折服，对他十分赏识，重用了他。蔡锷感激李经羲的知遇之恩，两人之间的关系非常亲密。

1911 年武昌起义爆发后，蔡锷和广大革命分子歃（shà）血为盟，响应辛亥革命。他们决定在 10 月 30 日深夜发动起义，蔡锷被推举为总司令。这天是农历九月初九，所以这次起义叫作“重九起义”。

起义军首先要解决的就是镇守云南的总督李经羲。蔡锷是个道德感极强的人，向来坚持知恩图报，重情重义。李经羲是他的恩人，他不能与恩人为敌。

在起义之前，他私下找到李经羲，劝说道：“李公，如今朝廷腐朽不堪，唯有共和才是出路，您也起义吧！”

李经羲大怒，呵斥道：“我李家世代享受浩荡皇恩，怎么能在朝廷最为难的时候背弃它！此等不臣之举，李某做不出来。”

蔡锷苦苦劝解，李经羲叹息道：“我何尝不知朝廷气数已尽，但我毕竟是大清的臣子。松坡，你取走我的首级去鼓舞人心吧！”

蔡锷冷笑道：“那就对不住了。”他打晕李经羲，却把他带到法国领事馆避难，后来又把李经羲及其家人接到临时军政府暂住，最后亲自护送他们离开云南，保护恩人全家平安。

有下属不服，批评蔡锷：“自古以来，慈不掌兵，您这么仁慈，恐怕难成大事。”

蔡锷微笑道：“现在是新时代了，讲究人道精神！咱们是职业军人，不是武夫军阀！”

在他的指挥下，重九起义大获全胜。同年 11 月，“大中华国云南军都督府”成立，蔡锷被推举为云南军政府都督。这年，他只有二十九岁，春风得意，前程似锦。

护国讨袁

1913 年 10 月，蔡锷被袁世凯调到北京，加以笼络和监视。此时的蔡锷还认为袁世凯具有宏才伟略，会带领中国走上富国强兵的道路。但是，袁世凯逐渐显露出复辟当皇帝的野心，他镇压革命党人，打击民主力量，篡改宪法，破坏内阁，倒行逆施。紧接着，袁世凯的手下粉墨登场，为复辟帝制大造舆论，袁世凯当皇帝的野心暴露无遗。

蔡锷气愤至极，决定用武力推翻袁世凯。但是，人在屋檐下，不得不低头，他需要小心行事，不能让袁世凯察觉他的意图。于是他装作无心政治的样子，天天跑去北京八大胡同逛妓院，和名妓小凤仙厮混。

他似乎用自己的行为暗示袁世凯，你当你的皇帝，不要来妨碍我游戏人生。袁世凯何等精明，知道蔡锷不会这么轻易放弃政治主张，但是只要蔡锷不闹事，他也懒得管。蔡锷则暗中联络老师梁启超，初步定下回云南举行起义的战略设想。

蔡锷在北京混了两年，戏演得差不多了。袁世凯开始制作龙袍，蔡锷要举起步枪打烂他的龙椅。他需要离开北京。

有一天蔡锷找到袁世凯，说自己得了咽喉病，十分厉害，想去日本治病。在总统办公室里，老奸巨猾的袁世凯盯着曾经意气风发如今四处风流的蔡锷，许久不说话。

在安静到令人窒息的气氛中，蔡锷面带微笑看着袁世凯，嘶哑着声音说："大总统，批几天假呗！"

袁世凯见他的确病得严重，只好说："给你三个月的病假，好好养病，政府……朝廷需要你！"

蔡锷离开总统办公室，汗水湿透了衬衫。临走之前，他不慌不忙地去探望小凤仙，然后坐船，东渡日本，取道台湾，绕道香港、越南，辗转回到云南昆明。

1915 年 12 月 25 日，云南宣布独立。蔡锷组织护国军，发动护国战争，讨伐袁世凯。袁世凯发兵十万镇压。蔡锷亲自带领的军队只有三千人，兵力悬殊。蔡锷和袁世凯打了两个月，苦苦支撑，心力交瘁。蔡锷觉得自己快撑不下去了，给夫人写了封家书，交待道："余素抱以身许国之心，此次尤为决心，万一为敌贼暗害，或战死疆场，决无所悔。"视死如归之心，跃然纸上。

在蔡锷的号召下，1916 年 3 月广西宣布独立，蔡锷趁机反攻，其他省份纷纷响应。袁世凯无奈之下，只能宣布取消帝制。因为这场艰苦卓绝的战争和奇迹般的胜利，蔡锷走到了他军事和人生道路上最辉煌的顶点，人称"战神"。

英年早逝

袁世凯吃了败仗，恼羞成怒，让湖南总督汤香茗去抄蔡锷在湖南的老家。蔡锷的母亲和妻子都跑出去避难了，家中只有一个已经分了家的兄弟，开着一个小木厂。汤香茗跑过去，发现蔡锷家穷得叮当响，向袁世凯如实汇报：蔡锷家太穷，实在没有财产可以查封。袁世凯虽然憎恨蔡锷，但也钦佩他的清正廉明。

做了八十三天皇帝后，袁世凯一命呜呼。黎元洪当选民国大总统，他任命蔡锷为四川总督兼省长。可惜此时蔡锷病情恶化，草草交代善后事宜后，便匆匆奔往日本治疗喉癌。后来他不幸病逝于日本福冈，年仅三十四岁，可谓英年早逝。

1917 年 4 月 12 日，蔡锷魂归故里，国民政府在长沙岳麓山为他举行了隆重的国葬。他成为民国历史上国葬第一人。

英雄美人

1951 年，小凤仙拜访京剧大师梅兰芳，自述和蔡锷当年的过往，其实他们俩的故事并没有大家想象中那么精彩。

小凤仙的母亲是偏房，遭大老婆排挤打压，郁郁而终。年幼的小凤仙跟着奶妈四处漂泊，卖唱为生，后来到了北京。蔡锷为了哄骗袁世凯，经常逛八大胡同，认识了时年十五岁的小凤仙。蔡锷家庭生活美满，对小凤仙并没有太多的想法，然而要做戏就要把戏做足。他主动接近小凤仙，给她讲三国、水浒的故事，教她读书写字，甚至给她写了一句诗："不信美人终薄命，古来侠女出风尘。"

蔡锷小心翼翼保持着和小凤仙的距离，因为他担心自己逃出北京后，袁世凯会打击报复小凤仙这个无辜的女人。

有一次，蔡锷陪着家眷去看戏，开场之前，他指着包厢里一个年轻女子对他的原配妻子潘夫人说："这就是小凤仙。"可见他和小凤仙的交往并没有背着家人，同时他和小凤仙的关系也不算很亲密，袁世凯和北洋政府也从未找过小凤仙的麻烦。

蔡锷去世后，小凤仙故地重游，来到青云阁，遇到一个长得非常像蔡锷的人，就嫁给了他，过上了与世无争的生活。

（课内连线：《中国历史》八年级上，第三单元第 11 课《北洋政府的黑暗统治》）

蔡元培：革新北大的“北大之父”

父母之师

蔡元培出生在浙江绍兴，家中先祖没有一个读书人，多以经商为生。父亲蔡光普做钱庄生意，非常重视后代的教育，在蔡元培四岁的时候就送他去私塾读书。

蔡光普是个清廉宽厚的人，一直都是蔡元培为人处世的榜样，可惜蔡光普因病英年早逝，去世的时候蔡元培才十一岁。蔡光普生前乐善好施，资助过很多乡邻。他死后，乡亲们纷纷帮助蔡家，但是蔡元培的母亲周氏不愿意接受，她想以身作则告诉孩子们要自食其力。她省吃俭用辛勤操劳赚取家用，一针一线缝补出全家人的衣服鞋袜。

周氏没上过学，但深明大义，她善良、勤劳、坚强，是典型的中国式贤妻良母。蔡元培耳濡目染，深受影响，养成了好学上进和正直无私的品质。他学习极为刻苦，十七岁中秀才，二十二岁中举人，二十四岁中进士，二十七岁入翰林院，完成旧中国传统读书人的最高目标。

⊙蔡元培

后来，中日甲午战争爆发，中国惨败，蔡元培大受震动，开始广泛接触国外学问，学习新学。

北大重生

蔡元培积极支持参与戊戌变法。变法期间，朝廷在北京创办了京师大学堂，这是当时中国的最高学府，也是最高教育行政机关。变法很快宣告失败，但京师大学堂保留下来，后来改名为北京大学。

因为变法失败，蔡元培悲愤交加，对朝廷大失所望，毅然离开翰林院。饱读诗书的他回到老家到绍兴中西学堂做校长。在学校里，他提倡新学，增设外语、化学、物理、生物等学科，这是他人生中的第一次教育改革。他引进了许多新派知识分子来学校教书，学校里的守旧派看不下去了，跑去最高领导徐树兰那里去告状。徐树兰也很不满，找到蔡元培，让他抄写皇帝要求遵守旧礼教的圣旨并且挂在墙上。

蔡元培很生气，说：“我来这里是为了办教育。如果你们还在搞老一套，我来这儿干什么？我还不如继续待在翰林院。”

守旧分子纷纷嘲笑他：“那蔡先生回翰林院便是，为何要留在这儿？”

蔡元培虽然已经和学生们培养出感情，但中西学堂不能认同他的教育思想，他只能辞职。此后他继续从事教育事业，多次出国学习。辛亥革命爆发后，他担任中华民国教育总长，主张采用西方教育制度。

1916年底，民国政府任命蔡元培做北京大学校长。蔡元培的很多朋友都劝他不要去，因为当时的北大是社会公众眼中的官僚机构，是用来选拔官员的地方。很多学生的家长都是当朝要员，有的老师上课还要给学生行礼。在蔡元培之前，很多有志之士做校长，都没有把校风正过来。蔡元培为了实施教育救国的理想，坚定地选择赴任。

当时北大有许多不合格的外国老师，为了学校的发展，他只能辞退他们，包括英国籍教师。英国驻中国公使朱尔典很生气，摆出一国公使的架子恐吓蔡元培：“我国的老师你也敢辞退，你想不想再做校长？”

蔡元培冷笑道：“在上任当天我就说了，我是来这儿做校长的，不是来做官的，我最讨厌别人把官场上的风气带到学校来。水平不够的人就该辞退。是非曲直自有公论，无论到哪儿去评理我都奉陪。”

朱尔典学习中国人的惯用威胁话语，说：“你给我等着！”

蔡元培看出他是色厉内荏，坚持自己的做法，最后朱尔典也只好不了了之。蔡元培大量辞退了滥竽充数的老师，从全国广寻名师，给北大补充新鲜血液。他进行了大刀阔斧的改革，总体上坚持“思想自由、兼容并包”的理念。在他的主持下，北大有了中国大学史上最豪华的名师阵容，其中有主张新文化运动的领袖人物胡适、陈独秀、鲁迅等人，也有主张恢复帝制的辜鸿铭、刘师培等人。

三只兔子

蔡元培到处物色人才，他看中了主办《新青年》的陈独秀，想让陈独秀主持北大的文科。他多次拜访，但陈独秀不愿赴职。蔡元培天天来找他，有时候来得早，陈独秀还没有起床，蔡元培不想打扰他，干脆自己搬个凳子坐在门口等候。

蔡元培和陈独秀都属兔，他比陈独秀大十二岁。陈独秀最终被蔡元培感动了，答应出任北大文科学长。不过麻烦又来了，因为陈独秀虽然有才华，但是没有学位文凭，北洋政府教育部不会看上他。蔡元培干脆给陈独秀伪造了一份学历，称陈独秀是日本东京大学毕业，曾任芜湖安徽公学教务长、安徽高等学校校长。其实陈独秀只是在东京高等师范学校和早稻田大学旁听过，根本没有毕业。他的确是芜湖安徽公学、安徽高等学校的创办人之一，但没有做过校长。

陈独秀进入北大后，《新青年》跟着搬过来，胡适、李大钊、刘半农、钱玄同、鲁迅、周作人、吴虞等大批知识分子纷纷会聚北大。蔡元培很欣赏胡适的才华，邀请二十七岁的胡适来北大当教授。进入北大之后，胡适压力非常大，蔡元培瞧出来了，于是打算去给胡适打打气。

在胡适正式登台讲课的前一天晚上，蔡元培来到胡适家里做客。胡适搞不清楚校长的来意，又忐忑又紧张，和蔡元培东拉西扯，蔡元培一直微笑倾听。胡适终于忍不住了，问蔡元培:“校长，你来找我有什么事？”

蔡元培不回答，反而站起来告辞。走出门后，蔡元培突然停住脚步，站在黑暗中对胡适说:“我请你到北京大学来，就代表我非常信任你。”说完就走了。胡适站在原地思索片刻，顿时信心满满。

两年后，蔡元培组织编纂北京大学丛书，胡适的《中国哲学史大纲》也是丛书之一，这本书奠定了胡适在中国的学术地位。蔡元培为该书作序:“适之先生生于世传‘汉学’的绩溪胡氏，禀有‘汉学’的遗传性……所以编中国古代哲学史的难处一到先生手里就容易多了。”

那时候的中国讲究家学和师承，蔡元培这些话是特意写给保守派看的，让他们重视胡适，减少胡适可能遭受的攻击。胡适师承美国哲学家杜威，但“家学”却是蔡元培伪造的，和为陈独秀伪造学历一样。原来胡适的“胡”和绩溪胡氏并非同宗。蔡元培聘请名师，只在乎他们的真才实学，其他的都不在意，但是为了堵悠悠众人之口，他只能出此下策。

巧的是胡适也属兔，蔡元培大他二十四岁。于是有人把蔡元培、陈独秀、胡适合称为“改变北大的三只兔子”，蔡元培是老兔子，陈独秀是中兔子，胡适是小兔子。

讲义风潮

蔡元培上任之后，学校财政困难，北大校园最高决策机构评议会通过表决，决定适当向学生收取讲义费。很多学生不肯交纳，反而要求学校给予学生更多权利。他们包围校长办公室，强烈要求惩罚提议征收讲义费的人。

几百名学生气势汹汹，蔡元培挺身而出，厉声喝问：“你们在干什么？”

为首的一名学生大声说：“庶务部主任沈士远找我们征收讲义费，我们来找他理论理论！”

蔡元培望着所有学生，镇定地说：“收讲义费是学校评议会决定的，我是校长，有什么事来找我，与沈先生无关。”蔡元培在教育界和学术界以及在学生群体当中颇有威望，一时间震慑住不少人。

有个学生恶语相向，指着蔡元培说：“你倚老卖老！”

蔡元培挥舞着拳头，对着这名学生喊道：“我是从明枪暗箭中磨炼出来的，哪里是倚老卖老？如果你们有手枪炸弹，尽管拿来对付我。在维持校规的大前提下，我跟你们决斗，谁来？”

听到这话，在场的学生无不面面相觑。五十多岁的老校长摇身一变，成了拼命三郎。蔡元培如此可敬、可爱，学生自知理亏，敌意消减，慢慢就散了。

故去香江

蔡元培晚年旅居香港，生活拮据，生病后无钱请大夫，只能苦熬。

1940 年 3 月 3 日早晨，蔡元培起床后去刷牙洗脸，突然口吐鲜血晕厥倒地，送到医院抢救，两日后不幸去世。他死时没有任何财产，房子也是租的，并且还欠医院一千多块钱的医药费。出殡时，香港大学中文系主任许地山，他的北大学生，找了十面锣在出殡的队伍前面敲打。很多香港百姓听到动静跑出来看热闹，他们并不知道这个寒酸的死者就是当年教育部的一把手。

蔡元培从封建王朝走来，却是民主革命的开拓者；他通过科举进仕，却成为现代教育制度的奠基人。他一手缔造中国最高学府，被尊称为“北大之父”，临终前只留下两句遗言:“科学救国，美育救国。”

（课内连线:《中国历史》八年级上，第四单元第 12 课《新文化运动》）

鲁迅：中国现代文学的奠基人

“我之所谓生存，并不是苟活；所谓温饱，并不是奢侈；所谓发展，也不是放纵。”鲁迅纪念馆墙壁上赫然刻着这句话。鲁迅用笔做刀枪，从而被称为民族的脊梁，更是民族之魂魄。

出身望族

1881年，清政府风雨飘摇，急速走向灭亡。同年9月，在江南绍兴城内一户周姓人家，鲁迅出生了。鲁迅原名周树人，字豫才。他是长门长房长孙，连鲁迅自己都说：“我生在周氏是长男，‘物以希为贵’。”

在绍兴，周家算得上是望族，家里很多人都做官经商，人丁兴旺。他的祖父是京官，每月就算祖父不从北京汇一文钱回来，日常生计也还是绰绰有余。鲁迅说：“我幼小时候，家里还有四五十亩水田，并不很愁生计。”

鲁迅就出生在这样一个大家族，在当时的年代背景下，他确实是幸运的。鲁迅的祖父周介孚甚至有过让儿孙一起考取翰林的想法，在门上悬挂了“祖孙父子兄弟叔侄翰林”的匾额以表达他的雄心，那种书香人家的气氛，始终相当浓厚。鲁迅家中有两只大书箱，《十三经注疏》、“四史”、《三国演义》、《封神榜》等各种经书、小说应有尽有。

读书“三到”

鲁迅六岁就开始读书。一次，一位亲戚允许鲁迅到他们家里一间堆满杂书的小屋里自由翻拣，年幼的他推开房门看见里面全部是书，惊喜万分。鲁迅先是跟着自己家亲戚学习，长大一些后被送到绍兴城内最有名的一家三味书屋去读经书。初涉人世，不愁吃穿，又受着书香的熏陶，还有老师指点，这也确实是那个时代的小孩子能够享受的最好条件了。

鲁迅在私塾读书，发现先生教书只是让学生死记硬背，不讲解大意。小小年纪的鲁迅认为读书不应只是口到——读和背，还需眼到——看清字的笔画，掌握字的写法，更为重要的是要心到——专心致志，力求其意。因此，他亲手制作了一张别致的书签，上面写着“读书三到：心到，口到，眼到”十个清秀工整的毛笔字，夹在书中，当作自己读书时遵循的原则，身体力行。

⊙鲁迅

鲁迅逐渐长得愈发健壮，圆圆的脸，眉清目秀，用绍兴话来说，长得很体面，这种体面正是由书香家族涵养起来的，可谓“腹有诗书气自华”。那时的鲁迅和二弟周作人每天晚上睡觉前都要躺在床上聊天，将白天看来的神怪故事编成童话，什么有一座仙山，山上有大象一般的巨蚁，有天然的亭台楼阁，仙人在其中炼玉补骨肉，甚至可以起死回生……一夜连一夜，讲得那么起劲，许多细节一再复述，两个在黑夜中躺着的孩子，真是完全沉浸在幻想的童话世界里了。一个人的天赋当中，最可贵的就是幻想的激情，人的爱心，人对诗意的敏感，甚至整个的青春活力，都是和这种激情融合在一起的。什么时候你发现自己再也没有幻想，再也不做白日梦了，可能也就完全被社会同化了。这时候的鲁迅已经十三四岁，可能那是他和周作人一生中最温馨的时光：夜空下，两个无忧无虑的孩子躺在温暖的被窝里，做着甜蜜的梦。

少年鲁迅不仅聪明勤奋，而且对自己严格要求。在三味书屋上学后不久，鲁迅的祖父在一场科举考试中因替亲友行贿触犯了法律，被捕入狱。鲁迅的父亲也因为着急上火得了重病，不得不卧床休养。鲁迅作为家里的长子，和母亲一起担起了探视祖父、照顾父亲和弟弟的重担。他每天要去接医生，到药铺抓药。家里的钱越来越少，为了给父亲治病，鲁迅经常拿着母亲给他的东西到当铺里，换了钱给父亲抓药治病。

这一天，他忙完家里的事，赶到三味书屋，老师已经开始上课了。站在门外的鲁迅非常为难，他既怕老师生气，又怕耽误课程。犹豫了一会儿，他硬着头皮敲门进了教室。看见迟到的学生，老先生满脸的不高兴，他停下正讲的课，问道："你怎么才到呢？"

鲁迅从座位上站起来，回答道："先生，我去药铺给父亲抓药，耽搁了一会儿，就来晚了。"

"无论什么理由，作为学生，迟到都是不妥的。今后应以此为训，你坐下吧。"老先生严厉地说。

鲁迅坐下后，没有埋怨老师，他想：先生批评得对，一个总爱迟到的学生不是好学生，我不能原谅自己，无论什么理由都不能耽误上课。为了记住这次迟到的教训，鲁迅就在自己书桌的右上方用小刀刻了一个"早"字，以此来告诫自己：无论在什么情况下，都不能迟到，要勤奋，要遵守私塾的纪律。

从那以后，鲁迅起得比从前更早了，他一件一件地忙完家里的事情，就赶紧背起书包，再没有迟到过一次。鲁迅凭借对自己严格的要求和勤奋好学，在全班总是名列前茅。直到今天，在绍兴三味书屋纪念馆里还摆着鲁迅当年用过的那张书桌，桌上那个刀刻的“早”字还依稀可辨，它向每一个来过这里的人讲述着少年鲁迅的这段故事，也告诉每一个人，自助者天助之。

家道中落，弃医从文

自父亲生病之后，周家逐渐家道中落，全家避难于乡下。鲁迅经常因为父亲的病出入当铺和药铺，遭人冷眼。小小年纪的他初尝人情冷暖，备感世态炎凉。

后来鲁迅只身一人去日本学医。一次课间观看日俄战争教育片，影片里偏有中国人夹在里边，给俄国人做侦探，被日本军捕获，要枪毙了，围着看的也是一群中国人。“万岁！”教室里一些日本学生拍掌欢呼起来。这种欢呼，是每看一片都有的，但在鲁迅听来却特别刺耳。后来回到中国，鲁迅每每看见那些闲看枪毙犯人的人们，他们也何尝不酒醉似的喝彩。从那一刻起，鲁迅的心灵被深深地震撼。他切身体会到国人身上的愚昧和麻木，也明白了要拯救中国必须从解救国人的思想开始。看完电影之后，鲁迅觉得学医并非一件紧要的事，医学只能解除病人肉体的痛苦，而要真正解救自己的民族，首先要救治人的精神，唤醒民众的觉悟。于是他决定弃医从文。鲁迅将个人志愿与祖国前途命运紧密联系在一起，体现了强烈的爱国主义精神。

鲁迅1909年8月从日本归国，任杭州、浙江两级师范学堂生理学和化学教员，兼任日本教员铃木珪寿的植物学课程翻译。他非常珍惜时间，一生都在与时间赛跑。他说："时间就像海绵里的水，只要愿意挤，总还是有的。"时间对任何人都是公平的。鲁迅一生多病，后来工作条件和生活条件都不是很好，但他每天都坚持工作兼写作，战斗在文艺界，有时连饭都顾不得吃。实在困了，就和衣躺到床上打个盹儿，醒后泡一碗浓茶，继续写作。鲁迅习惯以各种形式鞭策自己珍惜时间。大凡有志者、勤奋者，都善于去争时间、挤时间，一分耕耘才有一分收获。

情比金坚，知己难得

瞿秋白和鲁迅的第一次见面是在1932年夏秋之间。两位"没有见面就这样亲密的人"终于见面了，就像老朋友久别重逢。他们从日常生活谈到彼此的遭遇，又从淞沪抗战谈到中国革命和文学战线上的情况，大有相见恨晚之感。后来，瞿秋白与鲁迅的交往愈加密切，包括在危难关头，瞿秋白多次临时转移到鲁迅家中避难，每次鲁迅都毫不畏难，热情接待。两人在文学上的惺惺相惜，延伸至在白色恐怖下互为对方人身安全考虑。当时，鲁迅的名字一直在国民党特务组织的暗杀名单上，但是鲁迅一向横眉冷对，无所畏惧。瞿秋白多次提醒他注意安全，并劝他到苏联疗养，编写中国文学史。鲁迅坦然而幽默地说："要杀就杀吧，我就是不走。如果我真的走了，他们就要狂叫，鲁迅收受莫斯科的卢布了。"而当鲁迅看到瞿秋白的病容，想到他不断被"猎犬"搜捕时，反而积极地劝他到苏联去疗养和写作，足见两人情谊之深。在这期间，鲁迅曾亲笔写过一副对联赠给瞿秋白——"人生得一知己足矣，斯世当以同怀视之"，借以表达两人之间难得的友情。

1935 年 2 月 24 日，瞿秋白被捕，随即给鲁迅写了求救信。就在鲁迅与杨之华商议营救方案时，因叛徒出卖，瞿秋白的身份暴露。鲁迅又想与陈望道、柳亚子等发起公开营救活动，同时还请托蔡元培在国民党上层援救，但都无功而返。1935 年 6 月 18 日，年仅三十六岁的瞿秋白在福建长汀英勇就义。

噩耗传来，病中的鲁迅抑制着悲痛和愤怒，为瞿秋白题写了一副挽联："是七尺男儿，生能舍己；作千秋雄鬼，死不还家。"同时，大家商议收集瞿秋白的译著文稿，为其编辑出版《海上述林》。鲁迅不顾肺病缠身，在严重的白色恐怖下夜以继日进行编辑、校改等工作。当《海上述林》上卷《辩林》出版时，鲁迅说："我把他的作品出版，是一个纪念，也是一个抗议，一个示威……人给杀掉了，作品是不能给杀掉的，也是杀不掉的。"这部书，鲁迅以"诸夏怀霜社"的名义出版，瞿秋白曾名瞿霜，寓意九州共怀秋白烈士，可见鲁迅的良苦用心，也反映出两人之间非同一般的革命友谊。

1936年10月19日，鲁迅在上海的寓所内永远闭上了眼睛。在五十五年的人生中，他为民族，做了一些该做的事。更重要的是，在五十五年的人生中，他告诉这个世界和这个世界上的人，真正的勇士是如何直面惨淡的人生，如何正视淋漓的鲜血。鲁迅一生著作甚多，在小说、散文、诗歌领域都有杰出建树。代表性作品有《呐喊》《彷徨》《朝花夕拾》《且介亭杂文》等，这些作品寓意深刻，同时也饱含着炽热的情感。

（课内连线:《中国历史》八年级上，第四单元第12课《新文化运动》）

陶行知：医治人心的教育巨匠

“流自己的汗，吃自己的饭，自己的事自己干，靠人，靠天，靠祖上，不算是英雄好汉。”说出这句话的人，是一位对祖国和人民怀有赤子情怀的人民教师——陶行知。

出身贫寒，自幼勤奋

陶行知先生1891年出生于安徽省歙（shè）县西乡黄潭源村，一个家境贫寒的教师之家。虽然陶行知出生在安徽歙县，但是在休宁万安镇涨山铺的外公外婆家度过的日子却占据了他童年大部分的时间。

陶行知自幼聪颖好学，不似其他小孩一般喜爱在外面打打闹闹。整条街道都能听得见孩子们肆意的欢笑声，有小朋友找他玩，他也不出去，就爱在家里看书学习，静静体察书中的大千世界。

一天，陶行知看书之余，见阳光正好，就走出家门，路过一家学堂，见村里孩子读书读得正起劲，声音朗朗。从那以后他每天都站在学堂窗外听课。天气逐渐寒凉，有一天雪下得很大，等他赶到的时候，学生们都已坐好，从教室里传出先生讲课的声音。陶行知听得入神，硬是站在门外专心致志地听完了一整节课。下课后，先生发现有个小小身躯站在雪中，俨然成了一个雪人，赶紧叫他进屋，之后就考他，没想到他居然都学会了。大家都被他这种精神感动，学堂的先生感叹道："此子日后定有一番作为。"先生问他为何不上学，他明亮的眼睛暗了一下，答："家里付不起学费。"

⊙陶行知

先生看着这个倔强的小身躯，感慨之余，心思一动，随即答应陶行知免交学费，第二天就可以来上学。

陶行知实在没想到竟然这么幸运，内心感动，暗下决心一定不辜负这来之不易的机会。因为陶行知念了一些书，所以进步很快。有几个孩子不会背书，被打了手心。先生问他："你会背吗？"他说："老师，我能背。不过我希望不要死记硬背。请您多让我明白书中之意。"

那时候的陶行知在学习的同时便已经初步开始了对教育的思考。

七年寒窗，立定志向

日子就这样按部就班地过着，到七岁的时候，陶行知被送到万安街一所学堂读书，教书先生是万安街很有名的吴尔宽先生。吴尔宽先生学识渊博，为人严谨认真，平时对弟子们极其严格。陶行知七岁拜到吴尔宽门下，到十四岁那年离开，打下了深厚的古典文学基础，并且他还学习了不少中国历史与哲学知识。他的学业愈加出众，才思愈加敏捷，在诗文方面也格外受到吴尔宽的赏识。

1906 年，陶行知离开万安到有一定规模和名气的歙县教会学校崇一学堂免费读书。那个时候学堂教授的内容开始丰富起来，不仅有国文、四书五经，还有英文、数学、理化等课程，学生们逐渐开始接受西方的新教育。知识面和视野扩大了，求知欲望更强了，内心对万安的感情也与日俱增，苦学的日子总会变成日后的精神支柱，所以只要一有时间，陶行知就回休宁探望外公外婆和吴尔宽先生。也正是因为一直生活在中国社会的最底层，所以他对那些在社会基层辛苦劳作者的不易和遭受的压迫有深切感受，这些经历成为他生命的一部分，烙印在心中。那时候的陶行知便立志为改变当时中国乡村贫穷落后面貌和农民悲惨处境而奋斗。在崇一学堂读书的时候，他就写下了“我是一个中国人，要为中国做出一些贡献来”的豪言壮语。

离乡求学，坚定自我

1908 年，陶行知从崇一学堂毕业，那时的他已经十七岁，模样沉稳，完全褪去了稚气。他准备从万安起程到杭州学医。“儿行千里父担忧”，父亲得知他要去杭州的消息，特地从歙县赶来为他送行。陶行知乘坐的木船停靠在古城岩下、水南桥边。他背上行囊，跨上木船，望向送行的亲人和朋友们。父亲站在水南桥畔的水埠上，他感受到父亲望向他的眼神怀着无限的希望与期许，同时还饱含一个父亲深沉的爱。他眼含热泪，挥别了家人与故土。他的父亲站在岸边，一直看着他的帆影消失在远方，才慢慢地转回家去。

求学之路漫漫，时隔二十三年后，正值不惑之年的陶行知已是知名人士，但昔日与父亲离别的情景仍然历历在目，无尽的情思终于借一首《献诗》倾泻而出：“古城岩下，水南桥边，三竿白日，一个怀着无穷希望的伤心人，眼里放出悲壮的光芒，向船尾直射在他儿子的面上。望到山、水、天合成一张大嘴，隐隐约约地把个帆影儿都吞没了，才慢慢地转回家去。我要问芳草上的露水，何处能寻得当年的泪珠？”

1914 年陶行知从金陵大学毕业，后远赴美国留学。在美国学习期间，陶行知从未忘记自己的志向，异国他乡清苦的生活让他报国为民的心愿更加强烈。1917年回国之后，陶行知历任南京高等师范学校教授、教务主任等职。一次，学校附小招录新生，南京驻军司令的两位公子也来报考。可是，这两位公子从小就没有认真学习，属于不学无术的纨绔子弟，考试成绩十分不理想。为了能让自己的两个儿子顺利进入附小上学，司令官打电话给南京高等师范学校找陶行知，希望陶行知能“行个方便”，录取他的两个儿子。陶行知婉言拒绝了司令官。但是这位司令官还不死心，第二天让自己的秘书到学校找陶行知，陶行知为难地对秘书说：“我们学校招考新生，一向是按照成绩录取。如果不按照成绩录取的话，就失去了录取新生的标准。虽然司令的两位公子今年成绩都不是很理想，但是只要好好用功读书，明年还可以再考。”

秘书一见陶行知不肯“帮忙”，马上又说：“陶先生年轻有为，又有出国留学的经历，只要您在这件事情上略微行个方便，今后青云直上，何患无梯？我知道陶先生家境贫寒，这是一点心意，请您笑纳。”秘书说完，从包里取出一张银票递了过来。陶行知闻言，坚决地推开了秘书的手，郑重其事地说：“先生，我背一首苏东坡的诗给你听：‘治学不求富，读书不求官。比如饮不醉，陶然有余欢。’请您回复司令官，恕行知未能从命。”秘书听后满脸通红，只得悻（xìng）然离去。陶行知虽然家境贫寒，但一颗澄明的心却是金钱买不走的。

以智教人，以爱育人

陶行知当校长的时候，有一天看到两个男生互相朝对方扔砖头，十分危险，他立马制止，并叫先出手打人的男孩子下午三点到校长办公室。没到三点，男孩就忐忑地来到校长室门口等候。陶行知从外面回来的时候，发现男孩已经垂头丧气地等在那里。陶行知见状笑着掏出一颗糖对他说："这颗糖是给你的，因为你很守信，没迟到还提前到。"男孩茫然地伸出手接过糖果，完全没明白咋回事。接着陶行知又掏出一颗糖说："这颗也是给你的，我让你住手，你就立即住手了，说明你很尊重校长，尊重别人是最重要的品质啊！"

男孩被这第二颗糖彻底搞晕了。陶行知又说："据我了解，你拿砖头扔同学是因为他欺负女生，这说明你很有正义感，我再奖励你一颗糖。"男孩子一下感觉自己被包围在理解与爱里，他感动地说："校长，我错了，同学再不对，我也不能采取这种方式。"陶行知一听到男孩认错，立刻掏出一颗糖："你知错认错，实在难得，不得不再奖励你一颗糖。我的糖发完了，我们的谈话也结束了，回去吧！"男孩手握四颗糖，内心无比甘甜，眼神里也流露出一种前所未有的光。爱是教育的基础，没有爱就没有教育，陶行知正是用爱来长善救失的。

因为有年少经历的深刻影响，陶行知一直没有忘记自己的志向：不仅仅是做个教授、大学校长或教育厅厅长，而且要改变中国的教育。因为那时候的中华仍旧满目疮痍，国家贫困到难以想象，还有大约两亿的文盲。陶行知说："这个国家以农立国，人们十之八九生活在乡下，所以中国的教育就是到农村去的教育，就是到乡下去的教育。如果农村没有改观，那么国家就没有希望。"1927年，陶行知毅然脱下长衫皮鞋，穿起布衣草鞋，创办晓庄试验乡村师范学校，立志培养一百万乡村教师。他无比振奋，在开学典礼上致辞的时候，他说："今天是我们试验乡村师范开学的日子，我们没有教室，没有礼堂，但我们的学校是世界上最伟大的……我们在这伟大的学校里，可以得到丰富的教育……"

陶行知是这么说的，也是这么做的。人们经常能见到他带领学生一起劳动种地的身影，这样的学校"必是一个有生命的学校"。陶行知把新学校与旧学校截然区分开来，彻底切断旧教育对新教育的影响，用他自己的话说就是"打破装饰品的教育"。可是他在具体的教育实践上却十分朴素，这就是创办工学团的基本原则："工以养生，学以明生，团以保生。"他认为，穷不是办不成教育的理由，只要诚心依靠"真农人"，就一定能办好乡村教育。晓庄这个不起眼的学堂，逐渐由几十人发展到数百人。

为人师者，德音永存

1946 年 7 月 25 日，陶行知先生因为积劳成疾突发脑溢血，在上海去世，享年五十五岁。挽联在飘，上面写着行知先生千古。宋庆龄也为其亲笔题写四个苍劲大字——万世师表。陶行知一生中曾两次给自己改名。父母给他取名陶文濬，到了十九岁他读大学期间，因为深受明代思想家王阳明“知行合一”的影响，给自己改名“陶知行”，认为“知是行之始”，认识先于实践。但很快，他认识到其中的唯心论色彩，于是提出“行是知之始”，于是四十三岁时，他再一次给自己改名“陶行知”。自此，陶行知这个名字印在了农民的心中，印在了万千学子的心中，更印刻在了他挥洒热血的那片土地上。

陶行知先生曾说：“我捧着一颗心来，不带半根草去。”他用自己的赤子之情，与劳苦大众休戚与共，点亮了无数人的人生，也用自己的一生温润过中华，堪称中国近代教育史上的“一代巨人”。

（课内连线：《道德与法治》七年级上，第三单元第 6 课《师生之间》）

胡适：新文化运动的领导者

年轻教授

胡适的父亲叫胡传，曾经做到台湾台东知州这样的高官，中日甲午战争后离开台湾，不承想后来的胡适辗转一生又在台湾去世。

胡适五岁启蒙，接受九年私塾教育，后来离开老家去上海求学，初步接触到西方思想文化。1910 年，胡适考取清王朝第二期公费赴美留学生。当时留学生考试考两场，一场考文章，一场考政史、地理、物理、化学、生物。胡适在第一场考试中考了满分，可见他的文章造诣。

他到美国后，在康奈尔大学读农科。有一天，老师拿出二十多个不同品种的苹果让学生们辨认，胡适拿着课本对照着看，依旧错了一半，而班上当过果农的同学却不费吹灰之力全部答对。胡适非常感慨，于是在 1912 年春转专业读了文科。1915 年，他考入哥伦比亚研究院，师从唯心主义哲学家杜威，接受老师杜威的实用主义哲学思想，并且一生坚持。

⊙胡适

回国后，二十六岁的胡适被聘为北京大学教授，月薪两百六十块大洋，可谓高薪，因为毛泽东做图书馆管理员时一个月工资才八块大洋。

白话文运动

胡适回国前夕，正值袁世凯搞复辟，要求一切复古，写文章追求佶屈聱牙，偏偏中国遍地文盲。胡适本着实用主义原则，希望读书写字成为全国百姓的权利，而非读书人的专利。在特殊的时代背景下，他发起白话文运动，提倡文章要言之有物，不能无病呻吟。他在《新青年》杂志上发表文章《文学改良刍议》，吹响战斗的号角。接着他着手编辑《新青年》，杂志全部改用白话文。同时鲁迅在《新青年》上发表《狂人日记》（这是中国第一篇白话文小说），宣布加入白话文运动阵营。

胡适在北大当教授后，继续在课堂上提倡白话。曾经有学生质问胡适：“胡先生，难道白话文一点缺点都没有吗？”

胡适微笑着说：“没有。”

学生反驳道：“怎么会没有？文言文言简意赅，少量的字能表述大量的信息。白话文语言不简洁，打电报的时候用字多，花钱也多！”

同学们纷纷点头，深有同感。

胡适不慌不忙地说：“不一定吧。要不咱们来做个试验。前几天，行政院有个朋友给我写信，邀请我去当行政院秘书，我不愿意参与政治，于是发电报拒绝了，回电用的就是白话文，没用多少字。不如大家试着用文言文写电报，看看是白话文省钱还是文言文省钱。”

同学们来了兴趣，积极参与，把回电写在白纸上。胡适从学生的稿子中挑出一份字数最少而且表达完整的回电，上面写着：“才疏学浅，恐难胜任，恕难从命。”

胡适评论道：“这封回电才十二个字，算得上这位同学说的‘言简意赅’，但还是太长了！我只用了五个字！”

同学们问胡适写的是什么。

胡适接着说：“干不了，谢谢。大家看，‘干不了’，已经有了‘才疏学浅，恐难胜任’的意思，‘谢谢’两个字，既表达出对朋友费心介绍工作的感谢，又委婉拒绝了他，免得伤了和气。可见，白话文能够更简练！”

学生们陷入思考……

学者章士钊也不同意胡适倡导白话文的观点，经常讽刺嘲笑他。两人虽然有学术之争，但私下的关系还算平顺祥和，后来章士钊渐渐体会到白话文的好处。有一天，胡适和章士钊在饭馆相遇，章士钊邀请胡适合影，然后故意在照片背后写了白话文的诗作送给胡适：

“你姓胡，我姓章，你讲什么新文学，我开口还是我的老腔。你不攻来我不驳，双双并坐，各有各的心肠。将来三五十年后，这个相片好作文学纪念看。哈哈，我写白话歪诗送给你，总算老章投了降。”

胡适虽然提倡白话文，但他本人是考据学家和红学家，古典文化底蕴极为深厚，并非完全舍弃文言。他也特意写文言诗句赞美章士钊：

“但开风气不为师，龚生此言吾最喜。同是曾开风气人，愿长相亲不相鄙。”

是敌是友

胡适和鲁迅都是新文化运动的大将。胡适在《新青年》杂志当编辑的时候，鲁迅非常欣赏他，曾经说：“这个时期，我最佩服的就是陈独秀和胡适之两个人。”

他们一起讨论文章、商定稿件，书信往来不断，互借图书资料，关系颇为亲密。鲁迅在杂文里赞美胡适是文学革新的最先尝试者，认为胡适白话文运动的理念警辟之至，大快人心！

不过胡适主张青年学生多埋头读书，少参与政治，这引起坚持针砭时弊的鲁迅的不满。又因为清王朝末代皇帝溥仪很喜欢胡适，国民党政府的一把手蒋介石也多次请胡适来做官，鲁迅一向厌恶这些人，于是和胡适分道扬镳。到了后来，鲁迅成为左翼文化旗手，胡适成为右翼文化代表，两人水火不容、势不两立。鲁迅写了不少讽刺批评胡适的文章，甚至把原来赞美胡适的“警辟之至”收回，改为“也不见得好”，还骂他是日本帝国主义的军师。

胡适性格温和，面对批评很少有激烈的反应。他在总结五四运动白话文学的成绩时，赞美鲁迅的功劳是最大的，短篇小说的荣誉几乎都归鲁迅。在鲁迅和其他左翼作家抨击他的时候，胡适就跟一个坐定的老和尚一样淡然，不急不躁不理会，从来没有回骂过。

鲁迅的性格如同烈火，对待一切看不惯的事物都要写文章抨击，因此得罪了不少人。当鲁迅遭受人身攻击时，胡适毫不犹豫地站出来给鲁迅主持公道。

女作家苏雪林曾经给胡适写信，大肆攻击鲁迅。胡适回信，告诫苏雪林：“你用‘衣冠败类’‘奸恶小人’这样的字句太不像话，是旧文字时代的恶腔调，我们要深以为戒。评论一个人，要做到爱而知其恶，恶而知其美。”

胡适和鲁迅终生没有和解，互不赞成对方的学术观点和思想观念，不过胡适内心深处想必还是认同对方的学问和人品的。

民国君臣

胡适声称不参与政治，实际上参与了很多次。1927 年，胡适在上海参加蒋介石和宋美龄婚礼的时候认识了蒋介石，两人私交不错。七七事变后，蒋介石派胡适去美国当大使，争取美国的支援。胡适兢兢业业，到处发表演说，轰动一时。日本人认为要派出三个大使才能对付一个胡适，但蒋介石对胡适交出的作业非常不满意，几年后免去了他的职位。蒋介石深知胡适学问大，后来又让他当北京大学校长。

1949 年，蒋介石已经穷途末路，只好再派胡适去美国寻求支持。这时美国总统认为蒋介石是扶不起的阿斗，不愿意帮忙，很多学者也建议放弃对蒋介石政权的支持。胡适却依旧坚持，对美国记者说：“我愿意用我道义力量支持蒋介石先生的政府。”

胡适的道义力量似乎没什么作用。蒋介石败退台湾后，有美国势力找到胡适，扶持他做台湾领导人取代蒋介石，被他严词拒绝。他似乎对蒋介石有一种古代忠臣对昏庸帝王的矛盾态度。

他对蒋介石也有很多不满，尤其是蒋介石限制言论自由、剥夺学术独立的行为。他曾建议蒋介石无为而治，不要再任职，蒋介石气得七窍生烟。

几年后，胡适出任“中央研究院”院长，蒋介石到场祝贺，在致辞里赞美胡适：“胡先生品德高尚，希望大家向胡先生学习，做到明礼仪，知廉耻。”

胡适当面反驳：“现在的任务不是讲究什么公德私德，而是要认真做实事。”他这番话毫不给蒋介石面子，气得蒋介石脸色铁青。

这时候，两人的关系已经基本破裂，胡适对蒋介石失望透顶。

魂归台湾

胡适的晚年生活十分不如意，他住在纽约的破公寓里时家中曾经遭贼，还是靠夫人江冬秀一声怒喝才把贼驱赶走。后来他回到台湾担任“中央研究院”院长。因为经济拮据，他把自己的《胡适文选》《胡适自述》等所有著作，以买断方式卖给出版公司，此后这些著作再没有给他带来版权稿费收入。

1962年，他在参加“中央研究院”酒会时，心脏病猝发而逝，享年七十一岁。蒋介石参加胡适的葬礼，亲书挽联一副。传统对联都是用文言文写的，蒋介石偏偏用白话文：

新文化中旧道德之楷模，旧伦理中新思想之师表。

蒋介石在挽联上高度赞扬胡适，却在日记中写道：闻胡适心脏病暴卒，对革命事业确实去除了一个障碍……

究其一生，胡适是一个十分复杂和矛盾的人。他倡导白话文运动，却又发起中国文艺复兴运动。他和鲁迅、陈独秀甚至蒋介石曾并肩作战，最终却又割席分坐。他在文学、哲学、史学、考据学、教育学、红学方面多有涉猎，有三十多个荣誉博士学位，有人说他是博学的大师，也有人说他十八般武艺样样稀松。他号称二十年不谈政治，却始终为国民党政府奔走。

（课内连线:《中国历史》八年级上，第四单元第12课《新文化运动》）

朱自清：爱国、正直的散文大师

严父教子

朱自清原名朱自华，他的父亲朱鸿钧是一个传统的读书人，曾经在江苏地区做清王朝的官。朱自华是家中长子，父亲对他期望很大，希望他以后光宗耀祖，所以对他的学习抓得很紧。

朱自华少年时，清王朝废除了科举制度，全国兴起新学。朱鸿钧不认同新式学校的教学理念，于是把儿子送到传统举人秀才那里学习古文和诗词。每天放学回来，朱鸿钧都要亲自看朱自华的文章。他经常让朱自华搬个小板凳坐在身边，一边喝着老酒，一边摇头晃脑低吟朱自华的文章。如果看到老先生的好评，便欣然喝酒，顺手奖励朱自华几粒花生；如果看到老先生点评说文章写得差，便大声训斥，即使朱自华被训得眼泪汪汪也不放过。

在父亲的严格要求下，朱自华在古诗文和经史方面打下了坚实的基础。中学毕业后，他顺利考入北京大学预科，第二年升入本科哲学系。在北大期间，他积极参与五四爱国运动。而早在报考北大的时候，眼见国家内忧外患，他便把自己的名字改为朱自清，典故出自《楚辞·卜居》：“宁廉洁正直以自清乎。”意思是廉洁正直使自己保持清白，勉励自己在困境中不丧志，不同流合污。

⊙朱自清

此后，他开始发表诗歌，作为新文学运动初期的诗人之一崭露头角。

当衣买书

朱自清非常喜欢读书。在上中学的时候，家里每个月给他一块大洋的零花钱，结果他都花到书店里了，而且经常欠账。他在书店里买了一本《佛学易解》，从而喜欢上了佛学和哲学，上大学的时候干脆选了哲学专业，到北京读书后更是爱书如狂。

在大学的最后一年，他去琉璃厂逛书店，在华洋书庄见到一部新版的《韦伯斯特大字典》，定价十四块大洋。朱自清是个穷学生，根本买不起，但他实在太喜欢这本书了，思来想去，想起自己身上的一件皮大氅还值点钱。

这件大氅是父亲在朱自清结婚时为他做的，水獭领，紫毛皮，花费了父亲不少心思。他想带这本大字典回家，又舍不得卖掉皮大氅，踌躇许久，最终还是走进了当铺。

当铺的柜员问："破皮大氅一件，你要多少钱？"

朱自清想着以后再把皮大氅赎回来，于是就把书的定价当作价格："十四块大洋。"

柜员面露喜色，立即付款。

可惜朱自清毕业后就去了江浙一带的中学教书，忘记去赎。待他再回到北京去清华教书时，皮大氅已经不见了，他感叹不已。

有一年冬天特别冷，朱自清没钱买厚大衣，只好到街上买了一件马夫用的毡披风，价格便宜，做工粗糙。这件毡披风太过显眼，成了朱自清生活清贫的标志，以至于后来多次出现在回忆朱自清的朋友的笔下。

父子亲情

朱自清的父亲朱鸿钧为人刻板，传统思想严重，在儿子面前总是板着脸，很少露出笑容，但朱自清一直保持顺从。到十四岁时，朱自清被父亲包办婚姻，十八岁时成婚，好在夫妻关系融洽。他考入北大没多久，父亲丢了官职，失去了经济来源，家中人口多，生活十分拮据。父亲到处借钱，债台高筑。他为了让朱自清安心念书，不让家人把这些事情告诉儿子。

五四运动爆发后，朱自清受到影响，猛烈抨击一切封建伦理纲常，痛斥封建家庭是万恶之源，他剑指自己的父亲，不再对父亲百依百顺。毕业后他开始工作，自觉分担了家里的经济压力，但朱鸿钧的传统思想根深蒂固，没有把已经独立的朱自清当成平等的个体对待，仍像小时候一样严加管教，把持朱自清的收入，父子间摩擦不断。

1921 年，朱自清回扬州八中当教务主任。上班的第一个月，朱鸿钧就跑到学校，凭着和校长关系不错，竟然直接拿走了朱自清当月的全部薪水，用来维持家长的权威。朱自清大为恼火，指责父亲：“你完全不尊重我！这是封建家长的专制行为！”

朱鸿钧没想到朱自清敢当众对自己这样说话，非常生气：“什么封建不封建，我是你爸爸，爸爸管教儿子不是天经地义？”

朱自清气急，说：“不可理喻，我要离开这个家！”他愤然离开扬州，到外地去工作，自此父子失和。

望着儿子远去，朱鸿钧气得浑身发抖。

这年冬天，朱自清把妻子儿子都接了过去，在杭州组织了小家庭，和朱鸿钧正式分家。朱鸿钧破口大骂：“好啊，翅膀硬了，要抛弃你老子了，快滚！永远别回来！”

第二年暑假，朱自清想主动缓和与朱鸿钧的矛盾，带着妻儿回扬州探亲。朱鸿钧堵在门口，不让朱自清进门。家人百般劝说，朱鸿钧才让步，但是对朱自清不理不睬。朱自清自讨没趣，在家待了几天就走了，父子间的隔阂进一步加深。之后朱自清甚至好几年不回家。

但是，朱自清心里还是思念父亲。他想起去北京求学那年，祖母去世，父亲任徐州烟酒公卖局局长的差事也交卸了。办完丧事，父子同到南京，父亲送自己上火车北去。在那特定的场合下，父亲对儿子的关怀、体贴、爱护，使朱自清极为感动，经久不忘。他总是怀念父亲的背影，于是写出了脍炙人口的散文《背影》。

1928 年，朱自清的三弟接到书店赠送的《背影》散文集，连忙跑上楼走进父亲卧室，给父亲先睹为快。此时朱鸿钧年老体衰，行动不便。他慢慢挪到窗前，倚靠在椅背上，戴上老花镜，一字一句诵读着儿子的文章《背影》。读着读着，朱鸿钧老泪纵横。此后，父子冰释前嫌。

代写寿序

抗日战争全面爆发后，清华大学、北京大学、南开大学集体搬迁到云南，组成西南联大，朱自清跟随前往云南。西南联大的教授们生活非常艰难，朱自清肩膀上的家庭负担也很沉重，全家十多口人逃难到云南，没有工作，都靠着他的八块三毛的工资生活。他不幸得了胃病，十分痛苦。

万般无奈，他只能把夫人和孩子送到成都，寄住在亲戚家里。他孤零零地生活在昆明，天天熬夜写作，但是写作速度不快，一晚上只能写五百字。他越是着急，越是写不出好作品。

有一天，一个叫冯契的哲学系学生找到朱自清，说："老师，我在湖南有个朋友，想找个有文化的名人替他亲戚写寿序，有润笔费，虽然不多，但也能解燃眉之急。不知道老师有没有兴趣？"他担心朱自清顾忌身份，不愿意动笔。

朱自清却笑道："太好了，你看老师都穷得叮当响了，还摆什么臭架子。"他很快写完了，把稿子交给冯契。冯契按照当时的市场价，给那位朋友开了八石米的价格。

一段时间后，朱自清看到冯契便问："寿序怎么样？"

冯契红着脸，尴尬地说："实在抱歉，我那个湖南朋友的亲戚觉得太贵，他也不认识您，给我回信说不要了。您散文写得那么好，炉火纯青，是他们不识货！真对不起老师。"

朱自清略感失望，沉吟了一下，很快微笑着说："没事，就当是练习练习，这样的文章我从来没写过，写得不好，所以他们不要。"

病魔降临

抗日战争胜利后，全国百姓迫切盼望建立一个和平民主的国家，人民民主运动高涨，国民党当局对这些运动实行暴力镇压政策。其间，民主战士李公朴和闻一多积极发表民主演说，举行游行示威，不幸遇害。他们都是朱自清的好朋友，朱自清听到好友遇害的噩耗，悲愤万分，对国民党充满了厌恶和憎恨。

没多久，国民党悍然发动内战，在战争的摧残下，国内经济濒临崩溃。国民党发行了大量金圆券榨取百姓财产，导致物价飞涨，人民生活水平直线下降。大部分人对国民党政府极为不满，尤其是知识分子，写了大量文章抨击当局。国民党为了安抚知识分子，特地发行了一种配购证，持有者可以凭借这个配购证低价购买美国援助的面粉。这个配购证遭到了许多大学教授的抵制，他们并不买账。

1948 年 6 月 18 日，清华大学教授吴晗来到朱自清家里，带来一份《抗议美国扶日政策并拒绝领取美援面粉宣言》，意思是联合所有教授一起抵制国民党该项举措。

此时，朱自清已患上严重的胃溃疡，身体非常虚弱，拥有这个配购证能够省下不少钱，但他毅然郑重地在宣言上签上自己的名字。因为太过虚弱，他一贯沉稳的持笔的手竟然有些颤抖。

朱自清的胃溃疡太严重，医生们束手无策。签字之后的两个月，他严重的胃溃疡导致胃穿孔，医治无效，不幸逝世，享年五十岁。

（课内连线:《语文》七年级上，第一单元《春》，作者：朱自清）

张自忠：沉毅善谋、英勇无畏的抗日英雄

张自忠是牺牲在抗日战场的名将，他的名字已列入我国第一批著名抗日英烈和英雄群体名录。张自忠的一生虽然短暂，但却波澜壮阔。其英勇无畏的战斗事迹和爱国情怀令人感动。

学习：立志于少年

张自忠，字荩忱，出生于1891年，正是清王朝没落的灰暗时期。不过对于一个年幼的孩子来说，外界的风云对他并没有太大影响。张自忠的父亲张树桂是一名清朝官员，在政治上颇有建树，并且非常重视孩子的教育。在张自忠三岁的时候，父亲就把他送到私塾学习。即便父亲调任到外地，也会把他带在身边。在父亲的教育和影响之下，

张自忠逐渐长成了一个知书达礼、英姿勃发的少年。

⊙张自忠

也许是家庭生活并不拮据，小时候的张自忠非常懂得关怀和分享。很多认识他的老人回忆起旧事时，总把他和戏剧故事里仗义疏财的义士联系起来。清末民生凋敝，他见到一些贫苦人家的孩子吃不饱穿不好，于是经常拿自家东西接济他们。有一次，他来到佃农的村庄，见到一家人围坐在一起，吃那些难以下咽的糠窝窝，他就拿出自己的白面馒头和人家换，而且谎称自己喜欢吃粗粮，生怕人家以为他在施舍。

不过，这种惬意的童年生活在他十四岁的时候便戛然而止。父亲张树桂看着一天天长大的儿子，再看看自己一天天老病的身体，希望儿子可以早点回到老家去谋取一份前程。这一年，张自忠和母亲一起回到老家——山东临清唐元村，同年，父亲病逝。

守丧期满后，张自忠开始筹备学业。1908年，他考入临清高等小学堂。那时候的学校主要教授经史子集，强调忠、孝、仁、义的传统道德。毕业之后，他又考取了中国北方有名的法律学校——天津北洋法政学堂，在那里他接触到了有异于传统文化的新时代思想。

1911 年，辛亥革命爆发，清王朝覆灭，各种救亡图存的声音振聋发聩。张自忠最欣赏孙中山的三民主义学说，并且信奉孙中山提出的“驱除鞑虏，恢复中华，建立民国，平均地权”的资产阶级革命政纲。当时的中国可谓内忧外患，他立志在民族危亡之际一展抱负，救民于水火。

在不断的学习和提升中，张自忠接触到不同世界的声音，有了自己的人生理想和抱负。

成长：投笔从戎，崭露头角

为了投身救亡运动，张自忠在 1911 年底秘密加入中国同盟会，拥有了一大批志同道合的朋友。读书期间，张自忠痛感国家不幸、民族多难，于 1914 年秋弃学从戎，立志报国。1916 年 9 月，在同乡的引荐之下，他结识了冯玉祥，自此真正开始了他的军旅生涯。

最初，张自忠的职位仅仅是“中尉差遣”，其实就是军官身边的跟班。后来冯玉祥为了增强军事实力，在士兵中选拔人员进入军官教导团深入学习。张自忠因为颇有“沉毅之气”获得了培训名额，学习的主要是战场战术、地形、兵器、兵史、筑城、简易测绘及典、范、令等军事内容。年轻的张自忠对军事兴趣浓厚，学习勤勉刻苦，加之文化基础好，每次考试总是名列第一，被树为“标准学员”。学习期满结业，张自忠升任学兵队第二连连长。

张自忠带兵非常注重官兵的日常训练。有一年他们驻扎在北京，当时是冬季，下了很大的雪，天寒地冻。很多官兵不想训练，张自忠就把大家召集起来，问他们："下雪天敌人发起攻击怎么办？"大家立刻意识到问题的严重性。然后他带头脱下棉衣，在雪地上跑起来。后来，张自忠带出的士兵个个不怕苦不畏难，纪律严明。据说，战士们在背后送了他一个"张扒皮"的绰号，他知道以后不仅不生气，反而很受用，经常拿来自嘲。

有一次，他奉命移驻丰台，其间受到了英军的阻击，而此时他们与所有的后援力量都有些距离。这样的突发情况并没有使他慌乱，在迅速观察敌情之后，他非常镇定地给士兵们分配攻守任务，最终成功获得了对丰台的控制权。

在长达十年的军阀混战时期，大大小小的战役历练了张自忠，他有了熟练的排兵布阵之术，也有了异于常人的胆识和谋略。时任张自忠所在部队参谋长的张克侠曾经评价他："其决心坚强，临危振奋。每当情况急迫之时，辄镇静自持，神色夷然。"

东北易帜之后，南京政府开始着手整编全国陆军人员，张自忠被编入第二十九军，任第三十八师师长。

奋战：积极抗日，英勇就义

张自忠部队第一次与日军交战是在1933年1月10日，当时的第二十九军主力奉命由山西开赴京津一带待命。3月4日承德失陷，3月7日张自忠所部在刘汝明师长的指挥下在遵化与日军展开为期七天的会战，重创日军，并在罗文峪结束战斗，这一仗日军惨败。

在抗日战争前期，中国军队少有胜利。尤其是蒋介石将主要兵力放在“剿共”上，让整个战场的抗日力量备受制约。

张自忠所在的第二十九军几次在日军防线与之交战，都陷入孤立无援的境地。当时的国民政府不顾民族利益，为了暂缓战争局势向日军求和，并签订了丧权辱国的《塘沽协定》。对于蒋介石的消极抗战态度，爱国人士群情激愤。1938 年，张自忠手下多名将领因表现出不满情绪而被诬陷，有的死于政治斗争。

抗日民族统一战线形成以后，蒋介石虽然表面抗日，但实际双方仍处于议和状态。更有日方军官趁张自忠生病期间前来探望，让张自忠背上了“汉奸”的骂名。为了洗清罪名，也为了能够更好地抗日，张自忠在其副官廖保贞和周宝衡的协助下逃离北平。

1939 年 5 月，张自忠所在部队在湖北随县、枣阳一带与日军展开了激烈交锋。因为武汉会战刚刚结束，日军需要保障自己在湖北、河南一带的主动权，于是出动精锐部队与他们展开了激烈对决。5 月 10 日，张自忠部队在田家集以西的大家畈歼灭日军辎重部队，这一战就是著名的“随枣会战”。此战的胜利，保障了长江以北、襄樊一带免于灾祸。

1940年，日军一路南下，并在沿线进行疯狂掠夺。为了控制长江的交通运输，日军发动枣宜会战，出动兵力达三十万之众。张自忠深知这一仗的凶险，但还是镇定自若地进行各项部署。5月14日，张自忠仅率领不到两千人与日军展开激烈对决，15日被六千多名日军包围在沟沿里村。16日拂晓，日军出动飞机大炮，对张自忠所部驻扎区域进行狂轰滥炸。下午四点战斗结束之时，张自忠所部全军覆没，无一人生还。

纪念：爱国英灵

张自忠牺牲之前曾亲笔书写昭告，表达抗战到底的决心：

“国家到了如此地步，除我等为其死，毫无其他办法。更相信，只要我等能本此决心，我们国家及我五千年历史之民族，决不至亡于区区三岛倭奴之手。为国家民族死之决心，海不清，石不烂，决不半点改变。”

字字铿锵，声声激昂。

尽管最后全军覆没，但张自忠及其部队挡住了敌人十余次冲锋，歼灭多于自身人数近两倍的敌军。此等壮烈，令世人动容。当时，张自忠的尸骨需要运送到重庆安葬，一路上各界民众自发组织为其送行，并举行盛大的祭奠仪式。

1940年11月16日，张自忠被以国葬之礼权厝于重庆雨台山，冯玉祥下令为其种植梅花，并效仿明代忠将史可法将雨台山改名为梅花山。

1941 年，为了纪念这位抗日将领，国民政府在南瓜店设立“张上将自忠殉国处”纪念碑，山下就是两千名战死官兵的公墓；次年，宣告张自忠入祀全国忠烈祠，并于两年后将宜城县改名自忠县作为纪念。北京、天津、上海、武汉均设立张自忠路，让英灵流芳百世。

周恩来评价张自忠：“其忠义之志，壮烈之气，直可以为中国抗战军人之魂。”

新中国成立后，中央人民政府追认张自忠将军为“革命烈士”，并评其为“一百位为新中国成立做出突出贡献的英雄模范人物”。

如果一味地消极躲避，不仅不能赢得胜利，还会把自己逼入更危险的境地。正是一大批像张自忠这样有胆识、有忠义的抗战力量，才为后来全民族统一战线的胜利赢得了希望。处在民族危亡时刻，人人都有责任为之奉献。

（课内连线：《中国历史》八年级上，第六单元第 22 课《抗日战争的胜利》）

新中国篇

叶圣陶：中国现代教育的先驱

小学老师

叶圣陶是我国杰出的教育家、出版家和文学家，被誉为中国现代教育理论的奠基人，同时他也是我国第一位童话作家。

叶圣陶出生于19世纪末，正是清朝垂死挣扎、人民多灾多难的年代。他的父亲是个账房先生，对儿子寄予厚望。父亲整天为了生计而奔波，竭尽全力给儿子提供良好的教育环境。在父亲的督促下，叶圣陶三岁开始启蒙读书识字，六岁就认识了三千多个汉字。父亲担心儿子贪玩导致以后步自己碌碌一生的后尘，狠心给叶圣陶制定了一个比较严苛的规矩：背不出书来不能吃饭。

父亲虽然只是普通百姓，但眼光长远，认为子女的教育不能局限在书本学习中，而应该多去接触社会，了解天下民生。于是，叶圣陶平时在私塾里学习四书五经，休息时便跟着父亲去收租。他穿着稍显宽大的长衫，跟随穿着短小布衣的父亲去拜年贺寿、参加婚丧嫁娶、见识各色民情风俗。在此过程中，他早早体会到书本上很少提及的人情冷暖。

⊙叶圣陶

中学毕业后，叶圣陶当了十年的小学教师，从此他终生都在从事教育事业。凭借着丰富的教学经验和扎实的学识基础，他被任命负责组织编纂小学语文教材。在教育工作之余，他开始进行童话、小说等文学创作，在文学界声名鹊起。

文坛伯乐

1927 年，大文豪郑振铎要去欧洲游学，临走之前邀请叶圣陶代替他主编《小说月报》，这本杂志是当时也是后来全国最大的文学刊物。在此之前，叶圣陶只是这本杂志的普通投稿作者，但他的文学才华获得了郑振铎的赏识。上任后，叶圣陶很快由主编成了伯乐，因为他挖掘了好几位文坛千里马。

上任第二年，他收到一个中国青年从法国寄回来的小说手稿。该作者在异国他乡穷困潦倒，满心愁苦，对这部作品并未抱太大希望，甚至表示愿意自费出版。叶圣陶细细阅读，很快为小说里的光芒所震惊。他决定刊发，并且热心地在杂志上为该书撰写预告："这是一位青年作家的处女作，写一个蕴藏着伟大精神的少年的活动与灭亡。"

这位青年作者就是后来的文坛巨匠——巴金。这部作品是巴金的处女作《灭亡》。

叶圣陶慧眼识英才，发现青年作者沈雁冰的处女作《蚀》三部曲极具价值，于是对这部小说进行了字斟句酌的修改，发表在《小说月报》上，之后更是积极推荐。他甚至对沈雁冰的笔名"矛盾"提出自己的意见，认为中国没有"矛"这个姓，不如加个草字头变成"茅"。沈雁冰同意了，于是他的笔名固定为茅盾，又一颗文坛新星冉冉升起。

之后，叶圣陶在积满灰尘的稿件堆中挖掘出女作家丁玲的处女作《梦珂》，扶持她成为著名作家。他还写信给青年诗人戴望舒，鼓励他大胆创作，刊发他的诗作《雨巷》，盛赞这首诗"替新诗的音节开了一个新的纪元"。戴望舒一举成名，成长为我国自成一派的现代诗人。

他一直不遗余力地为中国文坛挖掘、培养新生力量，并且和他们结为终生好友。

坚持原则

叶圣陶对待工作向来都一丝不苟，坚持原则。

1940 年，叶圣陶在四川教育科学馆负责编研工作，主编《文史教学》。四川教育厅的一位官员写了篇文章想发表在《文史教学》上，这位官员是国民党政治大学政治系毕业的，是候补县长，还是成都地区青帮头子的得意门生，势力很大。但他的文章写得很烂，文字不通顺，结构不符合逻辑，也没提出什么有价值的见解。他找到科学馆的张主任，请张主任把他写的文章转交给叶圣陶审阅。张主任知道这位官员的底细，不敢得罪，便让他直接找叶圣陶。

叶圣陶客客气气地请官员坐下，仔仔细细地阅读文章，然后一五一十地指出文章的问题，希望官员回去重写一遍，再来商量发表的问题。叶圣陶本来一番好意，官员却不领情，他很不高兴地拿走文章。第二天，他又把稿子送回来，不料叶圣陶外出了。官员就把稿子放在叶圣陶桌子上，对张主任说："文章我修改过了，请发表在下一期杂志上。"

张主任拿不定主意。叶圣陶回来后审阅，发现问题依然很大，不能发表。张主任好心提醒道："此公来头不小……"

叶圣陶微笑道："咱们要坚守杂志的取稿标准，为读者负责，该退稿就退稿。"

过几天，官员又来了，跟叶圣陶扯个没完没了，最后理论不过叶圣陶，竟然露出流氓本色："我尊敬你才请你过目，不要敬酒不吃吃罚酒！"

叶圣陶不为所动："你文章写得好，我自然刊发。你写得不好，我不能昧着良心！”

有人赶紧把教育厅厅长喊过来劝架，厅长费了半天唇舌将官员哄走，然后向叶圣陶道歉，希望他不要介意。叶圣陶哈哈一笑，表示无所谓。但是人们都在他既和蔼又严肃的面孔中看出巨大的愤慨，他没想到这种人也来玷污文艺界！

那时，中国正在最艰难的抗战时期。为了躲避日本飞机的轰炸，叶圣陶住在离科学馆五六里之外的农民家里。下班时，张主任害怕官员打击报复叶圣陶，特地送他回家。叶圣陶表示邪不压正，不用相送，一再推辞。正好一个推着独轮车的农夫经过，他素来敬仰叶圣陶的学问和人品，主动来送叶圣陶，而且说要走小路，一般人都不知道，叶圣陶这才答应。

农夫推着独轮车和叶圣陶一起回家，望着叶圣陶满屋子的书，笑道：“这是孔夫子搬家啊，尽是书。”

叶圣陶回应说：“所以没钱，小偷都不愿意来光顾。”

谁知几天后，他家遭贼，小偷翻箱倒柜，无奈他家没什么值钱的东西，最后小偷只好空手而归。叶圣陶的脑子里瞬间浮现出那个候补县长的面容，他一笑了之，依然坚持严格的审稿标准。

文人醉酒

抗战终于结束了。1946 年初，叶圣陶一家从重庆乘坐木船东归，定居上海，满心以为从此国家安定统一，百姓安居乐业，哪承想不久后内战爆发。很快他就得知好友李公朴和闻一多遇刺身亡的噩耗，本来对蒋介石政府寄予厚望的叶圣陶，现在却失望至极。同年 10 月 31 日，叶圣陶收到参加蒋介石六十寿辰的请帖，当场冷脸拒绝。当看到身边无数朋友殷勤赴会，在报纸上大肆吹捧、歌颂蒋介石时，他无比愤怒，在日记上写下“无耻至极”四个字。

巧的是，一个月后是朱德的生日，也是六十岁。中共上海办事处邀请叶圣陶去喝酒祝寿。叶圣陶对朱德多有佩服，不顾军统特务的严密监视，欣然前往。

朱德生日宴会上，有从山东烟台送来的白兰地和苹果。朱德高兴于各位民主人士的到场，频频举杯。叶圣陶生性好酒，酒量很大，素有“酒仙”的美誉，但当天他心事重重，喝得酩酊大醉，被众人搀扶回家。叶圣陶躺在床上，昏睡中嘴里依旧嘟嘟囔囔，说着说着竟然还哭了起来。

酒醒后，叶圣陶在日记里写道：“醉时自己失去统制，一时悲从中来，出声而哭，所语为何，不自省记。”

而叶圣陶的挚友王伯祥这样记道：“圣陶、彬然午应朱寿筵，狂饮烟台张裕白兰地，伤时忧国，未免枨触，遂致大醉……三十余年来，余未见其醉至如此也，可见忧愤之中人烈矣。”

海棠雅聚

新中国成立后，叶圣陶曾先后出任国家出版总署副署长和教育部副部长等职务，继续从事出版和教育工作。

他北京住所的院子里有一棵海棠树，每年4月19日，海棠花盛开时，他都会邀请朱光潜、俞平伯、王伯祥等文坛好友来家中小聚。他们早已形成了默契，俞平伯总会带上一瓶桂花酒，朱光潜带上一瓶白兰地，叶圣陶自己做一只酱鸭当作下酒菜。他们在海棠树下赏花饮酒，促膝谈心，人称“海棠雅聚”。

可惜到了20世纪70年代之后，好友们死的死散的散，此等场景不复存在。叶圣陶虽然喜欢喝酒，但大多数时候只是喝一两白兰地过过酒瘾，免得饮酒误事，可见他有极强的自制力。

1988年2月16日，为教育事业奉献一生的叶圣陶驾鹤西去，享年九十四岁。

（课内连线:《语文》三年级下，第一单元《荷花》，作者：叶圣陶）

茅盾：一代文学巨匠

小时候会喜欢上一本书，但很难喜欢上书的作者。因为我们通常只知晓作者的简介，却不曾走进过作者的一生。今日，我们就带各位读者走进茅盾先生精彩的一生。

茅盾，原名沈德鸿，字雁冰，笔名茅盾。他从小生长在鱼米之乡浙江乌镇。在当地，乌镇分乌、青两镇，茅盾的童年就是在青镇度过的。儿时的青镇很是热闹，有“八景”可以看，每逢佳节还会举办庙会，引来好多人。

家族起源

茅盾的母亲生在一个医学世家，他的外祖父是附近出了名的医生。当时太平天国和清朝争夺乌镇，外祖父的房子被毁了，坚强的外祖父在废墟之上盖了几间茅屋，又开始了他的行医之路。得知这个消息后，附近有好多人想来找他学医，但外祖父的要求很高，最后也就招了那么几个弟子跟在身旁。之前茅盾的外祖父有过两个孩子，不幸都夭折了。他的母亲是第三个孩子，名叫爱珠。爱珠从小被寄养在姨父家。在姨父那里她读了很多书，还学会很多本领。她十二岁被父亲接回家帮忙管家。不管不知道，父亲发现女儿竟颇有管理天赋，于是将家里大大小小的事务都交给她。很快爱珠的名声也在乡间传开了，大家听说陈家有这么一个知书达理、善于管家的女儿，纷纷来提亲，但都被陈老拒绝了。直到有一天，可能是缘分到了，当时的山长来替茅盾的父亲家提亲，想不到一向高要求的陈老一口就答应了，这门亲事也就成了，这才有了之后大文豪茅盾的出生。

⊙茅盾

茅盾小时候家道殷实，而且父母都是思想开阔的知识分子，他的父亲更是维新派的一员。当时知识强国的思想深深地影响了他的父亲，同时也影响到了茅盾，所以小时候的茅盾很喜欢读书，特别是一些古代名著，他经常拿起书就忘记吃饭，父母看到了也不阻止，而是顺应儿子的心意。在茅盾五岁那年，家里人决定送他进自家开的私塾，但他父亲却不同意，执意要妻子亲自教儿子。在母亲的教导下，茅盾的知识面更开阔了。

但是好景不长，过了三年，他父亲在杭州考试时病倒了，而且一病不起。请了日本医生诊断，才知道得了骨痨，这在当时是不治之症。确诊后的第二年夏天，茅盾的父亲病逝，年仅三十四岁。

志在鸿鹄

茅盾八岁那年以优异的成绩考入乌镇立志小学，后来因为那里的学习氛围沉闷，他又转到植材高级小学第一班。初入校园的时候，茅盾的成绩就出了名的好，最让同龄人佩服的便是他的作文。让人记忆深刻的是他十二岁那年，借会考作文表达了自己一生的追求和信仰——“大丈夫当以天下为己任”，他想去完成父亲没有完成的愿望。小学时光转瞬即逝，小学毕业后，十三岁的茅盾踏上了外出求学的旅程。他独自坐上前往湖州的火车，来到这个陌生的地方求学。他的中学生涯就从这里开始了。

据茅盾当时的中学老师回忆，茅盾给他们留下印象最深的是一次作文课。当时一个颇有名气的老师叫学生们自己命题写作，这可把学生难住了，好多学生抓耳挠腮，想不出能写什么。就在大家不知所措的时候，茅盾不假思索地写下了可以作为他一生写照的文章——《志在鸿鹄》。整篇文章气场宏大，他更是借《逍遥游》表达了自己的远大志向，希望自己和鲲一样胸怀天地，而且文章的题目和自己的名字德鸿相呼应。老师看了他的文章之后，愣了一下，感慨道:“这孩子将来一定会是文坛上的一颗明星！”

戏剧人生

1913年，茅盾高中毕业，信心满满的他报考了北大预科。考完之后，他觉得试卷十分简单，自己一定能被录取，便慢悠悠地回家等消息了。让他吃惊的是，考试成绩公布的那天，他发现榜单上没有自己的名字。他像失了神一般，呆呆地站在那里。过了好久，才失望地往家走去。几天后，戏剧性的一幕发生了，他意外地收到了来自北京大学的录取通知书，通知书上写着“沈德鸣”三个大字。茅盾心里又欢喜又疑惑，他想可能是学校寄错了，便连忙跑到报名处去查报名单，这才发现自己在填报名单的时候字写得潦草，把“鸿”字写得像个“鸣”字。这件事让他感触很深，他明白了作为一个读书人最基本的一点就是要把字写好，不然将来一定会误事。当天他就立志练字，不出几个月，就把字写得端端正正，而且越到后来他的书法技艺越精湛。

从他进入北大那一刻起，学校里的图书资源就被他看上了。那时候的茅盾十分喜欢看“闲书”，这个习惯在他很小的时候就已经养成了。茅盾求学的这几年，渐渐拥有了深厚的文学功底。

1916年，成绩优异的他顺利从北大毕业。迫于生活上的压力，他毕业后就到商务印书馆编译所工作。凭借在工作中不断积累的经验，1920 年，年轻有为的他正式开始主持《小说月报》“小说新潮”栏的编务工作。之后他一直默默从事文坛工作，由于父亲“救国入仕”思想的影响，1926 年他出任国民党中央宣传部秘书。有一天下午，开明书店的老板章锡琛请茅盾、郑振铎、夏丏尊和周予同等人吃饭喝酒。在酒喝到一半的时候，章锡琛对茅盾说：“单单喝这清酒，太没有味道了，还请雁冰兄帮忙提升兴致。”茅盾这时候喝得正在兴头上，便痛快地答应了，问怎么样才能助兴呢？章锡琛说：“听说雁冰兄会背《红楼梦》全篇，随便来一段怎么样？”茅盾不假思索地点了点头。于是郑振铎拿来《红楼梦》开始点回目，不管点到哪里，茅盾都能一字不差地将内容背出来，在座喝酒的所有人对他的记忆力赞叹不已。

乍遇坎坷

1927 年是茅盾人生中重要的一年，也是非常有意义的一年。这一年，轰轰烈烈的大革命失败了，他失去了和党组织的联系。面对黑暗势力的追杀，茅盾不得已隐藏了自己的真名。经历过这次人生的大起大落，他决定用“矛盾”作为自己的笔名，投递了他创作的小说《幻灭》。当时收到初稿的叶圣陶先生觉得“矛盾”一看就是假名，为了不引起民国政府的注意，就在“矛”字上面加了一个草字头。

从此以后，“茅盾”就成了沈雁冰的笔名。

厌倦了政治和现实矛盾的他开始把所有精力都投入写作当中，相继完成了《蚀》三部曲、《子夜》等作品，成为文坛上一颗闪闪发光的明星。写作期间，他到过新疆任教，也去过苏联访问。在中华人民共和国成立前夕，茅盾受邀到达北平，同年10月开国大典后，被政务院任命为中央人民政府文化部部长，成为新中国首任文化部部长。

再回文坛

当了文化部部长以后，一些“麻烦”开始出现：越来越多的人慕名而来，有的请求茅盾先生给他们题写书名、报头、刊名，有的请求给他们的作品提意见。茅盾不好意思拒绝，都应承了下来。这些琐碎的杂事占去了茅盾很多时间，以至于他很难静下心来写作，十分苦恼。幸得家人支持鼓励，他才得以稳定情绪，坚持写作。

在编辑和写作的时候，茅盾很喜欢抽烟，一抽就停不下来。有一次，突发灵感的他写文章写到半夜，正巧一个朋友来访，茅盾就把剩下的最后一支烟递给了朋友。两人开始畅谈，谈了好久那个朋友才离去。茅盾觉得意犹未尽，便继续开始写作，用他那辛辣的文字去讽刺黑暗的时代。写着写着，他的烟瘾犯了，这时的他已经忘了自己剩下的最后那根烟已经给了朋友，便抓起桌子上的一根钢笔准备抽，谁知点了好久都没点着，一看，原来是一支钢笔。恍然大悟的茅盾放下笔，拍了拍自己的额头，让自己清醒一下，之后又全身心投入写作之中。

捐献稿费

1981年3月14日，茅盾预感到自己可能一病不起，就将省下的二十五万元稿费捐了出来，设立了茅盾文学奖，来鼓舞后来人从事优秀长篇小说创作。

纵观茅盾的一生，真的和他的笔名一样充满了矛盾，有大起，也夹杂着大落。从家道殷实，到家道中落；从文坛一星，到隐姓埋名；从名扬全国，到被批斗下台。茅盾将自己前半生的经历注入《子夜》主人公吴荪（sūn）甫身上，而后半生则献给了伟大的祖国。每每读及茅盾的作品，我们都深有感触。愿后来人，都能深入阅读和体味茅盾先生的作品。

（课内连线:《语文》八年级上，第四单元《白杨礼赞》，作者：茅盾）

老舍：人民艺术家

国破家亡

1899年，北京一个姓舒的普通旗人在朝廷里当兵，守卫城门，他的家在西城的一个小胡同里，胡同里面都是低矮如同草棚一样的房子。立春那天，舒家生下一名男孩，父亲给孩子取名舒庆春，这个男孩就是后来的老舍。第二年，八国联军进攻北京，舒庆春的父亲镇守正阳门，与来犯的日本军队血战殉国。八国联军攻入北京城后，舒庆春的家遭到洗劫，多人丧生，当时才一岁半的舒庆春恰好被一个大箱子倒扣在身上，幸免于难。

舒庆春有四个姐姐和三个哥哥，其中一个姐姐和两个哥哥没能熬过艰难的生活。父亲阵亡，一家人都靠舒庆春的母亲来养活。母亲每天拼命给人洗衣服挣钱，由于她的

⊙老舍

手长年泡在水里，总是红肿着。到了晚上，母亲还要在小煤油灯下裁布缝衣补贴家用。生活虽然艰辛，但母亲始终坚强而乐观，给舒庆春树立了良好的榜样。

到舒庆春九岁时，一个叫刘寿绵的旗人来到他家，问他母亲："孩子几岁了？上学没有？"

母亲说："到了上学年纪，但是没钱。"

刘寿绵生于富贵之家，信仰佛教，乐善好施，他见舒庆春聪明伶俐，便说："明天带他来我这儿上学，书本费、学费你都不用管。"他的私塾是一座道观大殿改造的，大殿上却摆着孔子的牌位。舒庆春先在这里学习三字经，后又转到公立学校读书，此间刘寿绵把大部分财产都施舍出去了，等到舒庆春中学毕业时，刘寿绵已经身无长物，但他依旧坚持办学校做慈善。舒庆春被刘寿绵的善举感动，经常来刘寿绵的学校当义务教师。

刘寿绵后来出家，法号宗月大师，担任北京鹫（jiù）峰寺住持。

命题作画

1926年，《小说月报》连载了舒庆春的第一部长篇小说《老张的哲学》，第一期时用他的本名舒庆春，从第二期起改用笔名老舍。他解释“老舍”的含义：“老，并不是年龄大，而是一直、永远的意思。老舍，就是永远忘我。”此后，老舍笔耕不辍，在文坛声名鹊起。

老舍和齐白石的关系非常好，他的夫人胡絜青是有名的才女。20世纪30年代，胡絜青曾经给齐白石的四子和五子补课。中华人民共和国成立之后，胡絜青磕头拜师，成为齐白石正式的女弟子，老舍和齐白石的交往更加频繁。他们一个是作家，一个是画家，碰撞在一起便会迸发出美妙的火花。

有一次老舍和齐白石聚会，老舍想到词人苏曼殊的诗句，便对齐白石说：“我说一句诗词，你把诗词内容画出来，如何？”

齐白石兴致盎然：“来吧！”

老舍说了好几句，齐白石很快都画了出来，并且完美地体现了诗词的意境。当老舍说到“芭蕉叶卷抱秋花”时，齐白石犯了难。他说：“我年纪大了，忘记了芭蕉叶是往左边卷还是右边卷。咱这附近也没多少芭蕉可供观察，这句画不了。”

老舍没想到齐白石如此精益求精，赞叹不已。

后来他们又聚会，老舍出题：“齐先生，听好了，这题很难：蛙声十里出山泉。”

齐白石摸着胡须说：“果然很难！短短七个字，不仅写出了环境和季节，还描写了声音。蛙声出了十里，的确是不好表达，但是难不倒我。”

齐白石用巧妙的构思解决了这一难题：在长满青苔的乱石中，山泉直泻，几只蝌蚪在湍急的溪流中顺势而下。

老舍赞道：“妙极！画面上虽然没有青蛙，但是我能感受到蛙声正和着泉声响彻山涧，飘出十里。我还有一题，也很难。”

齐白石笑道：“出吧。”

老舍说：“凄迷灯火更宜秋。”

齐白石思索良久，才慢慢地画出这句诗的意境。只见他在左上角用两笔直线画出窗的一角，里面有一盏小油灯，火苗呈红色，被风吹得稍歪。窗外飘进一片橘黄色的枫叶，慢慢地落到灯火的上方。窗下一片空白，占了画面的四分之三。在空白的下半部的两侧，他用了五方印章，大小错落，构图绝妙。

老舍看罢拍手称妙。

后来《蛙声十里出山泉》成为齐白石晚年名作，并且被印成邮票。老舍命题，白石作画，一时传为美谈。

以笔为刀

抗日战争时期，老舍提着一个箱子，孤零零地从济南逃到武汉，在这里认识了周恩来。

周恩来想成立一个文艺界的抗战组织，他找到冯玉祥商量，看由谁领导这个全国统一战线文艺家组织比较合适。冯玉祥建议："要不找郭沫若和茅盾？"

周恩来摇摇头："最好不要，他们都是我们党的人，要是他们领导，国民党肯定不满。我们要找这样一个人，他没什么党派背景，同时非常爱国，重要的是，文学上很有造诣。"

冯玉祥笑道："此人非老舍莫属！"

周恩来欣然同意。于是他们在武汉成立了"中华全国文艺界抗敌协会"，这就是文联和作协的前身。

1938年，老舍出面主持"文协"工作，从此以小说家的身份走向政治和战争的舞台。

抗战胜利后，老舍应美国国务院邀请赴美国讲学。在美国期间，他认识了赛珍珠女士等部分文艺界好友，甚至到好莱坞去自荐过作品。

新中国成立前夕，全国文艺工作者代表大会在北京召开。会上，周恩来对济济一堂的作家们深有感慨地说："现在就差老舍先生一个人了，无论如何要请他回国。"

时隔三个月，身在纽约的老舍辗转收到周恩来诚邀他回国的亲笔信，喜出望外。他不顾手术后病体虚弱，悄悄地做好了回国的准备。1949 年 12 月 12 日，老舍排除重重困难，终于回到祖国，开始了他人生崭新的一页。

党外人士

20 世纪 50 年代和 60 年代初期，梅兰芳、程砚秋等艺术家相继入党，老舍也提出入党申请。这份申请书最终递到周恩来手里，但是很长一段时间都没有下文。

1959 年的一个下午，老舍家里来了一个客人，正是周恩来。聊了几句后，老舍对夫人说："你先到西屋去吧，总理要和我谈点事。"

周恩来微笑示意，然后说："老舍先生，你的入党申请我们都看到了，我们非常欢迎你入党。但是，关于这件事我要和你商量一下。现在我们国家外忧内困，帝国主义对我们新中国实施孤立封锁的政策，在这种情况下，我认为你暂时留在党外比较好。因为有些事情，让我们自己说，或者让我们自己的党员同志来说，都不太方便，而让你一个有声望的党外人士说，作用就大多了，对党的贡献反而会更大，就好像当年的文联一样。你看呢？"

老舍很快理解了周恩来的话，说："我知道了，站在不同的位置，也能做贡献。"

两人从下午两点一直谈到六点。此后，老舍一直发挥着党外人士的重要作用。早在 1951 年，老舍就因创作话剧《龙须沟》被北京市政府授予"人民艺术家"荣誉称号。

那之后，更是创作了话剧《茶馆》等大量脍炙人口的作品，他是文艺界当之无愧的“劳动模范”。

投湖自尽

“文化大革命”爆发后，老舍被迫停笔，没有再进行小说创作。他试图参加文艺工作队，写快板书和相声来宣传计划生育、科学种田等国家政策，但是没有获得批准，为此他极为苦闷。1966 年春，老舍独自前往北京郊区顺义县以养猪而闻名的陈各庄，跟那里的农民生活在一起，写了一篇科学养猪的快板书《陈各庄上养猪多》，这是他公开发表的最后作品。

到了 7 月底，老舍病重，严重到大口吐血的地步。他住了半个多月医院，稍有好转，便选择出院回家。

8 月 23 日，老舍受到迫害，被红卫兵殴打批斗。

第二天，他带着自己抄写的毛主席诗词来到北郊太平湖，在湖边整整坐了一天。他回顾自己的一生，从战死的父亲到倒扣在身上的木箱，从艰难的童年到与齐白石的友谊，从武汉到纽约……到了晚上，他望着满盈星光的湖水，纵身一跃。

1978 年，老舍得到平反，恢复“人民艺术家”称号。

堪恨秋肃夺英魂，秋水无情也吞声！

（课内连线:《语文》七年级上，第一单元《济南的冬天》，作者：老舍）

钱学森：导弹之父

一家三学子

钱学森出生于上海，祖先可以追溯到五代十国时期的吴越王钱镠（liú）。钱学森的爷爷是丝绸商人，生意做得不错，家境比较宽裕。父亲钱均夫早年就读于杭州求是学院，这是当时维新派创建的学校，后来发展为浙江大学。但是钱均夫没有读完，中途肄业。几年后，杭州富商章氏欣赏钱均夫的才华，将爱女章兰娟许配给他，并且资助他去日本求学。他考入日本东京高等师范学校，学习教育学、地理学和历史，毕业后回国。

1911 年，钱均夫出任浙江省第一中学校长，这一年钱学森出生。钱学森的母亲章兰娟从小接受家学教育，记忆力和计算能力惊人，是极为难得的数学天才，不仅在清朝末年，就是放在现代社会也是凤毛麟角的奇女子。

在父亲、母亲以及钱氏家训的教导下，钱学森启蒙很早，自幼踏踏实实读书。他二十三岁毕业于国立交通大学，这所学校后来分为上海交通大学和西安交通大学。1934年6月考取清华大学赴美留学生。

⊙钱学森

“自杀俱乐部”

钱学森在麻省理工学院硕士毕业后，来到加州理工大学读博士，师从航天工程学家冯·卡门。

在攻读博士时，钱学森对火箭这项处于襁褓期的技术产生了浓厚兴趣，当时的火箭还是存在于科幻小说中的想象物。钱学森碰到两个志同道合的朋友，一个来自航空系，一个来自化学系。他们三个人找过很多理工学院的教授求助，但都碰了一鼻子灰。教授们都说：“不好意思小伙子们，我对科幻小说不感兴趣。”

钱学森吃了几次闭门羹之后，才想到拜访自己的老师卡门。卡门在学校里素来标新立异，人们称呼他是老顽童。三个人惴惴不安地敲开卡门家的大门，说明来意，没想到卡门对火箭技术非常热心，他知道德国已经有先驱者在从事火箭研究了，美国人不能落后。他请三个学生来家里喝茶，然后表示支持他们搞研究，并且开放自己的空气动力学实验室给他们。到了第二年春天，又有两个年轻的博士加入他们的队伍，组成火箭小组。这个小组后来发展为美国航空局旗下的喷气推进实验室，主导了登月和火星探索等诸多跨时代的科研项目。

火箭小组没有资金，没有设备，没有场地，后来有个研究生捐了一千美元，条件是让他也加入，角色为摄影师。这是小组的第一笔研究经费。他们马上开始了实验工作。可是，他们的实验经常失败，甚至产生过多次爆炸，给校园带来灾难性损失，其中一个小组成员差点被炸死，许多金属仪器也被爆炸气体腐蚀。因此，全校师生戏称他们是“自杀俱乐部”。卡门为全校师生安全着想，不得不把他们赶出校园。

“自杀俱乐部”的成员并未灰心丧气，他们把设备搬到市郊的干枯河床上继续试验。

1938 年的秋天，德国在火箭技术上有了突破性进展，美国政府备感压力，将研究火箭的任务交给卡门，卡门当即把火箭小组喊到学校来。火箭小组有了政府的资金和设备，如虎添翼。钱学森和“自杀俱乐部”其他成员带着美国的火箭，一步一步走向辉煌。

天才的世界

钱学森是一个天才，他活在自己的天才世界里，拥有常人难以理解的头脑和思维。他博士毕业后回到母校麻省理工学院任教，三十五岁便成为终身教授。别的终身教授起码需要二十年的教龄，他只用了短短几年。

他一心从事理论研究，对此那些做实践工作的同事表示完全不能理解，并且经常露出鄙夷的神情。上他课的学生，每时每刻都要紧绷着神经，因为钱学森上课几乎不跟学生交流，只是在黑板上写他的板书，满黑板的计算过程。他偶尔会提示一下某个公式是微分或者积分，但不说是哪个等式。

如果有学生问他极其简单的问题，钱学森很有可能不搭理他。有一次，一个学生问的问题太过愚蠢，钱学森非常生气，对他说："你以后不要来上我的课了。"

考试前更是同学们的噩梦时间，所有人都感觉复习起来特别困难。有学生去找钱学森希望得到点拨，钱学森微笑道："如果你们真的理解了，那就不会有麻烦。"

他的学生算是全美国最聪明的一群学生，但试卷满分一百分，班上平均分只有十几分，最高的也才二十二分。

他的智商碾压所有人，却每天从早上七点工作到晚上十一点。他的所有心思都花在研究上，没有多余心思去顾及他人的感受。

五个师

“二战”期间，德国的导弹在战争中大放异彩，同盟国诸国叫苦不迭，他们都见识到了导弹的威力，但是搞不清楚导弹的秘密。德国战败后，盟军立即占领了德国的导弹研制中心和发射场，封锁所有资料。美国陆军安排两个最厉害的火箭顾问去德国挖掘导弹技术秘密，其中一个是钱学森，另一个是他的老师卡门。

他们主要审问两个人，一个是人类的“导弹之父”冯·布劳恩，一个是近代力学奠基人之一普朗特，而普朗特正是冯·卡门的老师。

布劳恩看到钱学森在导弹方面有出色的天赋，便将所有秘密都告知了他。钱学森得到布劳恩的真传，了解到当时世界最顶尖的导弹技术。美国在钱学森工作成果的基础

⊙钱学森

上，很快制造出自己的导弹。因为对导弹研制的杰出贡献，钱学森在美国拥有最高级别的安全通行证，参与绝密的军事项目研究。作为一个外国人，他能够自由出入美国五角大楼，时间长达八年之久。也正是因为这些导弹技术，他后来的回国之路才无比艰辛。

1950 年，朝鲜战争爆发，此后，以美国为首的资本主义阵营和以苏联为首的社会主义阵营之间的对抗日益激烈。美国人绷紧了每一根神经，他们紧盯着符合以下身份中任何一种的人：同情共产主义的人，外国人，科学家。

钱学森三项都符合！而且，他掌握着最尖端、最机密的导弹和火箭技术。

钱学森被怀疑，被美国军事部门调查，参加机密研究的资格被取消，他非常气愤。此时新中国已经成立，他强烈地想回到祖国。

1950 年 8 月的一天，钱学森准备以回国探亲为名离开美国。他在港口准备坐船时被美国官员拦了下来，海关没收了他的行李，其中包括八百公斤书籍和笔记。他被关押了十五天，加州理工学院花费 1.5 万美元才将他保释出来。

美国海军次长听闻钱学森要回国的消息后，恶狠狠地说：“他知道所有美国导弹工程的核心机密，一个钱学森抵得上五个海军陆战师，我宁可把这个家伙枪毙了，也不能放他回红色中国去！”

接着，钱学森又被软禁五年，几乎每天都在遭受不公正的审查。

香烟盒

钱学森作为超一流的科学家，竟然在美国遭到如此非人道的待遇，他更加迫切地想要回到祖国。中国政府听说钱学森被扣押，当即展开营救工作，由周恩来主持与美国谈判。为了表达诚意，中国决定释放多个在抗美援朝战争中俘虏的美国飞行员作为交换条件。

美国声称钱学森在美国学习工作非常安稳，钱学森本人不愿意回到中国，中国不能强迫。周恩来联系不到钱学森，也找不到钱学森要回国的证据，焦虑万分。

直到有一天，周恩来收到一封信，署名是钱学森。原来，有一天钱学森在家看报纸，在报纸上看到天安门城楼的照片，发现城楼上站着一位他父亲的好朋友，这个人叫陈叔通，身份是全国人大常委会副委员长。他决定找陈叔通求助，但他身边经常有特工监视，无法正常地写信交流，于是他先给住在比利时的朋友写信，在信中夹了一张香烟的包装纸，包装纸上写着对陈叔通的求助内容。比利时的朋友又把信件寄到了中国。

周恩来看到求助信后，忍不住露出微笑。因为美国曾经公开声明，允许各国留学美国的学者来去自由，钱学森寻求中国的帮助，明显是因为美国在阻挠。在事实面前，美国无可辩驳，不得不批准他的回国要求。

钱学森一家终于踏上了回家的路途。

知道钱学森离开美国，他的老师冯·卡门非常感慨："美国把火箭技术领域最伟大的天才、最出色的火箭专家钱学森，拱手送给了红色中国！"离别时，这位导师充满深情地对钱学森说："你现在在学术上已经超过我，回你的祖国效力去吧，科学是不分国界的。"

回到祖国后，钱学森立刻开始主持导弹、原子弹和人造卫星的研制工作，并带领无数科学家共同缔造了中国的"两弹一星"。

宝刀未老

退休后，钱学森肩膀上的航天重担终于卸了下来，但是他对中国的影响仍在继续。他没有把自己的思维局限在国防和航天技术领域，而是用系统的眼光去研究整个自然科学和社会科学。他的研究有过偏差，比如把大量精力放在人体科学上，但最终他把眼光放在了沙产业上。

钱学森解释说："所谓沙产业，就是在不毛之地的沙漠上搞农业生产。"他在西北边疆从事导弹火箭技术研究时，对戈壁荒漠的极端恶劣天气和当地居民的困顿生活印象深刻。他发现茫茫戈壁当中依然有耐干旱、耐盐碱的植物在顽强生活着，许多植物比如甘草，具有很高的药用和经济价值。他认为沙漠并不是死亡之海，于是他打算在沙漠之中从事治沙和农业生产工作。

他获得“何梁何利基金优秀奖”等高额奖金后，当即把所有奖金都捐给西部治沙事业。在他的努力之下，许多人都投身沙产业中。如今，沙产业在内蒙古、甘肃等地开花结果，许多戈壁滩用日光温室构建出新型绿洲。

2001 年，钱学森获第二届霍英东杰出奖，他再次将奖金一百万港元捐给了中国科协沙草产业协会。当时他说了一句流传很广的话：“我姓钱，但我不爱钱。”

2009 年 10 月 31 日，钱学森走完了九十八年的人生之路，在北京去世。此后，北京连降三天大雪，似乎是在送别这位“导弹之父”和航天伟人。

（课内连线：《道德与法治》七年级上，第一单元第 1 课《阅读感悟》）

邓稼先：两弹元勋

科学救国

1924年，邓稼先出生于书香世家。往前数六代，他的祖先是清朝著名篆刻书法大家邓石如。他的父亲邓以蛰是美术史家、艺术理论家和教育家，曾经在北京大学、清华大学和北京医科大学等高校做教授，讲哲学课。同时，邓以蛰和杨振宁的父亲杨武之是至交。

邓稼先出生后不久，母亲带着他来到北大，生活在父亲身边。在父亲的影响和熏陶之下，邓稼先上小学时便开始读四书五经，同时早早地接触到英文、数学和西方名著。读初中后，他更加喜欢数学和物理。在崇德中学上高中时，邓稼先与高他两级的杨振宁结为好友，学习上获得杨振宁的帮助，学习成绩突飞猛进。几十年后，杨振宁再次帮助邓稼先，甚至救了他一命。

⊙邓稼先

1937 年，卢沟桥事变的枪声响起。没多久，北京沦陷。邓以蛰身患肺病，咯血不止，因此全家都滞留在北京。

占领北京的日本侵略者召开“庆功会”。消息传出，年仅十三岁的邓稼先愤怒至极，无法忍受这种屈辱，跑到大街上当众把一面日本国旗撕得粉碎，扔在地上狠狠地踩了几脚，用来发泄不满。

此事发生后，邓以蛰的好友劝他赶紧把孩子送出北京，不然迟早要遭到日本人的报复。山河破碎风飘絮，万般无奈之下，邓以蛰让自己的大女儿带着邓稼先南下昆明。这时候，清华、北大和南开大学南迁到昆明组成西南联大，许多教授都是邓以蛰的好友，邓稼先在云南也能受到很好的教育。

送别儿子时，邓以蛰望着北京城内飘着的日本国旗，感叹自己一介文弱书生面对日本人的嚣张气焰无能为力，对邓稼先叮嘱道：“现在国家积贫积弱处处挨打，希望你以后学习科学，不要学文，科学对国家有用。”邓稼先将父亲的话牢记在心。

邓稼先 1941 年考入西南联大物理系，1945 年毕业，三年后考到美国普渡大学读博士，仅花了两年时间就获得博士学位，这时他只有二十六岁，人称“娃娃博士”。

二十八年的汗水

邓稼先在美国打下了良好的物理学理论基础。新中国成立后，他主动和二百多位专家学者一起回到国内，在他老师王淦（gàn）昌教授以及彭桓武教授带领下，建设中国近代物理研究所，开始中国原子核物理理论研究工作。

曾经有人问他从美国带了什么东西回来，他说：“带了几双眼下中国还不能生产的尼龙袜子送给父亲，还带了一脑袋关于原子核的知识。”

1958 年秋天，第二机械工业部副部长刘杰来到邓稼先家，对他说：“国家想要放一个‘大炮仗’，你愿不愿意参加？”

邓稼先马上想到原子弹，激动地说：“愿意！”

刘杰又说：“这个工作要求严格保密，隐瞒自己的工作性质，必要的时候不能和家里人通信联络，而且这个工作起码要耗费十年的时间。你还愿意吗？”

邓稼先略作考虑，依旧说：“愿意！”

起初，邓稼先从事理论研究工作，工作单位和家距离不太远，每天坐公交车上下班，但他每次回家时都提前两站下车，然后步行，免得他人注意他的行踪。

他带着一批刚跨出校园的大学生建设试验场地，自己动手挑砖拾瓦，在乱葬岗中碾出一条柏油路，在荒树林旁盖起原子弹教学模型厅。在工地工作时，大家的生活条件很差，都是打好饭菜端出来蹲在地上吃，邓稼先经常吃着吃着就把饭盒放在地上和别人聊工作。好几次，他的饭菜被工地附近的鸡给吃了，大家发现后都哭笑不得。

后来工作越来越繁重，他只好住在单位。这一住就是二十八年，其中有长达八年时间他和家人没有丝毫联系。在其余二十年时间里，他与家人的通信见面也很少。

此时的中国处在严重困难时期，邓稼先的工作条件极为艰苦。本来有苏联的支援，但不久后中苏两国交恶，苏联拒绝提供原子弹数学模型和有关技术资料，单方面终止两国签订的国防新技术协定，撤走全部专家，甚至连一张纸片都不肯留下。苏联讥讽道：“离开外界的帮助，中国二十年也搞不出原子弹，你们就守着这堆废铜烂铁吧。”

邓稼先不服气，和同事们立志要制造出属于中国自己的核武器。

他们研究地球上最复杂的核武器，用的却是地球上最原始的工具。他们炼制炸药时用铝锅，精确计算时用手摇计算机、计算尺，甚至还要用算盘。

1964 年 10 月 16 日，中国的第一颗原子弹顺利地在沙漠腹地炸响。这一天被历史铭记！

两年零八个月后，邓稼先率领科学家们研发出氢弹。

是人不是神

邓稼先从事最尖端、最危险、最沉重的科研任务，不过他也是个富有生活情调的人。每当工作有所突破，他都会主动提出请大家去饭馆吃顿好的。

有一次任务完成后，邓稼先兴致颇佳，对身边几个大学生说：“今天放假，大家有空吗？我请你们去看电影。”大伙儿很高兴，但是担心太晚了，去了没票。邓稼先却不担心，笑着说：“不要紧，就算票卖完了，也会有人退票。”

他们跑到电影院门口，果真没票了，于是专门等人退票。几个年轻人都不好意思，邓稼先倒是最积极，逢人便问：“有票吗？退票吗？”在邓稼先的努力下，大家如愿以偿地进了电影院。

邓稼先是人，不是神。核武器研发工作需要非常细致慎重，哪怕出一点点错误，也可能导致严重的后果，邓稼先的压力极大。很多人见过他在重大试验方案上签字时，双手抖动得厉害。

他在紧张时会心慌，接到中央打来的保密电话，他拿电话的手经常会发抖，说话的声音也变得不自然。有一次，他给周恩来汇报工作，因为试验结果不太理想，他的心理压力太大，手又开始抖起来。周恩来开玩笑说：“稼先同志，你这么紧张，搞得我也紧张了。我们年纪都这么大，万一心脏病发了可不得了啊！”

听到这话，邓稼先才稍微放松下来。

但是，容易紧张的邓稼先总是站在核武器研发第一线，每次直面重大任务，他都真正做到了临危不惧，甚至视死如归。

在一次核试验中，飞机把核弹投往试验中心，分分秒秒过去了，核弹却没有爆炸，似乎躺在茫茫试验场里嘲笑众人的无能。在事故原因不明的情况下，在场的所有人员都心急如焚，争相奔往试验禁区，想早点找回核弹。邓稼先不顾众人反对，先后两次进入核心区域。当工作人员发现核弹碎片后，他第一时间赶去检查，确认不会爆炸，查明原因是降落伞事故。

邓稼先清楚核武器的辐射威力，所以他是穿着防护服进入辐射区的。但是，如此近距离地接触核弹碎片，依旧存在被辐射伤害的风险。

他多年来承担沉重的任务，夜以继日废寝忘食地工作，极其不规律的饮食作息终于把他的身体击垮了，只是他自己没有发觉。

与癌症作斗争

“文化大革命”爆发后，全国陷入混乱。即便是周恩来对邓稼先个人和他所在单位进行了保护，但随着“文化大革命”愈演愈烈，邓稼先和许多核物理专家依然未能幸免，他们被造反派集中关押在青海基地批斗。造反派们抓住邓稼先做核武器研究时曾经失败过的事情大做文章，认为专家们是特务，对他们进行了惨无人道的折磨，并要求邓稼先把核武器研究数据都交代出来。邓稼先忍受着巨大的身体病痛和精神折磨，硬是一言未发。

在他最危难的时刻，获得诺贝尔奖的杨振宁首次回大陆探亲，中央十分重视。杨振宁列出一张在北京要会见的朋友名单，第一个人便是邓稼先。周恩来让邓稼先火速回京，趁机把他从青海救了出来。

由于这些迫害和长期核试验的辐射，邓稼先的身体变得极差。1984 年，他在大漠深处指挥中国第二代新式核武器试验成功，高兴地写下诗句：“红云冲天照九霄，千钧核力动地摇。二十年来勇攀后，二代轻舟已过桥。”也就是在这一年，他患上了直肠癌。

有一次开会时，邓稼先自嘲说：“我现在已经是强弩之末了。”全场的人都笑了，因为大家觉得邓稼先依旧精力充沛，潜力无穷，以为他在开玩笑。

邓稼先接着说：“我刚才说错话了，不该自称‘强弩’，这有吹牛的成分。”他在自己的生死命题上，表现出格外的乐观和豁达。

1985 年，癌细胞扩散到全身，他每天都在和癌症作斗争，但是依旧无人知晓。一直到这年的 7 月，他才在 301 医院被确诊为直肠癌，入院接受治疗。

邓稼先的秘书，也是核物理专家的竺家亨经常来看望他。邓稼先接受直肠癌切除手术后，身体外面挂着一根导管，勉勉强强能出门走动，一听竺家亨说某天有工作会议，邓稼先马上说：“我也去开会吧。”

医院终究无力回天。1986 年 7 月 29 日，邓稼先因为癌症晚期大出血去世。他临终前依旧惦记着尖端武器的研发，留下遗言说：“不要让人家把我们落得太远……”

1996 年 7 月 29 日，中国进行最后一次核爆试验，而这一天正是邓稼先逝世十周年的日子，以此来纪念这位为祖国核武器事业做出卓越贡献的先驱。

（课内连线：《语文》七年级下，第一单元《邓稼先》）

雷锋：不熄的明灯

“我愿做高山岩石之松，不做湖岸河旁之柳。我愿在暴风雨中——艰苦的斗争中锻炼自己，不愿在平平静静的日子里度过自己的一生。”

说出这句话的人，时至今日依旧是全国人民心中的榜样，他就是雷锋。

苦难童年

雷锋1940年出生于湖南省望城县简家塘一个贫苦农民家庭，那个年代都是按照字辈来给孩子取名，雷锋的哥哥出生时取名为雷正德，雷锋出生后取名为雷正兴。1940年正处于抗日战争时期，人民生活在水深火热之中，雷锋的童年也是在十分困苦的环境里度过的。

雷锋的父亲曾参加过毛泽东领导的湖南农民运动，1938年被国民党抓去，遭到毒打，造成了十分严重的内伤和残疾。后来，他的父亲拖着残病的身体回到家乡，一边养病一边种地，勉强度日。在雷锋四岁的时候，他的父亲不幸遭到日本人毒打，本来虚弱的身体再也无力承受，在第二年秋天带着未尽的责任离开了世界。而他的妈妈在他六岁的时候，被当时的地主凌辱，悬梁自尽，留下了尚且年幼的雷锋。

同一个县城的六叔奶奶见雷锋年幼可怜，收养了他。失去双亲的伤痛让雷锋从小就学会了承担与坚韧。在当时的时代背景下，可怜人很多，每天不知道有多少人悄然离世，而伤痛其实是一把双刃剑，你战胜了它，遇见的便是战火飞烟之上的蓝天和温暖的阳光。雷锋感念六叔奶奶的收养，经常上山砍柴帮助六叔奶奶。可是，当地的柴山全都被地主婆霸占了，不许穷人去砍柴。有一天雷锋去砍柴，正巧被一个地主婆看见，她指着雷锋破口大骂，并且要雷锋把柴全部运到她家，还抢走了雷锋的柴刀。雷锋哭喊着想夺回砍柴刀，可那地主婆竟举起柴刀在雷锋的左手背上连砍三刀。雷锋赶忙捂住伤口，鲜血顺着手指滴落在山路上。从那以后，雷锋想要帮助劳苦大众的愿望逐渐生发。

雷锋九岁的时候，解放军正好路过他的家乡。雷锋见他们对百姓嘘寒问暖，还帮乡亲们干活，就连买菜也都按照市场价格付钱，不拿老百姓一针一线，心里顿时觉得，这些解放军叔叔就是他想要成为的人呀！他萌生了参军的

⊙雷锋

强烈愿望。雷锋找到部队的连长说要当兵，连长知道了他苦难的身世后，也是一阵难过，但是看他年纪实在太小，就说："你现在还小，等你长大了才能当兵。你要努力学习，这样长大了才能保卫和建设祖国。"说完送了一支钢笔给雷锋，雷锋的眼神里充满了失望，但下一秒手握着钢笔又充满了力量，他暗自下决心：我一定要好好努力，这样才能保卫和建设祖国。

翻身解放，浇灌梦想

也是在这一年，雷锋的家乡湖南省望城县宣布解放，雷锋终于拥有了崭新的生活，他可以去上学了，这是他过去连想都不敢想的事。开学第一天，老师发给他两本书、一个笔记本。他看到好多小朋友交书费、学费，也把乡亲们给他的几个钱拿出来，交给老师。老师亲切地说："你是孤儿，学校不收你的学费，你免费读书。"雷锋双手捧着新书凝视着，内心的感激之情久久不能平复。他默默告诉自己：“一定要好好学习，长大了做个对国家有用的人。”那个没有留下姓名的连长说过的话像一粒种子，在他幼小的心田开始萌芽了。

雷锋每天一大早就来到学校打扫教室，把桌椅、黑板擦得干干净净，然后才坐下来读书写字。上课时，他全神贯注，从不放过任何疑问。他的作业，总是写得工工整整，按照老师的要求认真完成。

一天放晚学的时候，已经打过放学铃了，雷锋还有一道算术题没有做出来，他坐在那里继续写呀算呀。有个同学招呼他说：“走吧，习题没做完，回去再做吧！”

雷锋说：“就剩这一道题了，我总做不对。”

那个同学过来看了看：“这道题我做好了，你拿去看看吧。”说着从书包里拿出作业本递了过去。

雷锋笑笑说：“谢谢你，让我自己再想一想吧。”

他静下心来，反复琢磨课本上的例题，仔细回想老师的讲解，终于把题做出来了。

雷锋从小就不投机取巧，做事认真踏实，各门功课的成绩都在九十分以上。后来，他以优异的成绩毕业，进入焦化厂工作。

工作勤恳，实现愿望

1959 年 12 月，没人意识到冬天的严寒，因为新一年的征兵又开始了，大家心里都热乎乎的。雷锋迫切地想要参加中国人民解放军，但当时焦化厂的征兵名额有限，同时因为雷锋的表现十分突出，领导也舍不得让他走，不同意他报名。儿时的愿望早已长成了参天大树，一想到愿望可能无法实现，雷锋急坏了。他跑了几十里路，来到辽阳市人民武装部向余政委讲起自己的经历，表明了想要参军的志愿和决心。

那个时候征兵，对人员的身体素质要求是很高的。雷锋因为从小生活困难，身高才一米五四，体重更是不足五十五公斤。余政委和工程兵派来接兵的领导们还专门研究了雷锋的入伍问题。大家认为，他是苦孩子出身，经过实际工作的锻炼，政治素质好，入伍动机明确，虽然身体条件差些，但他在农场开过拖拉机，在工厂开过推土机，多次被评为社会主义建设积极分子和先进工作者，所以最后一致决定批准雷锋入伍。善良是种子，勤恳踏实工作是土壤和养分，在合适的时机总会开出花来。1960 年 11 月，雷锋正式加入中国共产党。

出差一千里，好事一火车

在部队的生活和学习，更加坚定了雷锋全心全意为人民服务的信念。一次，雷锋出差去参加沈阳部队工程兵军事体育训练，从抚顺一上火车，他看到列车员很忙，就动手干了起来：擦地板，擦玻璃，收拾小桌子，给旅客倒水，帮助妇女抱孩子，给老年人找座位，接送背大行李包的旅客。这些事情做完了，他又拿出随身带的报纸，给不认识字的旅客念报。到沈阳车站换车的时候，他发现检票口吵吵嚷嚷围了一群人，走近前一看，原来是一个没有车票的中年妇女硬要上车。人越围越多，把路都堵住了，雷锋上前拉过那位大嫂说：“你没有票，怎么硬要上车呢？”

⊙雷锋

那大嫂急得满头大汗，解释说：“同志，我不是没车票，我是从山东老家到吉林看我丈夫的，不知啥时候，把车票和钱都丢了。”

雷锋听她说的合情理，就说：“别着急，跟我来。”

他领着大嫂到售票处，用自己的钱补了一张车票，塞到她手里说：“快上车吧，车快开了。”那大嫂说：“同志，你叫什么名字，哪个单位的，我好给你把钱寄去。”雷锋笑道：“我叫解放军，就住在中国。”说完就转身走了。那位大嫂直到进了车厢还眼泪汪汪地向他招手致谢。

一次，雷锋从安东（今丹东）回来，在沈阳转车的时候，看见一位白发苍苍的老大娘，拄着棍，背了个大包袱，走得很吃力，便走上前去问：“大娘，你到哪儿去？”

老人上气不接下气地说：“俺从关内来，到抚顺去看儿子呀！”

雷锋一听跟自己同路，立刻把大包袱接过来，手扶着老人说：“走，大娘，我送你到抚顺。”

老人高兴得一口一个“好孩子”地夸他。

进了车厢，他给大娘找了座位，自己就站在旁边，掏出刚买来的面包，塞了一个在大娘手里，老大娘往外推着说：“孩子，俺不饿，你吃吧！”

“别客气，大娘，吃吧！先垫垫饥。”

“孩子”这个亲热的称呼，让雷锋很有感触，觉得就像母亲叫着自己小名似的那样亲切。他和老人唠起了家常。老人说，她儿子是工人，出来好几年了，她是第一次来，还不知道儿子住在什么地方哩！说着，掏出一封信，雷锋接过一看，上面的地址他也不熟悉，但他知道老人找儿子的急切心情，就说：“大娘，你放心，我一定帮你找到他。”

雷锋说到做到，到了抚顺，背起老人的包袱，搀扶着老人，东打听，西打听，找了两个多小时，才找到老人的儿子。这些事后来被战友们知道了，有人评论说：“雷锋出差一千里，好事做了一火车！”

钉子精神

有一次在电影院里，电影还没开演，一个小学生发现前排座位上有个解放军叔叔正在聚精会神地看书，他凑上去一看，原来是雷锋叔叔，就问："雷锋叔叔，这么一点时间，你还看书啊！"雷锋笑了笑说："时间短吗？我已经看了三四页了。虽然时间短，可是看一页算一页，积少成多嘛！学习，不抓紧时间不行啊！"说完雷锋又反问这个小学生："你对学习抓得紧吗？"

小学生不好意思地答道："不紧！"

雷锋亲切地说："不抓紧可不好，你们在学校里学习，太幸福了，一定要认真地学。"

雷锋在日记中这样写道：有的人总说工作忙，没有时间学习，我认为问题不在工作忙，而在于你愿不愿意学习，会不会挤时间。要学习的时间是有的，问题是我们善不善于挤，愿不愿意钻。一块好好的木板，上面一个眼也没有，但钉子为什么能钻进去呢？这就是靠压力硬挤进去的。而我们无论是在工作还是生活中，都要提倡这种"钉子精神"，善于挤和善于钻，这样才不会虚度光阴和生命。

普通一战士，生而为人民

雷锋这种毫不利己、专门利人的精神，已经成为我们这个时代精神文明的同义语、先进文化的表征。它的实质和核心就是全心全意为人民服务，为了人民的事业无私奉献。周恩来把雷锋精神全面而精辟地概括为"憎爱分明的阶级立场、言行一致的革命精神、公而忘私的共产主义风格、奋不顾身的无产阶级斗志"。

1962 年 8 月 15 日，雷锋不幸因公殉职，年仅二十二岁。董必武说："螺丝钉不锈，历史色长新。只作平凡事，皆成巨丽珍。"雷锋的一生虽然短暂，但他却以自己的模范行动影响和激励着一代代少年健康成长。他谦虚谨慎，受到赞誉不骄傲，做了好事不留名。他在日记中写道：我觉得自己活着，就是为了使别人过得更美好。

1963 年 3 月 5 日，毛泽东题词：向雷锋同志学习。此后的每年 3 月 5 日成为"学雷锋纪念日"，全国掀起学习雷锋精神的热潮，雷锋的名字响遍全国。

而传承至今的雷锋精神就是：人生总有一死，有的轻如鸿毛，有的却重如泰山。一个人活着就应该把毕生精力和整个生命为社会国家奉献，做一个对人民有用的人。如此，才能让一个有温度的短暂生命百世流芳！

（课内连线：《道德与法治》七年级上，第四单元第 10 课《阅读感悟》）

齐白石：傲骨人生，大器晚成

中国书画艺术集传统哲学、文学、审美于一体，寄托作者的思想、情感和抱负，代表了我国文人墨客的高雅情趣。因此，历朝历代的绘画大师大都是文人出身，饱读诗书。和这些古代的雅士相比，近现代国画大师齐白石可以说是一个另类。

因为齐白石是手工匠人出身，凭借着勤奋好学和一身傲骨，在不断的学习和实践中锤炼出自己独特的艺术风格。他的画自然、接地气，在国画领域自成一派。但是，他在艺术方面的建树，直到五十岁以后才开始逐渐显现，被世人知晓。因此，齐白石可以说是真正的大器晚成。

齐白石，原名纯芝，字渭青，后改名璜，字濒生，号白石、白石山翁、老萍、饿叟、借山吟馆主者、寄萍堂上老人、三百石印富翁。他的代表作有《蛙声十里出山泉》《墨虾》等。

从放牛娃到雕花匠

1864年，齐白石生于湖南长沙府湘潭县的一个农村家庭，从小帮家里放牛。放牛的时候看到天上的鸟、河里的虾、农舍里的小鸡十分有意思，他就在闲暇时用树枝在地上画出来。如果觉得自己画得不够好，他就毁掉重新画。

⊙齐白石

清朝末年的农村生活大多穷苦，正因为这样，才养成了他倔强、不服输的性格，他总是会用最大的努力去把事情做好。

因为家庭观念的局限，齐白石读书很少。他十五岁就被送到一位木工匠人那里去做学徒。由于身体瘦弱，粗重的木工活他做起来有些吃力，但是凭借一股倔强劲儿，齐白石克服了种种困难，学会了这位匠人师傅的所有手艺。

木工匠人也分等级，师傅告诉他需要对一些人毕恭毕敬。小小的他不明白为什么，就去问师傅。师傅叹了一口气，告诉他："我们做的是粗活，他们做的是细活。他们会雕花，会做那些精致细小的物件。他们学的手艺，没有天分是学不会的。我们怎敢和他们平起平坐呢？”

齐白石不相信自己学不会这些精巧的手艺。他在师傅的帮助下，找到湘潭当地非常有名的周之美做雕花老师，带他学习雕花。通过勤奋刻苦的练习，齐白石成了周师傅最得意的徒弟。除了一些传统的花样，齐白石总能画出一些新鲜的东西然后再把它们雕刻出来。尤其是动物，他总能刻画得惟妙惟肖。

慢慢地，有很多大户人家请他去做雕工。

一本《芥子园画谱》

《芥子园画谱》是一本学习绘画的基础教材，系统地介绍了中国画的基本技巧。我们所熟知的国画大师，如任伯年、吴昌硕、傅抱石等，无不是从学习这本画谱开始的。

年轻的齐白石热衷于钻研绘画工艺。有一次，他去给一户人家做雕花，看到了这本《芥子园画谱》，他便请求主顾把书借给他，主人很爽快地答应了。回到家中，齐白石花费了半年时间，才将这本画谱勾绘了下来。

这下子，齐白石再去给人家雕花的时候，便有了更多的花样和素材。其实在勾画《芥子园画谱》的半年里，他已经基本掌握了画谱中的全部绘画技巧。

在一次机缘巧合之下，他拜湘潭当地一位著名画师萧芗陔（xiāng gāi）为师，专攻人物画。当绘画技巧到了瓶颈期的时候，齐白石又开始思考如何弥补自身在文化上的匮乏。他开始寻访结交文人墨客，学习诗书和文学，提高自身的文化修养。湘潭当地的文人名士如胡沁园、陈少蕃、王闿（kǎi）运等人，都曾经做过他的老师。

在自己的努力之下，齐白石完成了从一个工匠到画师的转变，开始以画像、作画为生，渐渐地用画笔在当地画坛画出了小小的名气。

文人情结

时值清末，乱世的征兆逐渐显现，但这对偏安于湘潭莲花峰下“百梅书屋”的齐白石的影响却不甚明显。他仍然潜心钻研着自己热爱的绘画艺术，并喜欢与友人吟诗作赋。也许是因好学而自谦，也许是因出身而自卑，尽管他有了一些绘画成就，但还是觉得自己的作品中缺少那么点文人精神。

⊙齐白石画作

八大山人朱耷（dā）的作品充满了文人趣味，在文人中口碑极高。齐白石也对这位画家的绘画充满期许，希望有一天可以一睹究竟。

应夏午诒（yí）邀请，齐白石在 1902 年赶赴西安做绘画教习。西安一位威望很高的文学家名叫樊樊山，此人的书画藏品很多，其中就包括八大山人的绘画作品。经朋友引荐，樊齐二人结识，又因志趣相投而成为无话不谈的朋友。

樊樊山拿出所有私藏的书画与齐白石分享，就在这一年，齐白石开始尝试改变画风。齐白石心中暗藏的文人情结让他始终放不下，八大山人朱耷的绘画成为他所追求的终极目标。

就在这不断的磨合与借鉴中，齐白石开始有了自己的绘画风格，从一位给人画像的画匠开始向绘画大师演变。

乱世画坛，大器晚成

齐白石的倔强不只表现在对绘画艺术的追求永不满足，其精神气节更是令人敬佩。

齐白石在1904年到1909年的六年时间里，有一段被他自己称为“五出五归”的远游生活。那段时间，他游历过北京、江西、上海、广州等地。因为见识到了更广阔的世界，他深感自身尚有诸多不足。

1909年秋天，他回到湘潭，决定退隐山林。在隐居的八年时间里，他潜心钻研绘画、诗书，将八大山人的刻画技巧进行了更加深入的研究，内化其精神旨趣。不仅是绘画，金农的书法更是被他锤炼得神韵俱佳。而他自认为最欠缺的文人情怀，也在这段时间的读书、学习中得到了补救。

不过，他还是最喜欢画自然界的事物，花鸟、虾蟹都是他喜欢的。他的画形神兼备，栩栩如生，仿佛可以走到现实中来。他的画干干净净，格调虽高，但自然天成。当他的绘画艺术日臻完美的时候，他已经五十多岁了。

当时的中国不仅有外侵，还有内乱。他是一个不问世事的画家，恐慌之中他跟随逃荒避难的人群离开家乡北上。当时的北平通货膨胀严重，即便是炙手可热的艺术家也陷入了经济拮据的困境。

“齐璜，中国人也，不去日本！”

1937 年七七事变发生之时，齐白石正在北京。

当时的日军头目知道了他的住处，纷纷来到他家求画，并且许以薪资很高的职位要求他加入日本籍。齐白石本来就是个性格倔强的人，日军头目的威逼利诱反而让他更加义愤填膺。他正色道：“齐璜，中国人也，不去日本！你硬要齐璜，可以把齐璜的头拿去！”

日军头目面面相觑，反而有些敬重这个年已七旬的老人。

其实当年五十多岁的齐白石再次来到北京时，他的画卖得并不顺利。他与著名美术家、艺术教育家陈师曾相识之后，陈师曾把他的画带到日本去展览，就这样，齐白石的名声和他的画在日本美术界火了起来，连普通民众都争相收藏。这个机缘让齐白石的画作价格不断上涨。

⊙齐白石画作

对于日本人，齐白石原本是有些感激的。但是，九一八事变之后，日军开始了侵华的脚步。心怀民族仇恨的齐白石只能以拒绝表示抗议。他嘱咐家里人，日本人来访、来信一律拒之门外。这些被拒绝的人中间，也有他曾经的友人，可以说，这个过程对他来讲十分痛苦。

“寿高不死羞为贼，不丑长安作饿饕”，这是他在抵制日侵时期写的诗。那段时间，他辞去了国立北平艺术学院、私立京华美术专科学校教授等职务，在门口贴上“白石老人心病复作，停止见客”的字条。

为了和日本人抗争，齐白石画过“寒鸟”“螃蟹”“群鼠”等明显含有讽刺意味的画。在日军侵占北平的那段时间里，日本人用各种卑劣的手段给齐白石施加压力，但齐白石傲人傲骨，并不屈服。那时候的齐白石已经是高龄老人。

有人劝他不要这么张扬，他却说：“残年遭乱，死何足惜，拼着一条老命，还有什么可怕呢？”

时代新生

因为齐白石在画坛颇有名气，新中国刚刚成立的时候，他担任了中央美术学院名誉教授。毛泽东在新中国成立后使用的两方石印，就出自他的手笔。

齐白石的画风亲切朴素，笔墨雄浑滋润，色彩浓艳明快，造型简练生动，意境淳厚朴实。他的绘画和书法博采众长，既传承传统绘画手法，又憧憬新生力量，自成体系。其绘画手法在传情、写实、写意间随意转换，毫无生涩之感。在中央美术学院授课期间，其绘画理论广为传播，带出了李苦禅、李可染、王雪涛、王铸九、许麟庐、李立等一大批优秀画家，为中国国画艺术的进步增添了浓重的一笔。

1955 年 6 月，齐白石与陈半丁、何香凝等十四位画家为世界和平大会合作巨幅《和平颂》。也正是因为这幅画，齐白石获得了世界和平理事会授予的和平奖金。这个时候的齐白石年已耄耋，授奖仪式上，周恩来总理亲自到场祝贺。

有趣的老者

晚年的齐白石是一个很有意思的老人。因为活跃在文化艺术领域，他与很多其他门类的艺术家都有过接触，包括梅兰芳、新凤霞都曾跟他学习过绘画。

很多人知道齐白石画虾画得好，但他自己总能挑出不足来。为了能更好地表现虾的动态和质感，他在自家庭院中养了虾，时不时地要去“探望”它们一下，天真得像个孩子。

他的弟子曾经回忆过一件有趣的小事：齐白石已近九十岁高龄时，有一天翻出一份自己六十多岁时画的画，端详了一阵，然后用赞赏的语气调侃：“我年轻时画的画，也还不错。”一个人在回望过去的经历时，能给自己以肯定，说明当时他一定为了现在努力过。

齐白石一生对绘画艺术孜孜以求，画出了闻名世界的画作，也画出了自己的辉煌人生。这位生于清朝、长于民国的绘画大师，出身贫苦，却最终成为中国国画艺术的标杆。每个人都有人生追求，起点也不一定完美，但是不管遭遇什么样的挫折，只要执着前行，总会一步步接近自己的目标。

（课内连线：《中国历史》八年级上，第八单元第 26 课《教育文化事业的发展》）

国外篇

马克思：巅峰思想家

如果说到近代伟大的思想家，有那么一位不得不提。他就是马克思，一位改变了人类历史发展进程的思想家。

1818年5月的一天，马克思降生到了这个世界。很多年后，他创立了科学社会主义，这个理论对于无产主义者来说是一份大礼，对于资本主义者而言更像是一场地震。

初入世间

马克思出生在德国的一个律师家庭，年少的他过着富庶并且自由的生活。自小聪慧的他，不但会讲很多有意思的故事，还能想到各式各样好玩的游戏，所以身边总是围着一群小伙伴。马克思的父亲是一个故事爱好者，他总是会给家里每个人分配故事里的角色，然后开始讲故事，让全家都融入故事中，体味故事的乐趣。

启蒙老师

但真正对马克思产生毕生影响的还是威斯特华伦公爵。一次，小马克思在公爵家里玩，公爵的女儿燕妮和马克思说："我的父亲可厉害了，他能全篇背诵《伊利亚特》《奥德赛》！"小马克思表示不相信，便和燕妮打赌，看看星期天公爵能否背诵出这两篇史诗巨著。赌注是燕妮为他跳一支舞，或他亲手为燕妮做一个十色花环。虽然马克思听闻公爵博学多识并且记忆力超群，但他还是想亲自验证一下。星期天一大早，公爵和女儿燕妮就迎来了兴奋一个晚上的马克思。在公爵的朗诵中，马克思仿佛看到了武功盖世的阿喀琉斯，也看到了悲壮而死的赫克托尔，一幕幕场景伴随着朗诵声在马克思的脑海中浮现。三人就这样沉浸在史诗中，忘了时间，直到家中仆人来叫他们吃饭。那些英雄形象牢牢地刻在了马克思的心中，马克思立志要好好读书，将来成为像公爵一样有学识的人。

⊙马克思

自此以后，马克思一有空就在家中看书。那时候的他特别喜欢大文豪莎士比亚写的书，研读一遍又一遍，有时读着读着就趴在桌子上睡着了，或许在梦中他都在阅读莎士比亚的著作。

很快马克思到了要读中学的年纪，一天他的父亲把他叫到面前说："卡尔，你应该去上中学了，在那里你能学到更多的东西。我听说维登巴赫先生将出任特利尔中学新一任校长，把你送到那里学习怎么样？"

一听到维登巴赫先生将出任校长的消息，马克思激动起来，连忙问道："就是那个康德研究会会长——巴赫先生？"父亲回答："是的，就是他。"就这样，马克思开心地奔向中学。中学期间，马克思把图书馆的书都读完了。对于一个喜爱读书的人来说，没有书读是一件很难过的事。马克思左思右想，最后把目光转向了书店。可是在书店如果只看书不买书，就会被店里的员工驱赶。

视书如命

多次遭到驱赶之后，马克思心想：到哪儿才能安心地看书呢？他发现开了一家新书店，就跑进去，看起了自己感兴趣的书。就这样，一页又一页，马克思忘记了时间。身边的顾客都走了，店里只剩下马克思和一个店员，但马克思还全然不知。直到那个店员走到跟前，他才回过神来。他以为又要被驱赶了，于是想起身离开，可出人意料的是，那个员工什么都没说，任由马克思随意看书。从那以后，马克思经常跑去看书，还和那个店员成了忘年交。

美好的时光总是短暂的。一晃五年过去，马克思中学毕业了。而后，他顺利进入波恩大学学习。那时候的他虽然年纪是班里最小的，但成绩却是最好的。刚进入大学的时候，马克思因为废寝忘食地学习拖垮了身体，日渐虚弱，不得不去荷兰的姨妈家休养。在休养期间，他努力锻炼身体，不出几个月就恢复如初。他明白了日常锻炼的重要性，认识到身体健康才是做一切事情的本钱。恢复健康的马克思回到学校后坚持锻炼，而且渐渐迷上了击剑运动。那时候学校有各类同乡会，马克思参加了特利尔同乡会，因为他为人正直，成绩又好，很快就成为理事会理事。

风口浪尖

在校内还有另外一个由贵族组成的同乡会，那里面的人很嚣张。有一天，贵族同乡会的人跑到特利尔同乡会来，要求他们必须加入自己的同乡会，还得接受领导。这可把特利尔同乡会的人惹恼了，双方最终闹翻。贵族同乡会自知理亏，找借口要找人决斗，听说马克思在学击剑，就向马克思挑战。马克思毫不畏惧，爽快地接受了挑战。决斗开始的时候，对手占上风，马克思知道对手在力量方面比自己强，所以不能靠力量而要靠巧劲。在对手进攻的时候，马克思坚持以守为主。对手看到马克思一直闪躲，终于忍不住发起了一波凌厉的攻势，想要尽快结束这场决斗。马克思抓住对手急于求胜的心理，一个闪躲直指对手背后，完胜对手。自此以后，嚣张跋扈的贵族同乡会做事有所收敛，马克思也获得了“潇洒剑客”的称号。

1838 年，大学二年级的马克思回到家乡看望亲朋好友。当他再次与青梅竹马的燕妮相遇时，心中的爱慕之情油然而生，并在之后向燕妮表白。燕妮欣然接受了马克思的表白，但碍于家族的压力，二人并没有立刻成婚。马克思因为要完成学业，在家乡住了几天就回学校去了。在学校期间，他一直不间断地给燕妮写信。

完成大学学业后，马克思只身前往柏林求学，读取了哲学博士学位。初入社会的马克思体会到了生活的艰辛，在四处碰壁后，他回到波恩大学希望能在大学找一份工作。那时候的他开始给《莱茵报》寄稿。渐渐地，马克思精彩的文笔获得了《莱茵报》股东们的赏识，他开始担任撰稿人，报纸的影响力越来越大。但是好景不长，因为马克思发表的文章内容都是批判政府的，所以遭到了政府的封杀。迫于压力，马克思最终选择离开了莱茵报社。

初到的友谊

在离开报社前夕，马克思遇到了他生命中第二个重要的人，这个人就是恩格斯。1842 年 11 月底的一天，恩格斯看了马克思的文章后慕名而来。但是，两人初次见面时，马克思并不待见恩格斯，会面之后便匆匆送走了恩格斯。

那时的马克思还不知道，他的后半生会和这个离去的男人紧紧联系在一起。

来到异地七年后，马克思和燕妮终于成婚，二人彼此相约为理想而奋斗。短暂的蜜月后，马克思匆匆赶到巴黎，开始编辑新的杂志《德法年鉴》。

人生坎坷

很快《德法年鉴》在民众中的呼声越来越高，开始让专制的政府感到害怕，最终政府用强制手段终结了这本杂志的发行，马克思失去了生活来源。正当他愁眉不展的时候，他生命中最好的朋友恩格斯来了。1844 年 8 月下旬的一天，恩格斯特意从外地赶来拜访马克思，两人一起讨论了《德法年鉴》的得失和其他哲学上的问题。也是从那时候起，二人在灵魂上有了共鸣，一段深厚的革命友谊就此结下。当时政府为了消除马克思对社会的影响，对他下发了紧急驱逐令，马克思只好携家眷离开法国。在他乡，马克思和恩格斯应邀参加了正义者同盟（也就是后来的共产主义者同盟），二人共同起草了同盟的纲领——《共产党宣言》。

《共产党宣言》中所叙述的“无产者在这个革命中失去的只是锁链，他们获得的将是整个世界”深入所有无产者的内心。之后，社会大革命席卷欧洲各地，马克思等人再次被驱逐。他们被迫离开比利时，回到当时已经建立新政府的法国。各国起义刚刚有了起色，就遭到了反动派的镇压。由于法国政权又落入了反动派之手，马克思不得不前往伦敦。在伦敦，马克思度过了他人生中最艰难的日子。没有了生活来源，他只能靠当东西来维持生计。到了最后，家里能当的都当了，只剩下燕妮想留作纪念的几个银勺。为了让孩子能吃到饭，最后连银勺也当了。他的老友恩格斯知道了这件事，急忙来看望马克思。从那以后，恩格斯每个月都会给马克思寄钱，并且两人每星期都会通信，交流思想。在这最艰难的时期，《资本论》，一本撼动人类社会的著作诞生了。起初《资本论》并不叫“资本论”，而叫“政治经济学批判”。在艰苦的岁月中，马克思忍受着肝病的折磨，倾尽前半生所学，经过一年时间，才把第一卷《资本论》整理完成。这部著作凝聚了马克思大半生的心血，以令人信服的逻辑，述说着社会主义的卓越特点。

完成著作是件让人高兴的事情，但命运往往会在一个人最开心的时候给予他重重的一击。

不久后，马克思最心爱的儿子离开了人世，这让他悲痛万分。儿子离去后的每一天，马克思都会在写作的时候思念他，眼里溢出泪水。妻子燕妮依旧陪在马克思的身边，从前是，如今也是。

1881 年 12 月 2 日这天，马克思人生中最大的不幸发生了：他的妻子燕妮离开了人世。马克思病倒了，一病就是两年。他日夜思念已逝的妻子，最终病逝在床上。

一代伟人马克思于1883年3月14日下午两点三分在伦敦停止了呼吸，那时候参加葬礼的人只有二十个左右，没有人知道将来马克思会被全世界的人知晓。失去了马克思这个挚友，恩格斯感觉失去了精神上的寄托。为了完成马克思未完成的愿望，恩格斯继续整理马克思的书稿，发表了后续的《资本论》，但他并未署上自己的名字，因为他觉得这是马克思一人的成就。二人的友谊就像长流的细水，不曾间断，二人伟大的形象在《资本论》中熠熠生辉！

（课内连线：《世界历史》九年级上，第七单元第22课《马克思主义的诞生和国际工人运动的兴起》）

马可·波罗：世界旅行家

在中学课本中，马可·波罗是一个绕不过去的名字。马可·波罗出生于意大利的威尼斯，是世界著名的旅行家和商人。他的一生跌宕起伏，就像一部传奇。在著名的《马可·波罗游记》中，他讲述了自己在中国的见闻。通过他的讲述，西方人开始深入了解这个古老而神秘的东方国度。

向往中的东方

马可·波罗出生于1254年9月15日，此时正是元朝忽必烈统治时期。马可·波罗家族祖上世代经商，他们在地中海东部非常活跃，父辈们的足迹更是遍布欧洲和亚洲。那时候的西方人对中国并不是很了解，只有少数富商和贵族可以通过来自中国的奇珍异货去猜测它的繁华程度，更多的还是商人们口中的故事和传说。

⊙马可·波罗

马可·波罗的父亲尼科洛和叔叔马泰奥在他六岁那年就离开了威尼斯，几经辗转在中亚的一个小城结识了从波斯去往元大都的使臣。兄弟俩马上意识到这是一个契机，可以去传说中最繁华的国度一探究竟。于是，两人请求使臣带他们一起去。使臣觉得兄弟俩很真诚，就答应了他们的请求。

使臣带着两人来到中国，在元大都朝见了元世祖忽必烈，并带回了皇帝给罗马教皇的信件。他们被获准在中国境内经商，采办了丝绸和茶叶，准备带回威尼斯。他们相信，这一定会带来无尽的财富。

父亲外出经商之后，小马可·波罗跟着母亲生活。不幸的是，他的母亲也在一次重病之后去世了，可怜的小马可·波罗只能天天盼望着父亲回家。因为父亲的缘故，他非常向往东方的中国。一有机会，小马可·波罗就会央求家族里的老人讲述他们在世界各地听到的奇闻异事，尤其是神秘的中国的故事。他从小就知道，父亲去的地方是一个遥远而富庶的地方。他下定决心，等自己长大了，要去东方的中国看一看。

等到父亲回到威尼斯的时候，马可·波罗已经十五岁了。他的父亲虽然悲伤于妻子的离世，但是看到已经长大的马可·波罗，心中还是充满了欣慰。他知道马可·波罗向往中国，就开始筹备第二次东方之旅，这一次他会带上马可·波罗。

经过一年多的筹备，十七岁的马可·波罗终于开始了他的旅程。

不畏艰险，长途跋涉

1271年，机会来了。由于带回中国皇帝的信件，马可·波罗的父亲和叔叔被赋予新的使命。这一次，他们要带着教皇的回信和礼品，作为使者前往中国。此次同行的还有另外十几位旅伴，他们组成了一个颇具规模的商队。

只有从波斯湾的出海口霍尔木兹才可以用最快的速度到达中国，所以他们先要从威尼斯进入地中海，横渡黑海之后，到达巴格达，然后去霍尔木兹港口登船。虽然计划得非常周密，但旅程却充满波折。因为当时中东的治安并不好，在去往霍尔木兹的路上他们被劫匪袭击，他们的旅伴在被俘、逃避之后，一一失散，最后只剩下马可·波罗和父亲、叔叔三人。

到达霍尔木兹之后，去往中国的船只一直没有消息。他们耐心地等待了两个月之后，马可·波罗的父亲决定放弃海路，改走陆路。走陆路会经过沙漠、草原还有高山，马可·波罗联想起老人们讲过的故事，想象那些美丽的景色，异常激动。但是，他的叔叔却非常担忧，因为这些美景的背后是疾病、饥渴，甚至还有强盗、猛兽。

事实证明，马可·波罗的憧憬是对的，叔叔的担忧也是对的。他们从霍尔木兹向东出发，很快到达伊朗沙漠。这里异常干燥，他们跟随有经验的驼队才侥幸走了出来，直到沙漠边缘的绿洲才得以休整。帕米尔高原非常寒冷，让他们充满恐慌。这些人迹罕至的地方经常有野兽出没，好几次他们险些丧命。就这样，他们穿越千山万水，终于来到中国。

到达中国新疆之后，马可·波罗嗅到了梦想中的气息。但这里仅仅是古老中国的边疆，离中原腹地还很远。在和田，他见到了传说中的美玉，那种温润滑腻的感觉让他久久迷恋。塔克拉玛干沙漠虽然很大，但绿洲密布，让旅途轻松了许多。他们到达敦煌古城的时候是夜晚，沙洲夜市上数不尽的奇异货品让他目不暇接。天亮之后，他们瞻仰了令人惊叹的洞窟佛像。

从玉门关经过之后，河西走廊有很多驿站，市镇很繁华。一路上，他们看到的东方人越来越多。这些黄皮肤、穿着棉麻或者丝绸的中国人非常文雅，举手投足间的礼仪非常周到。这些人的饮食、生活、社交习惯都不一样。他慢慢开始学习一些简单的汉语和蒙古语，也开始了解这群住在他梦想国度的人。

当马可·波罗和父亲、叔叔到达元朝的北部都城——元大都（也称为“上都”）的时候，距离他们离开威尼斯已经四年了。在一路挫折与磨难的锻炼下，马可·波罗从一个懵懂的少年，成长为一个英姿勃发的二十岁青年。这个时候的他，更加坚定了自己的理想和信念：一定要走遍中国的大江南北。

游历十七年，足迹遍布大江南北

1275 年夏天，马可·波罗的父亲和叔叔朝见元朝皇帝，并送上教皇的信件和礼物。在与元朝皇帝的接触中，马可·波罗的勇敢聪明得到了皇帝的认可，他得以出任元朝官职。

入仕之后的马可·波罗被派去全国各地巡视。这对于他来说是难得的机会，他后来在游记中介绍的大部分内容就是这段时间的见闻。他先后去过中国的西北、西南、江南、岭南、东南沿海等地，还跟随元朝使者出使过越南、缅甸和苏门答腊。他可以用汉字书写呈报文案，每到一处，他都会记录下当地的风俗、地理、人情、物产等信息，然后通过信使送到皇帝手中。

游历中，马可·波罗在江南停留的时间是最长的，繁华的市集、成熟的商业、宏伟的建筑、完善的驿站信使、发达的水陆交通、海量的文化典籍，都让马可·波罗大开眼界。

十七年过去了，已经俨然一个中国通的马可·波罗开始思念自己的故乡，这一年他三十六岁。

故乡的召唤

1290年，元朝皇帝忽必烈与伊儿汗国和亲，和亲公主阔阔真需要送嫁使者。向元朝皇帝表明心愿之后，马可·波罗和父亲、叔叔三人也加入了送嫁队伍。经皇帝允许，他们可以在完成任务后转路回国。

与元朝使节分别后，他们的回程路途并不顺利，再加上听闻元朝皇帝忽必烈逝世的消息，他们心痛不已。1295年底，回到威尼斯的马可·波罗已经是一位四十多岁的中年人。商队携带的财物和皇帝的赏赐让他们成为当地的巨富，而马可·波罗在元朝出任官员的传奇经历也让他名利双收。

其实不仅仅是他当时携带的财物，东方的文化也给当地带去了非常大的影响。据说西方最早制造眼镜的地方就是威尼斯，而马可·波罗在后来的游记中也提到过元朝宫廷里老年人戴眼镜阅读书籍的篇章。中国人是不是眼镜的发明者已经无从考证，但因为文化传播带来的发展事例却不胜枚举。

《马可·波罗游记》

马可·波罗回国以后，一直致力于文化的传播和商业经营。

1298 年，威尼斯与热那亚爆发战争，马可·波罗因参与海战被俘，同时被俘的还有当时颇具名气的作家鲁思梯谦。

身为狱友的他们一见如故，鲁思梯谦听马可·波罗讲述传奇经历时异常着迷，决定为他执笔撰写游记。于是就有了我们见到的马可·波罗口述、鲁思梯谦记录的《马可·波罗游记》，该书后来也被称为《东方见闻录》。

这本出自狱中的游记一经面世，就在意大利引起了强烈反响。《马可·波罗游记》是第一次以西方人的视角介绍中国的文化、政治、经济、科技、地理等信息，将中国的繁华、富庶、文明展现在西方人面前。

1324 年，马可·波罗在家乡去世，人们为了纪念他的功勋，把他葬在了威尼斯的圣多雷兹教堂。

《马可·波罗游记》一共分为四卷：首卷讲述马可·波罗一行从家乡出发直到元大都的见闻；第二卷讲述元大都的风土人情以及江南、东南沿海的人文地理；第三卷讲述日本、越南、东印度、南印度、印度洋沿岸、非洲东部等元朝外交国的文化；第四卷讲述元朝大汗的征伐和统治，以及亚洲北部的相关情况。全本共计二百二十九个章节，其中大量的篇幅用来记载中国各地尤其是元大都的风土文化，可见马可·波罗本身对元朝以及元大都的情感。

有学者认为，《马可·波罗游记》的发表及流行，让西方人对古老的中国充满幻想，从而推动了西方科技尤其是航海、天文和地理的发展，对于哥伦布发现新大陆有着直接或间接的影响。时至今日，很多热衷于中国游的西方游客，也是从《马可·波罗游记》开始了解中国的。

（课内连线:《中国历史》七年级下，第二单元第13课《宋元时期的科技与中外交通》）

诺贝尔：世界最著名奖金的设立者

阿尔弗雷德·贝恩哈德·诺贝尔，瑞典人，世界著名化学家、工程师、发明家、军工装备制造商。诺贝尔是现代工业巨亨，他一生致力于现代工业研究，拥有三百五十五项专利发明。他开办的公司遍布世界二十个国家，积累下巨额财富。

诺贝尔一生无儿无女，科学是他为之奋斗一生的事业。他在逝世的前一年，将遗产的大部分作为基金存入瑞典银行。他设立了诺贝尔奖，将银行存款每年所得的利息用于奖励那些对全人类做出重要贡献的人。

深厚家学

1833 年 10 月 21 日，诺贝尔出生在瑞典首都斯德哥尔摩。诺贝尔的家境原本非常优渥，但就在他出生的那一年，他的父亲创业失败破产，全家人面临着前所未有的经济危机。

⊙诺贝尔

诺贝尔的父亲伊曼纽尔·诺贝尔也是一个伟大的发明家，所学涉及工程学、化学等工业科学，世界上第一套家用取暖锅炉系统就是他发明的。诺贝尔出生的时候，生活虽然有些窘迫，但伊曼纽尔没有放弃研究和试验。

这一次破产导致诺贝尔的家庭数年困顿，直到他七岁那年，父亲到俄国去发展，家庭经济状况才逐渐好转。两年以后，父亲在俄国的研究项目获奖并成功开办工厂，于是诺贝尔全家迁到圣彼得堡居住。

诺贝尔的少年时代是在圣彼得堡度过的。他们身为异乡人，和俄国人的语言是不能通用的。于是父亲为他聘请了一位家庭教师。诺贝尔不仅很好地完成了课业，而且还学会了俄语。不过他最感兴趣的，还是机械和化学，只要有时间，他就会和父亲一起搞研究、做实验。

父亲伊曼纽尔在俄国的工厂主要是生产水雷。这是一种武器，可用于渔猎，但他们生产的水雷却被俄国沙皇用于克里米亚战争。水雷所用到的炸药虽然具有毁灭性，但它不仅仅是杀伤性武器，还可以用于工程施工，能炸毁山石，帮助建造桥梁和隧道。诺贝尔虽然不喜欢炸药被用在军事上，但还是希望有更好的炸药服务于人类社会建设。

就是在这样的耳濡目染之下，少年诺贝尔领略到了科学的魅力。父亲的不懈努力和创造精神，也成为他成长之路上最大的动力。最后，诺贝尔将科学研究和发明创造作为自己毕生的事业和追求。

1850 年，十七岁的诺贝尔远赴欧美学习化学，三年之后回到圣彼得堡，帮助父亲从事炸药研究。

“科学疯子”诺贝尔

诺贝尔一生研究成果丰硕，他最主要的研究方向就是炸药。在他的三百五十五项专利发明之中，有一百多项是关于炸药的，诺贝尔也因此被人称为“炸药大王”。但是，他的炸药研究之路不仅困难重重，而且危险丛生。

父亲的工厂所生产的水雷被俄国人用于克里米亚战争。随着战争形势不断变化，俄国兵败，父亲的工厂一蹶不振。这时候，虽然他的父亲并不想放弃，但因为身体状况已经大不如前，只能带着他的母亲和弟弟回老家斯德哥尔摩。

诺贝尔为了父亲的事业而奔走伦敦，但仍然没有放弃对炸药的研究。当时他最主要的研究课题是硝化甘油炸药。

这种炸药应用面非常广，而且比传统炸药的威力大数倍，十分危险。当时人们没有一种很好的办法去保存和引燃它，所以在原材料和成品运输过程中，非常容易发生爆炸。那个时候，世界各地硝化甘油炸药爆炸事故层出不穷。

为了更好地利用这种威力强大的炸药，诺贝尔一直在从事相关试验。1863 年，他成功地发明了硝化甘油炸药适用的雷管，提高了炸药使用的安全性，并在同一年得到专利认证。他回到瑞典，和父亲筹划在斯德哥尔摩办厂。

可就在父子俩将全部心血投入工厂的建设时，意外发生了！

由于员工不慎操作引发爆炸，有五个人被炸死，其中就有诺贝尔最小的弟弟埃米尔。这对于诺贝尔一家的打击太大了，他的母亲每天以泪洗面。诺贝尔决心找到避免运输和储存硝化甘油时发生危险的方法，不再让类似的悲剧重演。由于事故太过严重，当时的瑞典政府明令禁止工厂重建。

只要诺贝尔决心做的事，不管遇到什么样的挫折他都会迎难而上。失去弟弟让他痛苦不堪，他决定冒险去走一条疯狂的路。在朋友的帮助下，他找到了一只漂在湖泊上的船。他把所有的材料全部搬到船上，没日没夜地进行试验。人们都以为他疯了，甚至称他为“科学疯子”。由于惧怕炸药的威胁，诺贝尔的船即使在湖面上也经常遭到驱逐，他只能不断更换停泊地点。

就是在这样的环境之下，诺贝尔成功发现了安全运输硝化甘油的办法：将硝化甘油与硅藻土混合，制成一种黄色炸药，就可以安全存储。他成功取得专利之后，对弟弟的愧疚方才稍稍释怀。

从“炸药大王”到工业巨亨

诺贝尔是一位和平主义者。他从事和生产炸药，更希望这些技术可以帮助人类改善现有的生活，而不是作为武器去相互残杀。弟弟的离世让他饱尝失去亲人的痛苦，他不愿意这个世界再有战争。

当时的时局动荡不安，世界各地有很多战争。面对现实，他非常悲观。所以他只能将全部精力投入实用领域，让他生产的炸药可以安全地服务于人类生活。

由于他们的工厂在瑞典被禁止，所以他和父亲不得不另行选址。1865 年，他在德国克鲁伯建厂成立火药公司。他把经过改良的硝化甘油炸药称为“达那马特”，它安全猛烈，具有非常广的应用面。这一次的成功，让他积累了第一笔财富，并且数量惊人。此后数年，诺贝尔又连续发明了多种炸药以及炸药使用装置，最后构建起强大的诺贝尔国际化工业集团，而诺贝尔本人也被称为“炸药大王”。

由于科研事业不断成功，个人荣誉也随之而来，他曾经获得过法国大勋章和瑞典国王创议颁发的科学勋章。1884 年，诺贝尔应邀加入瑞典皇家科学协会、伦敦皇家学会和巴黎土木工程师学会。

数年间，诺贝尔的研究方向涵盖化学、物理学、光学、电学、枪炮学、机械学、生物学和生理学等领域。除了炸药公司之外，他的商业经营还涉及军工装备、石油等行业，分公司遍布世界五大洲二十多个国家，积累了大量财富，成为实实在在的现代工业巨亨。

但是，名利双收的诺贝尔本人的生活却极为简朴，不事奢华。即便在晚年疾病缠身之时，他依然在开办研究所，带领其他科研人员开展试验。

“诺贝尔奖”的诞生

每一位能获得“诺贝尔奖”的人都是令世人崇敬的，不管在哪一个领域，都为全世界做出了极大的贡献。

1895年，六十二岁的诺贝尔深感疲倦。也许是意识到自己将不久于人世，他决定立下遗嘱。他无儿无女，最令他牵挂的就是自己为之付出一生的科研事业。他将自己的大部分财产存在瑞士银行，将每年所得利息作为奖金，奖励那些给全世界做出突出贡献的人。

诺贝尔奖最初设立的时候分为物理学奖、化学奖、生理学或医学奖、文学奖、和平奖五种，1969年瑞典银行又增设了经济学奖。诺贝尔奖的颁发不限国籍，只评价其功勋，足见诺贝尔的远见和对全人类的奉献精神。

遵照诺贝尔的遗嘱，诺贝尔奖委员三年一届，负责评选工作。其中物理学奖和化学奖由瑞典皇家科学院评定，生理学或医学奖由瑞典皇家卡罗琳医学院（也就是卡罗琳斯卡学院评定），文学奖由瑞典文学院评定，和平奖由挪威议会评定。

诺贝尔逝世后，他的遗嘱被公之于众。1901 年 6 月 29 日，瑞典国会认可了诺贝尔基金会章程的法律地位，并于同年 12 月 10 日下午四点半颁发了首次诺贝尔奖。这个时间，正是诺贝尔逝世五周年的时间。人们选择这个时间表达对这位科学家的最高敬意。

诺贝尔的事业遍布全世界，而他最终的心愿是将科学奉献给全人类。他希望世界和平，也希望科学能够为人类所用。

世界上的科学家有很多，但像诺贝尔一样生前身后奉献的却少之又少。一个心中只有自己的人不会被别人尊重，一个心中只装着自己民族的人也仅仅只能得到一个民族的尊重。而诺贝尔的心中，是全世界全人类。他一生从事科学研究，也尊重和他一样为了全人类的福祉而不辞辛苦的人们。

（课内连线:《语文》八年级上，第一单元《首届诺贝尔奖颁发》）

法布尔：昆虫界的荷马

坎坷求学路

法布尔出生在法国南部的贫困农民家庭，小时候在爷爷奶奶家生活。他在天真烂漫的孩童时期就爱上了身边的小绵羊和大白鹅，也爱上了乡间的蝴蝶和蟋蟀。七岁时，他被父亲接回家，送到村里的小学读书。这所小学条件极其简陋，只有上下两层楼，一共两个房间。楼下的房间既是教室又是厨房和食堂，推开门就能看到外面的鸡窝和猪圈。

小学只有一个老师，非常负责任，但很忙，因为他除了当老师，还是本村的剃头匠、旧城堡管理员、敲钟人、唱诗班成员和时钟维修工，所以无法把全部心思用在教学上。法布尔不是很聪明的孩子，刚上学时，他学习二十六个字母花费了比同龄人多好几倍的时间。

⊙法布尔

他一有机会就跑到乡间野外去捡蜗牛、贝壳、蘑菇等小动物、小植物玩，尤其热爱昆虫。他的父亲为了摆脱农民的身份，尝试经营咖啡店，一家人因此搬到了镇上。但是咖啡店生意很差，提供不了法布尔的学费。九岁的法布尔求知欲极强，为了挣学费他去教堂打工。

家里生活十分窘迫，几次搬家导致法布尔的学业时断时续，好几次中途退学。他曾经在铁路上当过工人，在市集上卖过柠檬。但他始终不放弃读书，抓住一切机会学习，并且培养出自学的好习惯。

十五岁时，他只身一人去报考外省的师范学校，被正式录取，并且获得了可观的奖学金，总算可以安稳地学习了。

荒石园主人

宝剑锋自磨砺出。法布尔依靠异于常人的努力终于成为一名出色的学者，同时没有放弃对昆虫的热爱。在四十三岁的时候，他成功地从茜草中提取出可作染料的色素，因此受聘为亚威农师范学校的物理教授。

两年后，他作为优秀的教育家受到当时法国皇帝拿破仑的接见，风光无限。

拿破仑很欣赏法布尔，问他："法布尔教授，你愿意来宫廷生活吗？这里衣食无忧，我可以给你提供优越的生活和工作环境。"

法布尔不卑不亢地说："多谢陛下好意，虽然这里生活条件优裕，但是我更喜欢我老家的新鲜空气。"

拿破仑有些惋惜，继续争取："我请你来当宫廷教师，你就是未来国王的老师，以后所有人都要仰慕你。"

法布尔依旧拒绝："诚惶诚恐，陛下，到宫廷里以后，我就要注意仪表，从此不能和昆虫做伴了。"

拿破仑只好放他离开。

法布尔在学校里办讲座，讲解植物和动物知识，颇受欢迎，听课的学生越来越多。保守人士认为他在女学生面前大谈植物的两性生殖问题有伤风化，集体反对并抨击他，法布尔被迫从师范学校辞职。房东也是保守人士，把法布尔一家扫地出门。

法布尔离开学校所在的城市，搬迁到外地。他丢了饭碗，又花了好大一笔路费，生活捉襟见肘。万般无奈，一向腼腆的法布尔只能找人借钱。他多方求助，甚至找到曾经只有几面之缘的英国哲学家密尔。密尔先生对法布尔的学问和人品早有耳闻，因此慷慨解囊，帮助年过半百的法布尔解决了生活问题。之后，他开始撰写自然科学方面的科普读物。他丰富的学识和优美的文笔结合在一起，大放异彩，出版的不少书籍都很畅销。他终于有经济条件从事自己喜爱的昆虫研究了。

他用写作挣来的钱购买了一处坐落在荒草地的老旧房子。这里环境十分恶劣，没有绿树鲜花，只有各色石头，走路一不小心就会磕着绊着。但是这里生活着大量昆虫，它们都是法布尔梦寐以求的珍宝！他精神抖擞，打算大干一场，在此之前还给自己的破房子取了一个雅致的名字：荒石园。

他每天穿着粗布外套，扛着锄头，撅着屁股在荒地里刨挖，硬生生把杂草丛生的荒地改建成灌木成丛的百虫乐园。在荒石园里，他日夜与昆虫为伍，花费四年时间写成昆虫学巨著《昆虫记》第一卷。接着，他撰写了第二卷、第三卷……他孤独、欢欣、清苦、平静地度过了五十年与昆虫相伴的生活。

人们渐渐忘记了这位风光一时的大教授、大学者。

神圣甲虫

《昆虫记》第一卷第一篇写的是蜣螂（qiāng láng）。

蜣螂有一个外号可能所有人都知道，叫“屎壳郎”。但是当时很多人把蜣螂叫作“神圣甲虫”，这种说法源自古埃及人的传说。据说古埃及人在田间劳动的时候，经常看到蜣螂推着圆球在地上跑，他们认为蜣螂推动的圆球象征着地球，蜣螂的行为肯定受到天体星球运转的启迪。蜣螂居然掌握着这么高深的知识，一定很神圣，于是人们把蜣螂叫作“神圣甲虫”。这种说法流传了几千年，谁也没有认真研究过蜣螂的习性。

法布尔不相信这种传说，他要自己揭开蜣螂推粪球的奥秘。为了观察蜣螂，他整天趴在地上，跟着蜣螂走。人们嘲笑他，认为他是个白痴。

大人们不能理解他，小孩子却喜欢跟他一起玩，一起观察。法布尔除了研究蜣螂成虫，还想观察蜣螂的卵，但是一直没发现虫卵。他没有放弃，坚持寻找。有一天，一个拖着鼻涕的小朋友告诉法布尔：“老爷爷，我在一个甲虫的地洞里找到一个小梨子似的小球，我砸破了一个，里面有虫卵，会不会是蜣螂的卵呢？”

法布尔很兴奋，跟着这位小朋友一起去找。到了第二天，他们才找到梨子似的圆球，果然跟蜣螂有关。他们又发现了更多的梨子球，其中很多梨子球旁边都有雌蜣螂守护。他用了一个暑假的时间，找了一百多个蜣螂的梨子球，终于研究出梨子球其实是蜣螂用精细的动物粪便做成的，是蜣螂幼虫的粮食。蜣螂的虫卵就藏在梨子球最上端的狭小空间里。而在地面上滚动的圆球，是蜣螂成虫的食物。

除了推粪球，蜣螂还有很多等待人们去挖掘的秘密。法布尔继续观察，他从第一次观察蜣螂到最后准确全面地分析蜣螂，前后竟然花了三十多年时间！他亲切地称呼蜣螂为“清道工”。

失聪音乐家

法布尔在荒石园做研究，每个夏天都会听到蝉的歌唱。他发现蝉是非常机警的昆虫，一旦他朝蝉跑过去，蝉就会立即停止歌唱，悄然飞走。他用力发出噪声制造喧哗，蝉却不为所动。他渐渐产生一个疑问：蝉有没有听力？

他认为自己制造的噪声可能不是很大，蝉听不到，于是打算来点大动作。他来到小镇农夫的家里，借了两只土铳（chòng）。土铳里面装满了火药，一旦开枪就会发出巨大的声响，居民们把这种火铳当作礼炮来用。他把火铳带回家，放在门外的一棵筱（xiǎo）悬木树下，这是蝉经常待的地方。他把窗户打开，免得玻璃被土铳的声波震碎，然后和五个朋友躲在树下“守株待兔”。虽然在树荫底下，但是气温很高，六个人热得汗流浃背，即便如此他们也不敢轻举妄动，怕把蝉吓跑了。

等了许久，蝉终于飞到树上来了，并且开始高声唱歌。唱歌的蝉越来越多，法布尔小心翼翼地拿出土铳，朝远处开了一枪。

“砰”的一声，犹如晴天霹雳，法布尔和他的朋友吓得够呛，心跳都加快了许多。然而，蝉的歌声却没有受到影响，它们仍然继续歌唱，连声音的分贝和旋律都没有发生一丁点改变。法布尔开了第二枪，依然没有对蝉鸣造成影响。他用自己的行动证明，蝉是听不见的。他把这段经历写在昆虫记中，成为脍炙人口的名篇——《蝉》。

耄耋（mào dié）老人

法布尔计划把《昆虫记》写到第十一卷，可是写完第十卷时，他已经八十五岁了。他意识到自己这把老骨头恐怕撑不了多久了，因为他的精力大不如前，耳聋眼花，最严重的问题是手指僵硬，难以继续正常写作。第十一卷成了他遥不可及的梦想。

甚至，他连最爱的蟋蟀和角蛛都看不清楚了。

就在这年，他的家人决定举办一个小型聚会，庆祝他从事《昆虫记》写作五十周年。他们邀请法布尔在学术界的朋友来荒石园参加聚会，人们应邀而来。苍老的法布尔备感欣慰，热泪盈眶。

庆祝会的消息传出之后，学术界极度震惊：法国人居然把这位伟大的昆虫学家忘得干干净净！

法布尔不在乎这些，他开始筹划出版十卷全版《昆虫记》。他在序言中动情地写道："非常遗憾，如今我被迫中断了这些研究。要知道从事这些研究是我一生得到的唯一仅有的安慰。阅尽大千世界，我认为昆虫是所有生物中最多姿多彩的一种。即使能让我再获得些许气力，甚至再活五百年，我也做不到彻底认清昆虫的益趣。"

学术界和新闻界开始宣传法布尔，他的名字传遍全球，寂静的荒石园突然变得车水马龙。来拜访法布尔的人络绎不绝，有普通的读者，也有学术界的权威，还有手握权柄的政府高官。他以平常心面对这一切，只有听到自己的作品在这年的销售量等于前面二十年的销售量总和时，他才兴奋起来，就好像蜜蜂采到花粉一样。

在九十二岁生日的前一个月，他躺在床上，安详地闭上了双眼。这位以昆虫为琴弦拨响人类爱心颤音的巨人，去往另一个世界，继续与昆虫为伍，续写昆虫的史诗。

（课内连线：《语文》三年级下，第四单元《蜜蜂》，作者：法布尔）

凡尔纳：科幻小说之父

大海和脑海

凡尔纳出生在法国西部的一个海港，从小在一个叫菲伊德岛的岛屿上生活，这个岛屿其实是市区的一部分。他的父亲是成功的律师，一心希望凡尔纳长大后继承自己的事业，也当一名出色的律师。但凡尔纳目睹各色船只出海，对海洋充满了向往，希望乘坐大船远航探险。

十一岁时，他偷偷报名去当远洋轮船的见习生，这艘船驶往万里之外的印度。可惜在开船之前，他被父亲发现了，最终被揪回了家。父亲对凡尔纳的胆大妄为十分生气，狠狠揍了他一顿。他的屁股被打开了花，躺在床上流着泪向父亲保证："我再也不偷偷出海了，我保证以后只躺在床上在幻想中旅行。"

这一段经历让凡尔纳在很长一段时间没出过远门，但是也让他开始在幻想世界里徜徉，这一徜徉就是一生。中学毕业后，凡尔纳为了讨父亲欢心，去巴黎学习法律。

千里马和伯乐

他在巴黎老老实实地学习，偶尔去参加一些文学沙龙。

⊙凡尔纳

有一天，凡尔纳去参加一场晚会，晚会很无聊，他便提前退场了。下楼时，他童心大起，坐在楼梯扶手上顺着滑下来，快到尽头时撞到一位胖胖的绅士。凡尔纳面红耳赤，连忙道歉，胖绅士表示没关系。凡尔纳见胖绅士很有意思，随口跟他搭讪，问：“先生，吃晚饭了没有啊？”

胖绅士耸耸肩，说：“吃了南特炒鸡蛋，但是感觉一般，我有点小失望。”

南特正是凡尔纳的老家，凡尔纳激动地说：“在整个巴黎，都找不到正宗的南特炒鸡蛋。我就是南特人，我擅长做这道菜！要不要尝一尝？”

胖绅士非常高兴，邀请凡尔纳到他家去玩，说想见识一下凡尔纳的手艺。两个人因此结下友谊。这位胖绅士就是法国通俗文学大家大仲马，他为凡尔纳走上文学之路指明了方向。

毕业后，凡尔纳一门心思投入诗歌和戏剧创作当中。他的父亲大失所望，恨铁不成钢，严厉地训斥他，让他放弃文学，继续钻研法律。这次凡尔纳拒绝了父亲的建议，父亲特别生气，中断了对他的经济资助。凡尔纳只能在贫困中奋斗，以读书为乐。他写了许多剧本，但是出版的寥寥无几，就算是出版的作品也反应平平。

二十八岁时，他去参加朋友的婚礼，爱上了新娘的姐姐，一个带着两个孩子的寡妇，两人很快结为夫妻。迫于生活压力，他减少文学创作，在股票交易所找了一份工作。在这期间，他创作了一些诗歌和剧本，但依旧无人问津，生活十分艰难。

十六次退稿

凡尔纳希望成为大仲马那样优秀的作家，他知道写历史小说写不过老师，而地理和科学方面的小说仍然是未被开发的领域，因此他决定写涉及地理和科学的小说。正好他曾经和几个朋友苦中作乐，乘坐海船跑到挪威去旅行，于是他把这段旅行经历改编成小说《空中旅行》，也就是后来的《气球上的五星期》，这是他第一本科幻小说。

他对这本科幻小说非常满意，自信地寄给出版社，希望能出版。但是，十五家出版社都没有理睬他，人们都没见过这介于幻想和真实之间的小说题材。他一连遭受了十五次打击，心灰意冷。

1962 年春天的一个上午，凡尔纳吃过早饭，准备去股票交易所上班。刚打开门他就看到一个邮递员走到自家门口，邮递员把一包鼓鼓囊囊的邮件递到凡尔纳手中。凡尔纳心里顿时十五个水桶打水——七上八下，他知道里面是自己辛辛苦苦写出来的稿子，但不知道出版社是什么意见。他已经吃了十五次闭门羹，不敢再承受第十六次了！

邮递员看到凡尔纳脸色苍白，问："先生，您身体不舒服吗？"

凡尔纳回过神来，说："没事，没事。"

他走进家门，双手微微颤抖着拆开包裹，看到里面有一封信，上面写着："凡尔纳先生：书稿经我们审读后，不拟出版，特此奉还。"凡尔纳极端失望，转而恼羞成怒，骂道："那些坐在办公室的老爷们，就是看不起我这种不知名作者！我再也不想忍受这种屈辱了！"他拿起手稿，走到火炉旁，准备付之一炬。

就在这一瞬间，他的妻子看到了他的举动，连忙冲过来，把手稿紧紧抱在怀里。

凡尔纳余怒未消，大声说："给我！反正一文不值，干脆烧了！"

妻子知道凡尔纳在这部小说上付出的汗水和心血，劝慰道："亲爱的，别灰心丧气，再试一次吧。别人说百折不挠，你这才十六次呢。”她给凡尔纳泡茶，慢慢开导他。

凡尔纳冷静下来，其实他也舍不得烧，于是鼓起勇气把稿子寄给了第十七家出版社。

到了6月末，这家出版社的老板赫泽尔登门拜访凡尔纳，表示非常欣赏这本书，当场与他签订出版协议。这本书面世后引起空前的轰动，凡尔纳一炮而红。凡尔纳十分感谢赫泽尔慧眼识英才，二人因此成了至交。此后，他在赫泽尔这里出版了大量的科幻小说。

金钱和创作

1872年，凡尔纳在法国《巴黎时报》上连载小说《八十天环游地球》，讲述主角福格与朋友打赌，利用多种交通工具在八十天内环游地球一周最后回到伦敦的故事。这部小说一经刊登，立刻爆火，读者们都在热烈讨论福格能不能按时赶回伦敦。当时纽约和伦敦在巴黎的记者每天都用电报向国内传送最新的连载内容。

小说情节到了最紧张的时候，凡尔纳却陷入苦恼当中。此时小说连载到福格错过开往伦敦的轮船，下一班船在几天之后才会起程。他思索着如何让福格回到伦敦，可是想了很久都没找到合适的方法。

正在他苦思冥想之际，传来一阵轻轻的敲门声。他起身开门，看到外面站着一位商人模样的大胖子。这人说自己是纽约索尔登轮船公司的老板，一直很喜欢凡尔纳的环游地球这本书，然后说：“凡尔纳先生，我想跟您商量一件事。”

凡尔纳一愣，问：“您是做轮船的，我是写小说的，能商量什么事？”

老板掏出一张巨额支票，说：“希望您在小说中这样写：主角福格先生坐我公司的轮船回到伦敦，然后您再在小说里赞美赞美我公司的轮船。对您来说，这是轻而易举的事情。您同意的话，这笔钱就是您的了。”

凡尔纳一时有些心动。有了这笔钱，他下半辈子就衣食无忧了，可以全身心地投入科幻小说创作当中。但是，他觉得乘坐轮船回去，并不能体现主角的冒险精神，他不能因为金钱影响自己的创作理念，于是委婉地拒绝了老板。

老板一声长叹，失望地离开。

几天后，又有好几个轮船公司老板来找凡尔纳，广告费一个比一个高，凡尔纳几经犹豫，最后还是拒绝了他们。后来凡尔纳总算设计出一个精妙的情节：在小说末尾，福格乘坐货船回去。走到一半时，没燃料了，福格把船舱夹板拆了，把家具卸了，当作燃料，这样才完成旅程。

如果凡尔纳收下那笔钱，听从轮船老板的安排，这部小说就会缺少这段精彩的描述，恐怕难以成为振奋人心、令人拍案叫绝的佳作。

小说与预言

凡尔纳为了创作，广泛而细致地学习了大量科学知识，又利用他浩瀚无边的想象力对未来进行了精确的预言和幻想。比如，他在小说中提到了飞机、火箭、电话，这些预言竟然都成了现实。又比如，他在小说《海底两万里》中虚构了“鹦鹉螺号”潜水艇。十年后，第一艘真正的潜水艇下水，为了纪念凡尔纳，这艘潜艇的名字就叫“鹦鹉螺号”！

诸如此类的预言数不胜数，大多数都在未来几十年里实现了，因此凡尔纳也被称为“机器时代的梦想制造者”和“科幻小说之父”。

晚年的凡尔纳身体状况每况愈下。他哥哥的去世更是给了他沉重的打击。这些都影响了他的创作。虽然他依旧笔耕不断，非常勤奋，但作品的销量大不如前。他患上了糖尿病，其并发症导致双目失明，听力也日益衰退。过完七十八岁生日后，凡尔纳的病情更加严重。他自知大限将至，非常坦然，但也有些遗憾，因为他还有很多书稿没有写完。

1905 年 3 月 24 日，他撒手人寰，被埋葬在自家旁边。两年后，人们在他的墓地上竖起一座纪念雕像——凡尔纳站在大地上，一只手臂直指星空，似乎意味着他的灵魂将继续探索星空的奥秘。

巴黎一家报纸刊登对他的悼词：“这位会讲故事的老人去世了，这就和飞驰而过的圣诞老人一样。”如果泉下有知，凡尔纳可能会喜欢这段描述。

（课内连线：《语文》七年级下，第六单元《名著导读》）

托马斯·爱迪生：光明之父

传奇少年

1847年2月11日，在美国中西部俄亥俄州的米兰小市镇，一位在19世纪为世界做出巨大贡献的历史性人物诞生了，他就是发明家托马斯·爱迪生。有人这样评论美国这位伟大的发明家："虽然爱迪生不发明历史，但他的发明却为历史锦上添花。"

天才爱迪生从小就与众不同。七岁时，他的父亲经营屋瓦生意亏本，全家搬到密歇根州休伦北郊的格拉蒂奥特堡定居下来。不久，爱迪生患上了猩红热，病了很长时间，没法上学，只能留在母亲身边，独自一人玩耍。后来，爱迪生的耳朵聋了，人们认为猩红热可能是造成他耳聋的原因。

爱迪生八岁才开始上学，但因为他在学校经常提出一些奇怪的问题，而且只要他的问题未获解答，他就不会去做下一道题，因此，他的老师便把他当作“迟钝”的学生，说他是“低能儿”。在一次数学课上，老师正在讲一位数加法，学生们都在认真听讲，爱迪生忽然举手提问说：“二加二为什么等于四？”老师很尴尬，实在没有办法回答。就这样，爱迪生仅仅读了三个月书，就被学校劝退。只有母亲相信他，从此以后，母亲便成了他的“家庭教师”。

不得不说的是，爱迪生的母亲是一位伟大的家庭教师，她教给爱迪生的不仅是知识，还有学习方法。在母亲的良好教育下，爱迪生如饥似渴地汲取人类先哲的智慧思想。这时，他已经开始读剧作家莎士比亚、狄更斯的著作和许多重要的历史书籍了。他还能迅速读懂难度较大的书，如帕克写的《自然与实验哲学》。后来，爱迪生曾回忆说：“《自然读本》是我第一次读到的科学书籍，那时我还不到十岁。”爱迪生深深感到读书的重要，他说：“读书对于智慧，也像体操对于身体一样。”

十二岁那年，爱迪生获得在列车上售报的工作。赚到钱后他又雇了一个报童，同时兼做水果、蔬菜等生意。但只要有时间，他都会去图书馆看书。就这样，一个十二岁的报童在不知不觉中成了一个少年资本家。他用挣得的钱在行李车上建立了一个化学实验室。不幸的是，有一次化学药品着火，列车长一气之下打了他一巴掌，还把他连同他的实验器材扔出车外。也有人认为是这一行动导致爱迪生成了聋子。

问题大王

爱迪生比一般孩子的好奇心更大，从小就是个问题大王。如果得不到答案，他就会亲自去实验，不惜花费异于常人的精力。正因为如此，他的身上还发生过很多“趣事”。

⊙爱迪生

有一次，他看到铁匠将铁在熊熊的烈火中烧红，然后锤打成各式各样的工具，就晃着大脑袋提出一个又一个问题：火是什么东西？火为什么会燃烧？火为什么是红的？火为什么这么热？铁在火中被烧之后为什么会发红？铁烧红了为什么就软了？回到家，小爱迪生在自家的木棚里开始了他的第一次实验。他抱来干草，然后点燃，想弄明白火究竟是什么。没想到，小爱迪生的第一次实验就引来一场火灾，将家中的木棚烧掉了。

还有一次，爱迪生看见鸡棚里的母鸡一天到晚都坐在那里一动不动，于是他就好奇地问妈妈：“为什么母鸡一直坐在那里呀？”妈妈告诉他母鸡在孵蛋。爱迪生心想：“如果母鸡可以孵蛋，那我应该也能。”于是他独自来到鸡棚，学着鸡妈妈的样子在那里孵蛋。到了吃饭的时候，爸爸妈妈不见爱迪生回来，才发现爱迪生在做“鸡妈妈”，都忍不住捧腹大笑，告诉爱迪生说，人是不能孵蛋的。爱迪生听了不解地嘟囔着：“为什么母鸡能孵小鸡，我就不能呢？”爱迪生从小就是这样一个奇特的人。

青年发明家

1862 年 8 月，爱迪生以大无畏的英雄气魄从火车轨道上救出一个男孩。孩子的父亲感恩戴德，但由于无钱酬报，愿意教他电报技术。从此，爱迪生便和这个神秘的电的新世界发生了关系，踏上了科学的征途。

不久之后，爱迪生就去电报局当了报务员。因为他上的是夜班，所以可以利用白天的时间做实验。电报局规定，每一个小时要向对岸发一次信，为了在不耽误工作的同时又能睡觉，爱迪生发明了一种能自动发报的机器来帮他发信。不幸的是，这个机器被发现了，电报局辞退了他，因为他们需要的是一位老实的报务员，而并非发明家。就这样，爱迪生因失去工作成了一个流浪的电信技工。在流浪的这段时间，爱迪生换了十个工作地点，五次是被免职，另外五次是自己辞职。其间，他一直在坚持读书、做实验，这为他以后的发明奠定了良好的基础。

1864 年，好朋友亚当斯在波士顿帮他找了一份电信技工的工作。在那里，爱迪生发明了一台自动记录投票数的装置，也就是“投票计数器”。自动表决仪，这是他第一个获得专利的发明。爱迪生认为，这台装置会加快国会的工作并且会受到欢迎，但一位国会议员告诉他，有的时候慢慢地投票也是出于政治上的需要。由此，爱迪生认识到，只有从社会需要出发生产出来的产品才是有意义的。爱迪生的第一项发明虽然失败了，但却给了他一个宝贵的经验，为他以后能成为一个成功的发明家带来了启示。

人生第一桶金

1869 年 6 月初，他来到纽约找工作。当他在一家经纪人办公室等候召见时，一台电报机坏了。爱迪生是那里唯一能修好电报机的人，于是他谋得了一个比他预期的更好的工作。10 月，他与波普一起成立了一个“波普—爱迪生公司”，专门经营电气工程的科学仪器。在波普—爱迪生公司，他发明了“爱迪生普用印刷机”。他把这台印刷机献给华尔街一家大公司的经理，本想索价五千美元，但没有勇气说出口来。于是他让经理给个价，经理给了他四万美元。

爱迪生用这笔钱在新泽西州纽瓦克市的沃德街建了一座工厂，专门制造各种电气机械。他通宵达旦地工作，培养出许多能干的助手，同时也遇到了勤快的玛丽——他的第一个新娘。在纽瓦克，他发明了诸如蜡纸、油印机等。

从 1872 年至 1875 年，爱迪生先后发明了二重、四重电报机，还协助别人制造出世界上第一架英文打字机。

门罗公园的魔术师

1876 年春天，爱迪生又一次迁居，这次他迁到了新泽西州的门罗公园。他在这里建造了第一所“发明工厂”，它“标志着集体研究的开端”。1877 年，爱迪生改进了早期由贝尔发明的电话，并使之投入实际使用。他还发明了他最心爱的一个项目——留声机。如果说，电话和电报“是扩展人类感官功能的一次革命”，那么留声机则是改变人们生活的三大发明之一。从想象力角度来看，这是极为重大的发明成就。到了这个阶段，人们都称他为“门罗公园的魔术师”。

爱迪生在发明留声机的同时，经历了无数次失败之后，终于在电灯的研究上取得突破。1879 年 10 月 22 日，爱迪生点燃了第一盏真正有广泛实用价值的电灯。为了延长灯丝的寿命，他试用了六千多种纤维材料，才找到了新的发光体——日本竹子所制碳丝，可持续点亮一千多小时，达到了耐用的目的。试验期间，爱迪生每天工作十八九个小时，有时一天只在凳子上睡三四次，每次只睡半小时。从某一方面来说，这一项发明是爱迪生一生中登峰造极的成就。接着，他创造了一种供电系统，使远处的灯具能从中心发电站配电，这又是一项重大的工艺成就。

勤奋造就天才

1931 年 10 月 18 日凌晨三点二十四分，在美国新泽西州西奥兰治的家中，爱迪生在睡梦中安详离世，享年八十四岁。为了纪念爱迪生，美国政府下令全国停电一分钟。在这一分钟里，美国仿佛又回到了煤油灯、煤气灯时代。

爱迪生一生有两千多项发明，除了电报、电话、白炽灯、留声机、电影等重要的东西外，他在矿业、建筑业、化工等领域也有不少著名的创造和真知灼见，被誉为科学界的“拿破仑”。翻开人类历史长卷，在科学技术上有种种发明的人很多，但像爱迪生这样，有那么多发明，而且终其一生，持之以恒，专心致志地为发明而奉献的，可以说是极少的。

七十五岁的时候，他还每天准时到实验室签到上班。在有生之年，他几乎每天都要工作十几个小时，晚上还在书房读三到五小时的书。有时累了，他就直接枕着几本书打个盹儿。一天，他的朋友开玩笑说：“怪不得爱迪生懂得那么多发明，原来他连睡觉都在吸收书里的营养。”若按平常人一生的活动时间来计算，他的生命已经成倍地延长了。因此，在七十九岁生日那天，爱迪生骄傲地说：“我已经是一百三十五岁的人了。”

有人说，发明是命运的产物，爱迪生是天才。他对于自己成功的原因，曾有这样的说明："有些人以为我可以在许多事情上有成绩是由于我是什么'天才'，这是不正确的。无论哪个头脑清楚的人，如果他能拼命钻研，都能像我一样有成就。"他的名言是："天才是百分之一的灵感加百分之九十九的汗水。"

（课内连线:《道德与法治》七年级上，第四单元第9课《探究与分享》）

居里夫人：两次获得诺贝尔奖的女科学家

出生于波兰，成名于法国的女科学家居里夫人，曾在十年之内两度获得诺贝尔奖。她发现并且提炼出化学元素镭，引发了科学界一场真正的革命。镭元素很快就被应用于医疗领域，并且成为治疗癌症的绝佳方法，居里夫人对于科学界以及人类进步的贡献是巨大的。她的一生可以说是耗尽了自己的生命去照亮科学的大道，这个弱女子有着超人的意志力。下面我们就来看看居里夫人伟大的人生历程吧。

倔强的女少年

居里夫人1867年出生在波兰华沙，幼名玛丽·斯科罗多夫斯基，家人对她的爱称是“玛妮雅”。当时的波兰已经被俄国占领，生活在侵略者铁蹄下的波兰人民苦不堪言，波兰的平民自然更没有机会实现自己的抱负。

玛丽的父亲虽然曾在圣彼得堡大学读过物理学，但却因为波兰长期受俄国统治，波兰人在俄国受不到重用，所以只能在一所偏僻的中学教书。玛丽的母亲刚开始是一所寄宿学校的校长，玛丽出生后，母亲需要照顾幼小的她失去了工作，这使得原本过得就很拮据的家庭雪上加霜。玛丽是家里的第五个孩子，一家人全靠父亲的工资支撑。为了贴补家用，母亲包下了一些学生的伙食，年龄稍大一些的玛丽经常帮着母亲做饭，十分懂事。

⊙居里夫人

窘迫的家境没有磨灭玛丽的求知欲，相反，她更加坚强。为了改变命运，玛丽努力学习，上小学的时候经常考取班级第一名。父亲尤其喜欢这个懂事又努力的小女儿，而玛丽同样也遗传了父亲善于钻研的品质。

在玛丽不满十岁的时候，母亲和大姐由于疾病相继过世，父亲沉浸在失去爱人和女儿的悲痛之中，小玛丽的心灵也受到了严重的伤害，这也使她更加坚强。很快，玛丽以优异的成绩从中学毕业，学校给她颁发了优秀奖章。中学毕业以后，玛丽做了家庭教师。父亲觉得二十来岁的女儿已经很有出息了，有一份稳定的工作，能够贴补家里，也经常帮助哥哥姐姐们。在邻居们眼里，玛丽是个懂事孝顺的好孩子。做了几年家庭教师之后，玛丽觉得这样的生活并不适合她。她热爱钻研，喜爱物理化学，觉得自己还有很多东西想学习。于是，她做出了一个大胆的决定——去法国继续求学。对于她的这个决定，哥哥姐姐们都不太支持，因为法国离家太远了，她一个女孩子孤孤单单地去求学，家里总是不太放心。可是玛丽坚持自己的想法，决心去寻求自己在科学领域的新天地。经过玛丽的再三坚持，家里人最终同意她去巴黎求学。就这样，这个倔强的女孩于 1891 年只身前往巴黎大学理学院，开始了她人生新的篇章。

巴黎大学的女学霸

玛丽在波兰做家庭教师的时候，并没有将她热爱的物理化学扔下，这是她的兴趣所在。她一直在研习各种有关物理化学的书籍报刊，加上自己的父亲物理知识渊博，玛丽经常跟父亲探讨物理学问题，她为进入巴黎大学做了很多知识上的铺垫。进入巴黎大学理学院以后，她更加用功，上课时全神贯注，课余只要一有时间就钻进图书馆或者实验室。当时巴黎大学理学院搞研究的男生比较多，女生很少，因为艰苦的科研使得很多女生的身体吃不消，但玛丽是个特例。虽然课程比较辛苦，她的健康状况有时候也不好，但是她对知识的渴求战胜了一切。每次考试玛丽总是名列前茅，对于她的优秀和她的努力，就连很多男同学都佩服得五体投地。教授们对她的学习成果感到吃惊。

经过两年的努力，她以第一名的成绩通过了物理学学士学位考试，并且在一年之后以第二名的成绩取得了数学学士学位。毕业以后，玛丽接到了法国国家有关各种钢铁的磁性的科研项目。在研究这个项目时，玛丽结识了皮埃尔·居里教授。由于对物理化学共同的热爱，两人最终走到了一起。结婚后，人们都尊称她为“居里夫人”。1896年，居里夫人以第一名的成绩完成了大学毕业生的任职考试，但她并没有满足现状，她热爱科研，总觉得自己掌握的知识还不够用，于是决定考取博士学位，并且确定了自

⊙居里夫人和丈夫

己的研究方向。当时在巴黎大学，认识居里夫人的教授和学生都赞叹居里夫人求学的毅力，她是巴黎大学当之无愧的女学霸。

大公无私的诺贝尔奖得主

由于对科研的执着，很快，居里夫妇就找到了他们研究的新领域——放射性物质。通过各种实验研究，居里夫妇发现了沥青铀矿中的一种新的放射性元素 88 号。居里夫人建议以自己的国家波兰（Poliuonm）命名其为“钋”（Po）。不久，居里夫妇又在沥青铀矿中发现另外一种放射性比钋还要强几万倍的新的化学元素——镭，镭的发现令科学界为之震惊。

虽然居里夫妇在科学界已经很有名，但是当时国家拨发给他们的科研经费还是有限的。为了提炼镭元素，居里夫妇节省日常生活开支，大部分工资都用来买提炼镭元素用的沥青铀矿。虽然科研实验的历程是艰苦的，但是居里夫妇却乐在其中。

提炼镭的实验室破旧不堪，八九吨沥青铀矿需要慢慢提炼，并且这个实验一做就是三年，皮埃尔教授有一次在实验室里诙谐地跟居里夫人说：“我们两个教授不在教室上课，不去享受正常的教授朝九晚五的生活，偏偏要跑到这个破旧的实验室来面对这么大一堆的沥青铀矿。”说完两人相视一笑，接着开始做实验。他们心里都明白，虽然条件十分艰苦，但这是他们的追求，他们乐在其中。经过三年零九个月的提炼，居里夫妇从数吨沥青残渣中分离出 1 微克氯化镭，并且精确地测得镭的原子量为 226。居里夫妇因此获得 1903 年诺贝尔物理学奖。

1906 年，居里先生在一场事故中不幸离世，居里夫人承受着巨大的心理痛苦，决心完成他们俩共同的科学志愿。1911 年，通过大量的实验研究，居里夫人从氯化镭中分离出纯的金属镭，并因此获得了诺贝尔化学奖。这位伟大的女科学家在不到十年时间两次在不同领域获得世界科学最高奖，这在世界科学史上是独一无二的。

提炼出纯的金属镭以后，许多人建议居里夫人向国家申请专利，垄断镭的制造以此来发大财，但居里夫人却说："那是违背科学精神的，科学家的成果应该公开发表，别人要研制，不应受到任何限制。"居里夫人淡泊名利、不贪图富贵的精神受到了科学界的一致赞赏。

镭元素很快被应用到医学领域，居里夫人在之后的日子里也一直在为医疗事业奔波，她曾经说："放射性理论和镭元素可以更加方便快捷地治疗病人，我不能借此来谋利。""一战"期间，她奔波于世界各地，指导十八个战地医疗服务队。她教会战地卫生员用辐射学快速找出人体中如弹片之类的异物，受到协约国军方的赞许。居里夫人还将自己千辛万苦提炼出来的，价值超过一百万法郎的镭捐赠给了研究治疗癌症的实验室。居里夫人对科学、对医疗、对人类的进步都展现出大公无私的精神。

不为盛名所累的科学家

居里夫人一生创造、发展了放射科学。因为长期接触高强度的放射性物质，她患上了恶性贫血症，住进了疗养院。托贝医生写下了这样的报告："她所得的疾病是一种发展迅速、伴有发烧的继发性贫血。骨髓没有造血反应，可能是因为长期积累的辐射量造成的伤害。"1934 年 7 月 4 日，居里夫人与世长辞。

居里夫人将一生的精力都奉献给了放射科学，最终也将生命献给了这门科学。她的一生所获得的名誉奖章无数，得到的包括诺贝尔奖在内的奖金无数，可是她始终过着艰苦朴素的生活，她把大部分奖金捐给了医疗事业。她获得世界各地政府以及科研机构无数头衔，她对于镭的发现改变了科学历史的进程，可是她却始终谦虚谨慎。伟大的物理学家爱因斯坦如是说："在所有的世界名人当中，居里夫人是唯一没有被盛名宠坏的人。"居里夫人自己也曾说过："人类需要富有理想的人。对于这种人来说，无私地发展一种事业是如此的迷人，以至他们不可能去关心他们个人的物质利益。"她是这样说的，也是这么做的。

（课内连线：《语文》八年级上，第二单元《美丽的颜色》，作者：艾芙·居里）

泰戈尔：印度诗圣

诗人的童年

泰戈尔是亚洲第一位获得诺贝尔文学奖的印度诗人。周恩来总理曾经赞美泰戈尔是“伟大的诗人、哲学家、爱国者、艺术家，深受中国人民尊敬”。

泰戈尔出生在印度的一个名门望族。他的父亲是颇有名望的哲学家和社会活动家，膝下子女众多，泰戈尔排行最末。哥哥姐姐们也都很有才华，有的是剧作家，有的是小说家或者诗人，可以说他的家庭是书香世家。

他的童年过得并不幸福。他的母亲很早就去世了，父亲经常在外面忙碌，陪在他身边的只有几个仆人。仆人有时候偷懒，不想照顾泰戈尔，就把他关在一间屋子里，不允许他自由行动。一个仆人甚至让泰戈尔坐在一个指定的地点，然后用粉笔画一个圈把他围起来，吓唬他说："如果走出这个圈，你就会陷入危险。"

⊙泰戈尔

年幼的泰戈尔吓得不敢乱动，好在这个位置在窗户旁边，他可以透过窗户欣赏外面的景色。他渐渐长大了，父亲送他去上学。学校纪律非常严格，甚至到了苛刻的地步。凡是不会背诵功课的同学都会受到惩罚：他们站在木凳子上，双臂展开，手掌上堆满石头，必须保持石头不掉下去，否则会有更严厉的处罚。

他厌恶这所学校，强烈要求转学。后来，他转到英国人办的孟加拉学校读书。虽然他在这所学校并没有碰到不如意的事情，但是总感觉死气沉沉，缺乏朝气。他的厌学情绪被父亲捕捉到，父亲问他："你喜欢读书吗？"

泰戈尔认真地回答："我喜欢读书，但是不喜欢在学校里读书。"

父亲微笑道："那以后在家里读吧。"他给泰戈尔请了很多家庭教师，除了教他物理、几何等学科外，还有诗歌。

十一岁那年，父亲带着泰戈尔去喜马拉雅山旅行。他站在山脚下，第一次感受到大自然的雄浑和瑰丽。此次旅行激发了他对生活的热爱和诗歌创作的灵感。回来后，他开始写诗。

诺贝尔文学奖

成年后的泰戈尔去英国求学，接触到更加广袤的艺术世界。他在英国待过很长时间，不过一直默默无闻，没人注意他这个高个子印度人。

转变的契机缘于艺术家之间的互相欣赏。

有一年，英国画家罗森斯坦来印度写生，借住在泰戈尔家里，泰戈尔热情地招待了他。平常他们各忙各的，泰戈尔白天轰轰烈烈地参加爱国运动，晚上安安静静地编织他的诗歌世界。罗森斯坦则一直在山林间、湖水边作画，与泰戈尔互不干涉。

有一天，罗森斯坦兴起，给泰戈尔画了像，泰戈尔非常喜欢这幅画作，送了罗森斯坦一本自己诗集的英译本。罗森斯坦当时接过来并没有翻阅，回到英国后的某天，他无意间打开泰戈尔的诗作。读完前面三首诗，罗森斯坦不由得赞叹泰戈尔作为诗人的才华。他立即提笔给泰戈尔写信，邀请泰戈尔到英国来，和众多英国诗人研究诗歌。他怕泰戈尔不愿意，一连写了几封信。

在罗森斯坦的敦促下，泰戈尔于1912年动身第三次来到英国。这次他是客人，罗森斯坦是主人。他将自己最得意的诗集《吉檀迦利》翻译成英文，罗森斯坦将他的翻译手稿转交给浪漫主义诗人叶芝，请叶芝发表意见。

叶芝认真阅读后高度赞扬：“这本诗集是高度文明的

产物，如同沃土中长出的灯芯草！请告诉我，这位诗人是谁？住在哪里？我要去拜访他。”

罗森斯坦微笑着说道：“他就在我家。”

罗森斯坦举办家宴，邀请叶芝和众多文艺界好友来家中做客，正式向所有人介绍泰戈尔。五十岁的泰戈尔站在众多文人墨客面前，竟然有一丝羞涩，还有一些忐忑，他担心诗人们不喜欢他的诗。

席间叶芝大声朗诵泰戈尔的诗歌，后来还为泰戈尔的诗集作序。这本诗集和这篇序言很快被翻译为多种文字，在全世界传播。在罗森斯坦和叶芝的引荐下，泰戈尔与多位英国知名作家相识。后来，英国诗人穆尔首先向瑞典文学院推荐了泰戈尔。1913 年，泰戈尔获得诺贝尔文学奖。

泰戈尔与中国

泰戈尔和中国的关系非常亲密，他多次来到中国，和梅兰芳、徐志摩、林徽因等中国文艺界人士结为好友，尤其是他和梅兰芳相知相交的故事，更是为人熟知。

1924 年 4 月，梁启超、蔡元培邀请泰戈尔来中国访问。正好 5 月 7 日是泰戈尔的生日，北京文艺界为他准备了一场生日会，会上新月社用英文出演了泰戈尔的话剧作品《齐德拉》，以示庆祝。当天梅兰芳也在同一舞台表演。

艺术是不分国界的，泰戈尔被梅兰芳的表演打动。表演结束后，泰戈尔走进后台拜访梅兰芳，印度诗圣和中国戏曲大师一见如故。

泰戈尔留着长长的胡须，颇有仙风道骨。他微笑着说："梅先生，我希望在离开中国之前，还能再次看到您精彩的演出。"

梅兰芳立即回应："容我准备两个星期，定然为你送上我的心意。"

5月19日，梅兰芳在开明戏园专门为泰戈尔表演他的拿手好戏《洛神》。泰戈尔穿着一身红袍坐在台下，聚精会神欣赏演出，沉醉其中。时年六十四岁的泰戈尔竟然像年轻人一样，频频站起来为梅兰芳鼓掌。

散场后，泰戈尔再次来到后台致谢，并且针对舞台布景提出自己的改进意见。梅兰芳欣然采纳，并将自己收藏已久的一套老艺术家们灌录的京剧唱片送给泰戈尔。泰戈尔礼尚往来，在梅兰芳的纸扇上题写一首小诗："认不出你，亲爱的，你用陌生的语言蒙着面孔，远远地望去，好似一座云遮雾绕的秀峰。"

第二天，泰戈尔要离开北京了，梅兰芳和徐志摩一起为异国好友送行。梅兰芳也在一把纸扇上题诗，送给泰戈尔，上面写着《洛神》的唱词：

"满天云霞湿轻裳，如在银河碧河旁。缥缈春情何处傍，一汀烟月不胜凉。"

这种古典诗句泰戈尔听不大懂，诗人徐志摩在旁边一句一句地翻译。此等场景，一时传为美谈。

诗人与圣人

泰戈尔和甘地被称为“20 世纪印度文明的双子星座”，两人之间的友谊被广为传颂。

20 世纪初，英国要将孟加拉省从印度分裂出去。泰戈尔极度愤怒，抒写大量爱国诗篇进行控诉。他对反抗英国实行非暴力抵抗运动的领导人甘地十分尊敬，邀请甘地到他家来做客。

1915 年，甘地带着两百名信徒来拜访泰戈尔，泰戈尔去火车站迎接。这是两位伟人的第一次相遇。

泰戈尔身高体长，相貌英俊，身着长袍。甘地身材矮小，枯瘦如柴。泰戈尔一见到甘地，就去热情拥抱这位神交已久的好友。

他们志同道合，成为相伴终生的挚友。

1932 年，英国试图分裂印度社会选举，甘地宣布绝食，以示反对。泰戈尔能够理解甘地的想法，发电报表示敬佩甘地牺牲宝贵生命反对暴政的举动，甘地回信感谢。在甘地的影响下，英国认输，取消分裂。泰戈尔高兴地写诗歌颂：

当我的心如焦桐着火

您似甘露泻下慈悲

您的歌声震天撼地

……

泰戈尔为自己庆祝七十大寿时，忽然听到甘地又被抓到监狱去了，他当即停止寿宴，取消庆祝。后来英国军队大规模枪杀旁遮普省的无辜居民，泰戈尔响应甘地的号召，把英国当初赐给他的爵士勋章退了回去。

他坚持用行动支持好友甘地。

泰戈尔一手创办印度国际大学，将所有身家包括诺贝尔奖奖金都搭了进去，然而这是个无底洞，仍然需要大量资金，年迈的泰戈尔只好带着大学的剧团演出募捐。甘地知道后，想方设法凑了七万卢比支持泰戈尔。

他们的最后一次见面是1940年2月。甘地去国际大学拜访泰戈尔，此时的泰戈尔身体大不如前。临走之前，泰戈尔给甘地留了一封信，说："国际大学像一艘运载我生命之宝的小船，我希望能够得到国人的卫护。当我不在的时候，希望您能接我的手。"

两人是挚友，但是泰戈尔对甘地的某些做法和观念并不赞同，甘地也不能接受泰戈尔偏西方的思想。不过，他们并不试图去掩盖两人之间的意见分歧。在道义和社会活动中，他们总是互相尊重、互相支持，真正做到了"君子和而不同"。

他们一个是诗人，一个是圣人，一起守卫自己的民族，守卫自己的国家，都因为爱国而伟大。

（课内连线：《语文》七年级上，第二单元《散文诗二首》，作者：泰戈尔）

茨威格：市民社会高贵的代言人

斯蒂芬·茨（cí）威格（1881—1942），是世界著名的小说家、诗人、剧作家和传记作家。他有光彩照人的前半生，也有颠沛流离的晚年。他的作品反映了自己的内心渴望，以及动乱年代里人们的真实内心和最朴素的情感。读茨威格的作品，人们总能获得一些益处。

茨威格善于描摹人们细微的情感波动，他的一生留下了很多作品，其中最著名的就是《一个陌生女人的来信》。另外，中篇小说《象棋的故事》、长篇小说《心灵的焦灼》、回忆录《昨日的世界》、传记《三位大师》和《一个政治性人物的肖像》也都被翻译成多国文字在世界各地发行。

意气风发：《早年的花环》

1881年，斯蒂芬·茨威格出生于维也纳的一个犹太家庭，他的双亲都来自经商世家。母亲伊达·布莱陶尔的家族是银行世家，父亲莫里茨·茨威格经营着织布厂。这个家庭非常富有，在茨威格出生之前，他们就移居维也纳，因为他们希望自己的孩子可以接受良好的教育。

⊙斯蒂芬·茨威格

事实证明，夫妻二人的这一决定是非常正确的。小茨威格在这个文化、艺术异常繁荣的城市长大，接受了非常好的教育。他的父亲是一个十分成功的商人，但并不要求孩子将来必须继承自己的衣钵，而是更愿意尊重小茨威格自己的意愿，让他自由选择他想要的人生。

中学的时候，茨威格喜欢上了诗歌，年仅十七岁就在杂志上发表了第一首诗。到1900年，他已有二百多首诗歌问世。进入大学之后，因为有了更好的平台，他开始疯狂阅读那些大师的作品。

他最喜欢托尔斯泰的作品。他感慨于托尔斯泰“深邃而丰富的内心世界”，被那些平实且带着无限哲理的诗句所折服。茨威格反复阅读托尔斯泰的作品，并进行了细致研究，以向大师致敬的姿态去学习大师的创作方法和哲学理念。很多人读茨威格的诗，会看到托尔斯泰的影子。正是这个时期不断的写作诗歌和广泛的阅读，为茨威格后来的创作奠定了坚实基础。

从 1901 年开始，他就不断地发表和出版创作成果。《银弦集》和《早年的花环》是他早年出版的诗集。除诗歌外，他还写了《出游》《生命的奇迹》等小说。

他的身体是自由的，他的精神也是自由的，仿佛他就是为了自由而生的。年轻的茨威格就像他其中一部诗集的名字，像装饰在阁楼上的《早年的花环》那样美好而单纯，以致他离世的时候，仍然对年少时的一切念念不忘。

拷问内心：《一个陌生女人的来信》

茨威格曾经在维也纳大学和柏林大学学习哲学，并以优异的成绩拿到了博士学位。当时欧洲的大学非常开放，允许年轻人有不一样的思想和信仰，所以年轻人能够在一个宽松、自由的环境里去探讨真理、研究学术。

1911 年，茨威格结识了弗洛伊德。最开始的时候，他也没有想到这个从事心理学研究的有些疯癫的家伙能够对自己产生什么影响。

有一次，他去看望弗洛伊德，希望能向他请教一些问题。弗洛伊德看起来并不开心，甚至有些沮丧，他向茨威格倾诉："人们总是不愿意面对真理。我的研究和实验结果非常明显，可是为什么没有人相信呢？”茨威格想要安慰他，但是不知道该说些什么。

茨威格想要帮助弗洛伊德，于是把他的一些书和文件拿回了家，没日没夜地分析起来。一开始他只是同情弗洛伊德，但没想到的是，他居然被弗洛伊德的研究吸引了。他想，这些心理学研究成果如果能得到运用，将是多么有益的一件事啊！

于是他在公开场合发表了一些肯定弗洛伊德的言论和文章。茨威格虽然年轻，但当时已经是小有名气的作家了，他的言论有一定的社会影响力。从那以后，人们逐渐开始接受弗洛伊德的研究成果。弗洛伊德的书被出版，他的研究成果也被用于实践。他非常感激茨威格的帮助，此后，两人维系了多年的友谊。

茨威格在弗洛伊德的启发下，开始将心理描写运用于自己的写作。他的小说中最具影响力的一部莫过于《一个陌生女人的来信》，即便在一百多年后的今天，这部作品仍然有很好的现实意义。在这部从女子视角撰写的小说中，一个女子倾诉了自己的暗恋之苦。小说大篇幅地描写了主人公的心理变化和情感状态，令读者产生了很强的共鸣。与弗洛伊德因友谊而产生的学术交流，使茨威格的作品具有了更丰富的表现力。阅读茨威格写出的故事，每个人都能够从中找到安慰和归宿。

把一切忘掉的热忱：《从罗丹得到的启示》

茨威格是一个非常“高产”的作家，即便在晚年，他仍在坚持创作各种题材的小说和戏剧。很多认识茨威格的人都感慨于他勤勉的创作精神，他一点不像其他富家公子那样游手好闲。茨威格说，他这种忘我的工作状态，乃是缘于罗丹的感染。

茨威格年轻的时候非常崇拜罗丹，于是通过朋友的引荐得以拜访罗丹。茨威格在后来一篇名为《从罗丹得到的启示》的文章中记载了这件小事。

茨威格和朋友前去拜访罗丹，罗丹非常热情地欢迎了他们。“罗丹罩上了粗布工作衫，因而好像就变成了一个工人。”罗丹请两位年轻人参观自己的工作室，并且给他们展示了自己创作的一尊雕塑作品。

在两个年轻人看来，那尊雕塑异常完美。不过，追求完美的罗丹还是看出了纰漏，于是旁若无人地修改起来。罗丹投入工作中，忘记了访客的存在。当他把作品修饰完美时，才发现天色已晚。

茨威格被罗丹的专注精神所感动，他“参悟到一切艺术与伟业的奥妙——专心，完成或大或小的事业的全力集中，把易于弥散的意志贯注在一件事情上的本领”。

从那以后，茨威格就把挚爱的文学创作当成了生命的重心，专心致志地进行创作。这次平常的拜访也许只是一件小事，但是他说："那件仿佛微乎其微的事，竟成为我一生的关键。"

精神世界：《人类群星闪耀时》

1928年，茨威格游历苏联，结识了高尔基。茨威格的作品高度关注平凡人群的所思所感，这一点高尔基非常欣赏，并称赞他是"整个世界上最为一流的作家"。

高尔基是一个身形有些魁梧的人，并且看起来不像欧洲人那样有绅士的感觉，所以茨威格对他的印象并不好。令茨威格没想到的是，高尔基居然读过他的作品，并且非常欣赏他的写作风格。

这让茨威格非常惊讶，于是两位文学大师交谈起来。

后来高尔基把茨威格的作品介绍给苏联文学界，并说："茨威格所写的书籍很有益处，不愧是一位真正的艺术家。"直到今天，茨威格的作品在俄罗斯依然具有非常重要的地位，是青年人喜欢阅读的世界名著。

受到高尔基的启发，茨威格开始创作名人传记，随后这些传记获得了出版。其中有一部由十二篇人物故事组成的文集《人类群星闪耀时》，是他在这一时期最具代表性的传记作品。

这个时期是茨威格创作的活跃期，他广泛交友，游历世界。如果说年轻的茨威格意气风发，那么中年时的茨威格就是熠熠闪耀。不过，晚年的茨威格却生活困顿。因为希特勒上台之后，开启了黑暗的纳粹时代，茨威格的命运也由此发生转折。

晚年流亡：《心灵的焦躁》

1933 年希特勒上台之后，文学家们的自由追求成为过去，茨威格不得不离开奥地利去英国。尽管茨威格在文坛负有盛名，但动乱之中，他只是一个流亡的可怜人。

两年的流亡生活，让原本处于人生巅峰的茨威格变得有些心灰意冷——他没有经历过那么多的挫败。1939 年，“二战”爆发，奥地利被侵占。这一次他不仅失去了家园，而且连故国也没有了，悲伤之余他只能加入英国籍。奥地利已经成为德意志国土的一部分，他再也回不去了。

晚年的茨威格创作了长篇小说《心灵的焦躁》，这部作品一经出版，就在欧洲文坛获得极大的反响。1940 年，这部作品又被搬上银幕，广为人知。

作品的成功并不能掩盖他“心灵的焦躁”，流亡带来的痛苦让他一天天衰老下去。

最后的岁月：《昨天的世界》

本以为加入英国籍后能够有一个安定的晚年，没想到他又遭到德国纳粹的驱逐而被迫离开。他去了美国，也没能留下。

这一次的波折持续了三年多，最后巴西接纳了他，让他有了一段颇为轻松的时光。巴西民族迥异于欧洲人和美国人，是那种“智慧与谦卑”“恭敬和安宁”兼备的民族。他的邻居以及他所接触到的人，都给他一种“天生优雅而善良”的感觉。他喜欢这种平静祥和的生活，感谢命运最后的恩赐。

尽管如此，他还是会不断地回忆过去，回想年轻时的一切。他想念年少时的维也纳，那里满是被文学和艺术萦绕的优雅气息；他也怀念奥地利，那个让他不断涌现创作灵感的故国。1942年，他完成自传《昨天的世界》，然后和妻子双双服毒自杀。

法国著名作家罗曼·罗兰曾经评论他说：“茨威格是奥地利的市民社会高贵的代言人，对他们的能力和弱点、魅力和绝望最好的描写者。”他的一生描摹世间百态，描摹人情冷暖，描摹每个人最真实的内心，在他身后，是一部部不朽的作品，让人们永远铭记这位透彻入骨的文学大师，因为他是“市民社会高贵的代言人”。

（课内连线：《语文》七年级下，第六单元《伟大的悲剧》，作者：茨威格）

白求恩：“八路军最老的一位战士”

任何时代的英雄都是这样一种人：他们以惊人的忠诚、决心、勇气和才能完成了那个时代的重要任务。诺尔曼·白求恩就是这样一位英雄。

勤工俭学，战争来临

在1890年3月格雷文赫斯特暴雨的一天，亨利·诺尔曼·白求恩出生了。在马斯科卡湖里，白求恩养成了对游泳的爱好，他从小就非常喜爱森林和阳光。

虽然他家的生活还算宽裕，可也供不起两个儿子上大学。白求恩靠送报挣零用钱，后来又去工作挣钱来缴学费。他在大学也勤工俭学，在食堂里当侍者，用挣来的钱付学费。从小他就知道人间疾苦和生活的艰辛，但什么苦难都

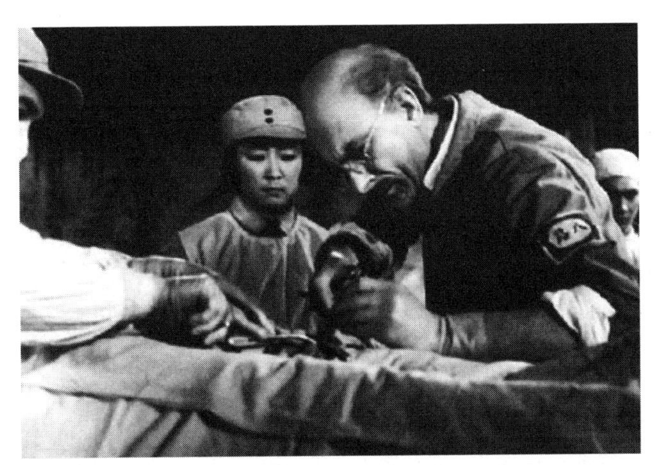

⊙白求恩

无法浇灭他对生活的热爱和对实现梦想的渴望。

第一次世界大战的爆发粉碎了他的梦想和计划，二十四岁的他还有一年就可以获得医学博士学位，但在加拿大宣战那天他随即参加了军队，在多伦多他是第十个入伍的人。他出发到法国去，在加拿大第一师的战地救护队当起了担架员。

可是不久以后，法国就不再是“美国的法兰西”，而是一所大停尸房了。他在给一个国内朋友的信里写道：“这场屠杀已经开始使我感到震骇了。我已经开始怀疑这是不是值得。在医疗队里，我看不到战争的光荣，只看到战争的破坏。”

初开医馆，找回初心

后来他几经辗转，过了几年拼命喝酒、拼命进修的奢华生活，但这些时光并没有虚度，因为他在巴黎、维也纳和柏林观摩了不少欧洲外科名医的手术。1924年暮冬，白求恩租了一套小公寓，挂出了祖父的行医招牌。在简陋的诊所里，他发现了一个事实：最需要医疗的人，正是最没有能力支付医疗费的人。

有些病人到诊所时往往已经病得很重，而他们的病如果在初期是很容易医治的。“你为什么等了这么久才请医生？”他常常生气地嚷起来。

在富庶的美国，破烂的小公寓房子、欠付的账单、莫名其妙地普遍患有的疾病，开始使白求恩郁闷起来。他一个月一个月地挨了过去，一种新的恐惧侵入了他单调不堪的生活和工作。他发觉自己比以前更容易疲倦并且需要更多的睡眠，他担心自己会失去一向充沛的干劲和精力。随着越来越厉害的疲劳感，他更加困惑，更加喜怒无常，更加愤懑。

后来他在一家州立医院做兼职，做普通的手术。有一天他从手术室里出来，在走廊上被一个衣着整齐、彬彬有礼的人拦住了。

那人说：“我很佩服你的医术，我想提议把我的外科病人送到你那儿去……哪天晚上你到我家里来，我们再详谈，好不好？”

“那好极了！”他们握了握手。

“我觉得我们合作起来一定不错。”寥寥几句话，改变了一切。

白求恩越来越有钱，新来的病人看最轻的病也要付很贵的诊金。在医院里，他在外科方面也开始应用从欧洲名医那里学来的技术。两三个月之内，他就搬到了头等住宅区的一座豪华的房子里。成功是可喜的，不过有时候，他坐在新装潢的诊所里，看着手不禁想：究竟发生了什么变化呢？手还是这双手，难道它们今天有了昨天没有的魔力吗？

他终于找到了答案：昨天治的是穷人，今天治的是富人。

后来白求恩感叹道：“我常常面临要不要让病患出院的两难。因为我深知，病人即使痊愈出院，也只是回到最初让他生病的地方。富人得了结核病可以治愈，穷人得了结核病却是死路一条。原因无它，只因为穷人没有活下去的本钱。”

白求恩终于想清楚了自己学医的目的，他只想一心为人民服务，不分贫富贵贱。

中国人的英雄

虽然白求恩一心想为人民服务，加拿大人民却普遍不赞同他的提议。心灰意冷的白求恩辞去医院的工作，赴西班牙参加反法西斯行动。

他再度返回加拿大时，正值中国抗日战争爆发。在一次宴会上，白求恩认识了中国人陶行知。陶行知向他讲述了七七事变的经过，以及中国面临的处境。白求恩当即决定去往中国提供医疗援助。他一抵达武汉，首先见到的共产党代表是周恩来。白求恩对周恩来说："我来中国是要到解放区工作的，现在抗战形势紧迫，请你尽快安排我上前线去。"周恩来考虑到从延安去晋察冀更安全些，他建议白求恩一行北上延安再前往前线。

到达延安的路并不好走，一路上有敌机，有追兵，二十多头骡子被炸死炸伤，数人受伤。为了躲避敌机，他们只能选择深夜赶路，直到 1938 年 3 月底他们一行人才到达延安。刚跟毛泽东会面，还没落座，白求恩便郑重地将自己的党证交给毛泽东，并介绍了西班牙的内战情况。毛泽东也谈了对世界局势的看法，介绍了红军两万五千里长征的壮举，并详细说明了中国共产党的抗战理念和策略，这让白求恩十分振奋。这次会面从晚上十一点一直持续到次日凌晨一点。

白求恩说："如果组织战地医疗队，自己来治疗的话，可以救回百分之七十五以上的重伤员。"毛泽东听后，欣然同意白求恩组织战地医疗队到前线去工作。

白求恩在当天的日记中写道："我在那间没有陈设的房间里和毛泽东同志面对面坐着，倾听着他从容不迫的言谈时，我回想到长征，想到毛泽东和朱德在那伟大的行军中怎样领着红军经过二万五千里的长途跋涉，从南方到了西北从山里的黄土地带。由于他们当年的战略经验，使得他们今天能够以游击战来困扰日军，使侵略者的优越武器失去效力，从而挽救了中国。我现在明白为什么毛泽东那样感动着每一个和他见面的人。这是一个巨人！他是我们世界上最伟大的人物之一。"

1938年9月，白求恩在边区创办了八路军第一模范医院，他说："我到这个医院来和你们一起工作还不到三个月。起初我总觉得这是'你们'的医院，现在我能说这是'我们'的医院。我无法表达出我对我们的八路军和游击队的伤员们的勇气和坚强而产生的钦佩之情。对于这些伤员，我们只有给予最精心的护理，并运用最好的技术，才能报答他们为我们而受的痛苦。总有一天我们的后来人会像我们今天一样聚集在这里，但他们庆祝的不只是一个模范医院的成立，而是解放了的中国人民的伟大民主共和国的成立。"

坚决不下火线

为了向世界人民宣传中国的抗日战争，为了募集经费和药品，此时的白求恩准备回国一次，聂荣臻同意了他的请求。正在这时，日军调动五万兵力，对北岳区发动了大规模的冬季大"扫荡"。白求恩得知这一消息后，决定推迟回国的时间，他随即带领一个医疗队，从唐县出发，赶往涞（luán）源摩天岭前线，在离前线只有三点五公里的孙家庄停下来，将手术室设在村外一个小庙里，抢救伤员。

一天下午，白求恩正紧张地做着手术，哨兵报告说：“敌人从北面包抄过来了！”白求恩果断地说：“再添两个手术台，加快速度！”二十分钟后，只剩下最后一名受伤的战士朱德士。这时枪声四起，子弹呼啸着从头顶掠过。哨兵再次催促：“白大夫，你一分钟也不能停留了！”

躺在手术台上的朱德士也挣扎着恳求：“白大夫，不用管我，你快走吧！”白求恩却坚决地说：“不，我的孩子，谁也没有权力将你留下，你是我们的同志！”

朱德士的大腿粉碎性骨折，为加快手术速度，白求恩把左手中指伸进伤口掏取碎骨。碎骨刺破了他的手指，他迅即把手指伸进消毒液里浸了浸，又继续手术，直到缝完最后一针，才跟随担架转移到村后的山沟里。十分钟后，敌人冲进了孙家庄。

不顾己身，心怀他人

第二天，白求恩手指上的伤口发炎了，他忍着剧痛继续医治伤员。

后来在白求恩准备转移时，从前线送来一名患颈部丹毒合并蜂窝组织炎的伤员，这属于外科烈性传染病。白求恩不顾劝阻，立即开展手术抢救。为保证他的手术安全，医生特意给他拿了副新手套，可是就在白求恩为伤员纵横切开伤口时，手套被手术刀划破，带伤的中指受到致命的细菌感染。

无情的病毒侵蚀着白求恩的血液，高烧像火一样炙烤着他，可他不顾战友的劝阻，继续随医疗队向前线开进。从 11 月 2 日到 6 日黄土岭战役前夕，他为伤员做手术十三例，还写了治疟疾病的讲课提纲。其间，白求恩的手指感染加重，肿胀得比平时大两倍，但他却说：“不要担心，我还可以照常工作。”

他不顾伤痛，坚持留在前线指导战地救护工作。在冒着严寒，走了七十里赶到王家台的一个团卫生队时，他的体温升高到三十九点六摄氏度，但他仍叫通信员把伤员都送到这里来，并说：“凡是头部、胸部有伤的伤员要首先抬来医治，即使我睡着了，也要把我叫起来。”下午，他的左臂发生了转移性囊肿，病情又加重了。

聂荣臻派人送来急信，再次命令他：“立即回唐县花盆村军区后方医院治疗！”虽然医疗队采取了一切紧急措施和外科处理办法，但他的病情仍不见好转。白求恩感觉到了自己的危险，他坚决要求担架停住。这时，他脸色蜡黄，左臂已变成黑色，曾一度昏厥。最终，因伤势恶化，转为败血症。

与世长辞

白求恩病危的消息牵动了每个知情人的心。村民送来了上等的红枣、柿子；路过的八路军战士隔窗献上了特有的军礼……

由于病情没能好转，医生建议他截掉左臂。白求恩摇摇头，平静地说："没必要了，我是相信你们的，但我已经不单是胳膊里的问题了，我的血液被病毒感染，得了脓毒败血症，没有办法了……请转告毛泽东主席，感谢他和中国共产党对我的教育。我相信，中国人民一定会获得解放，遗憾的是我不能亲眼看到新中国诞生了……"

11 月 12 日早晨，白求恩与世长辞。毛泽东主席评价白求恩，说他是"一个高尚的人，一个纯粹的人，一个有道德的人，一个脱离了低级趣味的人，一个有益于人民的人"。

（课内连线:《语文》七年级上，第四单元《纪念白求恩》）

海伦·凯勒：假如给我三天光明

黑暗中的曙光

1880年，海伦·凯勒出生于美国亚拉巴马州。她的父亲亚瑟·海伦上尉是当地军队的最高长官，为人豪爽好客。海伦刚出生的时候十分健康，父亲经常带着她到处玩耍。她本应该是一个幸福的孩子，但在一岁半的时候，她不幸感染了猩红热，这是一种令人闻风丧胆的病毒性疾病。该病导致海伦高烧不退，昏迷了许久。醒来时，她永久地失去了听力和视力！从此以后，她的世界一片黑暗，也听不到任何声音。

在家人的鼓励下，海伦并未放弃和外界的交流和联系。她自己创作出手语和家人交流，不过这种手语只有和她朝夕相处的亲人才能够看懂。海伦渐渐长大，她需要交流的内容越来越多，她的手语已经完全不能满足她表达的需求。她渐渐意识到自己和正常人不同，她愤怒于命运的不公，脾气变得极其暴躁。家人都为她的处境和未来担忧。

在她七岁的时候，她的世界迎来了曙光，因为她遇见了她的启蒙老师——安妮·莎莉文女士。

有温度的交流

安妮以前也是个盲人。

她在两岁的时候患上了沙眼，因为太穷没钱治疗而恶化，导致视力减退，后被送进救济院。十一岁时安妮被一个好心的神父收养，神父带着她四处看病，做了几次手术均告失败，她的视力越来越差，后来失明，在盲校上学。十六岁时，她幸运地遇到名医又做了手术，视力才恢复了一些，但仍然属于半盲的状态，但她已经很满足了。盲校毕业后，她收到盲校校长的来信，邀请她去做海伦的家庭教师。

安妮老师到来没多久，就看到海伦在哭闹，动手打人，乱摔东西。令她惊讶的是，海伦的父母并不劝阻，任由海伦发泄怒火，发泄完了还给海伦糖果吃，希望海伦心情好一点。

安妮老师大为不解，问海伦的父亲："上尉，您为什么不阻止她这种过分的行为呢？"

上尉看着海伦，非常无奈地说："我的孩子已经这么悲惨了，我不忍心让她受到任何委屈，只希望她快乐一点。她想怎么样就怎么样吧。”

安妮老师意识到父母的宠溺对海伦的暴躁行为起到了推波助澜的作用。她说：“上尉，如果您想让孩子健康成长，希望您能停止这种过分的溺爱，否则会害了孩子！”她与海伦的父母进行了深入的交谈，终于让他们认识到自己的错误。

⊙海伦·凯勒

纠正海伦父母的错误后，安妮老师尝试着与海伦建立互相信任的关系，然后开始耐心教导海伦学习更多更系统的手语，同时教她认识文字。

有一天，海伦跟着老师学习“水”这个字，但她总是把“水”和“水杯”混为一谈，学习了很多次都区分不开。海伦又不耐烦了，她生气地把安妮送给她的陶瓷洋娃娃摔在地上。她大声哭泣，想诉说自己的不满，可是她只能发出声音，不会说话，于是她更加伤心。

安妮老师保持耐心，继续教导海伦。她带着海伦走到水井旁边，让海伦把小手放在水管的下面，让她体会水滴滴到自己掌心的感觉。

海伦感受到了清凉，感受到了水的质感。

安妮在她手心上写下“水”这个字，然后再次让海伦感受水，接着又在她的手心写下“水”这个字。几次体验之后，海伦才慢慢记住。

从这一刻起，语言的秘密似乎突然被揭开了。

爱的书写

对于海伦来说，学习花鸟鱼虫、桌椅板凳之类表示实物的词汇比较容易，因为可以直接触摸到、感受到，但学习抽象的词汇就难了。最困难的，就是学习“爱”。

即便是给一个健康的孩子解释什么是“爱”，也并非一件容易的事。安妮老师一直用她无微不至的关怀让海伦去感受爱、体验爱。

有一天，海伦在自家小花园里闻到紫罗兰花的香味，心情大好。她小心翼翼地走过去，摸索着摘了一朵紫罗兰，送给安妮老师。安妮老师非常感动，热情地拥抱海伦。安妮试图用亲吻来表达她对海伦的喜欢，海伦却不喜欢亲吻这种行为。这时安妮用胳膊轻轻搂着海伦，在她手掌心写下“我爱海伦”。

海伦用手语问安妮：“老师，什么是爱？”

安妮没有直接回答，而是把海伦搂得更紧了，然后用手指指着她心脏的部位，在她掌心上写道：“爱就是这里。”

海伦问：“爱是紫罗兰的味道吗？”

安妮依旧没有正面回答，而是说："你把紫罗兰献给我，你就是爱我的。"

海伦又问："爱是不是太阳？"

安妮回答："爱有点像太阳出来以前天空中的云彩。你摸不到云彩，但你能感觉到雨水。你也知道，在经过一天酷热的日晒之后，要是花和大地能得到雨水会是多么高兴！爱也是摸不着的，但你却能感到它带来的甜蜜。没有爱，你就不快活。"

安妮循循善诱，让海伦在生活的点点滴滴中懂得什么是爱。海伦最终感悟到："穿梭在我和他人的心灵中的美好情感，就是爱。"

呐喊

海伦的声带并没有被疾病损害，能够发出声音，但是因为听不到别人说话的声音，也看不到别人说话的嘴型，所以很难模仿学习说话。她学会写字之后，更加迫切地希望学会用语言来表达。安妮老师在这方面经验不足，于是她带着海伦去波士顿找霍勒斯学校的校长萨拉·富勒女士。

海伦自己用文字表达，希望富勒小姐能够帮助她。富勒被她坚强的意志感动，亲自教导她。富勒的教学方式是：她发音的时候，让海伦把手轻轻地放在她的脸上，让海伦感觉到她的舌头和嘴唇是怎么动的。海伦很用心地模仿富勒的每一个动作，不到一个小时便学会了用嘴说M、P、A、

S、T 这五个字母。就这样，富勒总共给海伦上了十一堂课。

在富勒和安妮的帮助下，海伦不断努力，终于说出了人类的语言。她拥抱着阳光说出第一句话："天气很温暖！"但是她的发音非常不标准，只有富勒和安妮两个人能听懂。海伦继续努力练习，她最大的学习动力是让妹妹让家人听懂她的话。这也是她战胜一切困难的动力。

海伦和安妮离开学校，一起回家。在路上，海伦不停地用嘴说话，抓紧一切机会提高自己的说话能力。很快火车到站了，安妮告诉海伦，家人都在站台迎接她们。出站后，海伦对着安妮指引着的方向，高声喊着："爸爸，妈妈，妹妹！"

母亲一下把海伦搂在怀里，高兴得浑身颤抖。妹妹抓住海伦的手吻了又吻。身材魁梧的父亲站在旁边，一言不发，但他脸上的喜悦怎么藏也藏不住。安妮给海伦形容此时家人对她的关怀，海伦不禁热泪盈眶，她再次感受到爱。

不一样的英雄

如果说海伦那种紧紧扼住命运喉咙的顽强毅力令人鼓舞，那么她的爱心更是留给世界的宝贵财富。

她 1946 年任美国全球盲人基金会国际关系顾问，之后开始周游世界，一共访问了三十五个国家，在全球各地支援建立盲人学校。她 1903 年出版了自传体散文《假如给我三天光明》，用自己做例子来鼓舞所有残障人士，告诫身体健全的人们珍惜生命、珍惜造物主赐予的一切。这本书影响了无数人。她四处发表演讲，为聋哑人筹集治疗基金。她成为全世界学习的楷模。

海伦同情所有残障人士，尤其是盲人。她展开大量的研究，发现盲人并非随机分布在各层次人群当中，而是集中在社会底层，穷人更容易由于生产事故和经济、医疗等条件差而失明。她渐渐意识到社会制度影响着人一生的命运。她去参观糖果店和棚户区，更直接地感受到社会的不公，她想改变当前的社会制度。

1909 年，她参加了马萨诸塞州的社会党，成为一名坚定的社会主义分子。俄国十月革命爆发后，她对这个新生的社会主义国家大唱赞歌："在东方，一颗新星冉冉升起！在痛苦的挣扎中，新秩序从旧的秩序中降生。看哪！在东方，一个男婴降生了！"

在此之前，她一直都是享誉全球的励志人物，饱受称赞，但她表现出来的社会主义思想与当时美国的主流思想意识格格不入，人们纷纷表示担忧和厌恶。那些曾经赞美她的勇气和智慧的报纸，无法在理论上驳倒她，改为嘲笑她的残障。

有人指责她："你是一个又聋又瞎又容易出错的人，凭什么批评我们的社会制度？"

海伦反过来指责他："我一直努力预防失明失聪，而你们的制度正是导致失明失聪的根源！"

她在后半生一直努力为美国盲人基金会筹集资金，也支持美国社会主义者参与总统竞选活动。在她晚年时期，美国和苏联爆发冷战，麦卡锡主义盛行，美国仇视一切共产主义分子。她偏偏冒天下之大不韪，主动写信给美国共产党领袖伊丽莎白·弗林。此时这位领袖已经被抓起来坐牢了，只能在牢房里度过风烛残年。海伦在信里说："亲爱的伊丽莎白·弗林，向您致以最美好的生日祝福！愿服务人类的美好感受为您无畏的心灵带去力量与安宁！"

1968 年，海伦去世，享年八十八岁。她坚强的意志和卓越的贡献继续感动着全世界，但是美国主流媒体只歌颂她的前半生，而刻意忽略她的后半生。事实是，海伦后半生坚持理想、坚持原则的孤傲，同样值得尊敬！

（课内连线:《语文》七年级上，第三单元《再塑生命的人》，作者：海伦·凯勒）

罗素：和平骑士

科学和文学

罗素出身于18世纪末的一个英国贵族家庭，他的爷爷当过两任英国首相。他的爸爸也是英国国会议员，同时是一个激进的自由主义者，因为鼓吹节育遭到保守人士的强烈反对，导致被国会开除。

在罗素四岁的时候，他的父亲母亲都去世了，他由奶奶抚养长大。罗素的奶奶在道德方面要求非常严格，在精神上又无所畏惧，敢于蔑视一切她看不惯的习俗。老人家特别喜欢《圣经》里的一句话：不可随众行恶。奶奶把这句话送给罗素，后来罗素用一生来坚持。

奶奶没有像其他贵族一样，把罗素送到专供贵族子弟上学的学校，而是让他在家里接受家庭教师的教育。这导致罗素没有多少同学和伙伴，童年比较孤独。好在家庭教师都是学识渊博的人，在老师的教导下，罗素渐渐对数学、历史和文学产生了兴趣。

⊙罗素

他十一岁时，哥哥给他介绍了欧几里得几何学，他非常感兴趣，从此爱上数学。他叔叔也是个有学问的人，零零碎碎地给他讲过一些自然科学知识。罗素家里很多人都信仰基督教，宗教氛围浓厚，但罗素钻研科学知识后，发现科学和宗教之间存在大量不可调和的矛盾，他陷入痛苦和迷茫。一直到十七岁，他决定放弃宗教信仰，全心全意投入到科学研究当中。

他爷爷的书房里有大量的历史和文学著作，他一头扎进人文知识的海洋。青少年时期打造的良好的基础教育，让他在科学和文学方面双双站稳脚跟。后来他以哲学家的身份获得诺贝尔文学奖。

学生和老师

罗素十八岁时考入剑桥大学三一学院，学习数学、哲学和经济学，毕业后留在三一学院当研究员。他的数学老师怀海德是个天才，年纪轻轻就成为剑桥大学的教授。天才总是惺惺相惜的，他很快发现罗素也是个天才。他给罗素上了几天课之后，就对罗素说："你不用来上课了。"

罗素很纳闷儿，他也没干什么违纪违规的事情呀，怎么就被开除了？

怀海德接着说："你都学会了，还来干什么？"

不久，他们由师生关系变成合作关系，共同创作划时代的著作《数学原理》。

这本书原版厚达四千五百页，是一部令人望而生畏的大部头，罗素希望用这本书把数学和逻辑学有机地整合在一起。他俩每天工作八小时，花了十年的时间，耗费了大量的心血。罗素好几次认真地考虑是否应该自杀，幸亏有怀海德在一旁劝慰。这本书出版之后，在四十年间只卖出三百二十本，罗素说读完这本书的人全世界只有六个。

在创作此书过程中，罗素磨砺出了百折不挠的意志力。罗素极为重视这本书，他曾经跟数学大师哈代说："我做了个梦，梦到二百年后剑桥大学图书馆管理员把过时的、无用的书都扔掉了，当管理员拿起《数学原理》犹豫着要不要扔的时候，我急醒了！"

哈代哈哈大笑。

罗素和怀海德的关系亲切而自然。罗素七十岁的时候，他的老师怀海德已经八十岁了。两人讨论问题的时候，年过古稀的罗素说怀海德："你真是老糊涂。"其实他自己也是个老家伙了。

怀海德反过来调侃同样老迈的学生：“我看你还是不够成熟。”

西方和东方

第一次世界大战爆发后，罗素产生了坚定的反战思想，他一直为反战活动而奔走，甚至组织了“拒绝服兵役委员会”。他因为印发了大量的反战传单而被法院宣判有罪，并且被三一学院开除。“一战”结束后，他又因写反战文章而被判刑入狱。在狱中他坚持数学和哲学研究。

罗素的很多朋友都支持英国的对外战争，包括他的老师怀海德。他的很多朋友是知识分子，他们听说英国军队消灭了大量敌人，都非常兴奋。罗素一直认为知识分子应该热爱真理，而非热爱战争。他陷入了迷茫，朋友们对战争的态度影响了他对人性、对战争的判断。

他试图去寻找一条和平主义的道路来化解人类的战争危机，或许东方文明能够解决他的疑惑，于是他对东方、对中国产生了向往。

这一时期，有一个叫阿瑟·韦利的英国汉学家致力于翻译《论语》《道德经》和唐诗等中国文学。阿瑟·韦利出版了一本《中国诗歌170首》，送给罗素。罗素读完后，更加期待到中国一探究竟。他开始去了解中国的儒家和道家等传统文化。

1920 年，罗素接受梁启超的邀请来到中国访问。他目睹了当时落后贫穷的中国，但是他用哲学家和数学家的眼光透过现状看到了中国人独特的性格特点和巨大的潜力。他回国后撰写了一篇文章《论中国人的性格》，脍炙人口，一时洛阳纸贵。

他在中国待了九个月，走遍大江南北，作了很多场演讲，演讲主题涵盖范围非常广，从曲高和寡的数理逻辑到切中时弊的社会改造建议。文学青年、哲学青年以及广大的爱国青年，都希望从罗素的演讲中寻找解决中国危机的良方。罗素分析中国时局，替中国设想未来的发展道路。他说：“教育要能教人做事，能教人做国民，能教人做人。中国不能统括地采用欧洲文明，也不能完全沿袭自己古老的文明。”他的观点，在当时的中国乃至随后漫长的岁月里，都令人警醒和反思。

他在中国访问期间生了一场大病，卧床不起。为了休养身体，他拒绝接受任何报纸杂志的采访，不管是何方神圣。他的这个举动得罪了一家日本报社，这家报社竟然刊登了罗素因病去世的消息。罗素哭笑不得，请人去交涉，但日本报社不愿意收回这个消息，罗素很生气。

罗素回国要取道日本，这家报社又来采访他。罗素脾气来了，想报复他们。他让他的秘书给每个记者分发一张印好字的纸条，上面写着：“由于罗素先生已死，所以他无法接受采访。”

战争与和平

英国是“一战”的重要参战国，罗素一直反对战争，不仅让自己蹲大狱，也受到很多人的嘲笑和讽刺。他的知名度越大，嘲笑他的人就越多。

有一天，西装革履的罗素走在大街上，碰到一个怒气冲冲的老太太。老太太大声责问他：“现在别的青年人都穿上军装为文明而作战去了，你难道不为自己的这身打扮感到惭愧吗？”

罗素微笑道：“太太，我正是他们为之而战的那种文明。”

“一战”结束之后，罗素开始周游世界，到处演讲。他曾经去过苏联，拜会过列宁，但他对苏联的统治十分失望甚至感到恐惧，而他的很多朋友都欣赏苏联，于是他又和他们吵得不可开交。罗素一直坚持着奶奶给他的忠告：坚持自己，不盲目从众。

他去了美国。很快，“二战”爆发，他被困在了美国，于是他继续在美国发表演讲、从事写作。因为他对堕胎、离婚和同性恋问题的看法与美国的主流看法不一致，引起纽约天主教社团的反对，被对方告上法庭并且落败。由于保守势力猖獗，罗素的讲学计划告吹，各家报刊不敢找他约稿，他失去了维持生计的渠道，孤立无援，好在一个百万富翁大胆邀请罗素去费城讲授西方哲学史。他在演讲基础上创作了《西方哲学史》，获得巨大成功，为自己赢得了盛大的国际声誉。

理想与信念

广岛、长崎的两颗原子弹让罗素看到了核武器对人类的巨大威胁，他毅然投身于反对核武器的运动当中，多次发表反核演说。他和爱因斯坦共同发表了著名的《罗素—爱因斯坦宣言》，以此反对核武器。为促进核裁军活动，罗素发起非暴力反抗运动百人委员会，组织大批科学家研究核能的公害、核武器的控制以及科学家针对核武器的责任问题，最后有效地促成了部分禁止核试验条约的签订。

反战和反核，贯穿了他的中年和晚年生活。1961 年，罗素再次组织反核游行，八十九岁高龄的他遭到政府监禁。当法庭宣布判刑结果的时候，有人高声嘲笑法庭：“羞耻啊！让八十九岁的人蹲监狱！”

罗素却勃然大怒，喝道：“年龄跟反对核武器有什么关系？”

他走出法庭的时候，人们像欢迎英雄一样欢迎他。

第二年，古巴导弹危机爆发，罗素积极参与调解，艾森豪威尔、赫鲁晓夫、卡斯特罗三国元首都不敢小看他。他谴责美国发动越南战争，要求美国无条件撤军。他组织建立国际战犯特别法庭。1967 年，这个法庭正式开庭，哲学家萨特致揭幕词，并象征性地传讯美国总统约翰逊。同年，罗素出版了人生中最后一部著作《在越南的战争罪行》。

他一生都在为和平和反战而奔走，一直到去世之际。1970 年 1 月 31 日，罗素发表了谴责以色列袭击埃及和巴勒斯坦难民营的声明。两天后，他与世长辞。他在生命的最后时刻还在为世界和平而奔走呼号。

（课内连线:《语文》八年级上，第四单元《我为什么而活着》，作者：罗素）